Inhalt auf einen Blick

1. Alles über Reisen in Jordanien
Reiseziele und -routen
Reisevorbereitung
Hinkommen

2. In Jordanien zurechtkommen
Ankunft und Abreise
Unterwegs in Jordanien
Essen, Trinken, Übernachten

3. Land und Leute
Geschichte
Natur
Religion

4. Amman und Umgebung
10 000 Jahre alt
Kennenlernen
Umgebung

5. Amman - Praktische Informationen
Wichtige Adressen
Verkehrsverbindungen
Essen, Trinken, Übernachten

6. Der Norden
Jerash, Ajlun, Umm el Jimal
Jordantal, Umm Qays, Abila
Wüstenschlösser

7. Wege nach Süden
King's Road
Amman - Totes Meer - Aqaba
Desert Highway

8. Die Nabatäerstadt Petra
Ein erstaunliches Volk
Siq und Khazne
Ed Deir und mehr

9. Der „tiefe Süden"
Wadi Rum
Aqaba
Baden, Tauchen, Relaxen

10. Anhang
Glossar, Mini-Sprachführer
Index
Atlas

www.reise-know-how.de

Aktuelle Reisetipps und Neuigkeiten,
Ergänzungen nach Redaktionsschluss,
Büchershop und Sonderangebote,
weiterführende Links
zu den Büchern der Reise Know-How Reihe
finden Sie unter obiger Adresse im Internet,
spezielle Infos zu den Tondok-Reiseführern und -gebieten
www.tondok-verlag.de

In Erinnerung an Sigrid Tondok, meine unvergessene Frau und Reisegefährtin

Wil Tondok

JORDANIEN

Reisen zwischen Jordan, Wüste und Rotem Meer

IMPRESSUM

Wil Tondok
JORDANIEN
erschienen im
Reise Know-How Verlag München

© Alle Rechte vorbehalten
Wil Tondok
Nadistraße 18
D-80809 München
info@tondok-verlag.de
www.tondok-verlag.de

ISBN 3-89662-456-7
4. neubearbeitete, aktualisierte Auflage 2009

Gestaltung
Umschlagkonzept: G. Pawlak, P. Rump (Layout)
Realisierung: Michael Luck
Inhalt: Wil Tondok, Christa Epe
Lektorat: Christa Epe
Karten: Elke Kraus, Computerkartographie Theis Heidolf
Druck und Bindung: Media-Print Informationstechnologie GmbH, Paderborn

Fotonachweis
Alle Fotos inklusive Titel von Christa Epe, außer:
AFP/gettyimages S. 89, Jordan Tourism Board S. 39, 61, 98, Edith Kölzer S. 294, Sigrid Tondok S. 121, Wil Tondok S. 29, 45, 52, 73, 128, 130, 177, 183, 184, 187, 197, 217, 220, 221, 225, 253, 257, 259, 261, 276, 284, 285, 290, 293, 304, 306, 307, 333.

Dieses Buch ist in jeder Buchhandlung der BRD, Österreichs, der Niederlande und der Schweiz erhältlich. Auslieferung für den Buchhandel: Prolit Verlagsauslieferung GmbH, 35463 Fernwald sowie alle Barsortimente (BRD), AVA-buch 2000, CH-8910 Afoltern (Schweiz), Mohr Morawa GmbH, A-1230 Wien (Österreich), Willems Adventure, Postbus 403, NL-3140 AK Maassluis (Niederlande).

Alle Informationen in diesem Buch sind mit großer Sorgfalt gesammelt und vom Lektorat gewissenhaft überprüft worden. Da inhaltliche und sachliche Fehler trotzdem nicht ausgeschlossen werden können, erklärt der Verlag, dass alle Angaben im Sinne der Produkthaftung ohne Garantie erfolgen und dass Verlag wie Autor keine Verantwortung für inhaltliche sowie sachliche Fehler übernehmen.

Zu diesem Buch

1996 brachten wir unter dem Titel *Israel, Jordanien und Ostsinai* die erste Auflage, also quasi die Vorgänger-Ausgabe dieses Buches heraus – damals in der Euphorie, eine neue Reiseregion zu beschreiben. Doch seit eine dauerhafte Lösung des Nahostproblems in weite Ferne gerückt ist, sehen wir die Chancen für ein offenes, ungehindertes Reisen im Nahen Osten vorläufig kaum mehr gegeben. Daher beschlossen wir 1999, den ursprünglichen Doppelband in zwei einzelne Bücher zu trennen. Den einen davon halten Sie in Händen.

Wir sind bemüht, Jordanien von allen touristisch wichtigen Seiten zu beleuchten, und dies so gründlich wie möglich. Sie finden, wie kaum sonst im deutschsprachigen Raum, sehr umfassende Angaben zu allen praktischen Reisefragen, zu Hotels, Restaurants oder öffentlichen Verkehrsmitteln. Und genauso wollen wir Sie weitreichend über historische Hintergründe informieren sowie Ihnen bei der Besichtigung der Sehenswürdigkeiten so detailliert wie möglich Wege und Einzelheiten vor Ort aufzeigen.

Wir beschränken uns ganz bewusst nur auf das Land Jordanien in seinen heutigen Grenzen. Die von Israel besetzten palästinensischen und ehedem jordanischen Gebiete der sogenannten Westbank sind nur dort erwähnt, wo es notwendig erscheint, aber nicht beschrieben.

Die vierte Auflage dieses Führers wurde wiederum gründlich überarbeitet, aktualisiert und erweitert. Um die Handlichkeit zu erhalten, verwenden wir hier eine kleinere und enger laufende Schrift. Auf diese Weise konnten wir mehr Text und zusätzliche Pläne unterbringen.

Wir kennen Jordanien seit Mitte der 80er Jahre und haben das Land bereits bei unserem ersten Besuch schätzen gelernt. Seit wir uns aber nicht nur als Besucher, sondern als Autoren mit „Transjordanien" beschäftigen, lernten wir es auch lieben, nicht zuletzt wegen der freundlichen und hilfsbereiten Menschen. Selbstverständlich gehören auch die großartigen landschaftlichen und historischen, zum Teil einzigartigen Attraktionen zum Erlebnis Jordanien.

Wir hoffen, dass auch Sie, liebe Leserin und lieber Leser, sich wohlfühlen und Jordanien mit ähnlichen Eindrücken verlassen werden.

Noch ein paar Worte in eigener Sache

Ende September 2002 erlag Sigrid, meine Frau und Reisegefährtin auf fast 40 Jahren Lebens- und Reiseweg, ihrem Krebsleiden. Uns hatte gerade das Unterwegssein zu einer Partnerschaft zusammengeschweißt, die von dieser Droge nicht lassen konnte. Unsere Lebensinhalte und -ziele richteten sich daran aus. Die glücklichsten Stunden erlebten wir unterwegs.

In den 1970er Jahren gaben wir unsere beruflichen Karrieren auf, verkauften Hab und Gut und reisten in einem VW-Camper innerhalb von drei Jahren um den Globus. Daraus entstand unser erstes Buch "Im VW-Bus um die Erde". Bald danach gingen wir für die UNO nach Pakistan, später bereisten wir ausgiebig Nord- und Westafrika. Dann banden uns berufliche Verpflichtungen an Deutschland, in der freien Zeit konzentrierten wir uns auf Ägypten, über das wir seit 1983 Reiseführer publizieren – Jordanien lag nicht weit entfernt...

Ganz besonders danken möchte ich Christa Epe, die dieses Buch lektoriert und mich bei der Herstellung mit ganzer Kraft unterstützt hat.

Wil Tondok

Anmerkungen zum Aufbau dieses Buches

Abkürzungen
Allgemein
- **Jh** – Jahrhundert
- **JD** – Jordanischer Dinar
- **$** – US Dollar
- **St** – Straße, Street
- **vC** – vor Christi Geburt
- **nC** – nach Christi Geburt
- **tgl** – täglich

Bei *Übernachten*
- **AC** – Aircondition
- **B** – Bad
- **D** – Doppelzimmer
- **Dorm** – Dormitory (Mehrbettzimmer)
- **E** – Einzelzimmer
- **HP** – Halbpension
- **mF** – mit Frühstück
- **pP** – pro Person
- **SatTV** – Satelliten-Fernsehen
- **VP** – Vollpension

1▲	Hotel
A●	Restaurant
☆	Sehenswürdigkeit
◌	Historische Stätte
M̂	Museum
ℍ	Moschee
❶	Touristinformation
●	Stelle von Wichtigkeit (Eingang, Museum, o. ä.)
P	Parkplatz
✈	Flughafen
🚖	Taxi
🚌	Bus
⚕	Polizei
✚	Hospital
✆	Telefon
✉	Post
⊠	Restaurant / Cafeteria

Zeichenerklärung für Pläne und Karten

Schreibweise arabischer Begriffe
Die Transkription, d.h. die Umschreibung arabischer Worte und Namen folgt bedauerlicherweise keinen festen Regeln; man findet die unterschiedlichsten Schreibweisen. Wir bemühen uns hier um einen Mittelweg, der sich an der gebräuchlichsten Form orientiert.

Klassifizierung von Sehenswürdigkeiten
Wenn Sie Entscheidungshilfe brauchen, was mehr oder weniger interessant ist, dann finden Sie unter **Sehenswertes** vor jeder Route eine bewertete Übersicht.

Die Sehenswürdigkeiten wurden von uns (subjektiv natürlich) klassifiziert. Wir meinen, dass man an Markierungen mit

**** auf keinen Fall vorbeigehen sollte, dass
*** wertvolle Bereicherungen darstellen und
** ebenfalls den Besuch lohnen.
Aber auch die Sehenswürdigkeiten, die nur mit einem ***** bewertet sind, sollte man nicht unbedingt auslassen.

Kilometerangaben
zwischen den jeweils beschriebenen Orten bzw. Kreuzungen sollen lediglich ein Gefühl für die zurückzulegenden Entfernungen vermitteln. Nageln Sie uns bitte nicht auf den letzten Meter fest, denn die Angaben entstammen den Tachometern unterschiedlicher Autos, vom eigenen Wohnmobil bis zu diversen Mietwagen.
Nach unserer Meinung sind diese Angaben nicht nur für Autofahrer interessant, sondern auch für Reisende, die mit öffentlichen Verkehrsmitteln unterwegs sind. So lässt sich z.B. der Zeitbedarf von A nach B leichter abschätzen.

Wenn Sie **Änderungen** gegenüber diesem Buch feststellen, **Neues** entdecken oder **Kritik** üben wollen, schreiben Sie uns bitte (siehe Seite 328).

Buchkonzeption

Das Buch ist so aufgebaut, wie man im Normalfall eine Reise angeht: sich zunächst über Land und Leute grundsätzlich informieren, dann planen, d.h. Reisezeit, Anreiseweg und sonstige Details festlegen. Das alles finden Sie in **Kapitel 1**.

Schließlich kommt man in Jordanien an. Jetzt soll Sie **Kapitel 2** bei allen Fragen und Problemen des täglichen Lebens unterstützen: zunächst bei den Formalitäten für die Einreise, dann beim Vorwärtskommen, Übernachten, Essen und Trinken etc.

Wenn Sie vor oder während der Anreise Zeit haben, bietet Ihnen **Kapitel 3** jede Menge Hintergrundinformationen, angefangen bei der langen Geschichte, über die Menschen bis hin zur Religion. Hier können Sie natürlich auch unterwegs nachlesen, wenn Sie Zusammenhänge vertiefen möchten.

Wir gehen davon aus, dass die meisten Besucher in Amman ankommen – Aqaba liegt an zweiter Stelle –, daher beginnen wir mit der Beschreibung der Hauptstadt, die Sie in **Kapitel 4** finden.

Alle *Praktischen Informationen* zu Amman und Umgebung sind in **Kapitel 5** zusammengefasst.

Kapitel 6 beschäftigt sich mit dem gesamten Norden, von West bis Ost. Höhepunkte sind Jerash, Umm Qays und die Wüstenschlösser.

Kapitel 7 wendet sich nach Süden, behandelt aber hauptsächlich das mittlere Drittel des Landes. Hier finden Sie die vielen Sehenswürdigkeiten an der Königsstraße, mit Madaba als Spitzenreiter, aber auch das Tote Meer und andere Straßen in den Süden.

Petra, der unschlagbar größten Attraktion Jordaniens, ist das komplette **Kapitel 8** gewidmet.

Der "tiefe Süden" – ein Ausdruck, der sowohl von der Höhenlage als auch der Geografie zutrifft – füllt **Kapitel 9**. Es geht hauptsächlich um das faszinierende Wüstenwadi Rum und die Badestadt Aqaba.

Der Anhang enthält so nützliche Unterkapitel wie ein **Glossar**, einen **Mini-Sprachführer**, den **Index** und einen **Atlas** mit acht Einzelkarten. Damit decken wir die gesamten Reisegebiete Jordaniens ab.

Sie halten also einen Reiseführer in der Hand, der Jordanien komplett erschließt und Ihnen Informationen im "Fullservice" bietet, von der täglichen Reisepraxis, über detaillierte Informationen zu den Sehenswürdigkeiten, bis hin zum notwendigen Kartenmaterial.

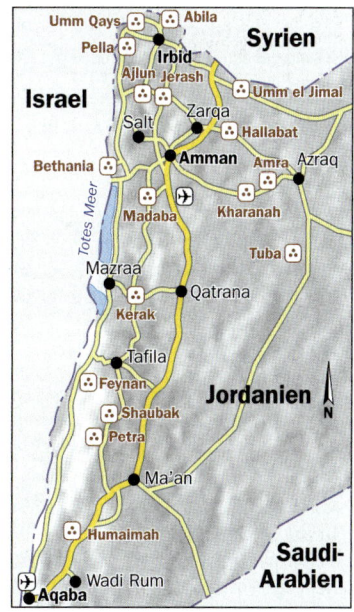

Inhalt

Zu diesem Buch. 5

1 Alles über Reisen in Jordanien   . . . 15
Verstehen und Verständnis 15
Was man alles unternehmen kann 16
Reisevorbereitung. 17
   Literatur 17
   Jordaniens Highlights 17
   Internet. 18
   Karten und Pläne 20
   Verständigung .21
   Touristische Informationen 21
   Botschaften 21
Papierkram (Pass, Visum etc.). 21
   Visabestimmungen. 21
   Impfungen 22
   Autopapiere 22
Reiseziele und -routen 23
   Die Top-Ten-Ziele 23
   Der „Rest". 25
   Biblische Orte besuchen 25
   Gesund werden – Kuren in Jordanien. . .26
14-Tage-Rundreise für Eilige. 27
Teilorganisierte Reisen 27
Klima und Reisezeit. 28
   Zeitverschiebung 29
Ausrüstung. 29
   Kleidung. 29
   Sonstige Ausrüstung. 30
   Ausrüstung für Wohnmobile 31
   Ausrüstung für Radfahrer 31
   Fotografieren 31
Reisen mit Kindern, Behinderten, Tieren . .33
   Mit Kindern unterwegs 33
   Behinderte 33
   Tiere 34
Wie kommt man nach Jordanien,
wie weiter 34
   Anreise per Flugzeug 34
   Anreise per Bus, Bahn 34
   Anreise per Auto 35
   Weiterreise nach Ägypten. 35
   Weiterreise nach Syrien 36
   Ein- oder Ausreise Israel 36
Ankunft/Abreise per Flugzeug 37
   Ankunft per Flugzeug 37

2 In Jordanien zurechtkommen 37
Abflug 38
Ein- und Ausreise mit anderen
Verkehrsmitteln 39
   Einreise im Bus/Servicetaxi 39
   Ein- und Ausreise mit privatem Auto . . .39
   Ein- und Ausreise von/nach Israel 39
   Fähre nach Ägypten. 41
Sich in Jordanien informieren. 41
Sich richtig verhalten 42
Homosexuelle, Lesbierinnen. 44
Unterwegs in Jordanien 45
   Öffentliche Verkehrsmittel. 46
   Unterwegs mit Chauffeur 47
   Ein paar grundsätzliche Ratschläge 47
   Hitchhiking 48
   Mietwagen. 48
   Autofahren in Jordanien 49
   Mit dem Fahrrad unterwegs 51
Übernachten 51
   Rabatte. 52
   Abkürzungen bei Hotelinformationen . . .53
   Camping 54
Essen und Trinken .55
   Bei einer arabischen Familie zu Gast . . .56
Wie man gesund bleibt. 57
Sport/Aktivurlaub 59
Sicherheit, Notruf, Hilfe 60
   Sicherheit. 60
   Email- und Internetsicherheit unterwegs 62
   Medizinische Hilfe. 62
Post, Telefon, Strom 62
   Post 62
   Telefon 63
   Tipps für Pechvögel 63
   Telefon-Vorwahlen, Notruf 64
   Elektrischer Strom 64
Geld, Währung, Preise 64
   Geld 64
   Preise 66

Inhalt

Trinkgeld..................66
Shopping, Öffnungszeiten.........67
   Islamische Feiertage..............67
Rundfunk, Fernsehen................68
   Nachrichten....................68

3 Land und Leute...............69
Im Eilgang durch die Geschichte....69
Die Geschichte Jordaniens – Langfassung 71
   Von der Steinzeit bis zur Eisenzeit......72
   Einige der ältesten Siedlungen der Welt 73
   Die Perser und Griechen............74
   Weihrauch....................76
   Die Nabatäer..................76
   Die Römer und Byzantiner...........77
   Die Muslime...................78
   Die Kreuzfahrer.................79
   Kreuzzüge....................79
   Mamluken und Osmanen...........80
   Die Engländer..................80
   Unabhängiges Königreich...........81
   Die Hashemiten.................82
   Abdullah II....................85
Jordanien heute..................86
   Der Staat....................86
   Militär.......................87
   Religionszugehörigkeit.............87
   Bildung......................87
Die Menschen....................88
   Die Palästinenser................89
   Die Beduinen..................90
   Frau und Ehe..................91
Wirtschaft......................93
Natur..........................95
   Die Landschaft Jordaniens..........95
   Wasserhaushalt.................95
   Der Jordan...................96
   Flora und Fauna................97
   Nature Reserves................98
   Die Umwelt...................99
Der Islam, die staatstragende Religion...99
   Die Araber – einst den Europäern weit
   voraus.....................101
Christen in Jordanien..............104
Kunst und Kultur.................105
   Kunsthandwerk................105

4 Amman und Umgebung.........107
Amman........................107
   Klarstellungen.................107
   Amman –
   seit 10 Jahrtausenden nachweisbar...108
   Topografie der Stadt.............111
   Amman kennenlernen............111
   ****Die Zitadelle................111
   Die acht Circles................112
   ****Das ehemalige Römische Zentrum 116
   ***Downtown..................119
   **Jebel Amman................121
   Abdali, Jebel Weibdeh............123
   Shmeisani....................124
   Der Norden..................124
   Der Westen..................126
Nahe und etwas fernere
Umgebung Ammans...............128
   *Kan Zaman Village.............128
   *Höhle der Siebenschläfer.........130
   Etwas weitere Umgebung von Amman.131
   ***Wadi es Sir, Qasr el Abd........131
   *Fuheis......................133
   **Salt und Zai Nationalpark........134

5 In Amman zurechtkommen -
Praktische Informationen.........137
Touristische Informationen..........137
   Öffentliche Verkehrsmittel.........137
   Innerstädtische Busverbindungen....137
   Service-Taxis..................137
   Taxis.......................138
   Bus-Bahnhöfe für außerstädtische Ziele
   von Bussen/Minibussen...........139
   Außerstädtische
   Komfort-Busverbindungen.........140
   Eisenbahn....................140
   Flugverbindungen..............140
Sich im Straßennetz von Amman
zurechtfinden...................140
   In die Stadt hineinfahren..........141
   Aus dem Stadtzentrum heraus......142
Nützliche Adressen...............144

Inhalt

Andere wichtige staatliche Stellen....144	Essen und Trinken 173
Botschaften......................145	Übernachten 174
Medizinische Hilfe 145	**Ajlun.........................174
Aufenthaltsgenehmigung verlängern ..145	Praktische Informationen 176
Krankenhäuser....................146	Essen und Trinken 176
24-Stunden-Apotheke..............146	Übernachten......................176
Institute und Institutionen 146	Abstecher nach Mar Elias 176
Banken..........................147	Ajlun Forest Reserve 177
Airlines..........................147	Übernachten......................177
Automobilclub....................148	***Irbid.........................178
Reisebüros, Reiseführer............148	Praktische Informationen 180
Ausflüge, Trips per Taxi oder Minibus..149	Essen und Trinken 180
Mietwagen.......................149	Mafraq..........................181
Shopping, Souvenirs 150	**Umm el Jimal...................181
Buchhandlungen 152	Übernachten......................181
Veranstaltungen, Nightlife, Sport.......153	Alleräteste Kirche?................181
Kulturelle Veranstaltungen 153	Busverbindungen 184
Kino, Vergnügungsparks 153	Umm es Surab 184
Nightlife.........................154	Durchs Jordantal über Pella nach Norden 185
Sport............................155	Sehenswertes 185
Essen und Trinken 155	Das Jordantal.....................186
Downtown 155	*Deir Allah 187
Jebel Amman.....................156	Busverbindungen 187
Etwas weiter entfernt 156	*Tell el Ammta 187
Übernachten.......................157	**Pella (auch Tabaqat Fahl).........188
Downtown 157	Praktische Informationen...........190
In Downtown, südwestlich der	Essen und Trinken 190
King Hussein Moschee 158	Übernachten......................190
Am Römischen Theater 159	As Shouna (North) 190
Marka...........................159	*El Hamma (auch Jordan Himeh) ...191
Jebel Amman.....................159	Praktische Informationen 191
Abdali und Jebel Weibdeh 160	Übernachten......................191
Shmeisani 161	***Umm Qays (Gadara) 192
University of Jordan................162	Praktische Informationen 196
Sweifiyeh........................162	Übernachten......................196
Airport..........................162	*Abila...........................197
	Die Wüstenschlösser................199
6 Der Norden....................163	Sehenswertes 199
Jerash – Ajlun – Irbid – Umm el Jimal .163	Die Omayaden 200
Sehenswertes 163	Praktische Informationen 201
Dekapolis........................164	Hammam es Sarah................202
****Jerash.......................164	*Qasr el Hallabat..................202
Interessantes für Eilige 165	Die Wüste Badia 203
Praktische Informationen 172	***Oase Azraq....................204
Busverbindungen 173	Praktische Informationen 206

Essen und Trinken 207	Praktische Informationen. 238
Übernachten. 207	Busverbindungen 238
Azraq als Basis für Tagestrips 207	Essen und Trinken 239
****Qasr el Amra 207	Abstecher zum Toten Meer 239
Übernachten. 209	Übernachten. 239
**Qasr el Kharanah 209	Mutah (Mautah) 240
Muwaqqa 211	El Mazar. 240
**Qasr el Mushatta. 211	Abstecher nach *Dhat Rass. 240
Ausflüge von Azraq aus. 213	Talsohle des Wadi Hasa 241
Ausflug nach Süden. 213	Abstecher nach Hammamat Borbatah
Abstecher nach Norden 213	und Afra. 241
	*Khirbet ed Dharih. 242
7 Wege nach Süden 215	Tafila. 242
Auf der King's Road von Amman	Übernachten. 243
nach Petra. 215	Abstecher nach *Es Sela 243
King's Road. 215	Auf nabatäischen Spuren 243
Sehenswertes 216	Abstecher zum Rummana Camp 244
*Hisban 216	Jebel Atata 244
****Madaba. 217	Abstecher nach ***Dana. 245
Anonyme Werke. 222	Dana Biosphere Reserve 245
Praktische Informationen. 222	Praktische Informationen. 246
Essen und Trinken 222	Trekking 246
Übernachten. 223	Verkehrsverbindungen 247
Sonstiges 224	Übernachten. 248
Abstecher zum ***Mount Nebo und	**Shaubak (Shobeq) 248
nach Khirbet el Mekhayat 224	Praktische Informationen. 250
Abstecher nach *Hammamat Ma'in,	Übernachten. 250
zum Dead Sea Panoramic Complex	**Amman – Totes Meer – Aqaba**. 251
(und weiter zum Toten Meer). 226	Busse zum Toten Meer. 251
Praktische Informationen. 226	Sehenswertes 252
Zwei Rundreisen von Madaba aus 227	Abstecher zum Taufplatz ***Bethania .252
Praktische Informationen. 228	****Das Tote Meer 253
Übernachten. 228	Übernachten am Toten Meer 257
Abstecher nach Mukawir und	Ungeahnte Gefahr im
zur **Festung Machärus 228	hochkonzentrierten Salzwasser. 257
Die Mescha- oder Moab-Stele 229	Amman Tourism Beach 258
Wadi Wala (auch *Hidan*) 230	Ain Zarqa 258
Dhiban 230	***Mujib Nature Reserve. 259
Abstecher nach *** Umm er Rasas,	Trecks im Wadi Mujib 260
Khirbet Arair und Lahun. 230	Halbinsel Lisan; Checkpost 260
***Wadi Mujib 232	El Mazraa. 260
Mujib Nature Reserve 234	*Lot's Höhle (Deir Ain Abata). 262
Qasr 234	*Wadi Araba 263
Rabba. 234	Safi. 264
***Kerak (auch *Al Karak*). 235	Abstecher zum Wadi Feynan 264

Inhalt

***Wadi Feynan 265
Übernachten. 266
Amman – Aqaba
auf dem Desert Highway 267
   Sehenswertes. 267
   *Qasr Bushir. 268
   Lejjun (auch Lajun) 269
   Ma'an 269
   Azraq – Ma'an: Ein dritter, seltener
   Weg in den Süden 270

8 Die Nabatäerstadt Petra 271
Ein paar Bemerkungen voraus 271
   Sehenswertes 272
Die Nabatäer – ein erstaunliches Volk. . .273
   Nabatäische Könige. 274
   Die Gewürzstraße von Petra nach Gaza 275
Petra kennenlernen. 276
   Was den Besucher erwartet 276
   Vorbereitung. 278
   Verkehrsmittel 278
   A) Standardbesichtigung 279
   ****Der Siq 280
   Von Khazne Faraun bis Qasr el Bint. . . .283
   Götter und Idole. 284
   Vom Museum zur Königswand 285
   B) ***Großer Opferplatz und östliche
   Farasa-Schlucht. 288
   C) *El Habis und Wadi Syagh 290
   D) ****Ed Deir 291
   E) Durchs Wadi Muthim zur
   Königswand 292
   F) Entferntere Abstecher: El Hupta,
   Umm el Biyara, Jebel Haroun 293
   G) Außerhalb Petras: El Wueira,
   *El Barid und El Beidha 294
   Straße ins Wadi Araba 295
   Praktische Informationen. 296
   Busverbindungen 296
   Nützliche Adressen 297
   Reiseagenturen 297
   Was Petra noch bietet 298
   **Petra bei Nacht 298
   Essen und Trinken 299
   Übernachten. 300

Camping in Petra 304

9 Der "tiefe Süden" 305
Petra – Wadi Rum. 305
   Sehenswertes 306
   Humaimah .306
   Quweira 307
   Diseh (auch *Deiseh oder Disi*) 307
   Wadi Rum Visitor Center 307
   Jordaniens Kamele sind Dromedare . . .310
   Aktivitäten .311
   Interessantes im Wadi Rum. 312
   Rum (Ram) Village 314
   Praktische Informationen. 315
   Busverbindungen 315
   Selbst ist der Lehrer. 315
   Organisierte Trips, lokale Veranstalter . .316
   Essen & Trinken 316
   Übernachten 317
   Wadi Rum Village 317
   Camps bei Diseh und Umgebung. 317
Aqaba 319
   Sehenswertes 319
   Aqaba kennenlernen 320
   Das Rote Meer und seine Korallen 326
   Baden, Schnorcheln, Tauchen und
   andere Aktivitäten 327
   Ausflüge 329
   Praktische Informationen 330
   Verkehrsverbindungen 330
   Wichtige Adressen 331
   Jordanisch-israelischer Grenzübergang 331
   Von Jordanien nach Ägypten 331
   Was man sonst noch unternehmen
   kann 332
   Essen und Trinken 333
   Übernachten. 334
   Schreiben Sie uns bitte 338

10 Anhang 339
Glossar 339
Mini-Sprachführer. 340
Index 347
Lesen lassen .354
Atlas 356

Verzeichnis der Karten und Pläne

Amman . . . . vorderer Umschlag innen
Jordanien . . . . .hinterer Umschlag innen

Übersichtskarte Jordanien 7
Jahrestemperaturverlauf 28
Klima 28
Historischer Überblick 69
Routen des Ersten Kreuzzugs 79
Amman 113
Historisches Amman 117
Amman Downtown 119
Amman, Jebel Amman 120
Amman, Jebel Weibdeh 122
Amman, Sweifiyeh 126
Amman, King Hussein Park 127
Amman, Umgebung 129
Salt 135
Amman, Wahadat Busterminal 140
Amman, Straßennetz 141
Amman, Wild Jordan Lageplan 151
Route Jerash, Irbid, Umm el Jimal 163
Gerasa, Geländequerschnitt 165
Gerasa (Jerash). 166
Irbid 179
Umm el Jimal 182
Route Jordantal, Umm Qays, Abila 185
Pella 188
Umm Qays/Gadara 193
Route Wüstenschlösser 200
Azraq 204
Qasr el Amra 207
Qasr el Kharanah 210
Qasr el Mushatta 212
Route King's Road 215
Madaba 218
Madaba Zentrum 220
Machärus Palast 229
Kerak, Festung 236
Kerak 238
Dana Biosphere Reserve 244
Shaubak 250
Route Amman - Totes Meer - Aqaba . . 251
Bethania 253
Route Amman - Aqaba auf dem
Desert Highway 267
Qasr Bushir 268
Nabatäische Handelsstraßen 275
Petra 277
Wadi Musa Hotels 302
Route Petra - Aqaba 305
Wadi Rum 309
Aqaba 321
Aqaba Süd 325

Atlas

Kartenschnitte, Übersicht 356
Karte I, Osten, Umgebung Azraq. 357
Karte II, Nordwesten, Jerash, Irbid. . . . 358
Karte III, Norden, Mafraq 359
Karte IV, Westen, Totes Meer, Madaba . 360
Karte V, Mitte, Alia Airport,
Desert Highway. 361
Karte VI, Süden, Tafila, Feynan, Petra. . . 362
Karte VII, Süden Mitte, Desert Highway,
Ma'an 363
Karte VIII, „Tiefer Süden", Wadi Rum,
Aqaba 364

Aqaba-Strand mit Blick auf den Sinai

1

Alles über Reisen in Jordanien

Verstehen und Verständnis

Eher am Rand der Touristenströme liegt ein Land, das einen wesentlich besseren Platz verdient hätte. Jordanien erzeugt meist nur dann Schlagzeilen in der Weltpresse, wenn es mal wieder zwischen alle Macht- und Interessensblöcke gerät; oder im Zusammenhang mit der Irak-Tragödie, in der Amman vielen Medienmenschen und Geschäftemachern als Stützpunkt dient. Aber abseits dieser Publicity sprechen nur wenige über die so freundlichen und angenehmen Bewohner oder die zum Teil sensationellen Landschaften wie auch historischen Relikte.

Als Besucher freut man sich natürlich, viele der sehenswerten Stätten ziemlich für sich zu haben oder mit nicht allzu vielen Gleichgesinnten teilen zu müssen. Welch Glücksgefühl steigt auf, allein zwischen den paar übrig gebliebenen Säulen eines römischen Tempels zu sitzen, vom warmen Wind umschmeichelt, mit unbeschränktem Blick über die Bergformationen, die sich fernab in der Wüste verlieren. Nicht nur alte Stätten, sondern Betplätze besucht man hier, die aus ganz bestimmten Gründen an einem solchen Platz angelegt wurden, nicht zuletzt sogar wegen der Sicht in die Ferne. Eigentlich besucht man sich selbst, kann meditieren, träumen oder

Über Amman weht eine der größten Flaggen der Welt

nur die Fantasie spielen lassen: Was passierte alles an dieser Stelle, wie viele Menschen schilderten ihre Sorgen und Nöte den Göttern oder brachten ihnen Dankesopfer, weil einer ihrer sehnlichsten Wünsche in Erfüllung gegangen war?

Kein Mensch kommt in Jordanien auf die Idee, seine Feldarbeit stehen und liegen zu lassen, zu dem im Tempel weilenden Fremden zu rennen und ihm mit Bakschisch-Bettelei die Ruhe und den letzten Nerv zu rauben, wie das in der Nachbarschaft Jordaniens leider häufig der Fall ist. Die Jordanier wissen die Privatsphäre zu respektieren. So wird fast niemand für kleine Gefälligkeiten sofort und unübersehbar die Hand für ein Bakschisch hinhalten. Andrerseits können sich die Leute die Beine ausreißen, um dem Besucher weiterzuhelfen, und zwar selbstlos, ohne den Blick auf die pralle Geldbörse des Fremden. Selbstverständlich kann man auch hier, wie überall auf der Welt, an Schlitzohren geraten, aber das ist die Ausnahme.

Auch die Landschaft bietet enorm viel Abwechslung, z.B. Extreme wie die tiefstgelegenen Gebiete der Erde am Toten Meer oder die zerklüfteten westlichen Gebirgsketten, die hinunter in den syrisch-ostafrikanischen Grabenbruch stürzen. Diese urgewaltige Felslandschaft wussten die Nabatäer zu nutzen und versteckten ihre Hauptstadt Petra hinter einer engen Schlucht. Sie höhlten die Felsen aus und hinterließen steinerne Kunstwerke, die heute zum Weltkulturerbe zählen. Auch die Römer, zu deren östlichem Grenzbezirk das heutige Jordanien gehörte, blieben nicht untätig und legten Städte und Tempel an. Jerash, die neben Petra am besten erhaltene und großartigste Ruinenstätte, fesselt den Besucher, weil hier eine ganze alte Stadt in der Fantasie lebendig wird, angeregt durch schöne Kolonnadenstraßen mit ihren Tempeln, Theatern und profanen Gebäuden.

Der Jordangraben mit dem Toten Meer ist eine landschaftliche Sensation. Die wüstenhaften Gebirge auf der Ostseite, also die jordanischen, ragen steil, aber nicht unnahbar in den Himmel. Auch sie waren seit Menschengedenken dort besiedelt, wo sich Landwirtschaft betreiben ließ oder noch lässt. Heute ist Jordanien – übertrieben formuliert – ein blühendes Wüstenland. Wo immer es möglich ist, findet man fleißige Menschen bei der Feldarbeit. Erst ein ganzes Stück östlich des beim Grabenbruch aufgehäuften Gebirgsriegels am Jordan beginnt die Wüste; sie breitet sich verhältnismäßig eben und ohne besondere landschaftliche Höhepunkte aus – sieht man vom südlichen Süden mit dem Wadi Rum ab, das wiederum eine Sensation ist.

Lassen Sie sich von diesem faszinierenden Landstrich auf der Ostseite des Jordans begeistern. Er steckt so voller Überraschungen jeder Art, dass man sich nur schwer zur Weiterreise entschließen kann. Noch dazu erschließt er sich recht preiswert.

Was man alles unternehmen kann

Jordanien bietet seinen Besuchern eine Vielfalt an Unternehmungen oder sportlichen Betätigungen, d.h. Kulturinteressierte wie auch Aktivurlauber können sich in jeder Weise austoben:

- Historische Relikte aus vielen Zeitabschnitten besichtigen
- Unterschiedlichste Landschaften zwischen Wüste und Jordanfluss erleben
- Baden und Relaxen im Roten und im Toten Meer
- Tauchen und Schnorcheln im Roten Meer
- Windsurfen, Wasserski und Segeln auf dem Roten Meer
- Trekking u.a. im Wadi Rum und in verschiedenen Naturparks
- Bergsteigen/Klettern im Wadi Rum
- Wüstenwanderungen mit Kamelen z.B. im oder vom Wadi Rum aus, z.B. nach Petra
- Reittouren z.B. vom Wadi Rum nach Petra oder von einem Wüstenschloss zum nächsten

Jordaniens Highlights

Historisches
- **Petra**
Ungewöhnliche Felsenhauptstadt der Nabatäer, bekannteste Sehenswürdigkeit, Weltkulturerbe, 2007 als eines der *Neuen Sieben Weltwunder* gewählt
- **Jerash (Gerasa)**
Gut erhaltene römische Stadt
- **Umm Qays**
Kleinere römische Stadt in herrlicher Lage
- **Amman**
Zitadelle auf dem Jebel Qala mit Archäologischem Museum,
Römisches Theater
- **Pella**
Römisch-byzantinische Ruinen
- **Wüstenschlösser**
Kleine Lustschlösser in der Wüste; eines, *Qasr Amra*, ist Weltkulturerbe

Modernes Leben und außergewöhnliche Landschaftserlebnisse
- **Amman**
Hauptstadt-Trubel, Downtown-Souks, Goldbazar, Cafés, Souvenir-Shopping
Darat al Funum-Kunstzentrum mit Galerien und Ausstellungen
- **Aqaba**
Baden, Schnorcheln, Tauchen
Souvenir-Shopping im Zentrum
- **Wadi Rum**
Faszinierende Landschaft
Wüstentrips und Trekking
Eldorado für Kletterer
- **Totes Meer**
Relaxen oder Kuren im salzigsten Wasser am tiefsten Punkt der Erde
- **Mujib Nature Reserve**
Trekking im tief eingeschnittenen Wüstental, "Grand Canyon" Jordaniens
- **Weitere Naturparks**
mit Wander- und Trekkingmöglichkeiten
- **Jerash**
Im ganzen Nahen Osten bekanntes Sommer-Festival (Juli/August)

Gesundheit, Erholungsmöglichkeiten
2007 stand Jordanien laut World Bank an fünfter Stelle im weltweiten Gesundheitstourismus, im arabischen Raum auf Platz eins. Grund genug, sich hier auch um seine Gesundheit zu kümmern.
- **Amman**
Internationale Hospitäler
- **Hotels am Toten Meer**
Heilbäder (vor allem Hautkrankheiten)
- **Hammamat Ma'in**
Heiße Quellen (Baden und Kuren)
- **Afrat, Borbita, El Himma**
Sehr einfache Bäder an heißen Quellen

- Vögel beobachten in verschiedenen Naturparks oder anderen ausgewiesenen Gebieten
- Ballon-Flüge im Wadi Rum
- Tennis, Golf, Radfahren
- Folklore-Veranstaltungen besuchen
- Auf einer der vielen archäologischen Grabungen mitgraben
- Auf Pilgerreise gehen oder gezielt die biblischen Stätten aufsuchen

Ausführlichere Informationen zum Thema Aktivurlaub siehe Seite 59.

Reisevorbereitung

Literatur

Eine konzentrierte, preiswerte und vorzügliche Einführung in das jeweilige Land oder das entsprechende Gebiet sind die **Sympathie-Magazine** des Studienkreises für Tourismus: *Jordanien verstehen*, Heft Nr. 33, *Islam verstehen*, Heft Nr. 26. Die Hefte können direkt beim Studienkreis für Tourismus und Entwicklung e.V.,

1 Alles über Reisen in Jordanien

Internetlinks

Zu Jordanien gibt es erstaunlich viel im Internet zu lesen. Hier ein Ein- und Überblick:

Sicherheitshinweise der Außenministerien zum Reisen
- » Auswärtiges Amt: www.diplo.de/diplo/de/Laenderinformationen/01-Reisewarnungen-Liste.html
- » Österreichisches Außenministerium: www.bmeia.gv.at/aussenministerium/buergerservice/reisewarnungen.html
- » Reisesicherheitshinweise der schweizerischen EDA: www.eda.admin.ch/eda/de/home/travad.html

Allgemeine Daten, Statistisches
- » Offizielle Regierungs- und Ministerien Site, statistische Angaben und Informationen (derzeit nur arabisch): www.nic.gov.jo
- » CIA Factbook, Allgemein-Daten über Jordanien (zählen zu den zuverlässigsten): www.cia.gov/library/publications/the-world-factbook/print/jo.html
- » US State Department, zuverlässige ökonomische und politische Angaben, ähnlich wie CIA: www.state.gov/r/pa/ei/bgn/3464.htm
- » Auch der *Spiegel* publiziert Zahlen u.a. zu Jordanien: wissen.spiegel.de/wissen/dokument/dokument.html?id=41953955&top=Land&titel=Jordanien#geo
- » Ein gutes Nachschlagewerk (weltweit), voller Informationen: www.infoplease.com/ipa/ A0107670.html
- » United Nations Development Program, interessante Aussagen zur Tätigkeit im Land und zum Land , auch aktuellste statistische Angaben: www.undp-jordan.org
- » Country Studies (US Congress) als Nachschlagewerk: http://lcweb2.loc.gov/frd/cs/jotoc.html

Königshaus
- » König Abdullah II: www.kingabdullah.jo
- » Königin Rania: www.queenranja.jo
- » Der verstorbene König Hussein: www.kinghussein.gov.jo, diese Website gibt auch einen guten Überblick über das Land, seine Menschen, seine Wirtschaft und touristisch interessante Plätze
- » Königin Noor Foundation, einige interessante Details: www.noor.gov.jo
- » Prinzessin Basma: www.princessbasma.jo

Staatliche und halbstaatliche Organisationen
- » University of Jordan, für Studenten und auch andere interessant: www.ju.edu.jo
- » Jordanische Industrie- und Handelskammer: www.aci.org.jo
- » The Royal Society for the Conservation of Nature: www.rscn.org.jo

Ausländische Institute und archäologische Informationen
- » Goethe-Institut in Amman: www.goethe.de/na/amm/
- » Deutsches Evangelisches Institut (auch Berichte über jordanische archäologische Projekte): http://deiahl.de/de/aktuelles_aus_amman
- » American Center of Oriental Research (größtes Institut in Jordanien): www.bu.edu/acor/
- » Franziskaner Arch. Institut (hauptsächlich Mount Nebo): http://198.62.75.5/opt/xampp/custodia/01fai.php

Jordanische Botschaft
- » in Berlin: www.jordanembassy.de
- » in Bern: www.jordanie.ch
- » in Wien: www.jordanembassy.at

Touristische Informationen

- » Jordan Tourism Board: www.visitjordan.com
- » Ministry of Tourism and Antiquities: www.tourism.jo oder www.mota.gov.jo/
- » Allgemeine Infos über Land, Leute, viele Links, auch Touristisches: www.ameinfo.com/jordan, auch: www.jordan-explorer.com/Default.aspx?TabId=140
- » Jordan travel blogs: www.travelpod.com/travel-blog-country/Jordan/tweb.html
- » Jordanien-Forum von Tripadvisor: www.tripadvisor.com/ShowForum-g293985-i2131-Jordan.html
- » *Ruth's Jordan*, eine Site voller Informationen, viele davon auch für Individualtouristen, aber auch über Land und Leute: www.jordanjubilee.com/visitjor.htm
- » Autovermieter, Preisvergleich: www.carrentals.com
- » Hotelassociation of Jordan: www.johotels.com oder http://jo-dir.com/jha/index.php
- » Discount bei Internet-Hotelbuchung: www.hotelsjordan.com
- » Royal Jordanian Airlines (u.a. auch zu touristischen Informationen): www.rja.com.jo
- » Royal Wings, Inlandstochter von Royal Jordanian: www.royalwings.com.jo
- » Wetter in Jordanien: www.jmd.gov.jo
- » Wechselkurse: www.xe.com/ucc/full/

Einzelne Städte/Gebiete/Organisationen

- » Events in Jordanien: www.event.ashtartours.de
- » Aqaba-Information: www.aqaba.jo
- » Aqaba Zollfreie Zone: www.aqabazone.com
- » Sehr informative private Aqaba-Site: www.your-guide-to-aqaba-jordan.com
- » Madaba-Informationen: www.madaba.freeservers.com/index.html
- » Petra: www.raingod.com/angus/Gallery/Photos/MiddleEast/Jordan/Petra/index.html
- » Profis für Wadi Rum Reisen, informative Website auch über das Wadi: www.bedouinroads.com
- » Veranstaltungen des Jordan-Festivals: www.visitjordan.com/jordanfestival
- » Wadi Feynan: www.wissenschaft-online.de/artikel/595030, http://anthro.ucsd.edu/~tlevy/index_files/jhf.htm, http://anthro.ucsd.edu/~tlevy/index_files/jhf.htm.
- » Wandern, Trekking, Abenteuer: www.terhaal.com
- » Der Arzt Dr. Najeeb Layyous publiziert eine Menge touristischer Infos: http://layyous.com

Zeitungen, Zeitschriften

- » Jordan Times, englischsprachige Tageszeitung: www.jordantimes.com
- » The Star, Wochenmagazin: www.star.com.jo
- » Middle East International Online Edition: http://www.meionline.com
- » Offizielle Nachrichtenagentur Petra: http://petra.gov.jo/Default.aspx?Lng=1

Sonstige

- » Deutsch-Jordanische Gesellschaft („Wir bauen Brücken, Brücken zwischen beständigen Kulturen"): www.d-j-g.com
- » Wer sich umfassend über den Islam informieren und auch Fragen stellen will: www.islam.org (englisch)

Linkliste

- » Zwei halbwegs funktionierende "offizielle" Linklisten: www.tourism.jo/inside/Links.asp; www.visitjordan.com/default.aspx?tabid=30
- » Linkliste des oben erwähnten Arztes Dr. Najeeb Layyous: http://layyous.com/root%20folder/jordan%20links.htm

Kapellenweg 3, 82541 Ammerland, Tel 08177 1783, Fax 08177 1349, info@studienkreis.org, www.studienkreis.org, bestellt werden.

Viel Information zum Thema Jordanien lässt sich drei Ausstellungsbegleitbänden entnehmen:

- *Der Königsweg, 9000 Jahre Kunst und Kultur in Jordanien und Palästina*, Rautenstrauch-Joest-Museum Köln, 1987 im P. von Zabern Verlag erschienen.
- *Die Nabatäer, Spuren einer arabischen Kultur der Antike*, Veröffentlichung der Deutsch-Jordanischen Gesellschaft, Hannover 1976 (zu einer sehr umfangreichen Ausstellung über die Nabatäer).
- *Gesichter des Orients, 10 000 Jahre Kunst und Kultur aus Jordanien*, Vorderasiatisches Museum, Staatliche Museen zu Berlin, 2004 im P. von Zabern Verlag erschienen; hervorragender Band, sehr informativ vor allem über die Frühgeschichte Jordaniens.
- Folberg, N., (Fotograf): *Die Wüste – Israel, Ägypten und Jordanien,* Hirmer-Verlag; dieser aufwendige Bildband mit herausragenden Fotos zählt ebenfalls zum Besten, was man über die Region kaufen kann.
- Kalifa, S.: *Der Feigenkaktus, Die Sonnenblume* und *Memoiren einer unrealistischen Frau*, alle Unionsverlag Zürich; Kernthema der in Nablus geborenen Palästinenserin, die heute in Amman lebt, ist das Leben der Palästinenser – vor allem der Frauen – in der Westbank und im Exil.
- Riley-Smith, J.: *Die Kreuzzüge, Kriege im Namen Gottes,* Herder Verlag, Freiburg. Wer in Jordanien reist, stößt immer wieder auf die Kreuzfahrer-Relikte, über deren geschichtlichen und menschlichen Hintergrund man in diesem Buch sehr gut informiert wird.
- Lawrence, T.-E.: *Lawrence von Arabien; Die sieben Säulen der Weisheit,* dtv-Taschenbücher. Der etwas eigenwillige Engländer beschreibt seinen – englandfreundlichen – Einsatz für die arabische Sache in dem Buch, das ihn berühmt werden ließ.
- Köndgen, O.: *Jordanien,* C.-H.-Beck, München. Der gut recherchierte Band gibt eine kompetente Einführung in alle Bereiche des Landes, allerdings bereits 1999 erschienen und bisher nicht aktualisiert.
- Königin Noor Al Hussein: *Im Geist der Versöhnung. Ein Leben zwischen zwei Welten*, List Tb. Die Witwe von König Hussein schildert ihr Leben und ihre Erfahrungen. Das Buch lohnt als Vor- oder auch Nachbereitung einer Reise.
- C.Pollok: *Kulturschock Islam,* Reise Know-How Verlag, Bielefeld. Die Autorin beschäftigt sich mit der Problematik von Touristinnen in islamischen Ländern. Neben sehr viel Hintergrundwissen gibt der Band auch wichtige Ratschläge für Konfliktsituationen. Besonders für alleinreisende Frauen empfohlen.
- *Kauderwelsch Band 75, Palästinensisch-Syrisch-Arabisch*, ein sehr nützlicher Band aus dem Reise Know-How Verlag, Bielefeld.

Einige Bücher, die man sich – bei Bedarf – vor Ort beschaffen sollte:

In Amman oder im Wadi Rum werden die folgenden Bücher verkauft: Tony Howard, *Treks and Climbs in the Wadi Rum* und Tony Howard, Diana Taylor, *Walks and Scrambles in Wadi Rum.*

In Petra kauft man: Rami G. Khouri, *Petra – a Guide to the Capital of the Nabataeans.*

Karten und Pläne

Mit Karten sieht es inzwischen besser aus als noch vor wenigen Jahren. Von Reise Know-How erschien 2008 bereits die 2. Auflage der Karte **Jordanien** 1:400 000, ISBN 978-3-8317-7161-5, in der die in diesem Buch beschriebenen Orte weitestgehend verzeichnet sind. Weniger brauchbar ist **Jordanien** von Freytag & Berndt wegen des Maßstabs 1:800 000.

Auch wir können in unseren **Atlas** (im Anhang) nur solche Straßen einzeichnen, deren Verlauf wir kennen. Diverse Straßen, die wir zwar kennen, aber in keiner Unterlage finden

oder nicht mithilfe von GPS aufzeichneten, können wir kartografisch leider nicht aufbereiten. Dennoch sollte diese Kartensammlung für übliche Ansprüche ausreichen.
Englischsprachige **Stadtpläne** von Amman – die in den letzten Jahren erheblich besser, aber noch nicht perfekt wurden – und Aqaba kauft man am besten vor Ort. Von Irbid kennen wir nur einen arabischen Plan. Über das Gebiet von Petra gibt es vor Ort recht gute Karten.

Verständigung

Landessprache ist arabisch, das sich in der Aussprache vom ägyptischen Arabisch unterscheidet. Aus der englischen Kolonialzeit ist zumindest der Brauch erhalten, dass an allen Schulen Englisch als zweite Sprache gelehrt wird. Wir gewannen sehr subjektiv den Eindruck, dass sich aufgrund des guten Ausbildungsniveaus viele Menschen in Jordanien englisch verständigen können.

Ratsam für den Individual-Traveller ist in jedem Fall, ein Verständigungsminimum an Englisch oder Arabisch zu beherrschen (siehe Seite 340, "Mini-Sprachführer"). Darüber hinaus können wir die einschlägigen Büchlein aus der Reihe *Kauderwelsch* (siehe weiter oben) sehr empfehlen.

Touristische Informationen

Informationen für den deutschsprachigen Raum werden erteilt von:
- Fremdenverkehrsamt Jordanien

c/o Kleber PR Network GmbH
Hamburger Allee 45, 60486 Frankfurt
Tel 069 7191 3636, Fax 069 7191 3651, germany@visitjordan.com

Frau Sonja Arnold ist eine kompetente und auskunftsfreudige Ansprechpartnerin.

Botschaften

Königlich-Jordanische Botschaften:
- **D**-13595 **Berlin**, Heerstraße 201
Tel 030 3699 600, Fax 030 3699 6011, jordan@jordanembassy.de, www.jordanembassy.de
- **A**-1030, **Wien**, Rennweg 17/4
Tel 01 405 1025, Fax 01 405 1031, info@jordanembassy.at, www.jordanembassy.at
- **CH**-3007 **Bern**, Belpstrasse 11
Tel 031 384 04 04, Fax 031 384 04 05, jordanie@bluewin.ch

Konsulate

- **80333 München**
Barerstr. 37, Tel 089 282 953
- **40213 Düsseldorf**
Poststr.7, Tel 0211 138 0694
- **30159 Hannover**
Andrea-Str. 1, Tel 0511 32 3834
- **65189 Wiesbaden**
An der Ringkirche 6, Tel 0611 450 7793
- **CH-1211 Geneve**
45-47, Rue de Lausanne, Tel 022 317 135

Papierkram (Pass, Visum etc.)

Visabestimmungen

Zur Einreise benötigt man einen **Pass** mit einer Gültigkeit von noch mindestens 6 Monaten und 2 freien Seiten. Falls Kinder nicht im Familienpass eingetragen sind, benötigen sie einen Kinderausweis mit Foto.

Das **Visum** erwirbt man am bequemsten und billigsten (derzeit JD 10) bei der Einreise am Flughafen Amman, oder im Aqaba-Hafen, auch an den Grenzübergängen von Israel (außer an der King Hussein (Israel: Allenby) Bridge) bzw. Syrien. Wenn Sie mehrfach einreisen oder länger als 3 Monate bleiben wollen, müssen Sie ein *Multiple Entry Visum* kaufen, das JD 20 an der Grenze kostet.

Natürlich lässt sich das Visum auch zuvor bei den hiesigen Konsulaten bestellen, in Deutschland und Österreich kostet es € 16,50. Bei der Beantragung müssen Sie ein ausgefülltes offizielles Formular einschicken zusammen mit dem Reisepass, einem Passfoto und den Visagebühren in bar oder einem Zahlungsbeleg. Eine Banküberweisung muss auf das Konto 405 196 49 04, Dresdner Bank Berlin, BLZ 120 800 00 erfolgen (siehe auch www.jordanembassy.de/visa_requirments.htm). Rufen Sie vorsichtshalber zuvor bei Ihrem Konsulat an, ob diese Angaben noch gültig sind. Das Visum ist ab dem Ausstellungstag 6 Monate, für eine Aufenthaltsdauer von 3 Monaten, gültig. Ein Multiple Entry Visum kostet beim Konsulat € 31,50.

Wer länger als 3 Monate im Land bleiben will, muss sich auf AIDS untersuchen lassen.

Wenn Sie länger als zwei Wochen (die Frist soll auf vier Wochen verlängert werden) in Jordanien bleiben wollen, müssen Sie Ihr Visum, d.h. die damit verbundene Aufenthaltserlaubnis verlängern lassen; das können Sie theoretisch in jeder Stadt machen. Praktisch aber sollte man sich nicht auf Experimente einlassen und diesen Akt in Amman (siehe Seite 145) oder Aqaba, Petra oder Madaba vollziehen, also an Orten mit Touristenaufkommen.

Eine Sonderreglung gilt für die Freihandelszone von Aqaba *(Aqaba Special Economic Zone Authority ASEZA)*. Wer in Aqaba einreist, ist von der Visa-Gebühr befreit, muss allerdings innerhalb eines Monats wieder (irgendwo) ausreisen. Wer außerhalb Aqabas ankommt und einen Besuch dort plant, kann ebenfalls ein sog. ASEZA Visum beantragen, muss es allerdings innerhalb von 48 Stunden im ASEZA-Büro in Aqaba registrieren lassen (Taxifahrern ist das Büro eher unter „Akliem" bekannt). Jeder Tag ohne Registrierung kostet JD 1,50. Man sollte sich also überlegen, ob der Aufwand die eingesparte Visagebühr wert ist.

Nehmen Sie vorsichtshalber Kopien von allen wichtigen Dokumenten mit und bewahren Sie diese separat von den Originalen auf, damit Sie im Verlustfall die Bürokratie vereinfachen können.

Studenten – möglichst mit Internationalem Studentenausweis - erhalten inzwischen auch in Jordanien Ermäßigungen bei den Eintrittspreisen.

Impfungen

Der Nachweis spezieller Impfungen wird nicht verlangt, es sei denn, man reist direkt aus einem Gebiet mit Gelbfieber ein, dann muss man die Gelbfieberimpfung nachweisen. Allerdings empfiehlt sich der auch bei uns übliche Impfschutz wie Tetanus, Polio etc. bzw. dessen Auffrischung. Achtung: Tollwut ist bei jordanischen Hunden verbreitet (auch gegen Tollwut kann man sich immunisieren lassen). Sollten Sie gebissen werden, müssen Sie in jedem Fall einen Arzt konsultieren.

Autopapiere

Offiziell sind der Internationale Führerschein und die Internationale Zulassung vorgeschrieben, werden allerdings bei der Auto-Einreise selten kontrolliert oder bei der Mietwagenbuchung verlangt. Die europäische **Haftpflichtversicherung** gilt nicht, man muss an der Grenze eine temporäre Haftpflichtversicherung abschließen. Weiterhin wird offiziell ein *Carnet de Passages* verlangt, das bei Pkw und Wohnmobilen an der Grenze meist auch nicht abgefragt wird. Aber es gibt offenbar keine verlässliche Regel. Ein Carnet de Passages erhält man – gegen Gebühren um € 150 und Sicherheitsleistung – beim heimischen Automobilclub (ADAC, ÖAMTC in Österreich bzw. ACS in der Schweiz).

Immer wieder wird über Schwierigkeiten bei der Einreise mit Dieselfahrzeugen berichtet, deren Einfuhr offiziell nicht gestattet, häufig genug jedoch geduldet wird. Auch Motorradfahrer schrieben uns über z.T. erhebliche Schwierigkeiten, die sie beim Grenzübergang erlebten. Bei einer Rückfrage beim Berliner Konsulat im Januar 09 hieß es, man könne mit Dieselfahrzeugen nicht einreisen. Ein anderes Konsulat meinte, dass eine endgültige Aufhebung dieser Bestimmung bevorstehe. Wir sind – wie viele andere auch – 2008 unbehel-

ligt mit einem Diesel-Wohnmobil eingereist. Zwischen dieser und der vorigen Auflage kamen auch keine negativen Lesermeldungen zu diesem Thema. Dennoch wollen wir die Auskunft aus dem Jahr 1999 erneut zitieren.
Auf Anfrage teilte die Jordanische Botschaft mit:

1. Es gibt keine offiziellen Restriktionen für die Einreise nach Jordanien mit einem Motorrad.

2. Halter von Dieselfahrzeugen benötigen eine Genehmigung, um in Jordanien fahren zu dürfen. Für private Diesel-Kfz wird diese Genehmigung direkt an der Grenze ausgestellt.

3. Es gibt keine offiziellen Restriktionen für die Einreise nach Jordanien mit geländetauglichen Fahrzeugen (4WD).

Dies ist der wörtliche Text des Ersten Sekretärs und Leiters der Konsularabteilung, Herrn Abdalla Irteimeh, vom 8. März 1999. Auch das *Tourism Board* in Amman bestätigt diese Aussage voll inhaltlich. Sollten Sie also wirklich in Schwierigkeiten bei der Einreise geraten, dann berufen Sie sich vielleicht zunächst auf diesen Text. Andernfalls versuchen Sie, das Tourism Board in Amman unter 06 567 8444, Fax 567 8295 zu kontakten (volle Anschrift siehe Seite 137).

Reiseziele und -routen

Die Top-Ten-Ziele

1 Petra

Zu den ungewöhnlichsten antiken Siedlungen dieser Welt zählt sicherlich Petra, das zu Recht in der Weltkulturerbe-Liste steht und 2007 zu den Neuen Sieben Weltwundern gewählt wurde. Die Nabatäer versteckten ihre Hauptstadt in einer pittoresken Felslandschaft, die sich nach einer engen Schlucht plötzlich auftut und den Besucher auf Schritt und Tritt fasziniert. Planen Sie mindestens einen Tag fürs erste Kennenlernen.

2 Jerash

Knapp zwei Autostunden nördlich von Amman hinterließen die Römer eine komplette Stadt, deren Ruinen so gut erhalten sind, dass sie das Leben vor 2000 Jahren in der Fantasie leicht wieder lebendig werden lassen. Der Besucher wandert über lange original römische Straßen, besucht imposante Tempelruinen, Theater oder byzantinische Kirchen. Jerash (Gerasa) kann vom Eindruck her als gleichrangig mit Baalbeck im Libanon und Palmyra in Syrien betrachtet werden.

Typischer Landschaftseindruck im Wadi Rum

1 Alles über Reisen in Jordanien

3 Amman
Amman, die Hauptstadt Jordaniens, bietet neben ihrem Römischen Theater und dem Zitadellenhügel mit einem eher kleinen Nationalmuseum nicht fürchterlich viel Historisches. Außer einigen anderen Sehenswürdigkeiten sollte man das tägliche Leben in der quirligen Metropole miterleben und sich treiben lassen. Amman ist eine Stadt, in der man sich bald wohlfühlt und sich schnell integriert. Zwei Tage ist Amman allemal wert.

4 Totes Meer, Festung Kerak
Jordanien und Israel teilen sich den tiefstgelegenen See der Erde, in dem eine hochkonzentrierte Salzbrühe nahezu jegliches Leben im Keim erstickt. Die steil in den See abfallenden Berge sind für so manche Überraschung gut, wenn man auf der Uferstraße am toten See entlangfährt. Etwa am Südende windet sich eine Straße steil ins Hochland hinauf nach **Kerak**, wo eine mächtige und relativ gut erhaltene Kreuzfahrer-Festung die Stadt bewacht. Für eine Rundreise Amman – Totes Meer – Kerak - Amman ist ein Tag ausreichend.

5 Wadi Rum
Durch T. E. Lawrence ("Lawrence of Arabia") zu Recht bekannt geworden, fasziniert diese sowohl spektakuläre als auch sehr ungewöhnliche Wüstenlandschaft mit den senkrecht gut 1000 m hoch aus der Sandebene herausragenden Felsenbergen jeden Besucher. Erleben Sie wenigstens einen halben Tag lang dieses Naturschauspiel.

6 Aqaba
Die gemütliche Hafenstadt am Roten Meer (Golf von Aqaba) ist gleichzeitig die einzige Badestadt Jordaniens. Herrliche Korallenbänke locken Schnorchler und Taucher an, Sandstrände bieten Gelegenheit zum Relaxen. Wer dies nutzen will, sollte sich hier für wenigstens zwei Tage einbuchen.

7 Wüstenschlösser
Nordöstlich von Amman blieben einige kleine Wüstenschlösschen aus den Anfangszeiten des Islam erhalten, das Schloss *Amra* ist Weltkulturerbe. Sie und die Naturreservate bei der Oase Azraq lassen sich auf einer interessanten Tagestour von Amman aus besichtigen.

8 Ajlun, Pella, Umm Qays
Hoch auf einem Bergsporn beherrscht die mächtige arabische Festung Qala'at ar Rabad das Städtchen Ajlun und die Umgebung. Fast zu ihren Füßen im Jordantal liegt in schöner Umgebung die römisch-byzantinische Ruinenstadt Pella. Nicht allzu weit entfernt erhebt sich oberhalb der Yarmuk-Schlucht das große Areal von Umm Qays mit imposanten Ruinen aus der römischen Vergangenheit (damals *Gadara*) und fantastischer Aussicht auf den See Genezareth, die Golan-Höhen sowie nach Syrien.

9 Madaba, Mount Nebo und Umm er Rasas
Nach nur einer halben Autostunde erreicht man südlich von Amman an der Königstraße die Mosaikstadt Madaba. Hier kamen hervorragende Mosaike aus byzantinischer Zeit zutage, die auch historisch von großer Bedeutung sind. Auf dem nahe gelegenen Mount Nebo zeigte Gott dem Moses das gelobte Land (schöne Mosaike). Im etwas weiter entfernten Umm er Rasas, einer kürzlich in die Liste des Weltkulturerbes aufgenommenen byzantinischen Stadt, wurden ebenfalls herrliche Mosaike gefunden. An einem Tag kann man Madaba und weitere, umliegende Sehenswürdigkeiten besuchen.

10 Wadi Mujib, Wadi Hasa
Der "Grand Canyon" von Jordanien taucht so plötzlich in der Hochebene auf und ist so tief eingeschnitten, dass der Atem stockt, wenn man an die steile Abbruchkante des weit unten liegenden Wadis kommt. Dieses grandiose "Schauspiel" der Natur in der Randzone am Toten Meer wurde zum Naturreservat erklärt. Ca. 80 km weiter südlich schlängelt sich das nicht unähnliche und ebenfalls sehr tief hinunterreichende Wadi

Hasa zum Wadi Araba bzw. Südausläufer des Toten Meeres.
Von diesen Zielen wurden Petra, das Wüstenschloss Amra und Umm er Rasas – siehe weiter unten – in die UNESCO-Weltkulturerbe-Liste aufgenommen.

Der „Rest"

Die Top-Ten stellen nur die herausragenden Sehenswürdigkeiten dar. Auf dem Weg von einem zum anderen Platz findet man weitere historische oder landschaftliche Leckerbissen, an denen der Eilige meist vorbeifahren muss, die aber dem Genießer sehr viel tiefere und erlebnisreichere Einblicke in das Land bescheren.

Besonders zu erwähnen wären die etwas abseits liegenden Ruinenstätten **Umm el Jimal** im Norden und **Abila** im Nordwesten. Auch die Reste der Herodes-Burg **Mukawir**, in der Johannes der Täufer sein Haupt verlor, sind einen Abstecher wert sowie die Kreuzfahrerfeste **Shaubak**. Schließlich kann man in den heißen Schwefelquellen von **Hammamat Ma'in** oder Borbatah bzw. Afra zusätzliches Schwitzen üben.

Biblische Orte besuchen

Besonders das Alte Testament berichtet über viele Begebenheiten im heutigen Jordanien, aber auch das Christentum findet hier einige Wurzeln. Die Pilgerreise von Papst Johannes Paul II, Anfang 2000, unterstreicht die Bedeutung, die dem Land östlich des Jordans in der christlichen Lehre zukommt. Es würde zu weit führen, in diesem Handbuch den jeweiligen biblischen Hintergrund der Orte zu erläutern, die entweder anhand von Bibeltexten identifiziert wurden oder in testamentlichen Zusammenhängen vermutet werden. Von Nord nach Süd geht es im Wesentlichen um die folgenden Stätten:

Ramtha
Die Stadt wird mit *Ramot-Gilead* gleichgesetzt, bei der König Ahab von Israel in der Schlacht sein Leben verlor.

Umm Qays (Gadara)
Hier bzw. bei *El Hamma* soll Jesus einen Besessenen von einem Dämon befreit haben, der dann in eine Schweineherde fuhr, die sich in den ziemlich weit entfernten See Genezareth stürzte; allerdings gibt es direkt am Seeufer in Israel den Ort *Kursi*, der auch mit dieser Geschichte identifiziert wird.

Khirbet al Wahadna
In der Nähe von Ajlun, beim Ort *Khirbet al Wahadna*, erhebt sich ein 900 m hoher Berg namens Tel Mar Elias, der seit alters mit dem Propheten Elija in Zusammenhang gebracht wird, was historische Grundmauern und Mosaike zu bestätigen scheinen.

Anjara
In dem Ort zwischen Jerash und Ajlun soll Maria mit Jesus auf ihrem Weg von Galiläa nach Jerusalem in einer Höhle Station gemacht haben. Eine lebensgroße Statue von

Neu erbaute griechisch-orthodoxe Kirche am Taufplatz Bethania

Maria mit Jesus in einer Grotte neben der katholischen Kirche erinnert daran.

Amman
Rabbat-Ammon, die Hauptstadt der Ammoniter, wird in der Bibel mehrfach erwähnt, gemeint ist meist der Zitadellenhügel.

Bethania
Jesus wurde "jenseits des Jordans" von Johannes dem Täufer getauft. In den 90er Jahren wurde – unter anderem aufgrund der Mosaiklandkarte von Madaba – nach dem Taufplatz im Wadi el Kharrar gegraben. Dabei kamen Zisternen, die ebenso als Taufbecken dienen konnten, auf und bei einem Hügel zum Vorschein, der mit der Fahrt des Propheten Elija auf einem Feuerwagen zum Himmel in Verbindung gebracht wird. Ein modernes Taufbecken wurde abseits des Jordans eingerichtet sowie ein schilfbesäumter Weg zum Jordanufer mit Zugang zum Wasser.

Madaba
Madaba war Schauplatz diverser Kämpfe der Israeliten gegen die Moabiter. Daher wird der Ort im Alten Testament mehrfach als *Medeba* erwähnt. In christlicher Zeit war Madaba ein wichtiges Zentrum, wovon noch heute die Reste von 14 Kirchen und die berühmte Mosaiklandkarte in der St. Georgskirche zeugen.

Mount Nebo
Es ist der Berg, von dem Moses das Gelobte Land sehen, es aber nicht mehr betreten durfte, denn zuvor starb er in dieser Gegend. Am Hang entspringt eine Quelle, die *Ain Musa* heißt – Mosesquelle –, dort soll Moses an den Fels geschlagen haben, damit er Wasser freigebe. Dasselbe wird von *Ain Musa* am Oberlauf des Wadi Musa bei Petra gesagt.

Machärus (Mukawir)
Herodes der Große unterhielt hier einen Palast, der unter anderem dadurch bekannt wurde, dass Johannes der Täufer auf Wunsch der tanzenden Salome geköpft und sein Kopf auf einem Teller präsentiert wurde.

Kerak
Kerak wird im Alten Testament in Zusammenhang mit einer Strafexpedition der Könige von Israel und Judäa erwähnt. Jeremia beklagt die Menschen, die bei der Eroberung der Stadt durch die Assyrer umkamen.

Ain Abata (Lot's Höhle)
Lot, Bruder von Abraham, musste aus der sündigen Stadt Sodom fliehen, seine sich umdrehende Frau erstarrte zur Salzsäure. Im 7. Jh nC erbauten Christen ein Kloster an der Stelle, an der Lot nach dem Unglück gelebt haben soll.

Es liegt auf der Hand, dass aus biblischer Sicht im "Land jenseits des Jordans" viel mehr Begebenheiten spielten als hier aufgeführt. Doch die anderen Stätten erscheinen bedeutungsloser.

Offizielle **Pilgerziele** der katholischen Kirche sind die Orte Mar Elias, Anjara, Amman, Bethania, Mt. Nebo und Machärus.

Mitte 2008 ging eine Meldung durch die Weltpresse, dass nach Ansicht jordanischer Forscher 70 Anhänger des im 3. Jh noch jungen Christentums in einer Höhle gelebt und dort heimlich ihren Glauben mit Gottesdiensten praktiziert hätten – im damit bisher **ältesten bekannten Kirchenraum**. Das Höhlengewölbe wurde unter der Kirche St. Georg in der Ortschaft Rihab entdeckt.

Gesund werden – Kuren in Jordanien

Das Tote Meer besitzt – ganz im Gegensatz zu seinem Namen – mit seinem extrem salzhaltigen Wasser besondere Heilwirkungen bei Hauterkrankungen, aber auch Schönheitspflege wird groß geschrieben. Die Hotels am Toten Meer bieten entsprechende Kuren an (siehe Seite 254). Aber nicht weit entfernt, hinter hohen Felsklippen verborgen, offeriert auch Hammamat Ma'in mit seinen heißen Quellen Kuren und Erholung (siehe Seite 226).

Von Deutschland aus können Sie spezielle, allerdings nicht gerade billige Gesundheitsreisen ans Tote Meer buchen, z.B. bei

- Freimuth-Reisen GmbH, Kampstraße 28, 32423 Minden, Tel 0571 20507, Fax 0571 87370, info@freimuth-reisen.de, www.freimuth-reisen.de

14-Tage-Rundreise für Eilige

Bei der folgenden Rundreise bleibt zunächst Amman Stützpunkt, dann ist Bettenwechsel auf dem Weg nach Süden unvermeidlich. Dieser Vorschlag erschließt weitgehend das gesamte Land; einige unwichtigere Sehenswürdigkeiten muss man, je nach Tagesform, vor allem auf dem Weg nach Süden auslassen. Es sind aber keine Badetage in Aqaba oder sonstige Ruhetage eingeplant.

- 2 Tage Amman
- 1 Tag Amman – Jerash – Amman
- 1 Tag Amman – Wadi es Sir – Totes Meer – Amman
- 1 (langer) Tag Amman – Pella – Umm Qays – Irbid
- 1 Tag Irbid – Umm Jimal – Wüstenschlösser – Amman
- 1 Tag Amman – Madaba (Abstecher Mount Nebo, Ma'in) – Amman
- 1 Tag Amman – Umm er Rasas – Wadi Mujib – Kerak
- 1 Tag Kerak – Dana – Petra
- 2 Tage Petra
- 1 Tag Petra – Wadi Rum – Aqaba
- 1 Tag Aqaba
- 1 Tag Aqaba – Wadi Araba – Kupferminen Feynan – Amman

Teilorganisierte Reisen

Wer sich die Mühen vor Ort mit Hotelbuchungen, Bustickets oder sonstigem Organisieren ersparen will, kann sich z.B. an ein örtliches Reisebüro wenden. Hier gi`bt es unterschiedlichste Qualitäten, über die wir nur vom Hörensagen berichten können, denn wir finden es viel spannender, die Dinge selbst in die Hand zu nehmen.

Die Adressen einiger jordanischer Reisebüros finden Sie im Kapitel Amman (siehe Seite 148) und Petra (siehe Seite 271).

Allein in Deutschland bieten etwa 100 Veranstalter u.a. auch Jordanientouren an. Wir wollen nicht ins Detail gehen, sondern hier nur ein paar Adressen von Spezialisten eher willkürlich herausgreifen:

- ADONIS TRAVEL & TOURISM, ein im Nahen Osten bekannter Reiseveranstalter, eröffnete in München ein Büro für Deutschland: Wilhelmstraße 23, 80801 München, Tel 089 38 88 78 47, Fax 089 27 37 05 14, www.adonistravel.com
- BEDU Expeditionen Peter Franzisky, Neureutherstr.10, D-80799 München, Tel. 089 6243 9791, Fax 089 6243 9885, mail@bedu.de, http://www.bedu.de; Reisen in kleinen Gruppen per Auto, Kamel oder zu Fuß; auch individuell buchbar
- DiNa REISEN, Dr. E. Bustani, Schillerstr. 63, 63533 Mainhausen, Tel 06182 28834, Fax 06182 924435, ebustani@t-online.de, www.jordanienreisen.de; ein von einem jordanischen Ehepaar geführtes Unternehmen, das auch Reisen nach individuellen Vorstellungen organisiert
- KUGA TOURS, Blaicherstr. 67, 95326 Kulmbach, Tel 09221 84110, Fax 09221 84130, kuga-tours@t-online.de, www.kuga-tours.de, u.a. bekannter Wohnmobil-Reiseveranstalter
- NOMAD, Reisen zu den Menschen, Weißhausstr. 25, 50939 Köln, Tel 0221 272 2091, www.nomad-reisen.de, info@nomad-reisen.de, bietet ziemlich ungewöhnliche Trekking- und Geländewagentrips, bei denen immer Begegnungen mit Einheimischen einen Schwerpunkt bilden.
- OFT REISEN, Siemensstr. 6, 71254 Ditzingen, Tel 07156 161 115, oft@oft-reisen.de, www.oft-reisen.de; OFT verkauft auch Bausteine für individuell organisierte Reisen. Leser berichten, dass diese Trips zuverlässig sind und gut abgewickelt werden.

1 Alles über Reisen in Jordanien

- SIWA TOURS, Museumsstr. 5, 88400 Biberach, Tel 07351 13023, Fax 07351 13025, www.siwatours.de, hat sich auf geführte Wohnmobilreisen spezialisiert, die auch durch Jordanien führen
- TTH TREKKING TOURS HOFFMANN, Nagelshof 24, 22559 Hamburg, Tel 040 81 1863, Fax 040 81 2470, www.trh-reisen.de, interessante Trekkingtouren auch von Jordanien aus. Anschließend an eine solche Tour kann man sich selbstständig machen und das Land weiter auf eigene Faust erkunden.

Klima und Reisezeit

Klima

Jordaniens Temperaturen werden weitgehend durch sein trockenes Wüstenklima bestimmt. Allerdings regnen sich in der kühleren Jahreszeit gern die Wolken an dem Gebirgsriegel östlich des Jordangrabens ab, die über den ähnlichen Riegel auf der westlichen Seite herüberkommen. Im Winter kann es sogar schneien; 1998 war einer 20 cm hohen Schneedecke in Amman ein allerdings nur kurzes Dasein beschert.

Im tief liegenden Jordantal und der geografischen Verlängerung nach Süden, im Wadi Araba, hat man es im Winter mit milden, angenehmen Temperaturen zu tun, im Sommer kann es richtig heiß werden. 40 Grad und mehr sind dann nichts Ungewöhnliches.

Reisezeit

Wann ist nun die beste Reisezeit? Der für's Auge schönste Zeitabschnitt beginnt gegen Ende Februar, wenn vor allem in den vegetationsstarken Gebieten der Frühling ausbricht und Blütenknospen, etwas verschämt vielleicht, aus den Grünflächen spitzen. Nachteil dieser Zeit ist die noch unsichere Wetterlage, die Regen und auch noch Kälteeinbrüche bescheren kann; wir litten z.B. in der zweiten Aprilhälfte unter einem Kälteeinbruch mit Schneeschauer in der Gegend um Amman! Während einer anderen Reise überraschte uns im November ein fast 24-stündiger Wolkenbruch, der Kanaldeckel in Amman abhob und die Trockenwadis selbst in der Azraq-Gegend in reißende Flüsse verwandelte. Im Winter, sogar im frühen Frühjahr, ist häufig genug **warme Kleidung** (Pullover, Schal) besonders dann angesagt, wenn der ungebrochene Wind über das Land fegt.

Das spätere Frühjahr, der Frühsommer – also Mitte/Ende März bis Ende Mai – wie auch der Frühherbst (September, Oktober) sind vom Wetter her vorzuziehen. Dann herrscht allerdings auch Hauptsaison, die Preise steigen. Im eigentlichen Hochsommer kann es tagsüber zwar arg heiß werden, aber nachts kühlt es fast immer ab. Hinzu kommt, dass man die

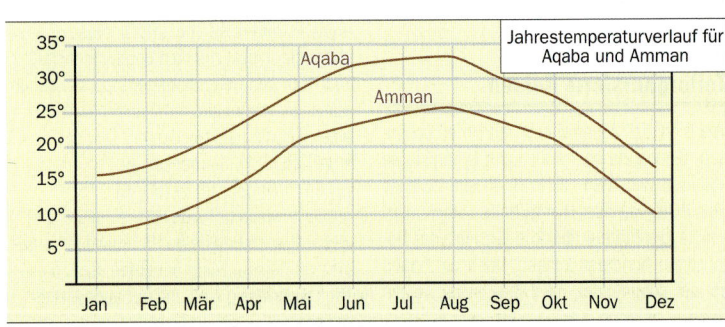

Jahrestemperaturverlauf für Aqaba und Amman

Ausrüstung

Hitze im ariden Klima weniger spürt und weit besser verträgt als in feuchtschwülen Gegenden dieser Welt. So wird man in Amman und Jerash kaum Probleme haben, während es in südlichen Orten, wie Wadi Rum oder Aqaba, schon strapaziöser werden kann. Im Jordantal und auch am Toten Meer ist es dann nur schwer auszuhalten. Wer den frühen Morgen und den Abend nutzt, kommt besser zurecht. Dies ist außerdem die preiswerte Saison mit relativ wenigen Touristen – doch gerade recht für die europäische Ferienzeit!

Vielleicht sollte man auch die Fastenzeit Ramadan vermeiden, weil dann tagsüber die Versorgung eingeschränkt sein kann; vor allem sind die so praktischen Garküchen oder viele Cafés, Bäckereien etc. häufig geschlossen. Andererseits herrscht gerade dann reges Nachtleben, weil nach Anbruch der Dunkelheit gefeiert und geschlemmt wird.

Zeitverschiebung

Die Zeitverschiebung beträgt gegenüber Zentraleuropa eine Stunde. Zwischen Oktober und März herrscht Sommerzeit.

Ausrüstung

Kleidung

Obwohl Jordanien ein islamisch geprägtes Land ist, kleiden sich die Jordanier in der Regel westlich, auch viele Frauen passen sich der westlichen Mode an, tragen allerdings meist ein Kopftuch. Tief verschleierte Frauen wird man eher selten treffen – die Jordanier sind weltoffener und auch toleranter anderen Sitten gegenüber als so manches Land in nächster Nachbarschaft. Das heißt andererseits nicht, dass Besucherinnen in kürzesten Miniröcken und engsten Oberteilen herumlaufen sollten. Dies wird als Provokation betrachtet, unter der schließlich frau selbst zu leiden hat.

Auch **Männer** in kurzen Hosen oder gar mit nacktem Oberkörper passen nicht ins Straßenbild; für den Einheimischen wirken sie lächerlich, da Shorts als Unterhosen interpretiert werden – wer würde zu Hause in der Unterhose ins Museum gehen?

Respektieren Sie die Landessitten und passen Sie sich als **Frau** in Ihrer Kleidung dem

Wadis - jahrzehntelang trocken - können sich bei Regen in kürzester Zeit in reißende Flüsse verwandeln, weil der Wüstenboden Wasser nicht aufsaugen kann (hier Gegend von Azraq im November)

Umfeld an, indem Sie körperbetonte Kleidung, wie T-Shirts und enge Hosen, zu Hause lassen. Arme und Beine bedeckende, weite Kleidung ist weniger provokativ und in der Hitze auch angenehmer zu tragen. Ziehen Sie Schultern und Arme bedeckende Blusen oder ähnliches, mindestens knielange Röcke oder, besser, Hosen an. Wenn Sie baden, ist ein Badeanzug einem Bikini vorzuziehen, obwohl dieser an den Stränden Aqabas oder an den Pools der Ausländerhotels durchaus toleriert wird.

Für den etwas frischen **Sommerabend** (Berge, Wüste) sollte man einen leichten Anorak oder Pullover/Jacke einpacken. In der **Übergangszeit** kann es kühl, im **Winter** unangenehm kalt werden, vor allem in höheren Regionen, in denen auch Amman liegt. Für diese Gegenden benötigt man dann wärmere Kleidung.

Nehmen Sie unbedingt eine **Kopfbedeckung** gegen die unbarmherzige Sonne mit, natürlich auch Sonnenschutzcreme und Sonnenbrille.

Die **Schuhe** richten sich nach dem, was man unternimmt. Wer wandert, braucht Trekkingschuhe, wer badet, sollte eventuell Flossen und Schnorchelausrüstung einpacken, für die Salzbrühe im Toten Meer alte Turnschuhe, die man anschließend entsorgt. Für die Besichtigungswege eignet sich leichtes, bequemes Schuhwerk, das man auch zu Hause im Hochsommer bei ähnlichen Wanderstrecken anziehen würde. Auch Nicht-Wanderer werden in Petra viel zu Fuß unterwegs sein müssen, daher Wanderschuhe o.ä. einpacken.

Sonstige Ausrüstung

Ein **Hüttenschlafsack** kann angenehm sein, falls man in Wüstencamps übernachten und Abstand zu den Decken halten will, die vermutlich nicht häufig gewaschen werden (können).

Schnorchel- und Taucherausrüstung

Es macht Sinn, über **Schnorchel**- oder gar **Taucherausrüstung**, eventuell auch Kamera-Unterwassergehäuse bzw. Einweguntwasserkameras für das Rote Meer nachzudenken. Wenn es das Reisegepäck erlaubt, am besten das eigene Gerät mitnehmen. Andererseits kann man in Aqaba Ausrüstung für wenig Geld leihen.

Für **Brillenträger** ist wichtig zu wissen, dass Gläser mit der passenden Dioptrie für Taucherbrillen nur schwer oder gar nicht zu bekommen sind. In Deutschland bieten Tauchsportgeschäfte Maskenkörper und Gläser der Stärke 1 bis 6,5 der Firmen Spirotechnique und Seemann Sub an. Kodak und Fuji verkaufen Einweguntwasserkameras mit 24 Bildern.

Radio

Ein Kurzwellenradio hält die Verbindung zur Heimat (z.B. Deutsche Welle, siehe Seite 68) aufrecht. Selbst wenn viele Hotels TV installiert haben, so handelt es sich meist um lokale oder englischsprachige Sender (BBC, CNN). Radio Jordan sendet englischsprachig auf 96,3 MHz, Radio Sawa auf 91,8 MHz.

Sonstiges

Ein Leser empfiehlt, ein paar **Kabelbinder** (gibt es in Elektrogeschäften oder Baumärkten) mitzunehmen, um damit in einfacheren Unterkünften nicht intakte/defekte Dinge (z.B. Duschvorhänge) zu reparieren.

Die Firma FEEL FREE schrieb uns an, um **P-MATE** bekannt zu machen: ein in jede Handtasche passendes Hilfsmittel, mit dem Frauen im „Stehen urinieren können" – was unterwegs hilfreich sein kann (www.pmate.de).

Ausrüstung für Camper

Zelten ist nicht gerade üblich in Jordanien; man sollte diese Übernachtungsmöglichkeit eigentlich nicht einplanen, da es bis auf wenige Ausnahmen keine Campingplätze gibt. Theoretisch würde eine auf die persönlichen Komfortwünsche abgestimmte Unterlage (Isoliermatte) genügen. Ein leichtes Zelt ist dann zu empfehlen, wenn man abseits der bewohnten Gebiete unterwegs sein will (z.B. Trekking) und sich gegen unerwünschte Zuschauer, aber auch gegen Wind, Schlangen, Skorpione oder gar einen der hoffentlich seltenen Regenfälle schützen will.

Aus einer Leserzuschrift: *„Wir waren mit Zelt, Schlafsäcken und Matten unterwegs, für Kurzreisende eigentlich ein Luxus, da in manchen Camps (z.B. Rummana Camp) das eigene Zelt nicht aufgebaut werden darf oder in anderen Camps alles vorhanden ist und häufig ein Hotel die bessere Alternative ist".*

Ausrüstung für Wohnmobile

Wohnmobile sieht man nur sehr selten auf Jordaniens Straßen. Wegen des geringen Bedarfs findet man nur ganz wenige Stellplätze, und die bei uns übliche Entsorgungs-Infrastruktur oder einen Elektroanschluss gibt es fast überhaupt nicht. Daher sollte man zu Hause für genügend Unabhängigkeit sorgen, indem man z.B. eine Solaranlage für die Stromversorgung installiert und ein Toilettensystem verwendet, das ohne Chemie auskommt, so dass man den Behälterinhalt auch in der freien Natur vergraben kann.

Jordaniens Straßen setzen Wohnmobilen keine Schwierigkeiten entgegen. Man kommt mit jedem normalen Fahrzeug gut voran; es sei denn, Sie wollen viel in der Wüste unternehmen. Nur bei solchen Übungen ist Allradantrieb von Vorteil. Dann sollten allerdings auch Sandbleche und Schaufel dabei sein, um sich notfalls aus Weichsandstellen befreien zu können. Wenn man im Weichsand den Reifendruck reduziert, entsteht eine breitere Auflagefläche und man kommt besser voran. Zum späteren Aufpumpen ist ein 12-V-Kompressor nötig.

Ausrüstung für Radfahrer

Touristen auf Fahrrädern gehören sicher nicht zum alltäglichen Straßenbild Jordaniens. Wer aber das Land durchradeln will, wird auf ein paar erstaunte Blicke, jedoch auch auf viel Hilfe und Fürsorge stoßen. Normale Basis ist ein stabiles Tourenrad mit entsprechenden Gepäckträgern; wer Pisten fahren will, sollte dies auf möglichst breiten Reifen tun. Da häufig lange Steigungen zu überwinden sind, wird 21-Gangschaltung empfohlen. Lassen Sie sich von Ihrer Werkstatt über Werkzeug und Ersatzteile beraten. Zusätzlich zu deren Empfehlungen: Kabelbinder, eine LED-Taschenlampe und Flaschenhalter für 1,5-Liter-Flaschen, die es in Jordanien überall gibt (Tageswasserbedarf ca. 5 l). Wichtig zu wissen: Europäische Reifengrößen und Fahrradzubehör für Mountainbikes oder bessere Straßenfahrräder sind schwer erhältlich.

Zum Schutz gegen die unerbittliche Sonne sind eine Schirmmütze und z.B. Sonnenschutzcreme mit Faktor 20 sehr empfehlenswert, eine Sonnen-/Gletscherbrille auch als Staubschutz, und für die Sicherheit natürlich ein Helm. Müsli ist bei vielen Radlern eine wichtige Ernährungsgrundlage, Mikropur o.ä. für Wasserentkeimung nicht vergessen. In kühlen Nächten schützt ein Leichtschlafsack und eventuell ein Leichtzelt.

Generell gilt auch hier, dass Männer in kurzen Hosen lächerlich wirken und Frauen in Shorts den islamischen Sitten widersprechen; über Ärger darf man sich dann nicht wundern.

Fotografieren

Bringen Sie, wenn Sie nicht digital fotografieren, am besten genügend **Filme** mit, denn die jordanischen Preise liegen deutlich höher, auch dürfte es an kleineren Orten Nachschubprobleme geben. Beim Schnellentwickeln in Jordanien ist eher Vorsicht geboten, weil die Qualität zwar stimmen kann, aber nicht muss. In jedem Fall sollte man zunächst nur einen Film zur Probe abgeben.

Fotografieren darf man alles **außer militärischen Anlagen**, vor allem im Grenzbereich zu Israel. In religiösen Institutionen sollte man unbedingt die Vorstellungen und Gefühle der einheimischen Besucher respektieren. Viele Menschen möchten nicht abgelichtet werden; bevor es zu Schwierigkeiten kommt, sollte man um Erlaubnis bitten. In Petra oder anderen Touristenzentren bieten sich Leute als Fotomodell an, die aber dafür auch bezahlt werden wollen.

Alleinreisende Frauen

Auch wenn Jordanien sich noch so modern gibt, bleibt es ein durch moslemisch-arabische Traditionen geprägtes Land. Jüngere Frauen sind grundsätzlich nicht oder nur sehr selten allein auf der Straße zu sehen. Es gehört zur Selbstverständlichkeit einer Araberin, nur in Begleitung einer Frau/Freundin oder eines männlichen Familienangehörigen das Haus zu verlassen. Allein gehenden Frauen hängt daher etwas Anrüchiges an, sie werden gern als "Freiwild" betrachtet und auch häufig angemacht.

Jordanien ist dennoch ein Paradies für alleinreisende Frauen, vergleicht man die Situation mit islamischen Nachbarländern – hier hilft man ihnen höflich weiter und belästigt sie nicht. Bisher beschwerte sich uns gegenüber fast keine alleinreisende Frau über das Verhalten jordanischer Männer, noch haben wir davon gehört oder gelesen. Und wenn, wie es eine Frau auf dem Weg zum Toten Meer erlebte, ein Taxifahrer über die Penislänge eines Esels schwadronierte, dann kann frau mangels anderer Taxis zwar nicht einfach aussteigen, aber sie war vorgewarnt, der Mann wurde nicht handgreiflich (und wir nahmen seine Adresse aus diesem Buch).

Eine Leserin, die mit ihrer Freundin unterwegs war, schrieb: *„Unsere anfänglichen Ängste vor aufdringlichen Männern erwiesen sich als unbegründet. Im Gegenteil, unsere Privatsphäre wurde höflich toleriert, im Minibus setzte sich ein junger Mann extra auf einen total unbequemen provisorischen Sitz, um den Abstand zu wahren, während unseres Kameltrips achteten die Männer sogar bei der Übergabe des heißen Teeglases darauf, uns nicht zu berühren. Wir genossen fast überall freundliche und zurückhaltende Behandlung. Sehr angenehm war uns die Tatsache, dass auf Alkohol verzichtet wird. Es schien von Interesse, ob wir ein Paar sind. Unsere Angabe, wir seien Cousinen, stieß auf wohlwollendes Verständnis und erleichterte die Zimmervergabe im Hotel, weil ein Doppelbett nicht erforderlich war."*

• Frauen, die noch nie im Orient unterwegs waren, dürfen diese Zeilen nicht missverstehen. Filme und das unsensible Verhalten westlicher Touristinnen gaukeln den Männern vor, dass eine westliche Frau, besonders wenn sie allein unterwegs ist, geradezu sexuellen Kontakt suchen könnte. Alleinreisende Frauen sollten sich deutlich vorsichtiger verhalten als zu Hause, um kein falsches oder missverständliches Signal zu geben. Daher ein paar grundsätzliche Tipps: Tragen Sie als Frau grundsätzlich eher bedeckende als betonende Kleidung.

• Wenn es geht, sollte frau sich einer Gruppe anschließen oder mit einer/einem anderen Reisenden zusammen durch die Stadt bummeln.

• Es kann vorteilhaft sein, einen imaginären Partner per Foto vorweisen zu können und möglichst nicht zu erzählen, dass frau allein unterwegs ist.

• Starrer Blick und zügiger Schritt sind vor allem dann angebracht, wenn aufdringliche Männer abgeschüttelt werden müssen.

• Als einfachste Vorsichtsmassnahmen im Taxi auf leeren Straßen: Setzen Sie sich nie auf den Beifahrersitz, halten Sie Ihr Handy immer sichtbar griffbereit.

• Anmache sollte total ignoriert werden, bei Handgreiflichkeiten sollte frau sich laut und energisch wehren und Hilfe eher bei älteren Männern oder bei Frauen suchen.

Diese Hinweise sollen keine Frau davon abhalten, allein nach Jordanien zu reisen. Es geht hier nur darum, Sie auf mögliche Probleme aufmerksam zu machen. Wenn Sie sich mit diesem Thema näher auseinandersetzen wollen, dann sollten Sie das Buch *Kulturschock Islam* (siehe Seite 20) lesen.

Reisen mit Kindern, Behinderten, Tieren

Mit Kindern unterwegs

Reisen mit Kindern in Jordanien ist auf der einen Seite eine große Freude, zum anderen stellen sich ein paar praktische Probleme. Eltern sollten den Zeitpunkt der Reise so wählen, dass die Nachkommen nicht unnötig durch zu hohe Temperaturen gestresst werden. Bei Speisen gilt entsprechende Vorsicht (siehe auch Seite 57). Mit Kinderwagen in Amman unterwegs zu sein, benötigt ein Stück Extrakraft, denn die Bordsteine sind hoch und erleichtern das Hochkommen nur selten durch Auffahrrampen.

Ein Leser schreibt dazu: *"Wir können nur das Beste berichten. Solch ein kinderfreundliches Volk haben wir bisher noch nicht auf diesem Planeten getroffen! In Amman z.B. kamen wir selten weiter als zehn Meter, ohne dass nicht jemand die Kinder streichelte oder küsste, anfänglich ein etwas befremdendes Gefühl für die Eltern, an das man sich schnell gewöhnte. Und das trifft nicht nur für Männer und Jünglinge, sondern auch für die seltener anzutreffenden Frauen zu. Sie werden in München auf dieser Strecke mehr Grantler antreffen als Personen, die in Amman Streicheleinheiten verteilen. Sogar die Ober im Restaurant spielen mit Freuden Babysitter – noch nie hatten wir soviel Muße zum Essen außerhalb der Selbstversorgung."*

Eine andere Erfahrung: *"Wir sind noch nie in einem islamischen Land von so vielen Menschen angesprochen worden und vor allem die jungen Mädchen haben fast ohne Ausnahmen Sylvie hochgenommen, geküsst und gestreichelt. Auch von den erwachsenen Männern hat sie ständig Geschenke erhalten, selbst in Petra bekam sie von den sicher armen Beduinen Geschenke, die wir auch auf nachdrückliches Nachfragen nicht bezahlen durften. Sonst ist das Reisen mit kleinen Kindern einfach. Windeln gab es fast überall, ich habe extra auch in kleinen Läden geschaut. Selbst Pampers bekommt man in allen Varianten und für alle Babygrößen. Trockenmilch gibt es auch. In Restaurants kann man meist eine kleine Kinderportion bestellen und bezahlt meist sehr wenig oder auch nichts. Kinderbetten gab es in allen Hotels ohne Aufschlag. Ein Problem hatten wir nur mit dem Kindersitz im Mietauto. Trotz Vorausbuchung und mehrmaliger Nachfrage vor Ort bei Europcar wurde der versprochene Sitz nicht vorbeigebracht."*

In Amman gibt es Vergnügungsparks, in denen auch Kinder reichlich Abwechslung finden, z.B. siehe Seite 127.

Behinderte

Wie in vielen anderen Ländern nimmt das tägliche Leben wenig oder keine Rücksicht auf Behinderte. Zwar ist die Verwaltung seit einiger Zeit per Gesetz verpflichtet, rollstuhlgerechte Eingänge für öffentliche Gebäude zu schaffen, aber das erfolgt nur langsam.

Amman besitzt – im Gegensatz zu Kairo z.B. – relativ gut ausgebaute und ziemlich gepflegte Bürgersteige. Doch ihr Niveau liegt in der Regel so hoch über dem der Straße, dass kein

Autofahrer auf die Idee kommt, dort oben zu parken. Entsprechend schwierig bis fast unmöglich gestaltet sich das Fortbewegen auf den Bürgersteigen im Rollstuhl oder schon bei Hüftgelenks- oder ähnlichen Beschwerden. Ein Trost: Die hilfsbereiten Jordanier werden keinen Behinderten im Stich lassen, der nicht mehr vorankommt.

Auch die meisten Sehenswürdigkeiten laden Rollstuhlfahrer nicht gerade ein. In Petra kann man vom Rollstuhl in eine Pferdekutsche umsteigen, aber die darf im Normalfall nicht weiter als bis zur Khazne Faraun fahren. Bis hierher könnten sich auch Rollstuhlfahrer einigermaßen selbst bewegen, danach folgt dann bald nur noch Geröll oder Sand als Unterlage, irgendwann dürften die Kräfte erschöpft sein. Dann bliebe als einziges zugelassenes Transportmittel ein Kamel. Es gibt aber für Ausnahmefälle die Möglichkeit, den Kutschentransport auch über die Khazne Faraun hinaus zu beantragen. Jerash, als andere große historische Attraktion, ist etwas einfacher von Rollstuhlfahrern zu erobern, weil es insgesamt kompakter ist als Petra. Dennoch dürfen auch hier die Wege nicht unterschätzt werden, sowohl von ihrer Beschaffenheit als auch von der Entfernung her. Ähnliches gilt für die anderen interessanten Orte. Eine bescheidene Ausnahme stellt Aqaba dar, dessen Royal Diving Club behindertengerechte Möglichkeiten bietet .

Tiere

Wenn Sie Ihren Hund oder Ihre Katze mit auf die Reise nehmen wollen, dann steht dem von Seiten der Jordanier nichts im Weg. Sie sollten sich vorsichtshalber vor der Abreise ein dem internationalen Standard entsprechendes amtstierärztliches Gesundheitszeugnis ausstellen lassen.

Bedenken Sie aber grundsätzlich, dass Araber/Muslims sich Tieren gegenüber deutlich anders verhalten als wir. Hunde z.B. gelten als unrein; ein strenggläubiger Muslim wird sich der Begegnung bzw. Berührung mit einem Hund erwehren, notfalls mit Steinwürfen oder anderen Waffen. Aus eigener Erfahrung können wir allerdings keine negativen Erlebnisse berichten, obschon wir bei den üblichen Hundespaziergängen – zumindest in der Provinz – manchmal eher etwas mitleidig angesehen wurden.

Wie kommt man nach Jordanien, wie weiter

Anreise per Flugzeug

Nach Jordanien fliegt Royal Jordanian Airlines von Frankfurt, Berlin, Wien und Genf aus. Weiterhin bieten z.B. Air France, Al Italia, British Airways, Egypt Air, KLM, Lufthansa, Olympic Airways oder Turkish Airlines als Linienflieger und Aero Lloyd als Charterer brauchbare Alternativen. Günstige Preise liegen bei etwa 400-450 € für ein Rückflugticket nach Amman mit Royal Jordanian. Last Minute oder die in den Tageszeitungen angebotenen Billigflüge können deutlich preiswerter sein. Wenn man mit Royal Jordanian einfliegt, ist der Weiterflug nach Aqaba deutlich preiswerter als der in Jordanien gekaufte.

Wer sich bereits in Israel aufhält, kann täglich von Tel Aviv nach Amman fliegen oder auch von verschiedenen Städten per Bus direkt nach Amman fahren.

Den Rückflug sollte man möglichst/mindestens 3 Tage vor Abflug bestätigen lassen.

Anreise per Bus, Bahn

Mit öffentlichen Verkehrsmitteln auf dem Landweg nach Jordanien zu reisen, ist zwar möglich, dürfte aber im Zeitalter des Luftverkehrs nur noch selten wahrgenommen werden. Eisenbahnfreaks können ihrem Vergnügen frönen, wenn sie von München mit dem Istanbul-Express in die Stadt am Bosporus reisen, von dort (asiatische Seite) über Ankara, Adana nach Aleppo in Syrien und nach

Damaskus. Von dort dampfte die alte Hejaz-Bahn nach Amman, sie ist aber vorläufig wegen Reparatur stillgelegt.

Weniger nostalgisch, dafür etwas bequemer verläuft eine Reise per **Bus**: Von verschiedenen europäischen Städten fahren Busse direkt nach Istanbul. Erkundigen Sie sich bei Ihrem lokalen Reisebüro; z.B.
- DEUTSCHE TOURING, Am Römerhof 17 60486 Frankfurt am Main
Tel 069 790 3501

Von Istanbul verkehren Transitbusse entweder direkt nach Amman oder nach Syrien und schließlich von Damaskus nach Amman. Kalkulieren Sie für eine derartige Anreise mindestens vier oder fünf relativ anstrengende Tage ein, und deutlich höhere Kosten als mit einem billigen Flieger.

Anreise per Auto

Für Autofahrer gibt es drei Möglichkeiten, die Grenze nach Jordanien zu erreichen. Wer die lange, aber interessante Anreise über den Balkan, die Türkei und Syrien auf sich nimmt, landet nach knapp 4000 km Wegstrecke am jordanischen Grenzübergang Jabir (Autobahn) oder Ramtha. An beiden Übergängen kann man auch das jordanische Visum kaufen. An den syrischen Übergangsstellen werden die Papiere mehrfach nach verdächtigen Stempeln durchsucht, die einen Besuch Israels in der Vergangenheit bestätigen – wird etwas Verdächtiges gefunden, endet die Reise hier (siehe weiter unten).

Auch in Syrien benötigt man offiziell ein *Carnet de Passages* (siehe Seite 22), das aber – wie in Jordanien – nicht immer abgefragt wird. Die Grenzgebühren betragen etwa $ 70, außerdem wird eine „Dieselsteuer" für entsprechende Fahrzeuge von $ 180 (2008) erhoben. Gebühren an der jordanischen Grenze siehe Seite 39.

Als weitere Möglichkeit kann man von Ägypten aus nach Jordanien fahren, entweder wenige Kilometer durch Israel, d.h. quer durch Elat nach Aqaba (dann ist der Heimweg durch Syrien und/oder Libyen blockiert, siehe weiter unten), oder direkt per Fähre von Nuveiba nach Aqaba.

Weiterreise nach Ägypten

Von Aqaba aus verkehren täglich Fähren nach Nuveiba, ein Fährschiff und ein "Speed Boat". Einzelheiten siehe Seite 331. Natürlich ist auch der Weg durch Elat in Israel möglich, den man nur in Betracht ziehen sollte, wenn man anschließend weder nach Syrien noch Libyen reisen will. Wenn Sie noch kein Visum für Ägypten besitzen, können Sie dieses bei der ägyptischen Botschaft in Amman (Adresse siehe Seite 145) bzw. im Konsulat in Aqaba (Adresse siehe Seite 331) beantragen.

Es gibt auch den Landweg über Israel/Elat nach Tabah. Einschließlich aller Grenz- und Transportgebühren kommt man kaum billiger davon als mit dem Schiff und verbaut sich zusätzlich die Möglichkeit, in andere arabische Länder einreisen zu können. Auch wenn die Israelis nur ein Blatt für den kurzen Aufenthalt in den Pass legen, so geht schließlich aus dem ägyptischen Eintrag „Tabah" hervor, dass man aus Israel kam.

Mit dem Wohnmobil im Wadi Rum

1 Alles über Reisen in Jordanien

Weiterreise nach Syrien

Es gibt zwei Grenzübergänge zwischen Jordanien und Syrien, den Normalstraßenübergang Ramtha nach Dara und die Autobahn-Grenzstelle Jabir nach Nasib, die beide 24 Stunden täglich geöffnet sind. Über Ramtha reisen die meisten Touristen ein, weil Busse und Service-Taxis diesen Übergang traditionell nutzen, während Jabir vom Lkw-Überlandverkehr bevorzugt wird.

Am besten nehmen Sie einen durchgehenden Bus oder ein Service-Taxi von Amman oder Irbid nach Damaskus. Es ist zeitlich sehr aufwendig, mit lokalen Bussen nach Ramtha zu fahren und auf der anderen Seite weiter. Von den Kosten her kommt man eventuell sogar teurer dabei.

Es gibt vor der Grenze wie auch an der Grenze (Jordanien) die Möglichkeit, JD's oder Dollars in syrische Liras zu wechseln. Traveller-Checks werden nur in den Wechselbüros vor der Grenze gewechselt, zu besserem Kurs als in Syrien. Wer mit dem eigenen Fahrzeug einreist, muss auf syrischer Seite Geld für Versicherung etc. wechseln, und nur mit einer entsprechenden Quittung geht es weiter! Es ist nicht möglich, mit den Dinar aus Jordanien zu bezahlen.

Wer nach Syrien weiter zu reisen plant, sollte sein Visum bereits zu Hause beantragen, weil die Syrische Botschaft in Amman normalerweise keine Visa an Nicht-Jordanier ausstellt. Diese strenge Regel wurde gelockert: Man bekommt nun das Visum auch in Amman, wenn man sich vorher von der heimischen Botschaft in Amman ein Empfehlungsschreiben besorgt. Allerdings besteht das Risiko, dass einem das Visum dann doch verweigert wird. Für Autofahrer gilt das weiter oben im Abschnitt „Anreise per Auto" Gesagte.

Einreiseverbot nach Syrien

Die Syrer lassen konsequent niemanden ins Land, dem eine **Verbindung mit Israel** nachgewiesen wird, d.h. wer z.B. den Erzfeind nur besuchte. Reisenden, die einen ägyptisch-israelischen Grenzübergang benutzten und daher einen Ausreisestempel von Tabah oder Raffah in ihrem Pass haben, hilft auch ein in der Heimat besorgtes Syrien-Visum nichts, der Weg nach Norden ist blockiert. Ähnlich ergeht es dem Unglücklichen, der aus Israel einfliegt, um das Syrien-Problem zu umgehen, aber auf dem stadtnahen **Flughafen Marka** landet. Da dort nur Auslandsflüge aus Israel ankommen, weiß der syrische Passbeamte sofort anhand des Entry-Stempels, welchen Weg der am Schalter Stehende eigentlich nahm. Buchen Sie also nur einen Flug zum Queen Alia Flughafen! Diese Problematik gilt auch, wenn man z.B. auf dem Landweg weiter nach Libyen reisen will.

Ein- oder Ausreise Israel

Für Israelbesucher, die aus Jordanien „mal schnell rüber fahren", gibt es ein Schlupfloch, die Allenby Bridge. Normalerweise wird an diesem Grenzübergang (und nur hier!) bei der Ausreise aus Jordanien nicht gestempelt (weil das Westjordanland immer noch als umstritten gilt), und wenn man die Israelis um ein Einlageblatt in den Pass bittet, sollte theoretisch niemand merken, dass man nach Israel fuhr und wieder zurückkam. Leser, die dieses Experiment eingingen, litten unter der Arroganz der israelischen Grenzbeamten und zusätzlich unter den Abfertigungszeiten von bis zu vier Stunden pro Richtung. Die israelischen Grenzgebühren liegen bei über € 30.

Weitere Ziele

Von Amman gibt es Busverbindungen zu allen Hauptstädten ringsum bis in die Emirate am Golf; die Preise liegen niedrig im Vergleich zum Flugticket. Allerdings benötigt man entsprechende Visa, die man oft nur schwierig oder mit hohem Zeitaufwand und eventuell nur zu Hause bekommt. Man muss eine solche Reise also gut planen.

2
In Jordanien zurechtkommen

Ankunft/Abreise per Flugzeug

Ankunft per Flugzeug

Der **Queen Alia Airport**, der wichtigste internationale Flughafen des Landes wird zur Zeit erweitert, um das Passagieraufkommen der Zukunft zu bewältigen. Daher können sich hier beschriebene Abläufe geändert haben. Die Abfertigungsprozedur verläuft in der Regel recht zügig, die Beamten sind freundlich und hilfsbereit.

Wer noch kein Visum besitzt, kann es hier für JD 10 kaufen. Zuvor muss man in der Ankunftshalle Geld tauschen und u.U. länger am Immigration-Schalter anstehen. Daher sollte einer der Gruppe sich beim Geldwechsler und der/die andere in die Schlange an einem der Visa/Immigrationschalter anstellen. Mit einem zu Hause gekauften Visum geht es kaum schneller. Der Kurs der Banken im Flughafenbereich ist zumindest im Ankunftsbereich deutlich schlechter als gleich außerhalb des Einreisebereichs oder bei Geldwechslern in der Stadt. Wer zusätzlich Geld sparen will, vergleicht die Kommissionen der Banken im Flughafen, die sich um viele Prozent unterscheiden können.

Oder: Tauschen Sie einen kleineren Betrag bereits zu Hause, z.B. im Flughafen, dort ist der Kurs meist auch nicht schlechter (vorher aktuellen Kurs im Internet prüfen; z.B. www.xe.com/ucc/); dann können Sie gleich zum Passport-Schalter gehen, ohne an der Bank anstehen zu müssen.

Die **Zollabfertigung** verläuft großzügig; man geht durch den grünen Bereich und wird als Europäer selten nach Zollware gefragt. Offiziell sind Gegenstände des persönlichen Bedarfs wie Fotoapparate oder Filmkameras von Restriktionen ausgenommen, Videokameras müssen/sollen deklariert werden, d.h. sie werden im Pass eingetragen und müssen bei der Ausreise vorgewiesen werden. Wenn man selbstsicher durch den grünen Bereich marschiert, wird in der Regel nicht nachgefragt.

Es können 200 Zigaretten oder 50 Zigarren oder 200 g Tabak sowie 2 Flaschen Wein oder 1 Flasche harte Drinks zollfrei eingeführt werden. Weiterhin können Sie sowohl jordanische als auch ausländische Währungen unbeschränkt ein- und ausführen. Totales Einfuhrverbot besteht u.a. für Drogen, Waffen, giftige Chemikalien, pornografisches Material etc.

Während der beiden ersten Wochen im Land dürfen 1 Liter **Alkohol** und eine Stange **Zigaretten** preiswert im Duty Free Shop in Amman (siehe Seite 137) eingekauft werden.

Vom Airport nach Amman

Im Flughafen vermittelt *Eastern Travel & Tours,* Tel 445 2437, Fax 445 2438, eastern@firstnet.com.jo, Hotelunterkunft ab 1* ohne zusätzliche Gebühren (allerdings auch ohne Discount). Das ist vor allem für denjenigen praktisch, der nicht vorgebucht hat und nicht erst in Amman herumsuchen will. Das Büro ist eine der typischen Boxen an der Außenwand im Terminal 2, neben den Autovermietern.

Der Airport-Bus nach Amman (ca. JD 2,50) wartet ganz in der Nähe des Hauptausgangs. Er fährt von 6–24 Uhr, danach etwa zweistündlich. Ein Taxi in die Stadt kostet ca. JD 25; man bucht kurz vor dem endgültigen Ausgang und bezahlt den dort angegebenen Preis bei der Ankunft, auch wenn der Fahrer plötzlich mehr haben will. Versuchen Sie, sich mit anderen Reisenden ein Taxi zu teilen. Vor-

2 In Jordanien zurechtkommen

sicht bei Privatautos, die sich als Taxi anbieten: Zumindest von Neulingen werden stark überhöhte Preise verlangt; dies gilt auch ganz generell für Amman.

Wenn Sie bereits am Flughafen einen Mietwagen nehmen und nach Amman fahren wollen, dann müssen Sie vom Airport aus die nach Norden führende Autobahn nehmen. Die Ausschilderung *Amman* taucht zwar hin und wieder – meist sehr klein geschrieben – auf, sie ist aber nicht unbedingt eindeutig. Daher sollten Sie sich vorsichtshalber in der Übersicht zum **Straßennetz von Amman** (siehe Seite 140) über die zurückzulegende Strecke informieren.

Achtung: Wer **länger als 4 Wochen** in Jordanien bleiben will, muss sich bei der Polizei melden. Dort erhält man eine Aufenthaltsgenehmigung für drei Monate. Andernfalls ist pro Tag eine Strafe von JD 1,50 fällig, selbst wenn man nur wenige Stunden überzieht (z.B. Ankunft kurz vor Mitternacht, Abflug zwei Wochen später um 6 Uhr morgens). Die Verlängerung ist kostenlos und geht schnell. Theoretisch sollte jede Polizeistation diesen bürokratischen Akt durchführen können.

Es empfiehlt sich jedoch, allen Beteiligten die ungeübte Prozedur zu ersparen und die Verlängerung möglichst in Amman (siehe Seite 145), Aqaba (Seite 331), Madaba oder Wadi Musa (Petra) zu beantragen. Manchmal wird der Pass einen Tag einbehalten, daher diesen Akt nicht erst kurz vor der Abreise aus Amman durchführen. Man benötigt dazu je 1 Kopie der persönlichen Daten im Pass und der Seite mit dem Einreisestempel, die man zuvor machen lassen sollte (z.B. im Hotel). Manchmal wird in Wadi Musa ein Bluttest auf HIV verlangt, von anderen Städten ist uns das nicht bekannt.

Abflug

Vergessen Sie nicht, vorsichtshalber 2-3 Tage vor Abflug Ihr Ticket bestätigen (to confirm) zu lassen.

Rufen Sie, bevor Sie sich in Richtung Flughafen in Bewegung setzen, vorsichtshalber dort an – Tel 445 3200 – und erkundigen Sie sich, ob Ihr Flieger überhaupt angekommen/ vorhanden ist und wann er voraussichtlich abfliegt; Verspätungen gehören auch hier zum Alltag.

Wenn Sie mit Royal Jordanian fliegen, so können Sie im sogenannten **City Terminal einchecken**, ganz in der Nähe des 7. Circle und des dortigen Safeway Supermarkts. Wer sein Gepäck bis zu 24 Stunden vor dem Abflug dort eincheckt, bekommt als Bonus 10 kg Übergepäck frei. Der Transfer zum Flughafen kostet vom Terminal aus nur JD 3 pP und JD 1,50 per Gepäckstück. Das Einchecken geht auch am Tag des Abflugs, allerdings sollte man vorher telefonisch nachfragen, wie lange man vor dem jeweiligen Start im City Terminal eintreffen muss, Tel 550 3860, 510 0000.

Der Airportbus fährt vom Tabarbor Terminal über den 3. bis 7. Circle (siehe auch Seite 112) alle Stunde von 6–23.30 Uhr für JD 3,50 pP zum Flughafen. Rechnen Sie aber nicht damit, dass die Reise pünktlich startet, Verspätungen im Viertelstundenbereich und darüber hinaus sollten einkalkuliert werden, auch wenn der Fahrer unterwegs das Letzte aus Motor und Fahrgestell heraushohlt.

Es gibt zwei Terminals am übersichtlichen Airport: Terminal 1 (rechts, wenn man von Amman her ankommt) ist der Royal Jordanian vorbehalten. Von Terminal 2 dürfen alle anderen Fluglinien starten.

Für eine Taxifahrt vom Stadtzentrum zum Queen Alia Flughafen muss man mit JD 15-20 rechnen.

Die Ausreiseprozedur am Flughafen verläuft einigermaßen unkompliziert, sie kostet eigentlich JD 20 Ausreisesteuer, wird aber seit Juli 2008 direkt mit dem Flugticket erhoben (an allen Landübergängen ist sie jedoch fällig; wegen der Freihandelszone in Aqaba nur JD 5). Sie sollten mindestens eineinhalb bis zwei Stunden vor Abflug einchecken. Im Flughafen können Sie restliches jordanisches Geld unkompliziert, aber zu miserablem Kurs in die Heimatwährung zurücktauschen, sowohl vor als auch nach dem Einchecken. Neben den üblichen Duty Free Shops gibt es Cafés, die sowohl jordanische Dinar als auch z.B. Dollar akzeptieren.

Ein- und Ausreise mit anderen Verkehrsmitteln

Einreise im Bus/Service-Taxi

Die Einreise von **Syrien** geht nur über den Grenzübergang Ramtha/Dara. Die bequemste Lösung ist der JETT- oder Karnak-Bus. Tägliche Verbindungen (erste Abfahrt um 7 Uhr) zwischen Damaskus und Amman dauern etwa 3–7 Stunden, was sehr von der Situation an der Grenze abhängt, Tickets kosten um JD 10.

Auch **Service-Taxis** bedienen die Strecke zu ähnlichem Preis bei einer Fahrzeit von etwa 3 Stunden einschließlich Wartezeit an der Grenze. Ankunft in Damaskus im Stadtteil Baramke. Dort möglichst kein Taxi im Terminalbereich nehmen, da überhöhter Preis, sondern aus fließendem Verkehr von einer Straße um die Ecke. Europäer zahlen JD 20 Ausreisesteuer. Das Visum für Syrien muss man als Tourist mitbringen.

Ein- und Ausreise mit privatem Auto

Die Einreise auf dem Landweg ist ebenfalls relativ unkompliziert, aber nicht so effektiv wie auf dem Flughafen geregelt. Als Autofahrer muss man eine jordanische Haftpflichtversicherung abschließen, die je nach Fahrzeug JD 30-100 für 4 Wochen kostet, der Zoll verlangt für seine Bemühungen noch einmal JD 15. Falls man ein Carnet zur Bearbeitung vorlegt, kostet dies JD 7 an Gebühren. Die Ausreise kostet JD 20 pP und JD 10 pro Fahrzeug. Alle Gebühren können nur in JD bezahlt werden, Wechselstuben sind vorhanden.

Ein- und Ausreise von/nach Israel

Da auch Reisende von Israel her- oder hinüberfahren, kommt diesem Grenzverkehr ziemliche Bedeutung zu. Drei Personen-Grenzübergänge gibt es derzeit nach Israel, die allerdings für Touristen mit ungleichen Bestimmungen aufwarten:

King Hussein Bridge
(Israelisch *Allenby Bridge),* Übergang bei South Shouna/Jericho (So-Do 8-2, Fr/Sa 8-13; Achtung, Zeiten können sich ändern).

Ankunft in Amman: auf der Zahran St (Jebel Amman) Richtung Zentrum

2 In Jordanien zurechtkommen

Da diese Grenzstelle im besetzten Gebiet liegt, erkennen die Jordanier den Übergang nicht als eigentliche Grenzpassage an. Daher werden hier **keine Visa ausgestellt**, für die Ersteinreise an diesem Übergang muss das Jordanien-Visum bereits im Pass stehen. Der Übergang ist für **alle Fahrzeuge gesperrt**. Normalerweise wird hier bei der Ausreise aus Jordanien nicht gestempelt (weil das Westjordanland immer noch als umstritten gilt), und wenn man die Israelis um ein Einlageblatt in den Pass bittet, sollte theoretisch niemand merken, dass man nach Israel fuhr und wieder zurückkam.

Von Amman zur King Hussein Brücke nimmt man einen Minibus (ab 6 Uhr), der ca. JD 4 kostet und etwa 1 Stunde unterwegs ist. Von der Grenzstation über die Brücke fährt man nach der Abfertigung mit einem Shuttlebus (Stundentakt, Fahrzeit ca. 15 Minuten, Fahrpreis JD 2) zu einem auf der anderen Seite wartenden Bus; Leser beklagen sich über lange Wartezeiten, u.a. auch auf den Bus.

Gebühren: Ausreise Jordanien JD 20, Einwie Ausreise Israel ca. € 30. Auf der israelisch/palästinensischen Seite der King Hussein Bridge geht es per Minibus weiter nach Jerusalem, Damaskustor. Oder man fährt preiswert nach Jericho zur Yariha-Busstation und von dort per Service-Taxi nach Ostjerusalem.

Will man – auf jordanischer Seite – von der Hussein Bridge billig weiterkommen, verlässt man zu Fuß das Areal der Grenzstation durch das Tor Richtung Amman, geht an der Mauer rechts, dann noch einmal rechts (insgesamt etwa 150 m) und sieht einen Eingang zu einem Hof, in dem Service-Taxis und Minibusse (JD 4) nach Amman starten; das ist der Platz, von dem die jordanischen Grenzgänger weiterfahren. Andernfalls kostet ein Bustrip direkt aus der Grenzstation nach Amman JD 15-20.

Gegenüber der Grenzstation sind viele Autovermieter vertreten, auch internationale. Leser zahlten hier übliche Preise. Wer also ohnehin vorhat, per Mietwagen durch Jordanien zu reisen, sollte gleich hier starten, dann spart man schon Kosten und Ärger, nach Amman zu kommen. Die Ausschilderung Richtung Amman ist gut. Alternativ kann man im Jordangraben gleich nach Norden oder nach Süden z.B. zum Toten Meer abbiegen (siehe Seite 266) und die Hauptstadt erst später besuchen.

Das Busunternehmen *Trust International Transport Co.* schickt täglich außer Samstag je einen Bus von Amman über Sheikh Hussein Bridge (Jordan River Crossing/Bet Shean) nach Tel Aviv, einen zweiten nach Nazareth, d.h. man muss an der Grenze nur kurz aussteigen, hat aber keinen Ärger mit dem Gepäck etc.; der umgekehrte Weg von Israel nach Amman ist natürlich genauso bequem (siehe auch Seite 140).

Araba

(Israelisch *Arava),* Übergang bei **Aqaba**/Elat (So-Do 6.30-22; Fr, Sa 8-20; Achtung, Zeiten können sich ändern). Dies ist der für Touristen unkomplizierteste Grenzübergang, der wie eine beliebige Grenzstelle agiert. Das jordanische Visum wird unbürokratisch ausgestellt. Busreisende aus Israel müssen in einen jordanischen Bus umsteigen und ihr Gepäck ca. 200 m weit schleppen. Taxis an der Grenze sind teuer. Von dort bis zur nächsten Hauptstraße mit normalem Taxiverkehr läuft man gut 1 km.

Man kann per Auto (allerdings keine israelischen Leihwagen) beliebig ein- und ausreisen, für die jordanische Kfz-Versicherung sind JD 30-40 (für 4 Wochen) und für die Carnetbearbeitung JD 7 zu zahlen.

In umgekehrter Richtung, von Aqaba zur Grenze, fahren keine regulären Busse. Ein (weißes) Sammeltaxi kostet etwa JD 6. Die Ausreisesteuer beträgt JD 20.

Sheikh Hussein Bridge

Dieser ebenfalls "normale" Übergang (israelisch *Jordan River Crossing)* liegt bei Tall al Arba, auf israelischer Seite bei Bet Shean (ständig geöffnet, kann sich aber ändern), übliche Gebühren.

Die Sheikh Hussein Bridge ist von Amman aus etwas umständlich per Bus zu erreichen: Zunächst nach Irbid (etwa JD 1) fahren, dort per Service-Taxi zum West Terminal und weiter per Minibus zur Sheikh Hussein Bridge (etwa 1 Stunde Fahrzeit zu ca. 500 Fils); es kann sehr lange dauern, bis der Minibus voll ist. Es gibt aber weiße Sammeltaxis, die nur 4 Passagiere je etwa JD 5 zur Grenze bringen, d.h. man wartet nicht so lange. Noch schneller geht es, wenn man das Taxi allein mietet und bei hartnäckigem Verhandeln um JD 15 zahlt. Nimmt man stattdessen vom West Terminal einen Minibus ins Jordantal nach Al Mashari, muss man an dem Abzweig zur Grenze aussteigen und von dort knapp 2 km Fußmarsch zur Grenzstation/Brücke in Kauf nehmen; Achtung, der erste Abzweig ist nur für Lkw offen, man muss dann den ganzen Weg wieder zurück. Ein Taxi von Amman hierher kostet etwa JD 35.

Bei der Ausreise aus Israel fährt man von Bet Shean mit einem Bus (mehrmals täglich) zur Grenze und 20 Minuten später zurück, im Niemandsland verkehrt ein Shuttlebus.

An allen drei Übergängen können Sie Geld tauschen, um z.B. die Grenzgebühren zu bezahlen.

Daneben existiert noch ein Übergang namens Adam Bridge am Ende der israelischen Straße 57, die von Nablus herunterkommt. Hier ist kein Personen-, sondern nur Warenverkehr zugelassen.

Fähre nach Ägypten

Von Ägypten nach Aqaba kommt man heutzutage am bequemsten auf dem Landweg über Elat. Wer aber den israelischen Stempel bzw. den ägyptischen Stempel in Tabah im Pass vermeiden will, nimmt das Fährschiff von Nuveiba nach Aqaba. Weitere Details im Aqaba-Kapitel, siehe Seite 331.

Prinzipiell einfacher für Autofahren ist der Landweg nach Ägypten – falls Sie kein anderes arabisches Land mehr besuchen wollen – über Elat nach Tabah. Denn die Auto- oder Motorrad-Abfertigung im Hafen von Nuveiba ist extrem umständlich und dauert nervtötend lange. Übrigens verlangt der ägyptische Staat neben dem Carnet de Passages eine Art Einreisegebühr für Fahrzeuge (als Kompensation der niedrigen Spritpreise), die je nach Fahrzeugart bis zu 150 € ausmachen kann. Die kurze Reise durch den Golf von Aqaba mit steilen Wüstenbergen an beiden Küstenseiten und dem tiefblauen Meer ist sehr beeindruckend.

Ausreise: Offiziell erhalten einreisende EU-Bürger das ägyptische Visum an der Grenze. Wer jedoch kein Risiko eingehen will, kann sich beim ägyptischen Konsulat im Neubaugebiet von Aqaba ein Visum besorgen. Kurzzeitvisa für den Ostsinai werden direkt und kostenlos auf den Schiffen ausgestellt. Die Ausreisegebühr aus Jordanien beträgt JD 20.

Sich in Jordanien informieren

Die Tourismusbranche Jordaniens tut sich, trotz aller gegenteiligen Beteuerungen von offizieller Seite, immer noch schwer mit der Betreuung von Individualtouristen. So kann man sich in Amman Informationen nur holen bei Jordan Tourism Board (JTB), Nebengebäude des Century Park Hotel, dort auch Duty Free Shop (ausgeschildert),

- JTB, 1 Block nördlich zwischen 4. und 5. Circle, P.O.Box 630688, Amman 11183, Tel 06 567 8294, Fax 06 567 8295, jtb@nets.com.jo, www.visitjordan.com
- Ministry of Tourism and Antiquities, Jebel Amman, Al Mutanabbi St, Nähe 3. Circle hinter Hotel Le Royal, Tel 06 460 3360, Fax 464 8465, contacts@tourism.jo, www.tourism.jo

Informationsstellen (mit z.T. dürftigen Auskünften) gibt es auch in Kerak, Jerash, Mada-

2 In Jordanien zurechtkommen

ba, Petra und Wadi Rum. Wobei in Aqaba die derzeit landesweit einzige professionell und kompetent auftretende Touristeninformation den Fragestellern weiterhilft.

Das Ministry of Tourism and Antiquities betreibt eine kostenlose Hilfenummer unter 0800 22 228 (nicht vom Handy erreichbar), die man bei Problemen täglich von 8-22 Uhr anrufen kann.

Sich richtig verhalten

Ein mit den Sitten und Bräuchen nicht vertrauter westlicher Besucher kann sich besonders in einem muslimischen Land unwissentlich ungeschickt benehmen, daher ein paar Informationen zu diesem Thema.

Begrüßung

Es gibt eine ganze Reihe von **Begrüßungsformeln**. Am besten benutzt der Besucher *as salam alaikum* oder einfach *salam*, worauf sein Gegenüber *wa alaikum as salam* antwortet. Weitere Formeln des nicht gerade einfachen Begrüßungszeremoniells finden Sie im Mini-Sprachführer, siehe Seite 340.

Man begrüßt sich grundsätzlich per Handschlag. Dennoch sollte der Besucher etwas zurückhaltend abwarten, ob der Partner die Hand reicht, dann natürlich den Handschlag erwidern; das gilt insbesondere bei der Begegnung mit Frauen. Andererseits wird man von Geschäftsleuten oder von Leuten auf der Straße sehr gern per Handschlag willkommen geheißen, auch wenn man selbst keine Anstalten dazu macht.

Es grüßt immer derjenige zuerst, der ein Haus betritt. Bei der Begrüßung bleibt auch die Frau nicht sitzen; generell steht man zur Begrüßung auf. Umarmungen und Küsse zur Begrüßung zwischen Mann und Frau sind auf die engste Familie beschränkt.

Adäquat gekleidet sein

Die freizügigen weiblichen Bekleidungssitten treiben in Europa fast niemanden mehr auf die Barrikaden, doch die Orientalen können ihren Moralkodex durch unangemessene Kleidung verletzt sehen.

Man muss als westliche Frau nicht gerade in Sack und Asche gehen. Wie schon auf Seite 29 ausgeführt, entsprechen Schultern und Arme bedeckende, weite Kleider den Landessitten, schützen die Trägerin meist vor aufdringlichen Belästigungen und sind zusätzlich auch klimatisch besser geeignet. Bedeckende Kleidung ist Pflicht für den Besuch von Moscheen. Als Anmerkung noch: Auch Rauchen in der Öffentlichkeit gilt für Frauen als anstößig.

An touristisch geprägten Orten wie Aqaba wird dies auch nicht mehr so eng gesehen, dort kann frau anziehen, was sie für angemessen hält.

Männer mit nacktem Oberkörper und Badehose oder Shorts werden außerhalb von Badestränden oder Hotelpools eher belächelt.

Soo weit muss man als Touristin nicht gehen...

Sich richtig verhalten

Einladungen

Die Höflichkeit verpflichtet auch den Ärmsten, Einladungen auszusprechen. Wenn der Eingeladene eine Einladung mindestens dreimal hartnäckig ablehnt und sie vom potentiellen Gastgeber ein viertes Mal wiederholt wird, so ist sie wirklich ernst gemeint (das gilt natürlich genauso bei Einladungen, die Sie aussprechen: mindestens dreimal wiederholen). Selbstverständlich trifft man auf westlich orientierte Jordanier, die unsere Traditionen kennen und eine Einladung gleich beim ersten Mal ernst meinen; man muss dies mit etwas Fingerspitzengefühl beurteilen.

Zu aller Komplikation gibt es noch rein formale Einladungen (z.B. vom Busnachbarn zur Übernachtung in seinem Haus), die nur aus Höflichkeit ausgesprochen werden, aber gar nicht so gemeint sind. Daher gilt es auch hier, mindestens dreimal bestimmt abzulehnen, andernfalls könnten Sie Ihr Gegenüber in arge Verlegenheit bringen.

Während des Essens lädt der Gastgeber Ihren Teller randvoll; Sie müssen alles probieren, einerlei wie es aussieht und schmeckt. Leeren Sie Ihren Teller nur dann, wenn Sie noch Hunger haben; denn ein leerer Teller wird sofort wieder gefüllt. Lassen Sie mindestens einen Rest zurück, um Ihre Sättigung anzuzeigen. Wenn mit den Fingern gegessen wird, legen Sie am besten die linke Hand (sie gilt als unrein) in den Schoß.

Wenn Ihnen eine Tasse arabischen Kaffees angeboten wird, sollten Sie diese als Anerkennung für Gastfreundschaft möglichst annehmen. Zum Nachschenken halten Sie die Tasse einfach der ausschenkenden Person hin. Wenn Sie am Ende Ihrer Kapazität angekommen sind, schwenken Sie die Tasse als "Endsignal" hin und her.

Akzeptieren Sie die Gewohnheit, dass man beim Gespräch häufig sehr nahe steht, im Gegensatz zu unserem Distanzhalten zum Partner.

Aufgeschlossen sein

Begegnen Sie den Menschen offen, ohne Besserwisserei, Dünkel und Arroganz. Wenn man – auch in schwierigeren Situationen – mit einem Lächeln Freundlichkeit anbietet, wird man umso mehr mit Herzlichkeit empfangen werden.

Religiöses Verhalten respektieren

Tolerieren Sie religiöse Bräuche und akzeptieren Sie diese ohne Diskussion, wo Sie mit ihnen konfrontiert werden. Dazu gehört, dass Moscheen in angemessener Kleidung zu betreten sind. Frauen bedecken Kopf und Schultern. Viele Moscheen können oder sollten während der Gebetszeit nicht besichtigt werden; fragen Sie, ob der Besuch gestattet ist. Gehen Sie niemals zwischen einem Betenden und dem *Mihrab* entlang, denn Sie unterbrechen die imaginäre Sichtverbindung nach Mekka.

Schuhe ausziehen

Moscheen betritt man keinesfalls mit Schuhen, sondern lässt sie am Eingang stehen oder trägt sie – Sohle an Sohle geklappt – in der Hand. Auch in Privathäuser geht man nicht mit Schuhen, es sei denn, der Gastgeber erlaubt es ausdrücklich.

Fastenzeit Ramadan tolerieren

Provozieren Sie die Leute während dieser Zeit nicht durch Essen, Trinken oder Rauchen in der Öffentlichkeit. Gehen Sie tagsüber in die (wenigen) geöffneten Restaurants, die sich häufig auch auf Fremde eingestellt haben. Abends, nach Sonnenuntergang, gibt es zum *Fitar* (Fastenbrechen) die köstlichsten Speisen – Ramadan ist die beste Zeit für Feinschmecker.

Kein Alkohol in der Öffentlichkeit

Die Jordanier sind dem Alkoholgenuss gegenüber toleranter als andere moslemische Länder. Doch von Trinkkumpanen wird sich der strenge Moslem abwenden. Wer es denn unbedingt braucht, sollte im Hotel, aber nicht in der Öffentlichkeit trinken, schon gar nicht betrunken herumlaufen.

Keine Drogen

Drogen aller Art sind in Jordanien streng verboten. Wer sich dennoch auf Rauschgiftsuche macht, handelt völlig verantwortungslos und missbraucht das Gastrecht. Drogenvergehen fallen unter Schwerverbrechen.

Trennung der Geschlechter

Gesellschaftlich sind Männer und Frauen voneinander getrennt, bei privaten Veranstaltungen wie auch in der Öffentlichkeit. Bei Einladungen sitzen häufig Frauen und Männer in getrennten Räumen. Setzen Sie sich als alleinreisender Mann im Bus oder bei anderen Gelegenheiten nicht neben eine alleinsitzende Jordanierin, es sei denn, es gibt keinen anderen Platz.

Taktvoll fotografieren und filmen

Besonders Frauen scheuen – aus traditionellen und religiösen Gründen – den Fotografen. Fragen Sie grundsätzlich um Erlaubnis, wenn Sie Menschen aus der Nähe fotografieren wollen. Sobald gegen Ihre Kamera Protest erhoben wird, sollten Sie dies respektieren. Das Fotografieren und Filmen in allen antiken Stätten ist im Gegensatz zu vielen anderen Ländern (noch) kostenlos erlaubt. Strikt verboten ist das Fotografieren militärischer Einrichtungen aller Art.
Nehmen Sie ein paar Fotos zum Herzeigen aus Ihrem privaten Bereich (Familie, Haus, Beruf) mit. Ihr Gastgeber oder andere Bekanntschaften werden sich sehr dafür interessieren.

Fußsohlen nicht zeigen

Wenn man sich lässig mit den Füßen auf dem Tisch oder sonstwo hinlümmelt, beleidigt man seinen jordanischen Partner sehr grob. Wie auch in asiatischen Kulturen zeigt man auf keinen Fall seine Schuh- bzw. Fußsohlen – Amerikanern sollen schon diverse Geschäfte wegen dieser Angewohnheit entgangen sein.

Gastgeschenke

Wenn bei Einladungen die Aufwendungen des Gastgebers nicht durch Gastgeschenke kompensiert werden können, sollte man dies durch äquivalente Geldgeschenke tun, die für die Kinder des Gastgebers bestimmt sind; damit verliert keiner der Beteiligten sein Gesicht.

Sich nicht übers Ohr hauen lassen

Die Jordanier gehören zu den ehrlichsten Menschen im Nahen Osten. Bei unseren Reisen erlebten wir nie Unannehmlichkeiten oder direkte Betrügereien. Es kommt aber vor, dass Taxifahrer, Kellner oder andere Leute im Touristengeschäft gern die Preise für den nichts ahnenden Ausländer erhöhen. Über einen geringen Aufschlag sollte man sich bei der sozialen Situation Jordaniens nicht aufregen. Wenn aber z.B. ein Taxler durch Manipulation den Fahrpreis auf der Strecke verdoppelt, für die man zuvor beim ehrlichen Fahrer entsprechend weniger zahlte, dann sollte man sich wehren und auf dem reellen Preis bestehen.

Homosexuelle, Lesbierinnen

Gleichgeschlechtliche Beziehungen werden praktisch nicht toleriert, obwohl Homosexualität mindestens im selben Maße wie überall auf der Welt verbreitet ist. Aber sie wird nicht gezeigt, sondern blüht im Verborgenen; lesbische Beziehungen sind noch versteckter. Gleichgeschlechtlichen Paaren kann daher nur geraten werden, ihre Beziehung tunlichst zu verbergen, um unangenehmen Situationen, bis hin zu Verhaftungen, aus dem Weg zu gehen.

Unterwegs in Jordanien

Jordanien bietet sich dem Besucher manchmal ziemlich extrem dar: Von der brütenden Hitze in Aqaba oder am Toten Meer fährt man nur eine halbe Stunde ins Hochland hinauf – und muss in der kühleren Luft u.U. einen Pullover überziehen. Die Straßen zwischen Hochland und Jordan, aber auch im Hochland selbst gleichen häufig Achterbahnen: steil hinauf, ebenso steil hinunter, um gleich wieder senkrecht in den Himmel zu führen.

Jordanien ist ein ziemlich baumloses Land. So sucht man denn auch schattige Rastplätze meist vergebens. Hat man schließlich einen idyllischen Platz gefunden, scheint man – zumindest nach Feiertagen – auf einer Art Müllhalde gelandet zu sein. Denn viel zu viele Jordanier lassen jeglichen Picknickabfall dort liegen, wo er hinfällt – einer der wenigen äußerlichen Makel, den man diesem aufstre-

Die Hejaz(Hedschas)-Bahn

Vordergründig wollten die Osmanen den Zehntausenden von Pilgern helfen, die sich alljährlich von Damaskus aus auf den beschwerlichen und nicht ungefährlichen Weg nach Mekka begaben; tatsächlich bestimmten militärische Aspekte den Bau einer Eisenbahnlinie, die Damaskus mit Mekka und Medina verbinden und die Rotmeer-Küste zugänglich machen sollte.

Der osmanische Sultan Abdul Hamid II. initiierte große religiöse Sammelaktionen, um den Bau der Strecke zu finanzieren. Von Damaskus bis Ma'an baute der Leipziger Eisenbahningenieur Heinrich Meissner - zusammen mit weiteren deutschen und europäischen Ingenieu- die Bahnlinie mit deutscher Technik, wie noch heute auf einigen Lokomotiven nachzulesen ist.

Hejaz-Lokomotive im Bahnhof von Amman

Schlimm dran waren allerdings 5000 türkische Soldaten, die unter widrigen Umständen und gegen geringsten Sold 1900 mit dem Bau in Damaskus begannen, 1903 Amman erreichten, 1906 Ma'an und, nach 1303 km, schließlich 1910 Mekka, obwohl der Sultan 1908 gestürzt worden war. Das Endziel Medina wurde nicht mehr in Angriff genommen.

Der Bahn war kein langes Leben beschieden. Im Großen Arabischen Aufstand 1916 war die Nachschublinie der Türken und ihrer deutschen Verbündeten eines der Angriffsziele, das recht gefahrlos außer Betrieb gesetzt werden konnte. Der Brite T. E. Lawrence - bekannt als Lawrence of Arabia - spielte eine Hauptrolle bei der Einstellung des Bahnbetriebs. Innerhalb von vier Monaten zerstörte er 80 Brücken und 17 Lokomotiven. Trotz wiederholter Reparaturen musste daraufhin die Linie militärisch und ab Ma'an auch betrieblich aufgegeben werden. Ganz im Süden wurde 1928 eine Verlängerung nach Aqaba gebaut (1975 für den Phosphattransport modernisiert und erweitert).

In letzter Zeit dampften bzw. dieselten die alten Züge nur auf der schon erwähnten Strecke von Amman nach Damaskus, oder es wurde speziell für Touristen angeheizt. Diese konnten zur nostalgischen Reise als Sonderservice einen gestellten Beduinenüberfall mitbuchen. Doch zur Zeit findet wegen Überholung der Bahn weder das eine noch das andere statt.

2 In Jordanien zurechtkommen

benden und sympathischen Land ankreiden muss. Anderseits sind Toiletten oder sonstige öffentliche Einrichtungen in der Regel so sauber wie in Europa.

Die Jordanier lassen den Reisenden in Ruhe. Man schwimmt im Strom der Menschen mit, ohne dass einen bettelnde Kinder oder sonstige Belästiger anmachen. Die freundlichen Menschen sind eher etwas zurückhaltend als zu aufdringlich, das gilt selbst für die Souks oder andere touristische Gegenden. Interessant ist das Beispiel Petra, wo noch vor wenigen Jahren zahllose Pferdetreiber auf die Touristen einstürmten, um sie aufs Pferd zu setzen. Heute geht das geregelt vor sich, man kann sich in Ruhe entscheiden, ob man zu Fuß bis zur Schlucht geht oder lieber reitet.

Erstaunlich ist, dass man auf wenige Analphabeten und viele englisch sprechende Menschen trifft. Insgesamt ist das Bildungsniveau der Jordanier höher als das arabischer Nachbarländer; die Analphabetenquote liegt etwa halb so hoch wie die der direkten Nachbarn Irak oder Syrien.

Öffentliche Verkehrsmittel

Die einzige inländische **Flugverbindung** von Bedeutung, Amman – Aqaba, bedient inzwischen die Staatslinie *Royal Jordanian*, und nicht mehr deren Tochtergesellschaft *Royal Wings,* die sich auf Verbindungen in die Anrainerstaaten und Charterflüge konzentriert hat.

Den etwa 4 km südlich des Römischen Theaters Richtung Zarqa liegenden alten Flughafen **Marka** fliegen neben kleineren Privat- und Charterflugzeugen auch Maschinen von Royal Wings an. Vor dem Abflug muss man also herausfinden, ob der Flieger hier oder auf Queen Alia Flughafen startet.

Schlechter sieht es aus, wenn man mit Royal Wings aus **Israel** kommt und in Marka landet. Bei der Weiterreise nach Syrien erkennen das die spitzfindigen Grenzer und sperren die Einreise.

Der Vollständigkeit halber soll noch die **Hejaz-Bahn** erwähnt werden, die wegen Überholung vorläufig (vermutlich Jahre) außer Betrieb ist. Der Trip nach Damaskus kostete JD 3,50 – was ein äußerst günstiger Stundenpreis ist, denn der Zug konnte bis zu 11 Stunden unterwegs sein. Auf dem restlichen Eisenbahnnetz werden nur Güter transportiert.

Das Busunternehmen *Jordan Express Tourist Transport* **JETT** (Auskünfte Tel 06 566 4146) bedient die Verbindungen zwischen Amman und Aqaba, Petra, Hammamat Ma'in sowie King Hussein Bridge (Allenby Bridge). Die Busse sind einigermaßen pünktlich. Auf Langstrecken wie Amman – Aqaba gehen sogenannte Luxusbusse auf die Reise, in denen die Fahrgäste mit lauten Videos bombardiert werden. Während der Fahrt werden Snacks angeboten, die erst bei der Ankunft zu bezahlen sind. Achtung: Die Klimaanlage ist meist auf „Dauerfrost" eingestellt. Bei Doppeldeckerbussen empfiehlt sich ein Sitzplatz oben vorn. Vorausbuchungen von einem Tag sind sehr zu empfehlen; die Tickets müssen 15 Minuten vor Abfahrt im Büro abgestempelt werden.

Die Busgesellschaft **Trust** (Tel 06 581 3428) steht auf der Strecke Amman – Aqaba im Wettbewerb mit JETT. Darüber hinaus bedient sie auch Verbindungen nach Israel. Fahrplaneinzelheiten sind bei den jeweiligen Städten für beide Gesellschaften angegeben.

Das Busunternehmen **Hijazi** (Tel 463 8110) verbindet Amman mit Jerash und Irbid.

Daneben gibt es jede Menge **Minibusse**, die zwischen einzelnen Orten pendeln oder auch Routen innerhalb von größeren Städten bedienen. Vor allem erschließen sie Ortschaften, die JETT oder Trust nicht anfahren. Die meisten Minibusse kennen keinen Fahrplan, sondern starten erst dann, wenn genügend Fahrgäste zugestiegen sind. Man kann sie auf der Route an jedem Platz stoppen, um zu- oder auszusteigen.

An Freitagen sollten Sie daran denken, dass verschiedene Buslinien überhaupt nicht oder eingeschränkt verkehren, das gesamte Netz also sehr ausgedünnt ist.

Achtung: Häufig behaupten Taxifahrer, der (Mini)Bus sei schon weg. In Wirklichkeit ist er maßlos verspätet, weil vor Abfahrt erst die Plätze verkauft sein müssen.

In Amman und einigen anderen Städten verkehren **Gemeinschaftstaxis**, die **Service** genannt werden (Betonung auf der zweiten Silbe, mit langem **i**: *„Servies"*); die Fahrer sprechen seltener englisch als Taxifahrer. Auf den Türen ist meist die Fahrtroute angegeben, allerdings in Arabisch. Die Fahrt beginnt erst, wenn alle Sitze besetzt sind. Die *Servies* starten hauptsächlich an den zentralen Busterminals der Städte.

Schließlich gibt es zahllose *Yellow Cabs*, private **Taxis**, die durch ihre gelbe Farbe, ein Schild *TAXI* auf dem Dach und mehr oder weniger verwegene Fahrweise auffallen. Die Fahrer versuchen gern, Neulingen im Land kräftig in die Tasche zu greifen. Bestehen Sie darauf, dass der Taxameter sowohl zurückgesetzt als auch eingeschaltet wird und Sie korrektes Wechselgeld erhalten – dann haben Sie vor allem in Amman ein immer noch preiswertes Verkehrsmittel, zumindest verglichen mit Europa. Im Zentrum der Hauptstadt lassen sich viele Stellen mit Fahrpreisen von wenigen Dinar erreichen.

Nachts ab 23 Uhr gilt ein höherer Tarif, für längere Strecken sollte man zuvor einen Preis vereinbaren, weil dann meist der Taxameter ausgeschaltet wird. Trinkgeld ist nicht üblich, man rundet aber den Fahrpreis nach oben auf. Taxis aller Art und Busse stoppt man übrigens mit ausgestrecktem Arm, lässiges Daumenzeigen zeitigt weniger Erfolg.

Unterwegs mit Chauffeur

Wer die Kosten nicht scheut, kann sich quer durchs ganze Land chauffieren lassen, muss jedoch mit erheblichen Kosten rechnen, die

Ein paar grundsätzliche Ratschläge

Nehmen Sie eine der englischsprachigen Tageszeitungen, dort stehen mit großer Wahrscheinlichkeit noch existierende Firmen (in Aqaba macht man sich im Stadtzentrum am besten zu Fuß auf den Weg). Rufen Sie eine beliebige Auswahl an und lassen Sie sich folgende Angaben nur dann machen, wenn die Leute am anderen Ende der Leitung gut und verständlich englisch sprechen:

• Was kostet Modell xx einschließlich aller Nebenkosten und zwar für das aktuelle Auto-Baujahr oder ein Jahr älter?
• Wie hoch ist die Haftpflicht-Deckung?
• Was ist versichert?
• Wie hoch ist die Selbstbeteiligung bei Haftpflicht und bei Kasko?
• Wie viele Autos besitzt das Unternehmen (falls das gemietete ersetzt werden muss)?
• Gibt es 24-Stunden-Service, auch wenn dieser nur über Handys möglich ist?
• Wie lange dauert der Ersatz im Fall eines Breakdowns?

Und wenn Sie schließlich ein Auto gemietet haben, so achten Sie bei der Übernahme auf die folgenden Punkte:

• Alle Vorschäden müssen genau registriert werden, sonst wird man Sie für die Beulen der Vorgänger haftbar machen und von Ihnen nicht nur (überhöhte) Reparaturkosten, sondern auch Mietausfall verlangen.
• Machen Sie eine kurze Probefahrt, ob alles Wichtige wirklich funktioniert (Licht, Blinker, Handbremse, Tankanzeige, Hupe etc.).
• Prüfen Sie Ölstand und Kühlwasserstand, im Winter auch Scheibenwaschwasser.
• Prüfen Sie, ob ein gutes Ersatzrad im Kofferraum liegt und ob es mit Luft gefüllt ist.
• Prüfen Sie, ob das minimale Bordwerkzeug vorhanden ist.
• Sind die Reifen in gutem Zustand?

2 In Jordanien zurechtkommen

für Auto und englisch sprechenden Fahrer mindestens bei JD 70 – 90 pro Tag zusätzlich Hotelübernachtung des Fahrers (nicht unter drei Sternen) liegen. Fragen Sie in einem der großen internationalen Hotels, dort wird man Ihnen mit Freuden weiterhelfen. Deutlich preiswerter kommt man mit normalen Taxifahrern durch Jordanien. Darüber sollte man bei beliebigen Taxifahrten, sobald ein englischsprachiger Fahrer am Steuer sitzt, verhandeln und schließlich eine Vereinbarung treffen. Außerdem geben wir z.B. in Amman Telefonnummern von Taxifahrern an, die sich mehr oder weniger auf Touristen spezialisiert haben.

Hitchhiking

Selbstverständlich kommt man auch in Jordanien per Hitchhiking von der Stelle. Es gilt aber zu bedenken, dass man prinzipiell den Platz einem Einheimischen wegnehmen könnte, der sich eine andere Fortkommensart nicht leisten kann. Zum anderen sollte man immer beim Einsteigen abchecken, ob der Fahrer nicht eine Gebühr verlangt, und die kann bei Ausländern relativ hoch sein. In jedem Fall soll man dem Fahrer beim Aussteigen einen kleinen Betrag anbieten, das macht auch jeder Einheimische. Im Grunde lohnt sich Hitchhiking nur in Ausnahmefällen, wenn man anders nicht weiterkommt.

Alleinreisenden Frauen muss dringend vom Trampen abgeraten werden.

Mietwagen

Ein Leser schreibt: „*Nach der Lektüre Ihres Führers fühlten wir uns doch ermuntert, entgegen unseren Gewohnheiten, möglichst alles mit öffentlichen Verkehrsmitteln zu machen, nun dieses Mal ein Auto zu leihen, was sehr gut geklappt hat. Die Möglichkeiten waren dadurch sehr viel besser, an entlegenere Stellen zu gelangen und viele Kontakte zu knüpfen.*"

Eine sehr gute Alternative zu allen öffentlichen Verkehrsmitteln sind Mietwagen (grüne Nummernschilder). Die Preise liegen so, dass man zumindest zu dritt oder viert fast ebenso günstig reist wie mit öffentlichen Verkehrsmitteln. Man ist aber **sehr viel unabhängiger** und kommt vor allem auch dorthin, wo öffentliche Verkehrsmittel nicht hinfahren. Für diese Alternative spricht auch und besonders, dass Jordaniens Straßen – abgesehen von Amman – kaum verstopft sind und das Selbstfahren problemlos ist: Man setzt sich wie zu Hause ans Steuer und fährt – wie in einer unbekannten heimischen Gegend – einfach los. Vor allem bei längerer Mietdauer lassen sich die Preise gut herunterhandeln, z.B. kommt ein einfacher Wagen für zwei Wochen auf JD 30-35 pro Tag bei unbeschränkter Kilometerzahl. Die meisten internationalen und auch lokalen Anbieter findet man in Amman (siehe Seite 149) und Aqaba. Wer bereits von Europa aus bucht, zahlt bei internationalen Verleihern kaum mehr, kann aber bei Problemen auch nach der Reise zu Hause noch nachverhandeln.

Während zumindest größere Vermieter bei Vorbestellung den Wagen am Flughafen bereithalten, muss der sparsame Mieter zunächst in die Stadt fahren, ein Hotel suchen und danach erst einmal die möglichen Anbieter abklappern; das kostet Zeit und ist unbequem. Einen guten Preisüberblick findet man z.B. unter www.carrentals.com.

Der Mieter sollte möglichst den Internationalen Führerschein besitzen (fast immer genügt auch der nationale). Diverse Firmen setzen das Mindestalter auf 25 Jahre. Als Kaution wird meist ein Abdruck einer gültigen Kreditkarte hinterlegt. Falls keine Karte vorhanden ist, muss man bis zu JD 300 in bar im Geldschrank des Vermieters hinterlegen. Die Versicherung zahlt in der Regel Schäden ab JD 75 oder JD 100. Fragen Sie aber gezielt nach den Bedingungen und lassen Sie sich Eckdaten (Versicherungssumme, Selbstbeteiligung etc.) möglichst in Englisch auf den Vertrag schreiben oder, besser, einen englischspra-

Autofahren in Jordanien

Aus einem Leserbrief: *„Wir haben über 5 Tage ein Mietauto zur Fahrt von Amman nach Süden bis Petra+Wadi Rum genutzt und dabei die Erfahrung gemacht, dass das Fahren auf dem Desert Highway für einen an deutsche Autobahnen gewöhnten Fahrer in Jordanien ungeheuer einfach und auch ungefährlich ist. Es gab nur ganz seltene Raser und wenige Lkw-Rennen, die aufgrund des reichlichen Platzes auf dem Highway aber nie ein Problem wurden. Ebenfalls sahen wir keinen einzigen Unfall und auch keinen Lkw-Schrott. Teilweise wurden Lkw bei steilen Steigungen auf sogenannte „compulsory"-Routen weg von der eigentlichen Hauptstrecke umgeleitet. Die Ermutigung der Leser zum Selbstfahren kann nur unterstrichen werden!"*

In Jordanien herrscht Rechtsverkehr. Das Fahren ist schon wegen der niedrigen Geschwindigkeiten kein Problem, denn die einheimischen Fahrer verhalten sich in der Regel sehr diszipliniert; Rowdies gibt es zwar auch, aber sehr selten. Auf Landstraßen ist die **Höchstgeschwindigkeit** auf 80, manchmal auf (extreme) 100 km/h beschränkt, innerhalb von Ortschaften auf 50 oder auch 40 km/h. Die tatsächlich gefahrenen Geschwindigkeiten liegen zwischen 70 und 90 km/h. Auf der Autobahn fährt man gute 100, auf Landstraßen 90 km/h. Aber Vorsicht: Die Polizei besitzt Radarfallen und setzt sie auch ein. Die Verkehrsdichte ist deutlich geringer als auf vielen unserer Landstraßen. Der Straßenzustand ist durchwegs gut und in Ordnung; gemessen an der ökonomischen Situation des Landes kann man überhaupt nicht klagen.

Obwohl in anderen Reiseführern vor dem Selbstfahren gewarnt wird, möchten wir Sie als Besucher wirklich zum Selbstfahren ermuntern. Denn erst der fahrbare Untersatz macht unabhängig von den nicht immer berauschenden Verkehrsverbindungen, sieht man von den wenigen Hauptrouten ab. Und das Fahren selbst macht, nach vielleicht kurzer Eingewöhnungsphase, viel mehr Spaß als auf unseren verstopften Straßen.

Etwas unangenehm sind die häufigen Querrillen oder auch Löcher im Asphalt, die meist

Manche Straßen scheinen förmlich in die Tiefe zu stürzen, wie hier von Petra hinunter nach Feynan

2 In Jordanien zurechtkommen

durch schlampige Ausbesserungsarbeiten oder Rohrverlegungen entstanden; daher freut sich die Wirbelsäule über ein gut gefedertes Auto. Auf den Nebenstrecken fehlen häufig Seitenplanken, auch wenn es senkrecht den Hang hinuntergeht; an Markierungen sowie Mittelstreifen oder Katzenaugen wird ebenfalls extrem gespart. In Kurven sollte man vielleicht etwas mehr vom Gaspedal gehen als zu Hause, denn manchmal sind sie bretteben oder in die eher falsche Richtung geneigt.

Eine "Unsitte" greift auch in Jordanien zunehmend um sich: Speedbraker – Schwellen auf der Straße, um die Autofahrer zum langsam Fahren zu zwingen – werden immer häufiger auf den Asphalt gepappt. Meist sind sie durch ein entsprechendes Zeichen am Wegesrand oder durch gelbe Streifen auf der Fahrbahn markiert. Eine untrügliche Warnung vor der heimtückischen Schwelle sind ortskundige Vorausfahrer, die auf Schritttempo herunterbremsen.

Angeblich gehört Jordanien zu den sehr unfallträchtigen Ländern im Orient (Verkehrsunfälle kosteten 2007 knapp 1000 Menschen das Leben). Das ist für mich, der ich viele Tausend Kilometer im Land zurückgelegt habe, nicht nachvollziehbar. Sicherlich sieht man auch in Jordanien Verkehrsunfälle wie in Europa. Sie scheinen aber bei den üblicherweise niedrigen Geschwindigkeiten nicht allzu dramatisch zu sein. Allerdings gehört das Anlegen von Sicherheitsgurten nicht gerade zur ständigen Übung, und das kann beim Unfall zu fatalen Folgen führen. Umgekehrt ausgedrückt: Wer beim Autofahren an seine eigene Sicherheit denkt und die Augen aufhält, lebt in Jordanien vermutlich deutlich sicherer als zu Hause. Der jordanische "Bußgeldkatalog" wurde 2008 drastisch verschärft, insbesondere in Hinblick auf Geschwindigkeitsübertretungen, Rotlichtmissachtung und „archaisches Fahrverhalten".

Es gilt, wie in vielen anderen orientalischen Ländern, dass man selbst fast alles im Verkehr tun kann und einen Rückspiegel kaum braucht, aber stets gefasst sein muss, dass der Vordermann ebenso alles tun und lassen kann. Das System funktioniert eigentlich hervorragend, es erzieht zu wachen Augen und ständiger Aufmerksamkeit.

Unangenehm sind sehr hohe Bürgersteige, die zwar das Parken darauf verhindern, aber man stößt leicht beim Einparken mit der Karosserie an. Fußgänger müssen geübt im Rauf- und Runterspringen sein. Auch die Mittelstreifen sind über weite Strecken sehr hoch gemauert; hat man eine Kreuzung verfehlt, muss man innerstädtisch meist kilometerweit fahren, um umdrehen zu können.

Ein bisschen aufpassen muss man auf die LKWs auf den typischen Trucker-Routen – dem Desert Highway und den Straßen zum Irak bzw. nach Saudi Arabien –, denn diese Fahrzeuge befördern offiziell schon mehr Lasten als in Europa zugelassen, tatsächlich dürften die meisten massiv überladen sein. Damit sind die Bremswege lang, und die Manövrierfähigkeit der Ungetüme ist ebenfalls eingeschränkt. Dennoch wird man unterwegs unbeladene LKWs treffen, die mit 120 km/h und mehr unterwegs sind.

Tunlichst vermeiden sollte man **Nachtfahrten**, da die Beleuchtung jordanischer Autos u.U. mangelhaft ist, sich Tiere, unbeleuchtete Eselkarren, Autos ohne Rücklichter oder mit Standlicht herumtreiben. Bei **Regenfällen** steigt die Unfallhäufigkeit wegen abgefahrener Reifen oder (anfangs) Dreck auf den Fahrbahnen.

Die Straßen sind brauchbar arabisch und englisch ausgeschildert, so dass man von der Verkehrsführung her recht gut informiert vorankommt. Schwierig wird es dann, wenn man eine etwas abgelegenere Straße in einer Stadt sucht, weil es kaum Straßenschilder gibt, in Englisch natürlich noch weniger als in Arabisch. Dann hilft nur, immer wieder fragen; besser zweimal als nur einmal. Die Passanten bemühen sich in der Regel nach besten Kräften, dem Fremden weiterzuhelfen. Aber es kann sein, dass man sich falsch verstanden hat und die Richtung dann nicht stimmt. Daher zur Kontrolle lieber noch eine weitere Person fragen, bevor man herumirrt.

An verschiedenen Stellen – hauptsächlich im Jordantal und Wadi Araba - sind ständige **Straßenkontrollposten** eingerichtet, von denen jedoch die meisten freundlich weiterwinken, wenn sie den Touristen im Wagen erkennen. Manchmal muss man den Pass vorzeigen; diesen also möglichst griffbereit halten.

Beim **Tanken** sollte man aufpassen, dass die Tankuhr der Säule auf Null gestellt wird, sonst fasst der Tank plötzlich das Doppelte. Das Tankstellennetz ist gut, natürlich in den Wüstengebieten und auf Nebenstrecken dünner ausgebaut. Zumindest dort empfiehlt es sich, bereits bei halbleerem Tank nachzutanken. Dieselfahrer sollten eventuell noch vorsichtiger sein, da dieser Treibstoff nicht immer angeboten wird.

Das größte Ärgernis, auch Gefahr, sind die vielen Taxis und Minibusse, die plötzlich von der äußersten linken Spur nach ganz rechts wechseln, um Fahrgäste ein- oder aussteigen zu lassen. Auch Normalfahrer scheinen sich häufig erst im allerletzten Augenblick zu entscheiden, rechts oder links abzubiegen und dann ohne große Vorwarnung auf die entsprechende Seite zu wechseln.

Sollten Sie als Mietwagenfahrer in einen **Unfall** verwickelt werden, so holen Sie in jedem Fall die Polizei, andernfalls können Sie den Versicherungsschutz verlieren. Wenn Ihnen das mit Ihrem eigenen Fahrzeug passiert, kann es durchaus sinnvoll sein, sich mit dem Unfallgegner ohne Polizei zu einigen, es sei denn, dass auch Personen verletzt wurden. Denn die herbeieilende Polizei bemächtigt sich zunächst Ihrer Papiere, die Sie in der Regel erst nach Abschluss eines Gerichtsprozesses vor einem lokalen Gericht zurückerhalten; und das kann eine Weile dauern. In dieser Zeit dürfen Sie wahrscheinlich nicht fahren und können keinen Pass vorweisen. Auch wenn Sie völlig unschuldig an dem Malheur sind, Zeitverlust und zusätzliche Kosten lassen sich häufig durch einen gewonnenen Prozess nicht kompensieren.

Ein Leser schreibt: *„Ich war nach einem Unfall in Nordjordanien so genervt von all der Abwicklung und der Tatsache, dass... ich die Reise schon abbrechen wollte..."*

Mit dem Fahrrad unterwegs

Mehr und mehr Fahrradfahrer bereisen Jordanien. Die beliebteste und gerade für Radler interessanteste Strecke ist die King's Road mit ihrer landschaftlichen Abwechslung. Sie lässt sich auch im Sommer noch relativ gut fahren, in einer Zeit, während der man alle tiefer gelegenen Strecken wie Wadi Araba, Jordantal oder Totes Meer meiden sollte.

Die Jordanier verhalten sich Radfahrern gegenüber sehr freundlich und hilfsbereit. So wurde uns berichtet, dass z.B. im Wadi Mujib endlose Schleifen hinaufschiebende Radler mit Wasser versorgt, ermuntert und sogar förmlich auf Pick-ups gedrängt wurden. Allerdings kommt es immer wieder mal vor, dass sich Kinder ein Vergnügen daraus machen, radelnde Touristen mit Steinen zu bewerfen. Deshalb Helm mitnehmen. Es kann passieren, dass die Polizei Radfahrer aus „Sicherheitsgründen" begleitet, was eher nervig ist, wie ein Leser schreibt, weil man dem vorausfahrenden Polizeifahrzeug hinterherhechelt.

Wer ein Zelt mitschleppt und es nachts neben der Straße aufbaut, kann die Polizei dazu verleiten, die Schläfer aus Sicherheitsgründen mitten in der Nacht in den Hof der nächsten Polizeistation zu bitten. Man sollte daher die Tagesstrecken so planen, dass abends ein Ort mit Hotels winkt - was nicht immer leicht zu realisieren ist - oder sich gleich mit der örtlichen Polizei in Verbindung setzen.

Übernachten

Jordanien besitzt keine so ausgedehnte Übernachtungsinfrastruktur wie z.B. Ägypten. Die Hotels sind dünner gesät, Billigst-

2 In Jordanien zurechtkommen

> **Rabatte**
>
> Der Einzelreisende bezahlt die Zeche, so denkt man unwillkürlich, wenn man die meist sehr vertraulich gehaltene Rabattierung der Hotels bzw. von Hotelketten sieht:
> - 25 Prozent Nachlass vom Normalpreis für gelistete Firmenkunden, die außerhalb der Hauptsaison kommen,
> - bis zu 40 Prozent Rabatt für Gruppenreisende,
> - bis zu 50 Prozent für Airline-Personal oder Angehörige von Reiseagenturen.

unterkünfte seltener zu finden. Handeln um die Übernachtungspreise ist, vor allem in der Hauptsaison im Frühjahr und Herbst, weniger aussichtsreich.

Jedes Hotel wird jährlich einmal vom Government inspiziert, um die Klassifizierung in bis zu fünf Sterne zu überwachen.

Zu den Basispreisen der Hotels kommen meist weitere 10 Prozent *Service Charge* und häufig auch 16 Prozent Steuern *(Tax)*, was bei der Buchung sehr gern und höflich verschwiegen wird, also **immer nach dem Endpreis fragen**.

Die von uns angegebenen Preise beinhalten fast immer diese Zuschläge, es sei denn, der Hotelier hat sie bei unserem Besuch nicht genannt (was trotz ausdrücklicher Frage nach dem Endpreis leider immer wieder vorkommt). Billighotels verlangen manchmal noch Sonderpreise für die warme Dusche. Vergessen Sie nicht, um den **Zimmerpreis zu handeln,** besonders günstig stehen die Chancen bei geringer Auslastung; das gilt übrigens für alle Kategorien.

Während der **High Seasons** muss man mit z.T. **beachtlichen Zuschlägen** der Hotelbranche rechnen. Die Hochsaison-Zeiten sind festgelegt auf:

1. September bis 15. November
15. Dezember bis 15. Januar
15. Februar bis 1. Juni

Hotellandschaft am Toten Meer - grüne Oase in toter Umgebung

Übernachten

Die jordanischen Hotels weisen einige Besonderheiten auf, die man wissen sollte. Erstaunlich ist, dass manche Hotelbesitzer nicht einmal den Namen der Straße kennen, an der ihr Haus steht; in nahezu allen Verzeichnissen werden lediglich Telefon- und Faxnummern angegeben. Auch die englische Schreibweise der Hotelnamen variiert vom Schild zur Visitenkarte bis zum Prospekt. Zum Standort vieler Hotels kann man sich entweder nur durchfragen oder ein Taxi nehmen oder anrufen und sich den Weg beschreiben lassen.

Im Grunde können alle Unterkünfte in Jordanien als sauber bezeichnet werden, zumindest wenn man sie in Relation zu denen anderer Länder der Region betrachtet. Es gibt nur ganz wenige Herbergen, die so heruntergekommen sind, dass sie als zu schmutzig abzuqualifizieren wären. Zwar mangelt es häufig an Sorgfalt und Wartung; in den einfachen Kategorien tropfen nahezu immer Wasserhähne, Spülungen funktionieren nur nach mehrfachem Versuch und gutem Zureden. Teppiche wie auch Fliesen sind miserabel, mit breiten Spalten oder unschönem Wandabschluss, verlegt. Manchmal, allerdings ziemlich selten, huscht auch eine Kakerlake durchs Zimmer.

Airconditioner (AC) gehören sicher zu den erfreulichen zivilisatorischen Errungenschaften, aber schlecht gewartet entwickeln sie sich zu Radaumaschinen ersten Ranges.

Eine Bitte

Schreiben Sie uns, wenn Sie **Änderungen oder Neuerungen** im Hotelbereich (oder auch sonst) feststellen. An Ihren Erfahrungen mit den Unterkünften sind wir sehr interessiert, damit wir diese in der nächsten Auflage veröffentlichen können. Für verwertbare Informationen schicken wir Ihnen entweder einen Band der nächsten Auflage oder ein anderes Buch unseres Verlages (siehe Seite 338).

Abkürzungen bei Hotelinformationen

Bei jeder Stadtbeschreibung, bei der Hotels aufgelistet sind, bemühen wir uns, weitgehend alle oder zumindest so viele Übernachtungsmöglichkeiten zu erfassen, dass mit ziemlicher Sicherheit für jeden Geschmack und Geldbeutel eine Unterkunft zu finden ist. Die Reihenfolge der Auflistungen ordneten wir meist nach geografischen Gesichtspunkten, um das Auffinden zu erleichtern. Die Abkürzungen bedeuten:

AC – Aircondition
E+B – Einzelzimmer mit Bad
D+B – Doppelzimmer mit Bad
nur **E** oder **D** - Zimmer ohne Bad
Dorm – Dormitory (häufig verwendeter Begriff für Mehrbettzimmer)
HP – Halbpension
mF – mit Frühstück
pP - pro Person
SatTV – Satelliten-Fernsehen
VP – Vollpension

Schaltet man sie über Nacht aus, wird es zu warm und, schlimmer noch, die Moskitos kriechen durch die Ritzen, die sehr oft zwischen Wand und AC klaffen. Bucht man in einem Hotel ohne AC ein, was in höheren Lagen und während der Übergangszeiten durchaus o.k. ist, so sollte man auf einen funktionierenden, oszillierenden Ventilator oder, viel besser, einen Deckenventilator achten und darauf, dass der Maschendraht vor den Fenstern auch wirklich moskitodicht ist – ein einziges dieser Luder kann einem eine ganze Nacht verderben.

Das Frühstück, das in der Regel im Zimmerpreis eingeschlossen ist, kann von der 1*- bis zur 3*-Klasse eher als mäßig bezeichnet werden. Es besteht in den meisten Fällen aus ein paar Scheiben Fladenbrot (selten auch Toast), Butter, Marmelade und ein bisschen Käse mit Tee oder Nescafé zur Auswahl. Bei ganz großzügigen Hoteliers kommt vielleicht noch ein Ei oder Omelett hinzu. Das Fladenbrot schmeckt gut und ist bekömmlicher als das Toastbrot. Erst ab 3* kann man mit – bescheidenen – Frühstücksbuffets rechnen.

Viele Hotels unterhalten auch ein **Restaurant** für's Abendessen. Da der Umsatz dieser Küchen häufig nicht dem der "freien" Konkurrenz an der nächsten Ecke entspricht, kann es durchaus passieren, dass ältliches Fleisch oder das Aufgewärmte von gestern vorgesetzt werden. Andererseits gibt es auch bekannte und gute Hotelrestaurants in den unteren Klassen.

Über den **Service** kann man sich selten beklagen. Eigentlich findet sich immer jemand von der im Foyer oder in der Küche herumlungernden Truppe, der die Wünsche der Gäste erfüllt. Es kann zwar sein, dass man auf Verständigungsschwierigkeiten stößt, aber die häufig genug selbstlosen Bemühungen um den Gast gehören einfach zur Gastfreundschaft der freundlichen Menschen.

Wenn man längere Zeit in einem der kleineren Hotels zubringt und beobachtet, dass der Besitzer kaum seine angestammte Spielwiese zwischen Rezeption und Fernseher verlässt, dann wundert es nicht, dass der Zimmerservice eher oberflächlich seinem Werk nachgeht, dass Moskitogitter undicht sind oder die Dusche ständig tropft.

Die Hoteliers sind mit **Handtüchern** geizig. In aller Regel findet der Gast ein einziges, eher winziges Tüchlein vor. Toilettenpapier gibt es praktisch überall, außer in den ganz wenigen Hotels mit ausschließlich arabischen Toiletten.

Telefonieren vom Hotelzimmer aus kann extrem teuer werden, billiger sind Telefonkarten oder das eigene Handy mit jordanischer Prepaid-Karte (siehe Seite 63).

Die **Sicherheit** in den jordanischen Hotels ist groß. Zwar wird man beim Anblick der Zimmerschlüssel nicht immer darauf vertrauen, dass er nicht auch in andere Schlösser (und umgekehrt) passt, aber die Menschen sind ehrlich und tragen einem eher vergessene (Wert)Sachen hinterher, als sie klammheimlich einzustecken.

Billighotels verlangen bei Kreditkartenzahlern einen Aufschlag von bis zu 5 Prozent. Nehmen Sie für diese Fälle entsprechendes Bargeld mit oder klären Sie die Frage beim Einchecken.

Camping

Camping ist insofern ein bisschen problematisch, als es in Jordanien nur ein paar offizielle "Campingplätze" gibt. Im Grunde ist das nicht so tragisch, denn zumindest Wohnmobilisten können an beliebigen Plätzen übernachten. Außerhalb von Ortschaften kann allerdings nachts die Polizei anklopfen und einigermaßen bestimmt darum bitten, in bewohnte Gebiete umzusiedeln, weil es allein zu gefährlich sei. Das ist tatsächlich fürsorglich gemeint und hat in der Regel nichts mit Kontrolle zu tun. Insofern sucht man sich besser gleich einen ruhig gelegen Parkplatz in einer Stadt oder eine sichtgeschützte Stelle in der freien Natur.

Folgende mehr oder weniger offizielle Campingplätze kann man anfahren:
- Schneller-Schule in Amman, Olive Branch Hotel in der Nähe von Jerash oder den nahegelegenen Dibbin National Park, Ajlun Nature Reserve, Azraq Resthouse, Dana Nature Reserve, Petra/Wadi Musa, Wadi Rum und Aqaba.

Häufig lassen Hotels das Übernachten auf dem hauseigenen Parkplatz gegen eine Gebühr zu. Allerdings gibt es praktisch nirgends (außer Olive Branch) Stromanschluss; Toilettenbehälter kann man nur in die jeweiligen örtlichen Toiletten entleeren; daher möglichst chemikalienfreie Systeme benutzen.

Für echte Zeltler ist die Situation ziemlich unbefriedigend; ein Zelt mitzuschleppen lohnt eigentlich nur dann, wenn man in die Wüste gehen will.

Essen und Trinken

Menschen, die ohne Schweinebraten einen Urlaub nicht überleben können, müssen Jordanien wie die meisten islamischen Länder meiden. Statt Schwein kommt Lamm in allen erdenklichen Zubereitungen auf den Tisch.

Doch das Essen beginnt meistens mit **Mezzeh**, einem köstlichen orientalischen "Vorspeisenteller", der neben wohlschmeckenden Brotfladen mindestens das Folgende enthält:
- **Humus**, pikant gewürztes Kichererbsen-Püree mit Knoblauch und Zitronensaft
- **Tahina**, dicksämige Sauce aus Sesamöl und feingemahlenen Hülsenfrüchten; viel Knoblauch, Zitrone, Salz und Pfeffer geben die nötige Würze
- **Baba Ghanush**, ein leicht rauchig schmeckendes kaltes Auberginenpüree
- **Foul**, lange gekochte braune Bohnen, mit Olivenöl, Knoblauch und Zitrone angemacht
- **Kibbe Maqliya**, gebratene scharfe Fleischbällchen mit Weizenpaste, Zwiebeln und Gewürzen
- **Fattaer** und **Sambusak**, mit Käse und scharf gewürztem Hackfleisch oder Spinat gefüllter Blätterteig
- **Tabouleh**, ein Salat aus Tomaten, Zwiebeln, klein gehackter Petersilie und frischer Minze

Die Auflistung nennt eher das Minimum der in kleinen Schälchen servierten Gerichte, hinzu kommen noch Oliven, eingelegte Gurken, Käse, Nüsse oder in Weinblättern eingepacktes, gedünstetes Hackfleisch (Dolma), mit geriebenem Schafskäse überdeckte Salatblätter etc. Es kann passieren, dass der Kellner bis zu 60 (!) kleine Schüsseln auf den Tisch stellt.

Zumindest in den größeren Städten folgt bei der **Hauptspeise** die Qual der Wahl, weiterhin bei orientalischen Gerichten zu bleiben oder aber auf die internationale Speisekarte auszuweichen. Die regionale Küche bietet u.a. folgende Leckerbissen:
- **Mansaf**, das jordanische National- und Hauptgericht kommt aus beduinischer Küche: Ein ganzes Lamm oder Stücke davon werden geschmort und mit Joghurtsauce auf köstlichem, mit Rosinen, Nüssen und Pinienkernen vermengten Reis serviert. Wenn das Mansaf möglichst original sein soll, muss es in den meisten Restaurants vorbestellt werden.
- **Maglouba** wäre eine Alternative; als gedämpftes Fleisch, Fisch oder Gemüse auf Reis serviert
- **Fattet al Badinjan**, mit Hackfleisch, Pinienkernen, Kräutern und Gewürzen gefüllte

Amman, (touristischer) Restaurant-Tempel Kan Zaman

2 In Jordanien zurechtkommen

Bei einer arabischen Familie zu Gast

Wer das Glück hat, zu einem traditionellen Gastmahl in eine jordanische Familie eingeladen zu werden, stößt auf etwas andere Gewohnheiten als zu Hause. Noch vor dem Essen wird der Gastgeber in manchmal blumenreichen Worten seine Freude und seinen Stolz über den Besuch zum Ausdruck bringen. Sozusagen als Gegenleistung erkundigt man sich höflich nach dem Befinden der Familie, aber möglichst nur nach den Söhnen oder so allgemein gefasst, dass man keinen Fauxpas begeht. Der Gastgeber bewundert das mitgebrachte Geschenk; handelt es sich um Süßigkeiten, so werden sie gleich herumgereicht.

Dann begibt man sich in das eigentliche Esszimmer, in dem man traditionell (für unsereinen eher unbequem) auf Kissen direkt auf dem Boden sitzt. Vor Beginn des Essens macht eine Wasserschüssel mit Seife und Handtuch die Runde, damit man sich die Hände waschen kann. Auf einem schönen Tuch im Zentrum des Geschehens stehen Platten und Schüsseln mit den angerichteten Speisen. Traditionell werden nun dem Gast die Speisen angeboten, die dieser zunächst der Etikette gemäß ziemlich hartnäckig ablehnt, schließlich jedoch annimmt (dieser Teil des Rollenspiels kann bei Europäern kurz ausfallen oder übergangen werden). Man nimmt sich Stücke entweder direkt mit der (reinen) rechten Hand (Linkshänder aufgepasst!) oder mit der aus Fladenbrot gefalteten Schaufel bei flüssigeren Speisen.

Am Ende des Mahls geht wieder eine Schüssel zum Händewaschen herum. Danach wird zum Abschluss der traditionelle Kaffee serviert, wobei der Gastgeber meist sehr schwungvoll das dampfende und duftende Getränk aus einer Schnabelkanne in die Mokkatässchen gießt.

Auberginen, die auf einem Bett aus Tomaten butterweich gedünstet und anschließend mit einer Joghurtsauce auf Brotfladen serviert werden

- **Mousakhan** ist ein Huhn, das mit Zwiebeln, Gewürzen und Pinienkernen in Olivenöl angebraten und in einem Brotfladen im Ofen fertiggebacken wird
- **Farouj**, auch dies kommt aus dem Hühnerstall: ein gegrilltes Hähnchen, das mit Brot und Salat serviert wird
- Sehr verbreitet ist das auch bei uns bekannte **Shish Kebab**, marinierte Lammfleischstücke, die mit Tomaten und Zwiebeln auf einem Spieß auf offenem Holzkohlenfeuer gegrillt werden; wird statt dessen Huhn verwendet, so heißt das Gericht **Shish Taok**
- **Kebab Halabi**, gehacktes und gegrilltes Lammfleisch mit ziemlich scharfem Tomatenpüree gut überdeckt, sehr schmackhaft
- **Shauwarma**, das überall brutzelnde Schnellgericht, besteht aus Lammstreifen, die auf einem senkrechten Spieß gebraten und mit Salat oder Pfefferminze in Brottaschen serviert werden; bei uns als Döner Kebab oder Gyros bekannt
- **Felafel**, Gemüsefrikadellen auf der Basis von Kichererbsen, mit Kräutern angereichert und gut gewürzt, werden häufig mit Tahina und Salat in Brottaschen serviert.

Traditionell "isst man das Essbesteck mit", um es übertrieben zu formulieren: Man benutzt Brotfladenstücke als Schaufel, mit der man entsprechende Portionen entweder von der Platte schaufelt oder sich greift. Wird gemeinsam in einer Gruppe bestellt, so kommen die Gerichte auf großen Platten, von denen sich jeder mit seinen Brotwerkzeugen bedient. Häufig genug überwiegen allerdings die westlichen Sitten, und jeder bekommt fein säuberlich sein eigenes Besteck.

Trinken

In jedem lizensierten Restaurant (und das sind viele) sind **Spirituosen**, d.h. traditioneller Arrak (Anissschnaps, mit Wasser und Eis gemixt), Wein und/oder Bier erhältlich. Viele Alkoholika sind importiert, recht gut schmeckendes Bier der Marke Amstel wird im Land gebraut und auch in diversen lizensierten Shops verkauft.

In einigen wenigen Städten gibt es Alkohol in sogenannten „Liquor Shops" zu kaufen, z.B. in Amman, Aqaba, Fuheis und Madaba. Ein Hinweis in diesem Zusammenhang: Bis zu 14 Tage nach der Einreise darf man 6 Dosen Bier, 1 Flasche Alkohol und 1 Stange Zigaretten zollfrei in entsprechenden Shops einkaufen; in Amman im Nebengebäude vom Jordan Tourism Board JTB, siehe Seite 137.

Aber es muss in einem muslimischen Land ja nicht unbedingt Alkohol sein. Hervorragend mundet der arabische (auch türkisch genannte) Kaffee *(Kahwa)*, der mit duftenden Gewürzen versetzt ist, in kleinen Bechern serviert wird und die Verdauung nach einem schweren Essen anregt. Man bestellt ihn als *hulva* (süß), *masbut* (weniger süß) oder *murra* (ohne Zucker). Als Standardgetränk gilt stark gesüßter schwarzer Tee *(Chai),* der in Büros und bei guten Geschäften gereicht wird, meist mit einem Blatt Minze nicht nur optisch verschönt. Diverse Fruchtsäfte, vom frisch gepressten Orangen- bis hin zu Eukalyptussaft, sind nahezu überall erhältlich.

In vielen Restaurants werden auch **Wasserpfeifen** *(Nargila* oder *Hubbly Bubbly* genannt) angeboten, die mit ihrem Geblubber und dem meist aromatisierten Rauch die orientalische Atmosphäre noch unterstreichen.

Dessert

Ein richtig orientalisches Essen schließt mit einem **Dessert** aus wirklichen **Süßigkeiten** ab, orientalischen natürlich. Sie alle schmecken so köstlich, sind so verführerisch und machen so dick, dass man von keiner sagen könnte, sie sei schlecht, bestenfalls weniger gut als Differenzierungsmerkmal; und außerdem sind sie sehr preiswert. Basis dieser zähneberstend süßen Verführer ist Zuckersirup und Honig, häufig angereichert mit Nüssen und Pinienkernen. Sie heißen z.B.:

- **Baklawa**, mit Nüssen, Mandeln und/oder Pistazien gefüllte, in Honigsirup getränkte Blätterteigtaschen; das Beste vom Besten.
- **Karufa**, mit Sirup und Nüssen gefüllte Teigfladen, in mundgerechte Stücke zerteilt.
- **Halva**, Zucker, Sesam, Honig, Nüsse, Schokolade und weitere Zutaten werden gepresst (ähnlich auch in Griechenland bekannt).

Schon beim Schreiben dieser Zeilen läuft mir das Wasser im Mund zusammen. Orientalische Konditoreien, die Tempel der Köstlichkeiten und Verführung, ziehen mich unwiderstehlich an. Hinter blitzblanken Glastheken sind Pyramiden oder andere Kunstwerke aus Süßem aufgebaut, zwischen denen sich der Kunde entscheiden muss. Der Verkäufer löst dann behutsam und ganz steril in Plastikhandschuhen(!) die ausgesuchten Stücke aus ihrer verlockenden Umgebung, schließlich wird die Kalorienbombe gewogen, fein säuberlich eingepackt und mehrfach verschnürt.

Jordanische Restaurants sind nicht gerade billig, sieht man von Garküchen ab. Denken Sie daran, dass jeweils ca. 10 Prozent Service und 10 Prozent Tax auf den Rechnungsbetrag kommen.

Wie man gesund bleibt

(Impfungen vor der Reise siehe Seite 22.)
Jordanien ist ein vergleichsweise sauberes Land mit guten hygienischen Standards, d.h. man kann ziemlich sorglos alles essen, was das Land zu bieten hat. Allerdings können den Europäern die vielen Bakterien zu schaffen machen, die besonders durch die Kopfdüngung von Gemüse übertragen werden, aber auch durch unsaubere Hände von Verkäufern oder Köchen. Die Erreger lösen manchmal in

2 In Jordanien zurechtkommen

Windeseile Durchfälle aus, die in der Regel harmlos sind. Wenn Fieber hinzukommt, sollte man einen Arzt konsultieren.

Obwohl die Situation von Jahr zu Jahr besser wird, sollte man mit Gemüse und dem Obst, das die Natur "unverpackt" liefert, vorsichtig umgehen. Dies gilt insbesondere für alles Ungekochte wie grünen Salat und verwandte Gemüsesorten, auf die man gänzlich verzichtet, wenn man kein Risiko eingehen will.

Die Engländer haben diese Erkenntnis sehr griffig formuliert: *Cook it, boil it, peel it or forget it!* Wenn Sie diese Regel praktizieren, haben Sie schon mal die Gefahren für eine ganze Reihe möglicher Erkrankungen auf ein Minimum reduziert, und mit ein bisschen Glück werden Sie gesund über die Runden kommen.

Vorsicht sollte man auch bei Speiseeis walten lassen, das auf der Straße oder in eher einfacher/unsauberer Umgebung verkauft wird. Denn man weiß nie, ob die Kühlkette nicht unterbrochen wurde. Verzichten Sie ganz, wenn Sie im Hotel im Dunkeln standen, d.h. wenn Ihnen dadurch Stromausfälle bekannt wurden. Vermeiden Sie auch Meeresfrüchte wie Muscheln, Krabben etc., deren Filtersystem nicht gegen Krankheiten wie z.B. Hepatitis ausgelegt ist. Auch "gehacktes Fleisch" (minced meat) kann eine gefährliche Krankheitsquelle sein, wenn es ungekühlt herumlag und/oder nicht wirklich durchgebraten ist.

Essen Sie immer dort, wo auch viele andere essen, d.h. der Warenumschlag groß ist. Saubere Restaurants oder Garküchen mit sauberen Köchen/Bedienungen bürgen eher für eine hygienisch einwandfreie Speise als schmuddelige Buden.

Es empfiehlt sich, zumindest für eine Eingewöhnungszeit von einigen Tagen in besseren Restaurants zu essen, in denen die Gewähr für Hygiene höher ist. Man akklimatisiert sich und stellt seine Innereien nicht schockartig auf neue Gegebenheiten um.

Auch Wasser ist ein beliebtes Transportmittel für Bakterien, was häufig auf undichte Wasserleitungen, in die Abwasser eindringen kann, zurückzuführen ist. Man sollte es vorsichtshalber nicht aus der Leitung trinken, bekömmlicher ist das in Plastikflaschen abgefüllte Mineralwasser.

Generell gilt, dass man sich unbedingt vor der Gluthitze durch Sonnenhut und leichte Kleidung bzw. Sonnenöl schützen muss; mit einem Sonnenstich ist nicht zu spaßen. Wer unter Hitze leidet, sollte mit seinem Arzt sprechen und sich medizinisch entsprechend ausrüsten. Auch Eis kann in einem empfindlichen Magen einen Temperatursturz auslösen, der die Verdauung durcheinanderbringt, das gilt übrigens auch für eiskalte Getränke.

Trinken Sie möglichst viel. Denn besonders im trockenen Wüstenklima verdunstet der Körper durch fast unbemerktes Schwitzen sehr viel Feuchtigkeit, die ersetzt werden muss. Spätestens dann, wenn der Urin sehr gelb bzw. dunkel wird, sollte man dies als Alarmzeichen werten, dass der Körper unter Wassermangel leidet.

Man sollte eine den individuellen Bedürfnissen angepasste Reiseapotheke mitnehmen, in der zunächst alle Medikamente, die man zu Hause regelmäßig einnimmt, in ausreichender Menge vorhanden sein müssen. Packen Sie nur das ein, was aus Ihrer persönlichen Sicht während der Reisedauer notwendig sein könnte; im Zweifel sprechen Sie mit Ihrem Hausarzt. Kopieren Sie für alle Fälle das Rezept Ihrer Medikamente, damit Sie einer Apotheke klarmachen können, was im Fall von Verlust benötigt wird.

Als pauschale Empfehlung: Medikamente gegen Erkrankungen des Magen-Darm-Traktes, gegen Insektenstiche, Erkältungskrankheiten (relativ häufig wegen der Temperaturwechsel); fiebersenkende Mittel, Antibiotika, Schmerzmittel, Verbandszeug, Fieberthermometer, Einwegspritzen, Einwegkanülen, Desinfektionsmittel mitnehmen.

Empfehlenswert ist der Abschluss einer Auslandskranken- und einer Rückholversicherung, denn unser Krankenversicherungssystem gilt nicht in Jordanien. Ärzte verlangen vom Ausländer meist Vorauskasse.

Viele der jordanischen Ärzte haben in den USA oder Europa studiert, so dass der medizinische Standard, auch die Ausstattung der Krankenhäuser, zu den besten im Nahen Osten zählen. In Notfällen fragen Sie nach dem Krankenhaus (*mustaschfa*), in jedem größeren Ort gibt es ein Hospital.

Die Experten der World Bank stuften Jordanien weltweit auf Platz fünf und in der arabischen Welt auf Platz eins für den Gesundheitstourismus ein. Jordanien ist das einzige Land im Nahen Osten, das mehr Einnahmen als Ausgaben im Gesundheitswesen verzeichnet. Angeblich wurden 250 000 Patienten aus aller Welt im Jahr 2007 in Jordanien behandelt.

Sport/Aktivurlaub

Sport gilt als eine der beliebtesten Freizeitbeschäftigungen in Jordanien, auch wenn er nur passiv vor dem Fernseher betrieben wird. An der Spitze aller Sportarten steht Fußball. Bolzplätze sieht man überall, die Spiele der "Liga" gehören zumindest zu Fernsehterminen, die man nicht versäumen darf.

Auch für den Aktivurlauber wird inzwischen einiges an sportlichen Betätigungen geboten. Mit am längsten gehört **Tauchen** zu den attraktiven Sportarten. Leider ist es auf ein nur kurzes Strandstück bei Aqaba – zwischen Hafen und der Grenze zu Saudi-Arabien – begrenzt.

Auf reinrassigen **Araberpferden zu reiten**, wird manchen begeistern. Neben verschiedenen Wüstentouren zu Pferde kann man auch in Amman Reitställe kontaktieren und eventuell längere Ausritte in die Umgebung unternehmen:

- ARABIAN HORSE CLUB (Di-So 8.30-20.30) Airport Highway / Al-Yadoudeh Tel 06 429 1386 Fax 06 429 1378, www.arabianhorseclub.50megs.com
- ANNAB STABLES (Sa-Do 9-18) Airport Highway, Nähe Madaba Abfahrt Tel 06 591444, annablou@index.com.jo

Fallschirmspringen oder **Paragliding** lassen sich arrangieren über

- THE ROYAL JORDANIAN PARACHUTE/ PARAGLIDING CLUB, P.O. Box 302, Amman, Tel 06 487 3261, rparaclb@go.com.jo.

Der Doppelclub hat sich am (alten) Flugplatz in Marka (Ost-Amman) niedergelassen.

Für **Bergsteiger** bzw. Kletterer bietet das Wadi Rum die meisten Herausforderungen.

Jordanien gehört übrigens auch in den Club der **Auto-Rallye** Veranstalter. Rallyes sind beliebt und finden jährlich statt. Mit seinen Wüsten bietet das Land – das zu den Austragungsländern der Mittlerer-Osten-Meisterschaft gehört – eine hervorragende "Grundlage" für diesen Sport. Veranstalter ist der

- ROYAL AUTOMOBILE CLUB OF JORDAN P.O. Box 920, Wadi es Sir, Tel 06 585 0626 racj@go.com.jo.

Ein etwas ungewöhnlicher Aktivurlaub kann das **Mithelfen auf einer archäologischen Grabung** sein. Im Nachbarland Israel ist das richtig organisiert, in Jordanien muss man sich selbst umsehen. Am einfachsten dürfte das Anheuern bei einem der ausländischen Institute sein:

- DEUTSCHES EVANGELISCHES INSTITUT für Altertumswissenschaft des Heiligen Landes, PO Box 183, Amman 11118 Tel 534 2924, Fax 533 6924,
- AMERICAN CENTER FOR ORIENTAL RESEARCH (ACOR), PO Box 2470, Jebal Amman, Amman 11181 Tel 534 6117, Fax 584 4181
- BRITISH INSTITUTE AT AMMAN FOR ARCHAEOLOGY & HISTORY, PO Box 519, Al-Jubeiha, Amman 11941 Tel 534 1317, Fax 533 7197

Birdwatching, "Vogelbeobachtung," ist der gebräuchliche Begriff in der Region für eine eher stille Aktivität, nämlich das Beobachten von Vögeln. Da Jordanien ein nicht unwichtiger Rastplatz auf der Vogelroute in den Süden ist, gibt es verschiedene, jahreszeitabhängige Möglichkeiten für den noch jungen "Sport" im Land. Kompetente Auskunft erhält man von der
- ROYAL SOCIETY FOR THE CONSERVATION OF NATURE (RSCN), Tel 06 533 7931/2, Fax 06 535 7618, adminrscn@rscn.org.jo, www.rscn.org.jo

Trekking, Wandern

Leser beschweren sich, dass dieses Buch zu viel Kultur und zu wenig über Wandern aussagt. Zwar ist Wandern für Jordanier ein eher seltener Zeitvertreib, nur wenige Wege sind markiert, aber langsam bieten wanderfreudige Touristen mehr und mehr Anreiz, sich mit diesem Thema zu beschäftigen. Daher hier ein paar Wander- und Trekkingmöglichkeiten in Jordanien:

- Die bekanntesten Treks werden im Wadi Rum angeboten, entweder im Wadi selbst oder aber von dort in knapp einer Woche nach Petra. Auch in der Umgebung von Petra gibt es genug Wander- oder Trekkingwege.
- Auch und besonders das Naturreservat Dana bietet sich mit sehr interessanten Wanderungen an, z.B. führt ein Mehrtages-Treck von Dana hinunter ins Wadi Araba und dann hinauf nach Petra.
- Im wildromantischen Mujib Naturreservat bietet die RSCN mehrere Trecks an.
- Im Prinzip ist es immer wieder möglich, von der King's Road einen Wanderabstecher zu machen, wenn das Gelände dazu einlädt.
- Wandersleute finden auch im Norden viel Auslauf, z.B. in der Ajlun Nature Reserve oder im Dibbin National Park.
- Von Hammamat Ma'in durch eine Schlucht zum Toten Meer trekken.

Canyoning

Als eine der höchsten Herausforderungen im Umgang mit wilder Natur gilt *Canyoning*. Dieser englische Begriff ist von *Canyon (Schlucht)* abgeleitet und bedeutet nichts anderes, als einem Wasserlauf durch eine Schlucht durch z.B. Wandern/Trekken, Schwimmen, Rutschen, Abseilen, Springen oder Tauchen zu folgen oder sich vielmehr vorwärts zu kämpfen. Jordanien bietet eine Reihe von ziemlich extremen Schluchten für Menschen, die ein halbwegs ultimatives Abenteuer suchen. Das sollte/kann man allerdings nicht allein angehen.

Einer der Spezialisten ist
- TERHAAL TRAVEL AND TOURISM, Sumayya St., Madaba (Nähe St. Georgskirche), Tel 05 325 1005, 07 9553 6351, team@terhaal.com, www.terhaal.com.

Auf der Website sind verschiedene „Trips" - Wadi Zarqa Ma'in, Wadi Karak, Wadi Ibn Hammad, Wadi Mukheiris oder Wadi Manshala - mit vielen Bildern aufgeführt, so dass man sich gut informieren kann, auf was man sich einlässt. *„Eine Empfehlung wert ist die wunderschöne Wanderung durch das Wadi Ibn Hammad"*, schreibt eine Leserin, *„meist mit den Füßen im Wasser (Trekkingsandalen, Hose hochkrempeln), z.T. überhängende üppige Vegetation, Palmen, Oleander etc."*.

Radfahren

Als Radler kann man z.B. der King's Road folgen oder sich auf ein Mountainbike schwingen und sich mehr oder weniger querfeldein durchschlagen. Ausgefallene Touren bietet u.a. die oben genannte Firma TERHAL an.

Sicherheit, Notruf, Hilfe

Sicherheit

Ein Leser schreibt: *„Wie immer, wenn man die grundlegenden Regeln einhält, haben wir uns sehr sicher und gut aufgehoben gefühlt. Es gab kein einziges Mal einen Anlass, sich nicht sicher zu fühlen."*

Die persönliche **Sicherheit** ist in Jordanien kein nennenswertes Problem. Terroristische

Sicherheit, Notruf, Hilfe

Attacken auf Touristen sind (bis auf eine, die aber offensichtlich reichen Jordaniern galt) weitgehend unbekannt. Die Jordanier sind ausgesprochen freundliche, tolerante und hilfsbereite Menschen, denen Gastrecht viel bedeutet. Beispielsweise sind wir während unserer letzten Wohnmobilreisen kreuz und quer durch das Land gefahren, haben uns beliebteste Nachtplätze gesucht und uns niemals unsicher gefühlt oder gar irgendwelche Unannehmlichkeiten erlebt. Als weitere Beruhigung: An allen touristisch wichtigen Plätzen patrouilliert unauffällig die **Tourist Police**, in der Regel englischsprechende und hilfsbereite Polizisten, die auch bei allgemeinen Problemen weiterhelfen.

Aktivitäten: z.B. Ballonfahren im Wadi Rum

Generell gilt, wie auch anderswo: Zeigen Sie nicht durch Schmuck oder sonstige Angeberei, wie reich Sie sind; Juwelen und anderes Teures, das zum Fortkommen nicht nötig ist, lässt man am besten zu Hause. Auch sollte man nicht zu viel Geld herumtragen. Verstecken Sie Ihr Bares am besten in einer Tasche direkt auf dem Bauch – da merkt man sofort, wenn jemand hingreift, um sich zu bedienen. Die beliebten Brustbeutel schneidet sich schon ein Trickdieblehrling ab.

Schließen Sie **Hotelzimmer** und Auto immer sorgfältig ab und nutzen Sie Hotelsafes. Wer einen Koffer mitnimmt, sollte sich angewöhnen, auch diesen niemals unverschlossen zu lassen, vor allem Zahlenschlösser immer zu verstellen. Sonst kennt der Zimmerboy die Zahlenkombination, wenn man wirklich etwas Wertvolleres verschließen will oder muss.

Die Arbeitsbedingungen für **Taschendiebe** bessern sich, je enger Menschen sich drängen. Passen Sie also ein bisschen mehr auf Ihre um den Hals baumelnde Kamera oder den prall gefüllten Geldbeutel in der Gesäßtasche auf, er könnte z.B. blitzschnell gegen einen Stein ausgetauscht werden. Amman *Downtown* gehört zu den etwas gefährdeten Gebieten; nach Empfehlungen des US State Department sollte man sich dort nur in Gruppen aufhalten – worüber ich selbst, der ich häufig genug viele Tage in dieser Gegend mit viel Freude herumgelaufen bin, eigentlich nur lachen kann. Legt man denselben Maßstab auf Manhattan an, müsste man dort im Panzer, nicht einmal im gepanzerten Wagen, herumfahren.

(Seltene) **Diebe auf Motorrädern** oder in Autos reißen blitzschnell Hand- oder andere Taschen ab und rasen davon. Dabei kann der Träger u.U. übel stürzen. Als Vorsichtsmaßnahme: Gehen Sie möglichst dicht an der Bürgersteig-Häuserseite.

Man sollte grundsätzlich Situationen meiden, in denen die Emotionen der Beteiligten weniger kontrolliert sind, z.B. **Demonstrationen** aller Art, Streitereien oder Schlägereien (hoffentlich nur als Zuschauer), aber auch die unmittelbare Nähe von Moscheen in politisch angespannten Zeiten. Man versteht selten, was der Mullah predigt und welche Emotionen er auslöst. Auch sollte man darauf verzichten, laute, proisraelische Bekundungen von sich zu geben. In einem Land, dessen

2 In Jordanien zurechtkommen

Bewohner zur Mehrzahl brutal aus Palästina vertrieben wurden, könnte dies trotz Friedensvertrag unerwünschte Reaktionen auslösen.

Wenn Ihnen Ihr Pass gestohlen wird oder Sie ihn verlieren, sollten Sie dies sowohl der nächsten Polizeidienststelle als auch Ihrer Botschaft melden.

Lassen Sie sich nicht auf **Drogen** ein. Die Strafen in Jordanien für Drogendelikte sind ungleich härter als in Europa und die Prozesse sehr viel kürzer. Wenn auch das Leben vielleicht nicht bedroht ist, so wird das Überleben in einem jordanischen Gefängnis noch weniger Freude machen als in einem europäischen.

Ein weiterer Hinweis für Ihre Sicherheit: Militärische Anlagen können bis zum Umkreis von 3 km **vermint** sein. Zwar ist in der Regel ein Zaun mit Totenkopfschildern um ein derartiges Gelände gezogen, aber der Zahn der Zeit kann Zaun und Markierung bis hin zur Unscheinbarkeit zugesetzt haben. Wenn auch die Gefahr gering ist, so sollten Sie bei "eingezäunter Wüste" oder ähnlicher Ansicht vorsichtig sein.

Email- und Internetsicherheit unterwegs

Wer unterwegs mal schnell in einem Internetcafé seine **Emailbox** checkt oder seinen **Kontostand** zu Hause prüft, kann durch Spyware aller Art böse Überraschungen erleben – im schlimmsten Fall ein leeres Konto. Man sollte daher nur im wirklichen Notfall von öffentlich zugänglichen PCs z.B. Flüge per Kreditkarte buchen, Rechnungen überweisen oder ein E-Bay-Account nutzen.

Muss es denn sein, dann löschen Sie so bald wie möglich alle temporären Dateien des Browsers; beim **Internet Explorer** über >*Extras > Internetoptionen > Allgemein > Löschen*, bei **Firefox** >*Extras > Private Daten löschen*. Wenn man sich auf Internetseiten als User einloggte, unbedingt auch wieder ausloggen.

Um **Missbrauch des Emailkontos** zu vermeiden, kann man sich eine temporäre Mailbox z.B. bei Hotmail zulegen und darüber die Freunde mit Nachrichten beglücken. Wer trotzdem in seine Standard-Mailbox schaute, sollte gleich nach der Rückkehr das Zugangspasswort ändern.

Für **Reisende mit Notebook** gilt große Vorsicht bei ungesicherten WLANs. Datendiebe können dann Ihre Daten Bit für Bit mithören und z.B. Passwörter bis zum Exzess nutzen. Am sichersten wäre eine möglichst schnelle Mobilfunk-Verbindung, aber die kostet Geld (informieren Sie sich zu Hause über die Kosten). Man sollte außerdem alle persönlichen Daten gut verschlüsseln, um sich bei Diebstahl des Laptops wenigstens keine Sorgen über Datenmissbrauch machen zu müssen.

Medizinische Hilfe

Im Fall ernsthafter Krankheit sollte man entweder bei der Botschaft nach einem verlässlichen Arzt fragen oder ein Krankenhaus aufsuchen. Wenn es irgend geht, kehren Sie nach Amman zurück, dort wird Ihnen sicher die beste Betreuung zuteil. Grundsätzlich sind Kranke in Jordanien besser aufgehoben als in manchen Nachbarländern, was sich daran zeigt, dass viele Patienten aus der Golfregion jordanische Krankenhäuser aufsuchen. Adressen sind bei einigen Stadtbeschreibungen angegeben.

Post, Telefon, Strom

Post

Postämter sind Sa-Do von **8-18** Uhr geöffnet, das Hauptpostamt in Amman (Prinz Mohammed St) auch freitags. Eine Postkarte nach Europa kostet 500 Fils und ist etwa eine Woche unterwegs. Diese Preise zahlt man im Postamt, Geschäfte schlagen in der Regel 50 Fils auf.

Das Hauptpostamt in Amman und Ämter in größeren Städten nehmen postlagernde Sendungen an. Empfehlenswert ist nur das Central Post Office, Amir Mohammed St, Amman, oder in Aqaba ; Postämter in anderen Städten wissen mit „postlagernd" wenig anzufangen.

Post, Telefon, Strom

Tipps für Pechvögel

Unterwegs können allerhand Missgeschicke passieren, deren Folgen dann zu meistern sind:
- Wer den **Pass zu Hause vergisst,** kann sich vom Bundesgrenzschutz am Flughafen ein Ersatzdokument ausstellen lassen. Dies wird allerdings nicht in den USA, Kanada und allen Ländern, die Einreise-Visa verlangen, akzeptiert. Wenn der Pass in Jordanien verloren geht, muss man die Botschaft persönlich aufsuchen und dort einen Ersatzpass beantragen. Danach muss man die jordanische Polizei vom Verlust überzeugen und um neue Visa bitten. In all diesen Fällen sind entweder eine Passkopie oder der Personalausweis sehr hilfreich.
- Bei **verlorenem oder vergessenem Ticket** stellen Airlines Ersatztickets aus, die man zunächst bezahlen muss (Kreditkarte oder bar). Wer eine Kopie des Tickets vorlegen kann, hat es bei diesem Vorgang wesentlich leichter. Das Geld wird erstattet, wenn niemand auf das Originalticket eincheckt.
- Wer in der Charter- oder Touristenklasse den **Flieger verpasst**, kann nur auf die Kulanz der Airline hoffen, ein Anspruch auf Beförderung besteht in der Regel nicht mehr.
- Bei **Verlust von Bargeld** hilft niemand, bei Reiseschecks erhält man Ersatz. Eine **abhanden gekommene Kredit- oder EC-Karte** muss man möglichst schnell sperren lassen, nur dann übernimmt die ausstellende Bank die Kosten bei Missbrauch; deshalb: Hotlines der betreffenden Banken und Kartennummern notieren.
- Wenn der **Koffer nicht ankommt**, geht man mit dem Ticket zunächst zum Schalter *Lost & Found*, dort wird der Weg des Koffers verfolgt. Wird er ausfindig gemacht, kommt er auf die nächste Maschine. Dauert dies länger, stellt die Airline ein Notset zur Verfügung. Geht er endgültig verloren, bekommt man (bescheidenen) Ersatz.

Vorsichtige Menschen nehmen mit:
- Kopien vom Ticket und von den beiden ersten Pass-Seiten,
- Hotline-Nummern der Kreditkarten- bzw. EC-Karten-Banken, z.B. MasterCard und Visa (Angabe in Klammern):

Deutschland 0800 819 1040 (0800 811 8440), Österreich 0800 218 235 (0800 296 704), Schweiz 0800 897 092 (0800 894 732).

Schreiben Sie deutlich „POSTE RESTANTE" und möglichst nur den Nachnamen des Empfängers auf den Brief, weil er sonst auch unter dem Vornamen in einer Schachtel einsortiert wird, aus der man ihn selbst zwischen 8 und 18 Uhr herausfischen kann.

Auch American Express Büros nehmen übrigens „postlagernde" Briefe an, die als „CLIENTS MAIL" gekennzeichnet werden müssen und auf denen es weiter heißen sollte: Mr. Hans Meier, c/o American Express.

Telefon

Mobiltelefone sind so weit verbreitet, dass öffentliche Telefone nur schwer zu finden sind. Sehr häufig ist zwar noch das Telefon selbst montiert, der Hörer jedoch abgezwickt. Die ehemals staatliche Telefongesellschaft wurde inzwischen privatisiert. Jetzt bedienen die Gesellschaften JPP und ALo die Telefonkunden. Leider sind damit unterschiedliche öffentliche Telefone mit unterschiedlichen Telefonkarten eingezogen. Wegen der fehlenden Telefonzellen lohnt es aber kaum noch, Telefonkarten zu kaufen. Gewarnt wird vor Kreditkarten-Telefonen; da sind Abbuchungen in beliebiger Höhe möglich, ohne dass man irgendeine Kontrolle hätte.

Jordanien nutzt den GSM-Standard, d.h. Ihr heimisches **Handy** ist sofort nach Ankunft

2 In Jordanien zurechtkommen

> **Telefon - Vorwahlen, Notruf**
>
> • **Internationale Vorwahl** für Jordanien: 00962
> • **Vorwahl von Jordanien** nach Deutschland 0049, Österreich 0043, Schweiz 0041
> **Städte-Vorwahl** in Jordanien
> • **02** für Nord-Jordanien, Ajlun, Irbid, Jerash, Mafraq, Umm Qays
> • **03** für Süd-Jordanien, Aqaba, Wadi Rum, Petra, Ma'an, Kerak
> • **05** für Azraq, Fuheis, Salt, Pella, Jordantal, Madaba, Totes Meer, Jordantal
> • **06** für Amman, Kan Zaman, Um Al Amad, Alia Airport
> • **Telefonauskunft** 1212, internat. 1213
>
> **Notruf**
> • **Polizei** 191, 192
> • **Erste Hilfe, Ambulanz** 193
> • **Feuerwehr** 199
> • **Autobahnpolizei** 06 534 3401

betriebsbereit. Und nicht nur in Amman, sondern landesweit funktioniert das Funknetz tadellos. Daher sollte man anstelle von Telefonkarten eine **Prepaid-SIM-Karte** kaufen, die unter JD 10 kostet und ein geringes Startguthaben aufweist, das beliebig (am besten in Telefonläden vom dortigen Personal) aufgestockt werden kann. Das ist eine gute Lösung, wenn man Inlandsgespräche führen will, aber auch für Kommunikation in die Heimat kann es sich lohnen, da Gespräche aus dem Hotel sehr teuer sind. Das Handy darf keine SIM-Lock Sperre haben.

Beim **Telefonieren** ist Direktwahl auch ins Ausland Standard. Allerdings können diese Leitungen häufiger überlastet sein. Nach Mitteleuropa kostet die Minute zwischen 22 und 8 Uhr etwa JD 1,10, während der Hauptzeit bis zu JD 1,40.

Elektrischer Strom

Die elektrische Versorgung erfolgt mit 230 V 50 Hz. In vielen Hotels passen die deutschen Schukostecker, aber noch immer trifft man – vor allem in Aqaba – auf das britische System mit seinen klobigen Steckern. Wenn Sie Strom benötigen, nehmen Sie am besten ein Universal-Adapterset mit.

Geld, Währung, Preise

Geld

• Der Jordanische Dinar (JD) unterteilt sich in 100 Piaster (auch Qirsh) oder 1000 Fils, wobei die letztere Einheit den Piastern im Allgemeinen vorgezogen wird; das ist aber keine Regel, sondern häufig genug Anlass zu ärgerlichen (oder beabsichtigten) Preisdiskussionen. Um das Verwirrspiel zu vervollständigen: 50 Fils werden auch 1 Shilling genannt, 100 Fils sind einem Dirham oder Barisa gleich; für Dinar wird auch der Ausdruck Lira benutzt.

Es gibt 1/2, 1, 5,10, 20, 50 und 100 JD-Noten, wobei die letzteren sehr selten anzutreffen sind. Bei den Münzen muss man aufpassen, denn es sind von jeder Sorte mindestens zwei Ausgaben im Umlauf, die sich teilweise auch schlecht unterscheiden. Üblich sind 10, 50, 100, 250, 500 Fils und 1 Dinar-Münzen. Wer Lust hat, kann sich die Münzen und Geldscheine unter www.your-guide-to-aqaba-jordan.com/coins_and_banknotes.html ansehen.

Geldwechsel ist an den Grenzübergängen und am Flughafen möglich. Auch in Amman gibt es genug Bankschalter und freie Wechsler, die Geld tauschen. Auf dem Land wird es etwas schwieriger. Suchen Sie nach der Housing Bank (Bank al Iskan), die landesweit verbreitet ist und in der Regel auch Geld wechselt. Im Februar 2009 kostete **1 Dinar 1,10 Euro;** am Stichtag entsprach also **1 Euro 0,91 JD**. Geld nach Empfang immer nachzählen!

Als leicht konvertierbar, weil bekannt, werden manchmal vielleicht noch US-Dollars bevorzugt, der Euro wird inzwischen überall akzeptiert. Mit **Travellerchecks** gibt es – wie in vielen anderen Ländern – mehr und mehr

Geld, Währung, Preise

Schwierigkeiten, weil offenbar im Zeitalter der Kreditkarte das Interesse an dem umständlich zu handhabenden Papier nachlässt. Beim Einlösen von Travellerchecks sind bei jedem Tauschvorgang zusätzlich JD 5 oder 6 an Gebühren zu zahlen, d.h. nicht zu häufig tauschen und stets mehrere Banken nach Kurs sowie Gebühren abfragen, die Unterschiede sind erheblich.

Bei **Kreditkarten** ist die Visa-Card am meisten verbreitet, es folgt Amexco; deutlich weniger Akzeptanz findet man mit der Master/Eurocard. Maximal JD 500 können pro Tag in Cash gezogen werden. Wenn Sie in Geschäften die Kreditkarte zücken, fragen Sie vorsichtshalber, ob es beim vereinbarten Preis bleibt oder Sie sich an den zusätzlichen Kosten beteiligen müssen.

Wenn Sie Geld per Kreditkarte ziehen wollen, müssen Sie Ihre PIN (die gesondert mitgeteilt wurde) kennen.

Falls Sie das Büro von Visa kontakten müssen (verlorene Karte):
- 3rd Floor, Housing Bank Centre, Amman, Tel 06 568 0554

Auch die **EC-Karte** findet mehr und mehr Verbreitung. Bargeld lässt sich z.B. bei der Arab-Jordan Bank und an Automaten mit dem Maestro-Zeichen ziehen (allerdings nur bis zu JD 100), was natürlich Gebühren kostet. Die Banken sind übrigens **samstags geschlossen**.

Für den **Notfall**: Wenn Sie plötzlich ohne Geld dastehen und dringend Cash von zu Hause benötigen, dann ist der Weg von Ihrer Bank über WESTERN UNION vermutlich der schnellste (und sehr teuer), aber auch einer der zuverlässigsten. Western Union wird repräsentiert von der
- CAIRO AMMAN BANK, Amman, Wadi Saqra, Tel 06 463 9321.

Auch Gewürze sind ein beliebtes und leicht zu transportierendes Mitbringsel

2 In Jordanien zurechtkommen

Bei konkreten Fragen zum Thema Geld können Sie sich in Verbindung setzen mit der
- Arab Bank plc, 8 Al Ameer Shaker Bin Zeid St (Shmeisani), Amman,
Tel 06 562 1980, Fax 06 560 6793,
international@arabbank.com.jo,
www.arabbank.com

Wenn Sie Standorte von Geldautomaten feststellen wollen, ein ATM Locator hilft weiter:
- Arab Bank: www.arabbank.jo/en/ways-bankatmnet.aspx
- Ahli Bank: www.ahli.com/branches.shtm
- Housing Bank: www.hbtf.com/wps/portal

Preise

In Jordanien liegen die Mindestlöhne bei JD 120/Monat, ein Kellner verdient etwa JD 150. Wenn man diese Zahlen in Relation zu den weiter unten angegebenen Preisen setzt, kann man sich ausrechnen, wie häufig eine Mindestlohn-Familie Huhn essen kann. Hinzu kommt die massive Inflation, viele Grundnahrungsmittel verteuern sich ständig.

Von der Preissituation her zählt Jordanien nicht zu den allerbilligsten Ländern des Vorderen Orients, dennoch kommt man mit erheblich geringeren Reisekosten davon als z.B. beim Nachbarn Israel. Das beginnt bei den Übernachtungen und endet beim Essen, wenn man nicht in Luxusherbergen absteigt bzw. diniert. Auch die Reise von A nach B kostet sehr wenig Geld, am wenigsten mit öffentlichen Verkehrsmitteln; aber auch Mietwagen sind selbst für Budget-Traveller erschwinglich, zumindest, wenn sich mehrere Leute die Kosten teilen.

Wer ausgesprochen billig durchs Land kommen will oder muss und bereit ist, stets die allereinfachsten Unterkünfte in Mehrbettzimmern zu nehmen, kann mit etwa 15-30 € pro Tag durchaus über die Runden kommen. Will man besser übernachten, so steigen die Tageskosten proportional mit den Hotelkosten, die Sie bei den jeweiligen Städten aufgeführt finden. Mietwagen oder andere Vergnügungen kommen hinzu.

Am billigsten kommen natürlich Selbstversorger davon. Aber auch Wohnmobil/Caravan-Reisende leben ausgesprochen preiswert, sieht man von den Anfahrtskosten ab.

Einige Preisbeispiele (Angaben in Fils)

1 frisch gepresster Orangensaft um 600-1500
1 große Flasche Wasser etwa 500-750
1 Dose Pepsi Cola 250-500
1 Flasche lokales Bier (Amstel) . . 1700-2500
1 Dose lokales Bier (Amstel) 1200-2000
330 ml alkoholfreies Bier 500-700
1 Tasse Tee, Straße 300-400
1 Tasse Tee im Restaurant 350-550
1 Türkischer Kaffee 500-1000
1 Fladenbrot 60-100
Shauwarma, Felafel 750-1200
1/2 Hähnchen 2000-2500
1 kg Bananen ca. 1000-1500
1 Liter Normalbenzin 350
1 Liter Super 405
1 Liter Diesel 335

(Siehe auch www.your-guide-to-aqaba-jordan.com/food_prices_in_jordan.html.)

Superbenzin gehört noch zu den selteneren Angeboten. Wer mit dem eigenen Auto kommt, sollte bei jeder Gelegenheit tanken, bevor der Katalysator ruiniert ist.

Trinkgeld

Auch in Jordanien ist das Wort Bakschisch nicht unbekannt, es wird aber selten in so aufdringlicher Art wie z.B. stellenweise in Ägypten benutzt. Normale Hotel- und Restaurantrechnungen beinhalten den Posten *Service Charge* mit 10-12 Prozent Aufschlag. Zusätzliche Trinkgelder sollten sich nach der Qualität des Services richten. Falls kein gesonderter Posten *Service Charge* ausgewiesen ist, zahlt man etwa 10 Prozent vom Rechnungsbetrag. In Hotels gibt man ca. JD 1 an den Kofferträger oder Bell

Man, auch das Hauspersonal erhält einen kleinen Obolus, wenn man länger blieb. Der Busfahrer von Gruppenreisen erhält etwa $1,50-2 pP.

Shopping, Öffnungszeiten

Shopping

Auch für Souvenirs ist in Jordanien gesorgt (siehe auch Seite 150). Das Land besitzt ein aus alter Tradition entstandenes Handwerk und Kunsthandwerk. Vor allem die Beduinen weben bzw. flechten schöne **Teppiche** und **Kelims**. Nicht zuletzt gibt es reich und farbig bestickte **Kleider,** auch aus Beduinenkreisen. Die besten Stücke findet man in Amman, aber auch in Madaba, Mukawir, Wadi Musa und Aqaba.

Mit etwas Glück kann man noch alten **Silberschmuck** entdecken oder man nimmt mit modernen Imitationen der beduinischen Originale vorlieb. Goldschmuck wird im Gold-Souk in Downtown Amman günstiger als in Europa verkauft. Etwas schwerer wiegen **Ceramics, Töpferwaren** z.B. aus der Jerusalemer Schule (Teller, Krüge, Eierbecher, Kerzenhalter) mit schönem Design aus geometrischen Mustern, Trauben, Pfauen, Fischen oder Granatäpfeln. **Hebron Glass** entstammt der Schule der Hebroner Glasbläser; mundgeblasene Gläser, Krüge etc. in den verschiedensten Farben sind zu haben.

Eine recht ungewöhnliche, für Jordanien ziemlich typische Kunstform sind die **Sand Bottles**, mit farbigem Sand so geschickt gefüllte Flaschen, dass die unterschiedlichsten Motive dargestellt werden– ein beliebtes Mitbringsel. Eine arabische Kupfer- oder Messing-**Kaffeekanne** kann zu Hause auch Aufmerksamkeit erregen, ebenso wie eine Wasserpfeife. Waffenliebhaber werden sich nach arabischen **Dolchen** umsehen, von der Billigausführung bis zum ziselierten Silberdolch erhältlich. Typisch für das Gastland sind auch **Badesalze** und **Kosmetika**, die aus den Mineralien des Toten Meeres gewonnen werden.

Wer etwas ältere Dinge erwirbt, sollte wissen, dass Antiquitäten, die älter als 100 Jahre sind, nicht ausgeführt werden dürfen.

Im Gegensatz zu anderen orientalischen Ländern scheint den Jordaniern im täglichen Leben die Lust am Feilschen vergangen zu sein. In vielen normalen Geschäften liegen die Preise, vor allem bei Dingen des täglichen Bedarfs, mehr oder weniger fest, handeln macht keinen Sinn. Die typischen Souvenirshops sind die Geschäfte, in denen man in keinem Fall den Preis sofort akzeptieren sollte; geschickten Menschen gelingt es, das gewünschte Objekt vielleicht um die Hälfte oder ein Drittel billiger nach Hause zu tragen.

Öffnungszeiten

Die wöchentlichen **Ruhetage** sind Freitag und Samstag. Doch die Ruhe fällt nicht so strikt aus wie am europäischen Wochenende. An vielen Stellen sieht man fleißige Arbeiter, die auf dem Bau weiterwerkeln oder auf dem Land tätig sind.

Behörden sind, außer freitags und samstags, 8-15 Uhr geöffnet, Geschäfte in der Regel von 9-20.30 Uhr, bei einer möglichen Mittagspause zwischen 12.30 und 15.30 Uhr, freitags ist nur eingeschränkt geöffnet oder ganz geschlossen. Die Banken halten So-Mi von 8.30-12.30 und 16-18 (im Winter 15.30-17.30), Do 8-12.30 Uhr offen. Während der Fastenzeit Ramadan muss generell mit u.U. stark eingeschränkten Öffnungszeiten gerechnet werden. Sehenswürdigkeiten und Museen öffnen Oktober bis März 8-16 Uhr (Petra 7-16), April und Mai 8-17.30 (Petra 6-18), Juni bis September 8-18.30 (Petra 6-18.30).

Islamische Feiertage

Neben den **islamischen Feiertagen**, die sich nach dem Mondkalender richten, sind Neujahr am 1. Januar, der 30. Januar als Geburtstag von König Abdullah II, der 1. Mai als

2 In Jordanien zurechtkommen

Islamische Feiertage der nächsten Jahre			
Jahr	2009	2010	2011
Ramadan-Beginn	22.08.	11.08.	01.08.
Ramadan-Ende *(Beiram, auch Id el Fitr)*	22.09.	10.09.	30.08.
Opferfest *(Großes Beiram, Id el Adha)*	27.11.	12.11.	06.11.
Neujahr *(Awil Sana)*	18.12.	07.12.	26.11.
Mohammeds Geburtstag *(Mulid el Nabi)*	09.03.	26.02.	04.02.

Tag der Arbeit, der Unabhängigkeitstag am 25. Mai, König Husseins Geburtstag am 14. November und Weihnachten am 25. Dezember als Feiertage geschützt. Islamische Feiertage können lange dauern, z.B. *Id el Adha* vier Tage. Dann sind zumindest alle öffentlichen Einrichtungen wie staatliche Stellen, Konsulate etc. geschlossen.

Die **Christen** in Jordanien richten sich in der Mehrzahl nach dem Julianischen Kalender, der bis zu einem Monat dem bei uns geläufigen gregorianischen nacheilen kann.

Als **wöchentliche Ruhetage** sind Freitag und Samstag für staatliche Stellen und die Wirtschaft festgelegt. Geschäfte gestalten ihre Ruhetage individuell.

Rundfunk, Fernsehen

Nach Aussage vieler Orientkenner herrscht seit einem neuen Pressegesetz von 1993 in Jordanien die größte Pressefreiheit des Nahen Ostens, allerdings mit noch vielen Einschränkungen gegenüber der europäischen Situation. Dennoch ist es erstaunlich, wie offen auch kritische Fragen diskutiert werden – mit Ausnahme des königlichen Hofes. Neben den unten aufgeführten englischsprachigen Blättern erscheinen täglich vier arabische Zeitungen und sieben Wochenzeitschriften mit einer insgesamt sehr breiten Themenvielfalt, die Besucher aus anderen arabischen Ländern immer wieder in Erstaunen versetzt.

Täglich erscheint *The Jordan Times* in Englisch, donnerstags die Wochenzeitung *The Star*. Aus beiden kann der Tourist nicht nur recht gute Informationen über das politische Geschehen in Jordanien und der Welt entnehmen, sondern auch aktuelle Telefonnummern, Veranstaltungshinweise etc. In dieser Beziehung bietet *The Star* noch etwas ausführlichere Beiträge als die *Times*.

Radio Jordan sendet täglich von 7-12 auf 96,3 MHz in Englisch, Nachrichten um 7, 14 und 19 Uhr. Der *TV-Kanal 2* ist ebenfalls englisch- und französischsprachig, in Hotels sind häufig CNN und andere Satellitenkanäle zu empfangen.

Nachrichten

Wer in der Ferne über die Heimat auf dem Laufenden bleiben will, kann dies häufig per Satellitenfernsehen. Unabhängiger ist man mit einem kleinen Weltempfänger, auf dem man über die folgenden Frequenzen Nachrichten hören kann (Frequenzen werden häufig geändert, informieren Sie sich für die Nahostregion über www.dwelle.de/dw/empfang/radio/kw-area5.htm):

- Deutsche Welle 9545, 13780, 17845 kHz
- Österreich 11670 und 11715 kHz
- Schweiz 9885 kHz :

3
Land und Leute

Im Eilgang durch die Geschichte

Wenn Sie keine Zeit haben, das nächste, ausführliche Geschichtskapitel über Jordanien zu lesen, dann sollten Sie sich ein paar Augenblicke für diese Gesamtübersicht nehmen. Denn der Besuch Jordaniens ist so eng mit der historischen Entwicklung verbunden, dass man sich wenigstens grob auskennen sollte, um die jeweiligen Besichtigungsstätten in ihre historischen Zusammenhänge stellen zu können.

Wir wollen unseren Streifzug mit den frühesten Zeugnissen menschlicher Siedlungsaktivität beginnen, die in Jericho im unteren Jordantal ab dem 9. Jahrtausend vC belegt ist. Sicher strahlten ihre Errungenschaften auch über den Jordan nach Osten aus. In Ain Ghazal, einem Vorort von Amman, konnte eine komplette Siedlung aus dem 8. Jahrtausend vC ausgegraben werden. Ab **7000** vC lässt sich in El Beidha bei Petra Siedlungstätigkeit nachweisen. Ab **3000** vC tauchen in der Geschichte Palästinas die Kanaaniter auf, die bis etwa 1200 vC das Land besiedeln. Sie werden im Laufe der Jahrhunderte von den vielen Neuankömmlingen verdrängt, vernichtet oder assimiliert. Etwas später lassen sich östlich des Jordantals die Ammoniter, südlich von ihnen – zwischen Wadi Hasa und Wadi Mujib – die Moabiter und, wiederum südlich angrenzend bis zum Golf von Aqaba, die Edomiter nieder.

Eine erste Invasion und Landnahme findet durch die Amoriter statt, die von Osten kommend Jordanien bedrängen. Aber auch Abraham mit seinem Gefolge sorgt für Unruhe. Er bricht etwa im **18.** Jh vC in Ur in Mesopotamien auf, um sich schließlich im Westjordanland festzusetzen. Zwei Generationen später ziehen seine Nachkommen nach Ägypten, vermutlich als eine Art frühe Gastarbeiter unter den Hyksos. Aber, wie das so geht bei Gastarbeitern, irgendwann wird der Aufenthalt zur Fron, und Moses führt im **13.** Jh vC

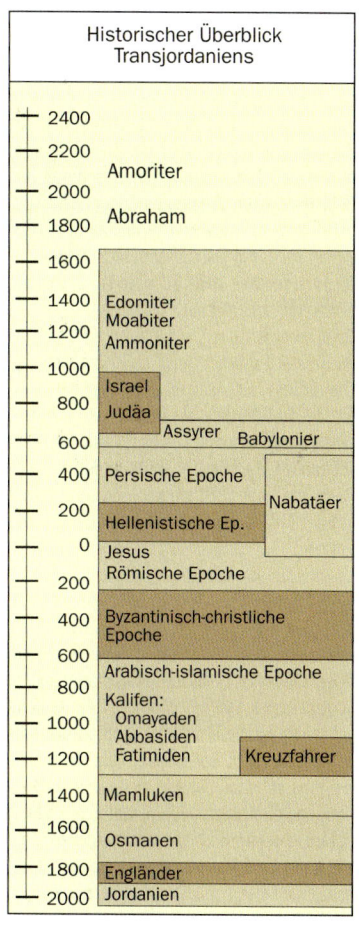

Historischer Überblick Transjordaniens

3 Land und Leute

seine Glaubensbrüder zurück nach Palästina; vom jordanischen Mount Nebo erblickt er das Gelobte Land.

Lange Zeit beherrschten die Ägypter Palästina, aber sie wurden mehr und mehr von den erstarkenden Hethitern bedrängt, die sich aus der heutigen Türkei heraus ausdehnten. Diese Situation lässt sich von den Israeliten gut für eine Landnahme nutzen, die sich bis etwa zur Jahrtausendwende hinzieht. Dabei sind die Stämme nur locker unter den Richtern organisiert, müssen sich aber unter anderen den Philistern – von Westen eindringenden indogermanischen Seevölkern – im Kampf stellen, wobei sie deren Eisenwaffen technisch unterlegen sind. Um **1000 vC** gründet David den ersten jüdischen Staat.

Bald kommen die Kleinstaaten im heutigen Jordanien zunächst unter die tributpflichtige Oberhoheit der Assyrer, dann der Babylonier. Die Babylonier werden **537** vC von dem Perserkönig Kyros II. besiegt. **333** vC erobert Alexander der Große unter anderem auch Palästina, das nach seinem Tod an die Ptolemäer fällt; damit beginnt die hellenistische Epoche.

Unbemerkt von den Weltmächten haben sich die Nabatäer vor allem in Edom festgesetzt. Sie sind ein arabisches Nomadenvolk, das lernte, die Weihrauchstraße auf ihrem westlichen Abschnitt äußerst gewinnbringend zu kontrollieren. **198** vC verlieren die (griechischen) Ptolemäer Palästina an die (ebenfalls hellenistischen) Seleukiden. Die Nabatäer, die inzwischen ein weitläufiges Reich aufgebaut und die früheren Kleinstaaten absorbiert haben, kooperieren mit den Griechen. Ihre Hauptstadt Petra verstecken sie geschickt zwischen Felsen im Edomiter Gebirge.

63 vC erobern die Römer Palästina und beenden die hellenistische Epoche. **37** vC setzen sie den Halbjuden Herodes den Großen als König (Statthalter) von Judäa ein, der seinen Machtbereich bis weit nach Syrien und über den Jordan hinaus erweitert; die Palastruine Machärus kündet noch heute davon. Nach seinem Tod **4** vC wird sein Reich unter seinen Söhnen dreigeteilt.

Nach dem Machtwechsel in Palästina hatten sich auch die Nabatäer auf die Seite der Römer geschlagen. Doch diese entwickeln bald andere Vorstellungen einer Kooperation. **106** nC integrieren sie den Nabatäerstaat ganz einfach als eine Provinz in ihr Reich.

Das Christentum breitet sich rasant aus, **324** erklärt er die römische Kaiser Konstantin zur Staatsreligion. Als schließlich das Römische Reich in West- und Ostrom zerfällt, kommt Palästina mit Jordanien lagegemäß an Ostrom, d.h. Byzanz. Die byzantinische Epoche hält bis **614** an, als die erstarkten Perser einfallen, Jerusalem erobern und den Patriarchen nebst 37 000 Christen und dem Heiligen Kreuz nach Persien verschleppen. **628** kann Byzanz die Verschleppten und das Kreuz wieder heimholen. Doch nur wenige Jahre später brechen wie ein Feuersturm die Araber unter Mohammeds Flagge in Palästina und östlich des Jordans ein, **636** wird das byzantinische Heer geschlagen, **638** Jerusalem an den (muslimischen) Kalifen Omar übergeben.

Der Omayade Abd el Malik lässt den Felsendom auf dem Jerusalemer Tempelberg bauen, seine Nachfolger halten Palästina an der langen Leine und vergnügen sich in den Wüstenschlössern Jordaniens; Christen können noch für längere Zeit ihrem Bekenntnis nachgehen. Erst der fanatische Fatimide El Hakim aus Kairo verfolgt die Andersgläubigen. Dem wollen die Kreuzfahrer abhelfen, die beim Ersten Kreuzzug **1099** Jerusalem erobern und über den Jordan nach Osten vordringen können. Dort werden die Kreuzfahrerburg Shaubak, in der Nähe von Petra, und weitere kleinere Befestigungen sowie die Burg Kerak gebaut. Aber alle Mühe hilft nicht. Gegen Ende desselben Jahrhunderts gehen die Stützpunkte östlich des Jordans wieder verloren, **1291** werden die Kreuzritter – mit dem Fall Akkos – endgültig aus Palästina vertrieben.

Die ägyptischen Mamluken nehmen nun auch Jordanien unter ihre Fittiche. **1516** kämpfen sich die türkischen Osmanen an die Macht. Unter ihrem Sultan Suleiman II. blüht zwar die gesamte Region auf, Jordanien gerät aber mehr und mehr in Vergessenheit. Erwähnung findet das Land hauptsächlich während der jährlichen Pilgerreise, weil die Hauptpilgerroute von Damaskus aus am Wüstensaum entlang nach Süden verläuft. **1805** kommt in Ägypten der geschickte Politiker Mohammed Ali an die Macht, der auch Einfluss auf Palästina nimmt, stärker jedoch sein Sohn Ibrahim, den allerdings **1840** die Türken wieder in Palästina ablösen.

Während des Ersten Weltkrieges beginnen **1916** die Araber unter Führung des Hashemiten Hussein (dem Ururgroßvater des derzeitigen jordanischen Königs) gegen die Türkei zu putschen. Die Engländer versprechen Hussein dafür ein arabisches Großreich. Nach Kriegsende und dem Zusammenbruch des osmanischen Reiches erhält England das Völkerbundmandat über Palästina und Transjordanien. **1922** übergeben die Engländer Husseins zweitem Sohn Abdullah schließlich Transjordanien als selbständiges Emirat, allerdings unter britischem Mandat.

Das britische Mandat erlischt **1946**, gleichzeitig wird das unabhängige Königreich Transjordanien unter König Abdullah proklamiert. Nach Ende des israelischen Unabhängigkeitskrieges wird **1948** die von den Arabern eroberte Westbank Transjordanien zugeschlagen, das sich jetzt *Hashemitisches Königreich Jordanien* nennt. **1951** fällt König Abdullah einem Mordanschlag zum Opfer, sein Sohn Talal muss nach kurzer Regierung zugunsten seines noch minderjährigen Sohns Hussein abdanken. Gerade 18-jährig, wird dieser **1953** zum König gekrönt.

Dem jungen König Hussein gelingt es, sein Land durch alle innen- und außenpolitischen Fährnisse zu steuern. Er übersteht Putschversuche und einen Anschlag der Syrer auf sein Flugzeug. Als im Sechstagekrieg **1967** die gesamte Westbank verloren geht, muss Jordanien mit einem zusätzlichen Flüchtlingsstrom und dem Verlust eines großen Teils seiner landwirtschaftlichen Produktion fertig werden. **1970** zerschlägt Hussein die selbstherrlichen militärischen Organisationen der *Palestine Liberation Organisation* (PLO) in einer blutigen Auseinandersetzung, **1988** gibt er die Ansprüche auf die Westbank zugunsten der PLO endgültig auf.

1991 unterläuft dem geschickten Taktiker Hussein ein schwerer Fehler, als er im Golfkrieg auf Saddam Hussein setzt. Doch spätestens **1994** kann er in den Augen des Westens die Schlappe dadurch wettmachen, dass er in ein Friedensabkommen mit den Israelis einwilligt, das **1995** endgültig von ihm und dem israelischen Ministerpräsidenten Rabin unterzeichnet wird.

König Hussein profiliert sich in den Folgejahren immer mehr als Vermittler und ausgleichende Persönlichkeit im Friedensprozess zwischen Palästinensern und Israelis. **1998** muss er viele Monate in den USA verbringen, um gegen sein Krebsleiden anzugehen. Doch vergeblich, im Februar **1999** stirbt er. Zu seiner Beerdigung versammelt sich die politische Führungsschicht der Welt, ein eindrucksvoller Beweis für die Wertschätzung des Monarchen. Noch wenige Tage vor seinem Tod bestimmt Hussein seinen Sohn Abdullah zum Nachfolger auf dem Thron.

Die Geschichte Jordaniens – Langfassung

Der heutige Staat Jordanien ist eine relativ neue Erfindung, er liegt jedoch in einer historisch seit Jahrtausenden besiedelten und bekannten Region. Oberflächlich betrachtet könnte man meinen, dass in dem gesamten Gebiet, also diesseits und jenseits des Jordans, dieselbe Geschichte geschrieben wurde. Erstaunlicherweise zog das kleine Flüss-

3 Land und Leute

chen Jordan eine ziemlich klare Grenze. Trotz langer Zeiten, in denen Jordanien direkt von Palästina aus regiert wurde, entwickelte sich doch in der längsten Zeit der Vergangenheit eine ziemlich selbständige Historie auf jeder Seite des Jordans. Andererseits muss man bei der geschichtlichen Rückverfolgung Transjordaniens nüchtern ins Kalkül ziehen, dass diese Region weltpolitisch von keiner so großen Bedeutung war, als dass z. B. viele Reisende des Altertums über sie berichtet hätten. Große Teilgebiete liegen über lange Zeiten in geschichtlichem Dunkel.

Die Gesamtregion gilt den drei monotheistischen Religionen als heilig bzw. als geografischer Ursprung. Der Streit zwischen ihnen führte in der Vergangenheit zu vielen kriegerischen Auseinandersetzungen, weil Fanatiker sich vor machtpolitische Karren spannen ließen oder diesen Platz für sich selbst beanspruchten. Wie die religiös begründete israelische Landnahme im Westjordanland zeigt, sind Fanatiker auch heute noch ungebrochen am Werk. Vermutlich ist nahezu jeder Quadratmeter auf der Westseite des Jordans mit Blut getränkt, die Ostseite blieb jedoch auch nicht verschont. Und nicht zuletzt kamen der Streit um die natürlichen Ressourcen wie Wasser und landwirtschaftlich nutzbare Flächen hinzu, aber auch das Dominanzstreben der unterschiedlichen Stämme oder Völker.

Von der Steinzeit bis zur Eisenzeit

In der vorgeschichtlichen Epoche, beginnend mit der Altsteinzeit vor etwa 180 000 Jahren, durchstreifen Jäger und Sammler Palästina und die umliegenden Gebiete. Etwas später als in Palästina werden Faustkeile in Steinklingen umgearbeitet. Nicht von der Hand zu weisen dürften die Einflüsse sein, die von Jericho auf der westlichen Jordanseite ausgehen: Dort vollzieht sich ab etwa 9000 vC der Übergang vom Jagen und Sammeln zu einer sozialen, arbeitsteiligen Gemeinschaft. Einige Jahrtausende später finden sich in Jordanien sehr aufschlussreiche Beispiele für jungsteinzeitliche Siedlungen: In Ain Ghazal (siehe Kasten) bei Amman wurde ab **7250 - 6000** vC eine Ortschaft angelegt, in der etwa 3000 Menschen lebten; El Beidha in der Nähe von Petra ist von ca. **7000 - 6500** vC bewohnt. Es gibt schon verputzte Wände in den manchmal zweigeschossigen Häusern; Getreidefunde beweisen, dass man hier bereits Weizen gezüchtet hatte, der besser war als die bis dahin genutzte wilde Frucht. Weitere Funde aus der Jungsteinzeit belegen den Siedlungsbeginn, d.h. den Übergang zur sogenannten Hirtenwirtschaft.

In El Ghassul, in der Nähe von Suweima, an der Amman-Jerusalem-Straße, wurden die bedeutendsten Funde Jordaniens aus der Kupfersteinzeit (Chalkolithikum, etwa **4500 - 3200** vC) ausgegraben. Eine der interessantesten Entdeckungen ist ein 3,2 x 2 m großes vielfarbiges Fresko aus streng geometrischen Figuren, das auf Putz gemalt ist und als eine der geschichtlich ersten (bekannten) Darstellungen des Nachthimmels angesehen wird.

Aus der frühen Bronzezeit wurden eine Kleinstadt und eine große Grabanlage in El Dhara freigelegt. Aus den gefundenen Tonwaren und -bruchstücken geht die Verbindung sowohl nach Ägypten als auch nach Mesopotamien hervor.

Um **2000** vC fallen die Amoriter (nicht zu verwechseln mit den Ammonitern) und Kanaaniter, Nomaden aus der syrischen Wüste, in Jordanien ein, zerstören die Siedlungen und bilden ihrerseits Stadtstaaten.

Der ägyptische Pharao Thutmosis III (**1490 - 1436** vC) unterwirft als erster Herrscher einer Großmacht das östliche und westliche Palästina. Immerhin beschäftigt ihn dieses Problem in 17 Feldzügen. Funde in Pella, Deir Alla und Amman beweisen den Einfluss sowohl der ägyptischen Kultur als auch den internationalen Handel jener Zeit, dessen Verbindungen bis Zypern und Griechenland reichen.

Die Geschichte Jordaniens – Langfassung

Einige der ältesten Siedlungen der Welt

In **Ain Ghazal**, nur wenige Kilometer östlich des Römischen Theaters von Amman gelegen, wurde 1974 bei Straßenbauarbeiten eine neolithische Siedlung entdeckt, die etwa 7250 vC entstanden und um 6000 vC verlassen worden war. Zeitweise lebten in dem etwa 15 Hektar großen Areal bis zu 3000 Einwohner; eine „Großstadt" für damalige Zeiten. Die Bewohner bauten rechteckige Häuser an Straßen, die teilweise 2,5 m Breite erreichten. Im Osten der Siedlung konnte ein Komplex an Grundmauern aus der Zeit um etwa 6300 vC freigelegt werden, dessen Strukturen für einen sakralen Bau oder eine Art Tempel sprechen. Andererseits wurden kultische Handlungen auch in den Häusern vorgenommen.

Die nahe Quelle Ain Ghazal bot genug Wasser für die Menschen und für die Bewässerung der Felder. Ihren Lebensunterhalt erzielten die Bewohner durch Jagen, Ziegenherden und Landwirtschaft. Im Ort wurden Steinwerkzeuge, Mahlsteine und viele Kunst- und Kultobjekte gefunden. Muscheln und andere "ortsfremde" Gegenstände zeigen, dass bereits Handel über weitere Entfernungen stattfand. Aus den vielen „Küchenabfällen" lässt sich auf die Versorgung mit Lebensmitteln schließen. Ain Ghazal wurde berühmt durch die Kalkstatuen und in entsprechendes Material eingehüllte menschliche Schädel, die unter den Steinböden verschiedener Häuser zum Vorschein kamen. Alles deutet daraufhin, dass die Figuren dort nicht verscharrt, sondern zeremoniell beerdigt worden waren. Die teilweise fast lebensgroßen Statuen wurden aus einem Gemisch aus gebranntem Kalk und Lehm auf ein Gerüst aus Schilfbündeln modelliert. Ihre Gesichter mit mandelförmigen Augen und Stupsnasen geben ihnen einen ungeheuer faszinierenden Ausdruck, der den Betrachter unweigerlich in ihren Bann zieht. Sie sind im Museum von Amman (siehe Seite 114) ausgestellt. Aber auch einfache, bemalte Fruchtbarkeitsgötter waren unter den Hausböden verborgen.

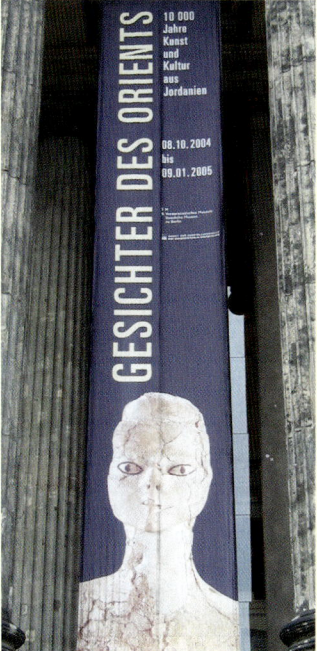

Der fruchtbare Jordangraben und seine Umgebung müssen schon früh im Neolithikum Jäger und Sammler auf die Idee gebracht haben, sich in Siedlungen sozial zu organisieren. Von Amman ist es eigentlich nur ein Katzensprung nach **Jericho** (sieht man von den politischen Grenzbarrieren ab), wo etwa 8000 vC eine der ersten menschlichen Siedlungen entstanden war. Etwas weiter entfernt (doch heutzutage einfacher zu erreichen) liegt **El Beidha** bei Petra (siehe Seite 295). Dort bestand eine kleine Ortschaft von 7000 - 6650 vC.

Mit dem Bild einer der ersten menschlichen Statuen warb die Berliner Jordanien-Ausstellung 2004

3 Land und Leute

Es hat die Zeit begonnen, in der man bereits weitere Namen ins Geschichtsbuch schreiben kann. Gegen Ende der späten Bronzezeit (um **1200** vC) etablieren sich Kleinreiche im Gebiet westlich der Wüstenregion und etwa östlich der Linie Jordan – Totes Meer – Wadi Araba. Die Landkarte weist im Süden und östlich des Wadi Araba die Edomiter bis zur Höhe des Wadi Hasa auf, nach Norden bis zum Wadi Mujib das Reich Moab, nördlich anschließend die Ammoniter mit Schwerpunkt im Bereich des heutigen Amman. Zu der Zeit unterliegt Jordanien – ebenso wie Palästina – ägyptischem Einfluss, wie unter anderem die aus dem **13./12.** Jh vC stammende, sogenannte Balua-Stele (Archäologisches Museum Amman) deutlich zeigt. Auf die Existenz dieser Kleinstaaten werden wir immer wieder bis in die Nabatäerzeit stoßen.

Auch die Bibel lässt einige Rückschlüsse auf die geschichtliche Situation östlich des Jordans zu. Mit hoher Wahrscheinlichkeit führt der Weg der Israeliten nach dem Auszug aus Ägypten um **1280** vC durch jordanisches Gebiet. Dabei lassen sich Konflikte mit den hier lebenden Völkern nicht vermeiden. Auf der Mescha-Stele (siehe auch Seite 229) berichtet der moabitische König Mescha von seinen Siegen über die Israeliten und darüber, dass er Städte, Straßen und Zisternen bauen ließ. Im Alten Testament wird ebenfalls König Meschas Reich erwähnt, aber aus umgekehrter Sicht, nämlich, dass der König auf seiner Festung im heutigen Kerak belagert und sein Reich verwüstet wurde. Schließlich erblickt Moses vom Mount Nebo das Gelobte Land, Josua erobert 60 Jahre später Jericho. Nachdem David den Grundstein zur Expansion Israels um **1000** vC legt und sein Sohn Salomon mit diesem Pfund heftig wuchert, dehnt sich der Einfluss der Israeliten weit über Palästina nach Osten hin aus, hauptsächlich zu Lasten der Ammoniter. Aber auch Edom und Moab sind über gut zwei Jahrhunderte in erbitterte Kämpfe mit den Israeliten verwickelt, die Verwüstungen bringen und viele Menschenleben kosten.

Gegen Ende der Eisenzeit errichten die Ammoniter mindestens achtzehn aus riesigen Steinquadern aufgeschichtete Türme in der Gegend des heutigen Amman (siehe Seite 123).

Der Druck der wegen ihrer Grausamkeit gefürchteten Assyrer macht sich immer bedrohlicher, schließlich auch östlich des Jordans, bemerkbar. Im **8**. Jh vC dehnen sie ihre Macht bis ans Mittelmeer aus, die Kleinstaaten Jordaniens werden tributpflichtig, Aramäisch wird die Amtssprache der kanaanitisch als Umgangssprache sprechenden Bevölkerung. Zum Ende des **7**. Jh wird das verhasste Assyrerreich von Chaldäern und Medern zerschlagen. Aus den Trümmern Assyriens bedienen sich die Babylonier der westlichen Gebiete, so auch Jordaniens.

Der Babylonier Nebukadnezar II. schlägt sich mit dem Königreich Judäa herum; **587** zerstört er Jerusalem mitsamt Tempel und verschleppt die Juden in babylonische Gefangenschaft. In diesem Strudel gehen auch die transjordanischen Kleinreiche unter, obwohl sich Edom noch einmal kurzzeitig ausdehnen und den südlichen Teil Judäas erobern kann.

Die Perser und Griechen

Eine neue Großmacht wächst heran: Die Perser unter Kyros mischen die Karten völlig neu, was sich als Glücksfall für die in Babylonien sitzenden Juden erweist, sie dürfen zurückkehren. Im Prinzip gerät und bleibt jetzt der ganze Nahe und Mittlere Osten unter persischem Einfluss (Kambyses II und Darius I), dem sich natürlich auch die Gebiete östlich des Jordans nicht entziehen können. Aus dieser Zeit sind nur wenige Zeugnisse überliefert; Transjordanien liegt für etwa zwei Jahrhunderte mehr oder weniger im geschichtlichen Dunkel.

Schon lange bevor Alexander der Große im Eilmarsch auch den Nahen Osten erobert, haben sich Griechen an der Mittelmeerküs-

Khazne Faraun in Petra, das schönste Bauwerk der Nabatäer - aus dem vollen Fels gehauen

3 Land und Leute

Weihrauch

Schon die Königin von Saba hatte bei ihrem Besuch König Salomos den Weihrauchhandel im Sinn. Der knorrige Weihrauchbaum, dessen Wundsaft zu gelben Harzkörnern eintrocknet, wächst nur im südlichen Arabien, d.h. im heutigen Jemen und Oman. Schon im 4. Jahrtausend vC wurde Weihrauch arabischen Göttern geopfert, die pharaonischen Ägypter benutzten ihn als Heilmittel und bei der Einbalsamierung der Leichname. Die Weisen aus dem Morgenland führten ihn als kostbarste Gabe mit sich.

Kein Wunder, dass dieses seltene, aber begehrte Gut stets zu Höchstpreisen von seinen Farmern verkauft wurde. Beim Transport verdienten sich diejenigen, die den Gefahren der Wüsten und den Raubüberfällen der Beduinen gewachsen waren, ebenfalls eine goldene Nase. Richtig professionalisiert haben aber erst die Nabatäer den Handel. Es gelang ihnen, die seit Jahrtausenden bekannte Weihrauchstraße zu beherrschen und so viel Profit aus diesem Monopol herauszuschlagen, dass sie u.a. den Bau ihrer Wunderstadt Petra finanzieren konnten.

Mit dem Jahr 106 verschwindet das nabatäische Volk mitsamt seinen Städten natürlich nicht. Unter den Römern entwickelt sich eine neue Blütezeit besonders in Petra. Trajan lässt die Königstraße – Via Nova Trajana –, die damals von Syrien zum Golf von Aqaba führte, bauen und ausbauen. Diesen Namen trägt sie noch heute, aber eher als King's Highway. Petra, das von dieser Entwicklung profitiert, wird nach der Christianisierung sogar Bischofssitz, Jahrhunderte später bauen die Kreuzfahrer einen Stützpunkt ganz in der Nähe des Siq-Eingangs.

Als Kaiser Konstantin im 4. Jh das Christentum im Römischen Reich einführt, gilt dies auch für Jordanien; Ruinen christlicher Kirchen findet der heutige Besucher im ganzen Land. Das überbürokratisierte und daher schwerfällig gewordene Römische Reich wird schließlich 395 von Kaiser Theodosius I. in zwei unabhängige Gebilde zerteilt: Jordanien kommt zu Ostrom, das unter dem Begriff *Byzanz* von Konstantinopel (Istanbul) aus die Region bis fast zum Feuersturm der Islamisierung regiert. Zuvor kommt es besonders im Osten des Reichs zu Auseinandersetzungen mit persischen Sassaniden, die 614 Jerusalem erobern und vorübergehend Transjordanien kontrollieren.

---

te angesiedelt; ihr Gedankengut ist über den Jordan nach Osten vorgedrungen. Alexander selbst interessiert sich nicht für das transjordanische Gebiet, er zieht **332** durch Palästina nach Norden bis nach Tyrus, um von dort nach Osten, Richtung Zweistromland vorzustoßen und das Perserreich zu erobern. Jordanien kommt damit unter hellenistischen Einfluss. Aus den Diadochenkämpfen nach dem Tod Alexanders gehen schließlich die Ptolemäer als Sieger hervor, sie überlassen aber das Gebiet jenseits des Jordans weitgehend sich selbst. Trotzdem lösen sich die drei Reiche Ammon, Moab und Edom auf.

Die Nabatäer

In den weltpolitisch so uninteressanten Wüstengebieten östlich des Wadi Araba – in dem nach Auflösung der drei Reiche quasi ein Machtvakuum herrschte - konnte sich ein semitischer, aus Arabien eingedrungener Stamm fast unbemerkt entwickeln: die Nabatäer. Sie kamen als nomadisierende Wüstensöhne sozusagen aus dem östlichen Hinterland, hatten aber die Bedeutung der Weihrauchstraße und des Handels mit den "Wohlgerüchen Arabiens" erkannt und den westlichen Abschnitt dieses Transportweges ab Hegra (heute Medain Salih) unter ihre

Die Geschichte Jordaniens – Langfassung

Kontrolle gebracht. Dies natürlich nicht mit Sanftmut, sondern mit großem, kriegerischem Geschick. So wird über das erste geschichtlich bekannte Zusammentreffen griechischer Truppen **312** vC mit einer nabatäischen Streitmacht am Toten Meer berichtet: Von den 4600 griechischen Soldaten überlebten nur 60 die Schlacht. Auch ein zweiter Versuch der Griechen gegen die Nabatäer scheiterte letztendlich.

Die Nabatäer kontrollieren bald das Gebiet östlich des Jordans und übernehmen dabei die Erbmasse der Kleinstaaten, beginnend mit den Edomitern. Ihre wichtigste Siedlung ist Petra, die spätere Hauptstadt, extrem geschützt zwischen Felsgebirgen östlich des Wadi Araba gelegen. Ein weiteres Zentrum ihrer Aktivitäten entsteht im Negev (z.B. Manshit oder Avdat). Obwohl sie ursprünglich als Nomaden antraten, entwickeln sie schließlich sesshafte Formen. Im Laufe der Zeit können sie sich dem griechischen und später dem römischen Einfluss nicht entziehen, was besonders in der Kunst Petras deutlich wird. Aber sie integrieren die fremde Kunst großenteils in die eigene und erzeugen eine eigenständige Variante, die typisch nabatäisch ist. Technisch entwickeln sie die Wassergewinnung und -nutzung immer weiter; in Petra kann man kilometerlange Wasserversorgungssysteme verfolgen.

Im Petra-Kapitel gehen wir noch einmal ausführlicher auf die Geschichte der Nabatäer ein, siehe Seite 273.

Die Römer und Byzantiner

Die Römer vertreiben schrittweise die Griechen, zunächst schlagen sie **190** vC den Seleukiden Antiochos III in Kleinasien, **64/63** vC erobert Pompeius den Nahen Osten und etabliert die römische Oberhoheit, der sich schließlich auch die Nabatäer **62** vC mit Tributzahlungen unterwerfen müssen.

Die Ruinen von Gerasa - Jerash - zeigen noch heute, welch blühende Stadt die Römer hier schufen

3 Land und Leute

Doch damit nicht genug, die Römer bringen den Händlerstaat immer mehr unter ihre Kontrolle. Hinzu kommt, dass sie infolge verbesserter Navigationstechnik und Kenntnis der Windverhältnisse die Schifffahrt im Roten Meer beherrschen lernen und der Landroute den Warenverkehr entziehen. Schließlich integrieren sie **106** nC unter Kaiser Trajan Nabatäa ganz einfach ins Römische Reich, in die Provinz Arabia. Damit ist die geschichtliche Existenz Nabatäas offiziell beendet.

Herodes der Große avancierte kurz vor der Zeitenwende zum starken Mann Judäas, nachdem ihn die Römer zum König der Juden ausgerufen hatten. Er dehnt seinen Machtbereich auch über den Jordan nach Osten aus, wobei er das Gebiet nördlich von Nabatäa und südlich von Damaskus unter seine Kontrolle bringt. Sein Palast Machärus (bei Mukawir) in Jordanien wird bekannt, weil sich dort Salome, die Tochter seiner Frau Herodias, den Kopf Johannes des Täufers servieren lässt. Bereits **44** nC wird das aufmüpfige Judäa als Provinz ins Römische Reich "eingemeindet", wie später auch Nabatäa.

Jordanien ist also für lange Zeit eine römische Provinz; Jerash (Gerasa) liefert u.a. den Beweis dafür. Aber dieses Gebiet dient vor allem im Osten auch als Pufferzone gegen die unberechenbaren Einfälle arabischer Beduinen; römische Kastelle (später dann zum Teil als Wüstenschlösser genutzt) am Rand der Wüste sollen das Gebiet sichern helfen.

Die Muslime

Im 7. Jh stiftet Mohammed in Mekka eine neue monotheistische Religion, den Islam, die sich in Windeseile über den Orient ausbreitet. Bereits zu Lebzeiten Mohammeds wird **631** das heutige Aqaba islamisiert. Bei der islamischen Eroberung Jordaniens und Palästinas gibt es zunächst ein paar Rückschläge, aber bereits **635** gewinnen die Muslime eine Schlacht bei Pella. Am 15. August **636** können sie das byzantinische Heer bei der welthistorisch so entscheidenden Schlacht am Yarmuk in der Nähe von Umm Qays vernichtend schlagen und ihren Einfluss praktisch widerstandslos nach Norden ausdehnen.

Die Kalifen als Nachfolger Mohammeds, die in einer ersten Eroberungswelle ein islamisches Großreich schaffen, fallen nacheinander Morden zum Opfer, als letzter **661** Mohammeds Schwiegersohn Ali. Jetzt übernehmen die Omayaden endgültig Kalifat und Macht. Sie verlegen den Regierungssitz aus dem abgelegenen Mekka ins Wirtschaftszentrum Damaskus.

Die Dynastie der Omayaden (auch Umayaden) beherrscht das neue Großreich bis zum Jahr **750**, als sich die Abbasiden nach schweren Kämpfen an dessen Spitze setzen. Die Omayaden hinterlassen im Nahen Osten eine Reihe von beeindruckenden Baudenkmälern, so der Kalif Abd el Malik mit dem Felsendom in Jerusalem, sein Sohn Walid I. und dessen Sohn Hisham bauen in Jerusalem die Marienkirche zur Al-Aqsa-Moschee um, Walid II errichtet die Omayaden-Moschee in Damaskus und (sehr viel bescheidenere) Wüstenschlösser oder den Palast in der Zitadelle von Amman. Der vor den Abbasiden nach Cordoba in Spanien geflohene Abd el Rahman – ein Enkel Hishams – legt dort den Grundstein für die Fortsetzung der Omayaden-Dynastie über immerhin 500 Jahre.

Omayadisches Wüstenschloss Hallabat (Ruinen)

Die Geschichte Jordaniens – Langfassung

Kreuzzüge

Als Papst Urban II. die Christen zum Krieg gegen den Islam auffordert, findet er genug Fanatiker, die **1096** zum Ersten Kreuzzug aufbrechen. **1099** schließlich erobern sie Jerusalem und richten ein schlimmes Blutbad unter allen Bewohnern an, einerlei ob Juden, Muslime oder Christen. Gottfried von Bouillon wird *Beschützer des Heiligen Grabes*. Nach dessen Tod **1100** lässt sich sein Bruder als Balduin I zum König von Jerusalem ausrufen.

Die Kreuzfahrer sichern nun ihre Eroberungen durch den Bau zahlreicher Festungen, beginnend mit Shaubak. König Amalrik will Ägypten annektieren, scheitert jedoch. Dafür rückt der erfolgreiche ägyptische Sultan Saladin den Kreuzfahrern auf die Fersen. Saladin schlägt **1187** die Christen vernichtend bei den Hörnern von Hittin, im heutigen Israel, und nimmt drei Monate später Jerusalem ein.

Steingeschosse vermutlich der Kreuzritter

Beim Dritten Kreuzzug gelingt es den Kreuzfahrern, Akko zurückzuerobern und diese Stadt zur Hauptstadt des nur noch sehr kleinen Christenstaates auszurufen. Beim Fünften Kreuzzug unter Kaiser Friedrich II. von Hohenstaufen, **1228/29**, kommt man vertraglich mit dem ägyptischen Sultan überein, Jerusalem, Bethlehem und Nazareth unter christliche Kontrolle zu stellen. Doch **1244** fällt Jerusalem zurück an die Ägypter, **1261-1272** erobert der Mamluke Baibar den Rest des Kreuzfahrerstaats, **1291** fällt schließlich auch Akko.

Das christliche Abenteuer in Palästina ist zu Ende, es hat alle Beteiligten unsägliche Opfer gekostet – und wirkt noch heute als Albtraum im Gedächtnis der Region nach.

Die Abbasiden verlegen die Hauptstadt in das neugegründete Bagdad, in dem sie prächtigste Paläste bauen und traumhaften Pomp entfalten, wie uns z.B. in Tausend-und-einer-Nacht berichtet wird. Allerdings scheint herzlich wenig von diesem Glanz auf Jordanien (und auch Syrien) gefallen zu sein. Belegt ist jedoch, dass die Region ökonomisch wegen der landwirtschaftlich nutzbaren Gebiete und der Erzvorkommen prosperierte.

Die Kreuzfahrer

Als das Abbasidenreich schon schwer mit inneren Unruhen zu kämpfen hat, treten die Kreuzfahrer zunächst in Palästina, ab **1115** auch östlich des Jordans auf den Plan. Balduin I., König von Jerusalem, lässt die Burg Shaubak als östliche Befestigung errichten. Ein Jahr später folgt eine Burg in Aqaba und eine weitere auf der nahegelegenen Ile de Graye, im heutigen Ägypten *Pharoon's Island* genannt. Später wird die Festung Kerak auf vorhandenen älteren Gemäuern ausgebaut, es folgen zusätzliche kleinere Burgen oder

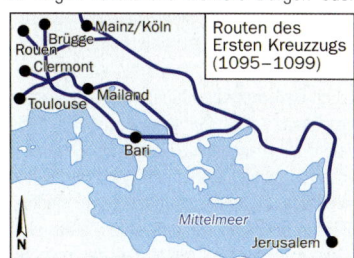

3 Land und Leute

Stützpunkte. Doch bereits gegen Ende des **12. Jh** sind die jordanischen Standorte der Kreuzfahrer verloren, hundert Jahre später müssen die christlichen, aber häufig genug mordenden Ritter ganz aus dem Orient verschwinden, nicht zuletzt weil sie wegen ihrer Grausamkeiten und Unberechenbarkeit den Rückhalt in der Bevölkerung verloren hatten.

Mamluken und Osmanen

Jordanien kommt jetzt unter mamlukisch-ägyptische Kontrolle. Im **13. Jh** geben allerdings die Mongolen ein böses Gastspiel, bei dem sie dem Land durch Verwüstungen großen Schaden zufügen. **1261** werden sie von dem Mamluken-Herrscher Baibars bei Nazareth geschlagen. Die Bevölkerungszahl Transjordaniens geht zurück, nur noch wenige Städte sind besiedelt. Als **1516** die Osmanen auf dem Weg nach Ägypten auch das Ostjordanland einnehmen, gibt es nur noch in Ajlun, Salt, Kerak und Shaubak permanente Siedlungen. Syrien, der Libanon, Palästina und Transjordanien werden zu einem Verwaltungsgebiet namens *Bilad al Sham* zusammengeschlossen, das bis zum Ende des osmanischen Reiches bestehen bleibt. Doch das ziemlich arme Gebiet östlich des Jordans findet über fast dreieinhalb Jahrhunderte kaum Beachtung bei den neuen Besitzern.

Da eine der Hauptpilgerrouten von Damaskus durch Jordanien nach Mekka führt, diese aber von den Beduinen ständig bedroht wird, lassen die Osmanen im **18.** und **19. Jh** an den Wasserstellen Pilgerforts errichten, ziemlich einfache Bauten, die dem Schutz der Wasserstelle vor Vergiften oder Verschütten dienen.

Jahrhunderte lang lähmt der Konflikt zwischen Beduinen und Bauern die Entwicklung des Landes. Die Osmanen lösen ihn **1864** durch ein Landgesetz, das den Beduinenscheichs große Flächen am Rand der Wüste zugesteht. Dort können jetzt Bauern siedeln, die den Scheichs Steuern zahlen, dafür aber beschützt werden. Ajlun, Salt und später Kerak werden Bezirkshauptstädte mit Sitz der Verwaltung und einem Gouverneur (Vali). Neue Siedlungen werden gegründet oder alte wie Amman zu neuem Leben erweckt. Verstärkt wird die positive Landnahme gegen Ende des **19. Jh**, als kaukasische **Tscherkessen** als Wehrbauern angesiedelt werden. Sie waren als Muslims im damaligen Russland verfolgt worden und zählen gewissermaßen als die ersten Flüchtlinge neuerer Zeit, die Aufnahme im Land am Jordan fanden – Millionen sollen ihnen im 20. Jh folgen.

Ab **1900** lässt Sultan Abdul Hamid II. die Hejaz-Bahn quer durch Jordanien bauen, die vordergründig den Pilgern auf dem Weg von Damaskus nach Mekka dienen soll, tatsächlich geht es um bessere militärische Kontrolle. **1908** ist Medina erreicht, die Bahn wird aber nicht mehr nach Mekka verlängert (siehe auch Seite 45). Immerhin können nun die Pilger – gegenüber den früheren Märschen – ein gutes Stück Weg bequem zurücklegen. Nach dem Eintritt der Türkei in den Ersten Weltkrieg an der Seite Deutschlands und der Besetzung Palästinas durch die Engländer **1917** entwickelt der Brite T. E. Lawrence zusammen mit den Arabern eine geschickte Guerilla-Taktik gegen die Türken und setzt der Bahn so zu, dass der Betrieb eingestellt werden muss und wegen der Zerstörungen der Strecke auf der arabischen Halbinsel auch nicht wieder aufgenommen werden kann.

Die Engländer

T. E. Lawrence unterstützt den Hashemitenführer Sherif Hussein, der seit Juni **1916** in Absprache mit den Engländern gegen die Osmanen putscht (Großer Arabischer Aufstand, siehe weiter oben) und dafür ein großarabisches Reich erhalten soll. **1917** kann Aqaba unter Führung von Lawrence eingenommen werden. **1918** erobern arabisch-englische Truppen unter Sherif Husseins Sohn Feisal Damaskus, damit ist auch die osmanische Herrschaft über Jordanien beendet.

Aber die Hashemiten finden sich eher als Verlierer denn als Befreier und Sieger wieder. Die vagen Zusagen der Briten über ein arabisches Königreich waren durch Absprachen zwischen Engländern und Franzosen (Sykes-Picot-Abkommen) bereits 1916 Makulatur; denn Frankreich sollten der Libanon und Syrien zufallen, England der Irak und Palästina. Hinzu kam die sogenannte Balfour-Erklärung, mit der der britische Außenminister Balfour 1917 die "Errichtung einer nationalen Heimstätte in Palästina für das jüdische Volk" versprochen hatte.

1919 verlangt Feisal, Sohn Husseins, in Versailles vergeblich die Einlösung des britischen Versprechens, statt dessen kommt Syrien ab **1920** nun auch offiziell unter französische Kontrolle und Feisal, nur kurz vorher zum König von Syrien gewählt, wird von den Franzosen aus dem Land gejagt. **1920** bitten in Amman Araber Abdullah, den Bruder Feisals, um Hilfe gegen die Franzosen. Abdullah reist mit einer Handvoll Krieger von Arabien nach Ma'an und wartet drei Monate auf Entscheidungen aus London. Man erlaubt ihm schließlich, vorerst in Transjordanien zu bleiben, setzt aber den Bruder Feisal als König vom Irak ein.

1921 trifft Abdullah den britischen Staatssekretär für Kolonialfragen in Jerusalem und erhält die mehr vage als konkrete Zusage für ein Emirat Transjordanien, aber sein Warten gleicht eher einer Zitterpartie. Selbst als **1923** Transjordanien als selbständiges Emirat unter Abdullah von den Briten anerkannt wird, hofft Abdullah immer noch auf eine größere arabische Lösung als das mit 225 000 Einwohnern kleine Transjordanien. Die Situation stabilisiert sich dann doch in dem Gebiet, dessen Grenzen weitgehend mit dem Lineal gezogen worden waren und mehr den Interessen der Kolonialmächte als denen der Bewohner dienten. **1928** wird eine erste Verfassung verabschiedet, die Abdullah – mit Billigung der Engländer – größere innenpoli-

Polizist in Petra - er könnte ein Kollege von T.E. Lawrence sein

tische Spielräume zugesteht. Bis zum Beginn des Zweiten Weltkriegs ändert sich nicht viel in Transjordanien, die Bevölkerung ist auf 300 000 und Amman immerhin auf 20 000 Bewohner angewachsen.

Unabhängiges Königreich

Am 25. Mai **1946** erlischt das britische Mandat, Abdullah wird König über das nun formal unabhängige Königreich Transjordanien, das aber vorläufig noch vom Wohlwollen Englands abhängt. **1948** besetzen arabische Truppen im israelischen Unabhängigkeitskrieg die Westbank und Ostjerusalem. Diese Gebiete werden **1950** mit Transjordanien zum *Hashemitischen Königreich Jordanien* vereinigt. Die Bewohner beider Landesteile, also auch die Palästinenser, können an Parlamentswahlen teilnehmen oder sich wählen lassen. Zum weiteren "Erbe" gehören etwa 500 000 palästinensische Flüchtlinge, die in notdürftigen Lagern leben bzw. unterzubringen sind. **1951** wird König Abdullah in der El Aqsa Moschee in Jerusalem ermordet, sein geisteskranker

Die Hashemiten

Sie können ihr Geschlecht direkt auf den Propheten Mohammed und darüber hinaus zurückverfolgen, ihren Namen leiten die Hashemiten von Hashim, dem Urgroßvater Mohammeds ab, der um 540 nC starb. Zu Beginn des 20. Jh war Hussein – wie eine lange Reihe seiner Vorfahren – Sherif (Oberster Diener) der heiligen Stätten von Mekka und Medina; in praxi regierte er den Süden der arabischen Halbinsel unter der Oberhoheit der Osmanen.

1916 initiierte er den Großen Arabischen Aufstand und erklärte sich zum König Arabiens, herrschte aber nur im Hidschas und nur bis 1924, als ihn die noch heute regierenden Wahabiten entthronten. Sein Sohn Feisal wurde 1921 Emir von Irak und sein Sohn Abdullah Emir von Transjordanien, der letztere erlag 1951 einem Attentat in der El Aqsa Moschee in Jerusalem, während der Sohn von Feisal (Feisal II) 1958 im Irak gestürzt und umgebracht wurde.

Direkter Nachfolger Abdullahs wurde dessen (geisteskranker) Sohn Talal, der zugunsten seines Sohnes Hussein 1953 abdanken musste. Der weitgeschätzte Hussein starb 1999 eines zwar frühen, aber natürlichen – entgegen vielen Voraussagen – Todes durch Krebs. Kurz zuvor bestimmte er seinen Sohn Abdullah zum Thronfolger und sicherte damit seiner Familie die Erbfolge.

Sohn und Nachfolger Talal verzichtet auf Druck des Parlaments im August **1952** zugunsten seines Sohns Hussein auf den Thron. Dieser muss aber noch warten, bis er 18 Jahre alt wird, seine Krönung findet daher erst am 2. Mai **1953** statt.

Der junge König, klein von Statur, tritt kein leichtes Erbe an. Er muss die nationale Identität Jordaniens weiter aufbauen und stärken, andererseits mit einem hohen Bevölkerungsanteil von Palästinensern zurechtkommen, die größtenteils als Flüchtlinge in Lagern auf eine Rückkehr hoffen. **1956** lässt er freie Wahlen abhalten, aus denen ein radikales Parlament hervorgeht. Als Hussein **1957** die Regierung wegen ihrer positiven Haltung gegenüber dem ägyptischen Präsidenten Nasser zum Rücktritt zwingt, kann er nur schwer einen Putsch der Armee vereiteln. Er verhängt Kriegsrecht und löst alle politischen Parteien auf. Ägypten und Syrien verkünden **1958** unter dem populären ägyptischen Präsidenten Nasser die *United Arab Republic*. Im Gegenzug gründet Hussein mit seinen Verwandten im Irak eine Arabische Föderation, doch kurze Zeit später wird die irakische Königsfamilie bei einem Putsch ermordet, die Föderation fällt nach sechs Monaten dem tragischen Geschehen zum Opfer.

Im Herbst **1958** versuchen die Syrer vergeblich, ein von Hussein gesteuertes Flugzeug zur Landung zu zwingen, um ihn zu verhaften. **1959** kann der kleine König einen neuerlichen Militärputsch niederschlagen. **1964** gründen die Palästinenser die *Palestine Liberation Organisation* (PLO). Im Sechstagekrieg im Juni **1967** zerstört die israelische Armee zunächst die gesamte Luftwaffe Jordaniens und erobert dann die Westbank und Ostjerusalem, 300 000 Palästinenser fliehen nach Jordanien. Zu Beginn des *Schwarzen September* **1970** versuchen palästinensische paramilitärische Organisationen zunächst mit einem – erfolglosen – Attentat auf König Hussein die Macht im Staat zu übernehmen, entführen in den nächsten Tagen vier internationale Flugzeuge und sprengen sie in der jordanischen Wüste in die Luft (nachdem die Passagiere aussteigen durften), erklären dann Irbid als freie Stadt unter einer Volksregierung – da schlägt der König zurück, indem er die Stützpunkte der Aufständischen in den damals noch am Stadtrand liegenden Flüchtlings-

Die Geschichte Jordaniens – Langfassung

lagern Wahadat und Husseini beschießen lässt.
Es gelingt, die militärischen Organisationen der PLO weitgehend zu zerreiben; gegen den Preis von über 3000 Toten. Aber die Gefahr für die innere Stabilität des Königreichs durch den "Staat im Staate" ist gebannt, die innenpolitische Lage stabilisiert sich. Die gesamte Führung der PLO unter Arafat und ihre diversen Unter- oder Konkurrenzorganisationen müssen das Land verlassen. Sie siedeln sich im Libanon an.
1973 überraschen Ägypten und Syrien während des Yom-Kippur-Festes des Ramadan Israel mit einem Angriff an zwei Fronten (Yom-Kippur-Krieg). Jordanien beteiligt sich nicht am Krieg. **1974** unterstützt Hussein auf dem siebten Arabischen Gipfel mit einem geschickten Schachzug die Bemühung der PLO, als einzige Vertretung der Palästinenser anerkannt zu werden. Damit kann er den Einfluss der Palästinenser in Jordanien eindämmen und hat guten Grund, das Parlament aufzulösen. Bis in die frühen 80er Jahre entwickelt sich das Land beachtlich. Die Meinungsverschiedenheiten mit der PLO über die Vertretung der Westbank lassen sich nicht lösen.
1984 setzt Hussein das alte Parlament wieder ein und ändert die Verfassung, um Nachwahlen ohne die Bewohner der Westbank durchführen zu können.
1987 bricht im Gaza-Streifen die Intifada, der "Krieg der Steine", aus, die Jordanien zwar in den Medien massiv unterstützt, aber nicht im eigenen Land haben will. Um sich von dem palästinensischen Problem freizumachen, gibt Hussein **1988** die Ansprüche auf das Westjordanland endgültig auf, zieht alle Verwaltungsbeamten – die bis dahin noch aus politischen Gründen dort tätig waren – ab und überträgt die politische Vertretung der PLO. **1989** werden die ersten freien Wahlen in Jordanien seit **1961** abgehalten, an der sich erstmals auch Frauen beteiligen dürfen.

1989/90 gerät Hussein durch die Politik von Saddam Hussein im Irak zwischen die Mahlsteine der Weltpolitik. Er versucht es zunächst mit Neutralität, schlägt sich dann aber auf die Seite Saddam Husseins, seines größten Handelspartners. Der Westen ist tief enttäuscht, die Kuweitis und Saudis schicken wegen dieser Einstellung nach Ende des Golfkriegs 350 000 Gastarbeiter – Jordanier wie Palästinenser – nach Hause. Doch der Taktiker Hussein erholt sich auch von diesem Schlag. **1993** erklären Israel und die PLO in Oslo, dass sie sich nach langen Geheimverhandlungen, an denen auch Jordanien beteiligt war, auf einen Fahrplan zu einem Frieden im Nahen Osten geeinigt haben.
Die Welt bejubelt Hussein, als er am 25. Juli **1994** die *Washingtoner Erklärung* unterzeichnet, die den 46jährigen Kriegszustand mit Israel offiziell beendet. Kurze Zeit später wird der neue Grenzübergang bei Elat/Aqaba eröffnet, **1995** unterzeichnen König Hussein und der israelische Premier Rabin am See Genezareth das Friedensabkommen zwischen den beiden Ländern. Mit diesem Abkommen werden Grenzkorrekturen zugunsten Jordaniens vereinbart, die größeren im Wadi Araba, die wichtigeren am Zusammenfluss von Yarmuk und Jordan. Von Vorteil sind sicher auch die Überflugrechte von Royal Jordanian Airlines über Israel.
Jordanien erhofft sich vom Frieden militärische Entlastung – und steigenden Tourismus. Zwar ist ein großer Schritt vorwärts mit dem weitgehend liberalisierten Grenzverkehr getan, aber nach einem ersten Boom vor allem israelischer Touristen werden die großen Erwartungen enttäuscht. Viele Besucher der Region schrecken wahrscheinlich durch die ständigen Schwierigkeiten im Friedensprozess zwischen Palästinensern und Israelis und den damit verbundenen Terroranschlägen in Israel zurück, obwohl Jordanien nicht involviert ist.

Im August **1996** brechen infolge der vom IWF verlangten Sparpolitik, in deren Rahmen auch der Brotpreis erhöht wird, Unruhen in Jordanien aus, die mit harter Hand unterdrückt werden. Als Folge werden politische Freiheiten, z.B. das Pressegesetz, weiter eingeschränkt. **1997** finden Parlamentswahlen statt, die von den Muslimbrüdern und weiteren kleinen Parteien wegen der politischen Einschränkungen boykottiert werden. Seitdem können sich die regimefreundlichen Parteien einer gemütlichen Dreiviertelmehrheit erfreuen.

König Hussein versucht, in dem immer wieder festgefahrenen Friedensprozess zu vermitteln. Zu allem Unglück stellt sich eine Krebserkrankung heraus, die ihn 1998 viele Monate zur Therapie in den USA festhält. Im Januar 1999 kehrt er, angeblich geheilt, nach Amman zurück, wird in einem stundenlangen Triumphzug durch seine Hauptstadt von den Massen jubelnd begrüßt und muss nur wenige Wochen später erneut in die USA zur Behandlung zurückkehren. Zuvor erklärt er zur Überraschung des ganzen Landes seinen Sohn Abdullah Ibn Al-Hussein zum Thronfolger und stößt damit seinen Halbbruder, Kronprinz Hassan, vor den Kopf, der ihm 34 Jahre lang treu als Thronfolger und Vertrauter diente.

Unheilbar krank wird Hussein bereits im Koma aus den USA zurück in seinen Palast gebracht, wo er wenige Tage später stirbt. Zu seiner Beisetzung reisen zahlreiche Präsidenten und Regierungschefs aus der ganzen Welt an, allein aus den USA ein regierender und drei ehemalige Präsidenten. Sie alle setzen dem kleinen König in dem Wüstenland jenseits des Jordans ein bleibendes Denkmal der Wertschätzung.

Am 7. Februar **1999** wird sein 34 Jahre alter Sohn aus der Ehe mit der Engländerin Toni Gardener als König Abdullah II proklamiert und vereidigt. Nach Ablauf der viermonatigen Trauerzeit wird er am 9. Juni 1999 offiziell ernannt.

Der neue junge König erbt nicht nur die Last, in die Fußstapfen eines großen Vorbilds treten zu müssen. Er wird auch mit einer Reihe von Problemen konfrontiert, die bisher eher unter der Decke gehalten wurden. Die Mehrheit seiner Untertanen kommt aus Palästina oder stammt von palästinensischen Eltern ab. Sie verhielt sich bisher loyal zum Gastland, ist aber in Regierung und Verwaltung stark unterrepräsentiert. Verständlicherweise verlangen die Palästinenser mehr Einfluss, zumal sie neben ihrer Gastrolle auch formal Staatsbürger des Landes sind, sofern sie aus der ehemals jordanischen Westbank einwanderten.

Fast 70 Prozent der Bevölkerung sind jünger als 30 Jahre, 40 Prozent jünger als 15 Jahre. Diese Generation sieht die Welt nicht mehr allein durch die Brille ihrer Väter, sie fordern mehr Demokratie, Schluss mit Korruption und Privilegien. Und sie erhoffen sich von einem Mitglied ihrer Generation neue Ansätze in Politik und Wirtschaft.

In ersten Stellungnahmen und Interviews gibt sich der neue König progressiv und offen für Kurswechsel hier und dort. Es folgen einige Frühpensionierungen hoher Generäle, und ein neuer, vom König ernannter Premierminister namens Abdul Raouf Rawabdeh, dem

Immer noch unvergessen: König Hussein

das Parlament das Vertrauen ausspricht (und damit auch Abdullah II). Er kann vor allem in Richtung Wirtschaftsliberalisierung einiges in Bewegung setzen, aber der große Durchbruch steht noch aus.

Als außenpolitischer Fortschritt kann verbucht werden, dass die diplomatischen Be-

Das Herrscherpaar Rania und Abdullah II

ziehungen zu Kuwait, die dem Golfkrieg zum Opfer gefallen waren, wieder aufgenommen werden, dass Saudi-Arabien wieder Öl liefert und sich die Beziehungen zu Syrien gebessert haben.

Im Herbst 2000 bricht die zweite Intifada der Palästinenser aus, nachdem der israelische Premier Ariel Sharon durch einen äußerst provokanten Besuch auf dem Jerusalemer Tempelberg, dem Vorplatz des Felsendoms, die Palästinenser gegen sich aufbrachte und Tote und Verletzte zurückließ. Kurze Zeit später tritt Ministerpräsident Barak zurück, bei den folgenden Neuwahlen gewinnt Ariel Sharon den Präsidentenposten. Mit ihm ist der schärfste Hardliner an die Spitze Israels getreten, der auch sofort alle Verhandlungsergebnisse seines Vorgängers im Friedensprozess annulliert. 2005 erleidet Sharon einen Schlaganfall, an dessen Folgen er seither im Koma liegt. Sein Nachfolger Ehud Olmert gehört ebenfalls der Riege der Hardliner an. Er überzieht 2006 den Libanon mit einem Krieg gegen die Hisbollah, um den Jahres-

> **Abdullah II**
>
> König Husseins erste Ehefrau, die britische Offizierstochter Toni Gardiner, brachte 1962 den ersten Sohn des Königs zur Welt, der den Namen Abdullah erhielt und später zum Thronfolger ernannt wurde. Sein Stammbaum lässt sich 43 Generationen bis zum Propheten Mohammed zurückverfolgen. Da Hussein immer wieder mit Attentaten konfrontiert wurde, erschien ihm die mögliche Thronfolge eines Kindes zu riskant, er veranlasste eine Verfassungsänderung und ernannte seinen Halbbruder Hassan anstelle Abdullahs zum Thronfolger.
>
> Abdullah, dessen Mutter zum Islam übergetreten war und den Titel *Prinzessin Muna* angenommen hatte, erhielt nach seiner Schulzeit seine militärische Ausbildung in den USA und England. Anschließend studierte er in Oxford und Georgetown Internationale Beziehungen. 1998 wurde er zum Generalmajor ernannt.
>
> Wie sein Vater liebt er Flugzeuge und schnelle Autos, er sitzt sowohl am Steuerknüppel von Hubschraubern wie von Kampfjets. Auch als Sporttaucher ist er bekannt. 1992 heiratete Abdullah die bildhübsche Palästinenserin Rania al Yassim, deren Familie von der Westbank stammt, aber viele Jahre in Kuwait lebte. Sie studierte an der Amerikanischen Universität in Kairo Betriebswirtschaft. Die Kinder Prinz Hussein, Prinzessin Iman, Prinzessin Salma und Prinz Hashem wurden 1994, 1996, 2000 und 2005 geboren.

3 Land und Leute

wechsel 2008/9 lässt er seine Truppen den Ghazastreifen praktisch in Schutt und Asche legen, weil Hamas-Palästinenser mit ziemlich wirkungslosen Raketen um sich schießen. Bilanz: mindestens 1300 getötete Ghaza-Bewohner gegenüber etwa 20 Israelis, über 2 Milliarden $ Sachschäden in Ghaza.

Im Nahen Osten kehrt mit dem Terroranschlag auf das World Trade Center am 11.09.01 wieder Eiszeit ein, der Tourismus bricht praktisch zusammen, die vielen schönen neuen Hotels in Jordanien stehen leer. Zwar versucht man, durch Halbierung von Eintrittspreisen Anreize für Touristen zu schaffen, aber ziemlich erfolglos. Obwohl in Jordanien weder Unruhen noch Terroranschläge auf Touristen bekannt werden, erholt sich der Tourismus erst 2004, erreicht aber bis zum Jahresende nicht das ehemalige Niveau. Aber in den Folgejahren steigen die Besucher kontinuierlich. Das Jahr 2008 erreicht einen bisherigen Höhepunkt, so dass während der Hauptsaison die Hotelbetten knapp werden.

Im Irak-Krieg 2003 verhält sich Jordanien neutral, indirekt vielleicht proamerikanisch, weil es mehr Aktivitäten im Land duldete, als strenge Neutralität zugelassen hätte. Auch wurde das Land nicht in Terroranschläge verstrickt, um es von seinem Kurs abzubringen, wie man hätte erwarten können. Wirtschaftlich hat es zumindest insofern ein bisschen profitiert, als seine Infrastruktur von Medien, Diplomaten, Geschäftsreisenden und wahrscheinlich auch Geschäftemachern genutzt wird. Denn keine sichere Stadt liegt näher an Bagdad als Amman.

Die Situation hat sich bis zum Zeitpunkt dieser Zeilen im Januar 2009 nicht wesentlich verändert. Inzwischen siedelten sich viele besser gestellte Iraker im ruhigen Amman an (und trieben die Grundstückspreise in die Höhe), aber auch viele Flüchtlinge suchten Schutz, insgesamt spricht man von 500 000 Menschen aus dem Irak, die zur Zeit in Jordanien leben.

Jordanien heute

Der Staat

Die statistischen Zahlen der folgenden Kapitel gehen auf Veröffentlichungen der jordanischen Regierung und auf das CIA World Factbook (www.cia.gov/library/publications/the-world-factbook/print/jo.html), z.T. auch auf das SPIEGEL Länderlexikon zurück. Wobei sich diese Quellen bei manchen Angaben krass unterscheiden können (z.B. bei der Lebenserwartung um 7,7 Jahre).

Das Hashemitische Königreich Jordanien – arabisch "Al Mamlaka al Urdunnijja al Hashimijja" – ist eine konstitutionelle Monarchie, die dem König mit voller Exekutivgewalt gemäß der bürgerlichen Verfassung von 1952 untersteht. Ihm stehen weitgehende Rechte zu: Er ernennt und entlässt den Premierminister mitsamt dem Kabinett, er kann gegen parlamentarische Entscheidungen ein Veto einlegen oder das Parlament auflösen, er hat Justizvollmacht und er ist Oberbefehlshaber der Streitkräfte – der König besitzt eine auch faktische Machtfülle, wie sie sich so mancher seiner Kollegen in der Vergangenheit gewünscht hätte. Dem verstorbenen König Hussein ist es gelungen, zumindest in den Augen der Weltöffentlichkeit, diese Macht zum Wohle seines Volkes einzusetzen.

Die Volksvertretung setzt sich aus zwei Kammern zusammen, dem Oberhaus, dessen 40 Mitglieder vom König ernannt werden, und dem vom Volk gewählten Abgeordnetenhaus (Parlament). Es besteht aus 110 Mitgliedern; 10 Sitze sind für die christliche Minderheit und für die Tscherkessen reserviert.

Nach dem Sechstagekrieg 1967 wurden keine Wahlen mehr durchgeführt, weil laut König die Menschen der Westbank nicht mitwählen und deren Abgeordnete nicht im Parlament mitarbeiten konnten. 1974 löste Hussein das Parlament ganz auf, 1978 setzte er einen sogenannten Nationalen Konsultativrat ein, der

Jordanien heute

jedoch keine Entscheidungsgewalt besaß. 1988 wurde dieser Rat aufgelöst und das Parlament durfte sich wieder versammeln. 1989 fanden Parlamentswahlen statt, nachdem Hussein 1988 auf die Westbank verzichtet hatte. 1991 ließ Hussein erneut Parteien zu, bei den Wahlen von 1993 kam sogar eine Frau ins Parlament. 2003 rief Abdullah II allgemeine Wahlen aus. Als Ergebnis kann er seither etwa zwei Drittel der Abgeordneten auf seiner Seite verbuchen. Auch die Wahlen im November 2007 bestätigten diesen Trend. Der König wies den neuen Premierminister Nader al Dahabi an, sein Hauptaugenmerk auf Sozialreformen, bessere Gesundheitsfürsorge, das Bildungssystem und auf Wohnungsbau zu legen.

Erst 1984 hatte man sich in den konservativen Kreisen zum Frauenwahlrecht durchringen können. Obwohl das Land nach außen hin einen wenig orthodoxen Eindruck macht, sind doch die traditionellen Werte noch von großer Bedeutung. Dies zeigt sich auch darin, dass für Familien- und Erbstreitereien das Recht der Sharia gilt, d.h. der im frühen Islam verankerten, stark religiös orientierten Rechtsauffassung.

Jordanien ist in elf Verwaltungsbezirke aufgeteilt, mit jeweils einem Gouverneur an der Spitze. Hinzu kommt das Wüstenterritorium, das unter der Oberhoheit eines Scheichs der nomadisierenden Stämme steht.

Militär

Bei den Streitkräften, die etwa 9 Prozent (2006) des Staatshaushalts konsumieren, stehen etwa 100 000 Berufssoldaten unter Waffen, einschließlich der Reservisten kann auf rund 1,5 Mio Soldaten zurückgegriffen werden. Überproportional stark sind Beduinen im Militär vertreten. Dies dürfte nicht allein an ihrer sprichwörtlichen Königstreue liegen, sondern der Militärdienst kommt wohl ihren Neigungen eher entgegen als ein Job in einem Büro.

Religionszugehörigkeit

Obwohl der Islam Staatsreligion ist, schreibt die Verfassung Religionsfreiheit vor. 93 Prozent der Bevölkerung bekennen sich zum Islam sunnitischer Prägung und 3 Prozent zur schiitischen Glaubensrichtung. Die restlichen 4 Prozent der Bewohner gehören christlichen Gemeinschaften der unterschiedlichsten Richtungen an, die keinerlei Repressalien – auch nicht von Seiten der islamischen Fundamentalisten – ausgesetzt sind. Der tatsächliche Einfluss der "Fundis" scheint in Jordanien bei weitem nicht so hoch zu sein wie z.B. in Ägypten. Bei den Wahlen von 1993 reduzierten sich ihre Sitze von 24 auf 16, doch mag dies auch am politischen Druck gelegen haben.

Bildung

Von der Gesamtbevölkerung sind 8 Prozent der Männer und 15 Prozent der Frauen Analphabeten. Bei den Kindern im schulpflichtigen Alter liegt die Analphabetenquote bei 1,5 Prozent, die sich fast ausschließlich aus dem nomadisierenden Bevölkerungsanteil rekrutiert. Die Schulpflicht beschränkt sich auf das 6. bis 15. Lebensjahr. Mit diesen Zahlen liegt Jordanien nach dem Libanon (8 Prozent) auf dem zweiten Platz unter den arabischen Staaten. Und dies, obwohl am Tag der Unabhängigkeit 1946 keine Universität und nur eine einzige höhere Schule existierte.

In rund 2800 Schulen werden 1,3 Millionen Kinder unterrichtet, daneben gibt es 950 private Lehranstalten. In Amman wird eine Eliteschule betrieben, an der, nach extrem harter Auslese, nur die besten Schülerinnen und Schüler des Landes mit modernsten Mitteln wie Computern und Internetverbindungen ausgebildet werden. Sieben staatliche und dreizehn private Universitäten (1999), an denen etwa 60 000 Studenten eingeschrieben sind (über 40 Prozent Frauen), bieten weitergehende Ausbildung an. Nach dem Urteil von Kennern der arabischen Ausbildungssysteme wird das jordanische als das beste oder zumindest als eines der besten bewertet.

Allerdings verursacht der Run auf die Hochschulen mehr und mehr Probleme, denn die hochqualifizierten Absolventen finden häufig nur unterqualifizierte Arbeitsplätze, wenn überhaupt. Ein jordanischer Akademiker wird aber lieber arbeitslos bleiben, als einer manuellen Tätigkeit nachgehen. Die Regierung versucht zwar, den tatsächlich vorhandenen Mangel an Facharbeitern durch berufsbildende Ausbildungsstätten zu verringern und den jungen Leuten handwerkliche Berufe schmackhaft zu machen, aber das ist vor allem ein Imageproblem.

Die Menschen

Die Jordanier sind, nach unseren persönlichen Erfahrungen, freundliche, warmherzige Menschen, denen Gastfreundschaft und menschliches Miteinander noch viel bedeuten. Sie kommen dem Gast nicht zu nahe, sind nicht aufdringlich oder fordernd. Obwohl sie in einem jungen Staat leben, fühlen sie sich uralten arabischen Traditionen positiv verpflichtet. Nach unseren subjektiven Empfindungen sind sie deutlich toleranter als die arabischen Nachbarn. Besonders in den Großstädten fällt auf, dass die Menschen aufgeschlossen sind und die technischen Hilfsmittel zu nutzen wissen. Fundamentalistische Strömungen scheinen zumindest nach außen keine große Rolle zu spielen.

Mitte 2008 lebten mehr als 6,2 Mio **Einwohner** in Jordanien. Diese Zahl mag normal erscheinen, bedenkt man aber, dass 1922 im ehemaligen Transjordanien 225 000 Bewohner gezählt wurden (davon lebte die Hälfte als Nomaden), und 1948 vor dem Ansturm der palästinensischen Flüchtlinge waren es erst 375 000, so kann man wahrhaftig von einer Bevölkerungsexplosion sprechen.

Noch ein paar statistische Daten: 32 % der Bewohner sind jünger als 14 Jahre, 64 % gehören der Altersgruppe 15-64 Jahre an und 4 % sind älter als 65. Nur 10 % der über 15-Jährigen sind Analphabeten (Männer 5%, Frauen 15 %), für den Nahen Osten eine gute Quote. 2006 entfielen auf 1000 Einwohner 372 Radios, 177 Fernsehgeräte, 119 Telefonanschlüsse, 690 Mobiltelefone, 56 PC, 128 Internet-Nutzer (laut SPIEGEL Länderlexikon).

Die absolute Majorität der Bevölkerung stellen Araber mit 98 Prozent, ferner leben je ein Prozent Tscherkessen, Tschechenen und Armenier im Land. Unter "Araber" werden auch die Palästinenser gezählt, die wiederum ca. 60 Prozent der Gesamtbevölkerung ausmachen; doch diese Angaben beruhen auf Schätzungen, die tatsächliche Verteilung wird geheim gehalten. Die Tscherkessen, die vor antimuslimischem Terror flüchten mussten, wurden vor gut 120 Jahren von den Osmanen als Wehrbauern angesiedelt. Sie gelten als besonders königstreu und nehmen deutlich mehr hohe Stellungen in Militär und Verwaltung ein, als ihrem Bevölkerungsanteil entspricht. Weiterhin fanden in jüngster Zeit Flüchtlinge aus dem Irak Aufnahme in Jordanien. Sie kamen entweder als Touristen oder schwarz über die Wüstengrenze. Auch hier sind nur Schätzungen zwischen 150 000 und 300 000 Menschen bekannt.

Ein Problem Jordaniens stellt der hohe natürliche Bevölkerungszuwachs von 2,3 Prozent dar. In anderen Zahlen ausgedrückt bedeutet dies, dass jährlich für 143 000 Menschen zusätzliche Schulen und Arbeitsplätze geschaffen werden müssen; keine einfache Aufgabe für ein Wüstenland. Die durchschnittliche Lebenserwartung liegt mit durchschnittlich 78,7 Jahren (76,2 bei Männern, 81,4 bei Frauen) ebenfalls hoch (Deutschland durchschnittlich 79,1 Jahre), vor allem, wenn man sie mit arabischen Nachbarn wie z.B. Ägypten (durchschnittlich 71,9 Jahre) vergleicht.

Diese Menschen hätten theoretisch jede Menge Platz, aber wegen der geografischen Verhältnisse müssen sich 90 Prozent der Bewohner auf etwa 20 Prozent der Landesfläche zusammendrängen. Die meisten Jordanier, 1,8 Millionen, leben in Amman und gute 800 000 in der direkt angrenzenden Nachbarstadt Zarqa, in Irbid 400 000, in Madaba 70 000, in Aqaba 80 000, in Salt 60 000. Der Rest, nur noch 30 Prozent der Bevölkerung, lebt auf dem Land. Bei der Staatsgründung war die Situation mehr als umgekehrt, nur 20 Prozent lebten in den wenigen Städten. Dieses extrem schnelle Wachstum der Städte von der Infrastruktur und administrativen Organisation her in den Griff zu bekommen, wäre selbst für finanziell gut gepolsterte westliche Verwaltungen keine leichte Aufgabe.

Die Palästinenser

Die größte Bevölkerungsgruppe Jordaniens spielt eigentlich nur eine Gastrolle, denn die Palästinenser kamen als Flüchtlinge und Vertriebene nach den Palästina-Kriegen von 1948/49 und 1967 ins Land, 1991 folgte eine weitere Welle von 300 000 Menschen, als im Golfkrieg die arabischen Staaten die Palästinenser wegen Arafats Loyalität gegenüber Iraks Präsident Hussein zurückschickten.

Sie stammen aus den von Israel eroberten bzw. besetzten Teilen Palästinas, also von der Mittelmeerküste bis zu den Ostgrenzen der sogenannten Westbank. Diese Menschen mussten ihre Heimat verlassen, weil sie entweder bereits vor der israelischen Unabhängigkeit von jüdischen Untergrundorganisationen durch terroristische Aktionen aus ihren Dörfern getrieben (siehe Ilan Pappe „Die ethnische Säuberung Palästinas", Zweitausendeins 2007) oder mit militärischer Gewalt während des Krieges von den Israelis vertrieben wurden oder weil sie aus Angst vor den massiven israelischen Repressionen flohen.

Man muss sich diese Hintergründe klarmachen, um die heutigen terroristischen Verzweiflungstaten der Palästinenser in den besetzten Gebieten zu erklären: Diesen Menschen wurde in den 1940er Jahren der Terror von Fremden in der Absicht in ihre Heimat getragen, sie von ihrem Besitz zu vertreiben. Nach dem sog. Unabhängigkeitskrieg der Israelis war ihnen der größte, fruchtbarste und wasserreichste Teil ihres ureigenen Landes entschädigungslos genommen worden. Auf dem Rest werden sie entgegen dem Völkerrecht durch jüdische Siedlungen konsequent verdrängt, ausgebeutet, quasi gefangen gehalten, drangsaliert, bombardiert und ständig gedemütigt.

Zunächst glaubten die Palästinenser, bald in ihre seit vielen Generationen angestammte Heimat zurückkehren zu können; an einer Integration in die neue Umgebung waren sie,

Hauptstraße im Flüchtlingslager Wihdat in Ost-Amman nach Novemberregen

zumindest zunächst, nicht interessiert. Doch die Israelis taten alles, um die Rückkehr der Vertriebenen zu verhindern; die meisten arabischen Dörfer in Israel wurden dem Erdboden gleichgemacht oder von den neuen Herrschenden bezogen. Auch die großspurigen Versprechungen der arabischen Gegner Israels, die Rückkehr militärisch zu erzwingen, fruchteten nichts, sondern verschlechterten die Situation noch insofern, als sich Jordanien in den Yom-Kippur-Krieg ziehen ließ und nach dem Sieg Israels weitere Flüchtlinge aufnehmen musste.

Viele westliche Politiker werfen den arabischen Staaten vor, sie hätten die Palästinenser nicht in ihre Länder integriert, sondern die Flüchtlingslager bewusst in Kauf genommen, um die Frage der Rückkehr heiß zu halten. Dieser Vorwurf ist nur bedingt gerechtfertigt, denn Jordanien nahm alle Flüchtlinge (bis auf diejenigen, die aus dem damals ägyptischen Gaza kamen) bedingungslos auf und versuchte – mehr oder weniger –, die Menschen zu integrieren. Es gibt keine Restriktionen, eins der Flüchtlingslager zu verlassen und sich außerhalb anzusiedeln. Andererseits scheint das Zusammenleben auch nicht so reibungslos zu funktionieren, wie es nach außen aussieht. Im Staatsdienst und im Bildungssektor wurden Quoten etabliert, die eindeutig zugunsten der Transjordanier ausgelegt sind. Daher waren die Palästinenser gezwungen, sich hauptsächlich im Privatsektor als Unternehmer oder Handwerker zu engagieren, und viele waren sehr erfolgreich.

Doch die weltpolitische Konstellation entschied gegen sie. Auch ein möglicher israelisch-palästinensischer Friedensprozess wird ihnen – sofern er überhaupt jemals zu einem fairen Ende kommt – voraussichtlich nicht die Heimat in den den Juden zugestandenen Grenzen zurückgeben. Zu dieser Einsicht fanden einige Palästinenser schon recht früh und arrangierten sich mit den Verhältnissen, andere tragen noch heute ihren alten Hausschlüssel wie einen Fetisch um den Hals gehängt und geben die Hoffnung nicht auf.

Viele der Flüchtlinge kamen anfangs nur notdürftig unter, zunächst in eilends errichteten Zeltlagern. Die Vereinten Nationen gründeten 1949 die Flüchtlings-Hilfsorganisation UNRWA (UNITED NATIONS RELIEF AND WORKS AGENCY), um das Flüchtlingselend der Palästinenser in den in Nahost verstreuten Lagern zu mindern. Zunächst nur mit einem dreijährigen Mandat ausgestattet, wird es seither in steter Regelmäßigkeit verlängert.

Die UNRWA wuchs zur größten UN-Organisation mit heute fast 20 000 Mitarbeitern (90 Prozent davon sind Palästinenser) und einem Etat von $ 541,8 Mio (2008) an. Die Zeiten der Lebensmittelverteilung sind vorbei, heute beschäftigt sich die Organisation hauptsächlich mit schulischer Erziehung – immerhin sind 30 Prozent der Mitarbeiter Lehrer –, medizinscher und sozialer Betreuung. Allein in Amman und der Schwesterstadt Zarqa existieren noch sechs Flüchtlingslager. Aus den Lagern sind Stadtteile entstanden, in deren Straßen und Gassen die Häuser enger zusammenstehen und dichter bewohnt sind als anderswo. Aber der Flüchtlingsstatus blieb erhalten, doch die Bewohner identifizierten sich durch Gewohnheit mit dem Staat, in dem sie leben.

Die Beduinen

Obwohl die Ahnen der meisten Jordanier nomadisierend das Land beherrschten, ziehen nur noch vergleichsweise wenige wirkliche Beduinen durch die Wüste. Es bezeichnen sich wohl noch mehrere hunderttausend Menschen als Beduinen – die sich aus 18 Stämmen zusammensetzen –, aber die tatsächlich im Zelt und nomadisierend lebenden Menschen werden auf maximal 10 000 geschätzt. Zwar bemüht sich die Regierung um Schulunterricht für die Kinder und generelle medizinische Hilfe, aber der Drang nach Freiheit und Mobilität ist häufig größer als der in die Schule.

Die Menschen

Sie leben in schwarzen Ziegenhaarzelten, die so lange an einem Ort verzurrt sind, bis die Ziegen-, Schaf- oder nur noch seltenen Kamelherden die Umgebung abgegrast haben und neues Futter gefunden werden muss. Dann zieht heute meist eine Pick-up-Autokarawane zum nächsten Platz anstelle eine der seit Jahrtausenden üblichen Kamelkarawanen. Insofern hat die moderne Zeit Einzug gehalten, auch mit Radios oder Fernsehern.

Doch der eigentliche Lebensstil hält sich sehr stark an die uralten Traditionen. Manchmal sieht man nur eines der schwarzen Zelte einsam in der Wüste stehen, häufiger einen Verbund von vielleicht vier oder fünf Familien. Während sich die Männer um die Herden und die übergeordneten (!) Aufgaben kümmern, sind die Frauen für die Wasserversorgung (falls nicht per Pick-up), Brotbacken, Kochen und den übrigen Haushalt bis hin zum Weben von Teppichen oder Zeltbahnen zuständig.

Nach wie vor wird die Gastfreundschaft bei den Beduinen aus alter und überlebenswichtiger Tradition hochgehalten. Wer nach langer Wüstenwanderung halbverdurstet und ausgehungert schließlich ein Zelt am Horizont sah, konnte sicher sein, dass er mit ausreichend Wasser sowie dem besten Stück Hammel versorgt wurde und den Schutz der Gastgeber bis zur Selbstaufopferung genießen konnte. Umgekehrt würde der Gast auch alles tun, um einen Wanderer, der an seinem Zelt vorbeikommt, zu beherbergen.

Wenn heute westliche "Nomaden" ein Zelt aufsuchen, wird ihnen immer noch diese Gastfreundschaft zuteil. Allerdings sollte man sich durch Gastgeschenke – und wenn es Geldscheine für die Kinder sind – erkenntlich zeigen. Denn es ist kaum anzunehmen, dass ein Mitglied der Familie jemals in Europa vorbeikommt und das Gastrecht einfordert, das man in der Wüste genoss.

Frau und Ehe

Die Rolle der Frau ist in der islamischen Welt eher auf den familiären als auf den beruflichen Bereich orientiert. In Jordanien sieht die Welt bei weitem nicht so orthodox aus wie im Nachbarland Saudi-Arabien. Theoretisch und weitgehend faktisch können Frauen alle Bildungseinrichtungen mit allen Abschlussmöglichkeiten durchlaufen und sich anschließend beruflich engagieren, falls Arbeitsplätze zur Verfügung stehen. Traditionell werden sie sich aber dort nicht beruflich engagieren, wo ihre Moral gefährdet sein könnte, selbst wenn sie dabei sehr viel besser verdienen. Royal Jordanian Airlines z.B. findet nicht einmal genug weibliches Kabinenpersonal und muss auf Ausländerinnen zurückgreifen.

Selten: total verschleierte Frau

Auch in der Politik spielen Frauen kaum eine Rolle. Bisher gelang es nur einer einzigen Frau, für eine einzige Wahlperiode einen Parlamentssitz zu erkämpfen. Zwar bemühen sich Frauenverbände und auch prominente weibliche Angehörige des Königshauses um eine weitere Emanzipation des weiblichen Geschlechtes, doch gerade im legislativen Bereich bisher mit wenig Erfolg. Die Männer sind nach Umfrageergebnissen in ihrer überwältigenden Mehrheit der Meinung, dass Frauen in der Politik nichts zu suchen hätten, viele sprechen ihnen sogar das Recht ab, zu wählen oder ein Geschäft zu führen. Dennoch gelang es schon einigen Frauen in der Exekutive, hohe Stellungen wie Ministerämter zu bekleiden. In der Justiz sind Richterinnen beschäftigt.

Die Tradition, dass die Frau sich um Haus und Familie zu kümmern hat, zeigt sich recht deutlich in der Statistik: Während ein Mann etwa 45 Jahre Berufsleben absolviert, wechselt die Frau durchschnittlich bereits nach knapp vier Jahren in den Haushalt. Mit 25 Lebensjahren sind 90 Prozent der Jordanierinnen verheiratet, früher war das schon mit 20 Jahren der Fall. Offiziell liegt das heiratsfähige Mindestalter der Frauen bei 15, der Männer bei 16 Jahren. Immer noch stammen fast die Hälfte der Ehepartner aus dem familiären Umkreis, d.h. es handelt sich um mehr oder weniger entfernte Cousins. Allerdings öffnen sich Mittel- und Oberschicht mehr und mehr der freien Partnerwahl oder heißen sie sogar willkommen.

Der Geburtenüberschuss Jordaniens gehört zu den höchsten der Welt. Zwar ging in den letzten Jahrzehnten die durchschnittliche Kinderzahl deutlich zurück, sie liegt aber noch bei mehr als vier Nachkommen pro Familie. Offiziell ist die Vielehe nach islamischem Recht erlaubt, aber nur etwa fünf Prozent der Männer machen Gebrauch davon. Dieses Beispiel zeigt, dass das Familienrecht der muslimischen Bevölkerung eindeutig auf islamische Grundlagen zurückgeht, aber nicht so orthodox ausgelegt wird wie in vielen anderen islamischen Ländern. So wendet z.B. die christliche Minderheit eigene, kirchliche Gesetze an, mit Ausnahme des Erbrechts, das eher aus pragmatischen Gründen allgemeingültig ist.

Da die muslimische Eheschließung juristisch ein privatrechtlicher Vorgang ist, legen beide Partner die Bedingungen für ihr zukünftiges Zusammenleben vertraglich fest. Die Frau kann z.B. auch festschreiben lassen, dass der Mann keine andere Frau neben ihr heiraten darf und welche (finanziellen) Regelungen im Falle einer Scheidung zu treffen sind. Daneben gibt es staatlich festgelegte Regeln für einen Ehevertrag, die unter anderem besagen, dass der Ehemann für den Unterhalt seiner Frau während der Ehe zu sorgen hat. Keiner der Ehepartner darf andere Personen, auch nicht die Eltern, ohne ausdrückliche Zustimmung des anderen in die gemeinsame Wohnung aufnehmen.

Ferner hat der Mann, als eine Art Sicherung im Fall einer Scheidung, ein Brautgeld aufzubringen, das im Besitz allein der Frau verbleibt und das auch von ihren Verwandten nicht angerührt werden darf. Üblich ist, dass bei der Eheschließung ein Teil des Betrages in Goldschmuck fällig ist, der größere bei einer Scheidung. Dennoch steht eine geschiedene Frau – abgesehen vom hohen Ansehensverlust – nach einer Scheidung ziemlich miserabel da, denn beim Brautgeld geht es um JD 5 000 bis 10 000, der monatliche Unterhalt wird in Streitfällen gerichtlich festgelegt, und das sind in der Regel Beträge um JD 50, also weit unter dem Existenzminimum. Das heißt, dass eine geschiedene Frau in den Schoß ihrer Familie zurückkehren muss.

Sobald das Brautgeld geflossen ist, hat die Frau ihrem Mann – wie noch bis in die 50er Jahre auch in Deutschland üblich – Gehorsam zu leisten. Bei Ungehorsam kann er seine Gattin durch Entzug des Unterhalts bestrafen. Ungehorsam bedeutet z.B., dass die Frau ohne Einverständnis des Mannes eine Berufstätigkeit aufnimmt, die gemeinsame Wohnung verlässt (nur wenn er sie schlägt, darf sie dies ohne Erlaubnis) oder sich weigert, mit ihm ins Ausland zu ziehen, es sei denn, dass dies im Ehevertrag ausgeschlossen ist.

Die Scheidung selbst kann auf drei Arten eingeleitet werden. Jeder Mann hat nach islamischem Recht die Möglichkeit, seine Frau ohne Angabe von Gründen zu verstoßen. Rechtsgültig wird die Verstoßung, wenn er sie in drei unabhängigen Sitzungen wiederholt. Die beiden ersten Aussagen können widerrufen werden, entscheidet er sich erst nach der dritten eines anderen, muss er seine Frau erneut heiraten, doch zuvor muss sie mit einem anderen Mann verheiratet gewesen sein.

Eine Frau kann ihren Mann nicht verstoßen, sie kann sich jedoch gegen Entschädigungszahlung freikaufen, andernfalls muss sie um die Auflösung der Ehe klagen. Als Gründe gelten schwere körperliche Gebrechen, auch Impotenz, oder lange Abwesenheit bzw. keine Unterhaltszahlungen. Die Kinder bleiben bis zur Pubertät bei der Mutter, dann ziehen sie zum Vater.

Wirtschaft

Die Weltbank klassifiziert Jordanien als ein Land mit einem „durchschnittlichen Einkommen der unteren Mittelklasse" im Konzert der Länder, immerhin. Die wirtschaftliche Wachstumsrate lag 2007 bei 5,7 Prozent, die durchschnittliche Kaufkraft bei 4700 $ pro Kopf und Jahr. Doch 20-30 Prozent der Bevölkerung leben unterhalb der Armutsgrenze.

Das Wüstenland Jordanien besitzt im Gegensatz zu seinem großen Nachbarn Saudi-Arabien praktisch keine Ölvorkommen. Erdgas deckt einen guten Teil der zu importierenden Energie. Die wichtigsten Bodenschätze sind Phosphat, Pottasche und Ölschiefer. So erbringen Phosphat, Pottasche und Dünger fast ein Drittel der Exportleistung des Landes. Immerhin werden 15 Prozent des weltweiten Bedarfs in Jordanien gewonnen. Knapp 10 Prozent der Exporte bestehen aus landwirtschaftlichen Erzeugnissen, die in die Nachbarstaaten gehen. Dabei handelt es sich um Weizen, Zitrusfrüchte, Tomaten, Melonen, Oliven, Schafe, Ziegen und Geflügel. Trotzdem müssen mehr Lebensmittel eingeführt als exportiert werden.

Die Industrieleistungen hängen eng mit den Mineralien zusammen. Die stark vom Staat beeinflusste Wirtschaft produziert hauptsächlich chemische Erzeugnisse. So gehören denn auch eine Superphosphatfabrik, ein Zementwerk und eine Erdölraffinerie zu den wichtigsten Industriebetrieben des Landes. König Abdullah II begann mit einer zaghaften Privatisierung der Staatsunternehmen, die in den letzten Jahren mit mehr Schwung fortgesetzt wurde. Die Textilindustrie kann Exporterfolge verzeichnen, eine eher bescheidene Elektro- und Maschinenbauindustrie ist stark auf den einheimischen bzw. regionalen Markt ausgerichtet. Wegen der fehlenden Rohstoffvorkommen ist ein weiterer Ausbau der Industrie, die etwa 30 Prozent des Bruttosozialprodukts erwirtschaftet, schwierig.

Die Jordanier setzten mit Abschluss des Friedensvertrages mit Israel auf den Aufschwung der Tourismusindustrie, schließlich gehört das Land zum direkten Umfeld des Heiligen Landes. Hotels schossen wie Pilze aus dem Boden; wer Petra von früher kannte, konnte es kaum fassen, mit welcher Investitionsfreude eine Herberge nach der anderen innerhalb kurzer Zeit entstand. Ähnlich wurde in Amman nicht gekleckert, sondern in Vier- und Fünfsterne-Bauten geklotzt. 1999 kam der Tourismussektor auf etwa 20 Prozent Anteil am Bruttoinlandsprodukt, doch davon floss etwa die Hälfte zurück ins Ausland an die Investoren.

Von den Besuchern Jordaniens kommen mehr als die Hälfte aus arabischen Nachbarländern, meist Verwandte oder Freunde, die selten in Hotels wohnen. Etwa 250 000 Ausländer – darunter 1800 Amerikaner und 1200 Engländer - suchen gezielt Krankenhäuser auf, weil das Land wegen seines medizinischen Standards einen guten Ruf besitzt. Die Experten der Weltbank stuften 2007 Jordanien weltweit auf Platz fünf und in der arabi-

3 Land und Leute

schen Welt auf Platz eins als Destination für den Gesundheitstourismus ein.

Als die Libanonkrise ausbrach, konnte sich Jordanien vom ehemaligen Finanzkuchen Libanons ein großes Stück abschneiden und die frühere Rolle vor allem des Finanzplatzes Beirut übernehmen. Da Jordanien im zweiten Golfkrieg mit der Unterstützung des Iraks auf der falschen Seite stand, wurden 1991 nicht nur alle jordanischen und palästinensischen Gastarbeiter aus den Golfstaaten ausgewiesen, sondern auch die bei jordanischen Banken gehaltenen Bankguthaben über Nacht abgezogen; und die finanzstarken Besucher aus den Golfstaaten hielten sich über Jahre zurück.

Trotz allem bleibt ein auf längere Sicht nur schwer lösbares finanzielles Problem: 1993 gehörte Jordanien mit 7 Milliarden US$ Schulden zu den höchstverschuldeten Ländern des Nahen Ostens, gemessen an der Einwohnerzahl. Daher wurden ihm vom IWF strenge Regeln auferlegt. Mit vielen unpopulären Maßnahmen konnten diese Auflagen erfüllt werden, der IWF spendete sogar Lob – die Schulden sind dennoch kaum gefallen (8 Milliarden $, 2007). Dem standen 7,9 Milliarden $ in Gold und Devisen gegenüber. 2007 wurden Produkte im Wert von fast 13 Milliarden $ importiert, aber nur für 7,7 Milliarden $ exportiert. Von den 1,36 Millionen Arbeitskräften waren 12,5 Prozent in der Industrie, im Dienstleistungsbereich 82,5 Prozent und in der Landwirtschaft 5 Prozent beschäftigt. Die offizielle Arbeitslosenrate liegt bei 13 Prozent, wird aber tatsächlich auf 25-30 Prozent geschätzt.

Die Landwirtschaft muss sich mit etwa 3,3 Prozent der Gesamtfläche des Landes begnügen, davon sind knapp 600 Quadratkilometer künstlich bewässert. Die Bewässerung stellt und subventioniert der Staat, andernfalls wären die Farmer nicht wettbewerbsfähig, nicht einmal im Inland. Der Jordangraben trägt mit etwa 80 Prozent den Hauptanteil zur landwirtschaftlichen Produktion des Landes, 90 Prozent aller diesbezüglichen Exporte gedeihen hier. Im Wesentlichen werden Gemüse, Weizen, Melonen, Bananen und Zitrusfrüchte, im Bergland Linsen, Tabak, Oliven, Feigen und Granatäpfel angebaut. Das Bewässerungssystem des Jordangrabens wurde in den 60er Jahren geschaffen bzw. massiv ausgebaut. Wichtigste "Wasserleitung" ist der Ghor-Kanal (offiziell König Abdullah-Kanal), den der Besucher des Jordantals mehrmals überquert.

Aufgrund der guten Bildung und Ausbildung konnte Jordanien viel Arbeitskraft vor allem in die boomenden Ölländer exportieren, doch der Golfkrieg beendete diese Verdienstquelle jäh und die Gastarbeiterüberweisungen gingen dramatisch zurück. Viele der Heimgekehrten investierten zunächst ihre Ersparnisse in Häuser und Wohnungen und lösten damit einen kurzfristigen Boom aus, die meisten Rückkehrer sind aber noch heute arbeitslos. Man schätzt, dass der Golfkrieg Jordanien mit etwa 8 Milliarden Dollar belastet hat.

Hinzu kommen die Folgen zunächst des Wirtschaftsembargos gegen den Irak, dann der nicht enden wollende Krieg. Damit ist der Zugang zu einem der ausländischen Hauptmärkte Jordaniens praktisch blockiert. Die immer noch wenigen Waren, die derzeit von Aqaba Richtung Irak transportiert werden, kompensieren nicht die Waren- und Dienstleistungsströme, die während der 80er Jahre die Wirtschaft stützten. Auch der Friedensvertrag mit Israel brachte nicht den erhofften Erfolg. Weder trat ein dauerhafter Touristenstrom ein, noch öffnete sich der wirtschaftliche Zugang zum Nachbarn.

Andererseits sind in Jordanien an die 30 000 Gastarbeiter beschäftigt. Einen wesentlichen Anteil stellen ägyptische Fellachen, die zu einem Hungerlohn während der Erntezeiten auf den Feldern im Jordantal schuften, und Hausmädchen aus Südostasien, weil sich jordanische Frauen aus religiösen – eigentlich jedoch traditionellen – Gründen nicht in einem fremden Haushalt betätigen dürfen.

Natur

Die Landschaft Jordaniens

Jordanien ist mit 89 342 km² etwas größer als Österreich. Von Norden (syrische Grenze) nach Süden (Aqaba) dehnt es sich 414 km aus, von West nach Ost zwischen 150 und 380 km. Man kann drei große Landschaftszonen unterscheiden, die in Ostwestrichtung nebeneinander liegen. Die östliche Zone besteht aus Wüste, die sich auf einem relativ schmalen Streifen im Norden als Basaltwüste, dann bis fast zum Süden als relativ langweilige Stein- und Sandwüste auf einem 500 bis 800 m hohen Plateau ausbreitet. Viel spektakulärer dagegen ist der südliche Wüstenteil mit dem Wadi Rum, das zu den faszinierendsten Wüstenlandschaften dieser Erde zählt. Die zweite Zone stellt das westlich der Wüste liegende Bergland mit den steil abfallenden, durch wilde Wadis und Schluchten zergliederten Gebirgsfaltungen mit bis zu 1700 m hohen Gipfeln (im Süden) dar. Die dritte Zone umfasst das Tiefland des syrisch-ostafrikanischen Grabenbruchs – den durchschnittlich 12 km breiten Jordangraben -, der sich von Syrien durch das jordanische Tiefland und durch das Rote Meer bis Ostafrika hinzieht. In Jordanien unterteilt sich dieses Gebiet – *Ghor* genannt – wiederum in das sehr fruchtbare Jordantal, das Tote Meer und das wüstenhafte Wadi Araba zwischen Totem und Rotem Meer. Während die Wüste etwa 80 Prozent des Landes beherrscht, drängen sich 80 Prozent der Bewohner im Bergland.

Das westliche Bergland wird durch einige schluchtartig eingeschnittene Täler in geografische Abschnitte geteilt. Nördlich von Amman liegen die Berge von Ajlun, südlich davon das fruchtbare Bergland von Belqa. Das Wadi Mujib zieht eine natürliche Grenze zum südlichen Bergland. Dessen nördlicher Teil (Moab) ähnelt dem Bergland von Belqa, ist aber wegen relativ hohem Niederschlag vergleichsweise fruchtbar. Der südliche Teil, der sich vom Wadi Hasa bis zum Golf von Aqaba erstreckt, besteht aus Granit und Rotsandstein, von dessen Rot sich *Edom* (rot) ableitete.

Wasserhaushalt

Obwohl Jordanien im Übergangsgebiet zwischen der feuchten Mittelmeerküste und den Trockenregionen der Syrischen Wüste liegt, gehört Wassermangel zu den größten Problemen des Landes. Die zur Verfügung stehende Wassermenge pro Kopf der Bevölkerung zählt mit 85 Litern pro Tag und Kopf zu den niedrigsten der Welt; die Israelis verbrauchen 300 Liter, die Libanesen 150 Liter, mit der geringsten Menge von nur 50 Litern (!) müssen die Palästinenser auskommen. Die vorhandenen Ressourcen sind weitestgehend genutzt, sogar übernutzt, denn die Jordanier greifen massiv auf ihr Grundwasser zurück, um das Defizit auszugleichen. Aber auch dieses Reservoir ist begrenzt, in voraussichtlich 30 Jahren wird es bis zu einer Tiefe von 200 m abgesunken sein. Für den steigenden Bedarf wird sogar eine Wasserleitung aus der Türkei diskutiert, die jedoch viele politische Fragen aufwirft.

Die Regierung bemüht sich mit allen Mitteln um eine Lösung oder Minderung des Problems. Doch der geschätzte Investitionsbedarf von etwa 4,5 Milliarden Dollar setzt enge Grenzen. Es gibt mehrere Ansätze, den bedrohlichen Wassermangel zu mindern. In der Landwirtschaft könnte am meisten gespart werden, wenn man gezielter und sorgsamer mit dem vorhandenen Wasser umginge. Z.B. genügt in vielen Fällen geklärtes Abwasser zur Bewässerung, aber es fehlt an Kläranlagen. Weiterhin müsste mehr Tropfbewässerung eingesetzt werden, womit sich erhebliche Wassermen-

3 Land und Leute

Der Jordan

Die Quellflüsse des Jordans entspringen am Hermongebirge in Israel und im Südlibanon. Nach der Vereinigung in etwa 200 m Höhe über dem Meeresspiegel sucht sich der in unseren wasserverwöhnten Augen recht kleine Fluss einen Weg zum See Genezareth, der bereits 209 m unter dem Meeresspiegel liegt. Dort, wo der Jordan den See wieder verlässt, regulieren Schleusen den Abfluss Richtung Totes Meer und natürlich auch zum "Großabnehmer" Israel. Nur wenige Kilometer entfernt mündet der Yarmuk, Jordaniens zweitgrößter Fluss, tatsächlich eher ein Bach, in den Jordan. 110 km später ist bereits das Ende des Jordans im Toten Meer erreicht. Auf diesem Stück verliert er den allergrößten Teil seines Frischwassers und dient eher als Abwasserkanal. Im jordanischen Jordantalgebiet werden etwa 75 Prozent aller Agrarprodukte des Landes erzeugt.
Eine positive Folge des Friedensvertrages mit Israel war die Regelung von Wasserfragen. So wurde vereinbart, dass das Yarmuk-Wasser im Winter im See Genezareth gespeichert und im Sommer in den Ghor-Kanal zurückgeleitet wird. Ein eilends gebauter Verbindungskanal macht es möglich, das Abkommen funktioniert reibungslos. Außerdem stimmten die Israelis dem Bau eines Yarmuk-Stausees zu, den sie zuvor mit Bombenangriffen verhindert hatten. Die fruchtbaren Gebiete liegen im Jordantal (*Ghor* genannt) und im Nordwesten mit Zentrum um Ajlun. Aber wo immer sonst sich ein Stück nutzbarer Boden und genug Wasser finden, bemühen sich fleißige Bauern um eine Ernte. Besonders eindrucksvoll sieht man das beiderseits der Königsstraße, aber z.B. auch an der Straße nach Jerash, wo häufig grüne Flecken aus dem kahlen Umfeld leuchten.

Der Namensgeber Jordan für Jordanien

gen einsparen ließen. Schließlich müssten die überalteten und brüchigen städtischen Wasserleitungssysteme überholt und abgedichtet werden. Man schätzt, dass allein 35 Prozent des nach Amman gepumpten Wassers aus undichten Leitungen wieder versickern.

Die derzeit größten Versorgungsquellen stellen der Yarmuk und der Jordan dar. Aus beiden Flüssen bedient sich auch Israel, am kräftigsten aus dem Jordan. Den Yarmuk, dessen Wasser neben Israel auch Syrien nutzt, wollten die Jordanier schon vor Jahren stauen. Dies verhinderten israelische Bombardements. Seit dem Friedensvertrag ist ihnen das Projekt zugestanden, aber jetzt gibt es Konflikte mit Syrien, das den Oberlauf des Yarmuk kräftig absaugt.

Vom Yarmuk wird der 1961 in Betrieb genommene Ghor-Kanal gespeist, der östlich des Jordans verläuft und die Felder der jordanischen Bauern bewässert. Allerdings verdunsten und versickern bis zu 40 Prozent des Wassers, bevor es auf die Felder kommt. Als weitere Versorgungsquelle fällt noch der Zarqa ins Gewicht, dessen Wasser im King Talal Stausee gesammelt wird.

Direkt ins Tote Meer entwässern sich auch ein paar Rinnsale bzw. kleinere Flüsse, z.B. das Wadi Mujib, aber auch von ihnen ist nicht allzu viel abzuzweigen. Allerdings zeigen die dort neu gebauten Staudämme, dass die Jordanier auch hier jeden überschüssigen Tropfen Wasser nutzen wollen und müssen. Etwa 20 Prozent der nicht allzu üppigen Niederschläge im Winter können gespeichert werden, der Rest verdunstet oder versickert im wüstenhaften Boden.

Da die Niederschlagsmengen in vielen Gegenden zu gering sind, müssen die Felder nahezu ausschließlich künstlich bewässert werden. Mehr und mehr setzt sich Tropfbewässerung durch, gegen Verdunstung werden häufig Pflanzungen mit Plastikplanen geschützt.

Ein bis heute noch nicht genutztes Reservoir namens Qa Disi liegt im Südosten unter dem Wüstenboden: sogenanntes fossiles Wasser, das vor Jahrtausenden im porösen Stein oder in Aushöhlungen gespeichert wurde und abgezapft werden kann. Allerdings müssen zunächst einmal etwa 200 Millionen Euro investiert werden, um das wertvolle Nass zu den Verbrauchern zu befördern.

Seit langem werden in der Region, hauptsächlich in Israel, Pläne diskutiert, einen Wasserkanal vom Roten zum Toten Meer zu ziehen und die aus dem Gefälle gewonnene Energie zur Wasserentsalzung zu nutzen. Damit wäre auch das Problem gelöst, dass der Wasserspiegel des Toten Meeres wegen der extensiven Nutzung der Zuflüsse ständig sinkt. Andererseits bestehen auch erhebliche Bedenken aus der Sicht des Umweltschutzes gegen ein derartiges Projekt.

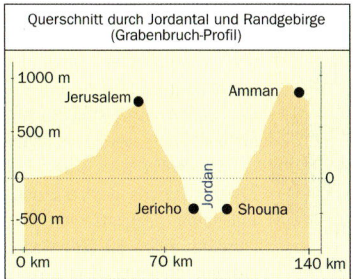

Querschnitt durch Jordantal und Randgebirge (Grabenbruch-Profil)

Es gibt also sehr viel zu tun, um das Wasserproblem einigermaßen in den Griff zu bekommen und Konflikte der Zukunft – die sich mehr um Wasser als um Öl drehen werden – zu vermeiden.

Flora und Fauna

Trotz Wüstenlandschaft kommen in Jordanien zahlenmäßig immerhin so viele Pflanzenarten wie in Deutschland vor. In den wasserreicheren Gebirgszonen ist Wald übrig geblieben bzw. durch Aufforstung wiedererstanden. Vor allem im Nordwesten um Ajlun oder Salt, wo noch Mittelmeerklima herrscht, findet man Eichen- und Kiefernwälder, weiter südlich reicht es dann nur noch für Wacholder, im Wadi Araba wurden Tamarisken aufgeforstet. Die Steppe, die zwischen den Gebirgszonen und der Wüste liegt, wird heute an vielen Stellen mit Hilfe künstlicher Bewässerung kultiviert. Wo sie noch im ursprünglichen Zustand belassen blieb, wachsen im Norden Gräser, im Süden eher Beifuß. In den echten Wüstengebieten sieht es natürlich kahl aus. Besonders die Lavawüste im Nordosten lässt kaum Vegetation zu, höchstens in Wadis, in denen sich Wasser der seltenen Regenfälle sammeln kann. In der Sandsteinwüste des Südens, wie z.B. im Wadi Rum, kommt etwas mehr Vegetation vor.

Die Vielfalt der jordanischen Pflanzen wird besonders im Frühling deutlich, wenn vor allem die vielen Wildblumen blühen. Dann lohnen sich Wanderungen in der Dana Nature Reserve, die das gesamte Spektrum vom Hochland bis hinunter in die Wüstenzone des Wadi Araba erschließen.

Und trotzdem: Was wir heute an Vegetation oder auch an Wildtieren sehen, sind nur noch die eher spärlichen Überreste dessen, was speziell die Bergregion einst zu bieten hatte. Bis ins 19. Jh berichten Reisende von den herrlichen Wäldern und grünen Tälern, in denen viel Wild lebte. Doch bereits zu dieser Zeit war der Wald drastisch

3 Land und Leute

Nature Reserves

Die 1966 von König Hussein gegründete *Royal Society for the Conservation of Nature (RSCN)* ist für die Natur und die Reservate zuständig. Diese Naturparks sollen erhaltenswerte Landschaften vor Eingriffen schützen. Es ist beabsichtigt, insgesamt zwölf *Reserves* zu schaffen und damit eine Landesfläche von etwa vier Prozent unter Schutz zu stellen. Die seit längerer Zeit bestehenden sog. "Nationalparks" Dhibbin (bei Jerash) und Zai (bei Salt) gehören nicht dazu, sie werden als bessere Picknickplätze für Erholung suchende Städter unterhalten.

Von Nord nach Süd bestehen derzeit die folgenden Nature Reserves:
- **Ajlun Nature Reserve** schützt eine vergleichsweise kleine, mediterrane Hügellandschaft in der Nähe von Ajlun.
- Die **Azraq Wetland Reserve** soll die östlich der Oase verbliebenen Nassgebiete schützen und wiederherstellen.
- In der **Shaumari Wildlife Reserve** bei Azraq werden Oryxantilopen nachgezüchtet und ausgewildert.
- Die **Mujib Nature Reserve** ist mit 215 km² die zweitgrößte Reserve, sie umfasst den gewaltigen Canyon dieser Naturschönheit und eine Randzone am Toten Meer.
- Mit der nicht allzu weit von Petra entfernten **Dana Nature Reserve** wurde ebenfalls eine faszinierende Landschaft geschützt, die auch für Wanderer erschlossen ist.
- Die **Wadi Rum Protected Area,** eine einmalige Wüstenlandschaft, wurde erst kürzlich unter Schutz gestellt.
- Die **Aqaba Nature Reserve** (auch *Marine Peace Park)* liegt unter Wasser: Es handelt sich um 17 km Korallen-Strand.

Einige der Nature Reserves gelten auch als **Important Bird Areas** (IBas), bedeutende Vogelgebiete, in denen entweder bedrohte Vögel nisten oder während des Vogelzugs rasten; denn ähnlich wie in Israel und Ägypten zählen auch jordanische Landstriche zu den bedeutenden Rastplätzen. Insgesamt wurden 17 Gebiete zu IBas erklärt, u.a. alle Nature Reserves. Der RSCN organisiert spezielle Trips zur Vogelbeobachtung.

- Unter Tel 06 533 7931 oder tourism@rscn.org.jo lässt sich in Amman Kontakt mit RSCN aufnehmen, um z.B. gezielt Besuche in den Reservaten zu arrangieren.

---

reduziert gegenüber dem Bestand vor Jahrtausenden; nicht nur Bäume, sondern auch viele Pflanzen sind aus Jordanien verschwunden. Im 19. und 20. Jh folgte dann der große Kahlschlag durch die zunehmende Bevölkerung, durch den attraktiven Marktwert von Holz in den Nachbarländern, den Bau der Hejaz-Bahn mit ihren Tausenden von Schwellen und auch durch die zugewanderten Tscherkessen, die Holz in großem Umfang verarbeiteten.

Weitere Schäden gingen von den Schaf-, vor allem aber von den Ziegenherden aus, die durch Überweidung zur Erosion der Böden massiv beitrugen. Erst seit Mitte des 20. Jh findet ein Umdenkprozess statt. Der Raubbau wurde gestoppt oder zumindest eingedämmt und immerhin etwa 60 000 Hektar Wald aufgeforstet.

Schwarze Lilie - Nationalblume Jordaniens

Während die Löwen bereits im Mittelalter ausgerottet wurden, gelang es im 20. Jh, die meisten der noch wild lebenden Säugetierarten zu beseitigen, zuletzt per Geländewagen mit automatischen Schusswaffen. In sehr geschützten Regionen leben noch ein paar Gazellen, eine Spezies, die bis in die 40er Jahre zuhauf und überall vorkam. Die für die arabische Wüste typischen Oryxantilopen waren 1960 bis auf etwa 50 Tiere weltweit ausgerottet. Im Wildpark bei Azraq gelang es, sie wieder zu vermehren. Bei den Vögeln wurde der wildlebende Strauß, der immerhin noch bis 1932 zu sehen war, ausgerottet. Bei einigen anderen Arten (z.B. Geier oder Adler) sind die Bestände vermindert. Die leider stark reduzierten Teiche bei Azraq boten zuvor zahllosen **Zugvögeln** einen ganz wichtigen Rastplatz. Die spärlichen Gewässer sollen durch die neu geschaffene *Azraq Wetland Reserve* erweitert werden.

An gefährlichen Tieren sind nur zwei giftige Schlangen, die sandfarbene Hornviper und die Sandrasselotter, zu nennen. Als durchaus gefährlich werden Stiche der schwarzen Skorpione eingestuft, die auch in Petra vorkommen. Die gelben Skorpione verursachen zumindest heftige Schmerzen. Auch in der wunderschönen Unterwasserwelt von Aqaba lauern Gefahren: Um Steinfische, Feuerfische, Stachelrochen, Kegelschnecken und Feuerkorallen sollte man einen großen Bogen machen.

Die Umwelt

Die 1966 gegründete Royal Society for the Conservation of Nature (RSCN, siehe Kasten) kann sowohl als Initiator als auch als Indiz für Ansätze von Umweltbewusstsein in Jordanien gewertet werden. Verglichen mit anderen arabischen Ländern, in denen der Umweltschutz entweder gänzlich unbekannt ist oder erst in der Diskussion steht, setzt sich in Jordanien der Gedanke mehr und mehr durch, dass auch künftige Generationen Natur zum Überleben brauchen. Immerhin wurden an den Schulen über 400 Umweltclubs ins Leben gerufen. Die Kinder tragen die Idee nach Hause und fordern sie um ihrer eigenen Zukunft willen hoffentlich ein.

Fuß gefasst hat in Jordanien auch die Umweltorganisation *Friends of the Earth (FoE)*. In einer Middle East Gruppe wirken Ägypten, Israel, Jordanien und die Palestinian National Authority mit. Innerhalb Jordaniens hat sich die *Jordan Environmental Society* als die führende Umweltschutzorganisation herausgebildet, die mit Seminaren und Workshops an Schulen und Universitäten für den Umweltschutz wirbt.

Im täglichen Leben ist noch nicht allzu viel von Umweltbewusstsein zu verspüren. Wilde Mülldhalden und das sorglose Wegwerfen von Abfällen gehören leider noch zur Selbstverständlichkeit. Das Bewusstsein für mehr Sauberkeit wird – wie bei uns in den 1960/70er Jahren – sich nicht von heute auf morgen entwickeln. Bis dahin muss man die unendlich vielen Plastiktüten, die leeren Dosen und Flaschen am Wegesrand wohl noch in Kauf nehmen.

Der Islam, die staatstragende Religion

Mit etwa 92 Prozent Muslimen ist auch in Jordanien der Islam Staatsreligion. In der Verfassung wird jedoch uneingeschränkte Religionsfreiheit garantiert. Der nichtmoslemische Religionsanteil verteilt sich weitgehend auf Christen unterschiedlicher Konfessionszugehörigkeit.

Seit Menschengedenken verehrten die Beduinen der arabischen Halbinsel bereits die Kaaba, einen großen schwarzen Meteoriten, um den herum sich die Stadt Mekka entwickelte. Dort wächst Ende des 6. Jh das Waisenkind Mohammed aus dem Stamm der Hashemiten als Hirte unter Hirtenkindern bei seinem Onkel Abu Talib auf. Später engagiert eine rei-

3 Land und Leute

che Kaufmannswitwe den zuverlässigen jungen Mann als ihren Vertreter, der auf vielen Reisen in die nähere und fernere Umgebung nicht nur den Geschäften nachgeht, sondern auch mit scharfer Beobachtungsgabe die jüdischen und christlichen Religionsinhalte wahrnimmt. 610 nC werden dem etwa 40-Jährigen göttliche Offenbarungen zuteil, die er als *Koran* (Offenbarung, Rezitation) den Menschen um ihn herum mitteilt.

Die Lehre Mohammeds von einem einzigen Gott knüpft an jüdische und christliche Überlieferungen an. Aber der Prophet gilt im eignen Land nicht; die Mitbürger befürchten Einkommensverluste, wenn infolge der neuen Religion die beduinischen Pilger zur Kaaba ausbleiben sollten. Sie verehren lieber ihre traditionellen Fetisch-Götter und Idole weiter, die sie um die Kaaba herum aufbauen.

622, nach 12 wohl ziemlich frustrierenden Jahren, erhält Mohammed einen Ruf aus Medina (damals Yathrib), dort die religiöspolitischen Streitigkeiten zwischen zwei Araberstämmen und einer jüdischen Gemeinde zu schlichten. Zusammen mit 70 Gefolgsleuten zieht er nach Medina um. Mit dieser *Hedschra* (englisch *Hejra*), traditionell als Flucht bezeichnet, beginnt die muslimische Zeitrechnung. In Medina muss Mohammed in erster Linie politisch agieren, damit er Gehör und Erfolg finden kann. Er gewinnt Anerkennung und gründet die Umma, die Gemeinschaft der Muslime, eine theokratisch organisierte Gesellschaftsform. Auf diese Verschmelzung von politischer und religiöser Handlungsanleitung wird der spätere Erfolg des Islam zurückgeführt.

Mohammed will Mekka, d.h. die Kaaba erobern, weil er diesen Sammelpunkt der Beduinenstämme zur Vereinigung Arabiens nutzen kann. 630 gelingt seinem kleinen Heer die Eroberung der Stadt. Die Bewohner ergeben sich ohne großen Widerstand und schließen sich weitgehend seiner Lehre an. Mohammed reinigt die Kaaba von Götzenbildern und bestimmt sie zum Heiligtum und Zentrum des Islam.

Als der Prophet zwei Jahre später stirbt, hat er nicht nur eine neue starke Religion gestiftet, sondern auch die zerstrittenen arabischen Stämme so weit unter dem Zeichen des Islam geeint, dass diese den neuen Glauben und den darin formulierten Gottesstaat blitzartig im Orient verbreiten können.

Zum besseren Verständnis der historischen Zusammenhänge muss noch auf weitere Ereignisse aufmerksam gemacht werden. Mohammed hatte seine Nachfolge nicht geregelt. Als sein erster *Kalif*, d.h. Statthalter des Propheten, tritt Abu Bekr von 632-634 die Nachfolge an. Auf ihn folgt Omar als Kalif, der in seiner zehnjährigen Herrschaft von Persien im Osten über Syrien bis Ägypten im Westen einen großen Teil der damaligen Welt unterwirft und islamisiert. Nach Omars Ermordung wird von einem Wahlkollegium Othman als Kalif bestimmt, doch dagegen wendet sich Ali, der Schwiegersohn des Propheten. 661 verlieren die Anhänger Alis die Schlacht bei Kerbala, Ali wird getötet. Seine Anhänger spalten sich vom Hauptstrom der Muslime als *Schiiten (Schiat Ali*, Partei Alis) ab. Die anderen werden *Sunniten* (Befolger der Sunna) genannt. Die Schiiten leben in großen Teilen des heutigen Irak und des heutigen Iran. Das Kalifat besetzen nun die *Omayaden*, die aus dem Hause Othmans stammen. 750 folgen ihnen für fast fünf Jahrhunderte die *Abbasiden*.

Die von Mohammed verkündete Religionslehre des Islam (deutsch *Hingabe*) ist im Koran festgehalten. Mohammed selbst hatte keine schriftlichen Dokumente hinterlassen, erst 20 Jahre nach seinem Tod wurde eine verbindliche Fassung seiner Lehren schriftlich fixiert. Doch die zu jener Zeit noch nicht voll ausgeprägte arabische Schrift ließ Mehrdeutungen zu. Insgesamt besteht der Koran in heutiger Fassung aus 114 Suren (Abschnitten, Kapiteln), die sich wiederum in Ayat (Verse) unterteilen, wobei die kürzeste Sure drei und

Der Islam, die staatstragende Religion

Die Araber – einst den Europäern weit voraus

Wer heute verächtlich auf die arabische Welt und ihren technisch-wissenschaftlichen Stand herunterblickt, sollte sich vorstellen, wie die Araber in ihrer Blütezeit das rückständige christliche Europa betrachteten. Aus ihrem damaligen Kultur- und Wissenskreis kamen sehr entscheidende Impulse nach Europa; ohne deren Übernahme hätten bei uns wichtige Grundbausteine der späteren Entwicklung gefehlt.

Zur Zeit der Abbasiden – im 8. Jh nC – wurden die Wissenschaften in einem Maß gefördert, wie nie zuvor. Alle bekannten Werke griechischer Autoren wurden ins Arabische übersetzt und an wissenschaftlichen Schulen in den wichtigen Städten verbreitet. Medizinische Kenntnisse und Techniken waren denen der Europäer weit voraus, zumal damals in Europa chirurgische Eingriffe aus frühchristlichen Motiven heraus verpönt waren. Auch die Kenntnis der Heilpflanzen und die Herstellung von hilfreichen Medikamenten waren hochentwickelt. Die pharmazeutischen Grundsteine wurden in Arabien gelegt; öffentliche Apotheken unter staatlicher Aufsicht versorgten die Bevölkerung. Eng damit verknüpft war die Entwicklung der Chemie, selbst das Wort Chemie wurde aus dem Arabischen übernommen.

Die Römer, deren umständliches Ziffernsystem bis ins 12. Jh die Basis der europäischen Rechenkunst war, konnten damit keine großartigen Rechenoperationen vollbringen. Erst mit den auch heute noch "arabische Zahlen" genannten Schriftzeichen (die eigentlich aus Indien stammen) und der Erfindung der Algebra im 9. Jh durch den arabischen Mathematiker Hwarizmi waren algebraische Berechnungen, d.h. die Auflösung von Rechenformeln, möglich; so ist denn auch das Wort Algebra arabischen Ursprungs.

Der magnetische Kompass, der überhaupt einigermaßen sichere Seefahrt weit über die Meere ermöglichte, ist eine arabische Erfindung. Nicht zuletzt auf seinen Besitz ist zurückzuführen, dass arabische Seefahrer in jener Zeit die (bekannten) Meere beherrschten.

Die deutsche Sprache hat viele arabische Worte übernommen: teilweise sehr offensichtlich wie in Emir oder Mokka, teilweise aber auch scheinbar original deutsch – oder hätten Sie gedacht, dass z.B. Alkohol aus dem Arabischen kommt?

---

die längste 306 Verse enthält. Da Gott den Koran dem Propheten mitteilte, wird er von den Gläubigen als heilig und unveränderbar angesehen.

Anders verhält es sich mit der **Sunna**, einer Textsammlung aus dem 9. Jh, die im Wesentlichen den Lebensweg des Propheten, sein Denken und Handeln beschreibt. Sie gilt nicht als unfehlbar, spielt jedoch eine wichtige Wegweiserrolle im Leben eines Gläubigen.

Viele Elemente des Islam basieren auf der Thora bzw. Bibel. So betrachtet Mohammed Moses und die anderen Propheten der Bibel, aber auch Jesus als seine Vorgänger, er selbst allerdings sei der letzte in der Reihe der Propheten, dem die größte und abschließende Offenbarung mitgeteilt wurde.

Der Begriff *Allah* für den Gott des Islam ist nicht nur das arabische Wort für Gott, *Allah* ist grundsätzlich auch bedeutungsgleich mit dem jüdischen und christlichen Gott. Doch Allah ist einzig; er hat im Gegensatz zum christlichen Gott oder zu den früheren arabischen Göttern keine Söhne oder Töchter. Er, der allwissend ist, verlangt unbedingte Hingabe und die Befolgung seiner Gebote.

Wie auch in anderen Religionen glauben die Muslime an das Leben nach dem Tod, werden die Taten des Menschen nach dem Tod bewertet (allerdings erst beim Jüngsten Gericht), landen die Bösen unter furchtbaren Qualen in der Hölle, die Guten im Paradies. Jedoch verhält sich der Mensch prinzipiell nach Allahs Willen. er kann sein irdisches Wandeln nur bedingt modifizieren. Daraus resultiert ein gewisser Fatalismus, dem wir Europäer häufig erstaunt oder gar fassungslos gegenüberstehen.

"Es gibt keinen Gott außer Allah, und Mohammed ist sein Prophet" (arabisch: "La illa Allah wa Muhammadun rasulu Allah"), dieses Glaubensbekenntnis und Grunddogma ist einer der fünf Grundpfeiler des Islam. Täglich hören Sie es von den Minaretten der Moscheen schallen.

Eine weitere Grundpflicht sind die täglichen fünf Gebete: Bei Sonnenuntergang (Beginn des neuen Tages) erfolgt das erste Gebet, zwei Stunden nach Sonnenuntergang das zweite, in der Morgenröte das dritte, mittags das vierte und gegen drei Uhr nachmittags das fünfte. Das Gebet muss rein, d.h. mit gewaschenen Füßen, Händen und sauberem Gesicht, ohne Schuhe und auf einer reinen Unterlage (Gebetsteppich) mit dem Kopf in Richtung Mekka erfolgen. Daher hat auch der Besucher einer Moschee entweder die Schuhe auszuziehen oder die häufig angebotenen Stoffüberschuhe anzulegen.

Einmal im Jahr hat der Muslim einen Fastenmonat einzuhalten, der im Mondmonat *Ramadan* liegt und 30 Tage andauert; diese Vorschrift ist ebenfalls einer der fünf Glaubensgrundpfeiler. Von der ersten Dämmerung bis zum Sonnenuntergang darf weder gegessen noch getrunken, geraucht oder sonstigen fleischlichen (sexuellen) Genüssen nachgegangen werden. Darüber hinaus sollen keine bösen Worte gesagt oder gedacht und Streit sowie kriegerische Auseinandersetzung vermieden werden. Für den Besucher kann der Monat Ramadan ein paar praktische Probleme mit sich bringen, da viele Restaurants tagsüber geschlossen und nach Sonnenuntergang total überfüllt sind.

Als ein weiterer Glaubenspfeiler gilt die Almosenpflicht gegenüber Armen. Mit dieser "Armensteuer" reinigt sich der Besitzende vom Makel des Besitzes, für den Habenichts ist sie eine Art Rentenversicherung. Ziemlich genaue Vorschriften regeln, welche Anteile abzugeben sind.

Weiterhin soll – als letzte der tünt grundlegenden Vorschriften – jeder Gläubige einmal im Leben eine Pilgerfahrt (Haj) nach Mekka unternehmen. Sie zählt zu den Höhepunkten im muslimischen Leben; das gemeinsame Gebet mit vielen Hunderttausend anderen Pilgern vor der Kaaba in Mekka ist ein tief prägendes und die Glaubensgemeinschaft verbindendes Erlebnis.

Schwache und Gebrechliche können sich, solange ihr Zustand anhält, von diesen Pflichten suspendieren.

Zu den weiteren Vorschriften des Korans zählt die Beschneidung der Knaben. Die meist mit einem großen Fest verbundene Zeremonie findet heute kurz nach der Geburt statt. Strenge, den klimatischen Verhältnissen angepasste Verbote herrschen auch bei Tisch: Es gibt keinen Alkohol oder andere berauschende Getränke; der Verzehr von Schweinefleisch, ebenso von Fleisch fleischfressender Säugetiere ist verboten.

Als Mohammed vor knapp eineinhalb Jahrtausenden seine Lehre verkündete, stellte er die Frau dem Mann weitgehend gleich – damals ein großer emanzipatorischer Sprung nach vorn. Auch vor Allah sind beide Geschlechter gleich, lediglich auf Erden sind ihnen, da unterschiedlich geschaffen, auch unterschiedliche Pflichten auferlegt, aus denen wiederum unterschiedliche Rechte folgen. Dennoch bestimmt der Koran eine Gleichwertigkeit, indem er der Frau Eigenbesitz,

Der Islam, die staatstragende Religion

Erbrecht und standesgemäße Versorgung zugesteht. Selbst für den Fall der Scheidung ist vorgesorgt, denn vor der Heirat wird in einem rechtlich verbindlichen Ehevertrag festgelegt, für was der Mann aufzukommen hat.

Der Koran verlangt, dass Ehepartner sich gegenseitig Schutz und Geborgenheit gewähren. Weder verpflichtet er zum Geschlechtsleben, noch wird es als Sünde betrachtet. Im Grunde ging Mohammed die Probleme des täglichen Lebens und Zusammenlebens sehr pragmatisch an, indem er Scheidungen zugestand, andererseits aber den Lebensunterhalt der Frau sicherte. Wer diesen Pragmatismus mit den verkrampften Regeln anderer Religionen in der damaligen Zeit vergleicht, wird einen der Gründe finden, warum sich der Islam so schnell ausbreitete.

Wenn heute westliche Überheblichkeit mit dem Finger auf die Ungleichstellung der Frau in islamischen Ländern zeigt, so sollte man vielleicht einmal in unserer Entwicklungsgeschichte zurückblättern, wie düster es vor sechs Jahrhunderten für Frauen in der christlichen Welt aussah. Obwohl dieser Vergleich ziemlich hinkt, sollte man bedenken, dass sich die um 600 Jahre jüngere islamische Lehre ähnlich wie das Christentum weiterentwickeln und sich um das Jahr 2600 vermutlich anders darstellen wird als heute.

Der Islam ist allgegenwärtig: König Abdullah Moschee in Amman

3 Land und Leute

Die progressiven Ideen von damals, die sowohl dem Mann als auch der Frau Verpflichtungen auferlegten, verkrusteten im Laufe der Jahrhunderte. Die Männer verstanden es, eine patriarchalische Ordnung aufzubauen, in der die Frau in mancher Hinsicht ins Hintertreffen geriet. Doch auch in der islamischen gesellschaftlichen Welt wandeln sich Ansichten und Einstellungen, wird die Abhängigkeit der Frau vom Mann durch Berufstätigkeit und die Tendenz zur Kleinfamilie gelockert. Ein aktuelles Beispiel mag der Iran sein, dessen streng fundamentalistische Restriktionen sich nun wieder zu lockern scheinen.

Dass es in derartigen Phasen Menschen – Traditionalisten oder Fundamentalisten – gibt, die sich neuen Ideen oder Praktiken in den Weg stellen, lässt sich beliebig in der Geschichte aller Religionen verfolgen. Häufig versuchen Machthungrige ihr Süppchen auf dieser Flamme zu kochen, um ihre Positionen auszubauen oder zu festigen. dass sie dabei häufig genug ihre Umgebung in einer Weise tyrannisieren, die weit entfernt von den Idealen des Islam ist, spielt für sie keine Rolle.

Im Islam ist besonders die bildliche Darstellung von Menschen verpönt, weil sich Mohammed in dieser Richtung äußerte, sie aber nicht ausdrücklich verbat. Seine Äußerungen waren mehr gegen den Götzendienst als gegen figürliche Malerei gerichtet. Dennoch scheuen auch heute noch strenge Muslims vor Kameras zurück. Dieses "Verbot" hatte allerdings extreme Auswirkungen auf die Kunst: Es führte zu der reichen Flächenornamentik des Islam. Die antike Blattranke wurde zur Arabeske stilisiert, einem fortlaufenden Rankenmuster aus Stängel, Blatt und Blüte. Darüber hinaus entstand die arabische Schriftkunst, die *Kalligrafie*, die in keiner anderen Kultur ihresgleichen findet.

Zum Schluss noch ein paar Worte zur täglichen Praxis. Jeder Besucher hört fünfmal täglich den Gebetsruf über die Dächer schallen. In vielen islamischen Ländern sind Gebetsrufer – *Muezzin* – am Werk, deren Qualifikation nicht unbedingt nachgeprüft wird. Anders in Jordanien. Alle Prediger müssen die Sharia-Fakultät einer Universität absolvieren, um das Mikrofon einer Moschee in die Hand nehmen zu dürfen. Ihre Predigten hören unauffällige Kontrolleure mit; sollte der Inhalt vom allgemeinen Leitbild zu weit entfernt liegen, vor allem stark in fundamentalistische Tendenzen ausufern, wird der Vorbeter sofort suspendiert. Akademischer Hintergrund und ständige Kontrolle verhindern Hetztiraden, wie sie aus vielen anderen muslimischen Ländern bekannt sind.

Christen in Jordanien

Hier soll nicht über das Christentum an sich referiert werden, sondern über die Situation der Christen in dem muslimischen Land Jordanien. Im Gegensatz zu fanatisierten islamischen Ländern der Umgebung garantiert die jordanische Verfassung ausdrücklich freie Religionsausübung, das Christentum steht wie der Islam unter wirklichem staatlichen Schutz. Königliche Beamte sind beauftragt, für die Christen und die Erhaltung ihrer Rechte Sorge zu tragen. Im Parlament sind Sitze für christliche Abgeordnete reserviert.

Diese Gleichstellung der beiden Religionen kann man auch im täglichen Leben schon daran erkennen, dass neben der größten und bedeutendsten Moschee in Amman, der King Abdullah Moschee, gleich zwei christliche Kirchtürme unübersehbar aufragen. Seit 1996 wurde sogar per Gesetz und Zustimmung der islamischen Abgeordneten christlicher Religionsunterricht an öffentlichen Schulen mit christlichen Schülern eingeführt; in manchen anderen islamischen Ländern wäre dies ein Fanal für Fanatiker, in Volksaufständen die Rücknahme durchzusetzen.

Die Zahlenangaben über die Christen variieren ziemlich stark. In diversen Veröffentlichungen wird von 8, manchmal sogar von

10 Prozent Anteil an der Gesamtbevölkerung gesprochen. Stößt man auf absolute Zahlenangaben, dann ist in der Regel von etwa 200 000 Menschen die Rede. Sie gehören den unterschiedlichsten christlichen Konfessionen an, wobei die griechisch-orthodoxe den höchsten Anteil hält, dann folgen Katholiken, Protestanten, Kopten und verschiedene kleine Gruppen. In Amman gibt es eine kleine evangelische Gemeinde, die einzige deutschsprachige christliche Gemeinschaft in Jordanien.

Angeblich besitzen die Christen einen weit überproportionalen Einfluss im Geschäftsleben und auch in der Politik Jordaniens. Solche Aussagen sind mit Vorsicht zu genießen, weil man nicht weiß, wer sie aus welchem Grund lanciert. Aber immerhin sind sie in nahezu jedem Kabinett vertreten, stellen häufig sogar Schlüsselpositionen wie den Außen- oder Finanzminister.

Kunst und Kultur

Die lange Geschichte der Region hinterließ ihre Spuren natürlich auch in der Kunst und Kultur des heutigen Jordanien, obwohl die eigentlichen Zentren jenseits des Jordans lagen. Eine Eigenständigkeit in der Kunst begann sich erst mit der Unabhängigkeit zu entwickeln. Maler und Bildhauer schufen Werke, die in Ausstellungen vorgestellt wurden. Mit der Gründung der *Royal Society of Fine Arts* wurde die Gegenwartskunst gezielt unterstützt und über die Landesgrenzen hinaus bekannt gemacht. Die Künstler Jordaniens genießen große Freiheit. Nicht zuletzt aus diesem Grund finden ihre Kollegen aus restriktiven Nachbarländern in Jordanien eine Plattform für ihre Arbeiten. Beim Besuch von Kunstgalerien wird man erstaunt den hohen Anteil ausländischer Werke feststellen

Das Theater – eigentlich kein typisch arabisches Ausdrucksmittel – entwickelte sich aus eher laienhaften Ansätzen bereits vor der Staatsgründung zu einer Profession. Heute bietet das *Royal Cultural Center* den Schauspielern die beste Wirkungsstätte, aber auch andere öffentliche und private Institutionen zeigen Theateraufführungen.

Die Literatur Jordaniens wird hauptsächlich von ägyptischen und libanesischen Schriftstellern dominiert. Eine eigenständige Literatur des Landes entwickelt sich zwar, ist aber selten in Englisch oder gar Deutsch verfügbar.

Kunsthandwerk

Einen wesentlich tiefer im Volk verankerten Platz nimmt das **Kunsthandwerk** ein. Wie in vielen anderen Gegenden der Welt schienen auch in Jordanien handwerkliche Künste auszusterben oder verlöschten sogar endgültig. Nicht zuletzt der steigende Tourismus mit seinem Bedarf an originalen oder originellen Souvenirs belebte einige dieser verlorenen Fähigkeiten wieder.

So besannen sich Beduinenfrauen vom Stamm der Bani Hamida in der Gegend von Mukawir bei Madaba, ihre Teppichwebkunst zu reaktivieren und letztendlich dem Markt von Farben und Design her anzupassen. Immerhin beschäftigen sich etwa 1500 Frauen mit der Teppichherstellung, ihr spezielles Design ist bekannt und hat zu einer Exportquote von 20 Prozent geführt. Auch in Jerash wurden Webstühle neu installiert.

In der Gegend des Wadi Musa erinnerte man sich ebenfalls an die alte Kunst und stellt nun für die Besucher Petras Kelims und Kameltaschen her. Die Beduinenfrauen arbeiten dabei traditionell mit dem mühseliger zu bedienenden Bodenwebrahmen. In einigen anderen Städten lebte die Tradition auch wieder auf, allerdings meist mit dem normalen Webstuhl, der höhere Produktionen und feineres Design zulässt. Doch führte der Konkurrenzdruck schließlich wieder dazu, anstelle der früher sehr feingesponnenen Wolle dickere Fäden zu verwenden, die den fertigen Teppich etwas gröber aussehen lassen. Madaba ist zum Zen-

3 Land und Leute

trum dieser von Männern betriebenen Webkunst geworden.

Sticken wird speziell bei den Palästinenserinnen groß geschrieben. Traditionell begann ein Mädchen mit 12 Jahren, für seine Aussteuer zu sticken; Mütter heiratsfähiger junger Männer inspizierten nicht selten diese Arbeit, um unter anderem anhand dieses Kriteriums eine Frau für den Sohn auszuwählen. Die Stickereien schmücken Kleider, Kissen bis hin zu Taschentüchern. Die Muster variieren von Dorf zu Dorf, als die schönsten werden die von Ma'an angesehen.

Von den einst zahlreichen Silberschmieden Ammans ist praktisch niemand übrig geblieben. Der Grund für diese Entwicklung liegt darin, dass die Beduinenfrauen zum Goldschmuck umschwenkten und für Silberschmuck kein Interesse mehr zeigen. Dies bedeutet für den Käufer einerseits die gute Chance, alte Stücke und keine Imitationen zu erwerben, andererseits wird der Nachschub irgendwann versiegen.

Noch vor wenigen Jahrzehnten töpferten die Frauen in den Dörfern den größten Teil des Bedarfs an Haushaltswaren selbst. Bis auf wenige Ausnahmen ist diese Tradition ausgestorben. Typische Töpferarbeiten stammen heutzutage von Profis in den Städten. Auffallend ist die sogenannte Jerusalemer Schule, deren elegante Erzeugnisse über und über mit Blüten- und geometrischen Mustern dekoriert sind.

Körbe werden seit Generationen im Dorf Mukaibah am Yarmuk im Nordwesten des Landes geflochten, weil hier das Schilfrohr wächst, das zur Herstellung verwendet wird. Dagegen flechten Frauen in vielen Dörfern Strohkörbe oder Schalen, die häufig mit geometrischen farbigen Mustern geschmückt sind.

Ein paar Waffenschmiede in der Gegend von Irbid decken den Bedarf hauptsächlich der Beduinen an Dolchen oder gar Schwertern; denn ein richtiger Beduine trägt auch heute noch einen Dolch am Gürtel. Aber auch Touristen kaufen gern die kunstvoll verzierten Mordinstrumente als Mitbringsel aus dem eigentlich sehr friedlichen Land.

Überzeugte jordanische Kaffeetrinker glauben, dass nur der Kaffee aus selbstzerstoßenen Bohnen richtig schmeckt. Die Werkzeuge dazu schnitzte sich in alten Zeiten jeder selbst; heute gibt es noch ein paar Handwerker, die Kaffeestampfer mit den entsprechenden Gefäßen herstellen.

Sehr attraktive Souvenirs sind die handgeblasenen sogenannten Hebron-Gläser. Die Stadt Hebron war in den letzten Jahrhunderten das Zentrum der Glasbläser Palästinas. Allerdings ging wegen der industriellen Fertigung und der Besetzung Hebrons durch die Israelis die Anzahl der Werkstätten von einst über 100 auf unter fünf zurück. Zwei Brüder siedelten von Hebron nach Na'ur südwestlich von Amman an der Straße zum Toten Meer um. Sie betreiben die bekannteste "Glas Factory" des Landes. Ihre Erzeugnisse findet man in wohl jedem besseren Souvenir Shop. Die traditionelle Farbe war königsblau, heute gibt es auch moosgrüne, braune, gelbe, türkise und klare Gläser.

" Sand Bottles" gehören zu den vorgeblich originären Souvenirs Jordaniens, obwohl man diese Kunst auch in anderen Ländern – vielleicht nicht so ausgeprägt – antrifft. Es werden Flaschen oder andere verschließbare Glasbehälter so mit Sand unterschiedlicher Farbe gefüllt, dass sich an der Glaswand entweder ein Muster oder ein ganzes Bild abzeichnet, Kamelmotive bei Sonnenuntergang zählen zu den beliebtesten. In Aqaba findet man jede Menge dieser Sand Bottles, hier wird der Sand meistens gefärbt. In Petra bietet die Natur etwa 25 verschiedene Sandfarben, so dass dort ein naturbelassenes Produkt auf den Markt kommt.

Amman und Umgebung

Amman

Amman entstand auf sieben Hügeln, heute breitet sich die Stadt über mindestens neunzehn dieser *Jebels* aus. Das schnelle Wachstum der letzten Jahrzehnte erzeugte ein Stadtbild, das den Charme des Orients, der ja meist aus liebenswürdigem Chaos besteht, eher vermissen lässt. Vielmehr breitet sich ein Konglomerat aus unterschiedlichen, architektonisch nicht sonderlich anspruchsvollen Gebäuden aus, deren Höhe im zentralen Bereich auf vier Stockwerke begrenzt ist. Abseits des Zentrums wurden und werden immer mehr und immer schneller Hochhäuser in modernster Architektur hochgezogen.

Obligatorisch ist die Verwendung des in der Umgebung abgebauten, überwiegend beigen oder grauweißen Steins an der Außenfassade, auch wenn sich dahinter ein ganz normaler Betonbau versteckt. Diese helle Fassade verleiht der "weißen Stadt" wiederum eine sympathische, freundliche Note. Die Höhenlage zwischen 750 und knapp 1000 m garantiert auch im Sommer ein erträgliches Klima. Doch der Winter zieht mit Kühle bis zu frostiger Kälte einher, die sogar mit Schnee sehr deutlich zum Ausdruck kommen kann.

Klarstellungen

Da die Bezeichnung "Circle" ständig im täglichen Leben verwendet wird, werden wir sie hier nicht eindeutschen (*Kreisel*, *Rondell*), sondern nur die jeweilige Ziffer davor setzen, z.B. 1. Circle (korrekt wäre: 1st Circle).

Wenn im Text "zwischen 3. und 4. Circle" oder "nach dem 5. Circle" steht, dann ist dies immer in Richtung stadtauswärts gemeint.

Das Wort *Jebel* (Berg, Hügel) kommt in der einschlägigen Literatur in verschiedenen Schreibweisen vor (häufig als *Jabal*, *Jebal*), viele deutsche Autoren schreiben *Dschebel*, was der Aussprache am nächsten kommt. Wir gehen mit *Jebel* einen Kompromiss ein.

Klare Sicht: Mondaufgang über Amman (von der Zitadelle aus gesehen)

4 Amman und Umgebung

Kurzinhalt zu Amman und Umgebung	
Amman kennenlernen	Seite
» Historisches	111
» Downtown	119
» Jebel Amman	121
» Abdali, Jebel Weibdeh	123
» Der Norden	123
» Der Westen	126
» Wadi es Sir, Qasr el Abd	131
» Fuheis	133
» Salt	134
Praktische Informationen (Kapitel 5)	
» Verkehrsmittel	148
» Zurechtfinden im Straßennetz	140
» Nützliche Adressen	144
» Shopping, Souvenirs	150
» Veranstaltungen, Nightlife, Sport	153
» Essen und Trinken	155
» Übernachten	157

Auch in Amman lebt eine wohlhabende Schicht, die mit ihrem Reichtum nicht hinter dem Berg hält, sondern Villen, ja Paläste baute und baut. Im Stadtteil Abdoun steht eine ganze Reihe solcher Prachtbauten. Wer Lust hat, sich dort umzusehen: In der Gegend der (festungsartigen) amerikanischen Botschaft entdeckt man einige davon. Einfacher zu finden ist ein Prachtbau mit z.B. vergoldeten Zaunelementen: vom 1. Circle (nachdem man den Berg hinauf kam) rechts weiter bergan, auf der rechten Seite. Seit dem Irak-Krieg investierten immer mehr Irakis in Immobilien, zum größten Teil leben sie dort, andere sahen eine sichere Geldanlage in der Nähe der Heimat. Diese Investitionen trieben die Grundstückspreise in Regionen, die für Normalverdiener unerreichbar wurden.

Das heutige Amman ist eine betriebsame, moderne City mit inzwischen viel Verkehr. Man kommt sowohl mit öffentlichen Verkehrsmitteln wie auch per Auto gut voran, wobei das Parken ziemlich problematisch sein kann. Trotz des relativ jungen Stadtbildes fehlt es häufig genug an Straßenschildern und daher an Orientierungsmöglichkeiten. Einst vorhandene Schilder sind überbaut, heruntergefallen, versteckt oder nicht mehr leserlich, zumindest aus einem fahrenden Auto nur mit viel Glück zu erkennen. Allerdings bemüht sich neuerdings die Stadtverwaltung, zumindest wichtigere Straßen arabisch und englisch auszuschildern. Als wichtige Ortungsmerkmale gelten zum einen die Stadthügel, zum anderen die *Circles,* Straßenrondells mit mehreren einmündenden Straßen, die heute häufig ihren Kreis und Kreisverkehr zugunsten von Ampelanlagen oder kreuzungsfreien Untertunnclungen verloren haben.

Wenn auch die Zahlenangaben, je nach Quelle, schwanken, so kann man doch davon ausgehen, dass derzeit um die 1,5 Mio Menschen in Amman leben und ca. 840 000 im benachbarten Zarqa, das sich nahezu nahtlos an die nordöstliche Stadtgrenze von Amman anschließt und als „Industrie-Hauptstadt" Jordaniens gilt.

Website der Stadtverwaltung: www.ammancity.gov.jo/english, für Touristen nicht sonderlich interessante, jedoch einige aufschlussreiche Informationen.

Amman – seit 10 Jahrtausenden nachweisbar

Hintergrund: Amman zählt zu den ältesten Siedlungsplätzen der Welt: Feuersteinwerkzeuge aus dem Neolithikum beweisen das uralte Interesse an diesem Ort; eine Siedlung aus dem 8. Jahrtausend vC konnte im nordöstlichen Stadtviertel Ain Ghazal nachgewiesen werden. Die Historie lässt sich über die Bronze- und Eisenzeit weiterverfolgen. Ausgrabungen und Funde auf dem Zitadellenhügel zeigen, dass er seit und während der Bronzezeit vermutlich durchgehend besiedelt war, was seiner günstigen Lage an Verkehrswegen und der guten Verteidigungsmöglichkeit zu verdanken war.

Das alttestamentliche Rabbat-Ammon, Hauptstadt der Ammoniter, dürfte um 1200 vC das heutige Stadtzentrum gewesen sein. 733 vC

Sehenswertes in Amman und Umgebung

- ******Zitadelle** auf dem Jebel Qala, Archäologisches Museum, Herkules-Tempel, byzantinische Kirche und Omayaden-Palast bieten viel Historie und zusätzlich herrliche Ausblicke, Seite 111
- ******Ehemaliges Römisches Stadtzentrum**, Römisches Theater, Odeon und Nymphaeum sind teils so gut erhalten, dass die alte Stadt wieder lebendig wird, Seite 116
- *****Hussein Moschee** und umliegende Souks, hier pulsiert das tägliche orientalisch geprägte Stadtleben, Seite 119
- *****King Abdullah Moschee**, einer der schönsten modernen Sakralbauten des Landes, Seite 123
- *****King Hussein Park**, eine ab 2005 geschaffene Parkanlage mit Erholungsfunktion und kulturellem Anliegen, mit der größten Moschee des Landes und einem Kinder- sowie einem Automuseum, Seite 127
- *****Wadi es Sir**, schön gelegenes Tal im Westen Ammans, mit dem etwas ungewöhnlichen Palast **Qasr el Abd** und den Höhlen **Iraq el Amir**, Seite 131
- ****Abu-Darwish-Moschee**, mit ihrem schwarz-weißen Mauerwerk gehört die Moschee zu den architektonisch ungewöhnlichen ihrer Art in Jordanien, Seite 121
- ****Al Kahf**, "Höhle der Siebenschläfer", muslimische Pilgerstätte aufgrund christlich/islamischer Legende, Seite 130
- ****Darat Al Funun**, stimmungsvolles Kunstzentrum am Jebel Weibdeh, Seite 124
- ****Bodenmosaik** der byzantinischen Kirche Sweifiyeh, schönstes Mosaik in Amman, Seite 126
- ****Jebel Amman**, Ministerien- und Geschäftsgegend, bessere Souvenirs, Wachturm **Rujm el Malfouf** der Ammoniter, Seite 121
- ****Salt**, Verwaltungshauptstadt aus osmanischer Zeit mit typischen Bürgerhäusern, Museum, guter Atmosphäre und nahem Zai Nationalpark, Seite 134
- ***Fuheis**, hübsches Städtchen mit Kirchen, Kunstgalerien und Restaurants, Seite 133
- ***Jordan National Gallery of Fine Arts**, Ausstellung zeitgenössischer Kunst Jordaniens und islamischer Länder, Seite 124
- ***Kan Zaman Village**, renoviertes altes Dorf dient als Handwerks- und touristisches Shoppingcenter mit hervorragendem Restaurant, Seite 128
- ***Mausoleum Qasr Nuweijis**, römischer Grabbau aus dem 2. Jh nC, Seite 125

gerieten die Ammoniter unter assyrische Kontrolle, es folgten die Babylonier und Perser. Als 332 vC Alexander der Große das Land um den Jordan eroberte, gehörte auch Rabbat-Ammon dazu, das später die Ptolemäer hellenisierten und nach Ptolemäus II. Philadelphos (285-246 vC) in Philadelphia umtauften.

Gnaeus Pompejus verleibte die Stadt dem Römischen Reich ein, d.h. sie wurde dem von Rom kontrollierten Städtebund Dekapolis angegliedert. Zeitweise geriet der Ort im 1. Jh vC und nC unter lokalen Einfluss, vor allem die Nabatäer hinterließen viele Spuren. Nach der Besetzung des Nabatäer-Reichs durch die Römer wurde die Region von Kaiser Trajan zur neugegründeten Provinz Arabia zusammengefasst. Im 2. und 3. Jh nC blühte Philadelphia/Amman auf, die Römer setzten städtebauliche Akzente an dem Ort, der sich wie Rom auf sieben Hügeln ausbreitete. Es entstanden das Theater mit Forum und Prachtstraßen. In christlicher Zeit wurde Amman ein bedeuten-

4 Amman und Umgebung

der Bischofssitz, von dem allerdings nur noch Grundmauern einer Basilika erhalten sind.
Auch während der byzantinischen Herrschaft von 324 bis 635 behielt Philadelphia seine Bedeutung. 614 geriet die Stadt unter die Herrschaft der Sassaniden. Etwa 635 eroberten arabische Heere die Stadt und führten den Islam ein. Jetzt wurde auch der Name Amman üblich. Die Omayaden räumten der Stadt noch ziemlich große Bedeutung ein, ihr Palast auf dem Zitadellenhügel El Qala legt Zeugnis davon ab. Doch nach diesem letzten Aufblühen folgte der langsame Niedergang. Erst als die Osmanen 1878 muslimischen Tscherkessen, die vor den christlichen russischen Zaren geflohen waren, Asyl in Amman anboten, kam zusätzliches Leben in das Dorf, dessen Einwohnerzahl damit auf 2000 stieg. Kern ihrer Ansiedlung war übrigens der heutige Stadtteil Ras el Ain, in dem in den letzten Jahren das neue Rathaus und ein Kulturzentrum gebaut wurden (siehe Seite 120). Später zogen viele zum Jebel Amman.

Ein weiterer Meilenstein in der Entwicklung Ammans folgte 1902 mit der Hejaz-Bahn und ihrem Bahnhof in Amman. Jetzt wurde das Dorf ein Verkehrsknotenpunkt für den Pilgerverkehr, es eröffneten sich neue Handelswege, und Amman hatte die Verbindung zur Außenwelt, nicht

Salt, die damalige Gouverneursstadt der Osmanen. 1910 zählte Amman immerhin 10 000 Einwohner.
1921, nach einem Treffen mit dem britischen Staatssekretär für Kolonialfragen in Jerusalem und vagen Zusagen für ein Emirat Transjordanien, begann der Hashemit Abdullah Ibn Hussein, sich in Amman als künftiger Hauptstadt einzurichten. Er hatte Amman dem abgelegeneren Salt wegen der besseren Verkehrsanbindung durch die Hejaz-Bahn vorgezogen. Zu dieser Zeit gab es keinen Palast und nur wenige Bürgerhäuser. Es fehlten Elektrizität und Telefon, aber auch ein Krankenhaus, ein Hotel oder eine Bank. Erst 1923 erkannten die Briten das Emirat Transjordanien und damit seine Hauptstadt Amman an.
Es entstanden erste Regierungsbauten, von 1924-27 ein Palast für den König und die Hussein-Moschee. Die Stadt entwickelte sich langsam und zog mehr und mehr Menschen aus den Dörfern an.
Nach dem Erdbeben von 1927 zogen viele Menschen auf die bis dahin nur von Tscherkessen bewohnten Hügel. 1946 erreichte Amman, als Hauptstadt des neuen Königreichs Jordanien, 25 000 Einwohner.
Erst der durch die Gründung Israels ausgelöste Palästinakonflikt mit seinen Flüchtlingsströmen sorgte für eine Bevölkerungs-

Vor 10 000 Jahren geschaffen: Doppelstatue aus Ain Ghazal im Archäologischen Museum auf dem Zitadellenhügel

explosion, obwohl die Majorität der Flüchtlinge zunächst in Zeltlagern am damaligen Stadtrand hausen musste. Aus den Zelten entstanden später feste Behausungen, die heutigen Stadtteile El Wahadad und El Hussein. Während des arabisch-jüdischen Krieges waren viele Palästinenser nach Jordanien geflohen, viele von ihnen nach Amman. Bald lebten 150 000 Einwohner in der Stadt, 1963 waren es bereits 250 000. Nach dem Sechstagekrieg 1967 suchten erneut Flüchtlinge Zuflucht, die Einwohnerzahl stieg auf 450 000. Als 1991, nach dem ersten Golfkrieg, viele Jordanier und Palästinenser aus den Golfstaaten ausgewiesen wurden, folgte erneut ein Wachstumsschub.

Das zwischen 750 und 1000 m hoch gelegene ursprüngliche Amman zählt heute rund 1,7 Mio Einwohner. Der 2007 zusammengefasste Großraum Amman – Greater Amman Municipality (GAM) – wird 2010 auf 2,8 Mio Menschen angewachsen sein, für 2025 schätzt man 6,4 Mio. In wenigen Jahren wird Amman mit der nordöstlich gelegenen Industriestadt Zarqa vollends zusammengewachsen sein. Dort, im Osten Ammans, leben die sozial schwächeren Schichten, während sich die Bessergestellten und Reichen auf den Hügeln westlich des Stadtzentrums niedergelassen haben.

König Abdullah rief bald nach seinem Regierungsantritt eine Kommission mit dem Namen *Jordan First* ins Leben, die an erster Stelle die nationale Identität und dann erst die arabische Zugehörigkeit fördern soll. Ein sichtbares Zeichen dieser Aktivitäten ist die **große Nationalflagge** von 60x20 m Fläche, die an einem 106 m hohen Mast über der Stadt im Wind flattert; eine noch höhere und größere wurde im Herbst 2004 in Aqaba gehisst.

Topografie der Stadt

Der bedeutendste Stadthügel ist der **Jebel Amman**. Hier finden Sie Ministerien, internationale Hotels und viele Botschaften. Vom Straßennetz her beginnen hier die Circles (1.-3.). Südöstlich davon erhebt sich der höchste Hügel, **Jebel Ashrafiyeh**, mit der Abu-Darwish-Moschee als Wahrzeichen. Quasi an seinem Fuß, im Tal, steht die Hussein-Moschee, nicht weit entfernt schmiegt sich das **Römische Theater** in den Berghang. Die Gegend um die Hussein-Moschee gilt als das eigentliche Stadtzentrum – von Ausländern *Downtown* genannt – mit seinen quirligen Souks. Auf dem Hügel nördlich gegenüber, auf dem **Jebel Qala**, sehen Sie die Ruinen der Zitadelle.

Nordwestlich schließt sich der **Jebel Weibdeh** (auch *Luwebdeh*) an, dann folgt der **Jebel Hussein** mit der Abdullah-Moschee, dem Parlament und Ministerien. Der König residiert in den öffentlich nicht zugänglichen Palästen Basman und Raghadan auf dem **Jebel Qasur**.

Amman kennenlernen

****Die Zitadelle (auch *Castle* genannt)

Wer zunächst einen Überblick über die Stadt gewinnen und den schönsten Ausblick auf das Römische Theater genießen will, beginnt den Stadtrundgang mit dem Besuch der **Zitadelle** auf dem Hügel Qala (N31°57,3' E35°56,27'). Autofahrer finden Parkmöglichkeiten, Fußgänger lassen sich am besten per Taxi (ca. JD 3) hinaufbringen (versteht der Fahrer weder *Zitadelle* noch *Castle*, sagen Sie *Qala*). Tickets zu JD 2 werden am Schlagbaum verkauft.

Der 850 m hohe Jebel Qala war schon von alters her strategisch von Bedeutung. Ausgrabungen belegen, dass bereits von der Mittleren Bronzezeit (ca 2 000 vC) bis in die hellenistische Epoche Befestigungsanlagen auf dem Berg bestanden. Der flächenmäßig größere und auch höhere Bereich des L-förmigen Jebel Qala mit den meisten Ruinen und dem Museum (am Südende) zieht sich

4 Amman und Umgebung

Blick auf den 3. Circle

in nord-südlicher Richtung. Etwa in Höhe des Museums knickt er nach Osten ab und lässt noch Platz für den Herkules-Tempel und ein ausgedehntes, bisher nicht erschlossenes Ruinengelände im unteren Bereich. Drei unterschiedliche Terrassen strukturieren das Gelände; auf der mittleren Ebene steht das Museum, die nördliche dehnt sich etwa 300 m aus, und die untere Terrasse verläuft etwa 400 m in östlicher Richtung.

Die 1700 m lange und an ihren Resten relativ gut erkennbare **Zitadellen-Mauer** geht im Wesentlichen

---

Die acht Circles

Den Circles kommt immer noch eine große Bedeutung zu, auch wenn die meisten längst Ampelanlagen oder Kreuzungsbauwerken gewichen sind. Da die Jordanier Straßennamen ganz und gar nicht schätzen (z.B. wissen sogar verschiedene Hoteliers nicht den Namen ihrer Straße), geben sie gern z.B. "3. Circle" an, auch wenn es sich um ein weiter entferntes Sträßchen handelt. Für den Neuling ist es eher schwer, die Circles überhaupt zu finden. Daher hier ein paar Landmarken, wenn man von der Innenstadt auf der Prince Mohamed St (am Hauptpostamt vorbei) und danach an der ersten Ampel links in der 9. Sha'ban St den Berg hinauf zum 1. Circle fährt:
Der **1. Circle** (offiziell *King Abdullah 1 Sq)* ist klein und mickrig, aber immer noch ein Kreisverkehr; er liegt – von Downtown kommend – quasi am Ende des Steilstücks.
• Auch der **2. Circle** *(Wasfi Al Tal Sq)* macht seinem Namen noch mit einem großen Rondell Ehre, auf dem große Steinscheiben stehen.
• Der **3. Circle** *(King Talal Sq)* wurde untergraben, d.h. Autos nehmen stadtauswärts am besten die Unterführung, während oben tatsächlich noch ein Kreis vorhanden ist; zu erkennen am LE ROYAL Hotel.
• Der **4. Circle** *(Prince Ghazi Bin Muhammad Sq)* ist gänzlich abhanden gekommen, er wurde untertunnelt; zu identifizieren ist er am Gebäude der LIFE INSURANCE auf der linken Seite.
• Der **5. Circle** *(Prince Feisal Bin Al Hussein Sq)* gehört ebenfalls der Vergangenheit an; heute handelt es sich um eine simple, aber große Kreuzung, an der das SHERATON Hotel (großes S) steht. Von Westen kommend sieht man das FOUR SEASONS Hotel links besser.
• Die Kreuzung des **6. Circle** *(Prince Rashid Bin Al Hassab Sq)* ist am CROWNE PLAZA Hotel (rechts, etwas weiter entfernt) zu erkennen.
• Vor dem **7. Circle** *(Prince Talal Bin Muhammad Sq)* ist AIRPORT geradeaus für die Umgehungsautobahn ausgeschildert, man bleibt aber in Richtung Airport/Aqaba besser oberirdisch und biegt im Kreisverkehr links ab.
• Der **8. Circle** *(King Abdullah II Sq)* liegt an der westlichen Umgehungsautobahn, auch hier kann man links zum Flughafen fahren.

****Die Zitadelle (auch Castle genannt)

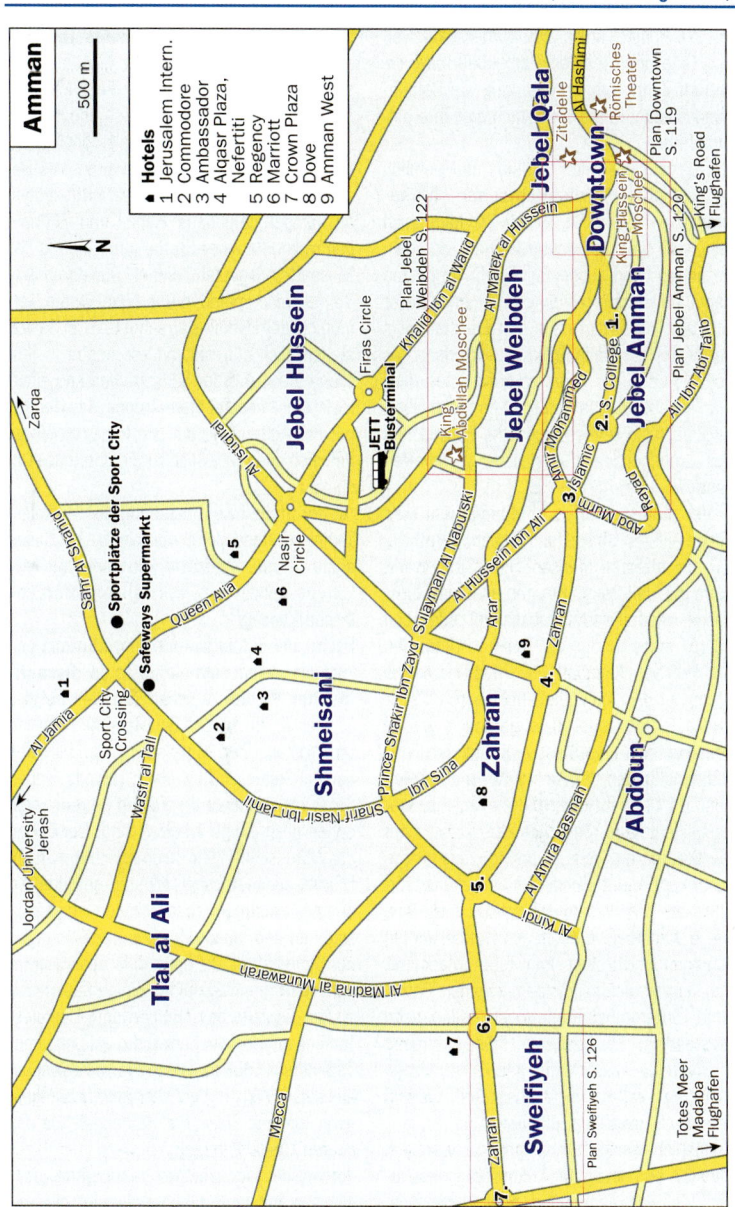

4 Amman und Umgebung

auf die Römer zurück, sie wurde später von den Omayaden teilweise umgebaut oder erneuert. Zehn Türme verstärkten die Befestigungsanlage, in die vermutlich drei Tore hineinführten.

Der Besuch des relativ kleinen und ziemlich vollgestopften **Archäologischen Museums** (Sa-Do 8-16.30, Fr 10-17) lohnt sich sehr, weil hier die wichtigen Funde aus dem gesamten Land ausgestellt sind. Am besten beginnt man ganz rechts vom Eingang "in der Steinzeit" und folgt dann den Epochen links herum bis zur Hellenistik. Die Vitrinen bzw. Funde sind in der Regel so beschriftet, dass man sich mit etwas Muße einen guten Überblick über die zeitgeschichtliche Entwicklung des umliegenden Kulturraums verschaffen kann.

In der prähistorischen Abteilung sieht man Funde aus Ain Ghazal (siehe auch Seite 118), z.B. die ältesten menschlichen Statuen mit ihren mandelförmigen Augen und den Stupsnasen, modellierte Totenschädel oder den "Sarg" eines Kindes als Tonkrug. Unter den Stücken aus Ammonit und Moabit ist eine Steinfigur des Ammoniter-Königs Yerah Azar (die auf dem Jebel Qala gefunden wurde) bemerkenswert, weil es keine anderen Porträtdarstellungen der Ammoniter gibt, außerdem ist seine bekannte Stele als Replikat ausgestellt. Aus römischer Zeit ist der Kopf der Stadtgöttin Tyche zu nennen, als islamischer Epoche unter anderem ein schöner Türsturz aus dem Wüstenschloss Qasr el Tuba. Die in Jordanien verbliebenen weltbekannten Qumram-Schriftrollen vom Toten Meer stehen hinten rechts in einem eigenen Raum. Gute Hintergrundinformationen helfen beim Verständnis. Es bestehen Pläne, dereinst ein Nationalmuseum mit allen historischen Schätzen, die jetzt nicht ausgestellt werden können, in Ras el Ain zu bauen.

Südöstlich vom Museum sind die wenigen, ehemals von einem mit Kolonnaden versehenen Temenos umgebenen, aber immer noch gewaltigen Reste eines **Herkules-Tempels** zu sehen, der üblicherweise diesem Halbgott zugerechnet wird, doch die Zuordnung ist nicht gesichert. Unstrittig ist jedoch, dass er während der Regierungszeit von Marcus Aurelius 161-180 nC erbaut wurde. Als Bezug zur ehemaligen Monumentalität mögen im Tempel gefundene Hand- und Ellenbogenfragmente einer Statue (am Eingang des Museums ausgestellt) dienen, aus deren Größe man eine immerhin 9 m hohe Statue (vermutlich) des Herkules errechnete. Drei Säulen stehen noch aufrecht, andere liegen in Stücken herum. Auf der Südseite verband einstmals eine monumentale Treppe den Tempel mit der Außenwelt, d.h. sie führte zu einem Propylon und schließlich zur Prachtstraße Decumanus.

An der Stelle bzw. Umgebung des Herkules-Tempels befand sich bereits im 9. Jh vC eine ammonitische Kultstätte, die dem Gott Milkom geweiht war, wie eine hier gefundene Inschrift besagt.

Rechts der Zufahrtsstraße zum Museum und kurz vor diesem sind die Reste der **Byzantinischen Kirche** zu sehen. Sie geht auf das 5. oder 6. Jh zurück. Der Haupteingang lag im Westen. Das Mittelschiff war von den beiden Seitenschiffen durch jeweils sieben Säulen mit schönen Kapitellen getrennt, von denen noch einige erhalten sind. Der Boden des Mittelschiffs war ursprünglich mit einem Mosaik geometrischer Muster geschmückt, dessen erhaltene Teile wieder abgedeckt sind, auf dem Boden der Seitenschiffe lagen nur Steinplatten. Die halbrunde Apsis war innen mit Marmor verkleidet. Einige Säulen und andere Bauteile entstammen dem Herkules-Tempel, der den Kirchenbauern als bequemer "Steinbruch" diente. Wenn Sie vom Museum aus einem Weg in nördlicher Richtung folgen, dann kommen Sie in das Ruinengelände des oberen Zitadellenhügels.

Jordanische Archäologen restaurierten, zusammen mit spanischen Kollegen, mit viel

****Die Zitadelle (auch Castle genannt)

Imposante Relikte des Herkules-Tempels

Aufwand die vor Ihnen liegende Palastanlage des Omayaden-Emirs. Die Spanier interessieren sich insofern für diese Ruinen, als es eine direkte Verbindung zu den andalusisch-islamischen Bauwerken gibt. Aber ganz offensichtlich steht die Anlage auf zunächst römisch bearbeitetem Grund, wie Grabungen zeigten. Die Plattform mit den Omayadischen Gebäuden wurde ursprünglich von den Römern angelegt, sie überdeckt eine große, sehr viel ältere Zisterne.

Zunächst stoßen Sie auf das höchstgelegene Bauwerk, lange Zeit **Qasr** (Burg, Schloss) genannt. Seine Bedeutung wurde mehrfach neu definiert; jüngere Forschungen ergaben jetzt wohl die Erkenntnis, dass es sich um einen Teil des **Omayaden-Palastes** handelte, der ab 720 vom bzw. für den hiesigen Provinz-Gouverneur gebaut und 742 durch ein verheerendes Erdbeben wieder zerstört wurde. Vermutlich diente dieser Bau als beeindruckendes Empfangsgebäude, so dass Besucher den eigentlichen Palastbereich nicht betreten mussten (oder nicht durften). Wahrscheinlich ist, dass hier Würdenträger mit entsprechendem Pomp oder Bittsteller empfangen wurden und dass auch Gericht gehalten wurde.

Bemerkenswert ist das Innere des 10 mal 10 m quadratischen Bauwerks mit vier Liwanen, der hohen, 1998 rekonstruierten Kuppel (wobei nicht einmal sicher ist, dass jemals eine Kuppel existierte) und dem Wandschmuck aus Blendarkaden sowie Nischen. Die Dekoration insgesamt ist übrigens typisch für die Sassaniden. Direkt östlich schließen sich die Palastbäder an, die von der nebenan liegenden, sehr großen, runden Zisterne (römischen Ursprungs) gespeist wurden. Eine Treppe führt zum immerhin 5 m tiefer liegen-

4 Amman und Umgebung

Ruinen des Omayaden-Palasts und Qasr im Hintergrund

den Zisternenboden hinunter; werfen Sie einen Blick vom Rand aus hinein.
Folgen wir noch dem einst nur Privilegierten möglichen Weg durch die Qasr-Empfangshalle ins Innere der Palastanlage, die auf der von den Römern aufgeschütteten Nordterrasse lag. Nach einem kleineren Platz führt ein auf römische Zeit zurückgehender Kolonnadenweg zum vermutlichen Thronsaal, vorbei an Wohn- oder Arbeitsgebäuden, die von den Archäologen mit A–I bezeichnet wurden. Diese um einen zentralen Hof gebauten Wohnanlagen werden *Bayts* genannt. Werfen Sie einen Blick auf das rekonstruierte **Bayt F**, gleich links am Platz, das offenbar offiziellen Charakter besaß und daher architektonisch besser ausgestattet war. Der Kolonnadenweg mündet wiederum in einen Platz, an dessen Nordseite sich eine kreuzförmige Audienzhalle öffnete. Die umliegenden Bayts hatten mehr privaten Charakter. Hinter diesem Bereich zieht sich die original römische Mauer entlang.

****Das ehemalige Römische Zentrum

Vom Ruinengelände des Jebel Qala führen ein steiler Pfad bzw. Treppen nach unten ins Stadtzentrum: direkt vom Museum Richtung Römisches Theater halten und zickzack hinunter ins Tal. Dort müssen Sie noch die stark frequentierte Al Hashimi St überqueren, um auf den Vorplatz vor dem Römischen Theater mit etwas Grün und einem Restaurant zu kommen. Einst war diese Gegend Teil des römischen **Forums**. Hier unten schlug das Herz der römischen Stadt *Philadelphia*, vom kleinen Bach *Seil* durchflossen. Er speiste die Brunnen im Nymphaeum, auf dem Weg dorthin war er ein langes Stück überdeckt. Nördlich davon verlief die 10 m breite Prachtstraße **Decumanus** (heute etwa Hashimi St), gesäumt von korinthischen Kolonnaden. Ein Stück westlich des Nymphaeums zweigte eine weitere Prachtstraße, der **Cardo Maximus** (heute etwa Al Malek Feisal St), nach Norden ab, östlich, kurz vor dem Forum, eine Via Sacra als Verbindungsweg zum Temenos des Herkules-Tempels in der Zitadelle.

Das Forum – der zentrale Platz der Stadt – passte sich der natürlichen Verbreiterung des Wadis an, d.h. es füllte die Fläche zwischen dem Theater und dem Zitadellenhügel. Aufgrund der topografischen Vorgaben entstand hier eines der größten Foren der damaligen römischen Welt. Heute dient ein Teil dieser Fläche als die oben erwähnte Grünanlage und ist ein zentraler Treffpunkt für die Bevölkerung. Der Untergrund war durch Aufschüttungen so erhöht worden, dass der *Seil* den Platz auch bei Hochwasser nicht überfluten konnte. Ein unterirdisches Tonröhren-Abwassersystem mündete in den Bach. Kolonnaden umgaben das Forum auf drei Seiten, die Säulen der Südseite, vor dem Theater, sind weitgehend erhalten, über ein kurzes Stück liegt sogar der Architrav noch auf den korinthischen Kapitellen.

Hier zieht sich der wirklich monumental wirkende, vermutlich aus dem 2. Jh nC stammende Steinbau des **Römischen Theaters**

****Die Zitadelle (auch Castle genannt)

(JD 1 Eintritt, auch für die beiden Museen und Odeon, 7.00 bis Sonnenuntergang geöffnet) sehr steil den Berg hinauf. Geschickt nutzten die Erbauer den Hang des Hügels für die tragende Konstruktion; allerdings bestehen die Sitzreihen hier aus Steinen, während sie sonst häufig aus dem Fels gehauen sind. Acht Aufgänge erschließen die Plätze für die 6 000 Zuschauer.

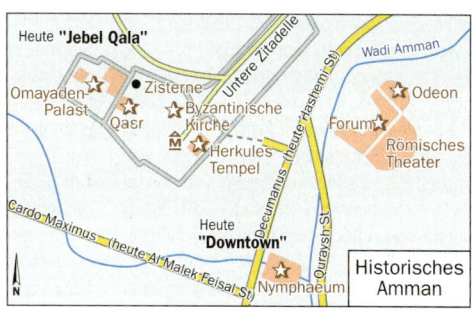

Es handelt sich um das größte römische Theater Jordaniens. Die gesamte, erst ab 1957 freigelegte Anlage ist so gut restauriert, dass man annehmen möchte, die Römer hätten erst gestern die Sitzreihen verlassen. Zwar wurden Teile durch neue Steinblöcke ersetzt, aber das stört eher nur den strengen Archäologen, der möglichst keine Änderungen am Vorgefundenen zulassen will. Im oberen Rang ist ein kleiner Felsentempel in Umfassungsmauer und Felsen gebaut, in dem vermutlich eine Athena-Statue stand.

Wenn auch der kleine Tempel die Mühe des Aufstiegs nicht lohnt, so sollten Sie die Anstrengung dennoch auf sich nehmen. Hier oben überblickt man die Konstruktion des Theaters am besten und kann seine Fantasie spielen lassen, wie vor 2 000 Jahren Philadelphia vielleicht einmal aussah. Hätte damals jemand den Baumeistern vorausgesagt, dass Pferdegetrappel und Kutschenknarren dereinst von lärmenden, durch eigene Kraft vorwärts strebenden Automobilen ersetzt würden – sie hätten es sicher als Spinnerei abgetan. Wie wird dieses Wadi nach weiteren 2000 Jahren aussehen??

Zum Tal hin war das Theater mit einem zwei-, vielleicht ehemals dreigeschossigen Bühnen-

Blick vom Zitadellen-Hügel auf das Römische Theater

4 Amman und Umgebung

gebäude abgeschlossen, das immerhin 95 m lang und heute noch 25 m hoch ist.

Ein Kreuz in der halbrunden Orchestra zwischen Bühne und Zuschauerraum markiert die Stelle mit der besten Akustik, an der also ein Schauspieler optimal zu hören war. Versuchen Sie es selbst, indem Sie von dort zu Ihren Reisegefährten sprechen – die Römer verstanden wirklich etwas von der Schallausbreitung.

Wenn man heute in die Orchestra geht, dann ist das Theater von einem Summen wie im Bienenhaus angefüllt, der Verkehrslärm konvertiert zu einer fast angenehmen Geräuschkulisse, selbst das ständige Hupen ist kaum mehr zu hören. Auch auf der Bühne bemerkt man bereits diesen Effekt. Der mit Holzbohlen belegte Bühnenboden war damals übrigens zum Zuschauerbereich hin leicht geneigt, um allen Besuchern gleiche Sichtbedingungen auf das Bühnengeschehen zu ermöglichen.

In den Seitenräumen des Bühnenhauses sind heute das **Folkloremuseum** (östlich) und das **Jordan Museum of Popular Tradition** untergebracht, mit Kleidung, Beduinenschmuck, Teppichen, Möbeln etc. Im Folkloremuseum sind ein Gewölbegang mit Madaba-Mosaiken, Bodenmosaike aus der nicht mehr vorhandenen byzantinischen Kirche des Elias, der Maria und des Soreq interessant.

Gleich links – östlich – vom Theater stehen die Ruinen des **Odeons** von Philadelphia, einem kleinen, gegenüber dem großen Theater fast intim wirkenden Bauwerk für etwa 500 Besucher, in dem musikalische Aufführungen und Rezitationen stattfanden. Ursprünglich war es sogar überdacht. Die Sitzreihen sind ebenso wie Teile des Bühnenhauses restauriert bzw. wieder neu aufgebaut worden. Bei den Arbeiten wurde an der Außenseite ein Kalksteinblock mit einem Basrelief entdeckt, das ein großes Auge, Schlangen, Skorpione, Pfeil und Bogen zeigt – es sollte die Künstler vor dem *Bösen Blick* der Zuschauer schützen.

Eigentlich läge **Ain Ghazal**, die neolithische Siedlung aus der Zeit um 7250-6000 vC, in der die berühmten Kalkstatuen mit den mandelförmigen Augen gefunden wurden, nur etwa 8 km östlich des Römischen Theaters an der Straße nach Zarqa links am Hang (N31°59,36' E35°58,58'). Für den normal interessierten Besucher lohnt jedoch der Weg zu dem eher lieblos eingezäunten Platz so lange kaum, bis nicht weitere Grabungen stattgefunden haben und das Areal z.B. mit Hinweistafeln so umgestaltet wird, dass man einen bleibenden Eindruck gewinnt. Derzeit lassen sich die Grundmauern und auch Straßen gut erkennen, der Tempelbereich ist leider durch einen weiteren Zaun abgetrennt.

Wenden wir uns nun nach Westen, in Richtung Hussein-Moschee. Folgen Sie der Quraysh St, also quasi der Verlängerung der Kolonnaden vor dem Theater. An der Kreuzung mit der Ibn Al Atheer St steht das monumentale **Nymphaeum**, das römische Brunnen- und Wasserhaus, das vom Bach Seil gespeist wurde. Wegen seiner Ähnlichkeit mit dem Nymphaeum in Jerash wird angenommen, dass es im 2. oder 3. Jh nC entstand. Trotz der immer noch erkennbaren ehemaligen Pracht steht es heute etwas trostlos eher im Abseits.

Noch vor wenigen Jahren war es ringsum mit Shops zugestellt, inzwischen hat man das Bauwerk auf zwei Seiten wieder freigeräumt, aber die Restaurierungsarbeiten gehen nur langsam voran. Trotz der Arbeiten können Besucher in das Gelände hineinschlendern, das Aussehen der ehemaligen Brunnenanlage fast nachvollziehen und sich an ein paar Säulen- und Kapitellfragmenten erfreuen. Von der Seite der Quraysh St imponieren die mächtigen Steinquader, die aus dieser Sicht eher ein Festungsbauwerk vermuten lassen. Wenn Sie bereits das Nymphaeum in Jerash kennen, können Sie sich wegen der Ähnlichkeiten das Bauwerk hier eher vorstellen.

Für die nicht allzu ferne Zukunft ist ein „Kulturpark" geplant, der sich vom Römischen

***Downtown

Theater bis zum modernen Rathaus hinziehen soll. Ihm wird ein großer Teil der Gebäude und Souks an der Al Malek Talal und Ouraysh St zum Opfer fallen.

Damit liegt die Besichtigung der älteren Historie Ammans weitgehend hinter uns. Wenden wir uns nun den neueren Objekten zu. Von hier aus führt der Weg durch die Ibn Al Atheer St (links ein Gemüsemarkt) zur nächsten großen Straße, der Al Hashimi St, auf der wir nach links gehen.

***Downtown

Es ist nicht mehr weit zur ***Hussein-Moschee**, die eigentlich nur Moslems zugänglich ist (manchmal Ausnahmen). 1924 auf dem Platz einer Moschee aus der Frühzeit des Islam errichtet (640 nC vom zweiten Kalifen Umar bin Khattab), fallen von außen die in Höhe und Gestaltung unterschiedlichen Minaretts vielleicht am meisten auf. Für den Urgroßvater König Abdullahs, Abdullah Ibn Hussein, war es – nach der langen osmanischen Herrschaft – wichtig, auf türkische Vorbilder zu verzichten und keinen Kuppelbau zu errichten. Gegenüber der Moschee konnte man aus dem leider derzeit halb zusammengestürzten ehemaligen CENTRAL CAFÉ dem Treiben auf dem Platz bequem zuschauen, während die Männer an den Tischen ringsum Backgam-

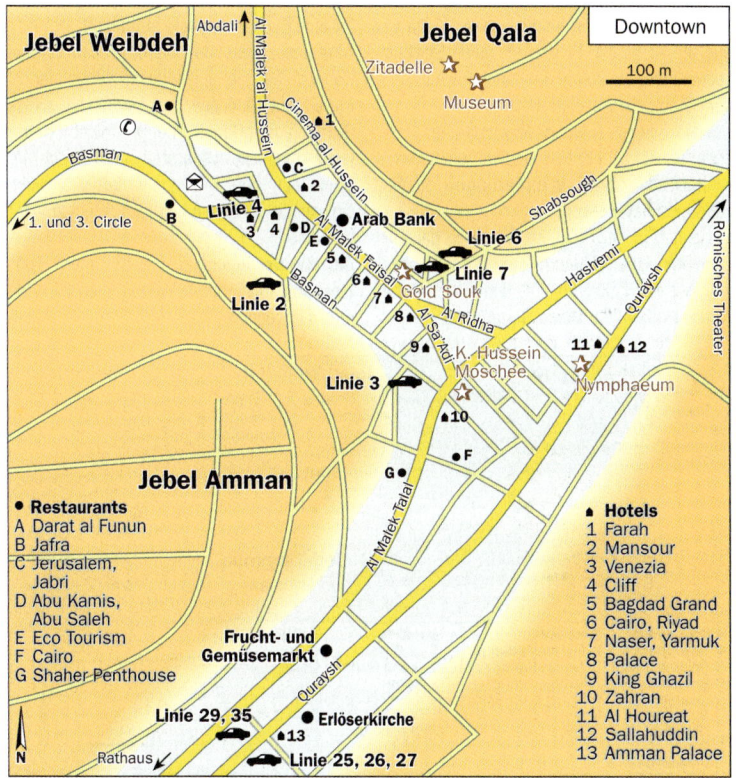

4 Amman und Umgebung

mon oder Karten spielten und Wasserpfeife rauchten.

Die Moschee steht mitten im "alten" Zentrum der Stadt. In dieser Gegend pulsiert das Leben Ammans, schmale Sträßlein mit unzähligen Shops im lärmenden Verkehr bestimmen das Bild. Drei Hauptstraßen bilden im engen Wadi den eigentlichen Stadtkern: von Nordwesten her die Al Malek Faisal St, von Nordosten die Hashemi St, die ab Hussein Moschee Al Malek Talal St heißt und leicht nach Südwesten schwenkt. Alle drei werden von Parallelstraßen flankiert, die häufig durch Quergassen miteinander verbunden sind. Um genau zu sein, muss noch gesagt werden, dass sich die Al Malek Faisal St an ihrem Ende y-förmig in die nördlichere Al Ridha St und die Al Sa'Adi St spaltet, beide Straßen kaum länger als 200 m und namentlich in keinem Stadtplan verzeichnet sind.

Um das quirlige Amman-Downtown ein bisschen näher zu erleben und zu entdecken, schlagen wir **zwei Wanderungen** durchs Fußgängergewühl vor.

Sie gehen in der Richtung weiter, in der Sie vom Römischen Theater kamen (mehr oder weniger nach Südwesten), und zwar in der Al Malek Talal St. Beide Seiten dieser Straße sind mit kleinen Shops vollgestopft, deren Angebot von Kleidung bis zu Stahlnägeln reicht. Nach einer Weile liegt links zwischen den Blocks ein stark frequentierter Gemüsemarkt. Wenn Sie der Straße weiterhin folgen, bis sie sich auf einen neuen Platz mit einem großen Springbrunnen öffnet, dann sehen Sie in gerader Richtung ein neues großes Gebäude, das vom weltweit bekannten arabischen Architekten Jaafar Touqan entworfene **Rathaus von Amman.**

Der Weiterweg dorthin lohnt eigentlich nur, wenn im Rathaus Ausstellungen oder gelegentliche Konzerte stattfinden oder auf dem Platz davor ein Markt abgehalten wird, oder es ist ein großes Zelt vor dem Gebäude z.B. für eine Buchausstellung aufgebaut.

Man kann jetzt der neueren und breiten Quraysh St, die spitzwinklig neben der Al Malek Talal St in den Platz einmündet, zurück Richtung Römisches Theater folgen. Unterwegs ragen die Minarette der Hussein-Moschee auf, dort schlängelt man sich durch die schmalen Gassen hindurch zurück zu ihrer Vorderseite.

Der **zweite**, eigentlich interessantere **Spaziergang** soll in die Al Malek al Faisal St führen, d.h. rechtwinklig zum vorherigen Weg,

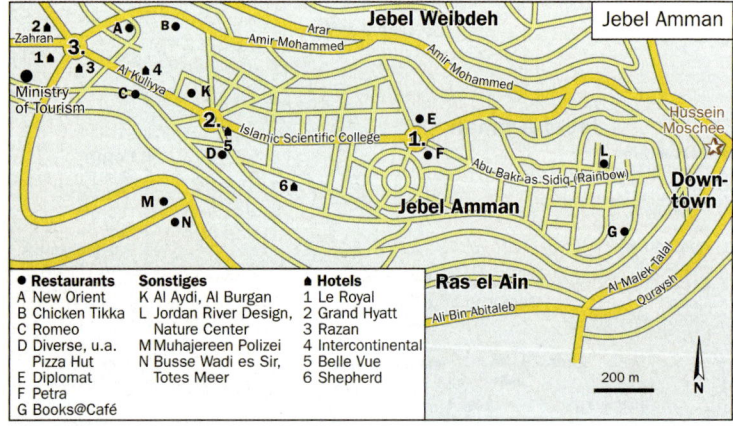

● Restaurants	Sonstiges	▲ Hotels
A New Orient	K Al Aydi, Al Burgan	1 Le Royal
B Chicken Tikka	L Jordan River Design,	2 Grand Hyatt
C Romeo	Nature Center	3 Razan
D Diverse, u.a.	M Muhajereen Polizei	4 Intercontinental
Pizza Hut	N Busse Wadi es Sir,	5 Belle Vue
E Diplomat	Totes Meer	6 Shepherd
F Petra		
G Books@Café		

in Richtung Nordwesten (die Moschee im Rücken) auf eine der beiden oben genannten y-förmig angelegten Straßen. Diverse Wechselstuben versuchen hier, gute Kurse zu ihren Gunsten zu verkaufen, als Kunde sollte man unbedingt vergleichen und handeln.

Wenige Schritte nach der Zusammenführung der beiden Straßen zur vierspurigen Al Malek Faisal St mündet die Shabsough St rechts ein, aus der sich ständig Sammeltaxis ergießen, die in der Cinema al Hussein St starten. Es folgt der **Gold-Souk**, der sich in den kleinen Gassen zwischen der Al Malek Faisal und der Cinema al Hussein St abspielt. Die linke Seite der Al Malek Faisal St ist die lebendigere mit vielen Shops, Cafés und Restaurants. Hier kann man das eine oder andere Schnäppchen machen, falls man an Alltäglichem interessiert ist.

Als nächst größere, rechts einmündende Straße kommt die Al Malek Al Hussein St von Abdali herunter, denn die Al Malek al Faisal St biegt jetzt halblinks ein und heißt dann Prince Mohamed St. Wenige Schritte weiter steht rechts das Hauptpostamt, und links zweigt die parallel zur Al Malek Faisal St am Hang verlaufende Basman St ab. Die beiden Straßen sind durch die zuvor erwähnten Quergassen miteinander verbunden. In diesem Bereich herrscht reges Leben bis spät in den Abend hinein, denn viele Shops schließen relativ spät, und die Restaurants bleiben auch noch eine ganze Weile geöffnet. Durch die weniger interessante Basman St würde der Weg zurück zur Hussein-Moschee führen.

Beim Rundblick von der Zitadelle wird Ihnen die ****Abu-Darwish-Moschee** auf dem gegenüberliegenden Jebel Ashrafiyeh – dem höchsten der Stadt – mit ihrem schwarzweißen Mauerwerk nicht entgangen sein, sie ist eine von vielen Stellen sichtbare Landmarke; Nichtmuslims haben keinen Zutritt. Von Downtown nehmen Sie am besten ein Taxi oder ein Service-Taxi der Linien 25 bzw. 26 auf den Hügel, als Autolenker fahren Sie "nach Sicht" oder über die Al Taj St bis zum höchsten Punkt von Amman. Die fotogene Moschee ließ der Tscherkesse Hasan Mustafa Sharkas, der als Abu Darwish bekannt war, in den 20er Jahren mit schwarzen und weißen Steinen bauen. Der Reinigungsbrunnen im Innern zeigt das gleiche Muster. Die Kuppel der Moschee ruht auf vier mit Pilastern geschmückten Säulen.

**Jebel Amman

Nehmen wir uns als nächstes den **Jebel Amman** vor. Bis in die 20er Jahre lebten hier viele Tscherkessen in Lehmhütten, doch 1927 ließ ein Erdbeben die labilen Konstruktionen zusammenfallen. Danach nahmen mehr und mehr einflussreiche Leute der langsam ent-

Abu-Darwish-Moschee

stehenden Hauptstadt des Emirats den Jebel in Besitz.

Wenn Sie Zeit haben und sich mit der jüngsten Geschichte der Stadt beschäftigen wollen, dann sollten Sie vom 1. Circle ostwärts z.B. in die **Abu Bakr As Siddiq St** (allgemein auch als **Rainbow St** bekannt) gehen und Blicke in die Seitenstraßen werfen, dort werden Sie noch eine Menge von Bürgerhäusern bis hin zu Palästen aus jener Zeit entdecken. Eines der Häuser können Sie besuchen, den Garten bewundern und sich ungezwungen umsehen – jetzt verkaufen dort *Bani Hamida* und *Jordan River Foundation* Kunsthandwerk (siehe Seite 151). In dem recht einfachen Haus auf der anderen Seite der Rainbow St wurde übrigens König Hussein geboren, dort wuchs er auch auf. Der erste Königspalast der Stadt steht in der Zahran St stadtauswärts rechts, kurz vor dem 4. Circle, gefolgt vom heutigen Regierungssitz.

Die etwas verkehrsberuhigte Rainbow St zählt zu den Shoppingstraßen des Jebel Amman, es lohnt sich, im mittleren Teil ein bisschen zu bummeln, dort findet man u.a. die *Jordan River Foundation* und andere Geschäfte mit ähnlichem Angebot. Schließlich kann man sich im Books@Café (siehe Seite 149) ausruhen. In einer der Seitenstraßen findet freitags eine Art Stadtteilmarkt mit unterschiedlichsten Angeboten statt.

Der Jebel Amman ist verhältnismäßig ausgedehnt; neben Straßenzügen mit ansehnlichen Privathäusern findet heute hier modernes Geschäftsleben statt, nicht zuletzt auch wegen der diversen Ministerien, die in dieser Gegend verstreut liegen. Vielleicht holen Sie sich Prospekte im Ministry of Tourism kurz hinter dem 3. Circle in der Al Mutanabbi St, einer südlich parallel der Hauptstraße verlaufenden Seitenstraße, quasi hinter dem Le Royal Hotel. Ein Anlaufpunkt für Touristen mag auch das **Hotel Intercontinental** (zwischen dem 2. und 3. Circle) sein, in dessen Shopping-Arkaden u.U. hübsche Souvenirs zu finden sind, im Bookshop zumindest aktuelle Zeitungen und Reiseliteratur sowie Karten.

Schließlich wieder etwas Antikes: Vom Interconti ist es nicht allzu weit zu einem von einst etwa 20 Festungstürmen im Großraum Amman, die aus der Eisenzeit stammen. Fahren Sie, wie auf Seite 146 beschrieben, zum Goethe-Institut und folgen Sie dieser Straße ein paar hundert Meter weiter. Die Straße führt

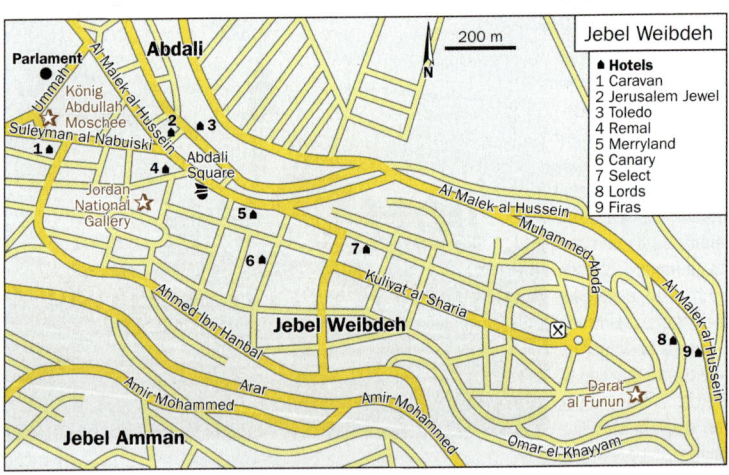

leicht bergauf, genau auf der Höhe liegt links das Haus des **Department of Antiquities** (in dessen kleiner Bibliothek man schmökern kann).

Gleich dahinter steht der ***Rujm el Malfouf** genannte Turm. Er ist nur noch 5,5 m hoch, aber 20 m im Durchmesser, erbaut mit mächtigen Quadern. Im Innern gab es über drei Stockwerke verteilte Räume. Die Grundmauern anschließender Räume sind ebenfalls erhalten. Unter den Archäologen schwankten die Meinungen über viele Jahre, welche Bedeutung den Bauten zuzumessen sei. Hatte man lange geglaubt, es handele sich um Grenzbefestigungen der Ammoniter, so neigt man aufgrund einer Inschrift heute dazu, dass es befestigte Karawansereien waren. Sie dienten gleichzeitig als Wachstationen rings um die Städte, hier also Amman, die in Sichtkontakt miteinander standen und sich gegenseitig vor feindlichen Überfällen warnen konnten.

Abdali, Jebel Weibdeh

Mehrfach wird Ihnen bereits auf dem dem Jebel Amman nördlich gegenüberliegenden Jebel Weibdeh (auch *Luweibdeh*) ein großer Kuppelbau mit Minaretten aufgefallen sein. Es handelt sich um die ****King Abdullah Moschee**, die sich an der Kreuzung der Majlis Ummah St/Sulayman Nabulsi St. erhebt und bis vor wenigen Jahren als die größte und auch schönste moderne Moschee von Amman oder vielleicht sogar im Nahen Osten galt (Foto siehe Seite 103). Sie wurde von dem deutschen Architekten J. Cejka entworfen und nach sieben Jahren Bauzeit 1989 fertiggestellt. Inzwischen wird sie, zumindest an Größe, von der neuen King Hussein Moschee am gleichnamigen Park übertroffen.

Die King Abdullah Moschee kann von Touristen Sa-Do von 11-17.00 besichtigt werden, Eintritt JD 2, Zugang durch einen Seiteneingang an der Südseite, für Frauen liegen schwarze Umhänge (JD 1) zum Überziehen bereit. Auch Nichtmoslems dürfen das sehenswerte Bauwerk – das dem Felsendom von Jerusalem ähnelt – besuchen.

Unter einer 37 m hohen, mit leuchtendem Mosaik belegten Kuppel können 3 000 Gläubige beten, freitags kommen häufig vor den Türen noch weitere 2 000 hinzu. Die Kuppel ruht auf acht Stützen, zwischen denen sich Holztore öffnen. An der Kuppel wiederholt sich 99-mal der kalligrafisch in goldenen Schriftzeichen gestaltete Name Allahs. Ein acht Tonnen schwerer vergoldeter Leuchter erhellt das Innere. Die freitäglichen Gottesdienste können in über 2000 Moscheen im ganzen Land akustisch übertragen werden, (hässliche) Scheinwerfer ringsum sorgen für fernsehgerechte Ausleuchtung. Der gewaltige Komplex der Moschee wirkt aus der Nähe eher gedrungen, aber ab einer gewissen Entfernung entfaltet er städtebauliche Dominanz, z.B. wenn man ihn vom Jebel Amman aus betrachtet.

Der Moschee ist das **Islamic Museum** (Sa-Do 8-14) angeschlossen, das Keramik- und Tongefäße sowie historische Fotos von König Abdullah ausstellt.

Etwa gegenüber der Abdullah-Moschee, in der Majlis Ummah St, verbirgt sich unter einem modernen Kuppelbau das **Parlamentsgebäude**, das man nur vom Zaun aus betrachten kann. An der Ecke nach Süden steht der gewaltige Klotz der Hauptverwaltung der Housing Bank, dahinter erhebt sich, mehrfach gestaffelt und mit einer Kuppel als Höhepunkt ausgestattet, das Justizministerium, durchaus an eine Festung (nicht Gefängnis!) erinnernd.

Geht man von der Abullah-Moschee die Sulayman Nabulsi St bergab, so öffnet sich nach vielleicht 200 m, im Dreieck zwischen Nabulsi St und Al Malek al Hussein St, der in der Stadt bekannte Abdali Platz, früher als Abdali Busterminal bekannt.

Doch wir wollen bald nach der Abdullah-Moschee an der orthodoxen Kirche (der zweiten von oben, das erste Kirchenbauwerk gehört den Kopten) rechts abbiegen. Das Sträßlein stößt bald auf den kleinen Muntazah-Park, nördlich (links) am Parkrand steht das Gebäude der **Jordan National Gallery of Fine Arts** (9-17, JD 2) mit ständiger Ausstellung zeitgenössischer jordanischer Kunst und der islamischer Länder. Die Exponate sollen nicht nur das Kunstschaffen im Land, sondern auch das Verbindende von islamischer Kunst zwischen den Nationen darstellen. Die im Grunde sehr kleine Ausstellung lohnt dennoch einen Besuch, weil sie einen Einblick in das Kunstschaffen Jordaniens bietet. Für Kalligrafie-Freunde hält das zweite Stockwerk einen kleinen Augenschmaus bereit, denn hier beschäftigen sich moderne Künstler mit der uralten islamischen Schreibkunst.

Ein weiteres, fast multikulturelles Zentrum am Jebel Weibdeh, aber an dessen Südosthang oberhalb von Downtown, sollten Sie sich keinesfalls entgehen lassen: **Darat Al Funun** (Sa-Mi 10-19, Do 10-20), Tel 464 3251, Fax 464 3253, darat@arabbank.com.jo, www.daratalfunun.org, das stimmungsvollste Kunstzentrum Jordaniens, das sich dort am Hang hinunterzieht. Daher gibt es zwei Eingänge: Der obere ist mit *Khalid Shoman Foundation* und der untere zusätzlich mit *Darat Al Funum* beschildert. Der Haupteingang liegt in der Nähe des Luzmila Hospitals in der Sadi St (vom Hospital den Berg ein kurzes Stück hinunter, erste Straße links, dann linke Straßenseite).

Die wechselnden Ausstellungen zeitgenössischer jordanischer Kunst sind sicher einen Besuch wert, aber auch die gesamte, stimmungsvolle Anlage, die aus drei am Hang liegenden Häusern inmitten eines Gartens besteht. Im obersten Haus lädt ein Gartencafé zur erholsamen Pause ein, im nächsten Gebäude werden Gäste untergebracht. Im unteren, dreigeschossigen Hauptgebäude, bis 1938 Residenz des britischen Kommandeurs der Arabischen Legion, wurden Ausstellungsräume und Ateliers für Maler geschaffen, im oberen Stockwerk eine gut ausgestattete Bibliothek eingerichtet. In den Ruinen einer byzantinischen Kirche aus dem 6. Jh finden heute Open-Air-Veranstaltungen wie Vorträge, spezielle Vorlesungen oder Workshops statt. Darat Al Funun ist längst ein Begegnungszentrum nicht nur jordanischer Künstler, sondern arabischer Kunstschaffender geworden.

Shmeisani

Der moderne, in den letzten Jahrzehnten immer dichter bebaute Stadtteil im Nordwesten beherbergt eines der wichtigsten Businesszentren der Stadt und dementsprechend viele teure Hotels sowie Restaurants. Einige Straßen bilden ein äußerst lebendiges und beliebtes soziales Zentrum mit der sogenannten *Culture Street* (Al Thaqafeh St), auf der am Wochenende Streetfestivals etc. stattfinden. In der Umgebung kann man auch gut essen gehen.

Der Norden

Im Norden der Stadt – nordöstlich der Al Malekah Alya St und südlich der Al Shaheed St – wurde die **Sport City** (auch Al Hussein Youth City) erbaut. Das hügelige, mit Pinien bestandene Gelände bildet eine Art Park, einen der in Amman seltenen grünen Flecken. Hier gibt es neben dem großen Amman-Stadion Swimmingpools und Sportstätten für die unterschiedlichsten Sportarten. Auf dem höchsten Punkt steht das quaderförmige **Denkmal des Unbekannten Soldaten**, in dem auch das **Militärmuseum** (Sa-Do 9-16, Eintritt frei) Platz gefunden hat. Wer sich für das Kriegshandwerk interessiert, findet einige Beispiele der Waffentechnik, sogar eine MP deutscher Produktion aus dem Ersten Weltkrieg. Allerdings kann man im Nahen Osten weit aufwendigere Waffensammlungen besichtigen. Angemerkt sei, dass sich die Sport City auch als schattige Pause für Auto/Wohnmobilfahrer eignet (was sonst nicht einfach ist in Amman).

Wenn Sie noch an weiteren römischen Hinterlassenschaften interessiert sind, so können Sie einen Blick auf das besterhaltene römische Mausoleum Jordaniens werfen, das nicht weit von der Sport City entfernt liegt. An der Sport City Junction hält man sich rechts und folgt der Al Shaheed St Richtung Zarqa (ausgeschildert). Etwa 4 km entfernt (nach zwei Abzweigen und einer großen Kreuzung) kommen Sie an die Tareq Junction, an der Sie rechts abbiegen und nach kaum 100 m rechts eine schmale Straße in Richtung eines Militärgeländes fahren müssen. Sie stehen vor dem verlassenen, von anderen Bauten bedrängten **Mausoleum *Qasr Nuweijis**, das kein herausragendes Erlebnis, aber eine nicht uninteressante Abwechslung verspricht. Das vermutlich aus dem 2. Jh nC stammende, verhältnismäßig kleine Gebäude blieb weitgehend erhalten. An der Frontseite ist ein Fries zu sehen, im Innern deutlich abgeteilte Kammern in jeder Ecke. Bewundern kann man die Konstruktion der Dachkuppel mit exakt zugeschnittenen Steinen, noch jeder an seinem Platz.

Es gäbe in Al Quweisimeh in der Nähe der südlichen Ausfallstraße ein weiteres Mausoleum dieser Art anzuschauen, das aber nicht so gut erhalten und etwas schwieriger zu erreichen und zu finden ist.

Im Nordwesten der Stadt liegt der Campus der **University of Jordan** (www.ju.edu.jo). Man fährt, vom Abdali Platz kommend, an der oben erwähnten Sport City Junction geradeaus weiter und sieht ein ganzes Stück nach dem nächsten großen Kreisel eine rechts abzweigende, aber parallel zur Hauptstraße verlaufende Straße, die zu den Toren des ausgedehnten Uni-Geländes führt.

Innerhalb des Campus ist ein kleineres **Archäologisches Museum** (Sa-Mi 8-17) untergebracht. Funde von der Bronze- bis zur islamischen Zeit sind zu besichtigen, aber z.B. auch ein überraschend großes Modell des Artemis-Tempels und des Nymphaeums von Jerash. Der erste Raum zeigt Stücke von der prähistorischen bis zur Eisenzeit, der mittlere griechische und römische, der letzte hauptsächlich byzantinische und islamische Funde. Quasi nebenan zeigt ein etwas vollgestopftes **Heritage (Folklore) Museum** (Sa-Mi 9-17) Trachten und Szenen aus dem ein paar Jahrzehnte zurückliegenden täglichen Leben in Jordanien. Zu finden sind die Museen, indem man den Eingang mit den Zwiebeltürmen benutzt und geradeaus am Uhrturm vorbeigeht. Dabei gewinnt man auch einen Eindruck vom Leben in dieser Universität und kann sich noch ein bisschen in dem großen, streckenweise von Pinienduft überzogenen Gelände umsehen.

Für Interessierte lohnt sich ein Besuch ziemlich genau gegenüber der Uni im **Deutschen Evangelischen Institut** für Altertumswissenschaft des Heiligen Landes, das neben

Gartencafé im Darat Al Funun

4 Amman und Umgebung

dem Hotel Amman International liegt (Adresse siehe Seite 161). Das Institut geht ursprünglich auf den Besuch des deutschen Kaisers Wilhelm II 1898 in Palästina zurück, als dessen Folge die Evangelische Kirche Deutschlands sich stärker im Heiligen Land engagierte. Zunächst entstand ein Institut unter obigem Namen in Jerusalem, in den späten 1970er Jahren wurde der Ableger in Amman gegründet.

Die evangelischen Archäologen schufen sich große Anerkennung und einen guten Namen in Jordanien. In den letzten Jahren erweiterte das Institut seine ursprünglich auf die Bibel bezogene Bronze- und Eisenzeitforschung auf wesentlich größere Zeiträume. Darüber hinaus bemüht man sich auch um das Heute, nämlich interkulturelle Beziehungen zwischen Islam und Christentum. Das Institut beherbergt die zweitgrößte archäologische Bibliothek in Jordanien, in der man nach Speziallitaratur stöbern kann. Einer der Grabungsschwerpunkte seiner Archäologen liegt in Umm Qays.

Der Westen

Im Vorort Sweifiyeh (auch Swaifiyah) im Westen Ammans grub 1979 ein Privatmann zufällig die Reste der **Byzantinischen Kirche Sweifiyeh** aus (geöffnet etwa 9-14; ziemlich unsicher, eher: je nach Lust des Wärters), von der nur noch der sehr schöne Mosaikboden weitgehend erhalten war. Innerhalb einer mit geometrischen Figuren geschmückten Umrandung sind Tier- und Menschendarstellungen zu sehen. Gesichter blicken mit weit geöffneten Augen herauf und versuchen, den Betrachter in ihren Bann zu ziehen, was dem von der linken Seite besser als dem anderen gelingt. Teile einer griechischen Inschrift blieben ebenfalls erhalten. Der Besuch der schönsten in Amman original erhaltenen Mosaike lohnt sich auch dann, wenn man noch in das Mosaikzentrum Madaba fährt oder von dort kommt.

Man findet den Platz im Schicki-Micki-Vorort – wo ihn selbst in nächster Nachbarschaft niemand kennt –, indem man am 6. Circle links (südlich) abbiegt, dann gleich wieder rechts, danach die zweite links und schließlich der vierten, rechts abzweigenden Straße bis zum Hotel Liwan (dieses als Zielpunkt für Taxifahrer angeben) folgt. Genau gegenüber diesem Hotel öffnet sich die Tür zum Mosaik (eventuell sollte man im Hotel Liwan, Anschrift siehe Seite 162, zuvor anrufen, ob der Wärter überhaupt anwesend ist).

Wenn man schon nach Sweifiyeh gefahren ist, kann man sich in den westlich orientierten Shops dieses Vororts umsehen und vielleicht das eine oder andere Mitbringsel günstiger erstehen als zu Hause. Dabei trifft man auf den jordanischen Geldadel oder Leute, die sich ihm zugehörig fühlen. Da ohnehin schon das Angebot der Boutiquen fast wie zu Hause aussieht, könnte man sich eine Pause in einem der In-Cafés (*Aroma* oder *Elite*) gönnen. Früher gab es hier das Restaurant Bayerischer Hof mit Originalküche, das aber mangels Interesses einging. Die Wakkala St mit ihren vielen Cafés und Restaurants wurde zu Jordaniens **erster Fußgängerzone** gekürt.

Als Briefmarkensammler fährt man auf der Zahran St noch ein Stück wei-

Der Westen

ter zum 8. Circle, um dort das **Postmuseum** (So-Do 8-14) im Gebäude des Postministeriums zu besuchen. In der Nähe liegt für Interessierte auch noch das **Geology Museum** (Sa-Do 7.30-15) der Natural Resources Authority mit Mineralien-Sammlungen aus Jordanien.

Im Nordwesten der Stadt, an der King Abdullah St (Stadtteil Dabog, 3,5 km nördlich des 8. Circle), entstand ab 2005 der weitläufige, sehenswerte ****King Hussein Park** (www.ammancity.gov.jo/english/project/p4.asp), eine sehr große Vielzweck-Anlage mit familiengerechten Picknick- und semiprofessionellen Sportplätzen, Restaurants und Cafés sowie kulturellen Institutionen, alles mehr oder weniger in eine Gartenlandschaft eingebettet. Der Park ist nicht nur für die Bewohner Ammans ein Gewinn, sondern auch für die weiträumige Umgebung und nicht zuletzt für Touristen. Und sei es nur, um die Ammaner Bevölkerung bei ihrer Freizeitbeschäftigung zu beobachten.

Darüber hinaus wurde auch Wert auf kulturelle und historische Information gelegt. Ein *Cultural Village*, das um einen Platz mit Galerien, Kunsthandwerkshops und aktiven Künstlern im Westen des Parks angelegt wurde, soll die Verbindung zur kunsthandwerklichen Tradition knüpfen. Zwei Restaurants an der Ostseite des Village bieten einen schönen Überblick über den Park und den Westen Ammans. Ein interessanter *Historical Passageway* stellt die Geschichte Jorda-

„Historical Passageway" im Hussein Park

niens seit der Steinzeit an unterschiedlich gestalteten Wandabschnitten dar. Im Amphiteater wird Freilufttheater geboten. Weiterhin werden im *Königlichen Automobil-Museum* (täglich 10-19, Fr bis 21) die Autos von König Hussein ausgestellt, gleich nebenan entstand die *King Hussein Moschee*, seither die größte Jordaniens. Achtung, am Wochenende ist sehr viel Betrieb im Park.

Für Kinder wurde neben Spielplätzen ein eigenes Museum, das *National Children's Museum*, geschaffen. Es bietet der jungen Gene-

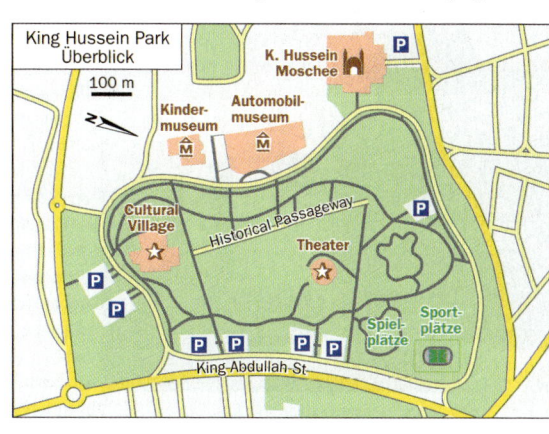

ration viel Unterhaltung und Spaß. Ziel ist es, Kinder in einer interaktiven Lernumgebung für Kunst, Wissenschaft und Technik zu begeistern. Dies soll mit vielen interaktiven Displays zu den Themen Menschheit, Technologie und Natur sowie einem interaktiven Garten geschehen. Darüber hinaus gibt es eine Kinderbibliothek, ein Planetarium, Räume für Feiern wie Geburtstage und ein Café. Einen guten Überblick bietet die kindergerecht gestaltete Website des Museums www.cmj.jo.

Nahe und etwas fernere Umgebung Ammans

Es liegt eigentlich nahe, vom King Hussein Park nach Süden zu fahren, um eine Art touristisches Highlight zu besuchen:

*Kan Zaman Village

"Es war einmal" heißt *Kan Zaman*. Doch es gibt das südlich von Amman gelegene Village wieder, von dem im Namen die Rede ist. Ein etwa 200 Jahre altes, ummauertes, einst von Beduinen gegründetes Dorf wurde für den Tourismus restauriert. Die merklich touristische Atmosphäre versetzt den Besucher zwar kaum in die Vergangenheit, doch umso besser lässt man sich auf den Kauf von Kunsthandwerk, Schmuck oder etwas ausgewähltere Souvenirs und ebenso auf gutes Essen einstimmen. Das Besucherinteresse dürften einige Handwerker wie Glasbläser, Töpfer oder der bei uns gänzlich unbekannte Beruf des „Sand-ins-Glas-Auffüllers" wecken. Wobei hier sogar die viel gelobte Synergie zum Tragen kommt: Der Glasbläser bläst hübsche Behältnisse – vom Fisch bis zum Kerzenständer –, deren Inneres dann vom Auffüller in Windeseile durch farbigen Sand gestaltet wird. Man kauft also nicht wie anderswo die Sandkunst in einer ordinären Glasflasche, sondern gleich zwei originäre Kunstwerke.

Ein wirklich vorzügliches Restaurant in den ehemaligen Ställen serviert arabische Gerichte, die im traditionellen Lehmofen zubereitet werden. Sowohl mittags als auch abends ab 19 Uhr kann man sich an einem sehr guten Buffet zu JD 10 delektieren. In einem anderen Exstall erwartet ein arabisches Kaffeehaus Gäste. Da viele Jordanier hier ihre Feste feiern, ist häufig ab 21 Uhr kein Platz mehr zu bekommen, daher vorbestellen.

▶ **Anfahrt**: Von Downtown aus gibt es zwei Möglichkeiten - entweder vom 7. oder 8. Circle auf der Autobahn Richtung Airport und 3 km nach der ersten Tankstelle auf der rechten Autobahnseite (oder 9 km nach der ersten Abfahrt *Dead Sea*) von der Autobahn abfahren, unter der Autobahn hindurch nach Norden (Achtung, sehr niedrige, für z.B. Wohnmobile ungeeignete Unterführung). Von hier aus noch ca. 3 km, am ersten Berg rechts vorbei, danach links, und dann beginnt erst die Ausschilderung.

▶ Die zweite, kürzere Verbindung führt aus dem Stadtzentrum wie folgt hinaus (da das Hinweisschild zum Village entfernt wurde, sollten Sie die km-Angaben beachten): von der King Hussein Moschee ein kurzes

Kan Zaman Village, Eingang zum Restaurant

*Kan Zaman Village

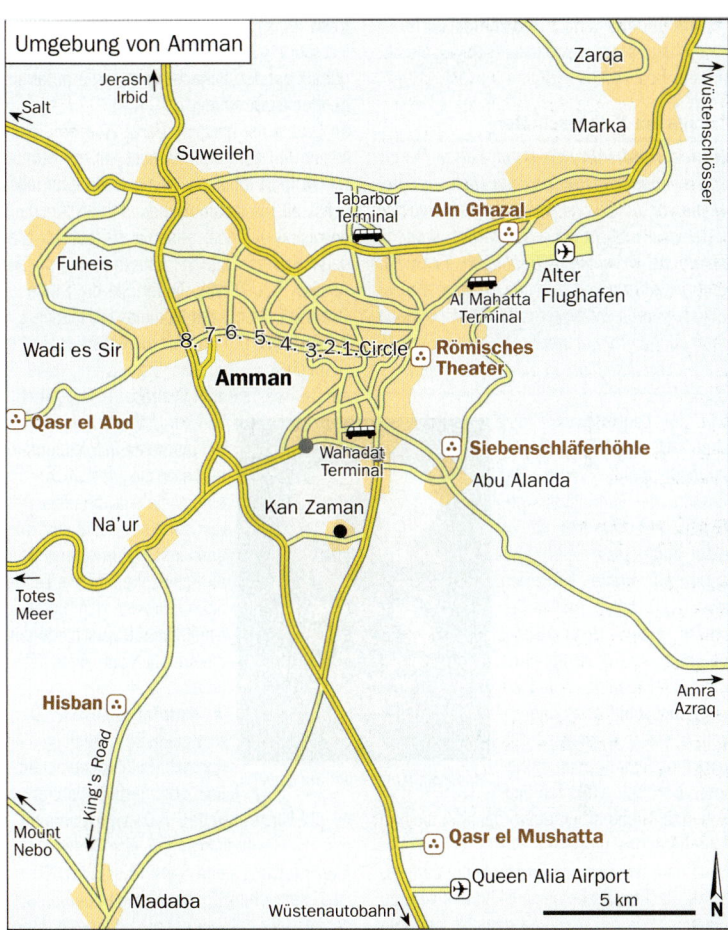

Stück (ca. 1 km) auf der Al Malek Talal St nach Westen, bis sich die Straße vor einer Art Rondell mit einem großen, nicht immer sprudelnden Springbrunnen teilt. Hier links auf der Al Ameer el Hassan St den Berg hinauf, unten an der Kreuzung beginnt die km-Zählung. Diese Straße führt (nach einer bald folgenden, etwas unübersichtlichen Rechtskurve mit Linksabbiegern) ziemlich geradlinig nach Süden, nach mehrfachem Namenswechsel heißt sie schließlich Madaba St. Unterwegs kreuzen bei 4 und 4,3 km Eisenbahnschienen, nach 11 km unterquert man eine Fußgängerüberführung. Schließlich taucht auf der Kuppe eines Hügels ein blaues Schild *Yadudah* auf, kurz danach eine Art "Trucker Station" mit ein paar Imbissbuden. Hier erkennt man rechts auf einem Hügel das Village und biegt bei etwa km 12 rechts in eine breite Straße ab.

4 Amman und Umgebung

▶ Mit öffentlichen Verkehrsmitteln dürfte das Village schwer erreichbar sein, es bleibt nur ein Taxi.

*Höhle der Siebenschläfer

Hintergrund: Als sich unter Kaiser Decius sechs junge Christen und ein Hund in einer Höhle vor der Christenverfolgung versteckten (oder dort absichtlich eingemauert wurden), fielen sie in einen 200-jährigen Tiefschlaf und erwachten erst, als das Christentum zur Staatsreligion avanciert war. Diese Legende fand auch Einzug in den Koran, wo in Sure 18 die Sieben 300 Jahre in Schlaf versanken.

Mit der Legende wird das Grab **Al Kahf** (die Höhle) im südöstlichen Vorort Abu Alanda in Verbindung gebracht. Für Muslims ist es eine Pilgerstätte. Den Eingang zur Höhle flankieren zwei Halbsäulen, neben jeweils einer Bogennische, oberhalb der Tür ist ein Fries mit fünf Medaillons und einem abgeschliffenen griechischen Kreuz erkennbar, das den christlichen Ursprung belegt. Darüber war ursprünglich eine Kirche errichtet worden, die dann in eine Moschee umgebaut wurde. Später verband man den Eingang zur Höhle mit der Moschee, rechts ist noch eine Mihrab-Nische zu erkennen. Heute steht eine kleinere, moderne Moschee in der Nähe des Eingangs.

In der Höhle stehen acht kleine, aus dem Felsen gehauene Sarkophage. In einem der Sarkophage gibt ein Loch den Blick ins Innere frei: Dort liegen Knochen ziemlich durcheinander, sie sollen von sechs Menschen und einem Hund stammen.

Der Hügel links (westlich) diente in byzantinischer Zeit als Friedhof, viele Grabkammern deuten darauf hin. Das sogenannte **Westgrab** weist außen eine schöne Fassade mit ionischen Halbsäulen und Scheingiebelgebälk auf. Ein Schacht führt in die tiefer liegenden Grabkammern.

Im Grunde ist herzlich wenig zu sehen, nach kurzer Zeit steht man wieder auf der Straße. Die Anfahrt lohnt nur dann, wenn man möglichst alle archäologischen Stätten Ammans besuchen will oder ohnehin z.B. auf der Madaba St nach Süden unterwegs ist. In der Amman Tourist Map finden Sie die Stelle im Quadrat O 14 mit der Nummer 173 markiert.

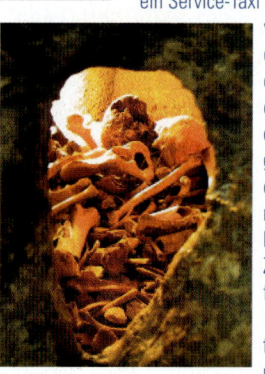

Knochen in einem der Sarkophage

▶ **Anfahrt**: Die Anfahrt per **Minibus** dürfte ziemlich schwierig sein. Eine Lösung wäre ein Service-Taxi zum Wahadat Terminal und von dort oder kurz vorher ein normales Taxi; eventuell erwischt man dort auch einen Minibus, der einen in der Nähe der Höhle aussteigen lässt. Die Rückfahrt ist einfacher, weil man in der naheliegenden Hauptstraße Minibusse zu verschiedenen Zielen, auch zum Wahadat, findet.

▶ **Autofahrer** können der folgenden Beschreibung nachfahren (etwas umständlich, aber nachvollziehbar; es gibt kürzere Wege): In Downtown nimmt man die Richtung Madaba, also Süden (Beschreibung siehe Seite 143). Etwa 600 m nach der zweiten Eisenbahnüberquerung auf der Madaba St zweigt man auf einer großen Kreuzung (rechts dahinter steht ein Gebäude mit grüner Schrift *Central Press*) nach links auf die Al Hizam Al Da'eri St ab. Nach etwa 2 km unterquert man zwei Unterführungen, weitere ca. 1,7 km später folgt eine Ampel, an der man geradeaus weiterfährt. Ca. 100 m nach der Ampel zweigt eine Straße den Berg hinauf ab, direkt auf die am Hang eingezäunte Anlage und ein Schild "Cave of the Seven Sleepers" zu. Zur Zeit unseres letzten

***Wadi es Sir, Qasr el Abd, Iraq el Amir

Besuchs wurden hier heftige Straßenbauarbeiten durchgeführt, die oben erwähnte Straße den Hang hinauf war mit Schotter zugeschüttet und auch die endgültige Anbindung nicht unbedingt ersichtlich. Sollte diese Beschreibung nicht funktionieren, so können Sie an der Ampel einen U-Turn machen und die erste Straße nehmen, die rechts abzweigt und den Hang hinaufführt.

Dieser Besuch lässt sich übrigens recht gut mit dem des Kan Zaman Village verbinden. Noch ein paar andere Relikte erinnern an die römische bzw. byzantinische Zeit in Amman, jedoch lohnt der Besuch für den Laien tatsächlich nicht.

Etwas weitere Umgebung von Amman

In der Umgebung von Amman liegen einige Stätten, die einen Besuch lohnen. Je nach Routenplanung können diese auch in andere Ausflüge mit einbezogen werden. Das zwischen der Stadt und dem Flughafen liegende Wüstenschloss *Qasr el Mushatta*, das ebenfalls zur weiteren Umgebung zählt, wird hier nicht erwähnt, sondern im Kapitel *Wüstenschlösser*, siehe Seite 211.

Das **Wadi es Sir** (auch *Sayer, Seer, Elsir, Esseer*) – identisch mit dem Tyrus-Tal –, westlich von Amman gelegen, hebt sich von den anderen ähnlichen Wadis, die in den Jordan-Graben münden, durch seinen Wasserreichtum ab. Das viele Wasser wiederum erfüllt Bäume, Obst und Gemüse mit Leben, nicht zuletzt dient es auch den Menschen, die sich hier angesiedelt haben. Ein Abstecher lohnt sich wegen eines etwas mysteriösen Palastes namens Qasr el Abd, aber auch wegen der erholsam-grünen Umgebung. Allerdings muss man einschränken: Während im Frühjahr ringsum begrünte Hänge und der murmelnde Wasserlauf zu sehen sind, stößt das Auge im Sommer und Herbst auf abgeerntete, dürre Flächen. Bald wird es hauptsächlich auf Hauswände stoßen, denn das Wadi wird in erstaunlicher Geschwindigkeit immer mehr zugebaut.

Hintergrund: *Qasr el Abd, das teils in Ruinen liegende Bauwerk, gibt seit seiner Wiederentdeckung im Jahr 1818 Rätsel auf, die bis heute nicht vollständig gelöst sind. Geläufig*

Blick auf das etwas rätselhafte Qasr el Abd

4 Amman und Umgebung

ist zwar die Bezeichnung ‚Burg des Sklaven', doch tendieren alle aktuellen Deutungen dahin, von einer Palastanlage zu sprechen. Das blaue Schild am Eingang besagt denn auch, dass sie "von dem Ammoniten Herkanus aus der Tobias-Familie im 2. Jh vC gebaut und in der byzantinischen Epoche erneut benutzt" wurde. Das Geschlecht der Tobiaten lässt sich, sofern es sich nicht nur um Namensgleichheiten handelt, sowohl im biblischen Nehemia-Buch als auch aus anderen Quellen seit der Perserzeit im 4. Jh vC verfolgen. Der römisch-jüdische Geschichtsschreiber Josephus Flavius berichtet schließlich ebenfalls von einer Familie dieses Namens, deren jüngster Sohn Herkanus nach Streitigkeiten über den Jordan emigrierte, sich einen Palast baute, der bis zum Dach mit Marmor verkleidet und mit großen Tierfiguren geschmückt war – eine ziemlich genaue Beschreibung (auch in weiteren Details) dessen, was vor uns steht.

Das Gebäude des **Qasr el Abd** war von einem Teich umgeben oder stieß unmittelbar daran, was aus dem tiefer liegenden Niveau ringsum deutlich wird. Ein Dammweg führte zu einem Monumentaltor. Monumental wirkt allerdings die gesamte Anlage, allein schon, wenn man die gewaltigen Steinblöcke betrachtet, aus denen die Außenmauern aufgeschichtet wurden: bis zu 15 Tonnen schwer, bis zu 6 m lang und 3 m hoch. Den Nordeingang bewachen mächtige, am zweiten Stockwerk angebrachte Steinlöwen. Auch Wandflächen des ersten Stockwerks sind mit Löwen und Panthern geschmückt, an der Ost- und Westseite Leopardinnen aus rosa Dolomitstein.

Das Erdgeschoss besitzt eine etwas rätselhafte Raumeinteilung. Korridore an der Innenseite der Außenwände führen um eine Raumgruppe herum, die fensterlos praktisch im Dunkel liegt. Diese Kammern können also nur als Lager-, nicht aber als Wohnräume gedient haben. Auf der nördlichen Seite erreicht man über eine Treppe das Obergeschoss, das wohl die eigentlichen Gemächer des Palastinhabers barg. Der Zugang zum Innenbereich ist verschlossen, normalerweise kommt aber ein Schlüsselträger herbei und schließt gegen ein Bakschisch auf.

Im nahegelegenen Dorf (unterhalb von Iraq Amir, Moschee mit grüner Kuppel) errichtete die *Noor al Hussein Foundation* ein Handicraft-Zentrum für Frauen, denen man (Sa-Do von 8-15) bei der Arbeit zuschauen und deren Produkte kaufen kann. Ein kleines Museum im Ort informiert über die Entdeckungsgeschichte und die Restauration des Bauwerks.

Etwa 600 m talaufwärts blickt man bei der Rückfahrt direkt auf die Höhlen **Iraq el Amir**, die in eine steile Felswand gehauen sind. Eine Treppe führt zu den 14 Höhlen hinauf, die durch eine Galerie miteinander verbunden sind. Eine Höhle, die *Iraq* (auch *Araq) el Emir (Höhle des Fürsten)* genannt wird, fällt insofern besonders auf, als sie mit einem profilierten Türrahmen ausgestattet ist. Rechts vom Eingang wurde der Name Tobias in aramäischen Buchstaben eingehauen. Über Ursprung und Zweck der Höhlen gibt es nur Vermutungen, u.a. dass sie dem Palastinhaber Herkanus als Stallungen dienten. Für den Laien zählt der Ausblick ins Tal und von der südlichen Höhle auf den Qasr el Abd mehr als der Einblick in die rauchgeschwärzten Kammern.

▶ **Anfahrt**: Bis zum Ort Wadi es Sir führt von Amman eine Schnellstraße. Sie ist quasi die Verlängerung der Zahran St über den 7. Circle hinaus und unter der westlichen Autobahnumgehung hindurch (dort Abfahrt). Am nordwestlichen Ende des Ortes Wadi es Sir geht sie in eine relativ schmale Landstraße über, die sich kurvenreich von ca. 930 m auf 460 m bergab windet. Unterwegs trifft man auf den einen oder anderen Abzweig, bei dem selten das Ziel Iraq el Amir angegeben wird. In der Regel ist die am meisten bergab

***Wadi es Sir, Qasr el Abd, Iraq el Amir

Löwin als Fassadenschmuck am Qasr el Abd

führende Straße die richtige, im Zweifel fragen Sie vorsichtshalber nach "*Iraq el Amir*", das versteht jeder. Etwa 7 km nach der Autobahnkreuzung überquert man einen Bach, an Feiertagen das Ziel von Familienausflügen. Vor der Bachbrücke rechts versteckt sich ein recht lauschiges Restaurant *Yanabeea* unter Bäumen, dahinter stehen allerletzte Reste eines Aquädukts.

Bereits von der Bachbrücke oder auf dem folgenden Straßenstück ist links in einer Felswand eine Fassade mit Fenstern zu erkennen, die zwar **Ed Dair** *(Kloster)* genannt wird, tatsächlich aber ein mittelalterlicher Taubenschlag sein soll – das Dorf in der Nähe heißt ebenfalls Ed Dair.

▶ 13 km nach der Autobahnbrücke ist Qasr el Abd erreicht (N31°55,15' E35°45,19').

▶ **Busverbindungen**: Von der Ali Ibn Abitaleb St fahren Minibusse nach Wadi es Sir, vom Raghadan Terminal ein Stadtbus. Von dort gibt es sporadisch Anschluss-Minibusse zum Dorf Iraq el Amir in unmittelbarer Nähe der gleichnamigen Höhlen und weiter zum Qasr el Abd. Andernfalls bleibt nur ein Taxi von Wadi es Sir aus, das man während der Besichtigungszeit, die nicht allzu lange dauert, warten lässt.

Von hier aus kann man auf nicht oder schlecht ausgeschilderten Straßen nach Fuheis und Salt fahren.

*Fuheis

Hintergrund: *Ähnlich wie Salt liegt Fuheis in einem relativ engen Wadi, das letztlich in den Jordan mündet. Allerdings ist die Siedlung bis etwa 2000 vC datierbar. Heute beherbergt sie im neueren Stadtteil namens Allali das größte Zementwerk Jordaniens, in dem der größte Teil der Fuheis-Bevölkerung Arbeit findet. Ferner wird an den Hängen viel Obst – im Sommer die besten Pfirsiche des Landes - angebaut, was zu dem für Jordanien relativ seltenen Grün und zur Bekanntheit des Ortes beiträgt. In einer Veröffentlichung ist sogar zu lesen, es handele sich um den besten Platz auf dem Land. Wir möchten dem und anderen Lobliedern – es sei ein Ort der Künstler und Galerien – nur bedingt zustimmen.*

Hier sollte man ein bisschen herumwandern. Der Ort strahlt in dieser Gegend eine gemütliche, ruhige Stimmung aus. Man sieht ziemlich altes Gemäuer oder hübsche ältere Häuser. Der alte Kern von Fuheis lebt erst gegen

4 Amman und Umgebung

Abend richtig auf, wenn Leute aus Amman zum Bummeln und Essen herkommen. Im August wird ein *Fuheis-Festival* mit Konzerten und Theater abgehalten.
Die in anderer Literatur empfohlene Wanderung talabwärts kann nicht ganz nachvollzogen werden, weil das Wadi dort schon in Halbwüste übergeht, sich an der Straße stinkende Müllberge türmen und dieselbe schließlich an einer ebenfalls übel stinkenden Kläranlage zu enden scheint.

• Es gibt zwei relativ originelle **Restaurants**, die ausgeschildert sind: Das Restaurant *Zuwwadeh* liegt wenige Schritte vom Circle entfernt, an der bergab verlaufenden Straße, das *Hakoura* findet man praktisch hinter dem ersteren, nur durch eine Hausruine getrennt. Beide sind etwas originell eingerichtet und bieten gute arabische Küche, vom Preis her liegen sie im Mittelfeld. Als besonderer Gag werden Wasserpfeifen mit Araq-Wasser-Gemisch anstelle von üblichem Wasser gereicht.

▶ **Anfahrt**: Wer von Amman per Auto kommt, fährt auf die westliche Umgehung, z.B. am 8. Circle, und dort Richtung Norden bzw. Jerash. Nach dem Circle, vor City Mall/Carrefour bzw. dem Hussein Park, biegt man an der nächsten Möglichkeit links ab. Man folgt einer gut ausgebauten Straße nach Westen, die ca. 500 m nördlich des Hussein-Parks beginnt, und erreicht nach 5 km den ersten Circle von Fuheis. Diesen umrundet man bis zur zweiten Ausfahrt, so dass man links das Tal hinunter in den alten Ortsteil **Balad** fahren kann. Es geht am Zementwerk vorbei, im nächsten (2.) Kreisel halbrechts halten. 3 km nach dem 1. Circle ist mit dem 3. Circle Balad erreicht. Von hier aus sieht man zwei Lehmkuppeln und unweit den Turm einer Basilika.

▶ **Busverbindungen**: Fuheis liegt vor den Toren der Hauptstadt. Vom Tabarbor Terminal fahren Minibusse nach Fuheis bis zum Ortsteil Balad, zurück spätestens um 21 Uhr (19 Uhr im Winter).

Salt, das nächste Ziel liegt nicht weit entfernt. Man fährt, vom Tal kommend, quasi geradeaus über den 1. Circle hinweg und muss später links abbiegen, das aber erfragen, da (bisher) keine Ausschilderung zu sehen war.

****Salt und Zai Nationalpark**

Hintergrund: *Ausgrabungen belegen, dass Salt bereits in der Eisenzeit besiedelt war. Durch ein Familiengrab mit mehreren Sarkophagen ist bekannt, dass der Ort im 3. Jh nC* **Gadora** *hieß. In byzantinischer Zeit war er Bischofssitz. Später wurde über der Stadt eine Festung gegen die Kreuzfahrer angelegt, die 1260 von den Mongolen zerstört, aber ein Jahr später von den Mamluken wieder aufgebaut und 1840 von den Osmanen erneut zerstört wurde. Im 19. Jh bauten die Osmanen Salt zur Hauptstadt der Provinz Belqa aus. Entsprechende Dienststellen mussten geschaffen und nicht zuletzt Truppen stationiert werden.*

Diese neue Rolle zog Kaufleute an, die Stadt entwickelte sich rasch und wurde wohlhabend. Emir Abdullah spielte nach dem Ersten Weltkrieg mit dem Gedanken, Salt zur Hauptstadt seines Emirats Transjordanien zu machen, die Bewohner nahmen das angeblich reserviert zur Kenntnis. Er zog aber dann doch Amman – angeblich wegen der Eisenbahnanbindung - vor. Infolge der von Israel besetzten Westbank verlor Salt in den letzten Jahrzehnten wirtschaftliche Beziehungen und Bedeutung. Heute spiegelt die Altstadt das typische und in Jordanien seltene Bild einer osmanischen Verwaltungsstadt der Jahrhundertwende wider.

Touristisch bietet der gemütliche, sich über z.T. extrem steile Hügelhänge ziehende Ort nichts Spektakuläres (auch kein Hotel), aber viele Häuser und Straßenzüge, die ein Bild auf spätosmanische Zeiten werfen – als Zeichen, dass es sich um eine der wenigen oder sogar die einzige historisch gewachse-

***Wadi es Sir, Qasr el Abd, Iraq el Amir

ne Stadt Jordaniens handelt. Auf dem Jebel Qala steht an der Stelle der im 19. Jh endgültig zerstörten Festung eine Moschee, Wahrzeichen über der Stadt. Salt ist heute eine sehr quirlige Bezirkshauptstadt, die ein ziemlich authentisches Bild jordanischen „Normallebens" bietet.

Ende des 19. Jhs entstand das *Beit Abu Jaber*, ein Haus, dessen Decken von italienischen Künstlern mit Fresken geschmückt wurden (in der Nähe des Markts gelegen). Es ist das wohl am besten erhaltene Bürgerhaus der ausklingenden osmanischen Epoche.

Das freundliche Salt lädt zu einem – unbedingt empfehlenswerten – Bummel ein, bei dem man immer wieder auf Bürgerhäuser mit eindrucksvollen Fassaden stößt, die mit hohen Bogenfenstern und Erkern gegliedert sind. Cafés laden zum Verweilen ein, in denen man schnell mit den Leuten in Kontakt kommt.

Kommt man von Amman, fällt an der im Zentrum abzweigenden Hauptverkehrsstraße links ein moderner Bau mit einer Moschee ins Auge. Früher war hier ein Kunsthandwerks-Ausbildungszentrum der Noor al Hussein Foundation untergebracht, das etwa 3 km außerhalb, an die Straße nach Fuheis verlegt wurde.

Geht man von hier aus rechts und die zweite, bergan führende Straße rechts (Dayar St), kommt man auf den „Hauptplatz" der Stadt namens Seyaaha. Jetzt sollte man sich rechts halten und in Richtung auf den gegenüberliegenden Berg weiterwandern. Hier ist die eigentliche Marktgegend mit einigen verwinkelten Gassen und vielen kleinen Shops sowie einer alten Moschee. Wenn Sie schließlich auf der Maydan St herauskommen, der stark frequentierten Hauptstraße nach Amman, dann sollten Sie wieder rechts abbiegen. Nach ein paar Schritten sehen Sie links das **Salt Archaeological Museum** (Sa-Do 8-18, Fr 8-12; Eintritt frei), das in einem schönen osmanischen Bürgerhaus am Hang steht.

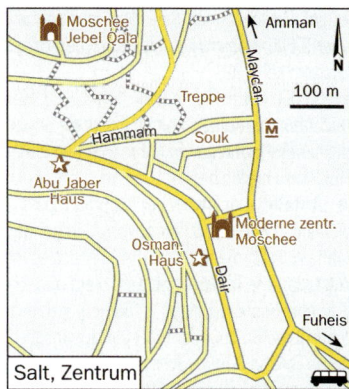

Das Museum ist vorbildlich ausgelegt, alle Exponate sind zweisprachig beschriftet. Die ältesten Stücke gehen bis auf die chalkolithische Epoche zurück, aus byzantinischer Zeit gibt es z.B. schöne Glasgefäße. In der ethnografischen Abteilung im oberen Stockwerk wurden Szenen aus dem Beduinenleben nachgestellt. Wirklich überraschend ist ein an einer Wand befestigtes traditionelles Kleid mit etwa 4 m Länge (!) und 2 m Breite, das nur in Salt und nur bei feierlichen Anlässen getragen wurde. Für den Interessierten gibt

Salt, Archäologisches Museum

4 Amman und Umgebung

es im Ort noch ein Schulbuchmuseum mit über 2 000 arabischen und englischen Schulbüchern seit 1921.

Wenn Sie noch Zeit haben, lohnt sich vielleicht ein Spaziergang hinab ins Wadi She'ib, das landschaftlich recht hübsch ist und einige Höhlen zu bieten hat.

▶ **Anfahrt**: Der Abstecher nach Salt lässt sich leicht bewerkstelligen. Von Amman fährt man per Auto die auf Seite 142 beschriebene Ausfallstraße Richtung Jerash, biegt aber in Suweileh nicht rechts ab, sondern überquert die Autobahn. Von hier führt die gut ausgebaute Straße 30 zum Jordantal, 18 km nach der Autobahnkreuzung biegt man rechts ab, unterquert die Straße 30 und fährt steil hinunter in die Stadt. Der Besuch kann natürlich auch mit einer Reise nach Fuheis oder ins Jordantal verbunden werden.

▶ **Busverbindungen**: Vom Tabarbor und Raghadan Terminal in Amman fahren Minibusse und Service-Taxis nach Salt (ca. JD 1).

Fährt man auf der westlicheren Zufahrt zur Stadt wieder zurück zur Schnellstraße 30, so weist ein Schild auf den **Zai Nationalpark**, der auf diesem Weg nach etwa 6 km erreicht ist. Stattdessen könnte man auch an der Kreuzung mit der Straße 30 links, Richtung Jordantal, abbiegen; von dieser zweigt nach 4 km eine ausgeschilderte Straße zum Park ab. Dieser bietet eigentlich herzlich wenig, außer erholsamem Pinienduft im Zentrum und einem Restaurant mittelmäßiger Kochkunst, das um die Mittagszeit geöffnet ist. Der Park unterscheidet sich kaum von den umliegenden Hängen und verspricht, genau wie diese, schöne Aussicht ins Jordantal. Am jordanischen Wochenende überfluten ihn die Ausflügler aus dem nahen Amman.

Wenn man an obigem Abzweig weiter talwärts fährt, trifft man 25 km später, kurz vor Deir Alla, auf den Jordan.

In Amman zurechtkommen - Praktische Informationen

Touristische Informationen

Telefonvorwahl 06
(von Amman und Umgebung)
Leider gibt es in Amman kein Tourist Information Office wie z.B. in Aqaba. Bei beiden folgenden Adressen besucht man Büros und erhält nur mit Glück wirklich umfassende Auskünfte.
- MINISTRY OF TOURISM AND ANTIQUITIES, Jebel Amman, Al Mutanabbi St, Nähe 3. Circle hinter Hotel Le Royal, Tel 460 3360, Fax 464 8465, contacts@mota.gov.jo, www.tourism.jo (Sa-Do 8- 14, Fr eingeschränkt),

Etwas effektiver und kundenorientierter arbeitet das Ende 1997 gegründete
▶ JORDAN TOURISM BOARD (JTB), Nebengebäude des CENTURY PARK HOTEL (Adresse siehe Seite 160)
Tel 567 8444, Fax 567 8295, info@visitjordan.com, www.VisitJordan.com
Das Jordan Tourism Board wird sowohl vom Staat als auch vom Privatsektor getragen und soll die jordanische Tourismusbranche durch mehr Professionalität unterstützen. Im selben Gebäude ist auch der **Duty Free Shop** untergebracht, in dem während der ersten beiden Aufenthaltswochen 1 Liter Alkohol und eine Stange Zigaretten preiswert zu haben sind.
▶ JORDAN HOTEL ASSOCIATION,
Tel 4616846,465895, http://johotels.org/
▶ ROYAL JORDANIAN AIRLINES
Fluginformation Tel 445 3200
Das Ministry of Tourism and Antiquities betreibt eine mehrsprachige **kostenlose Hilfe-Telefonnummer** unter 0800 22 228 (nicht vom Handy erreichbar), täglich 8-22 Uhr.

> **Schreiben Sie uns bitte**, wenn Sie Neuigkeiten oder Änderungen entdecken

Verkehrsverbindungen

Öffentliche Verkehrsmittel
Mehrere Möglichkeiten stehen in Amman offen, um voranzukommen: per städtischem Bus, Service-Taxi (Sammeltaxis) oder normalem Taxi. In dieser Reihenfolge muss man auch mit den Kosten rechnen. Ein Bustrip kostet bis zu 400 Fils, Service-Taxis sind gleich oder kaum teurer, aber schneller.

Innerstädtische Busverbindungen
Für den Besucher stellt sich das Busnetz schwer durchschaubar. Es ist nicht leicht, zuverlässige Informationen über die Linien zu erhalten. Aber damit nicht genug; zur Verwirrung des Fremden tragen die 5 Terminals bei (in Jordanien häufig **Bus Station** genannt), die neben innerstädtischem Verkehr auch „Kopfbahnhöfe" für außerstädtische Destinationen sind. Detaillierte Informationen siehe weiter unten.
Innerstädtische Busse können wegen der relativ undurchschaubaren Linienführung für Fremde kaum empfohlen werden. Daher hier nur ein paar Linien vom Al Mahatta-Terminal (350 Fils) aus:
▶ **Linie 10, 59**: (hält auch vor Gold Souk) zur Sport City
▶ **Linie 21, 23**: zum Jebel Ashrafiya und weiter zum Wahadat-Busterminal
▶ **Linie 41**: (hält auch vor Gold Souk) 3.-7. Circle
▶ **Linie 53**: (hält auch vor Gold Souk) JETT-Busterminal, Jamal Abdul Nasir Circle

Service-Taxis
Sie verkehren auf festen Routen, sind preiswert und in der Regel schnell verfügbar. Wer arabische Schriftzeichen nicht beherrscht, hat

5 In Amman zurechtkommen - Praktische Informationen

Schwierigkeiten, das Fahrtziel herauszufinden, das in Arabisch auf der Tür steht. Aber beim Nachfragen ist sicher immer jemand bereit, Ihnen weiterzuhelfen.

Diese Sammeltaxis fahren nur dann los, wenn alle Plätze besetzt sind. Etwas ärgerlich ist, dass man immer nur rechts aussteigen kann; wer also ganz links hinten sitzt, muss zum Aussteigen immer erst seine beiden Nachbarn herausbitten. Daher ist der Platz neben dem Fahrer am meisten begehrt. Die Fahrer sprechen selten Englisch, zum Aussteigen muss man sein Ziel identifizieren können, damit man dem Mann am Steuer begreiflich machen kann, wo er anhalten soll. Aber keine Sorge, stets versuchen alle Fahrgäste mit vereintem Gestikulieren, dem Fremden zu helfen. Sobald jemand aussteigen will, steigt der Fahrer voll in die Bremse, oder dann, wenn er neue Fahrgäste aufnehmen will.

In der weiter unten folgenden Aufzählung ist nur eine Richtung angegeben. Da sich die Fahrtrouten dem Fremden nur optisch erschließen, lassen sie sich hier nicht beschreiben. Man muss sich entweder seine Linie merken oder Umstehenden sein Ziel klarmachen bzw. hoffen, dass der Fahrer eines herbeigewinkten *Service* versteht, wohin man will. Man sollte immer Kleingeld in der Tasche haben und dem Fahrer den Betrag, den auch die anderen zahlen, nach dem Einsteigen wortlos geben (derzeit 200 Fils). Wenn es zu wenig ist, meldet er sich.

Das "Ladesystem" kann man vor allem in Downtown schon als kurios bezeichnen. Bei diversen Linien liegen die Abfahrtsstellen am unteren Punkt steiler Einbahnstraßen. Bei diesen fährt, in Fahrtrichtung gesehen, immer das letzte wartende Taxi als erstes ab, die ankommenden leeren Wagen stellen sich ganz vorn an, die wartenden Fahrer lassen ihr Auto jeweils eine Fahrzeuglänge zurückrollen bis auch sie neue Fahrgäste aufnehmen können.

Die Start- und Endpunkte liegen verstreut durch die Stadt. Im Folgenden ein paar für Touristen wichtige Strecken mit Angabe des jeweiligen Startplatzes:

▶ **Linie 1** und **2:** Abfahrt Basman St (250 Fils, von Westen – Wimpy – kommend an der ersten Straße rechts) zum **1. und 2. Circle** und darüber hinaus. **Linie 2** fährt vom 1. Circle durch die Rainbow St, also an Jordan River Foundation und Nähe Books & Café vorbei.

▶ **Linie 3:** Abfahrt Basman St (250 Fils, an der letzten Querstraße rechts vor der Hussein Moschee) zum **3. und 4. Circle.**

▶ **Linie 4** und **5:** Omar el Khayyam St (250 Fils), schmale Straße neben dem Hauptpostamt, zum **Jebel Weibdeh.**

▶ **Linie 6:** Abfahrt Cinema al Hussein St (250 Fils, hinter dem Gold Souk in der Faisal St), **rechte** Straßenseite, **Abdali**, JETT-Busterminal, Tabarbor Busterminal

▶ **Linie 7:** Abfahrt Cinema al Hussein St (300 Fils), **linke** Straßenseite, zum Abdali Sq, King Abdullah Moschee, Suleiman Nabulski St, Ambassador Hotel Shmeisani.

▶ **Linie 25** und **26:** Abfahrt Straße rechts neben Hotel Amman Palace (200 Fils, Querstraße der Quraysh St), zur **Abu Darwish Moschee.**

▶ **Linie 27:** Abfahrt Parallelstraße zur Quraysh St/Italian St (250 Fils, direkt rechts neben dem Amman Palace Hotel), zum **Wahadat-Busterminal.**

▶ **Linie 28:** Abfahrt Quraysh St, gegenüber dem Amman Palace Hotel (200 Fils, jetzt kleine Minibusse), nach **Ras el Ain** und Abdoun.

Linie 35: Abfahrt Quraysh St, gegenüber dem Amman Palace Hotel, zum **3. Circle**, aber über Ras el Ain, wo die Muhajereen Police Station zur Verlängerung des Visums liegt

Zwischen den Busterminals Tabarbor und Wahadat verkehren Service-Taxis zu 250 Fils pP.

Taxis

Gelbe Taxen sind allgegenwärtig. Bestehen Sie darauf, dass der Taxameter *(Addad)* beim

Start eingeschaltet wird. Man kann für die deutsche Grundgebühr quer durch die Innenstadt fahren.

Nachts sind die Taxis deutlich teurer, meist muss man einen festen Preis aushandeln.

Bus-Bahnhöfe für außerstädtische Ziele von Bussen/Minibussen

• Al Mahatta Busterminal

Der Terminal liegt östlich vom Römischen Theater etwa 1,5 km rechts an der Al Jaysh St Richtung Zarqa. Alle Bus- und Minibuslinien, die früher vom Rhagadan Terminal begannen, wurden hierher verlegt. Die Ziele - **Azraq, Mafraq, Zarqa -** liegen hauptsächlich im Osten und Nordosten.

• Muhajereen Busterminal

Ali Ibn Abitaleb St (gegenüber der Polizeistation, die das Visum verlängert, siehe Seite 145, oder Stadtplan Umschlagklappe) stadtauswärts, auf der linken Seite, ca. 1 km von der Al Quds St entfernt (besser bekannt unter altem Namen *Al Quds Terminal*); erreichbar mit Service-Taxi 35, Abfahrt Nähe Amman Palace Hotel, in der Saqf Sayl St.

Von diesem Terminal fahren Minibusse u.a. ab nach: **Wadi es Sir**, **South Shouneh** (Jordantal), **Totes Meer**, **Madaba**.

• Raghadan Busterminal

Dieser eigentlich zentrale innerstädtische Busbahnhof liegt unweit östlich des Römischen Theaters hinter dem Hashimi Sq. Ehemals sehr stark frequentiert, wurde er komplett umgestaltet und ein Parkhaus ähnliches Gebäude neu gebaut. Alle Servicetaxi-Linien sollten hierher verlegt werden, aber nach heftigen Protesten der Fahrer und der Bevölkerung fand der Umzug nicht statt, weil der Terminal zu weit abseits von den Märkten des Zentrums liegt. Seine Zukunft bleibt offen. Einige wenige, touristisch uninteressante Linien starten hier.

• Tabarbor Busterminal

(Auch *Mushuma al Jamal* oder *New Abdali* oder *North Station*.) Das Jahrzehnte lang bekannte und wichtige Abdali-Busterminal wurde aus der Innenstadt knapp 4 km nach Norden, an die Kreuzung As Shaid/Al Urdun St (N31°59,73 E35°55,21') verlegt. Selbst strammen Fußgängern wird der Weg den Berg hinauf zu weit sein. Von Downtown fährt die Servis-Taxis Linie 6 (siehe weiter oben) dorthin, ein Taxi aus der Innenstadt kostet ca. JD 4-5.

Von dem großen, mit Schattendächern versehenen Platz starten alle nach Norden oder auch nach Westen fahrenden Busse und Minibus-Linien, u.a. der Firmen Hayek, Hijazi und Sariyah, die auch den Airport bedient. Hier fahren auch Linien nach Damaskus, Saudi Arabien, Bagdad, Kuweit und in die Emirate ab. Es gibt leider keine zentrale Information, an die man sich wenden kann. Unter den Schattendächern fehlen Sitzmöglichkeiten. Hijazi z.B. unterhält einen Warteraum, so auch United Transport. Die meisten Busse (außer Flughafen) starten erst dann, wenn alle Plätze besetzt sind. Am Rand des Platzes kann man unter diversen Imbissständen auswählen.

Ziele sind: **Ajlun** (1,5 Std), **Azraq** (1,5 Std), **Deir Alla** (Jordantal, 1 Std, auch weiter nach **Pella**), **Fuheis** (0,75 Std), **King Hussein Bridge** (1,25 Std), **Irbid** (2 Std), **Jerash** (1,25 Std, aussteigen an Kreuzung mit Hadriansbogen), **Salt** (0,75 Std), **Suweileh** (0,5 Std). Die Preise (wegen Inflation nur größenordnungsmäßig) liegen meist unter JD 1,50, selten über JD 3.

Ein anderes wichtiges Ziel ist der **Airport**: Ab 6.00-23.30 Uhr startet jede Stunde ein Bus, der über den 3. bis 7. Circle zu JD 3,50 zum Flughafen fährt.

• Wahadat Busterminal

Der Terminal – auch *South Terminal* genannt - liegt ziemlich weit im Süden, in der Nähe des Middle East Circle (*Al Aharq Al Awsat Sqare*). Von hier starten Busse, Minibusse und Service-Taxis in den Süden. Zu den anderen Terminals fahren Service-Taxis, von Downtown die Linie 27.

5 In Amman zurechtkommen - Praktische Informationen

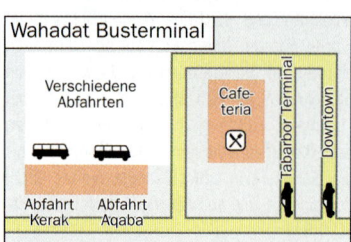

Aqaba (5,5 Std), **Kerak** (möglichst Bus zum Kerak Castle nehmen, 2,5 Std), **Hammamat Ma'in** (1,5 Std), **Ma'an** (3 Std), **Madaba** (0,75 Std), **Wadi Musa** (Petra) (4 Std). Die Fahrpreise liegen etwa bei JD 1 (Madaba) bis JD 5 (Aqaba).

Außerstädtische Komfort-Busverbindungen

Erkundigen Sie sich vorher nach den genauen Abfahrtszeiten, sie scheinen, auch in Abhängigkeit von Sommer- und Winterzeit, zu variieren.

• Der **JETT-Busterminal** liegt in der Al Malek al Hussein St, Ecke Umar Hikmat St, ca. 700 m stadtauswärts vom Abdali Sq entfernt, nachdem die Al Malek al Hussein St eine S-Kurve beschreibt, wieder als vierspurige Straße verläuft und nach einem aus drei Häusern bestehenden Hochhausblock. Service-Taxis der Linie 6 fahren von Downtown aus hier vorbei. Wenn man etwa eine Stunde vorher am Schalter steht, bekommt man in der Regel ein Ticket. Wichtig: Wenn man sein Ticket wesentlich früher kauft, muss man es 15 Minuten vor Abfahrt stempeln lassen, sonst wird es wieder verkauft und man verliert den Anspruch auf Beförderung.

JETT-Bus-Fahrplan von Amman nach:
▶ **Aqaba** um 7, 9, 11, 13, 15, 17 und 19.30 Uhr (ca. JD 8,50, 4 Std)
▶ **Irbid** 6-20 Uhr jede Stunde, ca. JD 2
▶ **Petra** und zurück, derzeit nur Fr um 6.30 Uhr, 3,5 Std Fahrzeit (Rundfahrt, Rückfahrt gegen 17 Uhr), ca. JD 8,50 einfache Fahrt

▶ **Damaskus** um 7 und 15 Uhr (ca. JD 8,50)
Kairo Sa, So, Di, Do um 11 Uhr, ca. JD 81,50 (Visum muss zuvor beschafft werden)
Tickets mindestens 1-2 Tage im Voraus buchen, 30 Minuten vor Abfahrt einchecken!

• **Trust International Transport Co.** (7. Circle, Nähe Royal Jordanian Airlines Terminal, Tel 581 3425-7, Reservierung Tel 581 3427, Fax 581 3449, geöffnet tgl. 6-22 Uhr) unterhält Linien nach Aqaba, Irbid, Zarqa und Israel (aktuelle Abfahrtszeiten telefonisch erfragen).

Trust-Fahrplan
▶ von **Amman nach Aqaba**
um 7.30, 9.30, 11.30, 14.30, 16, 18 Uhr (ca. JD 7,50, 3,75 Std);
▶ von **Irbid nach Aqaba**
um 8.30, 15.30, 17 Uhr(JD 6)
▶ nach **Tel Aviv**
täglich, außer Sa, um 8.30 (JD 21).

Eisenbahn

Eisenbahnnostalgiker, die mit der alten Hejaz-Bahn fahren wollen, müssen voraussichtlich ein paar Jahre warten. Wegen Renovierung und Überholung wurde der Betrieb vorläufig eingestellt.

Flugverbindungen

Man kann auch in die Umgebung fliegen, wobei nur der Aqaba-Flug eine echte Zeitersparnis bringt. **Royal Jordanian** fliegt täglich, der Hin- und Rückflug kostet ca JD 80.
Die Tochtergesellschaft **Royal Wings** bedient hauptsächlich die Anrainerstaaten. Viele Flüge starten und landen auf dem innerstädtischen Flughafen *Marqa*, also vor Abflug erkundigen.

Sich im Straßennetz von Amman zurechtfinden

In den letzten Jahren wurden an vielen Straßen Schilder mit Stadtteil- und Straßennamen angebracht. Dieser löbliche Verwaltungsakt ging aber teilweise an der Tradition vorbei, denn z.B. ist der Stadtteil *Al Salam* im

Sich im Straßennetz von Amman zurechtfinden

Volksmund als *Ar Rabiye* bekannt und in keinem Plan anders zu finden. Auch die Bewohner selbst beschreiben lieber ihren Standort mit Landmarken als mit dem (ihnen häufig gar nicht geläufigen) Straßennamen.

Zunächst einmal verwirrt das Straßennetz Ammans den Neuankömmling. Das liegt zum einen an der immer noch dürftigen Ausschilderung. Durch das ewige Hügelauf und Hügelab verliert man leicht die Orientierung und mögliche Fixpunkte. Irrungen und Wirrungen gehören zum Alltag des Neulings – dies nur zum Trost. Aber nach ein bisschen Eingewöhnen klappt's dann doch sehr gut.

Versuchen Sie so bald wie möglich einen guten Stadtplan zu kaufen; seit wenigen Jahren gibt es brauchbare Ausführungen, z.B. die Amman Tourist Map. Dieser Plan deckt praktisch die gesamte Stadt ab. Die kostenlosen Pläne der Tourist Organisation sind naturgemäß nicht so gut. Selbstverständlich können Sie auch mit den Plänen in diesem Buch im ersten Anlauf zurechtkommen, jedoch müssen Sie mit einem etwas anderen Maßstab vorlieb nehmen.

Wie der nebenstehende Übersichtsplan zeigt, (der ein Ausschnitt aus der Karte *Amman und Umgebung* ist, siehe Seite 113), gibt es ein Netz von mehrspurig ausgebauten Straßen, das sich quer durch und um die Stadt herum zieht. So können Sie vom Flughafen her, der südlich von Amman am Desert Highway liegt, ohne allzu große Verwirrungen zum Jebel Amman und ins Stadtzentrum finden.

Alte und altbekannte Querverbindung vom Westen her ist die **Zahran St**, die sich von der Kreuzung mit der westlichen Umgehungsautobahn am 8. Circle praktisch bis Downtown zieht (auf der Karte an den Cirlces 1-8 zu erkennen). Diese westliche Autobahn beginnt in Aqaba und führt vom 8. Circle weiter nach Norden, am King-Hussein-Park vorbei, durch den Vorort **Suweileh** nach **Jerash** und weiter über den Grenzort **Ramtha** auf Landstraßen nach Syrien. Es gibt eine etwas mühselige östliche Umgehung Ammans, auf die man bald nach dem Flughafen an der Madaba-Kreuzung abbiegen kann und nach einer Reihe von Ampeln auf die Trucker-Route über **Mafraq,** am Grenzübergang **Jabir,** auf die syrische Autobahn kommt.

In die Stadt hineinfahren

Leider sind die Straßen Jordaniens je nach Karte unterschiedlich nummeriert, so dass leider in den folgenden Beschreibungen auf diese Angabe verzichtet werden muss.

• **Vom Queen Alia Airport zum Zentrum**
Von der Autobahneinfahrt am **Airport** aus sind Sie bis zur zentralen Verkehrsader **Zahran St** am 7. Circle ziemlich genau 30 km unterwegs. Dabei müssen Sie drei Ausfahrten negieren, die groß mit *Madaba* und/oder *Dead Sea* ausgeschildert sind, etwas kleiner auch mit *Amman*. Falls Sie dort versehentlich

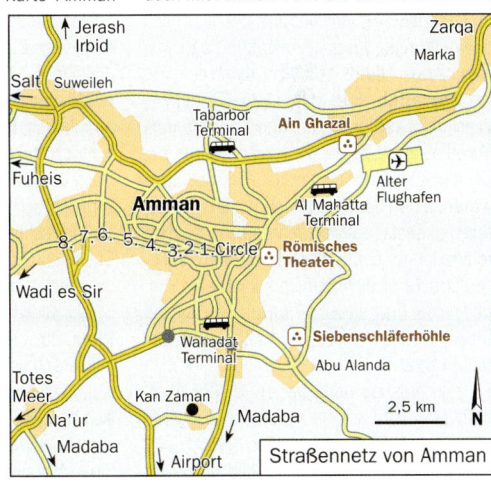

Straßennetz von Amman

5 In Amman zurechtkommen - Praktische Informationen

herunterfahren, müssen Sie wesentlich längere innerstädtische Strecken in Kauf nehmen. Die letzte dieser Abfahrten kreuzen Sie gut 25 km nach dem Flughafen. 2 km später teilt sich kurz nach einem Schild *City Center* (geradeaus), *Wadi es Ser, Sweileh*, an einer Y-Gabelung die Autobahn; hier fahren Sie quasi geradeaus weiter (also nicht rechts herunter und unterqueren). Die nächste Abfahrt heißt wiederum Wadi es Ser, und kurze Zeit später – 3 km nach der Autobahngabelung – fahren Sie rechts heraus auf den sogenannten 7. Circle; von dort geht es rechts über alle Circles hinweg zum **Jebel Amman** bzw. nach **Downtown**. Sollten Sie versehentlich an dieser Gabelung rechts heruntergefahren sein, fahren Sie bis zur übernächsten Abfahrt - dem 8. Circle - weiter und biegen dort rechts ab auf die Zahran St.

• **Von Nordwesten (Jerash, Irbid, Ramtha) ins Stadtzentrum**

Alle westlichen Autobahnen bzw. Straßen Richtung Amman führen direkt an Jerash vorbei. Nachdem man nach etwa 40 km von Jerash auffällige Satellitenstationen mit ihren riesigen Antennenschüsseln passiert hat, schwingt sich die Autobahn in weitem Bogen steil bergauf. Auf der Anhöhe, bei der ersten Überführung, folgt eine Ausfahrt, die nichtssagend beschildert ist in bzw. durch den Vorort **Suweileh**. Hier (N32°1,35 E35°50,74') kann man aus der Autobahn herausfahren. Von dort aus geht es umgekehrt weiter wie bei der Ausfahrt nach Jerash über Suweileh (weiter unten beschrieben). Hat man die Ausfahrt verpasst, so fährt man durch die erste relativ lange, beleuchtete Unterführung dieser Strecke. Gleich danach kommt eine Ampel, an der man einen U-Turn machen und ein Stück zurück auf die obige Straße nach Osten fahren kann.

Für den Neuling einfacher zu finden: Alternativ fährt man auf der Autobahn noch 8 km weiter nach Süden, biegt dort (N31°57,43' E35°55,89') auf den 8. Circle und unterfährt die Autobahn links (östlich) auf die **Zahran St**, die ins Zentrum führt.

• **Von Nordosten (Mafraq, Zarqa) ins Zentrum**

Das ist die aus Syrien über den Grenzübergang Jabir kommende Trucker-Route. Sie führt an Mafraq kreuzungsfrei vorbei, erreicht nach 33 km Zarqa. Dort bleibt man auf der Autobahn, die nach einer Pepsifabrik eine Brücke unterfährt (Abfahrt Th. Schneller-Schule, N32°0,2' E36°0,55'). Nach 1,5 km (bald nach einer Fußgängerüberführung) halblinks halten und nach 1 km wiederum. Von hier aus sollten Sie nach 6 km links das **Römische Theater** erkennen (N31°57,2' E36°56,44')

Aus dem Stadtzentrum heraus

• **Nach Nordosten**

Aus dem Stadtzentrum beim Römischen Theater herauszukommen, ist verhältnismäßig einfach. **Richtung Zarqa** (Details siehe auch *Anfahrt zur Th. Schneller Schule* weiter oben) oder zu den mit braunen Schildern ausgeschilderten **Wüstenschlössern** oder nach **Mafraq** fährt man auf der Al Hashimi St, die bald in die Al Jaysh St übergeht, nach Osten (vom Theater aus gesehen also rechts). Halten Sie sich dann immer an die ziemlich eindeutige Beschilderung, und Sie werden Ihr Ziel finden, z.B. auch die nördlichen **Wüstenschlösser** (Hallabat, Azraq) oder, noch weiter nördlich, **Umm el Jimal**.

• **Nach Nordwesten**

Nach **Jerash, Irbid** oder **Ramtha** fahren Sie vom Römischen Theater zur Hussein Moschee, biegen rechts auf die King *(Al Malek)* Faisal St, bis zur nächsten Y-Kreuzung (2. Ampel) und biegen dort rechts in die King Hussein St ein. Diese führt bergauf über den **Abdali Platz**. Oben auf dem Berg kommt eine etwas unübersichtliche Kreuzung, dort mündet von rechts die Khalid Bin Walid St ein. Halten Sie sich hier, wie auf allen folgenden Kreuzungen, immer geradeaus. Sie werden bald, nachdem Sie rechts an den Grün- und Sportanlagen der

Sich im Straßennetz von Amman zurechtfinden

Sport City vorbeifuhren, auf die groß angelegte **Sport City Interchange** stoßen, überqueren Sie auch diese. Nach ca. 4 km liegt rechts das große **Universitätsgelände**, nach weiteren 3 km durchfahren Sie den Vorort **Suweileh**, dessen Zentrum von der Autobahnumgehung geschnitten wird. Im Kreisel ist *Jerash* ausgeschildert; hier kommen Sie auf die weiter oben beschriebene westliche Autobahn, geradeaus nach **Salt** und zum Jordan.

Alternativ können Sie an der oben erwähnten Y-Kreuzung links (siehe auch nächsten Absatz) und über die **Zahran St** bis zum 8. Circle fahren und dort rechts, nach Norden, auf die Jerash-Autobahn abbiegen. Nach 8 km unterfahren Sie die Autobahnüberquerung in **Suweileh,** auf der Sie in der Beschreibung oben einbiegen würden.

- **Nach Westen**

Zum **Wadi es Sir** bzw. **Toten Meer** findet man vom Römischen Theater aus, wenn man die Al Hashimi St ein kurzes Stück westlich fährt und an der Hussein-Moschee rechts in die Al Malek al Faisal St abbiegt. An der nächsten Y-Kreuzung (zweite Ampel) halblinks am Hauptpostamt vorbei, an der nächsten Ampel wieder halblinks den Berg hinauf zum 1. Circle, aus diesem an der ersten Straße rechts ausfahren und jetzt alle Circle geradeaus über- oder unterfahren, auch wenn sie keine Kreisel mehr sind (ab 3. Circle auf der Zahran St). Irgendwann werden Sie die Autobahn unter der Abfahrt *Wadi es Sir* (auch *Wadi es Ser* ausgeschildert) unterqueren und weiter geradeaus zum Wadi es Sir fahren.

- **Nach Süden**

Zum **Toten Meer** oder nach **Madaba** oder zum **Airport** und weiter Richtung **Aqaba** biegen Sie von der Zahran St entweder bereits am 7. Circle links in die mit *Airport* ausgeschilderte Autobahnzufahrt oder am 8. Circle (Kreisel nach der Autobahnunterführung) links in südlicher Richtung auf die Umgehungsautobahn ein und folgen der Ausschilderung

Die Zahran St beginnt am 3. Circle und führt ziemlich gerade nach Westen (Blick vom Le Royal Hotel)

Dead Sea bzw. *Na'ur*. Es gibt zwei Abfahrten Dead Sea, die erste 8 km nach der Autobahnauffahrt, die nächste nach weiteren 2 km, nehmen Sie diese. Den **Desert Highway** bzw. den **Flughafen** (Abzweig 27 km nach der Autobahnauffahrt) erreichen Sie ebenfalls auf diesem Weg, allerdings bei den Abzweigen *Dead Sea* geradeaus weiterfahren.

Nach Süden auf die **King's Road** können Sie, wie oben beschrieben, Richtung Dead Sea fahren, verlassen aber ca. 6 km nach dem Abzweig in Na'ur die Autobahn nach links, Richtung **Madaba**. An dieser Strecke liegt **Tell Hisban**, der einen Besuch lohnt (siehe Seite 216).

Die zweite, kürzere **Verbindung nach Süden**, die etwas schwieriger ist, führt aus dem Stadtzentrum wie folgt hinaus (da das entsprechende Hinweisschild entfernt wurde, sollten Sie die km-Angaben beachten). Von der King-Hussein-Moschee ein kurzes Stück (ca. 1 km) auf der Al Hashimi und der folgenden Al Malek Talal St nach Westen, bis sich die Straße vor einer Art Rondell (im Hintergrund das festungsartige Rathaus) teilt. Hier links auf der Al Ameer el Hassan St den Berg hinauf. Diese Straße führt (nach einer bald folgenden, etwas unübersichtlichen Rechtskurve mit Linksabbiegern) ziemlich geradlinig nach Süden, nach mehrfachem Namenswechsel heißt sie schließlich Madaba St. Unterwegs kreuzen zweimal Eisenbahnschienen, schließlich überquert eine Brücke die Autobahn zum Flughafen (Desert Highway), danach auf der Landstraße weiter nach **Madaba** und hier auf die **King's Road**.

Als weitere **Alternative nach Süden**: Die Al Hashimi St ca. 2,5 km nach Osten bis zum Kreuzungsbauwerk, gleich nach dem Königspalast, dort rechts und geradeaus in die Al Yarmuk St, der man bis zum **Middle East Circle** *(Al Aharq Al Awsat Sq)* folgt und dort links nach Süden in die Madaba St abzweigt. Nach einer Weile können Sie auf den Desert Highway fahren oder diesen überqueren, um z.B. auf der Landstraße **Madaba** zu erreichen.

Nützliche Adressen

Die folgenden Adressenangaben sind recht dürftig, weil sie meist keine Straßenangabe enthalten. Leider können wir daran nicht viel ändern, denn Straßennamen sind nicht sonderlich bekannt, man orientiert sich stattdessen an bekannten Gebäuden oder sonstigen Landmarken. Möchte man eine der Adressen aufsuchen, ruft man am besten zuvor an und lässt sich eine Wegbeschreibung geben. Auf der privaten Website www.layyous.com/ findet man unter der Rubrik *Information About* viele Informationen, die allerdings auf Aktualität zu prüfen sind; auf vielen Seiten wird auf der untersten Zeile die letzte Modifikation angegeben.

Notfall; öffentliche Institutionen
- POLIZEI Tel 191, 192
- VERKEHRSPOLIZEI (Unfall) Tel 190
- AUTOBAHNPOLIZEI Tel 06 534 3401
- AMBULANZ, ERSTE HILFE Tel 193
- FEUERWEHR Tel 199
- STADTVERWALTUNG Tel 533 9970
- HOTELBESCHWERDEN Tel 464 2311
- TELEFONAUSKUNFT Tel 1212, international 1213
- FLUGAUSKUNFT Tel 445 3200
- HAUPTPOSTAMT

Downtown Prince Mohammed St, postlagernde Sendungen Schalter 1, Information Tel 121
- INTERNATIONALES TELEFONAMT

Omar el Khayyam St, heute eine eher nutzlose Adresse, weil dort keine Gespräche mehr vermittelt werden, Alternativen siehe Seite 63.

Andere wichtige staatliche Stellen
- Tourismus Ministerium Tel 460 3360
- Department of Antiquities Tel 464 4336
- Außenministerium Tel 573 5163
- Innenministerium Tel 562 2811

Nützliche Adressen

Aufenthaltsgenehmigung verlängern

Vergessen Sie nicht, Ihre **Aufenthaltsgenehmigung** (Visum) **verlängern** zu lassen, wenn Sie länger als zwei Wochen im Land bleiben wollen. Eine der verlängernden und wohl geübtesten Stellen, bei der man den Verwaltungsakt abwarten kann, sitzt in der
- MUHAJEREEN POLICE STATION, Ras el Ain, Prinzes Basma St,

etwa 10 Taxi-Minuten westlich der King Hussein Moschee. Am billigsten kommt man u.a. mit dem Service-Taxi 35 dorthin, Abfahrt in der Quraysh St, gegenüber dem Amman Palace Hotel; machen Sie den Fahrer deutlich auf Ihr Ziel aufmerksam, denn die Taxi-Route zweigt kurz vor dem Gebäude zum 3. Circle hinauf ab. Legen Sie Ihren Besuch auf den Vormittag, spätestens ab 15 Uhr kehrt wie überall auch bei den Polizisten Verwaltungsruhe ein, freitags und samstags ebenfalls.

Auch in der Polizeistation in Al Kulliyah St (Nähe Libanesische Botschaft zwischen 3. und 4. Circle) kann man das Visum verlängern lassen; allerdings muss man (nicht immer) den Pass abgeben und ein paar Stunden später abholen. Ebenso gegenüber dem Amman Intercontinental Hotel zwischen 2. und 3. Circle ist es möglich; hier braucht man jedoch eine Bestätigung des Hotels, in dem man wohnt und erhält sofort den Stempel.

Es gibt Gerüchte, dass diese lästige Bürokratie erst nach vier Wochen nötig oder gar ganz eingestellt werden soll, aber niemand weiß etwas Konkretes. Das Konsulat in Berlin bestätigte im Januar 09 die Zweiwochenfrist.

Botschaften

Unter der Website www.mfa.gov.jo ("English" >Ministry> Diplomatic Missions in Jordan) sind die Adressen aller ausländischen Botschaften gelistet.

- **Botschaft der Bundesrepublik Deutschland**, 31 Banghazi St, Jebel Amman, Tel 593 0367, 593 0351, Fax 593 2887, www.amman.diplo.de, info@amman.diplo.de,

Anfahrt: Zwischen 4. und 5. Circle; vom 5. Circle stadteinwärts, bei japanischer Botschaft (deutlich an Fahne mit Sonne erkennbar) rechts, zweite Straße links
- **Botschaft der Republik Österreich**, 36 Mitqhal al Fayez St, Jebel Amman, Tel 593 0245, Fax 593 1260 (zweite Querstraße zwischen 3. und 4. Circle)
- **Schweizer Botschaft**, Jebel Amman, 19 Al Safarat (Embassies) St, Tel 593 1416, Fax 593 0689 (erste kleine Querstraße links der Zahran St zwischen 4. und 5. Circle)
- **Ägyptische Botschaft**, Jebel Amman, Tel 560 5175, Fax 560 4082 (vom 4. Circle stadtauswärts die fünfte Straße rechts, das Botschaftsgebäude grenzt an das Dove Hotel)
- **Syrische Botschaft**, Jebel Amman, Tel 464 1935, Fax 465 1945 (die erste größere Straße nach zwei kleinen nach dem 3. Circle, rechts, dann die erste größere nach einer kleinen links)
- **Libanon-Botschaft**, Abdoun, 17 Mohamad Ali Bdeir St, Tel 592 9111, Fax 592 9112

Medizinische Hilfe

Internisten
- Dr. Sami Khourma, Vertrauensarzt der Deutschen Botschaft, deutschsprachig, Tel 464 2229
- Dr. Madhat Said Jada'an, Vertrauensarzt, deutschsprachig, Tel 464 9971 (half Leserin erfolgreich und schnell bei einer Stirnhöhlenentzündung, einer anderen bei einem Hundebiss)

Gynäkologen
- Dr. Jamil Shaban, deutschsprachig, Tel Praxis 560 9060

- Dr. Ziad Kilani, deutsch/englischsprachig, Tel 460 3555

Augenärzte

- Dr. Jamil Qasiem Nasser, *deutsch/englischsprachig*, Tel 569 1158
- Dr. Fouad Sayegh, deutsch/englischsprachig, Tel 4614 599

HNO-Arzt

- Dr. M.Y. Najjer, englischsprachig, Tel 592 5209

Orthopäden, Unfallchirurg

- Dr. Sami Qusus, deutschsprachig, Tel Praxis 567 0000, privat 463 0688

Urologe

- Dr. Mahmoud Kilani, deutsch/englischsprachig, Tel 464 9088

Zahnärzte

- Dr. Abu Salem, deutschsprachig, Tel 464 4924
- Dr. Georg Kawar, englischsprachig, Tel 566 9766
- Dr. Ghassan Edilby, englischsprachig, Tel 465 8000

Krankenhäuser

- AL KHALIDI MEDICAL CENTER, 39 Ibn Khaaldoun St, Jebel Amman, Nähe Intercontinental Hotel, Tel 464 4281
- AMMAN SURGICAL HOSPITAL, 82 Al Kulliyah Al Ilmiyah Al Islamiyah St, Jebel Amman, Nähe Intercontinental Hotel, Tel 464 1261
- ARAB CENTER FOR HEART & SPECIAL SURGERY, Jebel Amman, Nähe 5. Circle, Tel 592 1199
- FARAH MATERNITY HOSPITAL, Jebel Amman, Nähe 4. Circle, Tel 460 3555
- JORDAN HOSPITAL, Shmeisani, Tel 560 8080

24-Stunden-Apotheke (englischsprachig)

- YACOUB'S PHARMACY, Jebel Amman, am 3. Circle, Tel 464 4945

Institute und Institutionen

- GOETHE INSTITUT, 5 Abdel Mun'im Al Rifai St, Jebel Amman, Tel 464 1993, Fax 464 9270, info@amman.goethe.org, www.goethe.de/ins/jo/amm/deindex.htm.

Anfahrt: Ganz in der Nähe des 3. Circle, per Auto wie folgt zu finden: auf der Sharif Al Hussein Bin Ali St auf den 3. Circle zufahren, das Radisson SAS Hotel rechts liegen lassen und danach kurz vor dem Circle in die zweite nach rechts abzweigende Straße, dort gleich auf der linken Seite; Öffnungszeiten der Bibliothek Di 9–13, Mi 15.30–19.30; im Lesesaal liegen u.a. aktuelle deutsche Tageszeitungen aus.

- DEUTSCHES EVANGELISCHES INSTITUT für Altertumswissenschaft des Heiligen Landes, 32, Al Habbab Bin Al Munthar St, Tel 534 2924, Fax 533 6924, gpia@go.com.jo

Anfahrt: Direkt neben dem Amman International Hotel, gegenüber der University of Jordan (auf der Al Jame'ah St) stadteinwärts fahrend, kurz nach dem Haupttor der Uni, direkt nach einer Tankstelle rechts abbiegen; die Archäologen des Instituts vertreten sozusagen die deutsche Archäologie in Jordanien, nähere Einzelheiten siehe Seite 125.

- ROYAL SOCIETY FOR THE CONSERVATION OF NATURE (RSCN), Tel 06 533 7931/2, Fax 06 535 7618, adminrscn@rscn.org.jo, www.rscn.org.jo
- FoA, FRIENDS OF ARCHAEOLOGY/JORDAN, P.O.Box 2440 Amman, 11181, Tel/Fax 593 0682

Im FoA-Center gibt es neben kleineren Souvenirs auch Karten und Bücher zu kaufen. Es werden auch Ausflüge zu Grabungen angeboten.

- THEODOR-SCHNELLER-SCHOOL, Al Hussein Str., Marka/Amman, Tel 05 361 6106, Fax 05 361 2767, tschneller@nets.com.jo, www.ems-online.org/197.html

Diese seit langem bekannte Institution hat wieder Tritt gefasst und bemüht sich, ihre ökonomische Basis durch zusätzliche Aktivitäten, wie ein kleines Hotel und einen Campingplatz, zu verbessern. Doch das eigentliche Anliegen besteht darin, voll- oder halbwaisen Jungen in einem Internatssystem eine Heimat unabhängig von Religion oder Nationalität zu schaffen. Das erstaunlich große, ja riesige Gelände wird hauptsächlich von den Schülern in Ordnung gehalten (z.B. werden Bäume angepflanzt, und die Jungen kümmern sich verantwortlich um Bewässerung etc.). In einer Schreinerei, einer Schmiede und Autowerkstatt können sie nach Schulabschluss einen Beruf erlernen.

Ganz in der Nähe der Schule liegt übrigens ein „Schneller Camp" mit 100 000 palästinensischen Flüchtlingen.

Anfahrt mit Minibus: El Mahata – Schneller – Hattin oder El Mahata – Russeifeh – Zarqa.

Anfahrt per Auto vom Römischen Theater aus: Man fährt stadtauswärts Richtung Zarqa, zunächst durch eine Unterführung, später über eine Überführung, nach knapp 6 und nach 7 km führen Abzweige zur Sport City (geradeaus halten), bei etwa km 8,5 unterfährt man eine Fußgängerüberführung (die offenbar nötig ist, weil Brot und Gebäck in der rechts liegenden JAWAD-Bäckerei so gut sind). Bei km 9 weist ein brauner Wegweiser auf die Wüstenschlösser, hier vor einer Autobahnüberführung rechts abbiegen, auf der folgenden Straße zunächst ca. 500 m nach rechts, bis zu einem U-Turn, hier wenden und über die Autobahn; knapp 10 km nach dem Römischen Theater versteckt sich die Schule rechts der Straße (N32°0,2' E36°0,55'). Anfahrt von Syrien kommend: Abfahrt nach der Pepsi-Fabrik.

Banken

- AMERICAN EXPRESS
58 Sherif Abdul Hameed Sharif St, Shmeisani, Tel 520 5000
- ANZ GRINDLAYS BANK
22 Al Malek al Hussein St, Tel 560 7201
- BRITISH BANK OF THE MIDDLE EAST

Jebel Hussein, Tel 560 7471
- CITIBANK AMMAN
Al Kassab Bldg., Prince Shaker Ben-Zeid St, Tel 5675100
- JORDAN NATIONAL BANK
Queen Noor St,-Shmeisani, P.O Box 3103, Tel 563 8800
- HOUSING BANK
Parliament St., Abdali, Tel 500 5555

Geldwechsel, Geldautomaten

In Downtown werden Ihnen besonders in der Nähe der Hussein-Moschee diverse Wechselstuben auffallen. Häufig ist der Kurs günstiger als bei Banken, außerdem bekommen Sie das Geld ohne Abzug auf den Tisch. Ein Vergleich mehrerer Angebote ist sehr zu empfehlen, dabei kommen schnell mehrere Dinar heraus.

- UNION BANK
Al Ridah St/Al Saddah St, Downtown
Leser erhielten hier den relativ günstigsten Bank-Wechselkurs ohne Kommission
- ARAB BANK
Al Malek al Feisal St
U.a. gibt es hier einen Geldautomaten, der auf EC-Karte bis zu JD 300 ausgibt; aber auch andere Banken führen das Maestro-Zeichen für die EC-Karte.

Airlines

- ROYAL JORDANIAN AIRLINES
Hauptverwaltung, Housing Bank Commercial Center, Queen Noor St, Tel 510 0000, abd@rja.com.jo, www.rja.com.jo;
Royal Jordanian unterhält ein sogenanntes **City Terminal für den Abflug**, ganz in der Nähe des 7. Circle und des dortigen Safeway Supermarkts. Wer dort sein Gepäck bis zu 24 Stunden vor Abflug eincheckt, bekommt als Bonus 10 kg Übergepäck frei, der Transfer zum Flughafen kostet nur JD 3 pP und JD 1,50 per Gepäckstück. Das Einchecken dort geht auch direkt vor dem Abflug, allerdings sollte man vorher telefonisch nachfragen, wie lange vor dem jeweiligen Abflug man im

5 In Amman zurechtkommen - Praktische Informationen

City Terminal eintreffen muss, Tel 550 3860, 510 0000.

- AUSTRIAN AIRLINES
Shmeisani, gegenüber Commodore Hotel, Tel 566 0449, 5677509
- BRITISH AIRWAYS
Sweifiyeh, Hashweh Building, AlNasouh AlTaher St,Tel 582 8801
- LUFTHANSA
Eliyah Abu Madi St, Shmeisani, (Picdally Supermarkt gegenüber Jabri Restaurant), Tel 5687 481
- ROYAL WINGS AIRLINES
Tel 487 5201, info@royalwings.com.jo, www.royalwings.com.jo
- TURKISH AIRLINES
3. Circle, Al Riyadh Centre, Tel 465 9102

Automobilclub

- THE ROYAL AUTOMOBILE CLUB OF JORDAN, 26 Al Ameerah Sarvath El Hassan St, Tel 585 0626, Fax 581 8131, rajc@go.com.jo

Reisebüros

Wie an anderer Stelle schon gesagt, ist es für uns mangels Erfahrung nicht möglich, Empfehlungen auszusprechen. Auf die folgenden Agenturen wurden wir aber durch unterschiedliche Anlässe aufmerksam:
In Petra, Wadi Musa, gibt es ebenfalls einige landesweit bekannte Agenturen, siehe Seite 297.

- ADONIS TRAVEL & TOURISM
Al Shareef Nasser Bin Jarmel St, Tel 569 7434, Fax 569 7437, adonis@index.com.jo , www.adonistravel.com, ist ein in Nahost renommiertes syrisches Unternehmen, das Rundreisen auch für Einzelreisende organisiert, deutschsprachige Mitarbeiterin.
- ATLAS TRAVEL & TOURIST AGENCY
King Hussein St, Tel 464 2034, Fax 461 0198, info@atlastours.net, www.atlastours.net, organisiert Touren sowohl für Gruppen als auch für Einzelreisende.
- DISCOVERY ECO TOURISM
Al Hayyek St, Jebel Amman, Tel 569 7998, Fax 569 8183; fadi@discovery1.com, www.discovery1.com,organisiert sowohl Gruppen- als auch Einzelreisen, hat sich vor allem auf eher ungewöhnliche Ziele und auf Öko-Tourismus spezialisiert, offeriert auch "Fly and Drive".
- HAYA, Abdali, gegenüber Parlament, Tel 56 4825, Fax 569 9264, atallahs@go.com.jo. Das seriöse Büro für gehobenere Ansprüche organisiert Gruppen- und Einzelreisen, Mietwagen oder Hotelunterkunft
- TERHAAL TRAVEL AND TOURISM
P.O.Box 911558, Amman 11191, Tel 05 325 1005, 07 9553 6351, team@terhaal.com, www.terhaal.com. Der Firmenname *Terhaal* (arabisch *ständig unterwegs*) bedeutet „Öko-Abenteuer" und ist Programm: hochinteressante, sicher kalkulierte Tripps und Trekkings tatsächlich abseits gängiger Pfade, z.B. „Canyoning" (Trekking durch Canyons) durch ständig wasserführende Canyonschluchten, Wüstenwandern, Radtouren, Tauchen etc.
- THOMAS COOK
Shmeisani (hinter Haya Cultural Center), Tel 566 8069, Fax 568 8919.
- YOLLA MOONLIGHT TOURS
Inhaberin Frau Yolla Khoury, Nähe 3. Circle, Tel 465 7507 Fax 465 7508, yolla.khoury@go.com.jo, www.yolla.com.jo. Laut Lesererfahrung sehr zuverlässige Agentur, reelle Preise.

Reiseführer

- EID ALKRAISHA, Tel. 079-5551951, Kraisha@Tourguides.com.jo, ein Beduine, der in Deutschland studierte, spricht gut deutsch
- KHALED HAMMO, P.O.B. 1309, Amman 11947, Tel 0795 541 638, Tel/Fax 06 505 6478, k.hammo@gmx.net; ein staatlich geprüfter Reiseführer, der in Deutschland Sozialwissenschaften studierte und daher gut Deutsch spricht. Er kennt sein Heimatland ausgezeichnet, vor allem auch die weniger

bekannten Plätze. Sein Tagespreis liegt bei JD 40. In seinem Haus in Amman-Nuwaysis vermietet er ein ruhig gelegenes Apartment mit mehreren Betten, Küche, Terrasse; zwei Betten kosten ab JD 55/Nacht. Bei Buchung von Führung und Apartment Sonderpreise.
- YOUSEF ABU-HUMIDAN,
Tel 472 77 30, 079 555 30 41, jussefabuch@yahoo.de, studierte in Berlin Geologie, spricht gut Deutsch, führt laut Leser „spannend und sensibel".

Ausflüge, Trips per Taxi oder Minibus

Die Traveller-Hotels in der Al Malek Faisal St, wie z.B. CLIFF, NASSER, PALACE, VENECIA, organisieren preiswerte Touren in die Umgebung, zu den Wüstenschlössern oder anderen Zielen bis nach Petra oder Aqaba.
- Auch Taxibesitzer MAHMUD AL RASHAIDA wird empfohlen, Tel 077 753 1402.
- Wir machten sehr gute Erfahrungen mit Taxiunternehmer WA'EL SALEH, Tel 079 666 4834, 077 7782 5653

Internet-Cafés

Was den Umgang mit modernen Medien betrifft, scheint Jordanien im Nahen Osten vorn zu liegen. Es gibt inzwischen so viele Internet-Cafés, dass eine Auflistung nicht mehr lohnt. Im Uni-Bereich haben die meisten Cafés 24 Stunden geöffnet. Dennoch soll ein ungewöhnliches besonders herausgestellt werden:
- BOOKS@CAFÉ, Jebel Amman, Omar Bin Al Khattab St, zählt zu den Pionieren der Internetcafés in Amman und hat sich bis heute eine relaxte, gute Atmosphäre bewahrt; empfehlenswert.

Im Lauf der Jahre hat es sich vom Buchgeschäft, in dem man ungestört schmökern kann, über ein Café zum preiswerten Restaurant auf sonnenbeschirmten Terrassen ausgeweitet. Hier trifft man häufig andere Traveller. Im unteren Stockwerk kann man in einem für Amman hervorragend sortierten Buchladen stöbern und internationale Zeitungen lesen, im oberen Stockwerk stehen Computerplätze locker verteilt in verschiedenen Räumen. Auf den oberen Terrassen, u.a. Restaurant, sitzt es sich vor allem abends sehr gemütlich und lauschig. Interessantes und interessiertes junges Publikum, gut für Kontakte zu Jordaniern.

Anfahrt: Vom 1. Circle durch die Rainbow St (Abu Baqr as Sidiq St) bis zum Ende, dann rechts in die Omar Bin Al Khattab St, ca. 100 m (Taxifahrer kennen vielleicht besser *Mango* oder *Taxi Asfour*, den früheren Straßennamen).

Mietwagen

Über 100 Autovermieter in Amman bemühen sich um Kunden. Empfehlungen auszusprechen, wäre nur dann möglich, wenn man wirklich diverse durchprobiert hätte, was im Rahmen dieses Buches nicht möglich ist. Einen Überblick, allerdings nur mit Name und Telefonnummer, findet man unter http://layyous.com/jordan/jordan_rent_car.htm.

Günstig für den Mietinteressenten ist, dass sich **eine ganze Reihe meist internationaler Autovermieter** (ein Leser zählte 30!) in Shmeisani an der Nasser bin Jamneel St, etwa ab Ecke Al Armeer Shaker bin Zeid St, quasi nebeneinander angesiedelt haben, was die Angebotseinholung sehr vereinfacht. Ein Leser weist noch einmal ausdrücklich darauf hin: *„Pingelig darauf achten, dass alle Vorschäden am KFZ auch notiert werden – bei Rückgabe wird genauestens kontrolliert. Der Autovermieter wollte sogar das schmutzig gewordene Auto verrechnen, obwohl dies nirgends erwähnt wurde".*

Einige Lesererfahrungen: *„Wir buchten bei MONTECARLO Rent a car (Ayman@montecar.com, www.montecar.com) und hatten keinerlei Probleme. Das Fahrzeug wurde uns ins Hotel gebracht".* Ein anderer: *„Wir machten äußerst positive Erfahrungen mit NATOR RENT A CAR, Talet Al Hayek St, Nähe Bank Iskan,*

Jebel Amman, Tel 462 7455, 077 326336".
Ein Dritter: *„Wir buchten direkt am Flughafen DALLAH RENT-A-CAR, Tel 079 558 7876, dallah@dallah-jo.com, zuverlässig, nett, keine Probleme bei der Abwicklung, günstiger als die internationalen Ketten".*
Wieder ein anderer berichtet: *„Bei HOLIDAY AUTOS GMBH, www.holidayautos.de, München, Tel 01805 179192, erhalten ADAC-Mitglieder bei Buchung über den ADAC Rabatt. Holiday Autos ist ein Broker, der aus dem lokalen Angebot Mietwagen zu Komplettkonditionen vermittelt. Gezahlt wird zu Hause in Euro, d.h. man ist von Kursschwankungen befreit und kann mögliche Probleme hier klären oder ausfechten."* Nach unseren Erfahrungen lag das Angebot um 20-30 Prozent höher als bei lokalen und selbst internationalen Anbietern.

- AVIS (Hauptbüro), Wadi Saqrah St, Tel 569 9420/30 Fax 565 94883, HeadQuarterOffice@avis.com.jo, www.avis.com.jo
- EURODOLLAR, Shmeisani,Tel 569 3399, info@eurodollar-jo.com, www.eurodollar-jo.com
- EUROPCAR, Shmeisani, Tel 565 5581, www.europcar.com/car-rental-JORDAN-AMMAN.html, positive Rückmeldung von Lesern
- HERTZ, Middle East Hotel,
Tel 553 8958, reservation@hertz.com.jo
- MONTE CARLO, Al-Jubaiha, Tel 53 35 155, Fax 53 35 122, www.montecar.com, contactus@montecar.com, alle Typen bis zu 4WD
- RENT A RELIABLE CAR, Abdoun, Tel 592 9676, 079 552 1358, reliable@nets.com.jo, www.rentareliablecar.com; Manager Mohammed Hallak ist hilfreich, wir haben gute Erfahrungen gemacht
- THRIFTY CAR RENTAL, West Shmeisani, Al-Fared Street, Tel 5622384, reservation@thrifty.com.jo, www.thrifty.com.jo

Shopping, Souvenirs

In Amman finden Kaufsüchtige nahezu alle Waren der Welt, von Haute Couture aus Paris bis zu Billigschuhen aus Hongkong. Wer durch die Souks an den Downtownstraßen bummelt, kann sicherlich Dinge auftreiben, die wesentlich günstiger als zu Hause sind.
Der **Souk in Downtown** dürfte für einen Shoppingbummel am reizvollsten sein; wobei eigentlich der größte Teil der Downtown-Gegend als Souk *(orientalischer Markt)* bezeichnet werden muss. Obwohl nicht sehr orientalisch, ist der Trubel doch etwas ungewöhnlich. In der Nähe der Hussein-Moschee findet man z.B. diverse Gewürzläden – für preiswerte und leicht zu transportierende Mitbringsel.
Jordanische Souvenirs umfassen Wasserpfeifen, mundgeblasenes Glas, Töpferwaren, Krummdolche, Säbel, Kleidungsstücke der Beduinen, lokale Trachten, schwarz-weiß oder rot-weiß gewürfelte Kopftücher, Kelims, "Sandbilder" in Flaschen, Messing- oder Kupferartikel um das Meistangebotene aufzuzählen.
Vieles davon können Sie in **Downtown** finden, z.B. in den Seitenstraßen der Al Malek Faisal St oder der Al Malek Talal St, z.B. AL AFGHANI, gegenüber Hussein-Moschee, verkauft u.a. „Antiquitäten" aus der jungen Vergangenheit Ammans (hat weitere Geschäfte in Jebel Weibdeh und Jebel Hussein). In östlicher Richtung von der Hussein-Moschee zählt AL ZGHOUL AND QUSAYBATE in der Hashemi St zu den groß angelegten und vielfältig sortierten Shops.
Vielleicht interessiert Sie besonders der **Gold-Souk**, den Sie – von der King Hussein Moschee kommend – rechts gleich zu Anfang der Al Malek al Faisal St und zwischen der Cinema el Hussein St finden. Dieser recht kleine Markt strahlt wenig vom Flair anderer orientalischer Gold-Souks aus, aber mit etwas Glück kann man Käufer, vor allem Käuferinnen, beobachten, die hier einen Teil ihres Vermögens in Metall anlegen. Doch auch für Besucher, die sich nicht viel aus Goldschmuck machen, dürfte sich zwischen den zahllosen Ringen, Ketten, Anstecknadeln und Armreifen – die meisten davon in Jordanien hergestellt

Shopping, Souvenirs

– etwas finden lassen. Die Preise orientieren sich am Goldpreis.

Für **anspruchsvollere Souvenirs** bietet die Gegend des **Jebel Amman** mit die beste Auswahl:

- JORDAN RIVER FOUNDATION, jrf@jrf.org.jo, www.jordanriver.jo, (eine NGO) am Jebel Amman, vom 1. Circle aus in der sechsten, links abzweigenden Querstraße der Abu Bakr As Siddeeq St (auch als Rainbow St bekannt) Verkauft sehr geschmackvolle, auch ungewöhnlichere Handarbeiten, Textilien, Puppen mit traditionellen Kostümen, Olivenölseifen und vieles mehr. Im Nachbarhaus BANI HAMIDA erhalten Sie Teppiche und Kelims, auch schöne handwerkliche Arbeiten (Handicrafts); es handelt sich um eine Verkaufsstelle der Teppichweberinnen vom Bani Hamida Stamm bei Madaba (siehe Seite 228).

Im Übrigen steht auf der dem Bani Hamida House gegenüberliegenden Seite der Rainbow St das unscheinbar graue **Geburtshaus von König Hussein**.

- WILD JORDAN (NATURE CENTER), Tel 463 3589, tourism@rscn.org.jo, www.tourism@rscn.org.jo, eine Abteilung der *Royal Society for the Conservation of Nature (RSCN)* Hier werden Handicrafts aus den Projekten der Organisation verkauft. Das architektonisch etwas ungewöhnliche Haus selbst ist betont umweltfreundlich, mit solarunterstütztem Heizungssystem etc., gebaut. Eine Information hilft bei Fragen zu den Naturreservaten weiter. Im hauseigenen Internetcafé kann man surfen oder sich im Infranet der RSCN über die Natur Jordaniens informieren. Das Café bietet rund um die Uhr Snacks und als Restaurant gesunde Naturprodukte und, nicht zuletzt, einen guten Ausblick über das Häusermeer Ammans.

- Bei SUPERLATIVE HANDICRAFTS, Rainbow St, Nähe R&B Café bzw. Jordan River Foundation, www.jordancrafts.com, bekommt man Schmuck und gehobene Souvenirs.

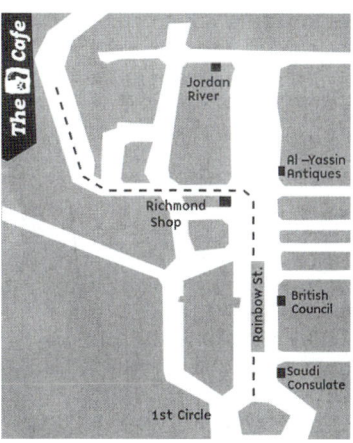

Von WILD JORDAN verteilter Lageplan

- Das JORDAN CRAFT DEVELOPMENT CENTER, auch *AL AYDI* („*Hand*"), zwischen dem 2. Circle und Intercontinental Hotel (letzte Seitenstraße vor dem Circle links, an deren Ende) Große Auswahl an unterschiedlichem Schmuck, Handicrafts und Tonwaren; gepflegtes Ambiente, ein Besuch lohnt sich sehr.

- AL BURGAN (wwww.alburgan.com), 12 Talat Harb St, Querstraße direkt neben dem Interconti Hotel, Ähnlich wie *Al Aydi*, eher auf Großhandel spezialisiert, aber auch Verkauf an Einzelkunden, daher (vielleicht) preiswerter.

- Stücke und Stoffe von exklusivem Design, ähnliche Handicrafts oder Antiquitäten verkauft BADR AL DUJA, 15 Abu Tammam St, Nähe 2. Circle, Jebel Amman, Tel 4650470, www.badr-adduja.com.jo.

- JORDAN DESIGN & TRADE CENTER (www.nhf.org.jo) der Noor al Hussein Foundation, gegenüber dem Amman Orchid Hotel und in der Nähe des Safeways-Supermarkts, Shmeisani

Traditionelle Handarbeiten von Frauen aus ländlichen Gegenden, z.B. Handarbeiten, Kelims, Töpferwaren etc.

5 In Amman zurechtkommen - Praktische Informationen

- SILSAL CERAMICS, zwischen 4. und 5. Circle, stellt handbemalte Keramik her.
Auf die Produkte vom Toten Meer hat sich SISAL FOR DEAD SEA PRODUCTS, 1 Hussein Al Jir St, Shmeisani, Tel 567 2341, Fax 568 3652, spezialisiert. Auch in gut sortierten Apotheken sind diese Produkte erhältlich, der Hersteller Rivage ist unter www.rivageline.com zu finden.

- Essen und Shopping kann man mit einem Besuch in einem der besten Restaurants, im KAN ZAMAN VILLAGE, verbinden; Tischbestellung Tel 412 83911. Das restaurierte Dorf liegt etwa 12 km außerhalb, Richtung Flughafen (Anfahrt siehe Seite 128).

Ein Leser berichtet von einem Souvenirladen namens ORIENTAL GIFT SHOP, Kulliyat al Shares St, Jebel Weibdeh, zwischen Kreisel und Moschee, der sich eher an Jordanier richtet, Haushaltwaren (z.B. orientalische Kaffeekannen), Geschenkartikel und Souvenirs anbietet. Die Verkäufer seien sehr hilfsbereit.

(Westliche) Lebensmittel

„In der Sackgasse gegenüber der Haltestelle der Service-Taxis der Linie 4 eine Art Supermarkt, in dem man leckeres eingelegtes Gemüse, guten Käse, Oliven und Sonstiges kaufen kann. Das dazugehörige Brot erhält man direkt nebenan", schreibt ein Leser.

Wer sich z.B. mit größeren **Essensvorräten** eindecken will, wird im CARREFOUR SUPERMARKT in der CITY MALL, dem derzeit wohl größten Shopping Center Ammans, fündig werden: Man fährt am 8. Circle auf die Autobahn Richtung Jerash (King Abdoullah St) und kann nach 3 km rechter Hand den Shopping Komplex nicht übersehen.

Ein SAFEWAYS-Supermarkt liegt im etwas mondänen Stadtteil Shmeisani: Man fährt die Khalid Ibn Al Walid St und ihre Verlängerung Queen Alya St Richtung Jerash bis zur Sport City Junction, dort links in die Nasir Ibn Jamil St, nach ein paar Querstraßen liegt, nach einer Überführung, links das etwas versteckte Gebäude.

Ein weiterer SAFEWAYS-Supermarkt hat sich im Westen der Stadt etabliert: Am 7. Circle zweigt eine entsprechend ausgeschilderte Straße zum Flughafen ab. Fährt man nach dem Abbiegen gleich das erste Sträßlein rechts ab, kommt man zum gewünschten Ziel. Der Supermarkt ALAHLIA, der in der Nähe des Jordan Hospitals in der Queen Noor St, gegenüber dem Siemens-Building liegt, soll wesentlich besser sortiert sein, es gibt z.B. vier verschiedene deutsche Brotsorten.

Alkohol findet man in einigen Supermärkten, aber auch Downtown in der Gasse des Cliff Hotels oder in der nächsten östlich davon.

Im Nebengebäude des Century Park Hotels (Adresse siehe Seite 160) ist ein **Duty Free Shop** untergebracht, in dem während der ersten beiden Aufenthaltswochen 1 Liter Alkohol und eine Stange Zigaretten preiswert zu haben sind.

Buchhandlungen

Gute Buchhändler für touristische Zwecke sitzen im Intercontinental (nahe 3. Circle) und im Regency Palace Hotel (Shmeisani).

- AMMAN BOOKSHOP, Amir Mohammed St, nahe dem 3. Circle, relativ große Auswahl an englischsprachiger Literatur und Reiseführern.
- UNIVERSITY BOOKSHOP, Luweibeh Garden St, in der Nähe der University of Jordan, bietet vermutlich die größte Auswahl in Amman, auch an Reiseliteratur über Jordanien bzw. den Mittleren Osten.
- BOOKS@CAFÉ, das Internetcafé fast am Rand des Jebel Amman, lohnt auch wegen seiner für Jordanien gut sortierten Buchhandlung (Anfahrt siehe Seite 149), seiner ungewöhnlichen Atmosphäre, seines guten Cafés und Restaurants mit z.B. preiswerter, riesiger Pizza, die durchaus für zwei Personen reicht.
- GIBRALTAR, Al Malek Feisal St, Downtown neben Hashem Restaurant, hauptsächlich Zeitschriften, auch internationale.

- ISTIKLAL LIBRARY, mitten im Geschäftstrubel der Shopping Area im Vorort Sweifiyeh, hauptsächlich Büromaterial, aber auch Karten und Jordanienliteratur.

In Downtown gibt es eine Reihe kleiner Buchläden, die aber neben Zeitschriften nur ein paar Bücher, umso mehr Büromaterial verkaufen; Stadtpläne sollten Sie in Hotelbuchhandlungen oder z.B. in Souvenirshops in der Gegend des Römischen Theaters suchen.

Kunstgalerien

Jordanien ist auch im künstlerischen Bereich wesentlich aufgeschlossener als andere arabische Staaten. Daher haben sich eine Reihe fremder arabischer Künstler im Land niedergelassen. Über das künstlerische Schaffen informiert man sich am besten in folgenden Galerien:
- DARAT AL FUNUN, Jebel el Weibdeh, Tel 464 3251, Fax 464 3253, www.daratalfunun.org, mehr über das beste Kunstzentrum Ammans lesen Sie auf Seite 124.
- ALIA ART GALLERY, Jebel Amman (1. Circle), Abu Bakr Siddeq St, Tel 463 9350, jordanische, arabische und westliche Künstler.
- BALADNA GALLERY, As Shahid Wasfi al Tall St, Tel 553 7598, Bilder und Skulpturen
- FINAZ GALLERY, As Shahid Wasfi al Tall St, Tel 569 5291, Bilder und Skulpturen
- ORFAN ART GALLERY, Kufa St, Um Utaynah, Tel 551 0603, spezialisiert auf arabische Künstler, aber auch Ausstellungen aus Europa, Kindermalschule.

Veranstaltungen, Nightlife, Sport

Kulturelle Veranstaltungen

An anspruchsvoller Unterhaltung bietet das offizielle Amman herzlich wenig. Es gibt zwei arabische Theater, die aber für den Normaltouristen aus sprachlichen Gründen uninteressant sein dürften. Grundsätzlich sollte man in der JORDAN TIMES oder in THE STAR blättern, um generelle Hinweise oder Informationen über aktuelle Veranstaltungen zu finden.
- Das ROYAL CULTURAL CENTRE, Queen Alya St, Nähe Sport City und Regency Hotel, Shmeisani, Tel 566 9026, veranstaltet Lesungen, Konzerte und Ballettaufführungen.

Im September finden Klassik-Konzerte im Römischen Theater statt, zumindest von der Umgebung her ein Ereignis, das sich lohnt. Eventuell bieten ausländische Kulturinstitute wie das Goethe-Institut Dichterlesungen o.ä.

Kino

Es gibt eine Reihe von Kinos, die meist nur arabische Filme zeigen. Für den, der noch nie solch melodramatische Stücke sah, mag ein Kinoabend recht unterhaltsam sein. Westliche Filme sind häufig zensiert, allerdings scheint die Schere der Zensoren in jüngerer Zeit stumpfer geworden zu sein. Einfachere, von den Einheimischen gern besuchte Kinos sind im Cinema al Hussein und in der Basman St, Downtown, zu finden.
- CONCORDE, Shmeisani, Nähe Ministry of Industry and Trade, Tel 567 7420
- PHILADELPHIA, 3. Circle, Tower Building, Tel 463 4144
- PLAZA, Shmeisani, Royal Plaza Hotel, Tel 569 9238
- SHERATON ENTERTAINMENT CENTER, in dem auch das Kino Galeria (3 Säle, neuere westliche Filme) untergebracht ist, Jebel Abdoun, am zentralen Circle.

Vergnügungsparks

Harmlose Unterhaltung bieten Vergnügungsparks, in denen besonders Eltern mit Kindern Abwechslung finden. Richtig Betrieb herrscht meist erst abends. Einer der beliebten Parks, die ABDULLAH GARDENS in Shmeisani, liegt an der Sharif Nasir Ibn Jamil St, ganz in der Nähe des Wadi Saqra Circle. Er ist leicht an einer Seilbahn erkennbar, die ein paar hundert Meter hin und her schaukelt. Auf dem Jebel Amman warten das AMUSEMENT

5 In Amman zurechtkommen - Praktische Informationen

CENTRE (Rainbow St, Nähe British Council), in der Khalid Ibn Walid St am Jebel Hussein (Nähe Regency Hotel) der LUNA PARK auf Gäste. Am südlichen Autobahnring wurde ein weiterer Vergnügungspark namens AMMAN WAVES installiert (etwa 500 m nach der ersten Tankstelle nach dem Abzweig Dead Sea), dessen Hauptvergnügen Wassersport ist.

Ein Leser schreibt: *„Als eine Ausflugsmöglichkeit im Süden von Amman sollte man SEVEN HILLS RESTAURANT erwähnen. Dies ist ein Nadelwaldgebiet mit betörendem Harzduft, ein an freien Tagen sehr beliebtes Ausflugsgebiet der Ammaner, äußerst gepflegt, mit sauberen Picknickplätzen und Toiletten. Zum Gelände gehören auch ein Vergnügungspark mit diversen Fahrgeschäften sowie ein großes Restaurant mit schönen Blumenrabatten und Bäumen, großen Sitzterrassen im Freien und großen Räumlichkeiten im Inneren des Restaurants. Die Gegend ist leicht zu finden; an der Autobahn Richtung Airport, 5 km nach dem Abzweig Dead Sea bzw. von Süden kommend 15 km vom Abzweig Airport, findet man eine kleine Abfahrt Seven Hills Restaurant."*

Anspruchsvoller geht es im CHILDREN'S HERITAGE AND SCIENCE MUSEUM, The Haya Arts Center, Shmeisani (8.30-18, Winter 9-16) zu, in dem auch physikalische und biologische Experimente durchgeführt werden können.

Ein ähnliches Programm verfolgt auch das NATIONAL CHILDREN'S MUSEUM im King Hussein Park, siehe Seite 127.

Nightlife

Grundsätzlich sollte man wissen, dass Nightlife in unserem Sinn hauptsächlich im sozial besser gestellten Westen Ammans stattfindet. Viele Hotels unterhalten Bars und Nachtbars, in Sweifiyeh gibt es eine ganze Reihe Kneipen, die lange geöffnet sind, ebenso am Jebel Amman, in Abdoun, ein paar auch in Downtown. Fragen Sie den Rezeptionisten Ihres Hotels, der kann Ihnen aktuelle Tipps geben. Vielleicht sind die folgenden darunter:

Ein Schwerpunkt für die Nacht ist das SHERATON ENTERTAINMENT CENTER in Abdoun, direkt am zentralen Circle (der erste, wenn man den Stadtteil über die etwas ungewöhnliche Stahlbrücke erreicht). Neben dem Kino *Galeria* gibt es hier oder in der Nähe stadtbekannte Discos oder Kneipen:

- BIG FELLOW, zieht sich über zwei Etagen, „gemütliche" Atmosphäre, irische Kneipe mit Guinness und anderen Bieren, teuer; ebenso sind PIANO PIANO und CAFÉ PARIS dort untergebracht (und nicht billig).
- BLUE FIG, Abdoun, Al Ameer Hashem bin Al Hussein St, vom Circle kommend immer die Straße bergan, auf rechter Straßenseite; modernes Ambiente, manchmal auch Konzerte oder Ausstellungen, auch tagsüber geöffnet, brauchbares Restaurant, man kann draußen sitzen.
- AL ALALI, Regency Palace Hotel, man diniert im 20. Stock mit herrlicher Aussicht über das nächtliche Amman, falls man nicht von der Bauchtanzshow (eine der besten des Landes) abgelenkt wird; teuer.
- EL PASHA, Intercontinental Hotel; ab 21.30 Uhr Bauchtanz, Dinner ist obligatorisch, teuer.
- IRISH PUB, im Dove Hotel, Jebel Amman, Qortubah St, zwischen 4. und 5. Circle, neben ägyptischer Botschaft, manchmal auch Disco, Dartwettbewerbe etc., gute Imitation irischer Kneipen; donnerstags **der** Treffpunkt, dann tolle Stimmung, eine der wenigen Gelegenheiten zum Tanzen.
- MARRIOTT SPORTS BAR, Marriott Hotel; ein Platz, um gemeinsam mit anderen Sportfans internationale Sportübertragungen anzuschauen, die Bar ist entsprechend dekoriert.
- SCANDEL, San Rock Hotel, Um Utheina, 6. Circle, Tel 551 3800, Disco.
- TABOO, Nähe Liwan Hotel, Sweifiyeh, freitags treten lokale Bands auf
- TALK OF THE TOWN, Middle East Hotel, Shmeisani, Tel 551 7432, eine der besten Discos in Amman, Techno bis Reggae.

- VINAIGRETTE, Alqasr Plaza Hotel, Shmeisani, nicht allzu weit vom Safeways-Supermarkt, Jazz&Salat Bar, oberstes Stockwerk, tolle Aussicht
- YESTERDAY, Jebel Amman; sehr teures Restaurant und Disco, JD 10 Eintritt.

In **Downtown** gibt es eine Reihe kleiner, eher unscheinbarer Pinten, in denen auch Alkoholika an Passanten verkauft werden: z.B. JORDAN WELCOME BAR in der Gasse östlich des Cliff Hotels oder KIT KAT in der Basman St.

Sport

- AL HUSSEIN SPORT CITY, University St. Tennis, Volleyball, Squash, Gymnastik etc. Das Schwimmbad (6.30-18, JD 5) hat gemeinsame Becken für Frauen und Männer, allerdings wird Frauen eher abgeraten.
- BISHARAT GOLF COURSE, Airport Highway Nähe Amman National Park, Tel 412 6955; Gäste können gegen Tagesgebühr golfen.
- THE JORDAN TURF CLUB, Airport Autobahn, nahe der Madaba Abfahrt.
- ARABIAN HORSE CLUB, Airport Autobahn, Al-Yadoudeh, Tel 429 1386.
- ANNAB STABLES, Airport Autobahn, nahe der Madaba Abfahrt, annablou@index.com.jo
- PRINCESS ALIA CENTRE FOR RIDING, Hussein Sports Club, Tel 5675739

Essen und Trinken

Amman bietet auch dem Verwöhnten gute Gelegenheit, sich weiterhin verwöhnen zu lassen. Leider nur bescheidene Informationen zum Thema findet man im Internet unter www.visitjordan.com/visitjordan_cms/Default.aspx?tabid=111 oder http://layyous.com/jordan/jordan_selected_restaurants.htm.
Eine kleine Auswahl an Restaurants:

Downtown

Wer billig und/oder sehr typisch arabisch essen will, findet im Zentrum von Amman viele Gelegenheiten, vor allem an kleinen "Foodstalls", in denen schmackhafte und durchaus auch hygienisch weitgehend einwandfreie Küche geboten wird. Ein erster Anlaufpunkt wäre die Gegend um die Hussein-Moschee.

- ABRAHAMS CAFÉ, zwei Gassen östlich Hotel Venecia, nur 8 Tische, einheimische Kartenspieler, Besitzer Abraham spricht gut Englisch, nimmt sich Zeit und gibt viele Tipps.
- ABU KHAMIS & ABU SALEH, Al Malek Faisal St, Eingang in der Seitenstraße, mit dem Eingang zum Baghad Grand Hotel; preiswerter Essplatz, Huhn, Kebab etc.; gleich daneben wird eine etwas bizarre "Pizza", mit Lammhackfleisch als Auflage, gebacken.
- CAIRO, Nähe Hussein-Moschee, Seitenstraße der Al Malek Talal St, sehr sauber, arabisch mit guter Atmosphäre, preiswert
- DARAT AL FUNUN, Jebel Weibdeh, stimmungsvolles kleines Café im Kunstzentrum, siehe auch Seite 124.
- ECO-TOURISM/AL RASHID COURTS CAFÉ, Al Malek al Faisal St, gegenüber der Arab Bank; man sitzt auf einem schmalen Balkon im ersten Stock und kann gemütlich auf das Gewimmel der Straße schauen.
- HASHEM, in schmaler Gasse gegenüber Cliff Hotel; 24 Stunden geöffnet, sehr einfach, sehr billig, nicht unbedingt sauber, aber bekannter Spezialist für gutes Humus, Foul und Felafel
- JABRI, zwei Häuser neben dem Jerusalem Restaurant und direkt neben HABIBAH Patisserie; ähnlich oder sogar besser in Qualität und Preisen, vielleicht ein Hauch freundlicher, englischsprachige Speisekarte, gutes Huhn in Zwiebeln und Oliven
- JAFRA, Prince Mohamed St, gegenüber Hauptpostamt, (Eingang etwas versteckt in einer Einfahrt), 1. Stock, www.jafra-cafe.net, In-Restaurant und -Café, Kleinbühne, kleine Bibliothek, schmale Terrasse über der Straße, sehr ungezwungen, Künstler, Journalisten, einziger Platz für alleingehende einheimische Frauen, sehr gutes Essen, mittlere Preise, sehr

empfehlenswert
- JERUSALEM auch AL QUDS, Al Malek al Hussein St, Ecke Al Amer Mohammed St; mit großem Felsendom auf dem Schild, mit angeschlossenem Café, im Restaurant typisch arabische Küche, gut und preiswert, viele Traveller, auch negative Kommentare
- RAYAH GATE, Seitenstraße der Quraysh St (Nähe Service-Taxi Linien 29, 35), Wirt spricht Englisch, preiswert, große Portionen, sauber.
- SHAHER PENTHOUSE, King Talal St (unweit Hussein-Moschee), Restaurant und Café im obersten Stock eines alten Hauses, Terrasse zur Straße, arabische Gerichte, preiswert, Infos für Touristen, organisiert Trips

Jebel Amman

- BOOKS@CAFÉ, Seitenstraße der Rainbow St (siehe Seite 149), Restaurant, große Portionen, ein bißchen teuer
- BONITA, gegenüber El Yassim Hotel, Seitenstraße Nähe 3. Circle, spanische Küche, sehr gute Fischgerichte, Paella, teuer
- CHINA, Rainbow St, Nähe Jordan River Design, Nähe 1. Circle, gutes und relativ preiswertes chinesisches Restaurant
- DIPLOMAT, direkt am 1. Circle rechts; Fleischgerichte, etwas eigenwillige, aber schmackhafte Pizza, gut, nicht teuer
- INDIAN RESTAURANT (CHICKEN TIKKA INN), Nähe 3. Circle und Towers; gute und durchaus preiswerte indische Küche
- NEW ORIENT, Nähe 3. Circle, Schwester-Restaurant des bekannten ABU AHMAD in Downtown, schöne Gartenterrassen, spezialisiert auf libanesische Küche
- PETRA CAFETERIA, genau gegenüber dem *Diplomat*-Restaurant; billiger und einfacher als dieses
- ROMEO, in Seitenstraße etwa gegenüber Interconti Hotel, Nähe 3. Circle, eines der besten italienischen Restaurants, freundliche Bedienung, nicht billig
- TAIWAN TOURISMO, östlich, etwas unterhalb 3. Circle, gegenüber Akilah Hospital, sehr gute und preiswerte chinesische Küche.
- TOWERS RESTAURANT, im 23. Stock auf dem Jebel Amman, unterhalb des 3. Circle; toller Blick, gut und, der Lage entsprechend, teuer
- UNCLE SAM, direkt am 3. Circle, amerikanisch geprägt, Hot dog, Pizza, Steak
- WILD JORDAN, Rainbow St, von einem jordanischen Star-Architekten entworfenes Gebäude mit Restaurant, gute Sicht auf Altstadt, gesunde (Bio) Gerichte, frische Säfte, Treffpunkt junger Oberschicht-Leute, viele Ausländer, nicht billig, aber angemessen
- Diverse **Schnellimbisse** stillen in der Nähe des 2. Circle den Hunger, sie sind hauptsächlich in der Seitenstraße Zayed Bin Harethah bzw. Al Buthuri konzentriert. Ein Leser schreibt: *„Um Fast-Food zu essen, ist man am* **Abdoun-Circle** *besser aufgehoben. Dort gibt es sowohl Mc.Donalds, als auch Pizza Hut und einen sehr leckeren Eisladen (GÉRARDS), außerdem eine Auswahl an mehreren arabischen Cafes, Bars und Restaurants".*
- CANVAS (Café, Restaurant & Art Lounge), **Jebel Weibdeh**, gegenüber der Old National Gallery am Rand des Parks, sehr stilvolles Restaurant

Etwas weiter entfernt

- AL BUSTAN, (Tlal al Ali), Nähe Hotel Jerusalem; zählt zu den besten arabischen Restaurants in Amman, sehr gute Küche, gute Atmosphäre.
- AL HUWARA, King Abdullah St. (westl. Umgehungsstraße, etwa 2 km südlich der Suweileh-Brücke), aus einem alten arabischen Haus hervorgegangen, sehr großer Garten fürs Dinner, sehr gut und teuer, laut wegen Straßenverkehr
- In Sweifiyeh sind auch die In-Cafés AROMA und ELITE (Hotel Turino) einen Besuch wert.
- KAN ZAMAN, 12 km südlich der Stadt (siehe Seite 128); sehr gutes orientalisches Essen, bekannt und sehr touristisch
- REEM ALVAWADY, Wasfi al Tall St / Al Madina al Munawwara St (Tlal al Ali), nördlich

des 6. Circle gelegen; ein Großrestaurant im Beduinenstil, d.h. man sitzt recht gemütlich unter Beduinenzeltbahnen, ringsum plätschern allerdings Springbrunnen und rauben alle Beduinenillusion, wenig Touristen, viele Jordanier, das Essen ist gut, aber deutlich teurer

Übernachten (Telefon-Vorwahl 06))

In Amman scheint es unzählige Hotels zu geben, fast in jeder Straße stößt man auf einschlägige Schilder. Wurde in vergangenen Zeiten hauptsächlich in einfachere Unterkünfte investiert, so ist in jüngerer Zeit der Bauboom bei besseren und vor allem Luxusherbergen ausgebrochen. Grundsätzlich kann man davon ausgehen, dass die billigeren Unterkünfte aufgrund ihres Alters meist abgewohnt und nicht besonders gewartet sind, was die alltäglichen Dinge wie funktionierende Dusche, Toilettenspülung oder tropfende Wasserhähne angeht. Der Vorsichtige probiert daher diese "Basics" aus, bevor er endgültig eincheckt.

Die **Abkürzungen** bedeuten (wie schon in Kapitel 2 erwähnt):
- **AC** – Aircondition
- **B** – Bad
- **D** – Doppelzimmer
- **Dorm** – Dormitory (häufig verwendeter Begriff für Mehrbettzimmer)
- **E** – Einzelzimmer
- **HP** – Halbpension
- **mF** – mit Frühstück
- **pP** – pro Person
- **SatTV** – Satelliten-Fernsehen
- **VP** – Vollpension

Weder macht es viel Sinn, alle Hotels in Amman zu prüfen und hier aufzulisten, noch besteht für Individualreisende in der Regel ein größerer Bedarf als der, der mit der folgenden Auswahl gestillt werden kann. Wem dies nicht genügt, der wandere einfach durch die Gegend, die ihm als Standort passend erscheint und frage bei anderen Unterkünften nach. Als Alternative kann man unter www.visitjordan.com/visitjordan_cms/Default.aspx?tabid=110 oder einschlägigen Hotelportalen wie http://deutsch.hotels.com, www.expedia.de oder www.tripadvisor.de nachschauen.

Viel spricht dafür, zunächst in Downtown zu übernachten und, wenn man sich dort genug umgesehen hat, z.B. auf den Jebel Amman oder Weibdeh zu wechseln. Wer als Rucksackreisender möglichst bald auf Gleichgesinnte treffen will, für den sind die Billighotels in der Al Malek al Feisal St zunächst einmal eine gute Anlaufstelle.

Die folgenden Angaben sind möglichst geografisch sortiert, d.h. straßenweise oder auf einen relativ kleinen Bezirk bezogen.

Downtown

(siehe Plan Seite 119)

Viele der preiswerten Hotels sind ziemlich dicht beieinander in Downtown angesiedelt, meist an oder in der Nähe der Al Malek al Feisal St. Die Lage hier ist sehr günstig, um das Zentrum Ammans zu erkunden, aber auch in die Außenbezirke kommt man schnell und günstig. Denn die Hauptsehenswürdigkeiten liegen quasi um die Ecke; und wenn nicht, dann fahren in unmittelbarer Nähe z.B. Service-Taxis in alle Richtungen der Stadt.

Achtung: Die meisten dieser Hotels haben **keine Heizung**, im Winter zeitw. unangenehm kalt. Viele bieten **Trips** an nach (Preise pro Auto): **Petra** mit Stopps in Kerak, Dana JD 85-100; **Wüstenschlösser** JD 60-90; **Jerash**, Ajlun, Umm Qays JD 60-75; **Madaba**, Nebo, Totes Meer JD 60-75.

- **KING GHAZIL**, [9] Tel 462 2449, Nähe Hussein-Moschee (El Sa'adi St), ältestes Hotel (ca 50 Jahre alt) in Downtown, das tatsächlich einen Hauch der 1950er Jahre herübergerettet hat, hohe

5 In Amman zurechtkommen - Praktische Informationen

Räume, alte Dekoration, sehr einfach (nur 1 arab. Toilette, 1 Dusche), sauber, nur 3- und 4-Bettzimmer...pP 2, Einzelbelegung 7
- **PALACE**, [8] Al Malek al Feisal St, Tel 462 4326, Fax 462 4327, palacehotel@palacehotel.com.jo, www.palacehotel.com.jo; Lift, SatTV, sehr sauber, sehr freundlich, relativ große Zimmer, Internet, organisiert preisw. Trips (siehe auch Website), posit. Leserstimmen, empf., mF...........Schlafen im Zelt auf dem Dach 8 pP (bei 2 Pers. 12), E 10, E+B+AC 18, D 15, D+B+AC 24
- **NASER**, [7] Al Malek al Feisal St, Tel 462 3342, sehr einfach, sauber, teils arabische Toiletten .... E+B 13, D 10, D+B+AC 15-16
- **YARMUK**, [7] Al Malek al Feisal St, Tel 462 4241, 3. Stock, kein Lift, sehr einfach, freundlich, relativ sauber und ruhig, nur Mehrbettzimmer, nur 2 Toiletten für 20 Betten, ... E 6, D 8
- **AL RIYAD**, [6] Al Malek al Feisal St, Tel 462 4260, Fax 462 5457, alriyad_hotel@hotmail.com, Küchenbenutzung, Kaffee und Tee frei, freundlich und sehr hilfsbereit, sauber .... E 10, D 12
- **CAIRO**, [6] Al Malek al Feisal St, Tel 4638230, 088485615, cairohotel_amman@yahoo.com, 3. Stock, einfach, sauber, freundlich,.. E 4, D 8
- **BAGDAD GRAND**, [5] Al Malek al Feisal St, 3. Stock, Tel 462 5433; 079544 3952, von "Grand" keine Spur, viele Backpacker, sehr einfach, mäßig sauber (unsaubere Toiletten, häufig keine frische Bettwäsche), abgewohnt, Küchenbenutzung, Waschmaschine JD 1,50, ...Dorm pP 3, E+B+AC 12, D 7, D+B+AC 12
- **MANSOUR**, [2] Al Malek al Feisal St, Tel 462 1575, sauber, freundlich, viele Traveller, Internet, Frühstück JD 1 .... E 8, E+B 10, D 10, D+B 14
- VENEZIA, [3] Al Malek al Feisal St, eventuell nur vorübergehend geschlossen
- **CLIFF**, [4] Al Malek al Feisal St, Tel 462 4273, Fax 463 8078, cliffhotel@yahoo.com; einfach, nicht besonders sauber, Schlafmöglichkeit auf dem Dach; eins der bekannten Traveller-Hotels, häufig voll belegt, gute Infos, gute Atmosphäre, abgewohnt, auch negative Lesermeldungen, alle Räume mit Waschbecken, 3 Toiletten, ...E 7-8, D 8, Mehrbettzimmer ab pP 4, Dach pP 3
- **FARAH**, [1] Cinema Al Hussein St, Tel 465 1443, Fax 465 1442, farahhotel@hotmail.com, www.farahhotel.com.jo; abends Dinner im Beduinenzelt neben Parkplatz, ruhig, pro 4 Zimmer 2 Toiletten/Duschen, sauber und gepflegt, sehr hilfsbereit, vermittelt Mietwagen, organisiert Trips, Internet, mF ....Dorm pP 5, E 9, E+B 15, D 914, D+B 22
- **NEW PARK**, 2*, Al Malek al Hussein St, ca. 600 m Richtung Abdali, Tel 464 8145, Fax 464 8145; Straßenseite sehr laut, sauber, sympathische Holzmöbel, etwas abgewohnt, AC, SatTV, mF ....E+B 16, D+B 20
- **LORDS**, ([9] Karte Seite 122) Al Malek al Hussein St, Tel 462 2167, von Downtown ein Stück bergauf (vor Straßenüberführung), sehr einfach, etwas heruntergekommen E 3, E+B 5, D 6, D+B 7
- **KARNAK**, Al Malek al Hussein St, Tel/Fax 463 7361, SatTV, Kühlschrank, sauber, ...E+B 7, D+B 10

Downtown, südwestlich der King Hussein Moschee

In dieser Gegend sind ebenfalls diverse Hotels zu finden. Speziell an der Quraysh St stößt man auf unterschiedliche Unterkünfte, meist neueren Datums und daher etwas besser. Wenn man mit dem Amman Palace Hotel einen recht willkürlichen Startpunkt setzt und dann auf dieser Straße nordöstlich bis zum Römischen Theater wandert, ergibt sich folgende Reihenfolge:
- **AMMAN PALACE**, [13] Quraysh St, Tel 464 6172, Fax 465 6989, aplchoti@hotmail.com, rechts neben der (kleinen) Erlöserkirche, relativ hohes Haus, bedingt sauber, etwas abgewohnt, Zimmer zum Innenhof nicht so empfehlenswert, AC, SatTV, zählt zu den besseren in Downtown, mF ....E+B 24, D+B 34

Übernachten

- **AL HOUREAT**, [11] Quraysh St, Tel 464 6903, Fax 464 6908, direkt neben Nymphaeum, laut, trotz großer "Lobby", SatTV, einfach, sauber ....E 5, D 10, D+B 12
- **SALAHUDDIN**, [12] Quraysh St, Tel 079567 9559, schräg gegenüber Houreat Hotel, einfach, sauber, AC, SatTV, Kühlschrank, ...E+B 10, D+B 15
- **ZAHRAN**, [10] Al Malek Talal St, südlich der Hussein-Moschee, Ecke Bedra St, Tel 462 5473, viele Locals, SatTV, etwas einfach, sauber, laut, ...D+B 12

Am Römischen Theater

auf der anderen Seite der Al Hashemi St, in die die Quraysh St einmündet, liegen ebenfalls verschiedene Hotels, unter anderen:
- **CONCORD**, 2*, Al Hashemi St, Tel 461 3910, Fax 462 4995; concord@concord-hotel.com, www, concord-hotel.com; AC, sehr sauber, SatTV, Kühlschrank, guter Blick vom Dach, Zimmer zur Straße mit Balkon, aber laut, empfehlenswert ....E+B 15, D+B 20
- **ROMAN THEATRE,** Al Hashemi St, Tel 4644750, roman.theater@yahoo.com, guter Blick auf Namensgeber, teilweise SatTV, einfach, nur arabische Klos, sauber, ...E+B 8, D+B 12,50

Marka, 10 km östlich vom Römischen Theater

- **THEODOR-SCHNELLER-SCHULE**, Gästehaus, Tel 05 361 5106 Ext 532, 079667 8215, Fax 05 361 2767, victorkidess@yahoo.com, Anfahrt siehe Seite 146, etwa 15-20 Autominuten vom Zentrum entfernt, Taxi JD 3-5, 30 Zimmer mit Bad, sauber, ruhig, sehr hilfsbereit, (während der Ferien Übernachtungsmöglichkeit im Internat pP 6,00), mF ....E+B 18,D+B 36
- **Camping** 8 JD per Auto, unabh. von Personenzahl, Schneller-Schule bietet in eigener Werkstatt Fahrzeugreparaturen an.

Jebel Amman

(siehe Plan Seite 120)
- **AMMAN WEST**, 4*, Mahmoud al Abdi St (am 4. Circle stadtauswärts rechts ab, 1.Str. rechts), Tel 465 7615, Fax 465 7581, info@ammanwesthotel.com, www.ammanwesthotel.com, AC, SatTV, Kühlschrank, gut eingerichtet, Pool (Benutzung von Nicht-Gästen 8), sehr sauber, Internetzugang, mF...E+B 85, D+B 105
- **BELLE VUE**, [5] 4*, 41 Islamic Collge St, am 2. Circle, Tel 461 6144, Fax 463 7850, info@bellevue.com.jo, www.bellevue.com.jo; große Zimmer, gut eingerichtet, AC, SatTV, Minibar, Health Club, sehr sauber, mF...E+B 140, D+B 160
- **GRAND HYATT**, [2] 5*, 3. Circle, Tel 465 1234, Fax 465 1634, info@ammgh.com.jo; sehr gutes Luxushotel, teures, aber ebenfalls sehr gutes Restaurant *Indochine*, mF .... D+B $225
- **LE ROYAL**, [1] 5*, 3. Circle, Zahran St, Tel 460 3000, Fax 460 3002, info@leroyalhotel-amman.com, www.leroyalhotel-amman.com; alle anderen Bauten überragend, sehr gut eingerichtet, Entertainment-Center mit 5 Kinos, Bars etc., mF .... D+B 175
- **JORDAN INTERCONTINENTAL**, [4] 5*, Al Kuliyya St, Tel 464 1361 Fax 464 5217, amman@interconti.com; ältestes Luxushotel in Amman, 2000 renoviert, Treffpunkt von Ausländern, alle Annehmlichkeiten, gute Shops (u.a. Bücher), sehr gutes Restaurant, mF. D+B 145
- **ROQAIBAT**, 2*, 86 Zahran St, Tel 462 5900, Fax 464 6411, roqabaithotel2006@Yahoo.com, www.roqaibat.com, gut eingerichtet, günstig gelegen, AC, SatTV, Minibar, Internet, sehr sauber, mF...E+B 30, D+B 45

5 In Amman zurechtkommen - Praktische Informationen

- **RADISSON SAS**, 5*, Al Hussein Bin Ali St, Tel 560 7100, Fax 566 5160, www.radissonsas.com; gepflegtes, günstig gelegenes Luxushotel, mF .... D+B 130
- **CENTURY PARK**, 4*, Tel 568 0090, Fax 560 5688, 8. Straße vom 4. Circle, kurz vor 5. Circle rechts, (*Duty Free* ausgeschildert, da Shop im Nebengebäude wie auch Jordan Tourism Board), info@centurypark-hotel.com, www.centurypark-hotel.com, gut eingerichtet, gepflegt, freundlich, sehr sauber, AC, SatTV, Minibar, mF ....E+B 118, D+B 130
- **RAZAN**, [3] 3*, direkt am 3. Circle und zentral für die Stadt, Tel 464 93 91, Fax 464 93 97, razanhtl@wanadoo.jo, SatTV, AC, Kühlschrank, laut, Kitchenet, etwas abgewohnt, sehr sauber, mF ....E+B 30, D+B 35
- **SHEPHERD**, [6] 3*, Zaid Bin al Haret St, Tel/Fax 463 9l96, info@shepherd-hotel.com, www.shepherd-hotel.com; Nähe 2. Circle, sehr sauber, etwas abgewohnt, freundlich, AC, SatTV, Kühlschrank, mF ....E+B 40, D+B 50
- **CAMEO**, 3*, gegenüber Amman West Hotel (Anfahrt siehe dort), Tel 464 4579, Fax 462 2640, cameohotel@yahoo.com, www.cameohotel.com, AC, SatTV, Kühlschrank, Internet, sehr sauber, sehr ruhig, mF ....E/D+B 45
- **THE DOVE**, neben der ägyptischen Botschaft, Tel 569 7601, Fax 567 4676, dove@go.com.jo; sehr sauber, recht gut eingerichtet, AC, SatTV, Leser dieses Buches erhalten 10% Rabatt mF ....E+B 32, D+B 42

Abdali und Jebel Weibdeh

(siehe Plan Seite 122)

- **TOLEDO**, [3] 3*, Ummaya St, direkt am Abdali Platz, Tel 465 7777, Fax 465 6688, frontdesk@toledohotel.jo, www.toledohotel.jo; das in sehr dekorativem islamischen Stil mit gekachelten Wänden gehaltene Hotel besitzt zwei Eingänge: Vom Abdali Platz fährt man zur Rezeption im 7. Stock hinauf, dort geht es aber auch direkt auf die Razi St am Jebel Hussein, denn das Gebäude steht am steilen Hang, sehr sauber, AC, SatTV, Kühlschrank, "Honeymoon Zimmer" zu JD 135, viele Zimmer rel. groß und sehr gut eingerichtet, empfehlenswert, da nicht typisch westlich, mF (sehr gut) ....E+B 75, D+B 85
- **JERUSALEM JEWEL**, [2] Jerusalem Jewel Center, Abdali, Tel 464 9482, Fax 461 5565, jjewelho@wanadoo.jo, AC und Ventilator, SatTV, Kühlschrank, Internet, sehr sauber, mF ....E+B 18, D+B 22
- **MERRYLAND**, [5] gegenüber unterem Ende des Abdali Square, Tel/Fax 465 30371, Fax 465 4239, info@merryland-hotel.com, www.merryland-hotel.com; zählt zur besseren Kategorie der einfachen Hotels, SatTV, AC, Kühlschrank, sauber, mF ....E+B 20, D+B 30
- **REMAL**, [4] Abdali (Seitenstraße, hinter Islamic Bank am Abdali-Terminal), Tel 462 6166, Fax 461 2736, www.remalhotel.com.jo; sauber, sehr hilfsbereit, alle Zimmer mit Balkon, Ventilator, organisiert günstige Trips, Internet, mF ....E+B 18, D+B 23
- **CARAVAN**, [1] 2*, Al Ma'moon St, gegenüber King Abdullah Moschee in abzweigender Seitenstraße, Tel 566 1195, Fax 566 1196, caravan@go.com.jo; Garten, Alkoholausschank, sehr sauber, sehr freundlich und angenehm, Ventilator, SatTV, Straßenseite sehr laut, bei Vorlage dieses Buches 10% Discount (auch bei Email-Buchung) vor dem Einchecken vorlegen, Internet, mF ....E+B 24, D+B 30
- **CANARY**, [6] 2*, Jebel Weibdeh, Tel 463 8353, Fax 465 4353, canary_h@hotmail.com, gehört zur Eignerfamilie des *Caravan*, davon 10 Minuten entfernt stadteinwärts, hinter

Übernachten

Terra Santa College gelegen, ruhig, angenehm, Garten, Alkoholausschank, günstig zu Downtown, da Service-Taxis quasi vorbeifahren, Ventilator, SatTV, sehr sauber, freundlich, Internet, bei Vorlage dieses Buches 10% Discount, vor dem Einchecken vorlegen, mF ....E+B 21, D+B 26
- **SELECT,** [7] 2*, 25 Ba'oniya St, Jebel Weibdeh, Tel 463 7101, Fax 463 7102, sales @select-amman.com, www.select-amman.com; Einrichtung erneuert, sehr sauber, Zentralheizung, einige Zimmer SatTV, AC, laute Straße, mF ....E+B 18, D+B 26
- **FIRAS PALACE,** [8] 3*, Jebel Weibdeh (südliche Straße, Abfahrt von Hussein St ausgeschildert), Tel 465 0404, Fax 465 0122, info@firaspalace.com, www.firaspalace.com, günstig zum Stadtzentrum gelegen, Steintreppe führt direkt zur Al Malek al Hussein St; sehr sauber und gepflegt, hübsches Restaurant im Lichthof, AC, SatTV, Kühlschrank, mF ....E+B 44, D+B 50
- **FIRAS WINGS,** [8] 2*, Jebel Weibdeh, Tel 462 2103, Fax 462 1999, Email über Schwesterhotel *Firas Palace,* Haus an Haus mit *Firas Palace Hotel;* mäßig sauber, AC, etwas abgewohnt, mF ....E+B 18, D+B 26

Im Geschäftsviertel Shmeisani gibt es eine Reihe guter Hotels

- **AMMAN MARRIOTT,** 5*, Isam Ajluni St, Tel 560 7607, Fax 566 0100, amman@marriotthotels.com, www.marriotthotels.com, komfortables Luxushotel, mF......................................D+B 120
- **REGENCY PALACE,** 5*, Queen Alya St, Sport City St, Tel 560 7000, Fax 66 0013, regency@nets.com.jo, komfortables Luxushotel, mF ....D+B 130
- **JERUSALEM INTERNATIONAL,** 4*, an Ausfallstraße nach Jerash, Tel 515 1121, Fax 515 9328, alcuds@jerusalem.com.jo, www.jerusalem.com.jo; etwas altmodisch, aber gut eingerichtetes Hotel, hauptsächlich für Geschäftsleute und Diplomaten, Al-Andalus-Nightclub, AC, SatTV, Minibar, sehr sauber, mF..E+B 118, D+B 135
- **AMBASSADOR,** 3*, Al Sharif Abdul Sharaf St, Tel 560 5161, Fax 568 1101, ambashtl@go.com.jo; ehemals bekannt, jetzt ein Hauch altmodisch, gute, großzügige und gepflegte Zimmer, offizieller Zimmerpreis verhandelbar, sehr sauber, AC, SatTV, Kühlschrank, mF.......E+B 40, D+B 54
- **ALQASR Metropole,** 4*, Al Aroup St, Shmeisani, Tel 568 9671, Fax 568 9673, reservation@alqasrmetropole.com.jo, www.alqasrmetropole.com; relativ ruhig gelegen, gepflegt, gut eingerichtet, sehr sauber, Bar, AC, SatTV, Minibar, Internet, mF............................E+B 95, D+B 110
- **COMMODORE,** 3* (besser eingerichtet), Abed Al Hameed St (Nähe Safeway St), Tel 5607185, Fax 566 8187, comedest@wanadoo.jo, AC, SatTV, Minibar, Internet, relativ große Zimmer, sehr sauber, mF ....E+B 45, D+B 55
- **MANAR,** 2*, Abdul Hamid Sharaf St, Tel 566 2186, Fax 568 4329, info@manarhotel.com, www.manarhotel.com; preiswertes Haus mit Pool, recht enge Zimmer, aber gut eingerichtet, teilweise Balkon, sehr sauber, sehr laut (Straßenseite), Bar mit Alkoholausschank, AC, SatTV, Minibar, Internet, mF...E+B 40, D+B 45
- **NEFERTITI,** 26 Al Jahed St, Shmeisani, Tel 560 3553, Fax 560 3865, Nähe *Ambassador Hotel,* viele orientalische Gäste, Besitzer spricht Deutsch, teilweise teilen sich jeweils zwei Räume ein Bad, Internet, sehr sauber, sehr freundlich, günstig gelegen, Frühstück JD 2... E/E+B 15, D/D+B 18

University of Jordan

- **AMMAN INTERNATIONAL,** 4*, Tel 534 8274, Fax 534 1714, aih@nets.com.jo, www.amman-international.com; neben Deutschem Evangelischen Institut, sehr sauber und gepflegt, Pool, AC, SatTV, Kühlschrank, mF...E+B 84, D+B 112

5 In Amman zurechtkommen - Praktische Informationen

- **AL AMERA APARTMENTS**, gegenüber dem Uni-Eingang, Tel 534 0101, Fax 533 4581, Apartments mit Kochgelegenheit werden ab einer Nacht vermietet, z.B. ein Raum ab .... JD 40/Nacht, bei längerem Aufenthalt Preisreduktion

Sweifiyeh
(siehe Plan Seite 126)
- **CROWNE PLAZA** (ehemals *Amra Forum*), [1] 5*, 6. Circle, Tel 551 0001, Fax 552 2709, info@ichotelsgroup.com, www.amman.crowneplaza.com; sehr frequentiertes Hotel, bei Geschäftsleuten beliebt, internationales Flair, viele Shops im Haus, gutes Café, sehr sauber, mit allen Annehmlichkeiten eingerichtet, mF .... E+B 170, D+B 210
- **LIWAN**, [3] 3*, Al Amerah Tagreed Mohammad St, Sweifiyeh, Tel 585 8125, Fax 585 8620, AlLiwanhotel@hotmail.com; am 6. Circle links, 1. St rechts, 2. links, 4. rechts, fast am Ende, AC, SatTV, Internet, Minibar, sehr sauber, gut eingerichtet, gegenüber Mosaikboden, aber teuer, mF .... E+B 40, D+B 50
- **TURINO**, [2] 3*, One Main Square, Sweifiyeh, Tel 581 6690, Fax 586 3051, turino@accessme.com, www.turino-hotel.com; gut eingerichtetes (etwas schwülstig) Hotel inmitten des Shoppinggebiets, sehr sauber, AC, SatTV, Kühlschrank, mF .... E+B 45, D+B 65

Airport
- **GOLDEN TULIP,** 4*, Queen Alia International Airport, Tel 445 1000, Fax 445 1029, reservation@goldentulipairportamman.com; zum Terminal fährt ein Shuttlebus, Pool, AC, SatTV, mF .... E+B 113, D+B 140

6
Der Norden

Alle folgenden Ausflüge sind so konzipiert, dass man Amman als Standort beibehält und abends in sein Hotel zurückkehrt. Das kann für den stressig werden, der gern mit Muße unterwegs ist. Dann lohnt es sich, nach Irbid umzuziehen und sternförmig von dort auf Erkundung zu gehen. Irbid bietet einen weiteren, vielleicht für manchen auch nicht so bedeutenden Vorteil: Das Universitätsviertel bzw. die Straße Shafiq Arshaydat ist fast kosmopolitisch lebendig. Nimmt man dort neben der Uni ein Hotel oder fährt von den billigeren Stadtunterkünften abends in dieses Viertel, kann man ein bisschen bummeln, gut essen und leicht mit Studenten in Restaurants oder z.B. Internetcafés ins Gespräch kommen.

Für die Planung ist gut zu wissen, dass von Jerash Minibusse u.a. nach Ajlun, Irbid und Mafraq (Besuch von Umm el Jimal) fahren.
Landschaftlich ist der Nordwesten Jordaniens von fruchtbaren Hügeln, Olivenhainen und Pinienwäldern geprägt, ein fast mediterranes Bild. Wo immer es geht, sind fleißige Bauern am Werk. Aber dieser Eindruck ändert sich, je weiter man nach Osten vordringt. Dort herrscht zunächst Halbwüste vor, die später in Vollwüste übergeht.

Jerash – Ajlun – Irbid – Umm el Jimal

Man verlässt Amman wie im Abschnitt *Straßennetz von Amman* (siehe Seite 140) beschrieben. Die sehr gut ausgebaute, meist vierspurige Straße zieht sich durch gebirgiges Gelände, das – wo immer möglich – von fleißigen Bauern landwirtschaftlich genutzt wird. Der Besuch von Jerash wird Sie vermutlich einen knappen Tag beschäftigen, den Sie mit einem Abstecher nach Ajlun abschließen könnten. Denn die dortige Burg lässt sich in kurzer Zeit besichtigen, man kann dann bei schöner Aussicht relaxen.

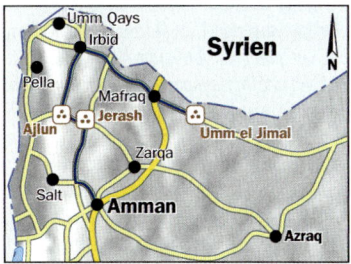

Sehenswertes

- ****Jerash (Gerasa)**, sehr gut erhaltene, sehr beeindruckende römische Ruinenstadt, die viel von ihrer Geschichte und vom römischen Leben vor 2000 Jahren preisgibt, Seite 164
- ***Irbid**, drittgrößte Stadt Jordaniens, quicklebendig, mit großen Universitäten und interessantem *Museum of Jordanian Heritage*, Seite 178
- **Ajlun** mit **Burg Qala'at ar Rabad,** hoch über dem Ort gelegene mamlukische Festung, guter Ausblick, Seite 174
- **Umm el Jimal**, weitgehend zerstörte, schwarze Ruinenstadt in der Basaltwüste, interessant sind Bautechnik und Wasserversorgung, Seite 181
- *Dibbin Forest Reserve**, ziemlich dicht bewaldeter Picknick-Park mit Restaurant und Hotel-Bungalows, Seite 174

6 Der Norden

55 km von Amman bis

****Jerash

Jerash ist gleichbedeutend mit dem antiken **Gerasa**, einer einst wohlsituierten römischen Provinzstadt, und gleichbedeutend mit einer der Hauptsehenswürdigkeiten Jordaniens. Aus touristischer Sicht folgt es Petra auf Platz zwei der Sehenswürdigkeiten. Gerasas historischer Teil ist in einem Zustand erhalten, der die Erwartungen weit übertrifft: Man braucht nicht viel Fantasie, um sich das Leben dieser Stadt vor 2000 Jahren vorzustellen. Täglich stattfindende Gladiatorenkämpfe und Wagenrennen helfen der Fantasie zusätzlich auf die Sprünge (siehe weiter unten).

Hintergrund: Als Jerash/Gerasa 63 vC vom römischen Feldherrn Pompejus erobert und vom griechischen Namen Antiochia in die ursprüngliche Bezeichnung Gerasa umgetauft und in den Dekapolis-Städtebund eingegliedert wurde, hatte der Ort schon eine abwechslungsreiche Geschichte hinter sich. Ab etwa 6000 vC gibt es Hinweise auf eine Besiedlung, doch erst seit Alexander dem Großen entwickelte sich die Siedlung zu nennenswerter Größe. Zeitweise wurde sie Antiochia Chrysorhoas (Goldfluss) genannt.

> **Dekapolis**
>
> Ganz geklärt ist der (Zehn-)Städtebund *Dekapolis* der Römer nicht. Man kann aber annehmen, dass es ein wirtschaftliches Zweckbündnis war, ähnlich dem deutschen Hanse. Es stellte diese Städte, auch politisch, deutlich unabhängiger. Unter anderen waren die Städte Philadelphia (Amman), Gerasa (Jerash), Gadara (Umm Qays), Pella, Abila und Damaskus beteiligt. Vermutlich hatten sich schließlich 10–18 Städte des Ostjordanlandes zusammengeschlossen.
> 62 vC von Gnaeus Pompejus gegründet, existierte das Städtebündnis bis etwa 200 nC.

Als die Nabatäer ihr Reich auch nach Norden ausdehnten, entwickelte sich Gerasa zwischen 84 und 72 vC zu einem Handelsstützpunkt auf dem Nordabschnitt der Weihrauchstraße nach Damaskus. Unter den Römern wuchs die Siedlung durch die Gründung des Zehn-Städte-Bunds (Dekapolis) und den Erzfunden in den Bergen von Ajlun zu einer wohlhabenden Stadt. Nach dem Muster römischer Städte wurde sie mit der in Nord-Süd-Richtung verlaufenden, von Kolonnaden gesäumten Achsenstraße (Cardo Maximus) und der rechtwinklig kreuzenden Ost-West-Achse (Decumanus) völlig neu gestaltet. Nur der Zeustempel verblieb aus Pietät an seinem angestammten Platz.

Unter Kaiser Trajan stieg Gerasa zum kommerziellen Zentrum der Provinz Arabia auf. 129 nC besuchte der römische Kaiser Hadrian Gerasa; zu seinen Ehren hatte man den südlichen Triumphbogen errichtet. Zwar entwickelte sich Gerasa langsam weiter, aber mit dem beginnenden 4. Jh setzte der Niedergang ein, vor allem die Verlegung der Landkarawanen auf Schiffstransporte und der Untergang Palmyras waren die Auslöser. In der Mitte des 5. Jh war die Christianisierung, mit Gerasa als Bischofssitz, mit Kathedrale und Kirchen abgeschlossen, zu denen unter Justinian (527-565) weitere hinzugefügt wurden. Doch 614 fielen die Perser plündernd über die Stadt her, wenig später kamen muslimische Eroberungsheere; 747 besorgte das schlimmste Erdbeben der Region fast den Rest. Gerasa dämmerte dahin, 1120 eroberte es Balduin II, König von Jerusalem.

Danach erlosch das Leben in den Ruinen vollständig, bis die Osmanen, 1878, Tscherkessen östlich des Wadi Jerash ansiedelten. Diese benutzten zunächst die Ruinen als willkommene Spender von Baumaterial, unhandliche Säulen wurden kurzerhand zersprengt. Zum Glück überbauten sie nur den weniger wichtigen ehemaligen Wohnbereich ("Schlafstadt") im Osten Gerasas.

****Jerash

Seit 1925 wird die Stadt systematisch erforscht und ausgegraben; man schätzt allerdings, dass erst etwa 10 Prozent der möglichen Funde geborgen sind.

Topografie der Stadt: Das Gebiet von Gerasa, auf das sich heute die Besucher konzentrieren, war damals das Geschäfts- und Repräsentationszentrum. Der „Goldfluss" Chrysorhoas – heute Wadi Jerash – teilte die Stadthälfte, die Sie besichtigen werden, vom Wohn- und Villenviertel ab, das sich östlich des Wadi ausbreitete, verbunden durch zwei Brücken, von denen die Südbrücke bis heute erhalten ist. Die Hauptverkehrs- und Repräsentationsstraße (Cardo Maximus) verlief über etwa 700 m Länge vom repräsentativen Südtor zum einfacheren Nordtor, war von Kolonnaden gesäumt und auf der gesamten Länge mit Steinplatten belegt, die einen Abwasserkanal verdeckten. Zwei von West nach Ost weisende Querstraßen (Decumani) kreuzten den Cardo Maximus und führten über die beiden Brücken in den Ostteil von Gerasa. Zwischen den Nebenstraßen verliefen weitere Gassen, die der Stadt ein eindeutig rechtwinkliges Raster gaben.

Man stellt sich unwillkürlich die Frage, warum Gerasa ausgerechnet an dieser Stelle entstand, wo noch nicht einmal die Topografie günstige Voraussetzungen bot. Denn der stellenweise ziemlich starke Geländeabfall Richtung Flussbett setzte bei größeren Bauten eine Geländenivellierung voraus, die mit vielen Mühen und Kosten verbunden war.

Den Historikern ist es bisher nicht gelungen, eine befriedigende Antwort zu finden. Sicherlich spielte der stets Wasser führende Bach eine wichtige Rolle, aber auch Zufallsentscheidungen können beigetragen haben.

Kennenlernen: Von Amman kommend fällt bereits bei der Anfahrt, links der Straße, der 129 nC errichtete und immer noch imposante Triumphbogen für Kaiser Hadrian auf. Kurz zuvor biegt man nach einer Ampel links ab zum

> **Interessantes für Eilige**
> Südtheater
> Forum mit Kolonnadenstraße
> Nymphaeum
> Artemis-Tempel

neuen **Visitor Center**. Aller Anschein spricht dafür, dass dieses Center angelegt wurde, um die Besucher zusätzlich zu melken: Wie bei einer deutschen Tankstelle muss man an allen möglichen Auslagen/Shops vorbeimäandern, um sein Ticket zu lösen (8-19, Winter 8-17, JD 8).

Das dreiteilige **Hadrianstor** – 129-130 nC "zur Erinnerung an den Besuch des Kaisers errichtet", wie eine Inschrift an der Nordseite besagt – erreichte einst die stattliche Höhe von 21,5 m (fast neun heutige Stockwerke!) und nahm für seine drei Tore eine Breite von 25 m ein. Der mittlere Bogen öffnet sich, bei 6 m Breite, 11 m hoch, die beiden kleineren seitlichen sind gute 5 m hoch. Die Anlage wurde erst kürzlich aus den herumliegenden Trümmern wieder komplett zusammengesetzt.

Zwar ist stets die Rede vom Triumphbogen für Hadrian, tatsächlich ist das Bauwerk zumindest auch als Stadttor konzipiert worden, denn der baulichen Anschlüsse für die Stadtmauer wurden nur verblendet. Vermutlich war geplant, die Stadt bis zu diesem Tor nach Süden zu erweitern, wozu es aber nie kam.

Auf dem Weiterweg folgt das **Hippodrom,** in dessen Areal ein paar Sitzreihen erhalten blieben. Die 244 m lange Pferderennbahn bot

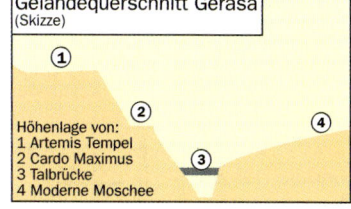

6 Der Norden

immerhin 15 000 Zuschauern Platz, für römische Verhältnisse eine eher kleine Anlage.

Hier finden täglich ziemlich spektakuläre römische **Gladiatoren- und Wagenrennen-Vorführungen** (Tel 02 634 2471, info@jerashchariots.com, www.jerashchariots.com) statt, die etwa 45 Minuten dauern. Sa-Do jeweils um 11 und 14, Fr 10 Uhr, zusätzlicher Eintritt JD 12 pP, Kinder unter 12 Jahren JD 2.

Der Weg zum Südtor führt am JERASH RESTAURANT UND RESTHOUSE sowie am alten Visitor Center vorbei (gutes Modell von Gerasa).

Die eigentliche Besichtigung beginnt mit dem ebenfalls unter Hadrian erbauten und ebenfalls imposanten **Südtor**. Es ist dem Hadrianstor bis hin auf kleine Details ähnlich, wenn auch nicht ganz so monumental wie das offensichtliche Vorbild. Es wird daher angenommen, dass es die Spende Hadrians an die Stadt war, die ihm einen solch aufwendigen Triumphbogen errichtet hatte.

Das Südtor war eines von insgesamt vier Toren in der 3,5 km langen Stadtmauer, die im 1. Jh nC errichtet wurde. Die Mauer war bis zu 2,5 m breit und wurde auf ihrem Weg um die Stadt von einer Vielzahl quadratischer Türme zusätzlich verstärkt. In der Nähe des Südtors ist noch ein Stück der Stadtmauer erhalten.

Wir wollen uns zunächst mit den gleich links vom Tor und direkt vor dem Ovalen Forum liegenden Bauwerken beschäf-

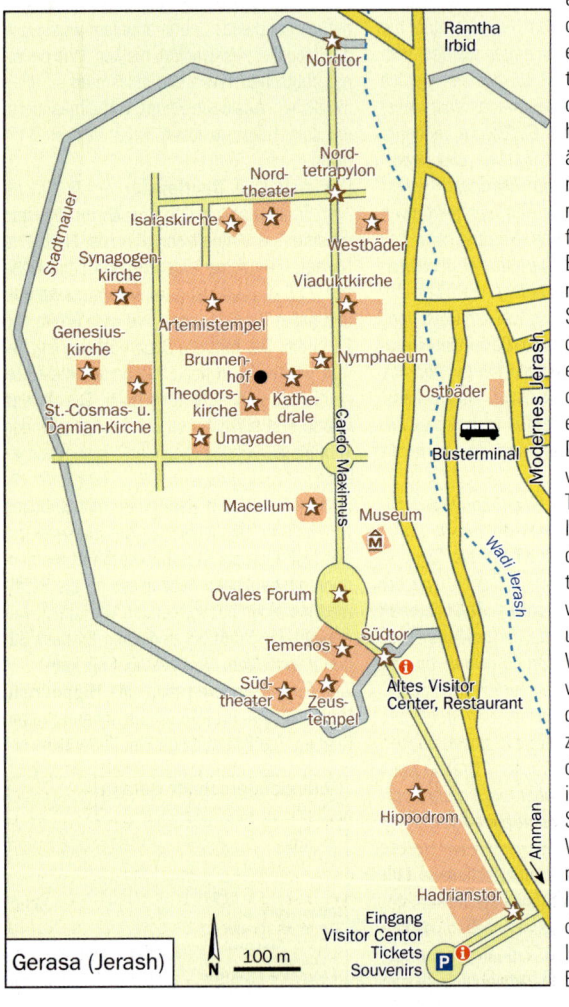

Gerasa (Jerash)

****Jerash

Blick auf Ovales Forum, alte und neue Stadt (Foto des Cardo Maximus siehe Seite 77)

tigen. Der Weg führt an einer imposanten Mauer entlang, die ein Tor aufweist. Dort sollte man unbedingt hineingehen, nicht nur der Kühle wegen. Die mächtigen Gewölbe dienten als tragende Konstruktion und zum Geländeausgleich des darüber liegenden Temenos, des heiligen Bezirks. Sie wurden erst kürzlich renoviert und dienen nun als interessante Ausstellungshalle mit Mauerdetails, restaurierten Farben etc. Rechts hinten steht ein komplettes Modell des ehemaligen Zeustempels, das sehr gut die oberhalb des Gewölbes liegenden, eher schwierig zu interpretierenden Bruchstücke lebendig macht.

Nur wenige Schritte nach den Gewölben führt links eine breite, rekonstruierte Treppe zum Temenos hinauf. Er diente als Sakralplatz vor dem im 2. Jh nC errichteten **Zeustempel**, der wiederum auf ein älteres Bauwerk aus dem 1. Jh nC zurückgeht. Ursprünglich war der Platz gepflastert, von zwei Mauern umgeben, die einen Korridor bildeten und schön dekoriert waren. Im Hof stand ein Altar.

Der flächenmäßig kleinere Zeustempel erhebt sich oberhalb des Temenos, zu dem eine breite, heute weitgehend verschüttete Treppe hinaufführte. Die beim Erdbeben eingestürzten Mauern ragen noch immer gute 10 m auf. Von den ehemals 15 m hohen Säulen – 38 an der Zahl – wurden drei wieder aufgerichtet, angeblich nicht ganz korrekt. Sie vermitteln aber einen Eindruck von den Ausmaßen des Tempels.

Direkt neben dem Zeustempel ist das **Südtheater** in den Berg gebettet bzw. von Tonnengewölben abgestützt. Es gehört zu den schönsten Bauwerken der Stadt. Der im 1. Jh nC erbaute und zumindest teilweise von wohlhabenden Bürgern finanzierte Komplex wurde wahrscheinlich ebenfalls durch das katastrophale Erdbeben 747 zerstört und ab 1925 restauriert. Er ist, wie die meisten römischen Theater, nach Norden ausgerichtet, damit die Zuschauer nicht von der Sonne geblendet werden.

Die Anlage bietet etwa 4 000 Besuchern auf 32 Sitzreihen Platz, die in zwei Ränge unterteilt sind. Die Sitzplätze waren offenbar nummeriert, noch heute sind – vor allem rechts der Bühne – griechische Zahlen zur Kennzeichnung der Sitze zu entdecken. Die Zuschauer gelangten entweder durch Seiteneingänge neben der Orchestra zu den Plätzen der unteren Ränge oder durch die Gewölbegänge auf der Rückseite zu den oberen Sitzreihen. Der Zuschauerbereich wird durch eine profilierte Barriere von der Orchestra getrennt. Die Bühnenkulisse war ursprünglich zwei Stockwerke hoch, wurde aber nur bis zum ersten Stock wieder aufgebaut. Von den obersten Sitzreihen können Sie den bes-

6 Der Norden

ten Aus- und Orientierungsblick über Gerasa genießen.

Von dort sehen Sie auch das zu Ihren Füßen liegende **Ovale Forum**, das ebenfalls zu den großen Highlights von Gerasa gehört. Noch immer ist es mit den Original-Steinplatten gepflastert und von 56 ionischen Säulen begrenzt – ein architektonisch beeindruckender Anblick. Die Säulen tragen Namensinschriften, die den edlen Spender bis in unsere Zeit festhalten. Auch dieser Platz ruht auf einem Sockel, der mit 6–8 m Höhe eine Senke des Geländes ausgleichen musste. Der Aufwand, den die Planer in das Forum steckten, diente nicht zuletzt der Anpassung zweier Achsen, denn der auf hellenistische Ursprünge zurückgehende Zeustempel trifft schräg auf die Achse des Cardo Maximus. Mit der durchdachten Form des Forums gleichen sich beide Ausrichtungen unmerklich einander an.

Das Forum mündet in den **Cardo Maximus**, die 700 m lange Kolonnade zum Nordtor, mit ebenso noch erhaltenem Original-Straßenpflaster. Noch heute können Sie die Spuren der vielen tausend Wagenräder erkennen, die sich in das Pflaster eingraviert haben. Unter dem Pflaster lagen die (noch erhaltenen) Abwasserkanäle. Wenn Sie nun auf dem Cardo wandeln, dann stellen Sie sich vor, welch reges Leben auf dieser einst von 260 zumeist korinthischen Säulen flankierten Straße herrschte. Die Säulen auf der linken Straßenseite sind unterschiedlich hoch – sie passten sich den dort stehenden Gebäuden in der Höhe an.

Rechts der Kolonnade steht das **Museum** (Mi-Mo 9-17, Di 9-13, Fr 10-14; Eintritt frei), das aus dem ehemaligen Resthouse hervorgegangen ist und Fundstücke aus Gerasa (Tonkrüge, Werkzeuge, Mosaike u.a.m.) zeigt. Schräg gegenüber wurde erst in jüngster Zeit von einem spanischen Team das **Macellum**, der römische Lebensmittelmarkt, ausgegraben. Die Spanier apostrophieren es von den Proportionen her als eines der besten Beispiele im Römischen Reich. Den Mittelpunkt des Marktes bildet ein noch gut erhaltenes Oktogon, in dem sich ein Brunnen befand. Kammern an den Seiten des Hofes beherbergten Händler und Geldwechsler. Einige löwenförmige Stützen für die Tische der Händler sind noch erhalten.

Zu Beginn der Grabung hatte man Inschriften auf Säulen gefunden, die von einer *Agora* sprachen; diese – wie sich später herausstellte – nicht zutreffende Bezeichnung hat sich ziemlich festgesetzt und ist auch heute noch auf einigen Plänen zu lesen.

Weiter auf dem Cardo Maximus nach Norden gehend, stoßen Sie bald auf die wichtigste antike Straßenkreuzung, die einst durch den **Süd-Tetrapylon** (besser erhalten als der Nord-Tetrapylon) gekennzeichnet war. Auf den vier Basen erhoben sich vier durch Architrave verbundene Säulen. Die hier abzweigende Straße (Decumanus) führte nach Westen zum Westtor, nach Osten, über eine Brücke, zu den Ostbädern und dem Wohnbereich der Stadt. Unterhalb des Straßenbelags wurden hier die Abwasserkanäle zu einem Ablaufkanal zusammengefasst, der in den Chrysorhoas mündete.

Dänische Archäologen entdeckten, 2002, direkt am Süd-Tetrapylon eine **omayadische Moschee**, die etwa 1500 Gläubigen Platz bot. Am westlichen Ende des Decumanus wurde ein omayadisches Wohnviertel gefunden, das im 7. und 8. Jh bewohnt war.

Doch folgen wir weiter der Kolonnade. Etwa 100 m von der Kreuzung entfernt liegen links die etwas spärlichen Reste der sogenannten **Kathedrale**, die auf den Fundamenten des nabatäischen **Dhushara-Tempels** steht, der später vermutlich in einen Dionysos-Tempel umgewandelt worden war. Es handelt sich um eine dreischiffige Säulenbasilika aus dem 4. Jh, zu der ein monumentaler Eingang und Treppen hinaufführen. Man stößt zunächst auf die äußere Apsiswand mit einer im 5. Jh hinzugefügten Nische zu Ehren der Jungfrau Maria. Da die Kathedrale in den bereits existierenden Baubestand eingefügt werden musste, hatten die Besucher an der Apsiswand vorbeizugehen, um sie seitlich betreten zu können.

In westlicher Richtung schließt sich an die Kathedrale der **Brunnenhof** mit einem Brunnen an, von dem berichtet wurde, dass sich sein Wasser jeweils am Jahrestag der biblischen Hochzeit zu Kanaa in Wein verwandelte – diese Fähigkeit ging, wie so vieles, in Gerasa leider verloren. Westlich des Brunnenhofs stehen die Reste der **Theodorskirche**, die laut Inschrift zwischen 494 und 496 erbaut wurde. Im Gegensatz zur Kathedrale dehnt sich hier die Apsis auf die volle Breite des Mittelschiffs aus. Hohe korinthische Säulen und ein eher seltsam geformtes, schiefwinkliges Atrium lohnen einen Blick.

Kehren wir zum Cardo Maximus zurück. Gleich nördlich des Kathedralenzugangs steht das **Nymphaeum**, der imposante Stadtbrunnenbau. Das prächtig geschmückte, zweigeschossige Gebäude wurde 191 nC errichtet. Das Erdgeschoss war marmorverkleidet, das Obergeschoss mit bemaltem Stuck verziert. In den von korinthischen Säulen flankierten Nischen standen Statuen, die im Untergeschoss vermutlich Gefäße in den Händen hielten, aus denen sich Wasser ins Bassin ergoss. Im Schmuckfries oberhalb der Nischen können Griechischkenner (links) den Namenszug "Gerasa" entziffern. In der Rückwand des Untergeschosses sind sogar noch die Öffnungen für Wasserleitungen erkennbar.

Als Nächstes folgt nordwestlich das imposanteste Bauwerk der Stadt, der **Artemis-Tempel**. Die Jagd- und Fruchtbarkeitsgöttin Artemis, Tochter von Zeus, war die Schutzgöttin von Gerasa; ihr wurde – nach einem Vorläuferbau – ein entsprechend großes Bauwerk vermutlich in der Mitte des 2. Jh errichtet. Um überhaupt eine ebene Fläche für die große Plattform in der Hügellandschaft ausrichten zu können, mussten nördlich und südlich bis zu zweigeschossige Gewölbe als Basis ge-

Das Südtheater wird gerade für Ramadan geschmückt

6 Der Norden

schaffen werden. Ursprünglich war der Tempel von Säulen umgeben, die aber nahezu alle verschwunden sind, weil sie besonders den Kirchen als Baumaterial dienten.

Um die vorchristliche Situation besser zu verstehen, sollten Sie zunächst einen Blick auf bzw. in die rechts am Cardo Maximus, also gegenüber dem Tempelaufgang, stehende **Viaduktkirche** werfen. Sie überbaut die römische Via Sacra, die Heilige Straße, die ursprünglich aus dem östlichen Wohnbereich über die Nordbrücke zu einem Propyläenhof, vor Überquerung des Cardo, führte. Hier bereitete sich der römische Gläubige – der häufig nach einem Bad in den Ostthermen zu seinen Göttern eilte – auf den Besuch vor, überquerte dann den Cardo und stieg hinauf zum Tempel.

Als mit Einzug des Christentums kein Bedarf mehr für den Propyläenhof bestand, nutzten die Architekten das vorhandene Material für die Viaduktkirche, die auf Gewölben und Stützmauern über dem abfallenden Hang ruht. Von der Apsis der Kirche ergibt sich ein sehr guter Blick hinauf zum Artemis-Tempel - ähnlich, wie ihn die Gläubigen einst hatten, die voller Ehrfurcht dem Heiligtum entgegenstrebten.

Lassen Sie sich nicht von der Vorhalle am Cardo täuschen, der eigentliche Tempel steht einige Stockwerke höher und weiter im Hintergrund: Der Gläubige hatte einen Weg der Sammlung über sieben Treppenfluchten zu gehen, um in den Tempel zu gelangen.

Es ist tatsächlich auch dem heutigen Besucher zu empfehlen, den etwas mühseligeren Treppenaufstieg zum Tempel und nicht den bequemen Fußweg am Nordtheater aufwärts zu nehmen; denn auch heute noch erschließt sich der Tempel von hier aus am besten. Der Cardo war hier von zweistöckigen Geschäften gesäumt, die durch vier mächtige Säulen unterbrochen wurden, gewissermaßen als Markierung für den sogenannten Propyläenaufgang über die knapp 20 m breiten Treppenstufen. Auf dem ersten Abschnitt angekommen, öffnet sich der Blick auf eine wesentlich weitere Fläche, die sogenannte Altar-Terrasse, die 150 nC vermutlich auf einem Vorgängerbauwerk angelegt wurde. Hier stand einst ein Altar (nur noch Fundamente vorhanden), der einer großen Anzahl von Gläubigen die Teilnahme an der Opferzeremonie ermöglichte.

Die jetzt folgenden drei **Treppenabschnitte** sind 120 m breit, fast so breit wie der Temenos des Artemis-Tempels, den man mit der letzten Stufe betritt. Zwar ist dieser heute ein Allerweltsplatz, ursprünglich war er jedoch von Säulengängen umgeben, die fast schon einem Säulenwald gleichkamen. Der Temenos stand auf mächtigen Gewölbe-Unterbauten, ebenso wie der eigentliche Tempel. Diese Konstruktion ist an der Südecke neben der Stufenstraße gut zu erkennen.

Der **Artemis-Tempel** selbst steht auf einem 4 m hohen, 23 m breiten und 40 m langen Podium. Von den einst 32 Tempelsäulen ragen noch elf an ihrem ursprünglichen Platz auf. Mit ihren korinthischen Kapitellen gehören sie zu den absoluten und meist fotografierten Schmuckstücken des antiken Gerasa. Die recht große Cella des Tempels war ursprünglich marmorverkleidet, an ihrem Westende

Nymphaeum (die Wasserleitungsöffnungen sind erkennbar)

erhob sich das Kultbild der Göttin auf einem erhöhten Sockel. Wahrscheinlich war dieser Bereich ausschließlich den Priestern vorbehalten, die Bürger durften sich nur auf dem Hof bis zu den Treppen aufhalten. Dort befand sich für sie ein zusätzlicher Altar. Der Kult scheint sich noch bis ins 5. Jh gehalten zu haben, danach fanden viele Bauteile ihre neue Verwendung in Kirchen und anderen Bauten.

Im Gelände hinter dem Artemis-Tempel stößt man auf die Ruinen einiger Kirchen. Zu den stark zerstörten und daher weniger interessanten Bauwerken gehören die Genesius- und St.-Peter-und-Paul-Kirche sowie die Synagogenkirche; wobei die letztere geschichtlich insofern Aufmerksamkeit verdient, als sie auf eine Synagoge zurückgeht. Auf deren Mauern wurde im 6. Jh mit viel Aufwand eine Kirche gebaut, die daher z.B. zwei Eingänge neben der Apsis besitzt. Dagegen lohnt sich der Abstecher zur **St.-Cosmas-St.-Damian-Kirche**, deren Stifter Zwillingsbrüder waren. Die Bodenmosaike sind sehenswert; das Stifterpaar hat sich hier neben diversen Tieren, wie Schafen und Gazellen, verewigen lassen. Man kann nur über die relativ hohe Mauer schauen, da die Gebäudereste nicht zugänglich sind. Die Kirche ist direkt an die

Schmuckstück von Gerasa: die Säulen des Artemis-Tempels

6 Der Norden

St.-Johannes- und die **St.-Georg-Kirche** angebaut, so dass das Ensemble allgemein als Dreifachkirche bezeichnet wird.

Von hier aus gehen Sie am besten zum Cardo Maximus zurück und diesen in der ursprünglichen Richtung weiter. Bald erreichen Sie die nördliche Kreuzung mit dem **Nord-Tetrapylon**. Rechts, unterhalb des Cardo, liegen die Westbäder (die ehemaligen, heute stark heruntergekommenen Ostbäder liegen auf der anderen Seite des Wadis, in der modernen Stadt, d.h. an der Busstation).

Der Cardo führt weiter zum Nordtor, doch wir biegen links ab und sehen westlich des Tetrapylons das **Nordtheater** aus dem 2. Jh nC, das zunächst 800 Zuschauern Platz bot, später aber auf die doppelte Kapazität erweitert wurde, was bautechnisch nicht einfach war.

Sie können nun über den Fußweg oberhalb des Cardo und am Artemis-Tempel vorbei oder auf der Flanierstraße Cardo zurückgehen oder sich noch weiter mit Details von Gerasa beschäftigen.

Außerhalb des eigentlichen Ruinengeländes lässt sich noch ein Abstecher in das nördlich gelegene **Birketein** anschließen. Dies war ein Vorort von Gerasa, in dem ein zweibeckiges, großes Wasserreservoir und das dritte Theater von Gerasa, das sogenannte **Festtheater**, im 3. Jh geschaffen worden waren. Über viele Jahrhunderte wurde hier, mit großer Prozession von Gerasa aus, ein beliebtes, vermutlich auf einen phönikischen Gott zurückgehendes Fest namens Maiuma gefeiert. Bei Wasserspielen wurden nackte Frauen rituell untergetaucht.

Die Christen verurteilten dieses Treiben als schamlos, Verbote scheinen aber nicht viel geholfen zu haben, bis man das Fest christlich so modifizierte, dass die Obrigkeit keinen Anstoß mehr nahm. Eine Kirche, deren Reste in den 80er Jahren ausgegraben wurden, spricht für den Sinnes- und wohl auch Sittenwandel. Die Bedeutung des Theaters am Hang, neben dem Becken, bleibt unklar, zumal nur von den obersten Zuschauerrängen der Blick auf das Treiben im Becken möglich war.

Das etwa fußballfeldgroße Reservoir ist gut erhalten. Man fährt an Gerasa vorbei nach Norden, biegt am ersten Abzweig nach dem Ruinenfeld links, nach ca. 100 m rechts ab. Nach 1,6 km (ab altem Visitor Center) stößt man auf das Wasserbecken.

Samstags, montags und mittwochs kann man von 20.30-21.30 Uhr das Erlebnis Jerash mit einer Light and Sound Show ausklingen lassen.

Praktische Informationen

▶ Im (alten) **Visitor Center,** kurz vor dem Südtor, sollen die Besucher u.a. mit einem guten Modell der antiken Stadt auf den Besuch eingestimmt werden. Tickets werden hingegen nur im **neuen Visitor Center** am Hadrianstor verkauft; Eintritt JD 8, Öffnungszeiten 7-17, Winter 7.30-16.30 Uhr.

Am **Wochenende** und an **Feiertagen** drängeln sich Ausflügler zwischen den Ruinen; besuchen Sie die Stätte am besten außerhalb des jordanischen Wochenendes. Es gibt übrigens einige weiterführende englischsprachige Bücher zu Gerasa hier oder in Amman zu kaufen, die dem Interessierten empfohlen seien.

Jordan Festival

Jährlich im August oder September (der genaue Termin variiert) findet das besonders im arabischen Raum beliebte Jordan Festival mit international besetzten Theateraufführungen, Konzerten, Literaturlesungen und jeder Menge Folklore für über zwei Wochen statt. Es wurde 1981 von König Husseins vierter Frau, Königin Noor, initiiert und entwickelte sich zum kulturellen Höhepunkt nicht nur Jordaniens, sondern der Region. Wer sich das Programm im Internet anschaut, staunt über die gebotene Fülle und Vielfältigkeit. Die Veranstaltungen sind aus dem ehemaligen Jerash Festival hervorgegangen. Es wurde 2008 zusätzlich auf Amman und Petra erweitert.

****Jerash

Zumindest zur Eröffnung ist das antike Theater bis auf den letzten Platz besetzt. Konzerte vor der römischen Kulisse und beste Akustik unter freiem Himmel ziehen scharenweise Besucher an. Dann wimmelt es tagsüber von noch mehr Menschen zwischen den Ruinen. Während dieser Zeit putzt sich der Ort Jerash mit geschmückten Straßen heraus, an denen kunsthandwerkliches Arbeiten – Schmuck, Teppiche etc. - vorgeführt und die Ergebnisse verkauft werden.

- Auskünfte erteilt das Jordan Tourism Board, Amman, Tel 06 567 8444, www.visit-jordan.com/jordanfestival.

Busverbindungen

▶ Busse, Minibusse und Service-Taxis fahren laufend vom Tabarbor-Terminal in Amman ab. Achtung, steigen Sie, von Amman kommend, gleich am Ortseingang dort aus, wo Sie die ersten Ruinen sehen und gehen Sie links zum Visitor Center/Ticketschalter, andernfalls laufen Sie vom Busterminal 1,5 km zurück und dann erneut in dieselbe Richtung.

▶ Busse nach Amman fahren z.T. vom Visitor-Center (bei Ankunft erkundigen) oder aus dem Ort Jerash ab. Dazu muss man auf der Hauptverkehrsstraße Richtung Jerash weitergehen und auf der ersten, der antiken Südbrücke – heute Fußgängerbrücke – das Wadi überqueren. Von hier aus fahren in kurzen Abständen auch Busse nach Irbid, Ajlun und Amman.

▶ Ein Minibus-Terminal liegt ca. 100 m nach der Ampelkreuzung am Hadrianstor. Von hier fahren Minibusse in die Umgebung und nach Irbid, auch – seltener - nach *Huduiniah*, mit denen man der Burg von Ajlun relativ nahe kommt: Dem Fahrer Bescheid geben, dass man zur Burg will, damit dieser anhält, bevor er von der Burgstraße abbiegt (von dort noch ca. 10 Minuten Fußmarsch zum Ziel). Andernfalls muss man für den Weiterweg nach Ajlun an der Ampel stehen bleiben und hier abbiegende Busse stoppen, die allerdings nicht zur Burg fahren, dann ist man in Ajlun auf ein Taxi angewiesen.

Essen und Trinken

Der touristischen Bedeutung angemessen, bietet Jerash einige bessere und teurere Restaurants. Wer preiswerter essen will, muss in den Ort gehen und sich eines der lokalen Restaurants aussuchen.

- JERASH RESTAURANT und RESTHOUSE (am alten Eingang zu den Ruinen, d.h. am Südtor); recht gutes Buffet, teuer.
- EL KHAYYAM RESTAURANT, (sehr) schräg gegenüber dem alten Visitor Center an der Hauptstraße; relativ preiswert und gut.
- LEBANESE HOUSE RESTAURANT, an der Straße nach Ajlun (am ersten Circle nach Ajlun abbiegen, erste Straße links, nach kurzem Steilstück links, ausgeschildert). Immer wieder als bestes libanesisches Restaurant des Landes gelobt, teuer, aber tatsächlich sehr gut.
- GREEN VALLEY RESTHOUSE (2 km vom Visitor Center Richtung Amman); jordanische

Die (renovierte) römische Brücke verbindet heute Gerasa mit Jerash

6 Der Norden

Spezialitäten, preiswert, auf Gruppenabfertigung eingerichtet.

Übernachten

In Jerash selbst gibt es nur in der Nähe des Ausgrabungsgeländes ein sehr einfaches Hotel, denn die meisten Besucher kommen in Tagesausflügen von Amman aus in die antike Stadt.

- **DIBBIN RESTHOUSE**, Dibbin Park (13 km von Jerash entfernt), soll 2008/9 unter neuem Besitz komplett umgestaltet und neu eröffnet werden.
- **OLIVE BRANCH RESORT**, 3*, Tel 02 634 0555, Fax 634 0557, olivekh@go.com.jo, www.olivebranch.com.jo; 900 m hoch und einsam gelegenes Hotel, westlich von Jerash, herrlicher Blick fast bis Amman, kein Lärm, klare Luft, freundliche Besitzer (Jordanien-Amerikaner), Pool, gut zum Relaxen, war 2008 abgewohnt, soll renoviert werden, gutes Restaurant, auch mit lokaler Küche, mF .... E+B 35, D+B 50

Camping (auch Wohnmobile) pP 12, im hoteleigenen 4-Personenzelt pP 14

▶ **Anfahrt** zum Hotel: Nach 5 km an der Straße nach Ajlun zweigt kurz vor der ersten Anhöhe rechts eine Straße nach Suf ab. Dieser bis zum nächsten Abzweig folgen, 2 km vom Abzweig der Ajlun-Straße ist das Hotel erreicht. Taxi von Jerash ca. JD 4-5, Minibus billiger, aber ca. 1 km Fußmarsch, falls Fahrer nicht Umweg zum Hotel einschlägt.

Auf dem Weg nach Norden wollen wir einen Umweg über Anjara nach Ajlun einlegen. Als Abstecher auf diesem Umweg bietet sich die ***Dibbin Forest Reserve** an. Wenn man am südlichen Ortsende von Jerash nach Westen, Richtung Ajlun, abbiegt, ist nach 2 km der Abzweig zum Park ausgeschildert. Neben hübscher Landschaft, schattigen, zum Teil betagten Bäumen und einem von Jerash 13 km entfernten Resthouse mit einem kleinen Vergnügungspark und Bungalows bietet der Park viel Natur, was man schon an der würzigen Luft bemerkt. Besonders im Sommer wird der Park mit seinen Picknick-Plätzen an Wochenenden von der lokalen Bevölkerung überflutet. Von hier aus geht es auf schmaler Straße auch weiter nach Ajlun.

Doch wir wollen auf der Hauptstraße von Jerash nach Ajlun (23 km) fahren. Nach Überqueren einer Anhöhe geht es hinunter nach **Anjara**. Hier soll Maria mit Jesus auf ihrem Weg von Galiläa nach Jerusalem in einer Höhle Station gemacht haben. Eine lebensgroße Holzstatue von Maria mit Jesus, die in einer Grotte der katholischen Kirche aus dem 19. Jh. steht, erinnert daran. Sie ist ein beliebtes Pilgerziel. Direkt neben der Höhle wurde 2000 eine moderne Kirche errichtet.

Im Zentrum von Anjara biegt man rechts nach Ajlun ab, geradeaus geht es über Kufranja hinunter ins Jordantal.

**Ajlun

3 km westlich der kleinen Stadt Ajlun – in der die zentrale Moschee mit einem vermutlich 600 Jahre alten Minarett einen Blick wert ist – erhebt sich eine Burg auf einem steilen Hügel und dominiert die Umgebung: **Qala'at ar Rabad** (8-19, Winter 8-17, JD 2).

Hintergrund: Die Burg Qala'at ar Rabad wurde von einem Neffen (und General) Saladins 1184-85 vermutlich auf den Mauern eines christlichen Klosters erbaut, um den Kreuzfahrern im Norden Transjordaniens zu begegnen (1187 schlug Saladin sie denn auch in der Schlacht von Hittin, fast in Sichtweite auf der anderen Jordanseite) und den Eisenerzbergbau um Ajlun zu schützen. Das Fort kontrollierte das Jordantal und drei wichtige Wadis, die hinunter zum Jordan führen. Damals bestand es aus einem angedeuteten Quadrat mit vier zweigeschossigen Türmen in jeder Ecke. 1214 erweiterte Sultan Aybak diesen Kern um weitere zwei Türme und entsprechende Räume im heutigen Eingangsbereich. Bereits 1260 zerstörten Mongolenheere die Burg, aber die Mamluken bauten sie unter Sultan Baibar bald wieder auf. Wegen ihrer exponierten Lage diente sie auch als Nachrichten-Relaisstation für Rauchsignale und Brieftauben. Erstaunlich war die Übertragungsgeschwindigkeit: Nachrichten aus Nordsyrien erreichten die Zentrale in Kairo innerhalb eines Tages. Noch im 17. Jh war eine osmanische Garnison in der Burg stationiert, danach verfiel sie, unterstützt durch die Erdbeben der Jahre 1837 und 1927. In jüngster Vergangenheit wurde die Burg teilweise wieder aufgebaut und gut restauriert.

Ajlun selbst war über viele Jahrhunderte blühendes Zentrum der seit etwa dem 13. Jh ausgebeuteten Erzvorkommen in der Umgebung.

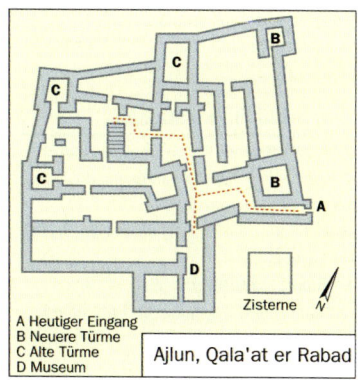

A Heutiger Eingang
B Neuere Türme
C Alte Türme
D Museum

Ajlun, Qala'at er Rabad

Kennenlernen: Seit dem letzten Erdbeben wurden große Teile der Festung restauriert. Man braucht nicht lange für den mit Treppensteigen verbundenen Spaziergang durch die z.T. gut erhaltenen bzw. sorgfältig restaurierten Räume mit ihren Tonnengewölben bis zum höchsten Punkt. Leider fehlt jegliche Erklärung. Dort oben erhält man den schönsten Lohn: den herrlichen Ausblick in alle Himmelsrichtungen. Aber auch auf dem Weg vom Eingang her ergeben sich immer wieder schöne Durch- und Ausblicke.

Man betritt die Burg durch einen neueren Eingang aus einer viel späteren Bauphase. Südlich davon lag die große Zisterne, die noch zu erkennen ist; im Innern gab es fünf weitere. Man geht weiter in einen Gang, der von einem Tor in der Südostmauer abgeschlossen war und den ursprünglichen Eingang bildete. Im Torbogen sind zwei Vogelreliefs eingemeißelt, der einzige Schmuck innerhalb der Anlage. Man nimmt an, dass sie an die Brieftauben erinnern sollten, die damals ein wichtiges Kommunikationsmittel waren. Unterwegs sieht man links einen Museumsraum, den man nicht auslassen sollte.

Bald folgt ein drittes Tor, das weiter hinaufführt. Über den Verwendungszweck der verschiedenen, zum Teil recht schönen Gewölberäume ist nichts oder wenig bekannt. Nach weiteren Treppen gelangt man in einen oberen Hof und schließlich zum höchsten Aussichtspunkt. Vor dem Ausgang zum Hof ist rechts ein Mosaik zu sehen.

Von Ajlun aus könnten Sie auf einer landschaftlich schönen, nördlichen Route, über Ibbin und Suf wieder nach Jerash (21 km) oder aber hinunter ins Jordantal fahren, um z.B. Pella zu besuchen. Wir wollen jedoch in Richtung Irbid im Norden weiterreisen. Die gut ausgebaute Straße führt bergauf und bergab, sie bietet immer wieder tolle Ausblicke in die

Aufgang in der Burg

6 Der Norden

Umgebung, vor allem ins Jordantal und auf die gegenüberliegenden Gebirgsketten der Westbank.

Praktische Informationen

▶ **Anfahrt**: Eine etwa 3 km lange asphaltierte Straße führt vom Circle im Zentrum Ajluns links bis zum Parkplatz vor dem Burgeingang. Die Burg ist also bequem per Auto erreichbar.

▶ **Busverbindungen**: Vom Tababor-Terminal in Amman oder von Irbid fahren Minibusse direkt nach Ajlun oder aber über bzw. von Jerash in sehr häufiger Frequenz. In Ajlun starten Service-Taxis oder Minibusse hinter dem Ausgang des Busterminals. Wer den letzten Bus nach Amman erwischen will, sollte spätestens gegen 16 Uhr mit dem Abstieg (zu Fuß) von der Burg beginnen.

Essen und Trinken

- GREEN MOUNTAIN Restaurant am Circle von Ajlun, preiswerte arabische Küche. Ein gutes Café oder Kuchengeschäft liegt gleich an der rechten Ecke, auf welche die Straße von der Burg trifft.
- BONITA AJLUN, recht feudales Restaurant mit moderaten Preisen, quasi am Fuß der Burg vor dem letzten Aufstieg, es beherbergt auch ein Büro der örtlichen Touristenorganisation. Auch die beiden Hotels offerieren vor allem aussichtsreiche Speiseplätze in ihren Restaurants.

Übernachten

- AL JABAL CASTLE, Al Rabadh Castle St, Tel 02 642 0202, Fax 02 463 0414, www.Aljabal_Hotel.com; ca. 1 km von der Burg, 2 km vom Ort entfernt, Zimmer mit Balkon und guter Aussicht, etwas ältlich, kürzlich renoviert, freundlich, sauber, Heizung, SatTV, großer gepflegter Garten mit Restaurant, mF .... E+B 26, D+B 35
- AJLUN, Al Rabadh Castle St, Tel/Fax 02 642 0524, Ajlun@firstnet.com.jo, o-k-e@hotmail.com; ähnlich gelegen, macht einen etwas ungepflegten Eindruck, Pool, Restaurant, Heizung, Kühlschrank, SatTV, mF .... E+B 25, D+B 35 (Studenten E 20, D 25)

Abstecher nach Khirbet al Wahadna, Mar Elias

Hintergrund: *Zwischen Eshtafeena und Wahadna erhebt sich ein 900 m hoher Berg namens* **Tell Mar Elias**, *der von alters her mit dem Propheten Elias in Zusammenhang gebracht wird. Auf dem Gipfel wurden erst 1999 die Grundmauern einer großen byzantinischen Kirche aus dem 6. und 7. Jh mit schönen Mosaiken ausgegraben. 2001 fand man, westlich anschließend, noch eine weitere, wesentlich kleinere Basilika, die vermutlich älter als ihre Nachbarin ist.*

Verschiedene Funde, Inschriften und Namen in der Umgebung sprechen dafür, dass es sich hier um die Gegend handelt, in der Elias geboren wurde (vom Namen her könnte es das nahe gelegene Dorf Lesteb gewesen sein) und auf dem Berg predigte. Allerdings stammt kein einziger Fund aus dem 9./10. Jh vC, in welchem der Prophet, laut Altem Testament und Koran, lebte. Man hat dennoch die Gunst der christlichen Rückbesinnung auch auf Jordanien genutzt und die Grundmauern der byzantinischen Basilika mit den erhaltenen Mosaiken sorgfältig restauriert. Jetzt reiht sich der Berg durchaus mit Würde in die christlichen Pilgerstätten ein.

Man betritt zunächst einen halbrunden Platz, unter dem eine Zisterne aus Zuläufen vom Platz Wasser aufnimmt. Ein paar Stufen führen weiter hinauf zu den Grundmauern der großen Basilika, zwischen denen auch noch einige durchaus schöne Mosaike erhalten sind. Daneben sind die Grundmauern der kleinen Kirche zu erkennen.

Unabhängig davon ist der Berg mit seiner fantastischen Aussicht und (noch) Ruhe einen Besuch wirklich wert. Hier erschließt sich

Ajlun Forest Reserve

wieder einmal die Schönheit der jordanischen Mittelgebirgslandschaft.

▶ **Anfahrt:** Auf dem Weg von Ajlun zur Burg zweigt rechts, beim Rabadh Castle Hotel, eine Straße den Berg hinauf ab, dieser folgen. Nach 1,5 km links abbiegen, nach 3 km geht es rechts 4,1 km zum Mar Elias, auf den man dann etwa 300 m hinaufläuft (Eintritt frei, Sommer 8-17, Winter 8-16).

Fährt man an der Kreuzung links und nach 3,5 km wieder links, so kommt man nach weiteren 3,5 km zum Ort **Khirbet al Wahadna**, mit dem historischen Teil im Zentrum. Die Straße führt von dort – sehr steil – hinunter ins Jordantal. In der Wahadna-Gegend stehen sehr alte, sehr knorrige Olivenbäume. Die Straße bietet immer wieder herrliche Aussicht.

Wir fahren von Ajlun weiter nach Norden Richtung Irbid.

8 km: **Abzweig**
rechts Straße über Ibbin, Suf nach Jerash.

9 km: **Abzweig**
links zur

Ajlun Forest Reserve

Hier wurde in den relativ einsamen Bergen im Gebiet von Eshtafeena (auch *Istafeena*) ein Naturpark geschaffen. Der Name **Ajlun Forest Reserve** (JD 5 Eintritt) hat sich gegenüber anderen Bezeichnungen (z.B. *Zubia Nature Reserve*) durchgesetzt. Nach insgesamt 8 km und diversen erneuten Abzweigen – die alle ausgeschildert sind - kommt man auf einer Bergeshöhe mit Visitor Center und Lodge an.

Es handelt sich um ein etwa 13 qkm großes, landschaftlich sehr reizvolles Gebiet, das hauptsächlich von Eichen, Pinien und Pistazienbäumen bestanden ist und daher einen fast mediterranen Eindruck hinterlässt. Auch auf diesem einsamen Gipfel wird man die Aussicht und Ruhe genießen. Es werden verschiedene geführte und z.T. mit Eseln als Tragetieren begleitete Wanderungen von unterschiedlicher Dauer im Reservat angeboten; die Preise liegen bei JD 15-17. Wer Glück hat, kann in der wildreichen Gegend, in der verschiedene Wolfsarten, Schakale, Füchse und Greifvögel heimisch sind, Tiere beobachten.

Übernachten

• **Ajlun Forest Lodges**, Tel 02 647 5672/3, tourism@rscn.org.jo, www. rscn.org.jo; es handelt sich um stabile Zelte auf Holzpodesten oder Bungalows mit Bad, gemeinsame Sanitäranlagen, sehr sauber,
HP .... Bungalow 100, Zelt E oder D 71

Zurück zur Hauptstraße

Mar Elias, improvisierte „Privattaufe" im uralten Taufbecken

*** Irbid

23 km bis

Hintergrund: *Das heutige Irbid – unter den Römern Arbela – lässt sich bis in die Bronzezeit belegen, doch nicht viel ist von der langen Geschichte innerhalb der Stadtmauern übrig geblieben. Erst in den letzten hundert Jahren wuchs die drittgrößte Stadt des Landes aus einem Flecken von ca. 700 Einwohnern zur heutigen Größe mit etwa 450 000 Einwohnern.*

Reste einer frühbronzezeitlichen Siedlung (ca. 3400-2250 vC) namens Hirbet es Zeraqon wurden 10 km nordöstlich von Irbid, von Professor Mittmann vom Evangelisch-Theologischen Seminar der Universität Tübingen, ausgegraben. Es handelt sich um eine 7 Hektar große, befestigte Stadtanlage auf und um einen Hügel, dessen Oberstadt einen Tempel und einen Palast aufwies. Interessant ist auch, dass bereits zu jener Zeit ein bis zu 60 m tief liegendes Tunnelsystem gegraben wurde, das vermutlich der Wasserversorgung in Kriegszeiten diente.

Kennenlernen: Die Großstadt Irbid (hier eher *Erbed* ausgesprochen) ist sicher für Jordanier berauschend groß, dem Fremden dient sie hauptsächlich als Ausgangspunkt für Unternehmungen in die Umgebung.

Wenn man durch das **Zentrum** bummelt, gewinnt man den Eindruck einer äußerst lebendigen und "wohlgeordneten" Stadt. Es wimmelt von Menschen und Autos, die vergeblich nach einem Parkplatz suchen. Die Straßen hängen voller Reklameschilder, ein Shop reiht sich an den anderen. Dieses Zentrum breitet sich um die Gegend Al Malek al Hussein St und die querende King Abdullah II St aus; es stirbt auch abends nicht aus, sondern ist weiterhin mit quirligem Leben erfüllt.

Nördlich der Al Hashimi St liegt der historische Teil Irbids. Ein Stück der eisenzeitlichen Stadtmauer ist sogar sichtbar (Westseite). Aus osmanischer Zeit blieb das Gouverneursgebäude auf dem Hügel erhalten, das in jüngster Vergangenheit als Polizeistation und Gefängnis diente. In der Gegend nördlich der Hashemi St wimmelt es noch mehr von kleinen Shops, die hier eine Art Souk – auch für Obst und Gemüse – bilden.

Ziemlich weit im Süden liegt die **Yarmuk-Universität**, die öffentlich durch ihre Studentenunruhen 1986 und 1989 auffiel, und 10-15 km Richtung Ramtha die Technische Universität; beide zählen zu den Top-Hochschulen des Landes. Heute scheinen sich die Studenten mehr mit Computern und Internet als mit Revolution zu beschäftigen, wie die vielen, stets gefüllten Internetcafés an der Shafiq Arshaydat St zeigen. Abends beginnt hier das Flanierleben. Über eine kurze Meile drängen sich die Menschen, reiht sich ein Restaurant ans andere, dazwischen ein paar Shops und die Internetläden. Man fühlt sich fast in die USA versetzt, zumal sich viele der jungen Leute gut englisch verständigen können. Es macht Spaß, hier zu bummeln.

Der ausgedehnte Universitätskomplex lässt sich noch im alten Sinne als Campus bezeichnen; die einzelnen Gebäude stehen auf einem großen Grundstück in respektabler Entfernung zueinander. Der Universität ist ein sehr sehenswertes **Museum of Jordanian Heritage** (8-14, 15-16.30, Winter 8-15, Eintritt frei) angeschlossen. Dieses mit deutscher Hilfe eingerichtete Museum spannt einen weiten Bogen von der Frühgeschichte bis fast in die heutige Zeit. Die Displays sind gut gestaltet, leider fehlt häufig eine Erklärung der Objekte.

Raum 1 ist der prähistorischen Zeit gewidmet; besonders interessant sind die bis zu 9 000 Jahre alten Statuen und Figuren aus Ain Ghazal bei Amman. In Raum 2 werden Funde aus den frühen Stadtstaaten Ammon, Moab und Edom während der Bronze- und Eisenzeit gezeigt, in Raum 3 von den Nabatäern und der Dekapolis, neben Schmuck

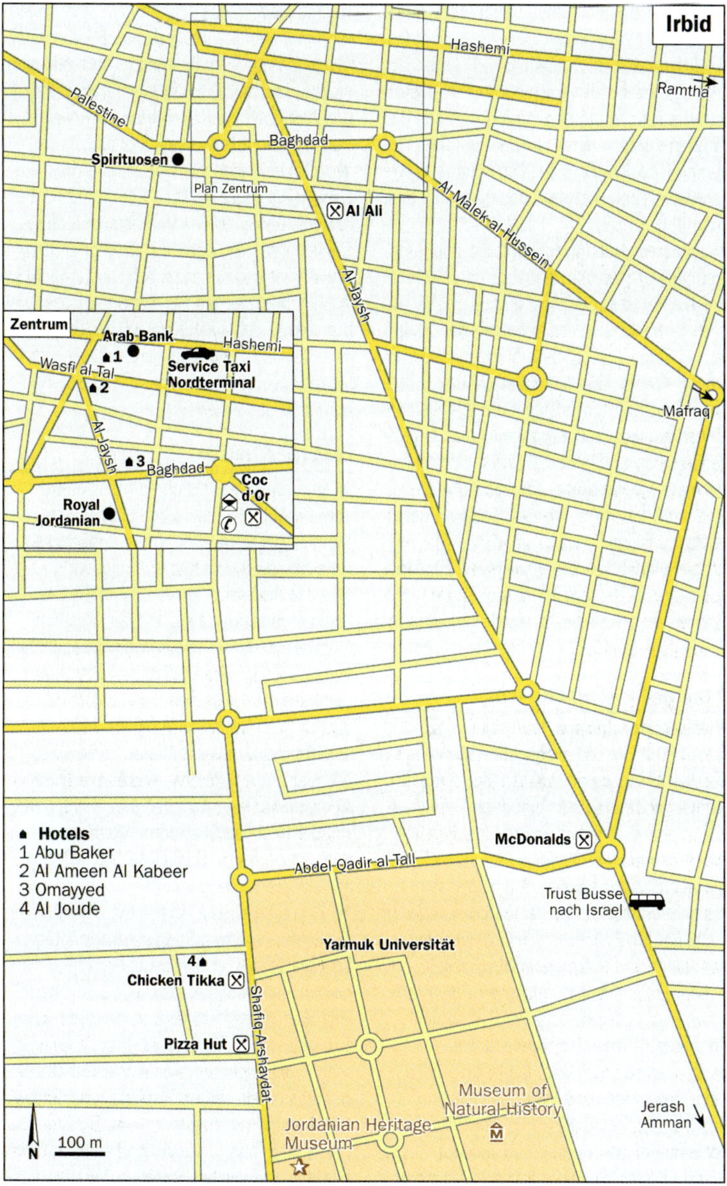
Irbid
Hashemi
Ramtha
Palestine
Baghdad
Spirituosen
Plan Zentrum
Al Ali
Al-Malek-al-Hussein
Al-Jaysh
Zentrum
Arab Bank
Hashemi
1
Wasfi al-Tal
2
Service Taxi
Nordterminal
Al-Jaysh
3
Baghdad
Coc d'Or
Royal Jordanian
Mafraq
McDonalds
Abdel-Qadir-al-Tall
Trust Busse nach Israel
Hotels
1 Abu Baker
2 Al Ameen Al Kabeer
3 Omayyed
4 Al Joude
Yarmuk Universität
4
Chicken Tikka
Shafiq-Arshaydat
Pizza Hut
Museum of Natural History
Jordanian Heritage Museum
Jerash
Amman
N
100 m

6 Der Norden

und Ledersandalen aus einem Grab nahe dem Queen Alia Airport bei Amman. Raum 4 widmet sich dem islamischen Jordanien, unter anderem mit verschiedenen Werkstätten. Die Räume um den Innenhof zeigen das ländliche Leben und seine Architektur. Im oberen Stockwerk sind Einzelthemen wie Schmuck, Glas, Keramik etc. sehr gut ausgestellt.

Das zum Institut für Archäologie und Anthropologie gehörende Gebäude ist auf dem Unigelände etwas schwer zu finden: Als Autofahrer benutzen Sie am besten das Haupttor im Osten und fahren geradeaus bis zum letzten Kreisel, dort links und die erste Straße rechts, bis zum letzten Gebäude (Faculty of Archaeology and Anthropology). Als Fußgänger nehmen Sie den Westeingang, gehen die erste Möglichkeit rechts bis zur nächsten Querstraße, dann sollte das Gebäude schon vor Ihnen liegen.

Weiterhin betreibt die Universität das **Jordan Natural History Museum** (Sa-Do 9-15), in dem vor allem die Fauna Jordaniens anhand ausgestopfter Tiere dargestellt wird.

Praktische Informationen

▶ **Busverbindungen**: Irbid spielt eine Art Verteilerrolle im Busverkehr, dies aber leider auf die typisch jordanische Art, d.h. mit mehreren an der Peripherie verstreuten Terminals. Von Amman kommend, landet man am Südwestterminal *(New Amman Terminal)*, nicht weit von der Universität entfernt. Von hier aus geht es auch zurück nach Amman, sowohl mit den Hijazi-Bussen (alle 15–20 Minuten) wie auch mit normalen oder Minibussen. Außerdem gibt es Verbindungen nach Jerash, Ajlun, Zarqa oder Mafraq. Der Busterminal der Firma JUST heißt Sheikh Khaleel.

▶ Wer von Amman kommend weiter nach Umm Qays reisen will, muss vom Amman-Terminal ein Service-Taxi zum *Nord-Terminal* nehmen. Von dort kommt man auch zur syrischen Grenze oder direkt nach Damaskus.

Hat man jedoch das Jordantal im Sinn, dann fährt man per Service-Taxi (oder Minibus) zum *West-Terminal*. Von hier gibt es Verbindungen nach Al Mashara (von dort weiter nach Pella) und zur israelischen Grenze an der Sheikh Hussein Bridge (etwa eine Stunde Fahrzeit).

▶ Alle drei Terminals werden auch per Service-Taxi oder Minibus vom Stadtzentrum aus bedient; z.B. kommt man mit allen Service-Taxis von der King Abdullah II St zur Universität und zum New Amman Terminal.

▶ Achtung: Denken Sie daran, dass der Busverkehr bald nach Einbruch der Dunkelheit dünn wird und dann ganz erlischt. Der letzte Hijazi-Bus nach Amman verlässt Irbid um 19.30 Uhr.

Essen und Trinken

▶ Im Stadtzentrum stolpert man nahezu über unzählige Shauwarma- und Felafel-Stände oder Garküchen. Aber es gibt auch viele bessere Restaurants, zumindest was das Ambiente betrifft. Wenn Sie die Hussein St bis zum Platz mit dem Postamt (rechts) und der Grindlays Bank (links) gehen, finden Sie nach der Bank das ANDALUCIA Restaurant, dort können Sie in einem der oberen Stockwerke mit Ausblick recht gut das Übliche zu etwas höheren Preisen essen. Ein sehr gutes Café bzw. eine Bäckerei ist AT ALI in der King Abdullah II St, nicht weit von der Baghdad St entfernt. Das Essen im Restaurant des HOTELS OMAYYED wird als gut und preiswert gelobt.

▶ Eine ganz andere Alternative offeriert die Shafiq Arshayad St an der Universität. Dort bietet sich für alle Geschmacksrichtungen und Geldbeutel etwas, vom typisch amerikanischen Fast- bzw. Junk-Food bis hin zum gediegenen Restaurant. Hier sollte man schon wegen der für jordanische Verhältnisse ungewöhnlichen Atmosphäre wenigstens einen Abend verbringen.

Wir wollen Irbid für einen Umweg nach Umm el Jimal in östlicher Richtung (*Mafraq* aus-

Übernachten

- **AL JOUDE** (früher **AL RAZI**), 2*, Shafiq Arshaydat St (Nähe Universität), Tel 02 727 5515 Fax 02 727 5517, joude@go.com.jo, waelj67@hotmail.com www.joudehotel.com; in ruhiger, zur Uni günstigen Lage, sauber, durchweg gut eingerichtet, AC, SatTV, Minibar, mF ....E+B 35, D+B 45

Im Stadtzentrum liegen die billigeren Unterkünfte.

- **ABU BAKER**, Jameel St, Tel 02 724 2695; Zentrum, sehr einfach, sauber, kaum englische Verständigung möglich, ... E 6, D 8
- **AL AMEEN AL KABEER**, King Abdullah Square, Tel 02 724 2384; al_ameen_hotel@hotmail.com; sehr sauber, Sohn des Besitzers spricht gut englisch, Küchenbenutzung, Dusche JD 2, einfach, sehr freundlich .... E 6, D 16, D+B 20
- **OMAYYED** (auch Omayah), Baghdad St, Tel/Fax 02 724 5955; sehr sauber, etwas abgewohnt, sehr freundlich und hilfsbereit, zumindest tagsüber sehr laut, Ventilator, SatTV, gutes Restaurant im obersten Stock, mF..E+B 18, D+B 25

geschildert) verlassen. Man kann diesen Besuch auch mit dem der Wüstenschlösser verbinden, indem man hier im Norden beginnt. Wenn Sie stattdessen, entgegen unserer Route, nach Ajlun fahren wollen, dann nehmen Sie die neu ausgebaute Straße 55, die sich recht hübsch bergauf, bergab zieht und Ajlun nach 30 km erreicht.

43 km nach Irbid: **Kreuzung**

Geradeaus weiter, rechts 2 km nach Mafraq, von dort führt die Straße 20 nach Jerash.

Mafraq

Eine relativ neue, weitgehend uninteressante Provinzhauptstadt. Wer per Minibus hier ankommt und nach Umm el Jimal weiterfahren will, muss umsteigen und dabei vermutlich den Terminal wechseln: Busse aus Amman und Jerash enden am Terminal, an dem die Süd- und Westrichtungen angesagt sind. Zum Terminal für Nord und Ost kann man von dort in ca. 10 Minuten zu Fuß gehen (durchfragen).

16 km nach Mafraq: **Abzweig**

links 3 km nach

**Umm el Jimal

Hintergrund: *Die wasserarme, schwarze Basaltwüste, in die wir uns begeben haben, gehört zum sogenannten **Hauran**, einem Gebiet, dessen Zentrum der über 1700 m hohe Jebel Hauran (auch Jebel ed Druze oder al Arab) im unweit entfernten Syrien ist. Die einigermaßen trostlose Gegend interessierte niemanden so richtig, bis die Nabatäer auch sie unter ihre Fittiche nahmen. Sie waren zunächst einmal daran interessiert, ihre Karawanenwege zu sichern, zusätzlich aber auch das Land zu nutzen. Die Römer funktionierten die Siedlungen in Wehrdörfer um, die in der islamischen Epoche zum Teil wieder verlassen wurden. Heute haben sich große Gebiete des Hauran in neu geschaffene, fruchtbare*

Allerälteste Kirche?

Eigentlich rühmt sich Aqaba der ältesten Kirche. Doch 2007 entdeckten jordanische Archäologen in **Rihab** (auch *Rahab*), 15 km östlich von Mafraq, Richtung Jerash, eine kleine Sensation. Unterhalb einer Kirche aus dem 4. Jh fanden sie eine Höhle, die nach ihrer Interpretation frühen Christen als Versteck und Unterkunft diente. 70 Gläubige hätten dort von etwa 33-70 nC Gottesdienste abgehalten und im Verborgenen gelebt. Die Bewohner von Rihab, Christen wie Muslime, betonen ihr gutes Zusammenleben und ihren Stolz auf die Entdeckung – aus gutem touristischen Grund.

6 Der Norden

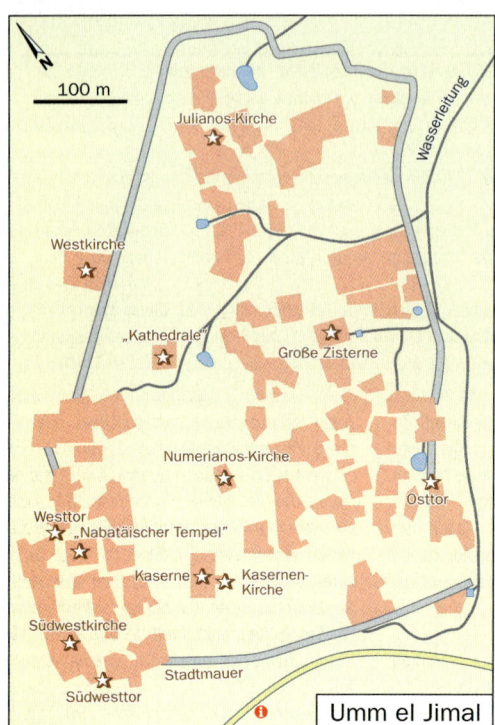

Zonen verwandelt, die zudem ziemlich dicht besiedelt sind.

Die ehemalige Wüsten- und heutige Ruinenstadt Umm el Jimal hat diese Wandlung mitgemacht, auf dem Weg sieht man sehr viel, eigentlich unerwartetes Grün. Im 1. Jh vC von den Nabatäern gegründet, ging die Siedlung im 2. Jh nC in römische Hände über. Aus dieser Zeit stammen praktisch alle Bauwerke und die ausgeklügelte Wasserversorgung. Denn es galt, das Regenwasser des Winters aufzufangen und zu sammeln. Hier regnet es immerhin so häufig, dass schließlich eine Stadt mit etwa 5000 Einwohnern von den seltenen Regenfällen leben konnte.

Der Ort wurde wegen seines „Wasserreichtums" bald eine Karawanenstation an der Karawanenstraße von Damaskus nach Süden sowie der aus dem heutigen Irak kommenden Karawanenstraße, daher stammt auch der heutige Name Umm el Jimal (= Mutter der Kamele). In byzantinischer Zeit blühte die Siedlung auf, damals wurden fünfzehn Kirchen gebaut. Auch die Omayaden nutzten den Ort weiter.

Das Erdbeben von 747 richtete schwere Schäden an, so dass die Stadt aufgegeben wurde. Cyril Graham entdeckte sie 1857 für die Historiker wieder. Nach dem Ersten Weltkrieg siedelten sich in der Umgebung Drusen an, die Syrien wegen ihrer Gegnerschaft zur Kolonialmacht Frankreich verlassen mussten.

Umm el Jimal ist eins der hervorragenden Beispiele für Kragsteinbau. Aus Mangel an Holz mussten die Baumeister andere Methoden heranziehen, um Decken in die Häuser zu ziehen. Dazu wurden etwa 3 m lange Basalt-„Stangen" oder -Platten so in der Mauer verankert, dass sie in den abzudeckenden Raum hineinragten. Nun konnten sie mit Steinplatten überdeckt werden, um Decke bzw. Fußboden für das zweite Stockwerk zu bilden. Manchmal trugen sie sogar noch ein drittes Stockwerk, größere Zwischenräume mussten allerdings mit Bögen unterstützt werden. Die Basaltplatten waren so eben, dass sie häufig auch als Türblätter benutzt werden konnten. Im Wüstenschloss von Azraq lässt sich diese Bauweise ebenfalls studieren.

Umm el Jimal

Auf dem Parkplatz gegenüber dem Hauptzugang erlebte ein Tourist Office eine kurze Blüte, inzwischen ist es verwaist. Freier Eintritt, so lange es hell ist. Wenn Sie sich intensiver mit der Stätte beschäftigen wollen, dann bietet www.calvin.edu/academic/archaeology/uj/uj.htm viel Aufschlussreiches, u.a. Grundrisspläne und Fotos einzelner Gebäude, gute Ortskarten etc.

Kennenlernen: Umm el Jimal, eine aus grauschwarzem Basalt errichtete Stadt von herbem Charme, sieht heute wie nach einem Bombeneinschlag und anschließend vermeintlichem Brand aus – sicher nicht gerade malerisch, aber sehr bizarr. Die Stadt besaß sieben Tore, das Südwesttor ist der heutige offizielle Haupteingang der sehr ausgedehnten Ruinenstätte.

Gewöhnlich geht man aber vom Parkplatz über die Straße, zwischen Ruinen hindurch, direkt nach Norden zur **Römischen Kaserne.** Das um einen Innenhof im 4. oder 5. Jh nC errichtete zweigeschossige Gebäude wurde später in ein Kloster umgebaut und zählt heute zu den am besten erhaltenen Ruinen von Jimal. Das Basalttor hängt noch in seinen Angeln und ist tatsächlich zu bewegen. An seiner Südostecke steht ein hoher, erst in byzantinischer Zeit angefügter Turm.

Wenn Sie von der Kaserne geradeaus nach Norden weitergehen, sehen Sie zunächst die Ruine der **Numerianos-Kirche** und im direkt nördlich anschließenden Hof eine unterirdische Zisterne. An einigen Wohnhäusern mit Ställen und Kragsteindächern vorbei, führt unser Weg zur östlich davon liegenden **Großen Zisterne**, die bis vor wenigen Jahren noch von Beduinen benutzt wurde. Über ein ausgeklügeltes Wassersystem und einen Staudamm in einem nördlichen Wadi wurde sie gespeist, das per Aquädukt und Kanäle mit der Zisterne verbunden war.

Natürlich können Sie das etwa 500 x 800 m große Gelände weiter erkunden, z.B. von der Zisterne aus zunächst ein bisschen im östlichen Gebiet herumwandern und dann nach Westen gehen, aber für den Laien wiederholen sich die Eindrücke. Ein Abstecher zur außerhalb der Stadtmauer liegenden **Westkirche** lohnt noch, die christliche Stätte, die

Die Trümmer scheinen noch so herumzuliegen wie kurz nach dem Erdbeben

im relativ besten Zustand erhalten ist. Auf dem Weg zum Südwesttor wäre das **Prätorium** einen Blick wert, ein recht gut erhaltenes Gebäude mit drei Türen, Fenstern und einer Freitreppe.

Auf dem Weg zum Südwesttor - als Ausgang zum Parkplatz - stoßen Sie rechts zunächst auf die Ruinen der **Südwestkirche**. Kurz vor dem Tor können Sie links einige **gut erhaltene Wohnhäuser** anschauen, in denen sich die Deckenkonstruktion mit Hilfe von Kragsteinen und, wenn nötig, unterstützendem Gewölbe gut erkennen lässt. Nicht weit entfernt.

Im Plan sind noch einige Gebäude mehr eingezeichnet, die sich durch einen etwas besseren Zustand von der umliegenden Trümmermasse abheben.

Busverbindungen

▶ Vom Tababor- oder Raghadan-Terminal in Amman nach Mafraq (über Zarqa), dort zum anderen Terminal wechseln und dann nach Umm el Jimal (etwa 10 Minibusse täglich).

In der weiteren Umgebung können Altertumsliebhaber noch eine Reihe nicht so gut erhaltener Stätten besuchen. *Umm es Surab* (nach *Musrab* fragen), eine der nächstgelegenen, sei noch erwähnt. Man fährt vor dem Umm el Jimal Ruinen links ab in den kleinen, gleichnamigen Ort und biegt kurz nach dem Postamt, das ins Ruinengelände hineinragt, links ab. Von hier aus gerechnet, kommt man nach 5 km zu einer Kreuzung, an der man sich links Richtung *Nahda* hält und den nach ca. 800 m auftauchenden Kreisel in gerader Richtung verlässt.

Nach 7 km erreicht man

Umm es Surab

Das Ruinenfeld, viel kleiner, aber nicht unähnlich dem von Umm el Jimal, breitet sich rechts und links der Straße aus. Man kann fragile, nur noch "einsteinige" Rundbögen bewundern, die fast schon malerisch das Trümmerfeld hier und da überspannen. Es handelte sich ursprünglich um eine *Sergius- und Bacchus-Kirche* mit einem großen Kloster. Rechts der Straße scheint noch der Kirchturm zu stehen. Nach neueren Erkenntnissen sind dies aber höchstwahrscheinlich die Reste eines Minaretts, denn offensichtlich wurde die Kirche später in eine Moschee umgebaut. Aus einer Inschrift im Türsturz des westlichen Portals geht hervor, dass die Kirche 384 ihren Namenspatronen geweiht wurde.

Wer die Desert Castles besuchen und mit Azraq beginnen will, kann die von Mafraq kommende Straße 10 nach Osten bis Safawi (ca. 50 km) weiterfahren und dort nach Südwesten nach Afraq (ca 40 km) abbiegen. Zwar bietet dieser Trip lediglich die schnurgerade Straße durch die Basaltwüste, die aber erstaunlicherweise durch eine Art Langdorf führt, denn die Besiedlung rechts oder links des Weges wird kaum unterbrochen. Man fragt sich immer wieder, von was die Menschen hier leben.

Doch **zurück nach Umm el Jimal** und **Mafraq**. Kurz vor der Stadt kann man auf den Desert Highway, der von Norden von Damaskus kommt, einbiegen und nach 70 km Amman erreichen. Alternativ führt eine recht brauchbare Landstraße nach Jerash (43 km über Rihab, siehe Kasten) für den, der das historische Gerasa noch nicht sah oder noch vertiefen will.

Umm es Surab

Durchs Jordantal über Pella nach Norden

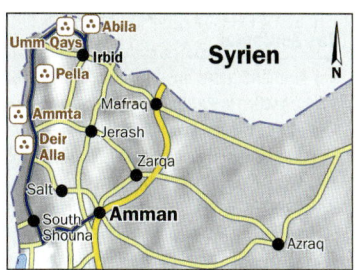

Diese Route beginnt, wie die vorige, in Amman. Von der westlichen Autobahnumgehung folgt man der Ausschilderung *Dead Sea* (siehe Seite 140) und fährt über Na'ur die Autobahn hinunter, Richtung Totes Meer. 19 km nach Na'ur zweigt rechts die Jordantal-Straße nach Norden (As Shouna South) ab.

Wer allerdings **nicht** nach As Shouna South bzw. zur Taufstelle Bethania am Jordan fahren will, kann Amman nordwestlich **Richtung Salt** verlassen (siehe Seite 140) und dort der vierspurigen Straße hinunter zum Jordantal folgen, die kurz vor Deir Allah in die von South Shouna kommende einmündet.

Unterwegs gibt es im Jordantal neben sehr einfachen Essplätzen nur im Resthouse von Pella ein gutes Restaurant, das außerdem schönen Ausblick auf die antike Stätte und ihre Umgebung bietet. Deeb Hussein, der Manager vom Resthouse hat das Fehlen von Übernachtungsmöglichkeiten im Jordantal erkannt und ein Haus als Privatpension hergerichtet.

Generell sollte man im Grenzgebiet zu Israel stets seinen Pass wegen möglicher Kontrollen griffbereit halten. Hat man das Dokument vergessen, muss man eventuell umkehren.

Rechts abbiegen (Schild *Kafrein*; nur von Osten zu sehen), geradeaus geht es zum Toten Meer und zur Taufstelle **Bethania**, siehe Seite 252.

5 km: **T-Kreuzung**

Rechts nach Amman, links nach As Shouna, links halten.

12 km bis

As Shouna South

(Arabisch *As Shouna al Janubiya*)

As Shouna – *Shaunah* ausgeschildert – existiert doppelt, einmal hier am südlichen Ende des Jordantals, zum anderen im Norden, dort wo die Straße 10 nach Irbid abzweigt; allerdings wird die dortige Stadt auch mit *Ma'ad* bezeichnet.

Mitten im Ort zweigt nach links eine 4 km lange Straße zur Grenzstation **King Hussein Bridge** (auch *Allenby*) nach Israel bzw. Jerusalem ab (Grenzformalitäten etc. siehe Seite 39), rechts geht es nach Salt und Amman. Es handelt sich um die wichtige Direktverbindung zwischen Amman und Jerusalem, also Jordanien mit dem Westjordanland.

Sehenswertes

*****Jordantal**, das fruchtbarste Gebiet Jordaniens, tiefstgelegenes Tal der Erde

*****Umm Qays**, seit dem 4. Jh vC besiedelter Bergrücken mit hauptsächlich römisch-byzantinischen imposanten Ruinen, herrlicher Ausblick, Seite 192

*****Pella**, sehr schönes Tal mit Ruinen aus Jahrtausenden, Seite 188

****Abila**, abseits der meisten Touristenrouten gelegene, etwas spärliche Ruinen einer weiteren Dekapolis-Stadt, Seite 197

***Deir Allah** und **Tell el Ammta**, Hügel mit uralten Besiedlungsspuren, Seite 187

***El Hamma**, heruntergekommenes kleines Bad mit heißen Mineralquellen, die schon von den Römern genutzt wurden, Seite 191

Das Jordantal

Der Namensgeber unseres Gastlandes, der Jordan, wäre in Zentraleuropa ein unbedeutendes Gewässer. Im Wüstenland Palästina hingegen ist er einer der wenigen, aber sehr wichtigen Flüsse mit steter Wasserführung. Der Fluss folgt dem nördlichen Beginn des ostafrikanischen Grabenbruchs. Die Grabenzone wird *Ghor* genannt, sie erweitert sich von 4 km Breite im Norden auf etwa 11 km im südlichen Gebiet.

Das eigentliche Jordantal liegt etwas tiefer, es heißt *Zor* und ist in der Regel aus militärischen Gründen nicht zugänglich, da die Grenze zu Israel im Fluss verläuft. Diese um durchschnittlich 8 Grad wärmere Zone als das Umland bestand bis in die 50er Jahre aus Steppe. Seitdem der fruchtbare Boden vor allem durch den ab 1959 gebauten East Ghor Canal, der sich aus dem Yarmuk-Fluss speist, bewässert wird, hat er sich in blühendes Fruchtland verwandelt, in dem dreimal jährlich geerntet wird. Die Obst- und Gemüsekulturen – unter anderen Tomaten, Gurken, Zwiebeln, Auberginen, Zitrusfrüchte, Melonen, Bananen – versorgen heute nicht nur inländische Märkte, sondern bedienen auch arabische Nachbarstaaten. Etwa 120 000 Menschen nutzten die Chance und siedelten sich im Ghor an.

Der Jordan ist erstaunlicherweise seit alters Grenzfluss: im Altertum zwischen den mediterranen Großstaaten und den östlichen Wüstenvölkern, heute zwischen Israel und Jordanien. Heute wird ihm besonders auf israelischer Seite das Wasser abgegraben; bald nach Verlassen des Sees Genezareth muss er so viel Wasser an landwirtschaftliche Projekte abgeben, dass er bald nur noch als dunkles Rinnsal dem Toten Meer entgegenfließt. In der Realität dient er als Abwasserkanal der israelischen Siedlungen, die ihre Abwasserbehandlung, wenn überhaupt, sehr oberflächlich betreiben. Das „heilige Wasser", das man hüben und drüben abgefüllt als Devotionale kaufen kann, wäre, wenn es denn an der Taufstelle aus dem Jordan geschöpft würde, eher „heiliges Abwasser".

Aber der Jordangraben gehört auch zu den ältesten Siedlungsgebieten der Menschheit. Die vor über 9000 Jahren gegründete Stadt Jericho, auf der Westseite des Jordans, gilt als die bisher erste menschliche Stadtsiedlung. Auch die Ostseite des Grabens weist diverse prähistorische und historische Siedlungen auf, von denen allerdings die meisten eher nur für Fachleute interessant sind.

Charakteristisch für diese Siedlungen sind jeweils Hügel (arabisch *Tell*) in der Landschaft, wobei es selten um echte Hügel geht, sondern um "Müllberge". Denn die einfachste Methode, ein Haus zu bauen, bestand über Jahrtausende darin, aus Lehm geformte Ziegel in der Sonne trocknen zu lassen und sie dann zu Wänden aufzustapeln. Derartigen Bauweisen ist kein allzu langes Leben beschieden; entweder werden sie von einem der seltenen Regen wieder in Schlamm aufgelöst oder sie zerbröseln. Zusammengestürzte Wände aber wieder aufzubauen, macht keinen Sinn. Daher planiert man den Boden und baut, diesmal erhöht, erneut ein Haus. So kann ein *Tell* im Lauf der Zeit bis zu 40 m hoch wachsen.

Die Umweltinitiative **Friends of the Earth Middle East** (FoEME), die von jordanischen, palästinensischen und israelischen Umweltschützern bzw. NGOs getragen wird, beklagt, dass heute nur noch etwa 10 Prozent der ursprünglichen Wassermenge das Tote Meer erreichen, und das sind hauptsächlich Abwässer. Israel verbraucht pro Kopf und Tag 300 Liter Wasser, Jordanien 120 und den Palästinensern bleibt das Existenzminimum von 60 Litern. Hauptnutznießer (oder Verschwender) ist die Landwirtschaft, die sich umstellen oder durch z.B. Arbeitsplätze im Tourismus ersetzt werden müsse. FoEME will das Jordantal von der UNESCO in die Liste des Weltkulturerbes aufnehmen lassen – mit diesem Trick soll das Tal vor weiterem Raubbau geschützt werden.

Die geradeaus führende Straße 65 zieht sich durch die überaus fruchtbare Jordantalebene. All das Grün beiderseits der Straße, all die vielen Früchte und das Gemüse können nur dank künstlicher Bewässerung erzeugt werden. Fleißige Bauern haben im Jordantal einen Garten Eden geschaffen, dessen Früchte man auf Schritt und Tritt gewahr wird. In seiner Nutzung scheint dieser Landstrich der Landwirtschaft auf israelischer Seite kaum nachzustehen.

Die Dörfer und Städte sind in die unfruchtbare Zone gebaut, um kein kultivierbares Land zu vergeuden. Uns erinnert diese Gegend an den schmalen Streifen des Fruchtlandes im Niltal, der ebenso intensiv genutzt wird, allerdings noch dichter bevölkert ist.

38 km bis

*Deir Allah

Deir Allah heißt *Haus Gottes*; in der Nähe, bei *Pnuel (Tlul ed Dahab),* soll laut Altem Testament Jakob mit dem Engel gekämpft und anschließend Hütten *(Sukkot)* gebaut haben, daher wird auch der biblische Name *Sukkot* verwendet.

Hügel von Deir Allah

Fast hinter dem nördlichen Ortsausgang erhebt sich links der Straße, neben einer Tankstelle, ein 30 m hoher, kahler Hügel, auf dem 1500 vC ein Heiligtum gebaut und offenbar, 1200 vC, durch ein Erdbeben mit anschließendem Feuer zerstört worden war; die Besiedlung dauerte jedoch noch bis ins 4. Jh vC an. Ein kleines Museum liegt von der Straße aus, an der Tankstelle vorbei, hinter dem Hügel, beschützt von einer üppigen Bougainvilleahecke. Es besteht zwar nur aus einem einzigen vollgepackten Raum, vermittelt aber einen Eindruck der Ausgrabungsfunde.

Leider verwischt die Erosion, in buchstäblicher Windeseile, sehr schnell wieder alle Ausgrabungsbemühungen. Wenn man den Hügel besteigt, der eingezäunt wurde und nur von der Hauptstraße her zugänglich ist, so wird man, außer mit den verwehten Narben der Grabungen, nur mit einem Rundblick belohnt. Sollten Sie auf die Suche nach den Spuren des Heiligtums gehen wollen: Es lag am Nordhang.

Busverbindungen

▶ Vom Amman Tababor-Terminal fahren Minibusse direkt nach Deir Allah

10 km bis

*Tell el Ammta

Kurz vor Kurayima ist von der Hauptstraße wiederum ein recht hoher Erdhügel, der **Tell el Ammta** (auch **Saidiyeh**), allerdings westlich der Straße in Jordannähe, zu erkennen. Biegen Sie noch vor der Wadibrücke, gegenüber einer Moschee, links ab, nach 2,5 km ist der Tell erreicht. Der Hügel war von der späten Bronzezeit, mit

6 Der Norden

einer Unterbrechung zwischen 700 und 400 vC, bis zur islamischen Zeit bewohnt.

Auf der Nordseite des 42 m hohen Tell führen von der Hügelplattform über 100 Stufen am Hang hinab zu einem 6 m tiefen Brunnen, der von verschiedenen Quellen ganzjährig gespeist wird. Wie die Archäologen herausfanden, war die Treppe offenbar vollständig überdacht, damit die Hügelbewohner bei Belagerung Zugang zum Wasser hatten. Der Hügel, bereits im militärischen Grenzgebiet gelegen, bietet einen schönen Blick direkt ins Jordantal, ansonsten lohnt der Abstecher wohl nur für Archäologen.

23 km bis **Al Mashara**

Das kleine Städtchen besitzt nur insofern touristische Bedeutung, als man kurz vor dem Ortsende rechts abzweigt, um auf schmaler Straße nach Pella zu kommen.

1,5 km bis

** Pella (auch Tabaqat Fahl)

Hintergrund: *Die (angeblich) unversiegbare Quelle Ain el Jirm versorgt das witterungsgeschützte Wadi Jirm el Moz beständig mit Wasser. Kein Wunder, dass sich hier Siedlungen seit Jahrtausenden nachweisen lassen. Bereits aus der Zeit des Mesolithikums (20 000-8000 vC) und des Neolithikums (8000-4500 vC) wurden zahlreiche Gegenstände gefunden; in der Kupfersteinzeit (Chalkolithikum 5000-3600 vC) entstanden Häuser und ein kleines Dorf am Jebel Sartaba; während der mittleren Bronzezeit (2200-1500 vC) war Pella eine blühende kanaanitische Stadt.*

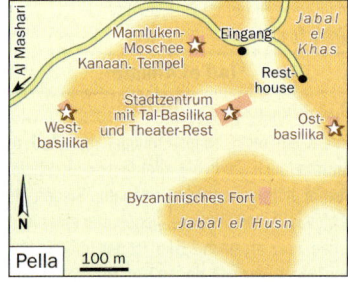

Pharaonische Berichte aus dem 19. Jh vC erwähnen den Platz ebenso wie die sogenannten Amarna-Briefe aus der Hauptstadt des Pharao Echnaton aus dem 14. Jh vC. Alexander der Große eroberte 332 vC Palästina und soll die Siedlung Pella, zu deutsch „Schönheit", genannt haben. 310 vC wurden makedonische Veteranen angesiedelt, 83 vC zerstörten Truppen des Alexander Iannäus aus Judäa die blühende hellenistische Siedlung, weil die Bewohner sich nicht jüdischen Gesetzen unterwerfen wollten. Pompejus befreite 63 vC die Stadt, gliederte sie in die römische Provinz Syrien ein und ließ sie wieder aufbauen.

Die Blütezeit brach im 4. Jh an, als sie sich zu einem christlichen Zentrum mit Bischofssitz und viel besuchtem Badeort entwickelte. Am 23. Januar 635 schlugen Moslems unter Khalid bin Al Walid ein starkes byzantinisches Heer in der weltgeschichtlich bedeutenden Schlacht von Fahl, 80 000 Griechen fanden den Tod. Den islamischen Heeren gelang damit der erste große Einbruch in das byzantinische Imperium (der entscheidende Schlag folgte ein Jahr später am Yarmuk). Pella wurde islamisch. Das mehrfach erwähnte, katastrophale Erdbeben im Jahr 747 zerstörte dann endgültig große Teile der Stadt. Es muss so plötzlich hereingebrochen sein, dass nicht einmal Katzen fliehen konnten, sondern unter den Trümmern begraben wurden. Fortan dämmerte Pella als kleines Dorf der Neuzeit entgegen.

Kennenlernen: Oberhalb der Ruinenstadt Pella wurde ein von den Amerikanern finanziertes Resthouse errichtet. Mit herrlichem Blick auf die Westbank können Sie hier recht gut speisen und zu Ihren Füßen die Ruinenstätten bewundern, oder, noch besser, den Sonnenuntergang hinter den galiläischen Bergen Israels. Der Manager Deeb Hussein führt durch die Pella-Ruinen oder arrangiert Ausflüge auch zu den weniger bekannten

Pella (auch Tabaqat Fahl)

Sehenswürdigkeiten der Umgebung, z.B. zur Berkish (auch Burkish) Reserve in den Bergen bei Ajlun, zur Vogelbeobachtung, zu speziellen Pflanzen (z.B. 2000 Jahre alte Olivenbäume), zum Mar Elias oder zu südöstlich von Pella gelegenen neolithischen Siedlungsresten.

Versuchen Sie, von hier oben einen Überblick über das weitläufige Gelände mit seinen jeweils voneinander isolierten Grabungsplätzen zu gewinnen: Unten im Tal lag das ehemalige Stadtzentrum, auf dem westlich gegenüberliegenden Hügel Khirbat Fahl (an der Zugangsstraße) steht am weitesten entfernt die Westbasilika, davor die Zisterne und am näher liegenden Hang die Omayadischen Hausreste. Im Osten, dort wo sich das Tal schon verengt, ragen am Jebel el Khas die wiederaufgerichteten Säulen einer weiteren byzantinischen Kirche auf, der **Ostbasilika**. Vermutlich gehörte sie zu einem Kloster. Auf dem südlich gegenüberliegenden Tell el Husn sind die Reste eines byzantinischen Forts und eines römischen Tempels, dahinter ein hellenistisches, römisches und byzantinisches Gräberfeld zu erkennen. Auf dem etwa 2 km südöstlich entfernten, 300 m höher gelegenen Jebel Sartaba wurde ein hellenistisches Fort aus dem 3. Jh vC ausgegraben. Von dort oben hat man den besten Ausblick, der von der Festung Qala'at ar Rabad bei Ajlun im Osten, über die Spitzen von Jerusalem bis zum Berg Karmel an der Mittelmeerküste reicht.

Beeindruckend ist die **Basilika im Tal** (Hauptkirche) im Stadtzentrum aus dem 4. Jh, auf römischer Grundlage errichtet. Sie bestand aus einem von Kolonnaden umgebenen Vorhof (Atrium), von dem drei Türen in das Mittelschiff und die beiden Seitenschiffe führten. Die ursprüngliche Apsis des Mittelschiffs wurde im 6. Jh durch einen Bau mit drei Apsiden ersetzt. In die teilweise mit Mosaiken verkleideten Wände waren Glasfenster eingelassen, ebenso war der Fußbo-

Talbasilika, rechts Ausgrabungsgelände mit u.a. kanaanitischem Tempel, im Hintergrund Israel

den mit Mosaiken belegt. Die jetzt wieder aufgerichteten Säulen stammen auch aus römischer Zeit. Die breite, zur Basilika hinaufführende Treppe geht zumindest vom Baumaterial her auf das römische Theater zurück, von dem einige Subkonstruktionen freigelegt wurden. Hier sind auch noch Badeeinrichtungen des damals bereits aufgelassenen Bades erkennbar.

Von dem einst mit etwa 400 Sitzen ausgestatteten Theater (oder Odeon) sieht man zwar noch die Einbettung in den Hang, aber ansonsten leere Reihen bzw. Treppen. Östlich der Basilika stehen Mauern spätantiker Wohnhäuser des ehemaligen Stadtzentrums. Die Ost- wie auch die Westbasilika ähnelten der Hauptkirche sehr stark, waren aber teilweise weniger aufwendig geschmückt.

Auf dem Hügel, westlich des Stadtzentrums, wurde 1999 von einem australischen Team ein **kanaanitischer Tempel** entdeckt und seine beeindruckenden Grundmauern freigelegt. Rechts davon liegen Grundmauern von byzantinischen und omayadischen Wohnhäusern bzw. einer mamlukischen Moschee. Noch weiter westlich stand die sogenannte **Westbasilika**, einst eine der größten Basiliken im Nahen Osten. Leider diente sie bis in die 1960er Jahre den Bewohnern als Steinbruch, heute stehen noch drei Säulen. Der Boden der mittleren Apsis war einst mit einem Mosaik bedeckt.

Nördlich neben der Basilika stießen Archäologen auf eine überraschend große Zisterne mit 270 000 Liter Fassungsvermögen; was darauf hindeutet, dass der Jirm el Moz vielleicht nicht genug oder nicht beständig Wasser führte.

Praktische Informationen

▶ **Busverbindungen:** Pella ist per Bus nur umständlich zu erreichen; vom Amman Tababor-Terminal nach Deir Allah, dann nach Al Mashara, den Rest zu Fuß oder per Taxi. Oder von Irbid aus nach Al Mashara.

Essen und Trinken

▶ Sehr gut speist man im RESTHOUSE, allerdings nur Jordanfisch oder Hühnchen. Weitbekannte Spezialität ist frisch gefangener Jerjir Fisch aus dem Jordan – lassen Sie sich den Genuss nicht entgehen.

Übernachten

• **PELLA COUNTRYSIDE HOTEL**, Tel 077618 4337, 079 5574 145, Tel/Fax 02 6560 899, dheebjawahreh575@hotmail.com; Manager Deeb Hussein vom Resthouse betreibt das Hotel am Olivenhain und in ländlich-familiärer Atmosphäre, u.a. weil Essen bzw. Frühstück im Wohnhaus der Familie angeboten wird, seine Frau ist die gute Köchin, sehr saubere, relativ große Zimmer mit AC, Kaffee und Tee frei, HP .... E +B 25, D +B 35
Camping hier oder auf dem Resthouse-Parkplatz zu JD 8/Auto.

Im Übrigen bietet diese Unterkunft Gelegenheit, das Leben auf dem Land etwas näher kennenzulernen. Wenn es die Zeit erlaubt, könnte man hier länger bleiben, das Dorfleben studieren und Tagesausflüge in die Umgebung einlegen.

Zurück zur Jordanstraße
3 km bis **Jordan River Crossing**
Gut 1 km westlich der Straße liegt der Grenzübergang nach Israel.
14 km bis

As Shouna (North)

(Die Stadt taucht auch unter *Shouna As Shamaliyeh* bzw. *Ma'ad* auf Karten auf.) Im Kreisel rechts 35 km auf Straße Nr. 35 nach Irbid. Wir wollen allerdings geradeaus fahren für einen sehr lohnenden Umweg nach Umm Qays.

In As Shouna sind kurz vor einer Brücke *Hot Springs* ausgeschildert, die etwa 1 km flussaufwärts liegen. Die offenbar einst solide aufgebaute Anlage ist weitgehend vergammelt, ein Besuch kaum zu empfehlen. Das heutige Stadtgebiet war schon in der frühen Bronzezeit (5.-3. Jahrtausend) besiedelt, aber die moderne

*El Hamma (auch Jordan Himeh)

Bebauung hat fast alle Spuren begraben.

Das nun folgende Jordantal ist relativ breit und dicht an dicht grün bewachsen. Bald nimmt die Straße nordöstliche Richtung ein, um dem **Yarmuk-Tal** zu folgen. Zu Beginn der Yarmuk-Schlucht sieht man die im ersten israelisch-jordanischen Konflikt gesprengte Eisenbahnbrücke rostig und zerfetzt in den Fluss hängen. Auf der anderen Seite des Yarmuk kann man die israelischen Grenzanlagen mit ihren Wachttürmen, Stacheldraht- und elektrischen Zäunen erkennen sowie Autos nach Hammat Gader fahren sehen, dem ziemlich mondänen Pendant zum jordanischen El Hamma. Unsere Straße zieht sich den Berg hinauf und gibt bald den Blick auf eine dicht-grüne, fast liebliche Landschaft frei. Dieser Abschnitt der Rundreise durch Jordanien wird sicherlich als Kontrast vor allem zu den Eindrücken der wüstenhaften Strecken in Erinnerung bleiben.

13 km: **Kreuzung**

Rechts nach Umm Qays, links ein 5 km Abstecher nach El Hamma, der sich trotz üppiger Vegetation kaum lohnt.

Grenzfluss Yarmuk - links Golanhöhen, Mitte zerstörte Bahnbrücke

*El Hamma (auch **Jordan Himeh**)

Der kleine, bereits in der Antike als *Hammat Gader* bekannte Badeort liegt unten im Tal, aber oberhalb des Yarmuk-Laufs. Die Mineralquellen entspringen 121 m unter dem Meeresspiegel, sie speisen u.a. das am Ortseingang rechts liegende Heilbad, das in den letzten Jahren total heruntergekommen ist und geschlossen wurde. Nach dem Bad und der folgenden Linkskurve liegt auf der linken Straßenseite das ehemalige Römische Bad, erkennbar an einem kleinen Basaltgebäude mit drei Kuppeln. Tagsüber sollte ein Wärter vor Ort sein. *„Hinter der Umfassungsmauer verbirgt sich ein romantischer Garten"*, schreibt ein Leser. *„Zahlreiche warme und schweflige Bäche mäandern zwischen Blumen, großen Bäumen, und Schatten spendenden Palmen... Es ist kein Ort der absoluten Sauberkeit".*

Zurück zur vorigen Kreuzung und in vielen Kehren den Berg hinauf nach Umm Qays. An Wochenenden nutzen die Jordanier jeden Schattenplatz unter den Föhren am Hang für ihr so beliebtes Picknick.

Praktische Informationen

▶ **Busverbindungen:** Vom Nord-Terminal Irbid fahren Busse und Minibusse über Umm Qays nach El Hamma.

Übernachten

• **SAH AL NOUN**, Tel 02 7500 510, samara-hot@hotmail.com; sehr einfach, mäßig sauber, lauschiger Garten, mF .... E/D+B 15
• **Camping** (Zelten) im Garten möglich

11 km von El Hamma bis

*** Umm Qays (Gadara)

Das von den Römern *Gadara* genannte Städtchen wurde auf einem rund 350 m hohen, steil abfallenden und nach Westen weisenden Bergsattel erbaut, wobei das Jordantal tief unten in der Gegend der Yarmuk-Mündung -200 m aufweist.

Damit liegt die Landschaft nach Westen und Nordwesten weit offen vor dem Besucher, die geschichtsträchtige Aussicht reicht weit in die Ferne. Gleichmütig breitet sich der See Genezareth aus, von den Golanhöhen im Vordergrund leicht verdeckt, dann lässt sich ein Stück Libanon zumindest erahnen, während weiter nördlich Syrien relativ nah angrenzt. Umm Qays ist besonders im Frühling eine Reise wert, dann ist es ringsum in ein Blumenmeer eingebettet.

Die Umm Qays Gegend ist für die hervorragende Olivenqualität bekannt, nicht zuletzt auch für die Schlacht am Yarmuk, bei der 636 nC das byzantinische Heer unter Theodorus von der muslimisch-arabischen Armee unter Khalid bin Al Walid geschlagen wurde. Damit fielen Palästina und Syrien endgültig in die Einflusssphäre des Islam.

Hintergrund: *Der an einer alten Karawanenstraße gelegene und militärisch gut zu verteidigende Bergsattel von Gadara war schon im 4. Jh vC besiedelt, im 2. Jh vC wurde die erste Stadtmauer angelegt. Der Ort entwickelte sich dann in hellenistischer Zeit – zunächst unter den Ptolemäern und dann den Seleukiden - zur bedeutendsten Stätte griechischer Kultur östlich des Jordans. Bekannte hellenistische Intellektuelle wie Menippos oder der Lyriker Meleagros wurden in Gadara geboren bzw. lebten hier.*

198 vC geriet die Stadt unter ptolemäischen Einfluss, 100 Jahre später nahm sie der jüdisch-strenge Alexander Iannäus ein, 63 vC ließ sich Pompejus als Befreier feiern. In römischer Zeit wurde der Ort schon bald Mitglied der Dekapolis. Octavian, der spätere römische Kaiser Augustus, schenkte 30 vC Gadara gegen den Willen vieler Bürger dem Herodes; viele Einwohner sollen daraufhin wegen der Unterdrückung durch die jüdischen Besatzer Selbstmord begangen haben. Erst nach dem Tod von Herodes wurde Gadara wieder ins Römische Reich eingegliedert und erholte sich schnell.

In wechselvoller Geschichte konnte sich die Stadt – vom 4. bis 7. Jh als Bischofssitz – halten, doch mit der Schlacht am Yarmuk 636 verlor Byzanz den Vorderen Orient und damit auch Gadara. Unter den Muslimen scheint sich das Wirtschaftsleben nicht wesentlich verändert zu haben, wie neuere Forschungen ergaben. Weitgehend zerstört wurde die Stadt schließlich durch die Erdbeben von 747 und 750.

1806 identifizierte der deutsche Reisende Ulrich Seetzen die Ruinen als Gadara, erst in den 1970er Jahren begannen systematische Ausgrabungen. Nomadenfamilien hatten sich im 19. Jh mit den alten Steinen ein kleines Dörfchen auf den römischen Ruinen gebaut. 1986 wurden sie gegen Entschädigung umgesiedelt, damit die Archäologen dort weitergraben konnten. Doch die Häuser stehen immer noch unverrückt am alten Platz...

Der Bergsattel von Gadara hat den Nachteil, dass die einzige natürliche Wasserversorgung etwa 50 m unterhalb des Ortes liegt und dass sie bald auch nicht mehr genug Wasser für die Versorgung der zunehmenden Bewohnerzahl lieferte. Die Archäologen entdeckten ein Wasserleitungssystem aus Tunneln, Zis-

Wagenspuren aus römischer Zeit

*** Umm Qays (Gadara)

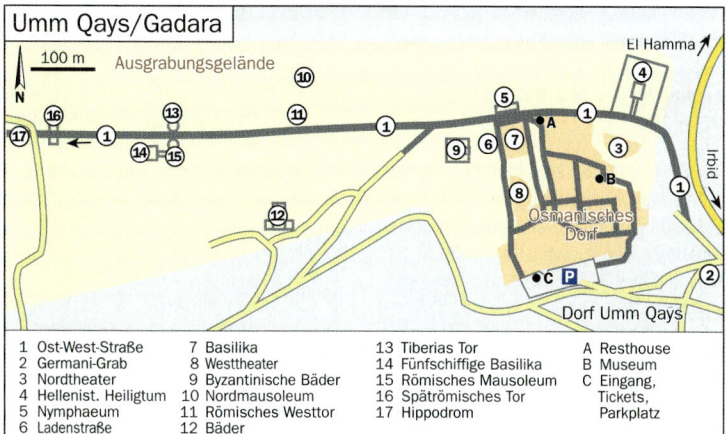

Umm Qays/Gadara – Ausgrabungsgelände

1. Ost-West-Straße
2. Germani-Grab
3. Nordtheater
4. Hellenist. Heiligtum
5. Nymphaeum
6. Ladenstraße
7. Basilika
8. Westtheater
9. Byzantinische Bäder
10. Nordmausoleum
11. Römisches Westtor
12. Bäder
13. Tiberias Tor
14. Fünfschiffige Basilika
15. Römisches Mausoleum
16. Spätrömisches Tor
17. Hippodrom

A Resthouse
B Museum
C Eingang, Tickets, Parkplatz

ternen und Aquädukten von insgesamt etwa 23 km Länge, das Wasser aus Quellen der Umgebung heranführte. Viele birnenförmige Zisternen innerhalb der Häuser sollten wohl eher Notvorräte schaffen.

Kennenlernen: Gleich am Ortseingang rechts zweigt eine Straße in das Ruinengelände ab (von Irbid kommend dort, wo sich die Straße zum Yarmuk hinunter zu winden beginnt). Auf dem Weg zum Parkplatz gibt es gleich links, nach dem Abzweig von der Hauptstraße, zwei historische Grabkammern (**Germani** [2] und Modestus) zu sehen. Die Tore des Germani-Grabes drehen sich noch in ihren Angeln.

Heute sind nur noch Bruchteile und -stücke des einst blühenden Gemeinwesens zu besichtigen. Der **Parkplatz** liegt links (südlich) des Ruinenhügels, neben der ehemaligen Stadtmauer; dort werden auch die Tickets verkauft [C] (7.30-19, Winter 7.30-17; JD 3).

Im Grabungsgelände stehen Tafeln mit arabisch-, englisch-, und deutschsprachigen Erklärungen (seit Jahrzehnten betätigen sich hier u.a. die Archäologen des Deutschen Evangelischen Instituts), die eine Lokalisierung von Gebäuden sehr erleichtern. Die im Folgenden verwendeten Nummern beziehen sich auf diese Tafeln; Achtung, die derzeit erhältliche Broschüre mit Plan ist ab Nr. 6 teilweise fehlerhaft.

Wenn Sie vom nördlichen Ende des Parkplatzes ins ehemalige Dorf gehen – auf die „Akropolis" -, gelangen Sie bergaufwärts bald zum kleinen **Museum** [B] (Mi-Mo 8-18, Winter 8-17), das auf der Hügelhöhe steht. Es ist gut für die Einstimmung geeignet, schon das Gebäude – ein verschacheltes osmanisches Wohnhaus einer Kaufmannsfamilie – strahlt sehr viel Atmosphäre aus. Ausgestellt sind Funde aus Gadara, als Schmuckstück gilt die Stadtgöttin Tyche (kopflos) aus dem Westtheater, sehenswert sind auch die verschiedenen Mosaike. Aber gehen Sie im Innenhof auch die Treppe zum Dach hinauf; von dort oben bietet sich der beste Ausblick.

Vom Vorplatz des Museums lassen sich gleich einige Ruinenreste betrachten, zu denen der Weg jedoch kaum lohnt: Etwa unterhalb des Museums war das **Nordtheater** [3] in den Hang gebaut, allerdings haben "Steinentsorger" kaum etwas übrig gelassen. Wiederum unterhalb des Theaters und der Achsenstraße erstreckt sich eine ebene Terrasse (Temenos) von etwa 100 x 110 m

Fläche, die aus militärischen Gründen erst ab 1995 archäologisch untersucht werden konnte. Es stellte sich heraus, dass sie für ein **hellenistisches Heiligtum** [4] angelegt worden war.

Direkt am Abhang stand ein hellenistischer Torbau (Propylon) mit Säulenhallen, der vermutlich auf ein früheres Höhlenheiligtum im Hang zurückgeht. Dann folgte eine mit Steinplatten ausgelegte Straße, wohl die Via Sacra zum einst großen hellenistischen Tempel (wahrscheinlich des Zeus), der aus Geländegründen auf eine Terrasse gebaut werden musste und zu einem bisher unbestimmten Zeitpunkt wohl absichtlich und gründlich zerstört wurde. Derzeit ist die Tempelterrasse mit ihren gewaltigen Unterbauten und zwei Tonnengewölberäumen nur im Norden freigelegt.

Vom Museum aus schlendert man am besten durch die Gassen des ehemaligen Dorfes zum **Resthouse** [A], das früher einmal die Dorf-Mädchenschule war. Auf dessen Terrasse kann man sich bei einer Tasse Tee vollends auf die Ruinenstadt und ihre Umgebung einstimmen. Unterwegs lässt sich ungeniert ein Blick in die aufgegebenen Häuser werfen und ihre Architektur studieren.

Direkt unterhalb des Resthouse führt die ehemalige Ost-West-Straße [1], auch **Achsenstraße** bzw. *Decumanus* genannt, entlang zum Hippodrom und zum *Monumentaltor extra muros* (beide stark zerstört, gute 500 m entfernt). Sie war zumindest im ersten Abschnitt als Kolonnade ausgeführt und maß bis zu 14 m Breite. Streckenweise verlief auf einer oder z.T. auf beiden Seiten eine Art „Bürgersteig", daneben eine Kalkstein"mauer", auf der die Säulen standen. Wagenspuren künden vom damaligen regen Leben. Die Straße ist erst kürzlich bis zur erhaltenen Pflasterung freigelegt worden, die Säulen des Kolonnadenteils sollen, soweit noch vorhanden, wieder aufgerichtet werden.

Links – südlich – vom Resthouse steht ein Ensemble von Säulen auf der sogenannten Kirchenterrasse [7]. Die hellen Kalksteinsäulen markieren ein Atrium vor der **byzantinischen Hauptkirche** aus dem 6. Jh. Südlich davon schließen sich acht Basaltsäulen an, die den Platz des oktogonalen Kirchenschiffs bestimmen; die Säulen trugen vermutlich eine Kuppel. Der Kirchenboden war einst mit farbigen Platten ausgelegt. Die Apsis ist noch deutlich anhand der Platten zu erkennen, in einer Bodenvertiefung stand der Altar.

Es macht Sinn, von der Basilika wieder zurück zur Achsenstraße zu gehen und der ehemaligen Hauptstraße nach Westen zu folgen. Zunächst sieht man gegenüber der Kirchenterrasse die spärlichen Reste des einst sehr prächtigen **Nymphaeums** [5], kurz danach liegen links die Reste eines spätantiken Bades [9] mit Mosaikböden. Der Weiterweg auf der Achsenstraße mit Originalpflasterung und Spurrillen von Wagenrädern lohnt, weil man nach etwa acht Gehminuten vom Resthouse aus zu interessanten Ruinen kommt.

Unterwegs passiert man die wenigen Ruinen eines frührömischen Stadttores (auch Westtor) [11], das einst die Stadtmauer nach Westen verriegelte, links dahinter stehen 7 Säulen. Ca. 150 m weiter sieht man links am Wegesrand runde Grund-

Westtheater (Mitte oben die Sitzreihe mit Rückenlehnen)

*** Umm Qays (Gadara)

mauern, die zum ehemaligen **Tiberias Tor** [13] gehören. Aus dem Grundriss der vorhandenen Mauern lässt sich ablesen, dass es aus zwei Türmen beiderseits der Straße bestand und stadtauswärts von einer Säulenfassade geschmückt war. Seine von der Stadtmauer entfernte Lage besagt, dass es nur repräsentativen Charakter hatte. Aber das eine Tor scheint nicht ausgereicht zu haben, denn weiter westlich folgten noch zwei „extra muros" gebaute Tore, und eines davon war wesentlich monumentaler.

Ladenstraße, darüber Säulen der Hauptkirche

Geht man am Tiberias Tor ein paar Schritte nach links, stößt man auf ein unterirdisches **römisches Mausoleum** [15] (Hypogäum). Eine Treppe führt in die 4 m tief liegende Anlage hinab, in deren Grabkuppelbau 18 Steinsärge in Schiebestollen untergebracht waren. Imposant ist das massive Mauerwerk aus Granitsteinen.

Ausgrabungen des Deutschen Evangelischen Instituts brachten die Grundmauern einer frühbyzantinischen **fünfschiffigen Basilika** aus dem 4. Jh zutage [14], deren Boden über das Hypogäum reichte. Sie ist die größte und, nach bisherigem Kenntnisstand, früheste Kirche in Gadara. Ungewöhnlich an diesem Fund sind ein paar Fakten: Es gibt nur relativ wenige fünfschiffige Kirchen im Nahen Osten, unter anderen die Geburtskirche in Bethlehem und die Grabeskirche in Jerusalem, also muss es sich hier um einen bedeutsamen Platz gehandelt haben.

In den Basilikaboden ist ein Durchbruch in die Hallenkuppel des Hypogäums eingelassen, d.h. die Gläubigen konnten auf dort ruhende Verstorbene (Heilige) hinunterschauen. Vor das Mausoleum war, zur selben Zeit wie die Basilika, eine Krypta gebaut worden, in deren Gräbern Skelette lagen, eines davon mit Kettenfesseln an den Füßen.

Aus diesen Indizien lässt sich schließen, dass die Basilika möglicherweise an dem Ort errichtet worden war, an dem Jesus zwei Besessene von Dämonen befreite, die dann in eine Schweineherde fuhren, die sich daraufhin in den See Genezareth stürzte. Daher pilgerten in byzantinischer Zeit so viele Menschen an diesen Ort, dass eine große Basilika gebaut werden musste. Allerdings gibt es direkt am Seeufer in Israel den Ort Kursi, der auch mit der Dämonenaustreibung identifiziert wird (und wo es die Schweine nur ein paar Meter zum Seeufer hatten…).

Man kann nun der Achsenstraße weiter nach Westen folgen, um über das spätrömische Tor [16] zum Hippodrom [17] zu gelangen. Aber der Zusatzweg lohnt kaum. Stattdessen könnten Sie z. B. querfeldein durch das Gelände zurück, Richtung Resthouse, gehen; dabei wird einem erst so richtig klar, wie viele Geheimnisse noch unter der Oberfläche verborgen liegen. Es gäbe u.a. noch identifizierbare Reste des Nordmausoleums [10] oder weiterer Bäder [12]. Vor der Kirchenterrasse angekommen, sollte man unten rechts abbiegen. Hier, ein "Stockwerk" unterhalb der Hauptkirche, verlief die **Laden-**

6 Der Norden

straße [6] mit etwa 5 m waagerecht in den Fels gehauenen Verkaufsräumen, hier lag das eigentliche Stadtzentrum.

Kurz nach dem Ende der Terrasse öffnet sich links ein imposanter Gewölbegang auf das recht gut erhaltene **Westtheater** [8], das 3000 Zuschauern auf zwei Rängen Platz bot. Es ist wesentlich kleiner als das Nordtheater und wurde vermutlich auch für politische Diskussionen genutzt. In der ersten Reihe der schwarzen (Basalt-)Sitzreihen stand die (aus dem Museum bereits bekannte) weiße Marmorstatue der Tyche, die hier als Göttin des Schauspiels verehrt wurde. Die oberste Sitzreihe bot sogar das Privileg bequemer Schalensitze mit Rückenlehnen. Von einem der oberen Ränge führt ein anderer Gewölbegang hinaus auf die Kirchenterrasse, von der man zum Parkplatz zurückgehen kann.

Praktische Informationen

▶ **Busverbindungen:** vom Amman Tabarbor Terminal mit Bus/Minibus zum New Amman Terminal im Südosten von Irbid, von dort per lokalem Minibus zum Nordterminal von Irbid, dann per Minibus nach Umm Qays.

Essen und Trinken

▶ Wenn Sie Hunger verspüren, können Sie auf der Resthouse-Terrasse mit grandiosem Ausblick gute arabische Gerichte speisen, aber den Blick zahlt man mit. Im Dorf Umm Qays gibt es diverse lokale Restaurants, die einen guten Eindruck machen; am besten schauen Sie sich in der Hotelumgebung um.

Übernachten

• **UMM QAYS,** an der Hauptstraße im Ort, Tel 02 750 0080; akoosh_80@hotmail.com; herrlicher Ausblick von Dachterrasse auf Umgebung, sehr einfach, mäßig sauber, freundlich, das Hotel soll um die Jahreswende 2008/9 komplett umgebaut und erweitert werden, nach Fertigstellung neue Preise (schon jetzt deutlich höher als vergleichbar in Amman) .... E 15, D 20, D+B 30

• Im Resthouse des Ausgrabungsgeländes werden Zimmer im Ort vermittelt, auch an der Straße ausgeschildert: **GADARA RENT ROOM** – Bed and Breakfast, Tel.: 02 77 9302802, rousangadera@yahoo.com, ... E+B 20 D+B 25

• **Camping** auf dem kahlen Parkplatz der historischen Stätte oder, auf Einladung der Tourist Police, direkt neben dem Museum mit toller Aussicht.

Weiter Richtung Irbid

Nach 19 km (N32°38,3′ E35°50,3′): Erste Ampel, **Abzweig** (nach *Saham, Samar*)

Hier kann man **links abbiegen, um nach Abila** zu gelangen, das *Queilbeh* oder *Abela* genannt wird und das kaum jemand unter dem einen oder anderen Namen kennt. Dazu nach knapp 3 km (N32°39,6′ E35°50,2′) im nächsten Ort der Beschilderung *Aqraba, Hartha* nach rechts folgen und 4 km auf dieser Straße bis zu einer T-Kreuzung bleiben, an der links ein Torbogen steht. Hier rechts ab Richtung Al Yarmuk und 1 km bis kurz vor die nächste Kreuzung fahren (an der schräg rechts eine Straße abzweigt und in der Mitte ein grünes Haus steht). Dort nach links (bei N32°40,58′ E35°51,7′) auf ein Sträßlein/Feldweg an einem Olivenhain abbiegen, nach knapp 1 km ragen links die Säulen der Tell Umm el Ammad Basilika auf, unten im Tal erkennt man das ehemalige Zentrum der Stadt. Eine etwas bessere Alternative für die Anfahrt: durch den Torbogen bis Ortsanfang (etwa 500 m), erste schmale Straße rechts abbiegen und ins Tal hinunterfahren; dort zweigt nach gut 1 km rechts, an einem gelbgrünen Kiosk, ein Feldweg ab, der zwischen den beiden Stadthügeln hindurch zum Ruinengelände führt.

Eine weitere Alternative für die Anfahrt aus Irbid: Auf der Straße nach Umm Qays 7 km bis zu einer Ampel fahren (N32°36,84′ E35°51,79′). Bei dieser nicht links nach Umm Qays abbiegen, sondern geradeaus und 7 km, über alle Kreuzungen, ebenfalls geradeaus, dann verzweigt sich die Straße vor einer

Moschee, hier links, Richtung Aqraba, halten. Bald schwenkt die Straße zu einer Quelle – ausgeschildert als *Ain Quealba* – hinunter, an der viele Tankwagen auf das Auffüllen warten, ca. 700 m bergauf, an einer Y-Kreuzung rechts, Richtung Aqraba, abbiegen, aber nach 200 m die Asphaltstraße, nach rechts auf den Feldweg, verlassen, siehe oben *Olivenhain*, oder aber weiter, durch den Torbogen und die erste Straße rechts.

*Abila

Hintergrund: *Siedlungsspuren finden sich seit etwa 4000 vC. Abila selbst wurde vermutlich unter den Seleukiden gegründet, zumindest jedoch besiedelt und ausgebaut, wie der Fund einer Marmorstatue der griechischen Jagdgöttin Artemis zeigt. 63 vC gliederte Pompejus den Ort in die Gilde der Dekapolis-Städte ein, womit dessen Bedeutung unterstrichen wurde. Unter den Römern entstanden verschiedene Bauten und Erweiterungen der Stadt wie auch ein Wasserleitungssystem mit bis zu 1,5 m hohen Tunneln, in denen Wasser von der Quelle Ain Quealba und einer weiteren Quelle herangeführt und verteilt wurde. In byzantinischer Zeit avancierte Abila zum Bischofssitz und beherbergte etwa 9000 Bewohner; mindestens sieben – wahrscheinlich mehr – Kirchen dienten dem Seelenheil. Nach der verlorenen Schlacht der Christen gegen das muslimische Heer - ganz in der Nähe am Yarmuk – erfolgte der Übergang unter frühislamische Kalifate ziemlich reibungslos. Das Erdbeben von 747 sorgte für die Zerstörung der Siedlung. Erst in der späteren Abbasiden-Zeit scheint sich das Leben geändert zu haben. Die Existenz der Siedlung lässt sich bis in die mamlukische Epoche weiterverfolgen, nur aus der osmanischen Zeit liegen keine Belege vor. Doch spricht Vieles dafür, dass die fruchtbare und wasserreiche Umgebung durchgängig besiedelt war.*

Kennenlernen: An den Säulen der Basilika auf dem **Tell Umm el Ammad** ("Mutter der Säulen") angekommen, sollte man sich zunächst einmal über die Topografie klar werden, denn es lässt sich leicht übersehen, dass sich die ursprüngliche Stadt über etwa 1,5 km in Nord-Süd-Richtung und 0,5 km von Osten nach Westen ausdehnte. Unten im Tal wurden u.a. die Ruinen eines Badehauses, diverser Kirchen und weiterer Gebäude ausgegraben, ebenso

Abila, Tell Umm el Ammad

6 Der Norden

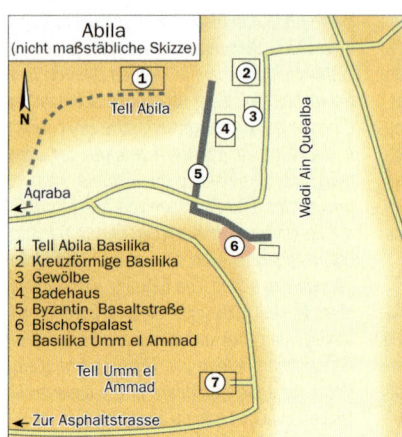

Abila (nicht maßstäbliche Skizze)

1 Tell Abila Basilika
2 Kreuzförmige Basilika
3 Gewölbe
4 Badehaus
5 Byzantin. Basaltstraße
6 Bischofspalast
7 Basilika Umm el Ammad

Tell Abila
Aqraba
Wadi Ain Quealba
Tell Umm el Ammad
← Zur Asphaltstrasse

auf dem gegenüberliegenden Hügel namens Tell el Abila.

Vor uns stehen die abwechselnd aus Basalt und Kalkstein gefertigten Säulen der dreischiffigen **Basilika Umm el Ammad** mit einer Apsis, die im 7. Jh errichtet worden war. Wie die Grabungsfunde zeigten, muss es sich um ein gut ausgestattetes Gebäude mit Mosaikböden im Vorbau und Atrium sowie mosaikverzierten Wänden gehandelt haben, das vermutlich beim Erdbeben von 747 einstürzte. Die vier monolithischen Säulen im Westen gehörten zu einem Vorbau, davor wiederum lag wahrscheinlich ein Atrium. Die Kirchgänger hatten über je drei Türen im Süden und Norden Zugang, wie aufgefundene Schwellen zeigen.

Geht man nun den halben Weg ins Tal hinunter und auf der gegenüberliegenden Seite auf den **Tell Abila** hinauf, so gewinnt man den besten Überblick über die Gesamtanlage und zusätzlich sieht man weit hinaus bis zum engen Tal des Yarmuk sowie nach Syrien. Hier oben stand seit dem 5. Jh eine Basilika mit drei Apsiden und 12 Säulen, von denen allerdings nur noch wenig vorhanden ist. Zur Innenausstattung gehörten Marmorverzierungen, die an den Wänden mit Metallstiften befestigt waren. Auf dem Tell Abila kamen auch die meisten Fundstücke aus der frühen Besiedlung der Bronzezeit zu Tage.

Der Besichtigungsweg führt jetzt wieder hinunter und weiter ins Tal. Der Feldweg überquert bald eine byzantinische Straße mit schwarzem Basaltpflaster, rechts am Hang sieht man Ruinen, vermutlich des ehemaligen **Bischofspalastes** (wird oder wurde meist als Theater ausgegeben). Davor ist noch Kalksteinpflasterung aus römischer Zeit erhalten, östlich davon stand einst eine Basilika mit einer Apsis. Nur ein kurzes Stück weiter auf dem Feldweg ragen links Mauern auf, die höchst wahrscheinlich zu einem **Badehaus** (früher als Theater interpretiert) gehörten. In dieser Gegend liefen die Kanäle des Wasserleitungssystems zusammen.

Dann folgt, unübersehbar, die fünfschiffige sog. **Kreuzförmige Basilika**, deren Grundriss in Form eines griechischen Kreuzes ausgelegt worden war. Man erkennt eine große Apsis und links sowie rechts je eine kleinere, um 90 Grad gedrehte. Hier stehen noch deutlich sichtbare Mauerreste, die Säulen – größtenteils römischen Ursprungs - wurden wiederaufgerichtet. Viele Indizien sprechen dafür, dass ein großer Teil der Böden mit Mosaiken ausgelegt waren. Links neben der Basilika wurde kürzlich eine Kapelle ausgegraben. Auch hinter der kreuzförmigen Basilika hatte man auf einer Zisterne eine Kapelle errichtet. Die Wasserzuläufe sind in der Stützmauer zu erkennen.

Sollte der Zugang zur Basilika verschlossen sein, so muss man vom gegenüberliegenden Hang, an dem etwa in halber Höhe ein neues Haus steht, den Wärter Ali bitten, aufzuschließen. In den Hängen dort sieht man Öffnungen von Katakomben, die z.T. bemalt sind.

Unser Feldweg biegt jetzt rechtwinklig auf die alte römische Straße – vermutlich den Decumanus – ab, die hinüber zur anderen Wadiseite führt. Unterwegs wird der Bach mit einer römischen Brücke überquert.

Auch die Nekropolen von Abila, viele davon in den gegenüberliegenden Berghängen angelegt, boten den Archäologen viele Funde und wichtige Erkenntnisse.

Das alles ist keineswegs sehr aufregend; mancher Besucher wird fragen, warum überhaupt den weiten Weg hierher einschlagen? Der Grund: Abila wird (noch) von seiner Einsamkeit geprägt, hier kann der Reisende noch ausruhen, ein bisschen träumen oder meditieren und den weiten Ausblick genießen.

Wenn man Kreuzfahrerspuren verfolgen will, dann liegen die Höhlen von **El Habis** nicht weit entfernt. Man fährt zur Straße zurück und hält sich rechts nach Harta und von dort geradeaus 4 km weiter. Kurz vor einem Checkpoint des Militärs biegt man rechts auf einen Feldweg ab. Hier sind die Höhlen bereits am Hang zu erkennen; man wandert noch etwa 20 Minuten bis dorthin. Außer "Löchern im Berg", die heute hauptsächlich als Ställe benutzt werden, gibt es nichts zu sehen, zumal die obere Reihe der Höhlen infolge eines Felsabbruchs nicht zugänglich ist.

Einzig die Lage und der Ausblick über die Yarmuk-Schlucht machen den Abstecher interessant. Das war es auch, was die Kreuzritter an diesen bereits lange vor ihnen angelegten Höhlen reizte: die optische und faktische Kontrolle der Schlucht.

Zurück zur Kreuzung an der Hauptstraße von Umm Qays nach Irbid.

Nur der Vollständigkeit halber soll noch erwähnt werden, dass in der Nähe das Dorf **Beit Ras** als das historische **Capitolias** identifiziert wurde. Die sehr spärlichen Relikte liegen weit verstreut. Unter dem Hof der heutigen Dorfschule befindet sich ein mit Fresken geschmücktes Mausoleum. Wer es besichtigen will, muss sich den Schlüssel zuvor bei dem lokalen Department of Tourism and Antiquities in Irbid holen.

5 km bis **Irbid**
(Ortsbeschreibung siehe Seite 178)

Die Wüstenschlösser

Die Wüstenschlösser verbanden Lust und (Verteidigungs-)Last – jedenfalls teilweise – miteinander. Als Verteidigungsanlagen entstanden einige Forts unter den Römern bzw. in byzantinischer Zeit. Eine Theorie über den Ursprung der Anlagen besagt, dass sich die arabischen Eroberer schwer ans Stadtleben zwischen einengenden Mauern gewöhnten. Sie zogen nur zu gern in die Festungsmauern mitten in der Wüste, wo sie der Jagd und sonstigen Genüssen ungestört frönen konnten. Andere wiederum nehmen an, dass sich die Herrscher zur Meditation und zum Beten in die Wüste zurückzogen. Die Historiker scheinen sich auf die Mitte zu einigen, dass es hier um beides ging: sowohl nostalgisch

---

Sehenswertes

******Qasr Amra**, ungewöhnlichstes der Wüstenschlösser mit aufschlussreichen Fresken, Seite 207

*****Azraq**, relativ gut erhaltene Anlage aus blauschwarzem Basalt in großer, gleichnamiger Oase, in der der Besuch der *Nature Reserves* lohnt, Seite 204

****Qasr Kharanah**, besterhaltenes Wüstenschloss, aber wenig Atmosphäre, Seite 209

****Qasr Mushatta**, unvollendetes Wüstenschloss, welches das schönste werden sollte; interessantestes Bauteil, die Südfassade, steht im Museum in Berlin, Seite 211

****Qasr Hallabat**, ziemlich zerstört, aber gut restauriert mit besser erhaltenem kleinen Badeschlösschen *Hammam es Sarakh* (ebenfalls restauriert), Seite 202

***Qasr Tuba**, einst größtes Wüstenschloss, heute sehr stark zerstört, sehr abseits in der Wüste gelegen, Seite 213

6 Der Norden

Die Omayaden

Die Omayaden waren sozusagen die Erfinder der Wüstenschlösser, daher ein paar Worte zu ihrer Lebensweise.
Nach der Ermordung Alis, Mohammeds Schwiegersohn, übernahmen sie im Jahr 661 die Macht, also nur 29 Jahre nach dem Tod des Propheten. In dieser kurzen Zeitspanne hatte sich das bis dahin am unwirtlichen Rand des Weltgeschehens gelegene beduinische Arabien explosionsartig entfaltet und als Weltreich etabliert. Der Regierungssitz war vom abgelegenen Mekka in die Metropole Damaskus verlegt worden – sozusagen nur wenige Steinwürfe von unseren Wüstenschlössern entfernt.
Heute würde man die neuen Herrscher des Orients als neureich bezeichnen, so schnell fand ihr Aufstieg aus dem Nichts an die Spitze einer Weltmacht statt. Dass sie sich mit diesem Bewusstsein auseinandersetzen mussten, dass sie auch ihren alten Traditionen nachhingen, ihre politischen und wirtschaftlichen Erfolge jedoch auch in vollen Zügen genießen wollten, ist nur allzu verständlich.
Der Islam hatte sich wohl noch nicht so tief ins Bewusstsein gegraben, als dass man als unumschränkter Herrscher nicht genug Ausreden erfinden konnte, die strengen Gesetze Mohammeds ein bisschen zu umgehen. Die Omayaden fielen historisch – neben ihren großen politischen Erfolgen – auch als lebensfreudige Genießer auf. Sie bauten diverse Paläste und prägten einen unverwechselbaren Baustil, z.B. mit dem Felsendom von Jerusalem, als einem hervorragenden architektonischen Monument, und weiteren Moscheen.
In den alten Tagen hatte Alkohol auch im Leben der Wüstensöhne eine Rolle gespielt. Neben dem eigentlichen Genuss konnte ein Trinker mit eherner Standfestigkeit seiner Umgebung imponieren. Vielleicht war dies Ausrede genug, die Trinkfähigkeit im Sinne der Staatsautorität auch weiterhin zu trainieren. Von Walid II wird berichtet, dass er sich

dem alten Lebensstil nachzuhängen als auch andererseits dem Ernst des islamischen Lebens Tribut zu zollen. Weitere Theorien besagen, dass die omayadischen Herrscher hier besseren Kontakt zu den ihnen treu ergebenen Beduinenstämmen fanden oder dass die Schlösser komfortable Stationsunterkünfte auf dem Pilgerweg nach Mekka waren.
Ob es tatsächlich ein mehr oder weniger gemeinsamer Hintergrund war, der über 20 Wüstenschlösser – hier eher als Gattungsbegriff auch für Anlagen in fruchtbarem Gebiet gemeint – im heutigen Syrien, Libanon, Jordanien und Israel entstehen bzw. wiedererstehen ließ, wird wohl noch länger für Diskussionsstoff sorgen.
Zwar werden die Wüstenschlösser als gewaltige Attraktion angepriesen, doch darf man sich kein "Schloss" unserer Vorstellungswelt ausmalen, weder von der Ausdehnung noch vom Prunk her. In den meisten Fällen handelt es sich um zusammengestürzte Mauern, die vergleichsweise kleine Flächen umschlossen. Selbst wenn man die Perle, das Amra-

– nackt in einem mit Wein gefüllten Becken liegend – bis zur Bewusstlosigkeit betrinken konnte.
Wie das Amra-Schlösschen zeigt, waren die Herrscher auch der Fleischeslust nicht abgeneigt. Die Omayaden mögen als Erfinder des Harems gelten, der sich aus dem Zusammenleben mit mehreren Hauptfrauen entwickelte, um die sich immer mehr Konkubinen ansammelten (später brachten es ihre indischen Mogul-Kollegen auf über 1000 Haremsangehörige). Nur darf man nicht glauben, dass die Geliebten etwa unseren Schönheitsidealen entsprachen; ein Walid würde sich beim Anblick unserer Schönheitsköniginnen vermutlich im Grabe um- und wegdrehen. Aus der Literatur geht hervor, dass die damalige Idealfrau so dick war, dass sie nur schwer aufstehen konnte und bei schnelleren Bewegungen atemlos wurde; ihr Po sollte so ausladend sein, dass sie Schwierigkeiten hätte, durch Türen zu gehen. Die Lieblingsfrau von Walid I kam diesem Ideal sehr nahe: Bei 1,50 m Größe wog sie 110 kg, hatte einen Körperumfang von 170 cm und stöhnte oder schrie vor Schmerzen bei jedem Schritt...
Prunk, Verschwendung und Imponiergehabe gehörten auch damals zum erfolgreichen Herrscherhaus. In seinen Wüstenschlössern konnte ein Kalif kaum besser den beduinischen Verbündeten durch seine Hofhaltung imponieren. Schon allein die großen Mengen an Wasser, die in einem solchen Schloss verbraucht wurden, waren aus beduinischer Sicht eher unvorstellbar, oder gar die Tatsache, gemeinsam mit dem Kalifen in einem wohltemperierten und parfümierten Bad zu sitzen, musste den Wüstenmenschen ungeheure Achtung einflößen.
Doch am Ende, nach nur 89 Jahren Herrschaft, verloren die Omayaden den Machtkampf gegen die Abbasiden, die 750 das gesamte Geschlecht ausrotteten. Nur Abd er Rahman entkam. Er flüchtete nach Spanien und proklamierte in Cordoba ein Gegenkalifat.
Nach der Niederlage der Omayaden verlegten die Abbasiden das Kalifat von Damaskus nach Bagdad.

Schlösschen, betrachtet, kann kein eigentliches "Schlossgefühl" aufkommen.
Erwarten Sie also unter der Kombination "Wüste" und "Schloss" nichts Sensationelles, so interessant dies auch klingen mag. Es handelt sich lediglich um eine relativ charakteristische Wohnform einer bestimmten Herrscherelite einer bestimmten Zeit. Die im Folgenden beschriebene Rundreise kann man bequem in einen Tag packen (wenn man kein Archäologe oder einschlägiger Fan und per Auto unterwegs ist); sie ist gleichzeitig ein Trip in die Wüste – obwohl Wüstenstimmung auch nicht so recht aufkommt: Diese Gegend ist immer wieder genutzt, ob von Militär oder Steinbrechern oder sonstigen Betrieben. Da beide Straßen in die Nachbarländer führen, rollt ununterbrochener Schwerverkehr vorbei; Wüstenstille gibt es nicht mehr. – Wenn Sie weitere Details erfahren wollen, dann kann *The Desert Castles* empfohlen werden, eine preiswerte Publikation, die in Amman erhältlich ist.
Wer wenig Zeit hat, sollte sich wenigstens Qasr el Amra anschauen, das auf einer schnellen Asphaltstraße 80 km von Amman entfernt ist. Bei etwas mehr Zeit läge Azraq nur 16 km weiter entfernt.

Praktische Informationen

▶ Jeweils drei Schlösser kosten im Sammelticket JD 2 Eintritt.
▶ **Busverbindungen**: Man kann die komplette Rundfahrt nur per Taxi buchen; es gibt keine öffentlichen Direktverbindungen.
▶ Nach Qasr el Hallabat nimmt man vom El MahattaTerminal in Amman zunächst einen Minibus nach Zarqa, der am neuen Terminal

6 Der Norden

endet. Dort geht es mit einem Shuttle-Minibus weiter zum alten Terminal, von dem die Minibusse nach Hallabat starten, die auch in Hammam es Sarakh vorbeikommen. Auch nach Azraq geht es nur von Zarqas zweitem Terminal (Südseite) aus. Wer von Qasr el Hallabat nach Azraq weiterkommen will, nimmt den Minibus zurück, Richtung Zarqa, steigt aber an der Straße Zarqa-Azraq aus und winkt den Azraq-Minibus an. Von Azraq nach Amra und wieder zurück, geht es eigentlich nur per Taxi, das einschließlich Wartezeit etwa JD 10-15 kostet. Daher empfiehlt sich wirklich die folgende Möglichkeit.

▶ **Traveller-Hotels** in Amman wie *Cliff*, *Nasser*, *Farah* und andere organisieren Taxi-Trips, die immer wieder gelobt werden und per Fahrzeug JD 60-90 kosten. Andere Leser berichten, dass man auf der Strecke recht gut trampen könne, was wir mit allem Vorbehalt als eher letzte Möglichkeit weitergeben.

▶ **Per Auto** verlassen wir Amman in östlicher Richtung und folgen der Autobahn nach **Zarqa**, der zweitgrößten Stadt des Landes. Sie ist ganz offensichtlich auf dem besten Weg, mit Amman zusammenzuwachsen. Zarqa ist eine reine Industriestadt, in der die einzige Raffinerie Jordaniens steht. Neben Erdölprodukten wird in der Nähe Phosphat abgebaut und z.T. weiterverarbeitet.

Abfahrt von Amman:
Siehe Seite 140, Anfahrt zur Theodor-Schneller-Schule. Hat man 8,5 km nach Römischem Theater die erwähnte Brücke erreicht, unterfährt man sie und bleibt weiter auf der vierspurigen Straße.

Nach 10 km: Mitten in Zarqa teilt sich die Straße **Y-förmig**, hier hält man sich auf dem rechten Ast, an dem „Compulsery for Trucks" steht und der nach Syrien weiterführt.

11 km: **Abzweig**
Rechts Richtung Azraq und Saudi Arabien
20 km: **Abzweig,** Schild *Qasr el Hallabad*
Von der Hauptstraße links abbiegen. Nach 3 km am Ende des zweiten Ortes links halten.

200 m weiter auf der linken Seite steht das Badeschlösschen

Hammam es Sarah

Das Bad stammt aus dem 8. Jh nC. Die Jordanier rekonstruierten und restaurierten es, vermutlich war es Jagd- und Badeschloss. Das eigentliche Bad wird von einer Rippenkuppel auf Stützbögen überwölbt, dies war das Heißbad. Über das anschließende Lauwarmbad spannt sich ein Kreuzgewölbe, dann folgt der Auskleideraum unter einem Tonnengewölbe. Sehr gut ist das Heizungssystem zu erkennen. Vom ehemaligen Audienzsaal sind nur noch die Grundmauern erhalten.

Links neben dem Bad sorgte der 27 m tiefe Brunnen für das Badewasser.

Nach 3 km (im nächsten Ort):

*Qasr el Hallabat

Hintergrund: Die Ursprünge der Anlage gehen wahrscheinlich auf die Nabatäer zurück; die Römer übernahmen nur zu gern Lage und Anlage, um die nordöstlichen Wüstengebiete zu kontrollieren. Vermutlich war es Marcus Aurelius, der im 2. Jh mit diesem Fort die von Trajan gebaute Handelsstraße Via Nova Trajana von Damaskus zum Roten Meer (Aila, heute Aqaba) schützen wollte. Eine Inschrift berichtet über eine Erweiterung zwischen 211 und 215. So wuchs im Laufe der Jahrhunderte eine massive Festung heran. Aus einer anderen Inschrift geht hervor, dass die Anlage in der byzantinischen Zeit als christliches Kloster diente, bis es die Omayaden im 8. Jh nC in ein repräsentatives Schlösschen verwandelten, geschmückt mit Mosaiken sowie Fresken auf Stuckwänden. Zusätzlich erbauten sie eine durchdachte Wasserversorgung und eine Moschee.*

Die Anlage wurde in jüngster Zeit von einem spanischen Team sehr gut restauriert. Man braucht nicht viel Fantasie, um sich zumindest in die Zeit der Omayaden zu versetzen.

*Qasr el Hallabat

Kennenlernen: Der Komplex, ist weiträumig eingezäunt und von 8-18 Uhr geöffnet. Vom neu gebauten Visitor-Center, das keine Information außer dem üblichen Wüstenschlösser-Prospekt bietet, geht man den Hügel hinauf. Oben wird man von einem der Wächter erwartet, der verschlossene Türen öffnet und in holprigem Englisch auf Details aufmerksam macht.

Als Erstes erwartet den Besucher die von den Omayaden neben den Palast gebaute Moschee, die weitgehend rekonstruiert ist. Der Mihrab wurde offenbar komplett erneuert, in der Mitte stehen vier Säulenbasen. In seiner Schlichtheit, mit den hellbraunen Steinen unter blauem Himmel, macht das kleine Gebäude einen positiven Eindruck.

Daneben sind die Überreste der Palastanlage zu sehen, deren quadratischer Grundriss deutlich den Ursprung als römisches Kastell zeigt. Im Innern lassen sich sowohl die römischen Ursprünge als auch die omayadischen Einbauten an ihren meist schwarzen Steinen nachvollziehen. Diese Steine tragen häufig griechische Inschriften aus ihrem Ursprungsort Umm el Jimal. In der linken Ecke ist ein Raum erhalten, der eine Toilette und/oder Dusche gewesen sein könnte. Etwa in der Mitte links sind in einem Raum noch Reste von Marmorverkleidung an der Außenwand und auch Mosaikreste zu entdecken. In der linken hinteren Ecke wurde ein Kastellturm teilrekonstruiert, von dem aus man unterhalb des Palastes Häusergrundmauern und ein großes Wasserbecken erkennt.

Im Innenhof steht eine kleine, monolithische Einfassung über einer Zisterne, deren Wassereinlauf im schräg abfallenden Hof ebenfalls erhalten ist. Im rechten hinteren Teil, der mit einer Holztür verschlossen ist (Wächter schließt auf), blieben Mosaikböden zum Teil gut erhalten. Dahinter deuten einige Rundbögen den Standort der ehemaligen byzantinischen Basilika an.

Die Wüste Badia

Im Arabischen wird der Begriff *Badia* für eine Halbwüste gebraucht, in welcher der durchschnittliche Regen 200 mm im Jahr nicht übersteigt; etwa 80 Prozent Jordaniens fallen unter diese Definition, und nur etwa 5 Prozent der Bevölkerung leben in diesem riesigen Gebiet. Wiederum nur 5 Prozent dieser Menschen leben auch heute noch als Nomaden. Doch trotz dieser allgemeinen Definition wird in Jordanien unter Badia der nordöstliche, an Syrien grenzende Landesteil gemeint, d.h. insbesondere die schwarze Basaltwüste.

Wer penibel zusammenzählt, kommt auf etwa 100 historische Plätze in der Badia, von Pälasten über Dämme bis zu Zisternen. Dadurch war es bereits sehr frühen Siedlern möglich, durch effiziente Nutzung der Ressourcen ergiebige Landwirtschaft zu betreiben. Daneben ist die Badia reich an Mineralablagerungen und Grundwasser.

Qasr el Hallabat, Innenhof mit Zisternen-Einlauf

6 Der Norden

Lassen Sie Ihre Fantasie spielen, um sich das fürstliche (Lust-)Leben in diesen rauen Mauern vorzugaukeln.
Zurück zur Hauptstraße und nach Osten weiterfahren
44 km: **Abzweig**
Von rechts mündet die Straße 40 ein, geradeaus weiter.
8 km bis zur **Kreuzung** am Eingang der Oase Azraq.

***Oase Azraq

Hintergrund: Die Oase Azraq, mit etwa 8 000 Einwohnern, verdankt ihre Existenz dem Beginn des Wadi Sirhan, das sich bis Saudi Arabien hinzieht. Grün und etwas zerzauste Palmen überraschen den Wüstenfahrer, wenn er die Oase betritt. Aber so eine richtige Oase ist Azraq nun auch nicht, weil die Vegetation eher spärlich ausfällt und stark von der Jahreszeit abhängt. Die winterlichen Regenfälle sammeln sich in Seen und Sümpfen, die im Sommer austrocknen und zur Salzgewinnung genutzt werden. Ab Spätherbst dient die Oase (wieder) vielen Vögeln als Rast- oder Überwinterungsplatz, daher ist sie unter Ornithologen gut bekannt.
Im 19. Jh siedelten sich im südlichen Teil von Azraq (Azraq es Shishan) Tscherkessen, im 20. Jh im nördlichen Teil (Azraq ed Duruz, auch Azraq as Shomali) Drusen an. Die unsichtbare Grenze zwischen beiden Gruppen besteht praktisch heute noch, jede wird von einem eigenen Bürgermeister vertreten. Der südliche Ortsteil ist eine Ansiedlung von Shops und Werkstätten an der Durchgangsstraße nach Saudi Arabien; im nördlichen Oasenteil wird man in eines der üblichen jordanischen Dörfer versetzt, hier liegt auch das Wüstenschloss.
Bereits prähistorische Jäger und Sammler lebten an der einzigen, östlich des Jordans gelegenen Wasserstelle innerhalb einer weiten und trockenen Wüste. Die Römer schützten das fruchtbare Wadi Sirhan gegen räuberische Beduinen durch eine Festung an seinem Nordrand, die um 200 nC errichtet und unter Diokletian um 300 erweitert wurde. Im 8. Jh ließ der Omayadenfürst und spätere Kalif Walid II das Kastell zu einem Schloss umbauen. Es diente dem lebensfrohen Kalifen wohl als Lieblingssitz, denn in der Oase fand er genug Wild zum Jagen, es gab Wasser im Überfluss und für die anderen seiner Hauptgenüsse – Wein, Weib und Gesang – war sicher auch gesorgt. Eine Inschrift der Ajubiden aus dem Jahr 1238 lässt darauf schließen, dass damals das Schloss seine heutige Gestalt erhielt. Fortan diente es mehr als militärischer Stützpunkt – bis 1917/18, als T. E. Lawrence hier sein Winterquartier aufschlug.

An der ersten Ampel links halten, nach 3 km Abzweig zum Resthouse (*Tourist Komplex* ausgeschildert), 2 km bis zum Wüstenschloss.
Kennenlernen: Das Schloss (8-18 Uhr) – *Qasr el Azraq* – ist gänzlich aus schwarzblauen Basaltsteinen erbaut, es wirkt nicht gerade wohnlich. Der nahezu quadratische Grundriss, die dicken Mauern und rechteckigen Türme

Azraq

▲ **Hotels**
1 Resthouse
2 RSCN Lodge
3 Al Zoubi

gehen auf die Römer zurück. Ein Erdbeben im Jahr 1927 richtete starke Schäden an.

Der Wärter führt am Eingang gern die noch vorhandene und funktionsfähige, tonnenschwere Basalttür vor. Im Torbereich fallen Steinplatten mit Kuhlen auf, die als Spielsteine (angeblich der Römer) verwendet wurden. Im zweiten Eingang, schräg links gegenüber, existiert eine weitere, sogar noch schwerere Steintür, ebenfalls funktionsfähig. Im Erdgeschoss an der Nordwand waren Stallungen, Küchen und Lagerräume untergebracht, das Obergeschoss diente mehr dem Wohnen. Der letzte bekannte Bewohner war T. E. Lawrence, *Lawrence von Arabien*, der in dem kühlen Gemäuer, im Raum über dem Eingang, den Winter verbrachte. Im Innenhof steht eine noch heute benutzte Moschee, deren Ursprung vermutlich eine byzantinische Basilika war. Gleich nebenan führen Stufen in die recht große, runde Zisterne.

Östlich der Straße, welche die beiden Ortsteile verbindet, breitet sich die **Azraq Wetland Reserve** aus, eine jetzt unter der Schirmherrschaft der Royal Society for the Conservation of Nature (RSCN) stehende *Nature Reserve*. Kurz nach der T-Kreuzung, am Eingang zur Oase, zweigt im südlichen Ortsteil links eine ausgeschilderte Straße zum Besucherzentrum ab. Eintritt JD 5 (8-18, Ticket gilt auch in *Shaumari Wildlife Reserve*).

Bis Ende der 70er Jahre herrschte hier noch reges "Wildlife", Wasserbüffel suhlten sich in den Tümpeln, in denen verschiedene Fischarten lebten, Zugvögel rasteten hier. Doch das Bild änderte sich dramatisch, als die Wasservorkommen zum großen Teil abgepumpt und nach Amman wie auch zu landwirtschaftlichen Projekten geleitet wurden, leider viel mehr als durch den unterirdischen Zufluss aus Syrien nachsickerte. Viele Seen trockneten aus, der Vogel- und Wildbestand ging drastisch zurück, viele Wildtiere einschließlich der Wasserbüffel starben aus (allerdings auch durch Jagen).

Seit 1994 versucht man, das Rad zurückzudrehen, um der drohenden Versteppung und Verwüstung zu begegnen. Wasser wurde wieder zurückgepumpt, und die Natur half zusätzlich mit einem in dieser Gegend sehr regenreichen Winter. Langsam, vielleicht zu langsam füllen sich Tümpel und Seen wieder, auch Vögel kehren zurück. Allerdings dürfte es noch viele Jahre dauern, bis der ehemalige Zustand der Nassgebiete wieder erreicht sein wird. Zur Vogelbeobachtung sind schöne Pfade innerhalb des Reservats angelegt worden.

Doch trotz der Zusage offizieller Stellen, den Grundwasserspiegel nicht weiter abzusenken, geht er immer weiter zurück. Man erkennt das deutlich an den eher grauen als grünen Bäumen der Oase.

Im Besucherzentrum bemüht man sich, die Gäste über die Entwicklung der Wetlands zu informieren. Innerhalb des Reservats wurde ein anschaulicher Rundgang – z.T. auf Holzbohlen/-stegen – angelegt, der, streckenweise durch eine Schneise im dichten Schilf, u.a. zu einer Vogelbeobachtungsstation führt. Daher ist im Eintrittspreis das Ausleihen ei-

Immer noch bewegliches Steintor (im Innenhof)

6 Der Norden

Wasserbüffel in der Wetland Reserve

nes Fernglases eingeschlossen. Aber solange nicht mehr Wasser für die Wetlands zur Verfügung gestellt wird, sind die Vogelscharen eher begrenzt. Während der Monate Dezember bis Februar und ab Mitte März bis Ende April ist mit den meisten Vögeln zu rechnen.

Etwas mysteriös ist immer noch der Zweck einer etwa kniehohen Mauer – von Einheimischen *Römische Mauer* genannt –, auf die man auch beim Rundgang trifft, die sich aber 5 km lang von Südosten nach Westen um das Feuchtgebiet herumzieht. Vermutlich geht sie nicht auf die Römer zurück, sondern entstand unter den Omayaden zur Wasserregulierung; aber auch bei dieser Bestimmung bleiben diverse Fragen offen.

An der Straße nach Saudi-Arabien (nicht zu verwechseln mit der etwas nördlicheren Lkw-Rennstrecke in den Irak), 6 km östlich von der Oaseneingangskreuzung, zweigt ein Sträßlein zur 6 km entfernten **Shaumari Nature Reserve** ab (Eintritt JD 5, Ticket gilt auch für *Wetland Reserve*), die ebenfalls der RSCN untersteht. Hier schufen die Jordanier mit Unterstützung des World Wildlife Fund einen Wildpark, in dem Tiere wieder heimisch werden sollen, die einst in der Umgebung lebten und ausgestorben oder davon bedroht waren. Vor allem geht es um Oryxantilopen, die in freier Wildbahn nicht mehr existierten. Heute weiden etwa 50 Oryxe mit ihren langen, spießgleichen Hörnern in dem 22 qkm großen Reservat, dazu einige Strauße und weiße Wildesel; auch das letzte Paar der einst in der Oase lebenden Wildpferde ist hier untergekommen.

Da die Kapazität des Parks bei etwa 120 Oryxen liegt, sollen einige Tiere im Wadi Rum in die freie Wildbahn entlassen werden. Man hofft, dass sie dort überleben, denn in der direkten Umgebung von Azraq schlug das Experiment fehl, weil die Wüste hier überweidet ist und die Einheimischen vom Jagen nicht lassen können. Die Ranger des Parks sind sehr engagiert, z.B. bemühen sie sich, in einem kleinen, durchaus sehenswerten Trainingszentrum Schulkinder auf pädagogisch interessante Art mit der Natur der Wüste vertraut zu machen.

Von einem Aussichtsturm kann man die Tiere beobachten, allerdings hauptsächlich diejenigen, die im eingezäunten Bereich leben. Will man fotonah an die frei im Reservat lebenden Oryxe herankommen, kann man eine "Safari" buchen und in das Reservat hinausfahren. Das Vergnügen kostet JD 20, in das sich Mitreisende teilen. Die beste Beobachtungszeit ist der Frühling und der Dezember.

Die Reserve ist vorläufig wegen Renovierung und Erweiterung von 22 auf 75 qkm geschlossen, der Wiedereröffnungstermin ist unbekannt.

Praktische Informationen

▶ **Busverbindungen**: Azraq ist per Minibus nur von Zarqa aus erreichbar, von dort besteht eine Minibusverbindung nach Amman (siehe Beginn des Kapitels). Zwischen den beiden Ortsteilen kommt man ebenfalls mit einem dieser Minibusse hin und her, weil sie auf der Suche nach Fahrgästen zwischen den Orten pendeln.

****Qasr el Amra

Essen und Trinken

- AZRAQ RESTHOUSE, ein ganzes Stück von den Ruinen entfernt, westlich der Straße
- AL AZRAQ PALACE, etwa 2 km südlich der Festung; gutes, aber teureres Essen in neuem Ambiente, auf Gruppen ausgelegt
- AZRAQ TOURIST PALACE, links an der Zufahrtsstraße; preiswertes Menü
- An der Straße nach Saudi-Arabien gibt es diverse Trucker-Restaurants und Imbisse, die billiger sind.

Übernachten

- **AL AZRAQ RESTHOUSE**, Tel 05 3834006, Fax 05 383 5215; ansprechende Bungalow-Zimmer beiderseits des großen Pools, renoviert, gut eingerichtet, sehr ruhig, da ca. 1 km abseits der Durchgangsstraße, sauber, SatTV, AC, Restaurant, keine Kreditkarten, mF .... E+B 35, D+B 43
- **AL ZOUBI**, Tel 05 383 5012; im Südteil an der Straße nach Saudi-Arabien, ca. 1 km nach der Kreuzung am Oaseneingang, zweite Häuserreihe, Besitzer Fais Zubi spricht deutsch, freundlich, sehr sauber, Küchenbenutzung, Ventilator, nicht für alleinreisende Frauen, während unserer Recherche verschlossen, ... Zimmer mit 2-4 Betten + Bad .... jeweils 15
- **AZRAQ LODGE**, am Eingang zur Oase rechts, gehört der RSCN, Ex-British-Hospital umgebaut zu einer unorthodoxen Unterkunft, angeschlossen ist eine Werkstatt für Naturprodukte mit Shop, AC, Dinner JD 9,50, ... E+B 55, D+B 63
- **Camping** ist auf dem Parkplatz des Resthouse oder bei der Nature Reserve möglich.

Azraq als Basis für Tagestrips

Von Azraq aus können Sie ein paar interessante **Ausflüge** einlegen, siehe Seite 213 am Ende dieses Kapitels.

Nach Amra, dem nächsten interessanten Wüstenschloss, müssen wir von Azraq aus zunächst 8 km von der Eingangskreuzung der Oase nach Westen zurückfahren und uns dann halblinks halten. Achtung: Es gibt keine Busverbindung auf dieser Strecke. Entweder nimmt man in Azraq ein Taxi, das für den Besuch von Qasr Amra ca. JD 10-15 verlangt bzw. einschließlich Qasr el Kharanah JD 15-20, oder man versucht zu trampen. Nehmen Sie genug Trinkwasser mit!

16 km bis

****Qasr el Amra

Das Rote Schlösschen – *Qasr Amra* –, das eindrucksvollste aller Wüstenschlösser, fällt schon von der Straße her durch seine kompakten Tonnengewölbe auf (8-18, Winter 8-16.30). Es wurde Ende der 90er Jahre von der UNESCO in die Liste des Weltkulturerbes aufgenommen. Ein kleines Visitor-Center informiert darüber und grundsätzlich über die Anlage.

Hintergrund: Wahrscheinlich geht das Bauwerk auf eine Karawanserei am Weg ins Wadi Sirhan zurück. Die Inschriften lassen nur wenige Rückschlüsse auf Erbauer und Nutznießer zu. Vermutet wird, dass der Omayaden-Kalif Walid I den Gebäudekomplex 705-715 zu einem (sehr privaten) Jagd- und Badeschlösschen ausbauen ließ und dass u.a. der lebensfrohe Walid II und/oder Yazid III es sich hier gut gehen ließen. Die im Islam ganz ungewöhnliche Offenheit, mit der menschliche Abbilder, und noch dazu von Frauen, großflächig an

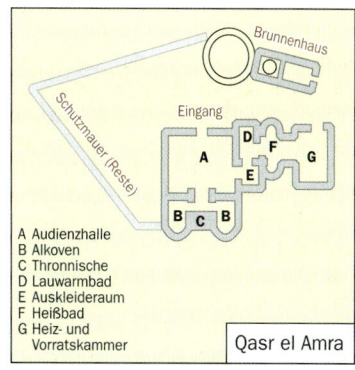

A Audienzhalle
B Alkoven
C Thronnische
D Lauwarmbad
E Auskleideraum
F Heißbad
G Heiz- und Vorratskammer

Qasr el Amra

die Wand gemalt wurden (wo doch bildliche Darstellungen von Menschen verboten bzw. verpönt sind), muss man wohl der frühislamischen Epoche zugute halten, in der sich diese Richtlinien erst entwickelten und offenbar im herrschaftlichen Privatbereich nicht so ernst genommen wurden. – Später blieb das Schlösschen sich selbst überlassen, weil die Beduinen die hier wohnenden Geister zu Tode fürchteten. 1898 entdeckte es der österreichische Forscher Alois Musil wieder. Anfang der 70er Jahre wurden die Fresken von einer spanischen Gruppe restauriert.

Amra, musizierender Bär

Kennenlernen: Besuchen Sie zunächst das sehr informative Visitor-Center, das 1999 mit Hilfe Frankreichs errichtet wurde. Hier erfährt man viel zur Geschichte und zu den Bildern im Palast. Vom Center aus geht man auf einem neu angelegten Weg in einer großen Schleife hinunter zum kleinen Palast.

Der Eingang führt direkt in die Audienzhalle, die mit drei Paralleltonnengewölben überdeckt ist. Der Tür gegenüber liegt die Thronnische, auf beiden Seiten von Alkoven flankiert, die vermutlich als Prinzenschlafzimmer dienten. Die Wände der Audienzhalle waren im unteren Bereich marmorverkleidet (inzwischen abmontiert), darüber mit Stuck bedeckt. Die Stuckschicht ist mit reichen Fresken in safranfarbigen, blauen und braunen Farbtönen verziert, die über die damalige Zeit berichten. Allerdings darf man kein fröhliches Farbenspiel erwarten. Die Bilder haben viel an Glanz verloren, man muss sich außerdem erst an das Halbdunkel gewöhnen, um die Bildfragmente erkennen und deuten zu können.

Auf der rechten Wand (Westwand) ist eine ziemlich massige Schöne zu sehen, die, nur mit Diadem, Halskette, Armreifen und Badehöschen bekleidet, dem Bad entsteigt und von Höflingen (oder auch Dienern) bewundert wird. Links neben der Dame sind Porträts des byzantinischen Kaisers Caesar, des letzten Westgotenkönigs Roderich, des letzten Sassaniden-Herrschers Kirsa (Chosrau) und von Negus, dem äthiopischen König, dargestellt. Immerhin können die Herrschaften anhand der arabischen und griechischen Bildunterschriften identifiziert werden.

Über die Hintergründe dieser Porträtierung gibt es verschiedene Deutungen, wahrscheinlich ist, dass sich die Omayaden diesen Herrschern ebenbürtig fühlten und es hier dokumentierten. Rechts der badenden Diva kann man junge Männer bei gymnastischen Übungen bewundern. Im oberen Teil der Westwand, auf der Ostwand und den Stirnseiten der Tonnengewölbe sind Jagdszenen, im östlichen Gewölbe dagegen alltägliche Handwerkerszenen festgehalten.

Links (östlich) führt eine Tür in das Auskleidezimmer (Apodyterium). Die Wandmalereien im folgenden Trakt stammen wegen der stilistischen Unterschiede offensichtlich von einem anderen Künstler. Das Bild der Westwand könnte Dionysos mit einem geflügelten Cupido darstellen, der sich über die schlafende Ariadne beugt, oder es handelt sich um eine erotische Szene. Oben an der Südwand

Qasr Amra

ist ein Rautenmuster zu erkennen, gefüllt mit verschiedenen Tieren, u.a. einem Laute spielenden Bären, dem ein Affe applaudiert. Ganz oben erkennt man einen Mann, der in drei Altersstufen dargestellt ist. Die Tür in der Nordwand öffnet sich in das Lauwarmbad (Tepidarium), dessen Wandmalereien über der Eingangstür drei nackte Frauen zeigen, von denen die mittlere einen Knaben auf dem Arm hält; es könnten die Nymphen sein, die Dionysos aufzogen.

Im anschließenden Raum, dem Heiß- oder Schwitzbad (Caldarium), ging es dann physisch ganz heiß her. Der Ablenkung dient hier ein astrologisches Nachtbild mit figürlichen Tierkreisdarstellungen, allerdings nicht das Sternbild des damaligen Sternenhimmels über Jordanien. Beide Räume verfügten über eine Fußbodenheizung. Nach Osten schließen sich noch der Heiz- und ein Vorratsraum an.

Nördlich, außerhalb des Palastes, steht das Brunnenhaus mit einem tiefen Brunnen und einem Wasservorratsbehälter. Über zwei Leitungen war es mit dem Bad verbunden. Außen herum lässt sich noch die Bahn erkennen, auf der ein Kamel oder Esel im Kreis marschierend das Göpelwerk des Brunnens antrieb. Die in Resten vorhandene, spitzwinklige Mauer im Westen sollte den Wüstenwind brechen und die Anlage vor Sandverwehungen schützen.

Übernachten

• Die Beduinen, die hier Torwächter und Führer spielen, bieten Übernachtung in ihrem Zelt neben dem Visitor-Center, in der Nähe der sehr lauten Straße an, Preise verhandelbar.

16 km bis

**Qasr el Kharanah

Hintergrund: Über ihren Erbauer und das Datum ihres Entstehens gibt diese Anlage keine Auskunft. Selbst ihr Zweck ist umstritten, die Theorien reichen von einer Karawanserei über eine Festung bis zu einem Palast, in dem Staatsgeschäfte getätigt wurden. Lediglich eine kufische Inschrift deutet auf das Jahr 710, in dem das Gebäude bereits existierte. Kharanah gilt als das baulich besterhaltene der Wüstenschlösser, selbst das Obergeschoss ist weitgehend intakt.

Auch hier wurde ein – bis dato nutzloses – Visitor-Center, etwas versteckt, in einer Senke auf der von der Straße abgewandten Seite erbaut.

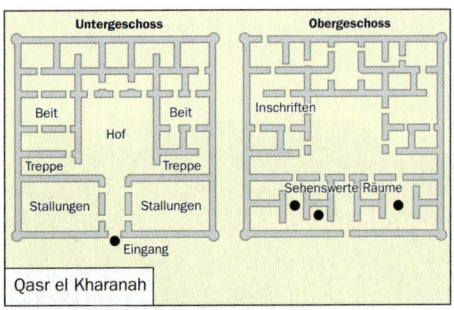

Qasr el Kharanah

Man betritt das nahezu quadratische Bauwerk durch einen schmalen Eingang im zentralen, halbkreisförmigen Turm im Süden. Vermutlich wurden die Räume rechts und links neben dem Eingang im Erdgeschoss als Stallungen oder Lagerräume genutzt. Vom Eingang geht man geradeaus weiter in den zentralen Hof, in dem eine Zisterne lag und ein Abwassersystem vorhanden war. Auf der West-, Ost- und Nordseite des Hofs gruppieren sich Wohnräume jeweils um einen Hauptraum (Beit-System).

Ins Obergeschoss Kharanahs führen zwei Treppen, nehmen Sie aber die linke (westliche). Auch hier wurden ähnliche Raumgruppen wie im Erdgeschoss angelegt, die Nordseite wurde allerdings nicht fertiggestellt. Wenn Sie sich nach rechts wenden und bis zum größten Raum der Westseite gehen, kommen Sie in den sogenannten Inschriftenraum mit Graffiti früherer Besucher. Das älteste besagt, dass ein Mann namens Al Malik Ibn Omar am 24. November 710 (nach christlicher Zeitrechnung) hier verweilte – der einzige Hinweis auf eine mögliche Datierung, weil das Gebäude zumindest zu dieser Zeit schon so weit fertiggestellt war. Die beiden Haupträume der Südseite sind auffallend schön dekoriert und daher unbedingt einen Blick wert.

Vom Dach könnte sich ein weiter Blick in die Wüste auftun, er bleibt jedoch an einem Umspannwerk gleich nebenan und einer etwas entfernten Sendeanlage hängen; die Wüstenstille tritt wegen des nahezu ununterbrochenen Lkw-Verkehrs auch nicht ein.

Ein Leser schreibt: „*Wenn man vom Dach am besten mit einem Fernglas nach Südwesten schaut, kann man in wenigen 100 m Entfernung ein paar Betonpfähle erkennen, die früher einmal ein archäologisch interessantes Gebiet eingrenzten. Jetzt ist der Drahtzaun großenteils verschwunden. Es handelt sich um eine der vielen steinzeitlichen Arbeitsstätten in der jordanischen Wüste, wo Werkzeuge aus Flint hergestellt wurden. Obwohl sicher zahlreiche und wohl auch die besten*

Qasr el Kharanah

Unendlich viele Ziegel wurden in El Mushatta verbaut, wie hier in der ehemaligen Empfangshalle

Stücke nicht mehr vorhanden sind, kann man dort immer noch feine längliche Klingen, Schaber, Bruchstücke großer Klingen sowie Kernstücke, von denen die länglichen Klingen abgedrückt oder -geschlagen worden sind, entdecken. Die besten Stücke, die zum Gebrauch geeignet waren, hatten die Werkstatt natürlich in vorgeschichtlicher Zeit verlassen. Man gelangt dorthin, indem man von der Piste, die hinter dem Qasr, am Militärposten vorbei, in die Wüste führt, beim ersten Wadi nach rechts in einen Nebenweg abbiegt, der durch Steine markiert ist, und sich nach etwa 200 m weiter nach rechts hält."

39 km bis

Muwaqqa

Da dieses Schloss in nahezu aller einschlägigen Literatur herumgeistert, wollen auch wir es erwähnen und jedem Nicht-Archäologen empfehlen, schleunigst weiterzufahren. Es ist fast vollständig zerstört, die wenigen noch vorhandenen Räume werden als Stall bzw. Vorratsraum genutzt. Wer es sucht, findet es wie folgt: An der Hauptkreuzung von Muwaqqa links ab, über den ersten "Adler"-Kreisel hinweg, erste Straße rechts auf einen Hügel, dort oben stehen die traurigen Mauerreste zwischen zwei Wohnhäusern.

**Qasr el Mushatta

Das letzte Wüstenschloss unserer Rundreise liegt direkt neben dem Queen Alia Flughafen, südlich von Amman. Von Muwaqqa aus könnte man auf Neben- und eventuell Schotterstraßen zum Flughafen durchkommen. Da aber jegliche Schilder und bald auch Menschen fehlen, die man fragen kann, sowie das Militärgelände am Flughafen den Weg versperren könnte, gaben wir den Versuch auf und kehrten auf die Hauptstraße zurück.

Man fährt daher knapp 20 km Richtung Amman weiter und biegt auf den Ring zum Airport (gut ausgeschildert) links ab, später dann auf die Wüstenautobahn, die man natürlich genauso vom Stadtzentrum für einen Abstecher erreicht, und bleibt auf dieser bis zum Flughafen, um dort so bald wie möglich

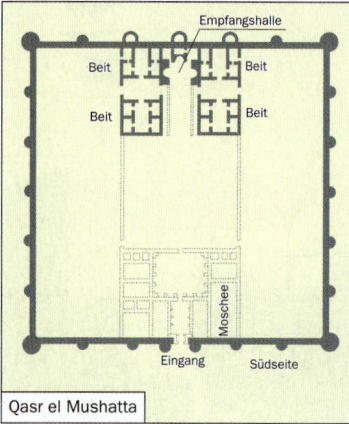

Qasr el Mushatta

umzukehren und in Richtung Amman wieder auf die Autobahn zu fahren. 4 km nach der Auffahrt sieht man rechts die erste Moschee, direkt neben der Straße, etwa 100 m zuvor rechts abbiegen (*Jordan Traffic Institute* ausgeschildert) und 7 km geradeaus, über jede Kreuzung, in östlicher Richtung weiterfahren. Wenn rechts ein Tor mit Wachtposten (Flughafenzufahrt) die Straße versperrt, liegen links die Ruinen.

Vorsicht beim Fotografieren der Umgebung, hier handelt es sich um Militärgelände!

Hintergrund: Sehr wahrscheinlich ließ 743 der Kalif Walid II diese Anlage erbauen. Mit 144 m Seitenlänge handelt es sich um eines der größten Wüstenschlösser. Allerdings liegt der Platz 25 km von der nächsten Wasserstelle entfernt; beim Bau sollen viele Arbeiter umgekommen sein. Vielleicht hat 744 diese "mörderische" Baustelle eine Revolte ausgelöst, die den Kalifen das Leben kostete. Yazid III, sein Nachfolger, musste geloben, alle Bauarbeiten einzustellen.

Dem unvollendeten Schloss geschah dann 1903 ein weiteres Missgeschick: Der Osmanensultan Abdul Hamid schenkte die mit Reben und Tieren überaus reich verzierten Frontpartien der Südfassade dem deutschen Kaiser Wilhelm II, der sie auf die Berliner Museumsinsel verfrachten ließ, wo sie heute im Museum für Islamische Kunst zu bewundern sind. Bruchstücke der Südfassadenverzierungen sind noch vorhanden, sie vermitteln einen Eindruck der handwerklichen Kunst der Steinmetze.

Kennenlernen: Im Grunde bieten diese Ruinen nicht viel. Man kann die Ziegelarchitektur bewundern, deren Technik besonders in den Tonnengewölben zum Ausdruck kommt. Um sie aber mit Leben zu erfüllen, würde man einen Märchenerzähler der Kategorie Tausendundeine Nacht herbeiwünschen. Denn die vorhandenen Trümmer wirken wenig stimulierend.

Der Eingang in der Südfassade wurde von zwei Türmen flankiert, gleich rechts danach lag die Moschee, deren Mihrab in die Südmauer eingefügt war. Gehen Sie durch den weiten Hof bis zur Empfangshalle, von der noch ein Halbrund und ein Stück Tonnengewölbedecke stehen. Links und rechts davon wurden sogenannte *Beits* gebaut, d.h. um einen zentralen Empfangsraum gelegene Wohnräume.

Der Vollständigkeit halber sei noch erwähnt, dass etwa 1,5 km vor dem Abzweig zum Flughafen, aber auf der westlichen Seite der Wüstenautobahn, also quasi gegenüber dem Airport, eine Ruinenstätte namens **Qastal**, nahezu direkt neben der Straße, liegt, die in der Literatur häufig auch zu den Wüstenschlössern gezählt wird. Es handelt sich um die Reste eines frühislamischen, eher einfachen Palastes der Omayadenzeit aus dem 7. Jh und eine zugehörige Moschee, deren turmartiges Minarett mit spiralförmiger Treppe als eines der ganz frühen, wenigstens teilweise erhaltenen in der islamischen Welt gilt. Vermutlich war die Anlage der Wohnsitz eines "Gutsbesitzers". Ähnlich wie in Qasr el Kharanah gab es auch hier Beits, in sich

Qasr el Mushatta

abgeschlossene Wohneinheiten. Der Gebäudekomplex wurde im 12./13. Jh und in spätosmanischer Zeit noch einmal umgebaut und leider in unserer Zeit großflächig von modernen Gebäuden überbaut.

Ausflüge von Azraq aus

Azraq bietet sich als Standort für einige Ausflüge an, für die allerdings ein Allradfahrzeug und ein lokaler Führer erforderlich sind.

Ausflug nach Süden

*Qasr el Tuba - noch ein Wüstenschloss
Eigentlich liegt dieses Wüstenschloss südlich von Kharanah, es ist aber am besten von Azraq aus wie folgt zu erreichen: nach Süden auf der Straße 50 (Richtung Saudi Arabien und Ma'an). Nach insgesamt 70 km zweigt eine Asphaltstraße rechts ab (Tankstelle auf der linken Straßenseite), der man 14 km bis zu einem unscheinbaren blauen Schild (unterhalb der Straße angebracht!) „Qasr Tuba" folgt (N 31°17,2', E 36°32,8'); links ein großes eingezäuntes Gelände mit einigen Betonbauten. Am besten versucht man, dort jemanden als Guide anzuheuern. Die nur 6 km lange Piste ist stark ausgefahren und verzweigt sich öfters. Etwa auf den letzten 2 km kommt man nur noch mit einem Geländefahrzeug weiter.

Das Schloss (N 31°19,5', E 36°34,7'), großenteils aus gebrannten Lehmziegeln erbaut, wurde nie fertiggestellt und später durch Erosion und Erdbeben stark zerstört. Es ist schlecht erhalten, nur über zwei Räume wölbt sich noch das Tonnengewölbe. Die interessanten Türstürze wurden in das archäologische Museum von Amman verbracht. Der etwas mühselige Abstecher lohnt wegen der Ruine kaum, allerdings vermittelt sich an dem praktisch ungestörten Platz sehr bald die Wüstenstimmung dieser sanft hügeligen Umgebung.

Abstecher nach Norden

Wenn man Azraq nach Nordosten, auf der Straße in den Irak, verlässt, sieht man 15 km nach Azraq as Shomali (Nord) links, etwas abseits, einen Windgenerator und Solarzellen. An geeigneter Stelle biegt man rechts auf eine breit von LKWs ausgefahrene Piste nach Osten in die Wüste ab, um nach ca. einer halben Stunde Pistenfahrt den 80 m über die Umgebung ragenden Hügel mit dem **Qasr Aseikim** zu erreichen (schon von weitem zu sehen). Hier bauten die Römer, vermutlich im 3. Jh nC, ein Fort von quadratischem Grundriss am Weg von Azraq nach Basra, das heute weitgehend in Trümmern liegt. Im Innern waren entlang der Befestigungsmauern an jeder

Qasr el Tuba, einsam in der Wüste gelegen

6 Der Norden

Seite zehn Räume angeordnet, das Zugangstor lag auf der Südseite. Die Ruinen auf dem hohen Hügel bieten einen grandiosen Rundblick über die Basaltwüste, für den sich die Anfahrt lohnt.

Die Hauptstraße führt weiter in nordöstlicher Richtung nach **El Safawi**, einem kleinen Ort, der seine Existenz der ehemaligen Pumpstation H5 an der Pipeline von Kirkuk nach Haifa verdankt, die nach der Gründung Israels außer Betrieb genommen werden musste. Hier kann man ca. 15 km auf ziemlich schlechter Piste (Führer sehr empfohlen) nach Nordwesten bis fast zur syrischen Grenze (Vorsicht im Grenzgebiet) fahren. Dort liegt **Jawa**, die besterhaltene Stadt Jordaniens aus dem 4. Jahrtausend vC. Die Ruinenstätte wurde 1931 durch Luftbildfotografie entdeckt und erst in den 70er Jahren näher erforscht.

Am Hang eines Wadis entstanden zwischen 3750 und 3350 vC eine Unter- und eine Oberstadt mit einer Festung, alles aus schwarzem Basalt. Die Festungsmauern mit insgesamt sechs Toren waren 4 m dick und etwa 5 m hoch. In der Blütezeit, etwa zwischen 3350 bis 3050 vC, lebten hier mitten in der Wüste 3 000 bis 5 000 Menschen. Wasser erhielten sie, mittels eines durchdachten Systems, durch Sammeln der winterlichen Niederschläge in Zisternen und Basaltbecken, die sie über Staudämme im Wadi speisten und durch Kanäle in die Felder leiteten bzw. als Trinkwasser nutzten. Um 3000 vC wurde die Stadt aus bisher unbekannten Gründen verlassen. Etwa 1000 Jahre später finden sich noch einmal Bewohner für kurze Zeit ein, wie Besiedlungsspuren ergeben.

Wirklich rätselhaft ist, was die Menschen an dem entlegenen Platz in der Wüste hielt, wo doch das fruchtbare, wasserreiche Wadi Sirhan von Azraq nur etwa 60 km entfernt war.

Ein weiteres Wüstenschloss liegt ganz im Nordosten Jordaniens, über El Safawi hinaus, der Bagdad-Straße bis zum Ort Ar Ruwayshid folgend. Dort fährt man etwa 25 km nach Norden in die Wüste. Im Grenzgebiet zu Syrien stehen die Ruinen von **Qasr Burqu**, ursprünglich als römisches Kastell am Limes Arabicus angelegt. Eine Inschrift besagt, dass 700 nC Walid I das Kastell in ein Jagdschloss umbauen ließ. Die einsame Anlage ist ziemlich verfallen und würde die Anreise nicht lohnen. Doch die große Überraschung und Attraktion in der Einsamkeit der Wüste ist ein etwa 2 km langer See, der sich immer wieder im Winter mit Wasser auffüllt. Seine Ufer sind begrünt und besonders im Frühling vom Duft von Mohn, Iris und anderer wilder Blumen erfüllt. Der See und die unwirtlich-unbefahrbare Wüste ringsum hat letzten Herden von Gazellen das Überleben gerettet, aber auch andere Tierarten wie Füchse, Hyänen oder Wildkatzen wurden gesichtet. Die RSCN will denn auch die Gegend als ein weiteres Nature Reserve deklarieren.

Auf dem Weg nach Qasr el Tuba - wovon lebt eine Schafherde in der Wüste...

Wege nach Süden

Auf der King's Road von Amman nach Petra

Auf dieser Route werden Sie durch landschaftlich sehr reizvolle Gebiete reisen, einige der schönsten, die Jordanien zu bieten hat.

King's Road

Die King's Road sollte wohl besser *Royal Road (Königliche Straße)* heißen, denn sie war eine Route, die zwar von zahlreichen Königen benutzt wurde, aber keiner von ihnen hat sie "erfunden" oder erbaut, bestenfalls ausgebaut. Sie war stets eine besonders wichtige Durchzugsroute für Reisende, Händler und Truppen, z.B. Alexander des Großen, Karawanen der Nabatäer, römische Legionen, Byzantiner sowie die arabischen und osmanischen Heerscharen, Herrscher und Gouverneure. Sie zogen von Wasser- zu Wasserstelle und genossen auch streckenweise den früher noch vorhandenen Schatten der Wälder.

Ihre erste schriftliche Erwähnung geht auf das Alte Testament zurück, damals verband sie die drei Königreiche Edom, Moab und Ammon, welche die Israeliten auf dem Weg ins Gelobte Land zu durchziehen hatten. Auch ein Handelsvolk wie die Nabatäer machte ausgiebig Gebrauch von dieser Lebensader; die Römer bauten sie unter Trajan von Damaskus über Amman und Petra nach Aqaba aus und nannten sie *Via Nova Trajana*. Es folgten die Christen, Muslime, Kreuzfahrer und Pilger auf der Straße; alle hinterließen ihre Spuren – es gibt viel zu sehen am Wegesrand.

Erst das moderne Jordanien schuf mit dem Desert Highway eine echte Alternative zur King's Road oder mit der noch jungen Erschließung durch das Wadi Araba.

Da die Straße mehrere tief eingeschnittene Täler quert und auch um oder über viele Hügel führt, lassen sich keine Geschwindigkeitsrekorde aufstellen. Hingegen ist schon der Aus- und Einblicke wegen Muße angesagt.

Es gibt keine durchgehende Busverbindung auf der Kings Road.

Verlassen Sie Amman auf der Ostumgehung, Richtung Dead Sea, siehe Seite 140, und biegen

7 Wege nach Süden

Sehenswertes

- ****Madaba**, die Mosaik-Stadt Jordaniens mit Meisterwerken dieser Kunst u.a. im Archäologischen Park und Museum, weltbekannte Mosaik-Landkarte, Seite 217
- ***Mount Nebo**, Moses' Aussichtsplatz auf das Gelobte Land, schöne Mosaike, Seite 224
- ***Kerak**, imposante Kreuzritterfestung, hoch auf einem Bergkegel mit darunter "klebendem", sehr lebendigen Städtchen, Seite 235
- ***Dana**, herrliches Naturreservat in fantastischer Landschaft, Seite 245
- ***Umm er Rasas**, byzantinische Ruinenstadt mit bekanntem, schönen Mosaik - u.a. Vignetten von insgesamt 28 Städten; in die UNESCO-Weltkulturerbe-Liste aufgenommen, Seite 230
- ***Wadi Mujib**, tief eingeschnittenes Tal, "Grand Canyon von Jordanien", Seite 232
- **Es Sela** oder *Klein-Petra,* ein pittoresker, stark zerklüfteter Felsberg mit nabatäischen Siedlungsresten, Seite 243
- **Machärus-Palast** bei Mukawir, Palast des Herodes, in dem Johannes der Täufer geköpft wurde; schöne Aussicht, Seite 228
- **Shaubak**, erste Kreuzritterburg Jordaniens, immer noch beeindruckende Architektur und Lage, Seite 248
- *Dhat Rass**, kleiner Ort mit zwei nabatäischen Tempelruinen, Seite 240
- *Hisban**, seltener besuchte Siedlung aus byzantinischer Zeit, gut dokumentiert, Seite 216
- *Hammamat Ma'in**, tief in den Bergen gelegener "Badeplatz" und Kurort an heißen Quellen, Seite 226
- *Khirbet ed Dharih**, einsame Ruinen eines nabatäischen Tempels im Wadi Laban, Seite 242
- *Wadi Hasa** mit *Hammamat Borbatah* und *Afra,* ein sehr tiefes, canyonartiges Tal mit heißen Quellen, Seite 241

an der Abfahrt Na'ur auf die King's Road, die Landstraße Richtung Madaba ab.
8 km bis

*Hisban

Hisban (braunes Hinweisschild) ist ein kleines Dorf an einem Hügel namens **Tell Hisban**. Der Tell ist bereits von der Hauptstraße bestens zu erkennen, doch die Zufahrt führt nördlich etwa 600 m um den Hügel herum. Geöffnet ist von 9-18 Uhr; falls geschlossen, kann man den Wärter heraustrommeln, dessen Haus sinnigerweise gegenüber dem Eingang liegt, aber durch das Grabungsgelände von diesem getrennt ist. Auch wenn man an den historischen Aspekten nicht sonderlich interessiert ist, lohnt ein Besuch des Tell, um sich die Beine zu vertreten und von einer der Bänke, oben auf dem Hügel, die weite Sicht auf die Umgebung zu genießen. Vermutlich wird man ganz allein sein, der Wind treibt die Rufe der Hirten vorbei, das Land flimmert in der heißen Sonne.

Hintergrund: Bereits in der späten Eisenzeit war der Ort besiedelt, erlebte seine Blütezeit in römisch-byzantinischer Zeit, war aber auch noch in der islamischen Epoche bis etwa ins 14. Jh bewohnt. Vermutlich ist Hisban mit einem damals häufiger genannten Esbus oder später Esboun identisch, hat aber wohl nichts mit dem biblischen Heschbon gemein, wie ursprünglich vermutet. Im 3. Jh nC wurden so-

gar Münzen hier geprägt, was für die Bedeutung des Ortes spricht.

Der Hügel war etwa im 2. Jh vC mit einem 1,5 m dicken Schutzwall und einem Wachtturm im Westen gesichert worden, der einen früheren Wall ablöste. Aus der Eisenzeit wurde eine 7 m tiefe Zisterne mit einem Fassungsvermögen von 220 000 Litern freigelegt, die größte in Jordanien. An den Hängen standen Wohnhäuser, in der Südhang war ein Forum eingebettet. Auch aus mamlukischer Zeit sind Häuser sowie eine an die Stadtmauer innen angebaute Karawanserei erkennbar, in der es sogar ein Bad gab. Aus byzantinischer Zeit stammen zwei Kirchen, die beide schöne Bodenmosaike aufweisen. Eine der beiden – Akropoliskirche genannt – stand weithin sichtbar auf dem Tell, die andere am Fuß im Norden.

Die amerikanischen Archäologen, die hier tätig waren, hinterließen eine gut beschilderte Grabungsstätte, die sie als eine "offene Geschichtsschule" bezeichnen. Daher ist der Weg auf den Hügel bei guter Unterweisung leicht auffindbar.

12 km bis

Tell Hisban

**** Madaba

Der 730 m hoch gelegene Ort mit ca. 90 000 Einwohnern ist als *die Mosaikstadt* schlechthin bekannt, vor allem auch, weil hier die berühmte Palästina-Landkarte einen Kirchenboden ziert. Darüber hinaus bieten sich Ausflüge nach Mount Nebo (schöne Mosaike, schöne Aussicht) an oder nach Hammamat Ma'in (heiße Quellen); auch noch ein paar andere interessante Ziele liegen in der Nähe. Daher drängt sich die Stadt als Standort für mehrere Tage förmlich auf. Auch die Investoren erkannten die Zeichen der Zeit und ließen seit etwa 1995 diverse neue Hotels im Ort entstehen.

Als kleiner Tipp: Die letzte Nacht vor einem Abflug mit der allerersten Maschine kann man auch in Madaba verbringen, denn der Flughafen liegt nur 20-30 Minuten entfernt.

Überhaupt bietet sich Madaba als Standort für den an, der dem Lärm und der Hektik Ammans ein Schnippchen schlagen will. Das Leben hier ist billiger und gemütlicher, Minibusse pendeln ständig zwischen Madaba und der Hauptstadt, als Fahrzeit muss man 30 Minuten rechnen. Die Busse fahren sowohl zum Wahadat-Terminal als auch direkt nach Downtown.

Wenn auch beim Namen Madaba immer die vielen Mosaike im Vordergrund stehen, so besitzt die Stadt auch einen landesweit bekannten Ruf wegen ihrer Teppichweber, die ihre Kunst gern in offenen Werkstätten dem Publikum zeigen. Aber auch die nicht weit entfernt, in der Gegend von Mukawir, lebenden Beduinenfrauen vom Stamm der Bani Hamida (siehe auch Seite 228) haben großen Anteil an der Teppichwebkunst.

Und noch ein Tipp: Wenn Sie es einrichten können, besuchen Sie Madaba oder zumindest die St. Georgskirche möglichst nicht sonntags, weil dann das Mosaik wegen der langen Messen abgedeckt ist.

Hintergrund: *Bereits das Alte Testament erwähnt öfters Madaba als Medeba. Von den Makkabäern über die Nabatäer bis hin zu He-*

7 Wege nach Süden

rodes lässt sich verfolgen, wie sich Madaba, nachdem es 106 nC in die römische Provinz Arabia eingegliedert worden war, schließlich zu einer römischen Verwaltungsstadt entwickelte. In christlich-byzantinischer Zeit, im 5. und 6. Jh, war der Ort ein blühendes Gemeinwesen mit Bischofssitz. Viele Kirchen mit ihren Mosaiken wurden in dieser Zeit gebaut. Trotz der persischen Invasion (611-614) konnte Madaba seine wirtschaftliche Bedeutung noch bis in die Frühzeit der islamischen Eroberungsfeldzüge erhalten.

Das Erdbeben von 747 trug stark zum Niedergang bei, unter den Osmanen wurde die Siedlung schließlich ganz aufgegeben. Als im 19. Jh Forschungsreisende über Madaba berichteten, soll die Stadt mit Kolonnaden, Tempeln und Stadtmauerresten einen ähnlichen Eindruck wie Gerasa gemacht haben. 1880 siedelten sich Christen aus Kerak wegen der dortigen Auseinandersetzungen mit den Muslimen in Madaba an, denen die historischen Ruinen willkommene Steinbrüche waren. Sie legten dabei aber auch die Kirchenmosaike aus byzantinischer Zeit frei und verschonten zufällig viele, indem sie sie entweder mit Häusern oder neuen Kirchen überbauten. Aus byzantinischer Zeit sind heute 15 Kirchen bzw. deren Reste bekannt. Die Spuren der älteren Vergangenheit wurden bis auf wenige, zufällige Ausnahmen überbaut oder verwischt.

Kennenlernen: Das berühmteste Mosaik ist die **Palästina-Landkarte**, die 1896 mit der St. Georgskirche (7-20, JD 1) überbaut wurde. Diese Kirche ist insofern gut zu finden, als Schilder in der Stadt auf *Mosaic Map* hinweisen. Die 6 x 15,5 m große Karte stellte ursprünglich das Gebiet von Unterägypten bis zum heutigen Libanon, zwischen Mittelmeer und etwa der Linie Amman – Petra in eher panoramaartiger Ansicht dar. Leider wurden große Teile infolge von Feuerbestattungen in der ursprünglichen Kirche, aber auch infolge des Neubaus der Georgskirche beschädigt.

Die Karte stammt aus dem 6. Jh, etwa 2,3 Mio Steinchen mussten zum Gesamtbild zusammengesetzt werden. Mitte der 1960er Jahre wurde das gesamte Mosaik von

Ausschnitt aus der Palästina-Karte: das ummauerte Jerusalem, in der Mitte der Cardo Maximus

deutschen Restauratoren plattenweise abgehoben und auf neuem Bett verlegt. Ganze Partien hatten sich durch Misshandlungen aufgewölbt, z.B. von früheren Touristenführern, die die Steine mit Wasser besprengten, um sie schöner leuchten zu lassen.

Das Mosaik geht auf das sogenannte *Onomastikon* des Bischofs Eusebius aus Caesarea aus dem 4. Jh zurück, obwohl es selbst erst im 6. Jh entstand, wie "Aktualisierungen" zeigen. Es ist z.B. die Nea-Kirche in Jerusalem dargestellt, die erst im 6. Jh gebaut wurde. Wenn auch der Laie viele Details nicht zu interpretieren vermag, so sind im Zentrum die Altstadt von Jerusalem mit dem Cardo Maximus und der Stadtmauer gut zu erkennen, aber z.B. auch das Tote Meer und der Jordan. Achtung: Die Karte zeigt, wie die Kirche, nach Osten, d.h. Norden liegt links.

Wenn man die St. Georgskirche verlässt und links der etwas schmalen Straße namens Al Hussein Ibn Ally St folgt, stößt man – kurz nach einem Teppichweber – auf der rechten Seite auf einen **Souvenir-Shop** der *National Society for the Preservation of the Heritage of Madaba*. Hier werden u.a. recht gute Handicrafts aus lokaler Produktion, aber auch Bücher und Karten verkauft. Die Gewinne kommen der Erhaltung Madabas zugute.

Man sollte hinter diesen Shop gehen und den sogenannten **Burnt Palace** (Fr+Sa geschlossen) besuchen, der von hier aus zugänglich ist (unterhalb eines modernen Hauses). Bei dem *verbrannten Palast* handelt es sich um ein großzügig angelegtes ehemaliges Wohnhaus, das vermutlich bei dem verheerenden Erdbeben von 747 einstürzte und ausbrannte. Bisher sind noch nicht alle Teile freigelegt, aber die sichtbaren Bodenmosaike verschiedener Räume zeigen sehr unterschiedliche Motive und Muster – von rein geometrischer Gestaltung bis hin zum Kampf eines Löwen mit einem Bullen oder der römischen Stadtgöttin Tyche –, zeugen aber auch vom Wohlstand des ehemaligen Besitzers.

Geht man die Al Hussein Ibn Ally St weiter hinunter und biegt an der Kreuzung rechts, kurz danach wieder links ab, so kommt man zum **Archaeological Park** mit verschiedenen Gebäuden und einer Sammlung von Mosaiken (8-18, Winter 8-17; JD 3, Ticket gilt auch für Museum und Apostelkirche). Die gesamte Anlage, ein jordanisch-amerikanisches Gemeinschaftsprojekt, ist beispielhaft gestaltet;

7 Wege nach Süden

der Besucher geht auf erhöhten Stegen, um die Mosaike besser sehen zu können, die wiederum durch Dachkonstruktionen gegen Witterungseinflüsse geschützt sind. Der Park bezieht die alte römische Straße *Decumanus* mit ein, deren Pflasterung freigelegt wurde. Um diese Straße herum liegen, neben Ausstellungsflächen, die Kirche der Jungfrau, die Kirche des Elias und die erhaltenen Teile der Hippolytus-Halle. Die moderne Überdachung passt sich architektonisch der Umgebung gut an, es macht Freude, diesen Komplex zu besuchen.

Die gleich nach dem Eingang ausgestellten Mosaike verschaffen einen eindrucksvollen Überblick, sie ergänzen bzw. übertreffen die des Mosaikmuseums. Genau dem Eingang gegenüber hängt das älteste Mosaik Jordaniens an der Wand, es stammt aus dem Machärus-Palast des Herodes aus dem 1. Jh vC.

Man geht weiter zu einer Überdachung, unter der die beeindruckendsten Mosaike des Parks zu finden sind. 1887 wurde beim Bau eines Privathauses der erste Mosaikboden Madabas entdeckt. Wie sich zeigte, gehörte er zur **Kirche der Jungfrau**, die auf den Fundamenten eines römischen Tempels ruhte. Im runden Zentralschiff ist er mit einem Mosaik geschmückt, das vor allem wegen seines hervorragenden geometrischen Designs in der Umrahmung besticht, die aus dem 6. Jh stammt. Ein Medaillon im Zentrum enthält Inschriften, aus denen u.a. hervorgeht, dass es erst während der Omayaden-Zeit im Jahr 767, aber unter einem christlichen Bischof namens Theophanus geschaffen wurde.

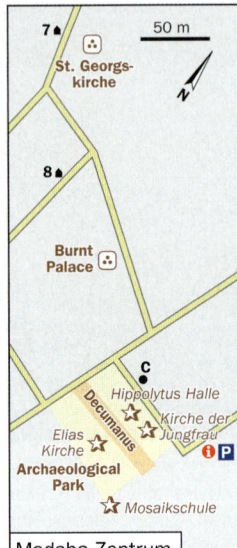

Madaba Zentrum

Wie sich erst bei Ausgrabungen 1972 herausstellte, war der Eingangsbereich der Kirche über den Hallenboden eines Privathauses gebaut worden, der zwar teils zerstört war, aber dessen geretteter Teil zu den Schmuckstücken Madabas zählt; heute ist er unter der Bezeichnung **Hippolytus-Halle** bekannt. In der hinteren linken Ecke des Mosaikbodens (an der Ostwand) stellen drei Frauen die Städte Rom, Gregoria (eine heute unbekannte Stadt) und Madaba dar, rechts davon sind Seemonster zu sehen. Das zentrale Motiv ist von einer Borte aus Jagd- und Schäferszenen zwischen Akanthusblättern eingerahmt.

Links vorne schmachtet im Kreis von zwei Vertrauten und einem Falkner die mandeläugige Phaedra einem Liebesbrief ihres Stiefsohnes Hippolytus entgegen, dessen Bild hier aber zerstört ist. Der mittlere Bereich ist ziemlich frech konzipiert: Rechts sitzt die barbusige Aphrodite sehr eng neben Adonis und klopft einem geflügelten Amor mit einer Sandale auf den Rücken; daneben beschäftigen sich zwei Grazien ebenfalls mit Amorfiguren, links bringt eine Magd einen Früchtekorb.

Apostelkirche, Jahreszeitenhaupt

****Madaba

Die Kirche der Jungfrau steht an der Nordseite des Decumanus, auf dessen freigelegtem Originalpflaster man heute wieder lustwandeln kann. Auf der anderen Seite blieben Reste der **Kirche des Propheten Elias** aus dem frühen 7. Jh erhalten. Im Vergleich zu dem bereits Gesehenen, werden die leider stark in Mitleidenschaft gezogenen Mosaike den Besucher nicht gerade fesseln. Zwei Treppen führen in die Krypta, die ebenfalls mit Mosaiken geschmückt ist.

Am östlichen Ende des Decumanus steht die Sunna-Kirche, nach ihrer früheren Besitzerfamilie benannt. In dem Gebäude wurde eine vom italienischen Staat unterstützte **Mosaikschule** eingerichtet.

Das etwas klein geratene **Mosaikmuseum** (9-18; JD 3, Eintritt gilt auch für Archäologischen Park und Apostelkirche) sollte man nicht versäumen. Es ist innerhalb der Stadt ebenfalls ausgeschildert und nicht allzu weit von der St. Georgskirche entfernt. Hier können Sie weitere bekannte Mosaike, wie das von Bacche-Satyros oder das Bodenmosaik der Swaitha-Kapelle (im hintersten Gebäude), bewundern (in Vitrinen u.a. frühzeitliche Funde), aber auch eine folkloristische Abteilung anschauen.

Im Südosten der Stadt, an der letzten Ampel der King's Road Richtung Süden, wurden die sehenswerten Mosaike der aus dem Jahr 578 stammenden **Apostelkirche** durch Überbauung geschützt. Diese flächenmäßig sehr großen Bilder gehören ebenfalls zu den herausragenden Eindrücken Madabas. Auch hier geht man auf Podesten an den Seitenwänden entlang, so dass die Darstellungen gut zu sehen sind. In der Nordostecke ist ein sogenanntes Jahreszeitenhaupt gut erhalten und sehr bekannt. Besondere Beachtung verdient das **Thalassa-Medaillon** im Zentrum des Mittelschiffs: Die aus den Wellen auftauchende Frau stellt die weibliche Personifikation des Meeres dar. Fische, u.a. ein Tintenfisch sowie ein Seeungeheuer, leisten der schönen Frauenfigur Gesellschaft. Im Schriftband um

Bodenmosaik in der Hippolytus-Halle

7 Wege nach Süden

Anonyme Werke

Die Mosaikkünstler sind namentlich weitgehend unbekannt. Es gab jedoch einen wiederkehrenden Stil mit großem individuellen Spielraum. Daraus wird geschlossen, dass sich Künstler zusammentaten und ihre Erfahrungen jungen Menschen weitergaben. Die am meisten verwendeten Motive kommen aus der Natur; Flora und Fauna sind immer wieder vertreten. Aber auch Menschen bei ihren täglichen, meist handwerklichen Verrichtungen kommen in der christlichen Epoche häufig vor. Die Ränder der Mosaike sind vielfach geometrische Muster wie Kreise, Rhomben, Sterne oder in sich verschlungene Bänder. Die Darstellung von Gebäuden und Städten haben für Historiker den größten Wert, kommen sie doch fast schriftlichen Zeugnissen der damaligen Zeit gleich. Als internationale Sensation galt 1897 die Entdeckung der Mosaiklandkarte in der St. Georgskirche.

Die Mosaike von Madaba und seines Einflussbereichs zeichnen sich durch Unbefangenheit sowie einen guten Schuss Naivität und Realität aus. Erst in der zu Ende gehenden byzantinischen Zeit nehmen Sorgfalt und auch der kreative Anteil ab.

das mit einem Durchmesser von 2,20 m sehr große Medaillon herum werden vermutlich die Kirchenstifter genannt. Die Bilder in der Einrahmung des Mittelschiffs zeichnen sehr lebendige Szenen nach, z.B. eine Henne mit Küken, ein Knabe (mit zwei linken Füßen!), ein Jaguar, eine Gazelle, Weintrauben, eine Melone mit Messer und noch viele Einzelheiten mehr.

Praktische Informationen

Telefonvorwahl 05

▶ Das **Tourist Office** (Sa-Do 8-16) findet man am sogenannten *Visitor-Center*, das quasi am östlichen Ende der Straße liegt, die an der St. Georgskirche beginnt. Dort wurde ein großer Parkplatz mit einem kleinen Informationsstand und Toiletten angelegt.

▶ **Busverbindungen**: Vom Tabarbor-, Wahadat- und Raghadan-Terminal in Amman verkehren Busse und Service-Taxis ständig nach Madaba, dessen Busterminal direkt an der King's Road liegt. Zum Mount Nebo fahren Taxis an der ausgeschilderten Straße am 1. Circle ab, die JD 8-10 einschließlich Wartezeit kosten. Nach Hammamat Ma'in gibt es keine direkte Verbindung, nur zum Dorf Ma'in, von dort muss man trampen oder den Minibusfahrer überreden und bezahlen, hinunterzufahren. Zurückzukommen ist leichter, weil auch abfahrende Busse (z.B. täglich JETT) gegen Gebühr neue Fahrgäste mitnehmen.

▶ Direkt nach Kerak fährt etwa um 7, 10 und 13 Uhr ein Minibus (was offenbar auch nicht ganz sicher ist), zu anderen Zeiten nimmt man den Minibus nach Dhiban, von dort per Taxi durchs Wadi Mujib nach Ariha (manchmal scheinen auch Busse zu fahren), dann per Minibus nach Kerak. Freitags ist das noch schwieriger, weil verschiedene Abschnitte nicht per Bus bedient werden.

▶ Nach Mukawir gibt es bis zu vier Minibusse täglich.

▶ Die Hotels in Madaba organisieren Bustransfers nach Petra über die King's Road. Dazu meldet man sich in seinem Hotel an und gibt den gewünschten Tag bekannt. Der Bus holt den Fahrgast gegen 10 Uhr am Hotel ab, macht Fotostopps an Aussichtspunkten und eine Stunde Aufenthalt in Kerak für die Besichtigung der Festung. Der Fahrpreis liegt bei JD 15, der Bus fährt nur bei mindestens 3 Passagieren.

Essen und Trinken

- ARNON TOURISM COMPLEX, Hauptstraße, großes Restaurant, Pool, Children Park
- DANA, Al Nuzha St, Nähe Apostelkirche;

****Madaba

Übernachten

- **BLACK IRIS**, Nähe Al Mouhafada 1. Circle, Tel 325 0171, Fax 324 1959, sawalha22@hotmail.com, www.blackirishotel.com; Familienhotel, sehr hilfsbereit und sehr freundlich, Heizung, sauber, keine Kreditkarte, organisiert Trips in die Umgebung und im ganzen Land, empf., mF (gut)...E+B 20, D+B 28
- **LULU TOURIST HOTEL** (auch *Lyly's*) 2*, in der Nähe des 1. Circle, Tel 324 3678, 079 555 8992, Fax 324 7617, info@luluhotel.com, www.luluhotel.com; neu renoviert, Familienbetrieb mit persönlicher Note, freundlich und angenehm, sehr sauber, gepflegter Garten auch für Gästebenutzung, 15% Discount bei Vorlage dieses Reiseführers, mF, ... E 15, E+B 20, D 25, D+B 30
- **MARIAM**, Aisha Um Al Mumeneen St, Tel/Fax 325 1529, mh@go.com.jo, www.mariamhotel.com, 15 Minuten vom Stadtzentrum, sehr sauber, hilfsbereit, teilweise Balkon, SatTV, Pool, gutes Restaurant, Internet, vermittelt Trips (z.B. Petra mit Besichtigung Kerak, Dana JD 20 pP) bzw. Taxiabholung Airport JD 15, mF .... E+B 25-30, D+B 35-40
- **MADABA**, Tel 324 0643, in der Nähe der St. Georgskirche (von dort ausgeschildert), mäßig sauber, abgewohnt, diverse Zimmer ohne Bad (gleich teuer), mF.. E 10, E+B 16, D 20, D+B 22; im eigenen Schlafsack auf dem Dach pP 6
- **MADABA INN**, 3*, Yarmuk St., Nähe St. Georgskirche, Tel 325 9003, Fax 325 9008, info@madabainn.com, www.madabainn.com, derzeit bestes Hotel im Ort, SatTV, AC, Minibar, Internet, 2 Räume für Behinderte, relativ laut an Straßenseite, mF..E+B 45, D+B 70
- **MOAB LAND**, direkt gegenüber St. Georgskirche, Tel/Fax 325 1318, Dachterrassenblick auf St. Georgskirche, gut eingerichtet, große Zimmer, Balkon, sehr sauber, freundlich, Zentralheizung, mF ....E+B 25, D+B 30
- **MOSAIC CITY**, Yarmuk St. (nach 1. Circle der Yarmuk St), Tel 325 1313, Fax 325 0013, customerservice@mosaiccityhotel.com, www.mosaiccityhotel.com; AC, Minibar, SatTV, Internet, großzügig eingerichtet, relativ große Räume, sehr sauber, freundlich, mF ....E+B 32, D+B 44
- **PILGRIM'S HOUSE** of the Greek Orthodox Church, direkt neben der St.Georgskirche, Tel. 325 3701, 079 565 0157, Fax 324 5956, am Ticketschalter der Kirche fragen, sehr sauber, Dusche, Heizung, mF...E+B 16, D+B 28
- **QUEEN AYOLA**, King Talal St, schräg gegenüber HARET JDOUDNA Restaurant, Nähe St. Georgskirche, Tel/Fax 324 4087, queenayola@yahoo.com; Besitzer lebt in Deutschland, kleine Zimmer, teilweise Balkon, Heizung, sehr sauber, sehr hilfsbereit, Internet ....E+B 12, D+B 20
- **SALOME**, Tel 324 8606, Fax 324 8607, salomeh@wanadoo.jo, www.salomehotel.com; Besitzer ist ein Verwandter des Mariam-Besitzers, sehr freundlich, sehr hilfsbereit, sehr sauber, AC, SatTV, Minibar (teilweise), mF...E+B 24, D+B 35
- **Camping**: im großen, abgesperrten Innenhof des PILGRIM'S HOUSE Hotel, auch auf dem Parkplatz des Hotels SALOME

großes, auf Bustouristen ausgerichtetes Restaurant, gut und sauber, komplettes Mittags- oder Abendmenü JD 5
- HARET JDOUDNA, Nähe St. Georgskirche; laut Prospekt ein "Village of Food and Crafts", das neben einem Restaurant (sehr gut, vielfältiges Angebot, reichlich) und einem Café ein paar Handwerkern (Silber, Mosaik, Holzarbeiten) und Souvenirshops Platz bietet. Das Ganze ist aus ursprünglich zwei älteren Häusern entstanden und atmosphärisch gut gelungen – es ist mit Abstand der reizvollste Essplatz Madabas. Die Preise entsprechen der Umgebung, auf allen Preisen 10% Service + 16% Tax, Abrechnung prüfen!
- EL CARDO, gegenüber dem Archaeological

7 Wege nach Süden

Park; über dem zugehörigen Souvenirshop, gut, relativ teuer, dafür Ausblick auf den Park
- MANKAL CHICKEN TIKKA, Al Malek Abdullah St; gutes und preiswertes Chicken Tikka (Achtung, beim Bestellen Preis auf der Karte vereinbaren, andernfalls Touristenpreis!)
- SAM'S CAFÉ & LOUNGE; King Abdullah St, ist eine Bar, in der auch Alkohol ausgeschenkt wird
- SIYAGHA, auf dem Weg zum Mount Nebo; großes Restaurant mit Beduinenzelt und Dachterrasse mit gutem Blick, reichhaltiges Buffet

▶ Deutlich billiger und meist genauso schmackhaft kann man sich in den lokalen Restaurants und Garküchen sättigen, von denen es eine ganze Reihe in der Gegend um die St. Georgskirche und die Straßen-Circles, aber auch an der etwas entfernter liegenden King's Road gibt. In der Nähe des Busterminals wird das MODERN RESTAURANT als gut und preiswert empfohlen.

Sonstiges

▶ Die wenigen **Banken** konzentrieren sich um den zweiten Kreisel. Die Polizeistation zur Visaverlängerung findet man an der Ausfallstraße zum Mt. Nebo, etwa 500 m vom Zentrum links (Verlängerung der Palestine St. außerhalb der Karte, blaues Schild mit arabischer Schrift).

▶ **Shopping**: Es lohnt sich, in Madaba nach etwas ungewöhnlicheren Souvenirs Ausschau zu halten, denn hier beschäftigen sich etliche Werkstätten mit Kunsthandwerk, speziell mit Webereien. Gegenüber dem Burnt Palace verkauft die *National Society for the Preservation of the Heritage of Madaba and its Suburbs* Souvenirs, ebenso *Zaman Handicrafts* gegenüber dem Archaeological Park. Im *Haret Jdoudna*, unter anderem auch ein Restaurant, wird man vielleicht am ehesten fündig. Eine Leserin berichtet von *Al Mukhayat Bazar*, der an der Straße zum Mount Nebo 3 km vor dem Ziel liegt. Der Besitzer - ein Ex-Reiseleiter - spricht sehr gut deutsch und bietet u.a. Alltagsgegenstände der Beduinen an.

Abstecher zum ***Mount Nebo und nach Khirbet el Mekhayat

Hintergrund: Dem Alten Testament zufolge zeigte Gott Moses "das Gelobte Land" vom 710 m hohen Berg Nebo aus, hier soll Moses auch gestorben sein. In hellenistischer Zeit wurde Nebo als Nadabat erwähnt. Christliche Mönche bauten im 4. Jh nC eine Basilika, die im 6. Jh erweitert und mit neuen Mosaikböden versehen wurde. Gleichzeitig entstand ein Kloster.

In der Nähe, in Khirbet el Mekhayat (siehe weiter unten), bestand auch ein Kloster mit mindestens vier Kirchen. Später dann verloren sich seine Spuren; erst 1913 wurden bei Ausschachtungen für ein Haus zufällig die Mosaikböden der Lot- und Prokopius-Kirche entdeckt, die zum Kauf des Hügels durch den Franziskanerorden und zur kompletten Freilegung führten. Es zeigte sich auch, dass dort ursprünglich, wahrscheinlich in hellenistischer Zeit, eine Befestigungsanlage mit einer 1,4 m dicken Mauer errichtet worden war, die ein Oval von etwa 500 x 200 m einschloss.

Kennenlernen: Auf dem Weg zum Mount Nebo weist etwa 5,5 km nach Madaba ein Schild zum zuvor erwähnten **Khirbet el Mekhayat** (Eintritt frei, 7-18), das knapp 2 km entfernt liegt. Auf dem Hügel wurden die Reste der Lot- und Prokopius-Kirche neu überdacht, um die überraschend schönen Mosaike zu schützen. Das Zentralmosaik, das über alle Stadien der Weingewinnung berichtet, ist weithin bekannt. An den Wänden sind Mosaike der nahegelegenen St. Georgskirche ausgestellt. Die Halle ist normalerweise verschlossen, der Wärter mit dem Schlüssel eilt herbei, wenn Besucher auftauchen. Notfalls muss man auf ihn warten.

Die Ruinenstätte des **Mount Nebo** (7-19; Winter 7-17; JD 1) ist auch unter *Siyagha*

****Madaba

Hirte mit Strauß und Zebra, Ausschnitt aus dem Bodenmosaik der Taufkapelle

bekannt. Kurz vor dem „Gipfel" mit den alten Gebäuden wurde ein informatives Museum errichtet, das man nicht auslassen sollte.
Das ehemalige Klostergebäude, Zisternen und Einsiedlerzellen sind an den Grundmauern zu erkennen. Die oben auf dem Hügel stehende byzantinische Basilika wurde teilrekonstruiert und mit einem Schutzdach versehen (2008 war sie wegen umfangreicher Restaurierung gesperrt, die Mitte 2009 abgeschlossen werden soll. Zwei Mosaike sind in einem Beduinenzelt neben dem Museum ausgestellt.). Der Boden der Taufkapelle (links vom Eingang) liegt etwa 1 m tiefer als das übrige Niveau; sein Mosaik zählt zu den schönsten der frühchristlichen Epoche.
Es ist in vier Abschnitte geteilt: Oben links ist ein Zebu (Buckelochse) an einen Baum gebunden, während der Hirte gegen einen Löwen kämpft, rechts ein Soldat, der eine Löwin erspießt. Darunter sind Reiter mit ihren Hunden auf der Jagd, im dritten Register sitzt ein Hirte unter einem Baum und hütet eine Ziege sowie Fettschwanzschafe. Unten sieht man Hirten mit einem Strauß, einem Zebra und einem Kamel. Alle Bäume und Pflanzen sind typisch für das Jordantal.
Aber auch der Ausblick vom Mount Nebo, der einst Moses faszinierte (und zu Beginn 2000 Papst Paul II.), ist bei klarer Sicht heute noch

berauschend: über die Abhänge des Jordangrabens zum Toten Meer und auf der gegenüberliegenden Seite auf die judäischen Gebirgszüge mit den Türmen von Jerusalem (die Moses vielleicht erahnte). Dieser Blick lohnt auch sehr bei Nacht mit dem Lichtermeer von Jericho und Jerusalem.
Etwa 1,5 km vor Mount Nebo zweigt beim Bazar *Abu Tareq* rechts ein Sträßlein ab, das nach 2,5 km die sogenannte Mosesquelle, **Ain Musa**, erreicht (nicht zu verwechseln mit Ain Musa im Wadi Musa bei Petra). Hier soll Moses durch einen Schlag an den Fels eine Quelle erzeugt haben. Zwei Kirchen, die einst an dieser Stelle standen, wurden durch das verheerende Erdbeben von 747 zerstört. Der Besuch lohnt nur für den, der wirklich alles gesehen haben will.

▶ **Anfahrt:** Minibusse fahren häufig, die man an der Ecke El Quds St/1. Circle in Richtung Mount Nebo, anwinkt. Ein Taxi kostet, inklusive 30 Minuten Wartezeit (knapp), JD 10-15 (siehe auch "Busverbindungen" weiter oben).

▶ In Madaba ist *Mount Nebo* (oder auch *Nibo)* ausgeschildert; fahren Sie im Zweifel zur St. Georgskirche und von dort geradeaus weiter bis zum Kreisel; dort finden Sie Schilder, nach 9 km ist Nebo erreicht. Direkt vom Mount Nebo führt eine gut ausgebaute, 16 km lange Straße hinunter zum Toten Meer. Sie mündet in die von Amman kommende Autobahn. Der einzige größere Abzweig unterwegs kürzt ein Stück des Weges ab, indem sie südlicher direkt zum Ufer beim Ort Suweimah führt.

Abstecher nach *Hammamat Ma'in, zum Dead Sea Panoramic Complex (und weiter zum Toten Meer)

Hammamat Ma'in ist ein Bade- und Kurort, der südwestlich von Madaba schon fast am Toten Meer, aber nur 150 m unterhalb des Meeresspiegels, liegt. Allerdings endet die Straße an den heißen Quellen; das Tote Meer wäre zwar nahe, es ist auf direktem Weg nur durch Trekking erreichbar. Der Aufwand, Hammamat Ma'in zu besuchen, lohnt sich eigentlich nur, wenn man dort kuren oder die Landschaft erleben will. Man muss – bei relativ hohem Eintritt – auch die Enge und Hitze der Felsschlucht physisch wie psychisch ertragen wollen.

In Hammamat Ma'in entspringen etwa 50 heiße Quellen, die wasserreichste stürzt etwa 25 m über Felsklippen ab, unter denen man sich abduschen lassen kann. Einige Quellen sind kalt, die meisten führen heißes Wasser. Frauen sollten – wenn viele Einheimische baden – den Hauptwasserfall meiden, es sei denn, sie verhalten sich wie die einheimischen Geschlechtsgenossinnen und stellen sich komplett angezogen unter die große Dusche.

Um die eigentlichen Badeanlagen herum wurde ein *Eco Sports Park* geschaffen, der eng mit der Royal Society for the Conservation of Nature (RSCN) zusammenarbeitet. Es werden verschiedene Wander- und Trekkingtouren angeboten, die jeweils Rücksicht auf die fragile Natur dieser Landschaft nehmen. Der wohl spektakulärste Trekking-Trip verläuft durch die untere Schlucht des Zarqa-Baches zum Toten Meer. Dieser Bach entwässert Ma'in und führt das ganze Jahr die Thermalwässer zum Toten Meer, sein Bett ist weitgehend begrünt, es zieht Wild an und beherbergt seltene Pflanzen.

Wer Wander- bzw. Badeschuhe eingepackt hat, kann am Bach – und muss über längere Strecken im ziemlich warmen Wasser – hinunterwandern, bis etwa zur Hälfte der Strecke zum Toten Meer. Danach muss man Trekkingschuhe anziehen und sich so ausrüsten, dass man über Felsen und durch Wasserfälle weiter klettern kann. Ein Leser war 6 Stunden unterwegs und konnte sich häufig nur am manchmal sichtbaren Toten Meer orientieren. Offiziell ist das allerdings nur mit Führer von RSCN erlaubt, man muss sich also rechtzeitig anmelden; im Hotel erhält man Auskunft.

Praktische Informationen

An der Zufahrtsstraße muss man kurz vor Hammamat Ma'in **JD 10 pP Eintritt** pro Tag bezahlen. Dafür darf man alle

Hauptwasserfall von Hammamat Ma'in

Zwei Rundreisen von Madaba aus

Nach Umm er Rasas

Wer Madaba für längere Zeit als Standort wählt, kann die südlich liegenden Sehenswürdigkeiten in einer Rundreise - nicht mit Hin- und Rückfahrt auf der King's Road - besichtigen: Man zweigt bei der Apostelkirche-Ampel in Madaba nach Osten ab, denn dort ist *Umm er Rasas* ausgeschildert.
Die gut ausgebaute Straße zieht sich durch die einsame Hügellandschaft, neuerdings wird „Zafaran Castle" angekündigt. Wer dies übersieht, kann nicht viel falsch machen: nach 9 km an der ersten T-Kreuzung rechts abbiegen und sich dann an allen weiteren Abzweigen geradeaus (nach Süden) halten. Das Schild *Um ar Rasas* am linken Straßenrand, das man 21 km nach der T-Kreuzung erreicht, übersieht man leicht. Daher auf Ruinen und Wellblechschuppen achten. Von hier aus fährt man, wie auf Seite 230 beschrieben, – allerdings in umgekehrter Richtung – zur King's Road weiter und auf dieser zurück nach Norden.

Vignette des heutigen Caesarea

Von Madaba verkehren Minibusse direkt nach Umm er Rasas, während man von Dhiban nur per Taxi dorthin kommt. Ferner werden Ausflüge auf Eseln oder 4WD angeboten.

Zum Toten Meer

Eine von der Landschaft her ganz andere Rundreise bietet sich zum Toten Meer auf einer Straßenführung an, auf der man manchmal meint, zum tiefsten Punkt der Erde eher zu stürzen als zu fahren. Am besten verlässt man Madaba auf dem ausgeschilderten Weg nach Hammamat Ma'in (siehe dort) und fährt am Abzweig 26 km nach Madaba geradeaus, weiter den Berg hinunter. Nach 3 km zweigt links eine Einfahrt zum **Dead Sea Panoramic Complex** (Tel 05 349 1133) ab. Der kurze Abstecher zu diesem ziemlich neuen, architektonisch ansprechenden Gebäudekomplex lohnt sich sehr, auch wenn man JD 2 Eintritt zahlt. Er enthält ein ausgezeichnetes, sehr informatives **Natur-Museum** (das nichts „Museales" hat) über das Tote Meer, seine Entstehung und seine Gefährdung. Gute Erläuterungen und Videos unterstreichen die Informationen. Ein Restaurant/Café bietet, neben der Magenfreude, einen wiederum spektakulären Blick auf den toten See in seiner hier deutlich erkennbaren toten Umgebung.

Vom Panoramic Complex auf +140 m Höhe windet man sich über 8 km hinunter auf knapp -400 m. Wendet man sich, am Seeufer angekommen, nach links, so erreicht man nach 5 km den **Amman Tourism Beach**, kann dort baden und nachher auch duschen, siehe auch Seite 258. Wendet man sich an der Kreuzung nach rechts, kommt man nach 5 km an den feudalen Hotels am Seeufer vorbei, angefangen mit dem DEAD SEA SPA Hotel, endend mit dem *King Hussein Bin Talal Convention Center*. 3 km später zweigt rechts eine Straße ab, die den Berg hinauf nach Madaba zurückführt. Man könnte den Kreis auch ausweiten: 5 km weiter nach Norden und dann rechts Richtung Amman fahren, aber nach weiteren 7 km rechts zum Mount Nebo/Madaba abbiegen.

7 Wege nach Süden

Bade- und Saunamöglichkeiten nutzen. Gäste mit vorliegender Hotelreservierung haben freien Zugang. Öffnungszeiten 6-16 Uhr.

Praktische Informationen

▶ **Anfahrt**: In Madaba ist *Hamamat Maeen* ausgeschildert. Man kann aber auf der King's Road nach Süden fahren und 2 km nach der Apostelkirche rechts abbiegen. Bald ist der Ort Ma'in erreicht, dort wurden Fragmente von drei byzantinischen Kirchen ausgegraben, die aber entweder nicht zugänglich oder ziemlich uninteressant sind. Eine wäre im Zentrum neben der Stadtverwaltung zu finden.
Die Straße verläuft noch relativ lange auf und zwischen den Hügeln des Hochplateaus, auf den letzten Kilometern dann stürzt sie förmlich in Richtung Totes Meer hinunter, ein Schild gibt 15 Prozent Gefälle bekannt. Kurz zuvor, 26 km nach Madaba, zweigt eine neue Straße zum Toten Meer ab, siehe weiter unten.

▶ **Busverbindungen**: Die Anreise von Madaba mit öffentlichen Verkehrsmitteln ist schwierig (siehe dort); die beste Lösung besteht darin, von Amman aus einen Tagesausflug per JETT-Bus zu buchen.

Übernachten

Die **Hotelanlagen** von Hammamat Ma'in wechseln in schöner Regelmäßigkeit den Besitzer. Das passierte auch 2008, so dass während unserer Recherche keine zuverlässigen Auskünfte über die Zukunft der Gesamtanlage zu erhalten waren. Es kann also durchaus passieren, dass die folgenden Angaben – die sich auf bis Ende Januar 09 nicht verifizieren ließen – sich ändern werden.

● **EVASON MA'IN HOT SPRINGS & SIX SENSES SPA**, P.O. Box 801 Madaba, 11117 Ma'in, Tel 05 324 5500, Fax 05 324 5550, reservations-main@sixsenses.com
2008 war das Hotel mitsamt dem Beit Ma'in wegen (erneutem) Besitzerwechsel und (erneuter) Renovierung geschlossen; es hieß, dass es zum Jahreswechsel 08/09 neu eröffnet würde. Im Januar 09 waren, trotz mehrfacher Bemühungen, keine näheren Informationen zu erhalten.

Nun weiter von Madaba nach Süden
12 km bis

Libb

Abstecher nach Mukawir und zur **Festung Machärus

In dem kleinen Ort Libb zweigt rechts eine Sackstraße nach Mukawir (ausgeschildert *Mukawir 22 km*) ab. Der 21 km weite Weg wird vor allem durch faszinierende Landschaft und Ausblicke (besonders im letzten Teil) belohnt. Kurz vor Mukawir liegt rechts ein **Campingplatz**.
Das Dorf **Mukawir** besitzt aus zwei Gründen Bedeutung. Der *Save the Children Fund* hatte Beduinenfrauen des hier und in der Umgebung lebenden Bani Hamida Stammes zum Teppichweben animiert. Dieses Projekt entwickelte sich zum "Selbstläufer", d.h. dass es heute wirtschaftlich auf eigenen Beinen steht und etwa 1500 Frauen beschäftigt. Statten Sie dem hiesigen **Bani Hamida House** einen Besuch ab, es liegt am Dorfende Richtung Festung. Selbst wenn Sie nichts kaufen, werden Sie sich an dem lebendigen Design erfreuen.

Abgesehen davon, dass es im Dorf auch eine byzantinische Kirchenruine gibt, sorgt sein Name unter Historikern wegen Herodes dem Großen für Publicity. Vom westlichen Dorfrand sieht man einen 700 m hohen Berg namens Qala'at el Mishnaqa oder Qasr el Meshneqeh steil aufragen, dessen Spitze den stark befestigten und prunkvollen **Palast Machärus** des Herodes trug.
Hier soll Johannes der Täufer auf Wunsch der tanzenden Salome enthauptet worden sein. Nach dem ersten jüdischen Aufstand 66 nC und der folgenden Besetzung Jerusalems durch römische Truppen flohen zahlreiche Juden auf die Festung. Als auf der anderen Seite

des Toten Meers die Festung von Masada gefallen war, begannen auch hier die römischen Truppen mit dem Bau einer Rampe, um das als uneinnehmbar geltende Fort zu erobern. Noch bevor genug Material aufgeschüttet war, gaben die Verteidiger im Jahr 72 auf, weil man ihnen mit Kreuzigung gedroht hatte. Sie erhielten freien Abzug, die Festung wurde bis auf die Grundmauern zerstört.

Von Mukawir führt eine etwa 2 km lange Stichstraße zu einem Rastplatz, mit gutem Blick auf das heute ziemlich kahle Plateau der Herodes-Festung. Auf der kleinen, recht gut angelegten Rastanlage kann man im Wohnmobil übernachten, wie der diensthabende Polizist zugesteht. Wer von hier aus einen Treck zum Toten Meer, durch die Mujib Nature Reserve, machen will, muss sich zuvor mit der RSCN (siehe Seite 146) in Verbindung setzen.

Vom Rastplatz hinauf zu den Ruinen geht es nur zu Fuß; man benötigt etwa 15-20 Minuten entweder auf der Direttissima oder auf einem gut ausgebauten Weg am Hang entlang und an einer Höhle vorbei, in der, der Sage nach, Johannes enthauptet wurde. Wegen der gründlichen Arbeit der Zerstörer bietet der Gipfel hauptsächlich Grundmauerreste und eine große Zisterne. Die von Ferne malerischen Säulen entpuppen sich aus der Nähe als neue Kreation.

Dennoch lohnt der Aufstieg, besonders am frühen Morgen, wenn die ersten Sonnenstrahlen die judäischen Berge und später das

Die Mescha- oder Moab-Stele

(auch Moab-Stein)

1868 stieß der deutsche Missionar F. A. Klein in Dhiban auf einen 115 cm hohen und etwa 70 cm breiten Stein, der hebräisch beschriftet war. Nach einer etwas abenteuerlichen Geschichte – die in unterschiedlichen Versionen vorliegt – gelangte der ursprünglich komplette Stein schließlich in Bruchstücken nach Paris, wo er, nach einem glücklicherweise zuvor genommenen Abdruck, wieder zusammengesetzt werden konnte. Heute steht er im Louvre, Kopien u.a. in Amman.

Das Fundstück löste eine kleine Sensation aus. Die 34 Inschriftenzeilen berichteten in Moabitisch von den Taten des Königs Mescha, der sich im 9. Jh vC mit den beiden jüdischen Staaten im heutigen Israel herumschlug. Der Text beginnt: "Ich bin Mescha, Sohn des (...) Königs von Moab, des Diboniters. Mein Vater regierte über Moab 30 Jahre und ich regierte nach meinem Vater..." Diese Einleitung war nicht das Überraschende, sondern, dass sich Aussagen der folgenden Schilderungen mit ähnlichen in der Bibel deckten. Vierzehn von siebzehn beschriebenen Orten korrespondieren mit biblischen Plätzen. Die Stele lieferte den damals ersten archäologischen Beweis, dass zumindest einige Aussagen des Alten Testaments auf historischen Fakten beruhen. Allerdings gibt die Bibel die Version der Israeliten als Sieger wieder, während Mescha von seinen Siegen über die Israeliten berichtet.

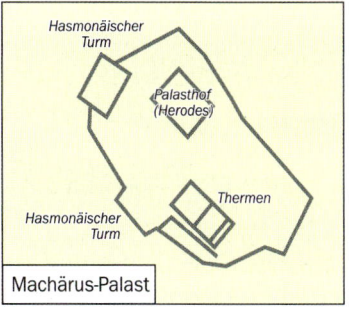

Machärus-Palast

Tote Meer aufleuchten lassen. Aber auch der Sonnenuntergang wirft seine langen Schatten auf die einsamen Berge, die noch einmal aufzuglühen scheinen.

Gerade in der Abendstimmung möchte man auf dem Bergsattel, aus dem der Burghügel aufwächst, weiterwandern. Man könnte noch

7 Wege nach Süden

ungehinderter auf den tief unten liegenden Wasserspiegel schauen, man wäre noch einsamer und enger mit dieser Landschaft verbunden, von der so viel Faszination ausgeht.
Nun wieder zurück nach Libb und weiter auf der King's Road.
10 km bis

Wadi Wala (auch *Hidan*)

Hier beginnt der Abstieg ins Wadi Wala. Die Straße windet sich von 600 m Höhe auf 450 m hinunter und wieder auf 700 m hinauf. Auf dem Talgrund spendet das Flüsschen genug Wasser für Bäume und Gärten. Es strömt dem Toten Meer entgegen, vereinigt sich aber zuvor mit dem Flüsschen Mujib, um gemeinsam mit diesem durch eine wildromantische Schlucht dem Toten Meer entgegenzustürzen.
11 km bis

Dhiban

Hintergrund: Dhiban wird schon im Alten Testament erwähnt, die hier gefundene Stele (siehe Kasten) bestätigt die Berichte. Die Geschichte des Ortes lässt sich demnach seit dem 9. Jh vC, in dem er Hauptstadt des Moabiterreiches war, bis ins 12. Jh nC zurückverfolgen; allerdings war er wohl vom 8. bis zum 1. Jh vC nicht bewohnt. Überkommen sind nur geringe Ruinenreste auf dem nördlich vom Stadthügel gelegenen Tell. Bei Ausgrabungen in den 50er und 60er Jahren wurde dort ein Tonsarkophag gefunden, der heute im Archäologischen Museum von Amman steht.

Der Besuch des Tell ist einigermaßen enttäuschend, es gibt lediglich ein Stück Befestigungsmauer aus dem 9. Jh vC zu sehen.

Abstecher nach *** Umm er Rasas, Khirbet Arair und Lahun

In Dhiban führt eine nach Umm er Rasas ausgeschilderte Straße (kurz nach dem zentralen Platz) nach Osten; sie lohnt besonders im Frühling den Abstecher, schon wegen der weiten Blumenfelder u.a. mit Schwarzer Iris. Nach 3 km zweigt eine erste Straße nach Süden, nach **Khirbet Arair** ab, das biblische *Aroer*. Die Siedlung ist ähnlich alt wie Dhiban, wurde aber bei der Eroberung durch die Römer 106 nC total zerstört und nicht wieder aufgebaut. Ihre lange Geschichte hat ähnlich geringe Spuren hinterlassen; spanische Archäologen gruben in den 60er Jahren Reste einer ziemlich großen Karawanserei aus.

Die noch vorhandenen Ruinen werden von den Bewohnern genutzt. Dieser Abstecher lohnt sich allein wegen des (ersten) fantastischen Ausblicks über das canyonartige Wadi

Landwirtschaft in der Halbwüste am Weg nach Umm er Rasas- woher kommt das Wasser??

Dhiban

Mujib, das Sie später kreuzen werden. Denn die biblischen Ortsgründer hatten sich allerbeste Hanglage, direkt an der Abbruchkante des Wadis, ausgesucht.

Wieder zurück zum vorigen Abzweig und 6 km nach Osten; hier zweigt rechts eine 4 km lange Asphaltstraße nach **Lahun** ab. Die Moabiter hatten an dieser Stelle einst ein Fort errichtet, dessen Grundmauern noch erhalten sind. Man könnte fast meinen, sie hätten es ebenfalls wegen der herrlichen Aussicht in und über das Wadi Mujib hinweg hier gebaut; tatsächlich war es strategisch gut platziert. Weiterhin sind eisenzeitliche Siedlungsreste zu sehen. Beide Stätten sind durch einen relativ kurzen Wanderweg miteinander verbunden, der unterhalb des Bergrandes unter Felsenüberhängen verläuft und einen herrlichen Blick auf Wadi und Stausee ermöglicht.

Nach weiteren 7 km auf der zuvor verlassenen Straße stößt man auf *****Umm er Rasas**, einen vollständig in Ruinen liegenden byzantinischen Ort, der auf eine römische Garnison zurückgeht und der 2004 in die UNESCO-Weltkulturerbe-Liste aufgenommen wurde. Es ist kaum vorstellbar, wie gründlich er in sich zusammengefallen ist; es sieht aus wie im nicht aufgeräumten Lager einer riesigen Steinhandlung.

***Hintergrund:** Unter dem Namen Kastron Mefaa hatten die Römer hier ein Kastell im Zuge des arabischen Limes an einem Platz gebaut, der schon seit etwa dem 7. Jh vC besiedelt war. Nach der Aufgabe des Limes zogen in byzantinischer Zeit Zivilisten ein. Als es innerhalb der alten Umfassungsmauern zu eng wurde, dehnte sich die Siedlung ungeschützt nach Norden aus. Interessant ist, dass in dem relativ kleinen Ort im Lauf der Zeit mindestens sieben Kirchen errichtet wurden (nach derzeitigem Wissensstand), besonders jedoch, dass sich die Christen noch während der Regierung der Omayaden und sogar noch während der schon sehr viel strikteren Abbasidenzeit im 8. Jh hier entfalten konnten. Die berühmte St. Stephanskirche wurde z.B. Mitte des 8. Jh gebaut, im Jahr 785 waren nachweislich noch Mosaikböden erneuert worden. 1987 kamen ihre Reste und die der Sergius-Kirche bei Ausgrabungen wieder ans Tageslicht.*

Kennenlernen: Bei der Ankunft fährt man links am Trümmerfeld vorbei und hält sich an dessen Ende rechts. Dort lädt ein Visitor-Center/Resthouse ein (das bei unserem Besuch 2008 kurz vor der Fertigstellung zu sein schien), wie überhaupt das gesamte Gelände einer gewissen Restaurierung unterzogen wurde, dessen Ausgang wir leider nicht kennen.

Vom Visitor-Center führen Besucherpfade ins Gelände und zur große Blechhalle – von den Leuten hier *Hangar* genannt –, die den wunderschönen **Bodenmosaiken der St. Stephanskirche** Schutz bietet. Es ist praktisch der gesamte, vollständig mit Mosaiken bedeckte Boden der einschiffigen Kirche erhalten. Die Bilder können es an Schönheit und Sorgfalt mit denen in Madaba und Mount Nebo leicht aufnehmen. Trotz der Beschädigungen durch Bilderstürmer blieben Darstellungen von Menschen, Tieren und Vögeln in Jagd- und anderen Szenen des täglichen Lebens erhalten. Das Interessanteste sind jedoch in Umrahmungen gelegte Vignetten von insgesamt 28 Städten in Ägypten, Palästina und Jordanien. Die innere Borte zeigt Fischer und zehn Städte im Nildelta, u.a. Alexandria. Auf der Nordseite sind acht Palästina-Städte dargestellt, z.B. Jerusalem, Nablus, Ashkalon, Gaza oder Caesarea. Die Südseite zeigt sieben transjordanische Siedlungen: Kastron Meefaa, Amman, Madaba, Hisban, Ma'in, Rabba und Kerak.

Viele Historiker halten diese Karte für wichtiger als die von Madaba. Aus der späten Entstehung der Kirche, lange nach der Islamisierung Jordaniens, erklärt sich auch, dass weniger menschliche Porträts, dafür unver-

7 Wege nach Süden

fängliche Stadtansichten dargestellt wurden. Es gibt auch Hinweise, dass, als Folge des islamischen Bildersturms, auf Anordnung von Papst Leo II. die menschlichen und tierischen Darstellungen vorsorglich zerstört wurden.

Gleich an die Stephanskirche schloss sich die **Kirche des Bischofs Sergius** an, deren Mosaiken die Bilderstürmer bleibenden Schaden zufügten. Bilder zweier Lämmer und eines Jünglings sind noch vorhanden. Ein Stück entfernt stand eine weitere Kirche, die aufgrund von Löwendarstellungen (eigentlich ein typisches Motiv einer Synagoge) als **Löwenkirche** bezeichnet wird. Ihr Mosaikboden enthält unter anderem einen sehr detaillierten Plan von Kastron Meefaa. Beide Böden sind (waren?) allerdings mit Sand und Planen als Witterungsschutz überdeckt.

Sie können nun das Ruinengelände links umgehen, unterwegs werden Sie einige erhaltene Bögen sehen. Dort kann man manchmal auf oder über die Mauer steigen, um das Trümmerfeld zu überblicken und weitere Details, wie z. B. erhaltene Räume, zu entdecken, oder zwischen den Ruinen bzw. Steinhalden herumstöbern. Aber ein Bild der Siedlung damaliger Zeit lässt sich nicht nur sehr schwer zusammenfügen, obwohl in letzter Zeit viel „aufgeräumt" wurde und Reste einer kleinen Hallenkirche sowie dreier Basiliken zum Vorschein kamen.

Etwa 1,3 km nördlich erhebt sich ein einsamer, ca. 15 m hoher byzantinischer Turm, der noch halbwegs erhalten ist. In seiner Nähe wurden Reste einer kleinen Kirche ausgegraben. Sinn und Zweck des Turms lassen sich nicht nachweisen, doch die Kirche und Kreuze an den Mauern sprechen dafür, dass er Wohnplatz eines der im syrischen Raum bekannten "Säulenheiligen" gewesen sein könnte, weil auch keine Treppe Zugang zur Wohnplattform ermöglichte.

Zurück nach Dhiban und weiter auf der King's Road nach Süden.

4 km bis

***Wadi Mujib

Eine Serpentinenstraße führt hinunter in den "Grand Canyon" von Jordanien. Nach etwa 1,5 km wurde rechts der Straße ein Rastplatz angelegt, der einen hervorragenden Einblick in die Landschaftsstruktur bietet. Der Blick in die gewaltige, durch tektonische Verschiebungen entstandene Schlucht ist überwältigend; deutlich sind die geologischen Schichtungen zu erkennen. Da schon von alters her die wichtige Nord-Süd-Verbindungsstraße den Canyon querte, bauten bereits die Nabatäer Befestigungsanlagen; später entstanden unter den Römern zwei Kastelle. Andererseits bildete der Fluss auch über Jahrhunderte die Grenze zwischen den Königreichen Ammon und Moab.

Leider wird die einsame Schönheit des Wadi Mujib durch einen 62 m hohen und 660 m langen Staudamm gestört, der 2002 fertiggestellt wurde. Das ist sicherlich bedauerlich, doch ein Land mit Wasserarmut kann es sich nicht leisten, selbst so kleine Flüsschen ungenutzt verschwinden zu lassen. Zumindest der gefüllte Stausee setzt einen ganz neuen Akzent aus dem Gegensatz Wüste und Wasser.

Der Wadi Mujib Canyon gehört dennoch zu den ganz großen, faszinierenden Landschaftseindrücken Jordaniens; beim Durchfahren wird man mit immer neuen Bildern überrascht. Die Straße schlängelt sich von 800 m Höhe 7 km den steilen Hang hinunter bis zum Staudamm auf 200 m ü.d.M., dann geht es ebenso steil wieder, 10 km lang, auf 740 m Höhe hinauf. Unterwegs knackt es häufig in den Ohren, so schnell ändert sich die Höhenlage.

Oben angekommen, liegt rechts ein relativ teures Restaurant (Essen wird nicht gelobt) namens TRAJAN, von dessen Terrasse sich leider nur ein eingeschränkter, aber dennoch eindrucksvoller Ausblick auf die Schlucht bietet. Der Wirt Abdulrazaq Awad spricht deutsch, da er in Stuttgart studierte. Im "Be-

***Wadi Mujib

Stadtvignetten im Bodenmosaik der St. Stephanskirche

7 Wege nach Süden

> **Mujib Nature Reserve**
>
> Das Gelände des Wadi Mujib untersteht der Royal Society for the Conservation of Nature (RSCN) und ist seit 1987 als Naturreservat unter dem Namen **Mujib Nature Reserve** entsprechend geschützt. Die 210 qkm große Fläche bezieht auch das Wadi Wala und die Bergkette am Toten Meer mit ein, südlich der Mujib-Mündung beginnend und nördlich am Zarqa-Bach endend, der von Hammamat Ma'in herunterkommt. Damit gehören Höhendifferenzen von +900 m bis -410 m zum Reservat, in dem mehr als 400 Pflanzenarten und ein für jordanische Verhältnisse reiches Tierleben zu finden sind. Die früher in den Felsklippen "turnenden" gehörnten Ibexe, deren Bestand stark dezimiert war, werden geschützt gezüchtet, um sie vor dem Aussterben in dieser Gegend zu bewahren. Wandern und Trekking im Reservat ist nur mit Führern des RSCN erlaubt. Der Startpunkt der meisten Touren liegt bei der Mujib-Brücke am Toten Meer. Weitere Informationen siehe Seite 259.

duinenzimmer", das nur durch einen Vorhang vom Restaurant getrennt ist, kann man für wenig Geld übernachten. Auf dem Hof dürfen Zeltler kostenlos ihr Zelt aufbauen. Der Wirt bietet außerdem 4WD-Trips ins Wadi an.

Von Norden kommend ist das Hochland hier wieder erreicht; wer von Süden her anreist, genießt die ersten spektakulären Blicke.

16 km (ab südlicher Abbruchkante des Wadi Mujib) bis

Qasr

Qasr, ein kleines Städtchen, ist in den Anfängen seiner modernen Besiedlung nicht unwesentlich aus historischem Baumaterial entstanden, wie diverse Häuser beweisen. Kurz vor der ersten (und wohl vorläufig einzigen) Ampel sollte man halten und in die Straße vor der Moschee hinübergehen. Dort sind die Reste eines nabatäischen Tempels aus dem 2. Jh nC, der den modernen Siedlern als Steinbruch diente, umzäunt und nur durch den Zaun zu betrachten; der ehemalige Eingang lag in der Ostmauer. Nur wenige Schritte weiter auf dieser Straße stehen rechts die ersten, bereits wieder verfallenden Mauern eines Schafstalls neuerer Zeit, in denen die nabatäischen Steinmetze ihre mühevolle Arbeit wiedererkennen würden...

5 km bis

Rabba

Hintergrund: Rabba fand bereits im Alten Testament Erwähnung. Sehr viel später berichtet Flavius Josephus, dass die Juden unter Alexander Iannäus im 1. Jh vC den Nabatäern Rabba – damals Rabbath Moab, unter den Römern Areopolis genannt – abnahmen. Bereits im 1. Jh nC gewann der Ort als Verwaltungszentrum der von Römern geschaffenen neuen Provinz Arabia ähnliche Bedeutung wie Petra. Ab dem 5. Jh ist die Stadt als Bischofssitz bezeugt, u.a. auf den Mosaiken von Ma'in und Umm er Rasas. 634 eroberten muslimische Truppen die Stadt. Sie fiel in Bedeutungslosigkeit, ihre historischen Bauten verkamen.

Leider ist nur ein etwas ärmliches Ruinengelände erhalten geblieben, das man bald nach dem Ortseingang, schräg gegenüber einer Moschee, auf der westlichen Straßenseite sieht. Es handelt sich um Tempelfragmente aus der Zeit von 286-305 während der gemeinsamen Herrschaft der Kaiser Diokletian und Maximilian. Die Statuen der beiden Herrscher standen in je einer Nische seitlich des Tempeltors. Davor liegen die typischen Pflastersteine einer Haupt(Achsen-)-Straße. Offenbar wurde in byzantinischer Zeit eine Kirche in den Tempel gebaut, deren Bogenkonstruktion ziemlich schlechte Bauqualität aufweist.

***Kerak (auch Al Karak)

Wadi Mujib Stausee

Viel mehr als diese am Nordrand stehende Ruine wird man als Laie nicht identifizieren können – außer dem Müll, der allmählich die Grabung an verschiedenen Stellen wieder auffüllt.

Auf der Mittellinie der Hauptstraße stehen ein paar Säulenfragmente mit Kapitellen, sozusagen als Begrenzungssteine.

12 km: **Abzweig**

Nach links zweigt eine Verbindungsstraße zum Desert Highway bei Qatrana ab.

4 km: **Kreuzung**

Rechts nach Kerak, links zum Desert Highway.

*** Kerak (auch **Al Karak**)

Kerak ist eine sehr lebendige Gebietshauptstadt mit gut 35 000 Einwohnern, die im Zentrum eines ebenso geschäftigen Einzugsbereichs liegt. Die extrem hügelige Landschaft ringsum ist erstaunlich fruchtbar; beim Blick von dem sehenswerten, 950 m hohen Festungsberg zeigt sich das emsige Leben. Sobald man den Festungsberg hintersichlässt, führen nahezu alle Straßen achterbahnmäßig steil bergauf und gleich wieder bergab.

Da Kerak aus den Nähten platzte, entstand auf dem Hügel nordöstlich der Burg New Kerak, das inzwischen so attraktiv ist, dass viele Alteingesessene umziehen oder es den engen Gassen vorziehen würden. Hier wurde auch die Universität angesiedelt.

Wenn Sie Interesse an einem römischen Legionärslager haben, könnten Sie von Kerak aus einen Abstecher (24 km) nach Lejjun machen (siehe Seite 269), doch wirklich empfehlen können wir es mangels Erkennbarem nicht.

Bei der Anfahrt zur Burg halten Sie sich auf dem Berg bei der ersten Kreuzung links und immer bergauf; solange es nach oben geht, sind Sie auf dem richtigen Weg.

Hintergrund: Kerak wird im Alten Testament Kir bzw. Kir-Moab genannt. Tatsächlich geht die Geschichte der Stadt bis ins 9. Jh vC zurück. Wegen der strategisch günstigen Lage wurde die Bergkuppe von vielen Herrschern

7 Wege nach Süden

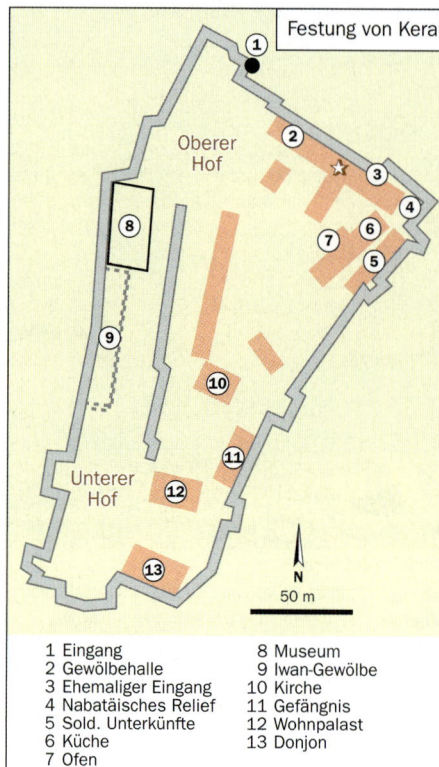

Festung von Kerak

1 Eingang
2 Gewölbehalle
3 Ehemaliger Eingang
4 Nabatäisches Relief
5 Sold. Unterkünfte
6 Küche
7 Ofen
8 Museum
9 Iwan-Gewölbe
10 Kirche
11 Gefängnis
12 Wohnpalast
13 Donjon

Als im November 1183 Saladin erneut anrückte, feierte der seit 1177 neue Burgherr Rainald von Chatillon gerade die Hochzeit seiner elfjährigen Tochter – und ließ sich auch nicht von dem Getöse des Ansturms stören. Nachdem die Brautmutter Saladin Schüsseln vom Festmahl geschickt hatte, verschonte er den Turm des jungen Hochzeitspaares. Als Truppen aus Jerusalem anrückten, zog Saladin ab. 1184 wiederholte sich die Belagerung ähnlich, allerdings ohne Hochzeitsgelage.

Rainald von Chatillon war als der grausamste und skrupelloseste christliche Herrscher bekannt, der sich selten nur an Vereinbarungen hielt. Nachdem er wieder einmal eine Karawane überfallen hatte, stellte Saladin dem christlichen Heer nach und schlug es 1187 vernichtend bei Hittin (heute Israel). Saladin ging in der Regel fair mit seinen Kriegsgegnern um, Rainald von Chatillon aber enthauptete er persönlich. Das Ende der Kreuzritterherrschaft war eingeleitet.

Saladin konnte sich nun ungestört der Eroberung Keraks widmen. Nach elfmonatiger Belagerung gaben die Christen auf; zuvor hatten die hungrigen Kreuzritter ihre Frauen und Kinder den Belagerern im Austausch gegen Brot übergeben.

Saladins Bruder Adil zog in die Festung und baute sie luxuriöser sowie sicherer aus. Zeitweise soll sogar der Thronschatz in der Burg versteckt worden sein. Im 13. Jh eroberten die ägyptischen Mamluken unter Beybar die Festung. Er und sein Nachfolger Qalaun erweiterten zwischen 1264 und 1323 die Anlagen, die 1293 durch ein Erdbeben beschädigt wurden. Schließlich kamen die Osmanen, in deren Hand das Land formal über vier Jahr-

genutzt, z.B. von den Assyrern, die das Königreich Moab 733 v. Chr. unterworfen hatten. Nach einer geschichtlichen Pause lässt sich erst in nabatäischer und römischer Zeit die Existenz von Kerak wieder nachweisen. Die Römer erhoben den Ort zur Bezirkshauptstadt, die Byzantiner zum Bischofssitz. Nach der islamischen Eroberung verfiel Kerak offenbar, erst der Kreuzritter Payen le Bouteiller nutzte 1142 die strategische Lage und ließ auf dem alten Festungsgelände die Burg errichten, die 1161 fertiggestellt wurde. 1173 belagerte Saladin, der Hauptgegner der Kreuzritter, die Festung zum ersten Mal, zog aber unverrichteter Dinge wieder ab.

***Kerak (auch Al Karak)

hunderte blieb. Allerdings gab es immer wieder lokale Aufstände unter Stammesfürsten, so dass 1840 das Widerstandsnest Kerak von osmanischen Truppen besetzt und die Ostmauern der Stadt geschleift wurden (das einzige erhaltene Tor ist bei der Anfahrt aus Richtung Amman gut zu sehen). Als die Türken ein Jahr später abrückten, wurde das Leben in Kerak so unsicher, dass viele Christen z.B. nach Madaba abwanderten. Erst als die Osmanen 1893 erneut 2000 Soldaten in der Stadt stationierten, kehrte wieder Ruhe ein.

Kennenlernen: Der Ort Kerak, einstmals von Stadtmauern umringt, bietet mit seinen vielen Shops recht gute Versorgungsmöglichkeiten, nicht nur fürs tägliche Leben, sondern auch für Souvenirs. Die quirligen Straßen im Zentrum laden geradezu ein, ein bisschen zu bummeln und das jordanische Leben zu beobachten. Im Bereich der Festung räumte die Stadtverwaltung kräftig auf. Das letzte Stück der Zufahrtsstraße wurde als Fußgängerbereich umgestaltet. Die mamlukischen Bauten gegenüber dem Burggraben wurden komplett restauriert und dienen als Restaurant.

Nehmen Sie für den Besuch der **Festung** (8-19; Winter 9-17, freitags erst ab 10, JD 1; Museum 8-16) eine Taschenlampe mit. Innerhalb der riesigen, 220 m langen Anlage kann man schnell den Überblick verlieren, doch vermitteln die arabisch/englisch beschrifteten Tafeln einen Eindruck, um welche Räume oder Bauten es sich handelt. Übrigens lassen sich die Kreuzritterbauten anhand des rötlich-schwarzen Baumaterials, die der moslemischen Eroberer durch die grau-gelblichen Kalksteinblöcke gut unterscheiden. Die letzteren sind zudem besser bearbeitet.

Der Weg in die Festung führt über eine Brücke des ursprünglich 30 m tiefen, heute teils aufgefüllten Grabens, mit dem die Kreuzritter die Burg von der Stadt abgrenzten. Dieser Zugang ist neueren Datums; die Holzbrücke der Kreuzritter lag weiter östlich, etwa an der Stelle der heutigen Stahlbrücke.

Gehen Sie nach dem Eingang [1] und dem Ticketoffice links. In der riesigen **Gewölbehalle** [2] und ihrer Umgebung waren vermutlich Ställe und Wohngebäude untergebracht. Sie können durch die Ställe hindurchgehen; fast am anderen Ende sehen Sie links eine relativ schmale und verwinkelte Öffnung [3], die den Kreuzrittern als Eingang diente und gut zu verteidigen war. Auf der Ostwand, nach der Gewölbehalle, ist ein Relief zu sehen, das auf wiederverwendetem Baumaterial der Nabatäerzeit das Grabbild eines Reiters (Kavalleristen) zeigt. Nach der Eroberung der Festung verlegten die Mamluken die Ostwand etwa 2 m nach außen. Dies ist daran zu erkennen, dass in die jetzt innen liegenden Ostwände der Kreuzrittergebäude Schießscharten eingelassen sind.

Donjon, der ehemalige Haupt- und Wohnturm der Festung

7 Wege nach Süden

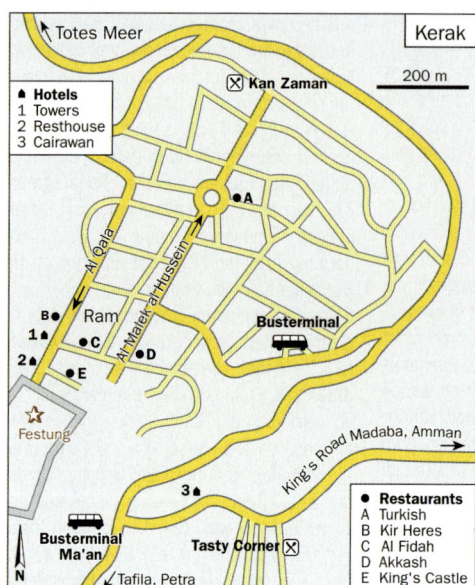

Kommt man hier im Nordosten ins Freie, kann man - rechts und wieder rechts - bis zum höchsten Punkt der Anlage hinaufklettern. Unter den grasbewachsenen Erdhügeln werden Wohngebäude der Kreuzritter vermutet. Von oben bietet sich ein einmaliger Rundblick, der bei klarer Sicht bis zum Ölberg von Jerusalem reicht. Man sollte denselben Weg wieder hinuntergehen und der Ostmauer folgen. Links liegen Soldatenunterkünfte [5], rechts war die Küche [6] und dahinter ein Ofen [7]. Geht man weiter in südlicher Richtung, stößt man rechts auf die spärlichen Überreste der Kreuzritterkirche [10], Treppen weisen den Weg zur unterhalb liegenden Sakristei. Der Weiterweg wird links bald von Gefängniszellen-Ruinen [11] gesäumt. Rechts sieht man in einer Mulde Gebäudereste, die zu einem mamlukischen Wohnpalast [12] gehören, der vom ägyptischen Sultan Nasir Mohammed im 14. Jh gebaut wurde. Am südöstlichen Ende der Festung ragt der **Donjon** [13] auf, der zum Wohnen benutzte Hauptturm, dessen mächtige Mauern die Bewohner vor Angreifern schützten. Der ägyptische Sultan Beybar ließ ihn im 13. Jh auf Kreuzritterfundamenten neu errichten.

Gehen Sie nun wieder zurück, aber in den **Unteren Hof**; von hier oben führen Treppen – etwa in der Hälfte der Längsachse – nach unten. In einem Gewölbesaal im unteren Hof wurde ein kleines, durchaus besuchenswertes **Museum** [8] eingerichtet. In Vitrinen sind die geschichtlichen Epochen durch wenige Fundstücke dargestellt, außerdem ist eine Kopie der Mescha-Stele (siehe Seite 229) zu sehen. Schräg gegenüber öffnet sich eine Tür zu Treppen, die in das große unterirdische **Iwan-Gewölbe** [9] führen (der Museumswärter oder der Mann am Museumseingang schließt auf). Diese in Kreuzform angelegten Gewölbehallen dienten wahrscheinlich als Lagerräume, aber auch zur Verteidigung, wie die Schießscharten der Westwand zeigen.

Praktische Informationen

Telefonvorwahl 03
Internet-Cafés findet man sowohl im Zentrum (im Supermarkt in der Nähe der Burg und in der Nähe des Saladin Circles für 1 JD/h) wie auch in New Kerak in der Nähe der Universität.

Busverbindungen

▶ Den Busterminal – sofern man davon sprechen kann – findet man auf einem größeren Parkplatz an der Al Birka St im Südosten der Altstadt. Von und nach Amman-Wahadat-Terminal geht es per Minibus oder Service-Taxi zwischen 6 und 18 Uhr.

***Kerak (auch Al Karak)

Übernachten

Die Hotelsituation in Kerak ist eher von Mangel geprägt, daher liegen die Preise im Vergleich zu anderen Städten höher.
- **AL MUJEB**, 5 km außerhalb Keraks, am Abzweig der Königsstraße nach Madaba, Tel 238 6090, Fax 238 6091; gut ausgestattet, relativ große Zimmer, sehr sauber, Kühlschrank, Preise verhandelbar, mF ....E+B 25, D+B 35
- **CAIRAWAN**, außerhalb der Altstadt, links an der ersten Steigung Richtung Amman, Tel 239 6122, 079 5250216, moaweyahf@hotmail.com; ehemals besseres Wohnhaus, originelle Möbel-/Farbenkombination in unterschiedlich geschnittenen Zimmern, laut wegen steiler Straße, TV, AC, Kühlschrank, sehr sauber, sehr freundlich, familiär, Trips in die Umgebung, Dinner möglich, mF .... E+B 27, D+B 38
- **KARAK RESTHOUSE**, direkt neben Festung, Tel 235 1148, Fax 235 2148, karakcastle@gmail; renoviert, toller Ausblick, sehr sauber, freundlich, bestes Haus am Platz, SatTV, mF ....E+B 30, D+B 45
- **TOWERS**, an der Straße zur Festung, vor letztem Abzweig rechts, Tel/Fax 235 4293, shamailahassan@yahoo.com; Achtung: Preisangaben werden gern pP bezogen, obwohl man das Zimmer meint; einfach, sauber, Manager Samir (ein Ägypter) ist sehr hilfsbereit, mF...E 8, E+B 12, D 12, D+B 20-22

Nur gegen 9 Uhr fährt ein direkter Minibus über Ma'an nach Petra; zu anderen Zeiten nimmt man einen Minibus nach Ma'an und sucht sich dort eine Verbindung nach Wadi Musa/Petra. Alternativ fährt man zunächst per Minibus nach Tafila (etwa jede Stunde), von der Haltestelle ca. 200 m weiter startet ein Minibus nach Qadsiya (Abzweig Dana) und Shaubak, schließlich weiter nach Wadi Musa/Petra. Allerdings kann es in Tafila Frust geben, weil von dort nur sehr sporadisch Verbindung nach Shaubak besteht. Wer nicht weiterkommt, hat in Tafila nur ein sehr einfaches Hotel zur Wahl.
▶ Mehrmals täglich fahren Minibusse hinunter Richtung Totes Meer, einige davon nach Safi, andere durchs Wadi Araba nach Aqaba.

Essen und Trinken

- AL FIDAH, in der Nähe der Zitadelle, gegenüber den Mamlukenbauten; preiswert, gehört zur etwas besseren Klasse, es gibt Bier
- AKKASH, Straße zum Circle mit dem Standbild Saladins; sehr gute arabische Küche, nicht teuer
- KIR HERES, neben Tower Castle Hotel, sehr gut, sauber, freundlich, teurer
- KING'S, neben Al Fidah Restaurant, gehört dem Besitzer des Tower Hotels, lokale Küche, preiswert, gut
- KARAK RESTHOUSE, Hotelrestaurant, gut, etwas teurer
- KING'S CASTLE, in den Mamlukenbauten (zwischen Festung und Sendemast), gut geführt, auf Busgesellschaften ausgelegt, ausschließlich (sehr reichliches) Buffet von 12-16 Uhr, es gibt Alkohol
- TURKISH RESTAURANT (nur arabisch beschriftet), am Circle mit dem Standbild Saladins; hauptsächlich Huhn, relativ klein, preiswert
- TASTY CORNER, Studentenrestaurant in New Kerak; Stadtausfahrt Richtung Madaba, auf der ersten Höhe zweigen kurz nacheinander vier Straßen rechts ab, in der vierten liegt das relativ saubere Restaurant, das durchaus seinem Namen gerecht wird

Abstecher zum Toten Meer

Von Kerak führt eine landschaftlich dramatische Straße zum Toten Meer hinunter (genauer zur Halbinsel Lisan, siehe Seite 260). Nach

7 Wege nach Süden

27 km trifft man auf die Strecke, die am Toten Meer entlang und dann durchs Wadi Araba nach Aqaba verläuft. Unsere Straße windet sich steil durch die Schluchten des Wadi Kerak und erreicht nach 24 km das kleine Dorf **Bab el Dhra'a**. Kurz danach, ca. 2 km nach einer Tankstelle auf der linken Seite, liegt das gleichnamige Grabungsgelände rechts der Straße, deutlich erkennbar an einem hohen Zaun mit Grabungshaus.

Dort könnte man als Fachmann etwa 20 000 Grabstellen aus der frühen Bronzezeit (3200 bis ca. 2100 vC) zählen. In den überwiegend rechteckigen Lehmziegelbauten wurden mehrere Menschen gemeinschaftlich in Schiebegräbern beigesetzt. Eine Kleinstadt war mit einer bis zu 7 m dicken Mauer geschützt, viele Töpferwaren wurden hier gefunden. Der Laie entdeckt hier allerdings kaum etwas Historisches (das Tor zum Gelände steht übrigens offen) und fährt enttäuscht weiter; nach 1 km ist die Straße am Toten Meer erreicht. Dort kann man übrigens keinesfalls baden, erst ein ganzes Stück nördlich bieten sich die ersten Gelegenheiten.

Einige Bibelforscher verlegen Sodom und Gomorrha in die unwirtliche Landschaft; die Israelis wiederum reklamieren diese sündhaften Städte südlich von Neve Zohar am Toten Meer, in Har Sedom, für sich.

Weiter auf der Kingsroad nach Süden
Von Kerak 14 km bis

Mutah (Mautah)

Hier stießen 629 erstmals muslimische und christlich-byzantinische Truppen aufeinander. Zaid Bin Haritha, ein Adoptivsohn Mohammeds, fiel, Jafar Ibn Abu Taleb – der erste Cousin Mohammeds – übernahm das Kommando und fiel ebenfalls, auch sein Nachfolger Abdullah Ibn Rawa verlor sein Leben im Kampf.

- An der King's Road in der Nähe der Universität steht das **MUTAH PALACE HOTEL** mit guten Zimmern, ... E+B 25, D+B 40

5 km bis

El Mazar

In dem Städtchen wurden die bei Mutah gefallenen Heerführer Jafar Bin Abi Taleb, Zaid Bin Haritha und Abdullah Bin Rawa beerdigt, später errichtete man ihnen eine **Grabmoschee**. Sie lag auf dem Weg nach Mekka und zog viele Pilger an, daher erneuerte man in den 1930er Jahren die alte Moschee. Auch diese war nicht mehr gut genug; eine gewaltige Mehrfachmoschee-Anlage wurde 2000 eingeweiht. Um einen gepflegten Innenhof gruppieren sich die Hauptmoschee und die Schreine der Märtyrer. Die stilvolle Architektur und Bauausführung in behauenem Naturstein strahlen sehr viel Atmosphäre aus. Eine Besichtigung kann nur empfohlen werden.

Man fährt im ersten Kreisel direkt auf die Kuppeln der ursprünglichen Moschee zu. Am alten Haupteingang wartet ein kleines **Museum** (Sa-Do 8-14) mit Funden der Umgebung auf Besucher (Keramik, Schmuck, Inschriften).

5 km: **Al Husayniah**

Abstecher nach *Dhat Rass

Man hält sich im Ortszentrum von Al Husayniah links und kommt nach 6 km in den kleinen Ort Dhat Rass. Dort stehen – weithin sichtbar – spärlichste Reste zweier nabatäisch-römischer Tempel auf dem Hügel, an den sich das Dorf schmiegt. Sie gehörten vermutlich zu einem größeren Kultzentrum. Das Ruinenfeld dient den Dorfbewohnern inzwischen als Stallung, leider auch als Abraumplatz. Von oben sieht man weit in die fruchtbare Ebene.

Der wesentlich besser erhaltene Tempel liegt etwas tiefer und weiter südöstlich im Ort: Lässt man die Auffahrt zur Moschee und zum Bergtempel links liegen und fährt bis zum Ende der Straße, dann rechts hinab, fällt er bald links schon durch seine voll erhaltene Höhe auf. Das Innere ist durch ein Tor versperrt, man kann aber gut hineinsehen.

Talsohle des Wadi Hasa

Weiter auf der King's Road

Bald nach diesem Abzweig blickt man in die Schlucht des *** Wadi Hasa**, dessen Talsohle 600 m tiefer liegt und das man nun in zahllosen Kurven und Kehren queren muss. Auch hier wieder Wüstenlandschaft pur, von der viel Faszination ausgeht. Wie das Wadi Mujib, entstand der Canyon des Wadi Hasa durch geologische Verschiebungen infolge des großen Grabenbruchs. An der Nordflanke liegt – am besten von Süden her zu sehen – ein dicker schwarzer Gebirgsbrocken fast wie eine Drohung im sanften Graubraun der Umgebung. Je mehr man sich der Talsohle nähert, umso längere Einblicke auf den schmalen Gürtel der Fruchtbarkeit sind möglich.

14 km bis zur

Talsohle des Wadi Hasa

Hier unten verlief in biblischen Zeiten die Grenze zwischen den Staaten Moab und Edom. 4,7 km nach der Brücke im Tal steht rechts am Straßenrand eine Art demolierter Sockel mit einer Inschrift (ursprünglich vermutlich eine Hinweistafel), gleich dahinter zweigt eine 1,5 km lange Piste ab. Sie führt zum Fuß des kegelförmigen, sehr dominant im Wadi liegenden Berges El Tannur.

Vom Ende der problemlos zu befahrenden Piste klettert ein Pfad auf die Bergspitze (ca. 20-30 Minuten Fußmarsch), auf dem nur noch die Grundmauern des nabatäischen Tempels **Khirbet et Tannur** stehen.

Hintergrund: Mit einem einfachen Altar hatten die Nabatäer kurz vor der Zeitenwende ein Pilgerziel geschaffen, das später in zwei Bauphasen um einen Tempel mit Kolonnaden erweitert wurde. Hervorragende Skulpturen und Reliefs gaben der Ausstattung besonderen Glanz. Zusätzlich wuchs ein Dorf als Pilgerunterkunft heran. Schließlich war ein wichtiger nabatäischer Wallfahrtsort entstanden, den kein Reisender wegen seiner unübersehbaren Lage negieren konnte.

Nach Ausgrabungen im Jahr 1937 wurden viele wichtige Stücke in das Archäologische Museum in Amman verbracht. Aber die einsamen Ruinen blieben nicht sich selbst überlassen, sondern wurden immer wieder von Raubgräbern heimgesucht, die erhebliche Zerstörungen verursachten.

Der Aufstieg auf den Gipfel bietet also nicht allzu viel Historisches, entschädigt aber mit herrlichen Ausblicken.

Am Fuß des Tannur wurde der gleichnamige Staudamm gebaut, der das Tal in diesem Abschnitt nachhaltig verändert.

5 km: **Abzweig**

*Abstecher nach Hammamat Borbatah und Afra

Rechts ist ein gut ausgebautes Sträßlein nach *Borbatah Hot Springs* ausgeschildert. Nach 7 km ist das Wadi Hasa wieder erreicht, eine kleine grüne Flussoase überrascht das Auge, am Hang stehen ein paar Häuser. Ein kurzes

Ziegenherde im fruchtbaren Talgrund des Wadi Hasa

7 Wege nach Süden

Straßenstück zweigt hinunter nach **Hammamat Borbatah** ab. Hier gibt es warme und kalte Quellen (Mineralwasserqualität!). Auf dem Talboden bietet sich Platz förmlich zum Campen an. Man kann auch Chalets mieten, das Doppelzimmer mit Bad kostet JD 30.

Unsere Straße führt noch 5 km weiter nach **Hammamat Afra**, das am Straßenende in einem engen Seitenwadi plötzlich auftaucht. Dort entstand eine etwas seltsame Badeanlage im heißen, heilsamen Wasser eines Bächleins. Das Wasser wird in oder durch Betonbassins geleitet, in die man zum Baden hineinklettert oder geht - mal dürfen die Männer, dann die Frauen. Es gibt nur Zelte als Übernachtungsmöglichkeit, einheimische Badende nutzen Betonunterstände am Bachufer oder bauen sich Schattendächer – zur Not zwischen zwei Autos – unter denen sie lagern, wenn sie ihre Bäder in den großen Bassins absolviert haben. Für die etwas unverständliche Badeanlage zahlt man JD 5 Eintritt, ein Zelt kostet JD 15.

Der Abstecher lohnt auch wegen der Erosionslandschaft, durch die sich die Straße schlängelt. Man könnte an vielen Stellen anhalten und die Kunstwerke im Detail bewundern, die hier von der Natur in den rotbraunen Felsen erschaffen wurden. Häufig tauchen Beduinenlager auf, und man fragt sich, wie so häufig, wovon die Menschen leben.

Zurück zur Hauptstraße
3 km: **Abzweig**

*Khirbet ed Dharih

Kurz nach dem Schild "Qasr ed Dharih" zweigt links eine 2,4 km lange schmale Asphaltstraße, die nur anfangs eine Piste ist, zu den **Ruinen eines nabatäischen Tempels** und eines Dorfes links des Wadi Laban ab, in dem hier die King's Road verläuft. Das Sträßlein führt durch das Wadi und dann an ein paar Feldern, an einem Olivenhain und einer Quelle unter schattigem Baum vorbei zu den einsamen Ruinen. Man kann allerdings auch auf der Hauptstraße 1,1 km weiterfahren; direkt neben einem Überholverbotsschild auf der linken Seite liegt eine Einfahrt zu einer Art Parkplatz, von dem steile Pfade hinüber zu den Ruinen führen.

Der Tempel aus dem 1. Jh vC wurde in den 80er Jahren von französischen Archäologen weitgehend freigelegt und stellenweise restauriert, sein Grundriss ist gut nachvollziehbar. Das Allerheiligste war von Säulen gesäumt, die Ecksäulen sind interessanterweise herzförmig gestaltet. Die vielen herumliegenden Kapitelle deuten an, dass es sich um eine stattliche Anlage gehandelt haben muss.

Auf dem südwestlich anschließenden Hügel lag der Friedhof mit einer Art Massengrab, in dessen sechs Schächten jeweils mehrere Särge untergebracht wurden.

9 km bis **Laban**

Mit Erreichen des kleinen Ortes ist die südliche Flanke des Wadi Hasa überwunden. Später, kurz vor Tafila, sieht man große Hinweisschilder nach *Afra Hot Springs,* aber die Straße ist durch einen Erdrutsch verschüttet.

12 km bis

Tafila

Als Zentrum eines der wenigen südjordanischen Agrargebiete auf dem Hochland hat Tafila seit alters her Bedeutung. Daher errichteten hier die Kreuzfahrer eine (heute kaum mehr erkennbare) Festung. In neuerer Zeit schlug T. E. Lawrence in der Nähe seine einzige reguläre Schlacht gegen die Osmanen und besiegte sie immerhin.

Der Ort mit ca. 12 000 Einwohnern klebt förmlich an einem Steilhang; man quält sich unverhältnismäßig lange auf der stets überfüllten Hauptstraße hindurch. Im Zentrum findet man nur recht einfache Restaurants, am Ortsende preist ein Schild das ADOM RESTHOUSE an, das ganz auf Bustouristen ausgelegt und entsprechend übertuert, aber relativ sauber ist.

**Es Sela

Am südlichen Ortsausgang führt eine relativ neue, gut ausgebaute Straße durch fantastische Landschaft hinunter zum Wadi Araba (siehe Seite 263). Auf dem Wegweiser aus nördlicher Richtung ist zu lesen "Str. Nr. 60 Aqaba", aus südlicher Richtung "Nr. 65".

Übernachten

Tafila sollte man nicht als Übernachtungsplatz einplanen, weil die derzeit einzige Unterkunft zur untersten Klasse in Jordanien zählt. Der Besitzer spricht herzlich wenig englisch.
- **AZEEZ AL RAHMAN**, im Zentrum nach rechts abzweigende Seitenstraße, extrem einfach, im 1. Flur Mehrbettzimmer mit einer Etagentoilette, im 2. Flur auch Zimmer mit Bad, mäßig sauber, Preise verhandelbar .... pP 5

10 km bis **Ain Beidha**

Abstecher nach **Es Sela

In Ain Beidha bietet sich ein Abstecher der ganz besonderen Art an: Westlich liegt eine unglaubliche Fels-Knubbel-Landschaft vor Ihnen, wie Sie sie später ähnlich auch in Petra sehen werden. Diese Felsen zogen – kein Wunder – auch die Nabatäer an, daher wird das Massiv auch als *Petra im Kleinen* bezeichnet. Es handelt sich um ein offenbar schon Jahrtausende lang bekanntes Schutz- und Zufluchtsgebiet. Doch vor allem die Nabatäer hinterließen ihre Handschrift hier: Felshäuser und Höhlen, Wasserleitungen und Zisternen; ein Felstor und Mauern weisen auf ihre Aktivitäten hin, geben aber auch viele Rätsel auf.

In Ain Beidha zweigt nach der Ortsmitte und in der Umgebung einer großen, neuen Moschee rechts (von Norden kommend *As Sela Castle* ausgeschildert) eine Straße zum 5 km entfernten 100-Seelen-Dörfchen As Sela ab. Sehr

Auf nabatäischen Spuren

Bei unserem ersten Besuch standen wir noch vor einer miserablen Piste, die hinunter nach Klein-Petra/Es Sela führte. Inzwischen erhielt sie eine Asphaltdecke und führt so steil den Berg hinunter, dass man überlegt, wie es wohl wieder hinaufgeht – aber es geht.

Das Sträßlein endet heute praktisch an den Felsen, an denen man den Wagen stehen lässt oder als Camper einen herrlichen Platz für die Nacht gefunden hat. Von hier aus geht man weiter an der Felswand hinunter, bis rechts ein größerer Einschnitt auftaucht, an dessen rechter Wand eine etwa mannshohe Steinmauer lehnt. Hier hineingehen und halbwegs geradeaus weiter, sehr bald sieht man in der steilen hinteren Wand die nabatäische Treppe, die man ansteuert und schließlich hinaufgeht. Wenn Sie es tun, was zu empfehlen ist, nehmen Sie genug Wasser mit und merken Sie sich die Abzweige für den Rückweg. Man kann sich leicht verlaufen. Sie sollten auch nicht zu viel erwarten, die historischen Relikte sind sehr dürftig; es zählen vor allem das Landschaftserlebnis und die große Abgeschiedenheit.

Felsmassiv wie in Petra: Es Sela

7 Wege nach Süden

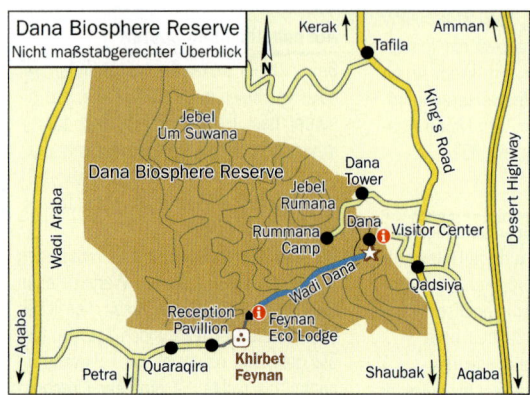

bald öffnet sich unterwegs der Blick auf die grandiose Landschaft und wenig später auf das am Hang bienenwabengleich klebende Dörfchen. Schon allein dieser Ausblick ist den Abstecher wert. Die Straße fällt schließlich rechtwinklig und steil in das Dorf, in dem man ein paar Frauen, Kindern und Hühnern begegnet. Halten Sie sich an Abzweigen rechts und fahren Sie zumindest bis zum Dorfende, um den Blick auf die Erosionslandschaft voll genießen zu können. Natürlich können Sie auch hinunterkurven (siehe Kasten).

Zurück zur Hauptstraße

7 km: Abzweig (ausgeschildert)

Rechts 3,5 km nach **Buseira**, in dem uralte Siedlungsreste zutage kamen. Man fährt vom obigen Abzweig bis zum Ende der Straße, links neben der Schule ist das Ruinengelände am Stacheldrahtzaun und einem Tor auszumachen.

Buseira geht auf das biblische **Bosra** zurück, das hier im Süden des fruchtbaren Tafila-Gebietes lag. Bei den Ausgrabungen, die in den 70er Jahren stattfanden, kamen für Archäologen wichtige Relikte zutage, die offenbar auf das 9. oder 7. Jh vC zurückgehen. Zu sehen sind unterschiedliche Grundmauern, die aber nur schwer zuzuordnen sind. Der Abstecher lohnt sich daher kaum.

5 km: Abzweig

Abstecher zum Rummana Camp

Rechts 5 km zum Rummana Camp, das innerhalb der *Dana Biosphere Reserve* liegt und nur vom 1. März bis 31. Oktober geöffnet ist. Wenn möglich, sollten Sie sich diesen Abstecher gönnen. Die Straße endet am Information-Center und Aussichtsturm, von dem man weit in das Reservat schauen kann. Hier, in dessen Herzen, wird man von Ruhe und Natur pur empfangen. Dies ist der richtige Platz für eine erholsame Pause. Es lohnt sich auch sehr (nach JD 5 Eintritt), mit dem Shuttlebus zum 2,2 km entfernten Campingplatz hinunterzufahren.

Der Platz (Einzelheiten siehe weiter unten bei *Dana*) liegt auf einem Felsplateau in traumhafter Lage; er ist der ideale Ausgangspunkt auch für weite Wanderungen. Es lohnt schon, dort auf dem ausgeschilderten Trail am Felsabbruch entlang zu wandern; herrliche Aussicht und tiefe Einsicht in das Wadi Dana mit seinen steilen, von der Erosion gekennzeichneten Hängen sind der Lohn. Unterwegs steht auch eine Vogelbeobachtungshütte.

2 km bis

Jebel Atata

Die Straße hat sich auf dem letzten Stück mühsam den Berg hinauf auf gut 1500 m Höhe geschraubt. Beim Zementwerk zweigt eine breit (als Rennstrecke für Zementlaster) ausgelegte Straße zum Desert Highway ab. Etwas weiter, ungefähr unterhalb von Sendemasten, lohnt es anzuhalten und an den Rand des Absturzes zu gehen: Ein atemberaubender Ausblick nach Westen wird unvergesslich bleiben. Zu Ihren Füßen fällt das **Wadi Dana** in steiler Schlucht und stark zerklüftet zum

Dana Biosphere Reserve

Mit 308 qkm weist das Reservat gewaltige Dimensionen auf. Es beginnt praktisch an der King's Road in 1500 m Höhe und fällt im Westen bis ins Wadi Araba auf etwa 150 Meter unter dem Meeresspiegel ab. Auch nach Norden und Süden sind die Grenzen beachtlich weit gezogen. Diese starke landschaftliche Differenzierung bedingt immerhin vier Klimazonen, angefangen mit der Wüstenzone, oberhalb des Reservats, bis hinunter zur Mündung des Wadi Dana ins Wadi Araba bei subtropischem Klima. Die zum Teil schwierige Zugänglichkeit durch die Felslandschaft bewahrte Fauna und Flora vor allzu großem Raubbau, sieht man vom Wadi Feynan wegen der Kupferverhüttung ab. Über 600 Arten von Wildpflanzen und 250 Vogel-, Säugetier- und Reptilienarten konnten registriert werden. Z.B. sind Wölfe und Wildkatzen, Adler und Geier oder Hyänen im Gebiet von Dana heimisch oder siedeln wieder hier. Insgesamt zwölf Quellen versorgen die Region mit dem lebensnotwendigen Nass.

Die große Artenvielfalt und die grandiose Landschaft veranlasste 1993 die Royal Society for the Conservation of Nature (RSCN), ein Gebiet von 320 qkm als Naturreservat unter Schutz stellen zu lassen. Zunächst mussten für die hier lebenden Beduinen neue Erwerbsgrundlagen geschaffen werden; sie hatten sich von der Nomadenwirtschaft auf die Feld- und Weidewirtschaft umzustellen und dieses neue Handwerk zu erlernen. Frauen wurden in kunsthandwerklichen Arbeiten unterwiesen oder im Sammeln und Trocknen von Heilkräutern. Außerdem entstanden Arbeitsplätze im touristischen Sektor, sei es im Guesthouse, auf dem Campingplatz oder als Ranger und Touristenführer. Grundsatz ist aber immer der sanfte Tourismus, der sich an der Natur orientiert und möglichst wenige negative Einflüsse hinterlässt; die Besucherzahl wurde daher auf maximal 130 Gäste pro Tag begrenzt.

Auch interessante historische Hinterlassenschaften sind im Reservat, d.h. speziell im Wadi Feynan zu finden, das entweder per Wanderung von hier oben oder vom Wadi Araba aus zu erreichen ist (siehe Seite 265). Wesentlich jünger ist das Dörfchen Dana, das vor etwa 400 Jahren von Beduinen des Atateh-Stammes gegründet wurde und bei der Installation des Reservats fast verlassen war. Inzwischen wurde es durch Renovierung und vorsichtige Modernisierung wieder belebt und zu einer kleinen Besucherattraktion.

Etwas verwirrend mag sein, dass drei Eingänge in das Reservat führen, wobei sich die Erfinder selbst nicht ganz einig zu sein scheinen, welcher nun der Haupteingang ist. Wanderungen startet man am besten vom Aussichtsturm am Rummana Camp (Tower Entrance); das Visitor-Center wurde zusammen mit einem Hotel im Dörfchen Dana errichtet. Und schließlich gibt es noch den Zugang vom Wadi Feynan aus.

Wadi Araba ab. Bei halbwegs klarer Sicht erkennt man, wie sich im Hintergrund die israelische Negevwüste als zarter brauner Schleier bis zum Horizont ausdehnt. Links unten sehen Sie das Dörfchen, das wir anschließend besuchen wollen.

2 km: **Abzweig** (kurz vor Qadsiya)

Rechts 2,5 km zur Dana Biosphere Reserve

Abstecher nach ***Dana

Auch dieser Abstecher ist wegen der faszinierenden Landschaft und des auf einem Bergsattel klebenden Dörfchens Dana unbedingt zu empfehlen. Auf einem Felsplateau, kurz vor

7 Wege nach Süden

dem Dorf, wurden ein Parkplatz für Touristenbusse und eine Aussichtsplattform angelegt. Auch wenn Sie ohne Bus unterwegs sind, sollten Sie sich von hier aus den ersten Blick auf das Dorf und die Schlucht des Wadi gönnen. Bald danach teilt sich die Straße: Geradeaus geht es auf einem Feldweg zur glasklaren und sprudelnden Quelle, die das Dorf versorgt; links ins Dorf, am Dorfeingang wiederum links zum Dana Guest House und Informationszentrum. Kurz vorher steht links eine Art Turmbau, in dem je nach Saison Pflanzen und Blätter von Frauen aus dem Dorf so aufbereitet werden, dass sie später z.B. im Souvenirshop verkauft werden können.

Hier sind Sie, wie im Kasten erwähnt, im Dana Nature Reservat angekommen, das von der *Royal Society of the Conservation of Nature (RSCN)* ins Leben gerufen wurde und als eines der Vorzeigeprojekte dieser Art in Jordanien auch gern angeführt wird.

Das Ende der 90er Jahre neu erbaute Dana Guest House mit seinem Nature Shop und dem Visitor-Center passt sich in Außen- und Innenarchitektur stilvoll, durch einfache Bauart, der Umgebung bzw. dem Zweck des Projekts an. Auf Eisenstühlen oder –hockern sitzend, bewundert man auf der Terrasse des Aufenthaltsraumes die Felsenlandschaft. Gäste übernachten in individuell gestalteten Zimmern, schlafen auf Eisengestellbetten und schreiben ihre Postkarten auf Steintischplatten, deren Untergestell aus, natürlich, Eisen besteht.

Eine **Übernachtung bei Vollmondschein** wird dem Besucher in steter Erinnerung bleiben: Die Felsmassive leuchten fahl auf, werfen kaum wahrnehmbare Schatten, über dem Wadi liegt Ruhe, fast vollständige Stille, nur vom Jaulen und Heulen der Hunde diesseits und jenseits der Schlucht unterbrochen – oder sind es vielleicht doch die wenigen Wölfe?

Mit dem Mondstand verlängern sich die zarten Schatten und gehen schließlich zusammen mit dem Mond unter. Wer ungewöhnliche Natur und Stimmungen liebt, die den winzigen Menschen mit dieser Urnatur zu verschmelzen scheinen, der muss seine Reise so planen, dass er in der Vollmondzeit hier ankommt – es wird eine kurze Nacht sein, weil man sich vom Schauspiel vor der Tür kaum vor Monduntergang lösen kann.

Praktische Informationen

▶ Das **Informationszentrum**, Tel 03 227 0498, 06 461 6523, www.rscn.org.jo, im Guest House versucht, auf Fragen weiterzuhelfen und Trecks im Reservat zu organisieren. Im Nature Shop gibt es die typischen Dana-Produkte auf ökologischer Basis und im Untergeschoss eine Silberwerkstatt, in der 11 Mädchen aus dem Dorf hübsche Silber-Souvenirs anfertigen. Die Werkstatt kann besichtigt werden.

▶ Der Eintritt ins eigentliche Reservat kostet JD 5, Dorf- und Guest House Besuch sind frei.

Im Reservat selbst soll strikter Naturschutz den heutigen ökologischen Stand mindestens erhalten, möglichst verbessern. Für wanderfreudige Besucher gibt es verschiedene markierte Wege, auf einigen darf er allein wandern; einer davon ist die zweieinhalbstündige Wanderung zum Campingplatz Rummana, auf der anderen Seite der Schlucht. Größere Entfernungen, wie z.B. zur Kupfermine Feynan, dürfen nur in Begleitung eines Führers zurückgelegt werden. Als beste Jahreszeit für Naturfreunde gilt der Frühling, weil dann die Wildpflanzen des Wadi in den unterschiedlichen Vegetationszonen blühen.

Trekking

Von der RSCN werden unterschiedliche, geführte Trecks für 1-18 Personen zu folgenden Preisen angeboten:

▶ 1-2 Stunden JD 35, 3-4 Std JD 45, 5-6 Std JD 55, ganzer Tag JD 105.

Beliebte Trecks (nur in der Zeit von 1.9.-30.6.) sind z.B.:

Dana

- **Feynan Copper Mine**, von der Dana Lodge zur Umgebung der Feynan Eco Logde (siehe Seite 266) in 3-4 Stunden
- **Wadi Ghweir Trail**, von der Lodge durch dieses Wadi zur Feynan Lodge, 3-4 Stunden
- **Dana-Feynan Trail**, 14 km durch alle Vegetationszonen, entlang des Wadi Dana, 5-7 Stunden
- In der sehr schönen, ökologisch bestimmten Wadi Feynan Lodge kann man übernachten und am nächsten Tag auf anderem Weg zurückkehren.
- Die lokalen Führer kosten für 1-2 Stunden JD 15, 3-4 Std JD 25, 5-6 Std JD 35, für einen ganzen Tag JD 85 +16% Tax. Derzeit beschäftigt das Projekt etwa 50 Menschen. Leser schreiben von „*dem sympathischen humorvollen englischsprechenden Führer Waleed Nowfleh, Tel 07 77 95 98 79, der als Nomade in diesem Gebiet umherzog, sich also bestens auskennt. Unterwegs zeigt er Heilkräuter, erzählt vom Alltag der Beduinen und führt zu wunderbaren Punkten mit atemberaubenden Ausblicken...*" (Kontakt auch über Tower Hotel)

Gegen die übliche Eintrittsgebühr kann man einfach ein Stück allein talwärts wandern und nach ein paar Stunden umkehren – wenn man sich den Weg gemerkt hat.

Verkehrsverbindungen

- Amman/Wahadat Terminal - Dana ca. 10 Uhr, oder (häufiger) Amman - Tafila – Qadesiya - Dana
- Aqaba - Dana 8 Uhr, oder Aqaba - Ma'an - Dana. Petra - Dana per Taxi, siehe Tower Hotel.
- Dorfbewohner (Lehrer) bieten preiswerte Trips nach Shaubak und Klein-Petra, angeblich auch ins Wadi Araba an. Vermittlung u.a. im Tower Hotel.

Restaurants gibt es, außer in den Hotels, praktisch nicht. Auch die Selbstversorgungsmöglichkeiten sind sehr bescheiden.

Blick über das Dorf Dana hinunter zum Wadi Araba in der Ferne

7 Wege nach Süden

Übernachten

- **DANA GUEST HOUSE** der Royal Society of the Conservation of Nature, Tel 03 227 0497, Fax 227 0499; dana.Hotel@ahoo.com,dhana@rscn.org.jo oder hussein962@yahoo.com, häufig ausgebucht, traumhafter Ausblick, sauber, freundlich und naturnah eingerichtet, bis auf ein Zimmer kein eigenes Bad, sondern mit Nachbarzimmern gemeinsam, leider sehr hellhörig, Dinner 9,50, mF .... E 71, D 71
- **FEYNAN ECO LODGE**, siehe Seite 266, über Dana Guest House buchen, E/D+B 91
- **DANA HOTEL**, Tel 079 5597 307, sdqe@nets.jo; im Ort gegenüber der Moschee, einfaches, sauberes, kleines Hotel in einem typischen Haus (gehört einer Kooperative von etwa 80 Ortsbewohnern), gute Atmosphäre, Dinner 5 pP, mF .... E 12, E+B 15, D 18, D+B 20
- **DANA TOWER HOTEL**, im Ort am Ende der Hauptstraße, Tel/Fax 03 227 0226, 079 568 8853, dana_tower2@hotmail.com, www.danatowerhotel.com; Besitzer ist Nabil Nawafleh, Manager und Seele des Hotels ist Hamzi Nawafleh (holt auch in Petra zum halben Taxipreis ab, bringt zum Bus an der King's Road, All-incl-Trips nach Petra, organisiert preiswerte Tourguides in Dana), tolle Aussicht, familiäre Atmosphäre, einfach, sehr sauber, sehr hilfsbereit, freie Waschmaschine, HP pP 9, mF .... Dorm oder Zimmer mit Bad pP 5

Camping frei, wenn keine Elektrik

- **Camping** im **Rummana Camp** (vom 1.3. bis 31.10 geöffnet) in einsamer Natur in zur Verfügung gestellten Zelten, Gaskocher können ausgeliehen werden, für Gruppen ab 6 Personen wird auf Wunsch Verpflegung besorgt, Trinkwasser kostenlos, Eintritt ins Reservat JD 5 auch bei Übernachtung, mF .... E 55, D 55

Auf der Campsite stehen 20 Zelte mit insgesamt 60 Betten, Wohnmobilisten können am Turm am Eingang nächtigen. Ein Leser schreibt: *„Die Übernachtung im Rummana Camp ist leider nicht immer von Ruhe geprägt, weil das Zeltlager auch von Jugendgruppen mit nächtlicher Lagerfeuerromantik genutzt wird."*

- **AL-NAWATEF CAMP**, etwa 1 km südlich vom Ort rechts ab vom King`s Highway (Schild *Touristcamp*, gehört einem Verwandten des Tower Hotels), dann 2 km zum Camp, Tel 0796 392 079, nawatefcamp@hotmail.com, 2-Personen-Zelte, *„absolute Ruhe"* schreibt ein Leser, VP möglich, HP..15

Auf dem Weiterweg nach Süden verliert die King's Road ihren bisherigen Charakter. Die Orte werden seltener, die Pinienbepflanzung an beiden Straßenseiten hört auf, das Umland stellt sich als Halbwüste dar, in der selten noch Beduinenzelte auftauchen.
Nach 22 km: **Abzweig**, rechts halten 4 km bis

Shaubak (Shobeq)

Hintergrund: Die erste der Kreuzritterburgen in Transjordanien ließ Balduin I., König von Jerusalem, 1115 auf einem kegelförmigen Hügel an einem wichtigen Kreuzungspunkt der Königsstraße mit Verbindung ins Wadi Araba erbauen. Sie wurde Mons Realis (Königsberg) oder Montreal genannt, Roman le Puy war der erste Burgherr. Wenige Jahre später kamen die Burgen Tafila und Kerak im Norden, Le Vaux Moyse bei Petra und Jezirat Faraoun (Isle de Graye) im Süden, nahe Tabah an der Sinai-Küste, als Schutzkordon hinzu. Während der Blütezeit lebten im Schutzbereich der Shaubak-Burg mehr als 6000 Christen vom Getreideanbau sowie von der Wein- und Olivenernte. 1189 eroberte Saladin nach eineinhalbjähriger Belagerung die Festung, nicht zuletzt, weil den Verteidigern das Salz

Shaubak (Shobeq)

ausgegangen war und sie zu erblinden drohten. Nach dem Fall ging die Festung in die Hände des Ajubiden Al Muzzam Isa über, der die Mauern verstärkte, einen Palast integrierte und Gärten anlegte. Im 13. Jh wurde sie Verwaltungszentrum der Mamluken; die Osmanen nutzten sie als Militärlager und später die Einheimischen als Steinbruch. Oder sie zogen direkt in die Festung ein; erst 1952 verließ die letzte Familie die Burg.

Neuestes Bauwerk ist ein einsames Visitor-Center am Hang, gegenüber der Burg. Es hat außer sauberen Toiletten (bisher) nichts zu bieten, keine Informationen, keine Prospekte, nichts.

Gewöhnlich ist die Burg von 9-19 Uhr (offiziell Sommer 8-19; Winter 8-17, kein Eintritt) geöffnet, aber die Zeiten scheinen sehr flexibel zu sein. Der Wächter schält sich gewöhnlich aus einem der Souvenirshops vor dem Eingang, spricht brauchbar englisch und bietet (gegen Bakschisch) eine Führung an. Davon sollte man Gebrauch machen, denn in dem alten, ziemlich verfallenen Gemäuer findet man sich nur schwer zurecht.

Leider wurde unseres Wissens bisher kein auch nur annähernd stimmender Plan der Anlage veröffentlicht. Schließlich fanden wir in einem archäologischen Grabungsbericht eine Art Übersichtsplan, den einzigen im deutsch- und englischsprachigen Umfeld. Da dieser Plan für ganz andere Zwecke konzipiert war als zur Besucherorientierung, haben wir versucht, ihn, so gut es geht, an die derzeitige Situation anzupassen, und einen Rundgang eingezeichnet. Sehen Sie ihn also nur als Orientierungshilfe.

Kennenlernen: Vom Eingang aus geht man zunächst nach Süden. Dort sind noch die Ruinen einer Basilika [1] vorhanden, von der man annimmt, dass sie noch bis ins 13. Jh bestand und erst dann in eine Moschee umgewandelt wurde. Vor deren Eingang steht man auf der Decke einer offenbar sehr großen Zisterne; rechts an der Wand ist der Wassereinlauf zu erkennen. Geht man durch das überdachte Gemäuer, stößt man auf der anderen Seite

Blick auf die Kreuzritterburg Shaubak und das ziemlich trockene Hinterland

7 Wege nach Süden

auf im Boden eingelassene Becken, die wahrscheinlich zum Waschen dienten.
Der Weg führt, gewissermaßen um die Südspitze der Burganlage, durch einen Gewölbebogen, an den sich rechts eine Mauer mit einem Durchgang anschließt. Man geht um die Ecke der Mauer und steht bald (rechts) vor einer nach unten führenden Treppe, der man 375 Stufen hinunter folgen könnte, um zum Wasserspiegel des Burgbrunnens [2] zu gelangen.
Nun folgt man der Westmauer, in nordwestlicher Richtung, bis zu einem Gewölbe, das wohl zum Mamluken-Palast gehört, der die Nordspitze der Burganlage einnahm. Der Weg führt weiter durch einen Gewölbegang bis zum nördlichen Turm [3] mit Kasematten. Von hier aus wendet man sich nach Süden zu einem Palasteingang und steht dann in einem offenen Hof [4] mit anschließenden Räumen, eventuell dem Palast. Wieder zurück zum zuvor verlassenen Weg nach Süden, geht man schräg über das Burggelände bis zu einem Komplex im Südosten [5], d.h. zu Kirchenruinen, von denen ein Gewölbeabschnitt erhalten ist; sie war wohl gleich nach der muslimischen Eroberung in eine Moschee umgebaut worden. Am linken äußeren Pfeiler führt ein Pfad ins Untergeschoss [6], in dem eine kleine Ausstellungshalle eingerichtet wurde. Hier liegen – wenig spektakuläre – Funde aus der Burg.

Praktische Informationen

▶ **Busverbindungen**: Von Amman Wahadat-Terminal sollen Minibusse und Service-Taxis auch nach bzw. durch Shaubak fahren, ebenso von Kerak und Aqaba; das muss man aber vor Ort erfragen. Von Ma'an fahren ziemlich regelmäßig Minibusse – häufig auf dem Weg nach Wadi Musa – über Shaubak. Auch von Tafila besteht regelmäßige Minibus-Verbindung. Allerdings kommt man immer nur ins Dorf Shaubak, wo man in der Regel an einer Seitenstraße abgesetzt wird und von dort aus etwa 3 km die Straße entlang marschieren muss; eventuell lässt sich der Fahrer überreden, gegen Bakschisch einen Umweg zur Burg einzulegen. Beim Rückweg die neue, westlicher ankommende Straße nehmen. Sie ist zwar mit 4 km etwas länger, man trifft aber auf eine Kreuzung, mit größerer Chance auf einen Bus (spätestens bis 16 Uhr dort sein).

Übernachten

• **SHOBAK CASTLE CAMP**, Tel 079 98125, Fax 023 216 4265, shobakcamp@yahoo.com, sauber, sehr freundlich und hilfsbereit, (Mohammed Abu Ali oder Suliman Al Rawashdeh an der Burg ansprechen), Übernachtung in Rundzelten oder Beduinenzelt, mF   pP JD 20
• **AL YAYA CAMP**, kurz vor Shaubak links, Tel 07 959 8958.
(Beide Camps waren im Januar 09 telefonisch nicht erreichbar.)
30 km bis **Wadi Musa**/Petra, siehe Seite 271.

Shaubak

1 Basilika, Zisterne
2 Burgbrunnen
3 Nördliche Kasematten
4 Hof
5 Moschee (Basilika)
6 Gewölbe mit Ausstellung

T Turm
--- Rundgang

Amman – Totes Meer – Aqaba

Diese Strecke ist eine sehr gute Alternative zum Desert Highway für die Fahrt nach Aqaba: Zumindest ab der Halbinsel Lisan herrscht sehr geringer Verkehr auf ziemlich geradlinigen Strecken, wesentlich interessanter insgesamt als der Desert Highway und deutlich weniger unfallträchtig.

Ein Abstecher ans Tote Meer wird hier als Ausflug von Amman aus beschrieben, weil er tatsächlich ein interessanter und abwechslungsreicher Trip an den tiefsten Punkt der Erde ist. Man kann ihn bequem an einem Tag oder kürzer absolvieren. Vermeiden Sie Winterwochenenden, dann sind alle Badeplätze sehr überlaufen. Im Sommer können die Temperaturen so hoch klettern, dass bei der dann immer noch vorhandenen Luftfeuchte das Tote Meer vielleicht kein so großartiges Erlebnis sein wird. Wenn Sie im Toten Meer baden wollen, dann sollten Sie dies nur dort tun, wo Sie die Salzbrühe auch wieder abduschen können, andernfalls wird sich Ihre Haut massiv beschweren.

Unabhängig vom Trip nach Aqaba bietet sich - neben der auf Seite 227 beschriebenen Madaba-Rundreise - eine Rundreise an: am Toten Meer entlang, nach Kerak, auf der King's Road zurück, über Madaba, nach Amman. Auch dieser interessante Ausflug lässt sich an einem (langen) Tag bewerkstelligen.

Busse zum Toten Meer

▶ Es gibt nur wenig „öffentliches Interesse" in Jordanien an Freizeit am Toten Meer, daher auch herzlich wenig öffentliche Verkehrsmittel. Von Ammans Muhajeeren Bus Station (siehe Seite 139) fahren Minibusse zum Dorf Suweimah, in der Nähe des Toten Meers (JD 1), (letzte Rückfahrt beim Fahrer abfragen, meist nicht später als 16 Uhr). Alternative: vom Tabarbor-Terminal nach South Shouna und dort umsteigen nach Suweimah. Von dort per Taxi zu ca. JD 2 zum Toten Meer, vorher Ziel möglichst genau vereinbaren (z.B. Amman Tourism Beach), sonst stehen erkleckliche Fußmärsche bevor. Manche Minibusfahrer steuern gegen Bakschisch auch den Amman Tourism Beach an.

▶ Nehmen Sie als **Autofahrer** vom Stadtzentrum aus eine der auf Seite 140 beschriebenen Routen auf die westliche Umgehungsautobahn bzw. Desert Highway nach Süden. Fahren Sie am besten den zweiten mit *Dead Sea* und *Na'ur* ausgeschilderten Abzweig. In **Na'ur**, an der Straße zum Toten Meer, bläst übrigens die *Hebron Glass Factory* schöne Gläser im bekannten Stil der Hebroner Glasbläsereien.

Von Na'ur an schwingt sich die Autobahn in weiten Kehren durch eine interessante, aber

7 Wege nach Süden

Sehenswertes

****Totes Meer, eigentlich eine ungastliche, doch sehr ungewöhnliche und somit sehr sehenswerte Landschaft im tiefsten Gebiet der Erde, Seite 254

***Bethania, Platz am Jordan, an dem Jesus (angeblich) von Johannes dem Täufer getauft wurde, Seite 252

*** Wadi Feynan, seit etwa 8000 vC bis 1989 wurde hier Kupfer abgebaut; alte Stollen, byzantinische Ruinen und tolle Landschaft lohnen den Abstecher, Seite 265

***Wadi Mujib, eindrucksvoller Felsdurchbruch des "Grand-Canyon"-Wadis, das hier ins Tote Meer mündet, Seite 259

**Wadi Nimrim, eine enge, ziemlich spektakuläre Felsschlucht, in der ein Bächlein dem Toten Meer entgegeneilt, Seite 261

**Wadi Araba, ein breites Tal, das sich zwischen den grandiosen Randgebirgen des Grabenbruchs bis nach Aqaba zieht, Seite 263

*Ain Zarqa, warme Quellen direkt am Toten Meer, Seite 258

*Lot's Höhle, hier soll Lot nach dem Untergang Sodoms und Gomorrhas (mit herrlichem Ausblick) gelebt haben, Seite 262

---

nicht sehr spektakuläre Landschaft dem Toten Meer entgegen.

33 km nach der Abfahrt vom Desert Highway:
Abzweig
Rechts nach *Bethania* (auch als *Baptism Site* ausgeschildert), links halten zum Toten Meer, geradeaus – gesperrt – würde es zur 1967 im Krieg gesprengten King Abdullah Bridge und weiter nach Jerusalem gehen.

Abstecher zum Taufplatz ***Bethania

Die rechts abzweigende Straße endet nach 5 km direkt am Besucherzentrum von Bethania.

Kurz vor der Mündung ins Tote Meer liegt das Jordantal als eine weite Ebene zwischen den Gebirgsketten im Westen und Osten. Diese Gegend wird nur wenig landwirtschaftlich genutzt, man kommt an einigen Feldern vorbei, Beduinenzelte sind dann schon eher eine Abwechslung. 7 km vor der Jordanmündung fließt ein Bach *Kharar* (*Stimme des Wassers*) nur knapp 2 km lang, bevor sein Wasser im Jordan verschwindet. Seine Quellen dürften auf Wasseradern zurückgehen, die aus den fernen Bergen ihren Weg zum Jordan suchen.

Hintergrund: Die Wirkungsstätte von Johannes dem Täufer, an der sich einst auch Jesus in den Wassern des Jordans taufen ließ, lag über Jahrzehnte im militärischen Sperrbezirk am östlichen Ufer des Jordans, ein Stück südlich der King Hussein Brücke. Der Friede mit Israel und die Entdeckung des ursprünglichen Taufplatzes eröffneten neue Perspektiven, auch für die Militärs, denn vom Touristenansturm auf das Heilige Land will Jordanien so viel wie möglich abzweigen. Einer der Magnete soll die neuerliche Taufe am Originalplatz sein.

Schon längere Zeit war über einen Taufplatz am östlichen Ufer des Jordans spekuliert worden. Aus der Bibel und frühchristlichen Überlieferungen lässt sich schließen, dass dieser Platz rund 7 km von der Mündung des Jordans ins Tote Meer flussaufwärts entfernt war. Ferner wurde angenommen, dass der Hügel, auf dem Johannes lebte, identisch mit einer Erhebung am Wadi Kharar sein muss. Denn die Gegend hieß in Arabisch bis in unsere Zeit "Taufplatz", ferner gibt die Mosaiklandkarte in Madaba einen deutlichen Hinweis.

Ausgrabungen des jordanischen Department of Antiquities, die 1996 begannen, bestä-

Das Tote Meer

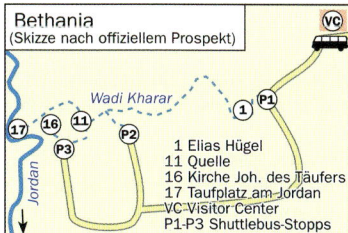

Bethania (Skizze nach offiziellem Prospekt)
1 Elias Hügel
11 Quelle
16 Kirche Joh. des Täufers
17 Taufplatz am Jordan
VC Visitor Center
P1-P3 Shuttlebus-Stopps

tigten diese Theorien insofern, als diverse byzantinische Relikte, d.h. im Wesentlichen Grundmauern von Kirchen, Zisternen und Wasserleitungssysteme, sowohl am Hügel im Wadi Kharar als auch an der Einmündung des Wadis in den Jordan freigelegt wurden.

Die Israelis hatten den Bedarf nach Taufen im Jordanwasser schon früher erkannt und schufen in Yardemit am See Genezareth einen Ersatztaufplatz. Seit dem Friedensschluss mit Jordanien gaben sie noch eine weitere Taufstelle, in der Nähe von Jericho, am westlichen Jordanufer zur Benutzung frei. Die katholische Kirche hat sich jedoch für den Taufplatz am Wadi Kharar in Jordanien entschieden. Dieser Entschluss hat die Israelis wohl nicht ruhen und flugs einen Taufplatz, gegenüber der Einmündung des Wadi Kharar, auf der Westseite des Jordans bauen lassen...

Weitere Informationen unter www.baptismsite.com.

Kennenlernen: Der Eintritt kostet 7 JD für die Gesamtanlage einschließlich Shuttlebus bis zum modernen Taufbecken. Ein Leser schreibt: *„Der Abstecher nach Bethania lohnt sich nur, wenn man ohnehin schon in der Nähe ist. Für einen „Ungläubigen" ist dieser Platz ziemlich uninteressant."* Nach unserem letzten Besuch 2008 können wir das nur bestätigen: Lustlose Führer (vielleicht nicht alle) treiben die Besucher mit knappen Erklärungen von Stopp zu Stopp, es bleibt kaum Zeit für Fragen. Da können einem nur die wirklichen Pilger leidtun, denen hier eine eher abgeschmackte Herdenveranstaltung geboten wird, die kaum Zeit für religiöse Inbrunst lässt.

Die Organisation der Besichtigungen scheint in der Hand der Militärs zu liegen, denn die Besucher können nur mit Führer das Gelände besuchen, der in unserem Fall mehrfach betonte, wir dürften aus militärischen Gründen nicht allein gehen. Er seinerseits rannte fast, in der Hitze, zum Jordan, gab nur knappe Erklärungen ab und ließ zunächst den Stopp am Elias-Hügel ganz aus („er habe das vergessen"), und als er dann gnädigerweise noch hinfuhr, durfte man nur vom Bus aus schauen bzw. fotografieren. Schon jetzt scheint das Projekt an der Bürokratie zu ersticken.

Das erst wenige Jahre alte Visitor-Center scheint touristisch nicht so attraktiv zu sein, dass alle Shops vermietet oder gar geöffnet wären; von den vorgesehenen Restaurants ist

Als der Weg zum Taufplatz noch durch Dickicht führte...

****Das Tote Meer

Obwohl es sich eigentlich als das ungastlichste Gewässer auf Erden ausgibt, geht vom Toten Meer doch ein ganz eigener Reiz aus.

Es liegt immerhin 410 m unter dem Meeresspiegel und hat selbst noch einmal eine Tiefe von 390 m. Im südlichen Teil schiebt sich die jordanische Halbinsel *Lisan* (*Zunge*) weit nach Westen in den See; von dort bis zum südlichen Ende erreicht die Wassertiefe nur noch 9-12 m. Je nach Wasserstand dehnt sich das Tote Meer 75–80 km von Nord nach Süd und bis zu 17 km von West nach Ost aus. Lisan wie auch der westlich des Sees gelegene Mount Sedom entstanden, weil sich Felsen und Steine auf dem Meeresboden absetzten und schließlich das dort eingelagerte Salz emporgedrückten. In der Antike soll es möglich gewesen sein, von der Halbinsel über eine Furt zum Westufer zu gelangen, vielleicht bildete diese Möglichkeit den Hintergrund für Wundergeschichten in der Bibel.

Der ostafrikanische Grabenbruch, dem es seine Existenz verdankt, bildet hier einen Felsenkessel mit ziemlich steilen Flanken zwischen den bis zu 1014 m hohen judäischen Bergen im Westen und den bis zu 1285 m hohen moabitischen Gebirgszügen im Osten. Vom südlichen Ufer aus steigt die Senke des Grabenbruchs langsam im Wadi Araba an, um nach ca. 130 km wieder Meereshöhe zu erreichen.

Das hauptsächlich vom Jordan einfließende Wasser verdunstete früher in einer Menge, die den Wasserspiegel im Jahresmittel konstant hielt (im Sommer kann der Pegel des Sees täglich um bis zu 25 mm durch Verdunstung sinken!). Heute wird vom Jordan so viel Wasser abgezweigt, dass wegen der geringeren Zuflussmengen der Wasserspiegel stetig sinkt, inzwischen um bis zu 1 m jährlich. Etwa ein Drittel des Sees ist bereits verlandet. 1976 tauchte dadurch aus dem Wasser eine Erhebung auf, die den südlichen Teil des Sees abtrennte. Um das Südbecken überhaupt nass zu halten, musste auf israelischer Seite vom nördlichen Teil ein Kanal gebaggert werden, der den Zufluss sicherstellt.

Vor etwa 100 000 Jahren war der gesamte Jordangraben bis zum heutigen Tiberias (in Israel) hinauf vom Indischen Ozean angefüllt, dessen Wasseroberfläche damals 200 m höher als heute lag. Nach Abfallen des Wasserspiegels, vor 50 000 Jahren, blieben nur der See Genezareth und das Tote Meer als Wasserbecken übrig. Dessen Salzkonzentration stieg kontinuierlich an. Zur Zeitenwende lag sie bei etwa 8 Prozent, gute 1000 Jahre später trafen die Kreuzfahrer schon auf 15 Prozent, ab 1967 nahm sie wegen der immer geringeren Süßwassereinspeisung des Jordans von 30 auf die heutigen 33 Prozent zu (im Mittelmeer 3,5 Prozent).

Diese Konzentration ist eine für alle Lebewesen todbringende Brühe – nomen est omen. Dennoch konnte ein Ökosystem aus Mikroorganismen und Algen bis Mitte der 1970er Jahre existieren, dann hatte der Salzgehalt dermaßen zugenommen, dass auch diese hartgesottenen Organismen aufgaben, das ökologische Gleichgewicht des Sees kippte um; seither trifft der Name auch unter dem Mikroskop zu - es ist alles tot. (Bei Wikipedia ist zu lesen, dass immer noch Salpeter, Schwefel und Zellulose abbauende Bakterien lebensfähig sind sowie bestimmte Pflanzen mit großer Salztoleranz.)

Für den Menschen hat der Salz- genauer Mineralgehalt den Vorteil, dass der Körper nicht untergehen kann. Doch laugt das Wasser die Haut aus, daher muss man sich unbedingt nach einem Salzbad mit Süßwasser abduschen. Neben Salz sind Mineralien wie Magnesium, Kalzium, Brom, Kalium und Schwefel im Wasser gelöst, von denen jedes heilende Kräfte für den Menschen aufweist. Bekannt ist die Heilwirkung für z.B. Rheumakranke oder bei bestimmten Hautkrankheiten wie Schuppenflechte. Die Luft ist außerdem stark mit Bromin angereichert, das zur Entspannung des Nervensystems verhilft. Auch der schwarze Uferschlamm tut der Gesundheit gut, indem man sich, durchaus vergnüglich, damit einreibt und ihn nach dem Antrocknen abduscht.

Die tiefe Lage und der damit verbundene 10 Prozent höhere Sauerstoffanteil sowie die Verdunstung des Wassers wirken als starke UV-Filter – man bekommt nicht so leicht einen Sonnenbrand, sollte sich aber dennoch gegen die immer noch vorhandene Strahlung schützen. In einer solchen Atmosphäre umgibt sich die Sonne beim Untergehen mit einer ungeahnten Farbenpracht. Daher planen Sie das Sonnenuntergangserlebnis in Ihren Besuch mit ein.

Im Altertum gab das Tote Meer den Menschen viele Rätsel auf, zumal auch noch aus unterirdischen "Lecks" Erdöl als Teer nach oben stieg. Dieses relativ seltene Material, damals Erdpech genannt, sammelten die Anrainer. Unter anderen waren die Nabatäer dafür bekannt, die es mit viel Gewinn zum Abdichten von Booten, zur Einbalsamierung von Mumien nach Ägypten und als Heilmittel verkauften. Die Römer nannten das Tote Meer sogar *lacus asphaltitis, Asphaltsee*.

Dass der hohe Salzgehalt auch mit allerlei Übersinnlichem verbunden war, geht aus der Bibel hervor: Das Weib von Lot erstarrte hier zur Salzsäule. Daher nennen die Araber die Salzbrühe *Bahr Lut, See des Lot*.

Jedes Mal ein Schauspiel: Sonnenuntergang am Toten Meer

7 Wege nach Süden

nur das *Three Star Restaurant* in Betrieb. An einer Wand hängt ein Schild *Museum*, doch die Türen sind verschlossen, auf Nachfrage heißt es, 2009 sei mit der Eröffnung zu rechnen.

Vom Visitor-Center fährt man per Shuttle Bus – ab 8.30 Uhr alle halbe Stunde bis 17 Uhr - zunächst zur modernen Taufstelle [P3], in die angeblich Jordanwasser gepumpt wird. Dann beginnt an der Baustelle eines griechisch-orthodoxen Klosters ein etwa 20-minütiger Fußmarsch, der auf einem gut ausgebauten Weg durch nur noch teilweise schattiges und eher spärliches Dickicht führt. Es gibt unterwegs Bänke und einige Wasserstellen mit Trinkwasser. Der erste Stopp ist ein Platz, an dem, der Überlieferung nach, Jesus von Johannes dem Täufer getauft wurde. In byzantinischer Zeit entstand hier ein Kloster mit einer **Johannes-Kirche** [16], die an der vermuteten Taufstelle stand. Am Ende des Fußwegs erreicht man das Jordanufer mit dem **Taufplatz** [17], an dem eine griechisch-orthodoxe Kirche errichtet wurde (Foto siehe Seite 25). Genau gegenüber stößt der Blick auf das eher monströse Taufzentrum der Israelis.

Holztreppen führen hinunter zum Jordanufer. Hier stellt der Besucher fest, dass der weltbekannte Fluss in Wahrheit ein träges Flüsschen ist – von ehemals etwa 30 m Breite, wegen der starken Wasserentnahme, auf heute etwa 5 m geschrumpft. Taufwillige müssen dann in die grau-trübe Brühe klettern, die in Wahrheit eher als Abwasser bezeichnet werden kann (siehe auch Seite 186). Im Gegensatz zu den israelischen Taufprofis bietet Bethania, wie Sie am dichten Pflanzenbewuchs gemerkt haben, ein kleines Naturparadies, das sich infolge seiner Grenznähe ziemlich ungestört erhalten konnte. Leider hat fehlender Regen in den letzten Jahren die Vegetation deutlich, wenn nicht dramatisch, schrumpfen lassen.

Auf dem Rückweg hält der Shuttlebus kurz am **Elias Hügel** [1], der Führer gibt ein paar kurze Erklärungen und schiebt das Besuchsverbot auf die Archäologen, die angeblich noch ausgraben.

Auf der Ebene vor dem Elias-Hügel wurde ein Bogen der Hauptkirche wieder aufgerichtet, unter dem Papst Johannes II bei seinem Besuch, Anfang 2000, betete; Reste des Kirchenbodenmosaiks sind noch zu sehen. Nur ein paar Schritte von hier, auf den Elias-Hügel hin, sind die Reste der ersten Kirche aus dem 3. Jh zu erkennen, auch diese besaß einen Mosaikboden.

Daneben liegt eine Trinkwasser-Zisterne, die über – rekonstruierte – Kanäle gespeist wurde. Benachbart ist ein 13 m tiefer Brunnen, den eine natürliche Quelle versorgte (insgesamt gibt es 14 Quellen im Wadi). Geht man nun weiter, dem eingezäunten Pfad nach, so sieht man an der Westseite des Hügels die spärlichen Reste von drei Höhlen, die wohl zum Wohnen dienten. Quasi an der Nordwestecke liegen die welligen Bodenmosaike einer kleineren Kirche.

Nach Norden, d.h. direkt zum Wadi hin, wurde die Hauptkirche des Tell an der Hügelflanke entdeckt. Sie stammt vom Ende der römischen Zeit. Ein noch vorhandenes Mosaik sagt in Griechisch, dass die Kirche vom Mönch Theodrius gebaut wurde. Auf der Hügelkuppe gibt es zwei weitere Brunnen, die von Quellen bzw. Wasseradern gespeist wurden; sie dienten wohl Taufzwecken. Ein weiteres Becken, in dem angeblich Johannes taufte, liegt auf der Südseite des Hügels. Lange vor Johannes wurde der Prophet Elias "in den Himmel entrückt", vermutlich von diesem Hügel.

Die im Bethania-Prospekt angegebenen weiteren Ziele sind (vorläufig?) nicht zugänglich.

Zurück zur Hauptstraße und weiter nach Süden

4 km: **Abzweig**

Links zum Dorf **Suweimah,** zu dessen Verwaltung der kommende touristische Abschnitt gehört. Leser lobten ein Restaurant namens CASABLANCA, das zu JD 5 gute arabische Menüs serviert; wir fanden es jedoch nicht.

Das Tote Meer

Ungeahnte Gefahr im hochkonzentrierten Salzwasser

Eine Leserin musste mitansehen, wie Kinder einer Saudi-Familie am Strand des Amman Tourism Beach den Halt verloren, ins Tote Meer stürzten und offenbar Wasser einatmeten. Ein 12-jähriges Kind erstickte trotz Hilfe sofort, zwei andere kollabierten. Erst zu Hause erfuhr sie die Ursache für den dramatischen Ausgang: Durch die starke Salzkonzentration platzen die Wände der Lungenbläschen, der Erstickungstod tritt sofort ein. Selbst kleine Mengen Salzwasser in der Lunge können lebensgefährlich sein.

Schwimmen Sie nur auf dem Rücken, damit kein Wasser in die Nase oder die Augen gerät. Passiert es dennoch, muss man Augen und Nase so schnell wie möglich mit klarem Wasser ausspülen.

Man sollte auch nicht mit Hautverletzungen ins Tote Meer gehen – sie brennen wie Hölle. Und nicht vergessen: nach jedem Bad mit Süßwasser abduschen.

Wenn Sie es irgendwie ermöglichen können, sollten Sie sich den Sonnenuntergang am Toten Meer nicht entgehen lassen. Der Sonnenball entfaltet bis zum letzten Augenblick eine extreme Lichtfülle. Das leuchtendgoldene, aber blendendhelle Licht zieht eine gleißende Bahn über die Wasseroberfläche; es ist an einigermaßen klaren Nachmittagen kaum möglich, länger als ein paar Augenaufschläge in die Glut der untergehenden Sonne zu schauen. Auch der Sonnenaufgang ist des Betrachtens wert: Die ersten Lichtstrahlen zeichnen die Spitzen der judäischen Gebirgskette in hellrosa Konturen nach, während die Basis noch in einem graublauen Dunstschleier liegt. Langsam gewinnen die Berge immer deutlichere, aber auch immer härtere Konturen. Es dauert weit über eine Stunde, bis dieser erste Eindruck weicht.

Von hier fahren keine öffentlichen Busse nach Süden; Taxikosten nach Kerak JD 50-60.

1 km: **Abzweig**
Links direkte Straße zum Mount Nebo und nach Madaba

3 km rechts: **King Hussein Bin Talal Convention Centre**
Das exklusive Kongresszentrum mit bis zu 2000 qm großen Konferenzräumen bietet Platz für mehr als 2000 Teilnehmer. Hier fanden in jüngster Zeit Kongresse u.a. des *World Economic Forum* und des *International Monetary Fund* statt.

Kurz zuvor beginnt mit dem brandneuen **Al Wadi Resort** (eine private Anlage) die „Hotelmeile" am Toten Meer, die sich derzeit über etwa 2 km hinzieht. Wer sich in den Hotels hier einmietet und kein Fahrzeug hat, muss an die „Splendid Isolation" am tiefsten Punkt der Erde denken. Ein Taxi nach Amman kostet JD 30-35, und häufig genug muss man warten, bis eins kommt. Ausflüge in die Umgebung werden manchmal angeboten, sie entsprechen preislich dem Niveau der Unterkunft.

Übernachten am Toten Meer

• **JORDAN VALLEY MARRIOTT**, 5*, Tel 05 3560 400, Fax 05 3580 444, jordanvalley@marriotthotels.com, www.marriotthotels.com, das derzeit nördlichste der 5*-Hotels, bietet allen

Gesunder Uferschlamm

7 Wege nach Süden

Luxus und eine große Badeabteilung (Spa), die Nutzung von Strand und Pool-Landschaft kostet pro Person und Tag 25 JD, für 75 JD kann man auch ein Tageszimmer mieten, dann haben 3 Personen freien Eintritt,
mF .... D+B 120-135

- **MÖVENPICK RESORT & SPA,** 5*, Tel 05 356 1111, resort.deadsea@moevenpick.com, www.moevenpick-deadsea.com; architektonisch sehr stilvoll als Bungalow-Dorf konzipiert, gilt als bestes Hotel Jordaniens, internationaler Tourismuspreis *Golden Helm* als „Hotel des Jahres 2004", Gesundheitszentrum (Spa), ein Tagesaufenthalt kostet 10 JD, für 15 JD gibt es noch ein Lunch dazu, mF .... D+B 170
- **KEMPINSKI HOTEL ISHTAR,** 5*, Tel 05 356 8888, Fax 05 356 8800, sales.ishtar@kcmpinski.com, www.kempinski-deadsea.com, übertrifft die Nachbarn (auch im Preis) .... D+B 225
- **DEAD SEA SPA,** 4*, Tel 05 356 1002, Fax 05 356 1012, dssh@nets.com.jo, www.jordandeadsea.com; eigener Strand, vielfältige Kuranwendungen, Süßwasserpool und Rutsche, wegen der vielen deutschen Patienten sprechen Rezeptionist und Personal deutsch,
mF .... E+B 180, D+B 200

Nach 4 km: **Abzweig**
Links führt eine neue Straße hinauf zum sehenswerten, 8 km entfernten **Panoramic Complex**, nach Ma'in und Madaba (siehe auch Seite 227).
Nach 2 km

Amman Tourism Beach

Für JD 10 Eintritt findet man hier einen guten Strand, saubere Duschen mit Umkleideräumen, einen großen Süßwasserpool, mehrere Spielplätze, Sportplätze, ein paar Kioske und ein Restaurant. Allerdings sollte man das jordanische Wochenende meiden, weil es dann sehr eng werden kann. *„Baden mit Badeanzug (einige auch in Bikini) für Frauen war hier kein Problem",* schreibt eine Leserin.
Der **Dead Sea Ultra Marathon** ist noch zu erwähnen, der seit 1993 jeweils im April veranstaltet wird. Der Startpunkt für die 50 km fällt in Amman (der Start für die klassische Länge ist versetzt), in 900 m Höhe, und führt dann 1300 m tiefer, zum Ziel am Toten Meer.
Die gut ausgebaute Straße verläuft direkt am Seeufer entlang. Diverse Wadis scheinen so viel Wasser oder Feuchtigkeit zu führen, dass ihre Schluchten dicht bewachsen sind. Die fast giftgrünen Flecken zwischen den nackten Felsen überraschen den Besucher immer wieder. Man ist versucht anzuhalten, um dem Wunder von Leben in der so lebensfeindlichen Umgebung nachzugehen.

Nach 6 km: **Abzweig**
Links zum Panoramic Complex (siehe Seite 227), nach Ma'in und Madaba
Nach 5 km

Ain Zarqa

Die nur unweit von der Straße entfernten heißen Pools von Ain Zarqa (leicht zu verfehlen, auf der rechten Straßenseite Polizeistation) – die vom Bach *Zarqa* von Hammamat Ma'in gespeist werden – bestehen aus kleinen Kaskaden und Wasserläufen, die zwar nicht so ergiebig sind wie die in Ma'in, tiefer in den Bergen, aber sie speisen einen grünen Landstrich, der auch landwirtschaftlich genutzt wird. Wie aus dem umherliegenden Müll zu schließen ist, schätzen zahlreiche Jordanier diese Gelegenheit, um im Toten Meer zu baden, sich in den warmen Quellen vom Salzwasser zu befreien und anschließend Picknick zu machen. Frauen sollten hier nicht allein und möglichst vollständig bekleidet baden, wie die Einheimischen, weil sie sonst sehr bald von Männern umlagert sind. Auch hier soll ein Hotel gebaut werden.
Etwa 200 m südlich folgen Quellen, die als **Kallirhoe** vermutet werden, in denen Herodes der Große bereits Heilung seiner diversen Krankheiten suchte und eine Villa bauen ließ, deren Grundmauern gefunden wurden (östlich der Straße). Auch die Römer nutzten die Heilwirkung der insgesamt etwa 60 Quellen un-

***Mujib Nature Reserve

terschiedlicher Temperatur, die am Hügelrand entspringen.
Die Straße zieht sich weiterhin dicht am Strand entlang, links steigen die Berge des Grabenbruchs steil in den Himmel. Je nach Sonnenstand reflektieren die meist pastellroten bis rostbraunen Felshänge warmes Licht; in der Mittagshitze verlieren sie dann ihr sympathisches Leuchten und wirken eher abweisend.
16 km bis zur

***Mujib Nature Reserve

Hier mündet der Fluss, der den "Grand Canyon" Jordaniens durchfließt, ins Tote Meer. Ganz zum Schluss seines Laufes durchbricht er noch einmal eine enge, rotbraune Felsbarriere. Heute sperrt ein Damm kurz vor der Brücke den Auslauf; das Wasser wird zur Versorgung der Hotels am Toten Meer nahezu komplett „abgeschöpft".

Der Wadilauf gehört bis zu seinem Austritt aus den Felsen zur Mujib Nature Reserve der Royal Society for the Conservation of Nature (RSCN), ist abgezäunt und kann nur in Zusammenhang mit einem Treck besucht werden. Diese Trecks sind unterschiedlich schwierig, bis auf den Siq Trail dürfen sie nur in Begleitung eines Rangers begangen werden.

▶ Links der Straße steht ein **Visitor-Center,** Tel 07 774 22125, 06 461 6523, Fax 06 231 3059, tourism@rscn.org.jo, in dem man

Das Wadi Mujib verlässt seine Schlucht - nicht ohne noch eine letzte Sperrmauer zu passieren

7 Wege nach Süden

Wanderungen ins Wadi und Übernachtung in den Chalets buchen kann. Eintritt in die Reserve JD 1

Trekking durch die einzigartige Felskulisse ist sehr lohnenswert.

Wem nasse Hosen bei häufigen Flussdurchquerungen oder Klettern über Felsabbrüche oder Schwimmen durch felsumrahmte Wasserbecken nichts ausmachen, kann hier noch Abenteuertrips mit allerdings kalkulierbarem Risiko unternehmen. Daher sollte man sich entsprechend ausrüsten, leichte Baumwollkleidung - die schnell wieder trocknet, anstelle von Jeans -, die aber gegen Schrammen an Felsen schützt. Ältere Turnschuhe, die nass werden können, sind besser als festes Schuhwerk. Für Kameras oder ähnlich empfindliches Gerät sollte man wasserdichten Schutz mitnehmen, um sie eventuell schwimmend vom einen ans andere Ufer bringen zu können.

Bei unsicheren Wetterlagen, z.B. nach Regenfällen im Oberlauf, von denen man hier unten unter Umständen überhaupt nichts ahnt, können sich reißende Sturzfluten durch den Canyon ergießen. Dann wird der Zugang zum Fluss gesperrt.

Trekks im Wadi Mujib

Keine Rangerbegleitung

▶ Siq Trail - 2,5 Stunden, JD 12 pP, je nach Wasserstand meist im bis zu 50 cm hohen Wasser, nach ca. 1,5 km Weiterweg durch Felsblock (Wasserfall) versperrt, Ein Leser schreibt: *„Diese Tour sollte man machen, ein Erlebnis! Allerdings Unnötiges im Wagen lassen, uns stand das Wasser im letzten Abschnitt tatsächlich bis zur Brust".*

Nur mit Rangerbegleitung

▶ Ibex Trail – ca. 3,5 Stunden, JD 20 pP, ein schöner, nicht allzu schwieriger Wanderweg zu einer Ranger-Station, in deren Nähe eventuell Ibexe zu sehen sind

▶ Malagi Trail – 6-8 Stunden, nur 1.4.-31.10. offen, JD 55 pP, schwierig, unterwegs kann/muss man schwimmen und sich an einem Seil 20 m neben einem Wasserfall ablassen

▶ Mujib Canyon Trail – 4 Stunden, nur 1.4.-31.10. offen, JD 35 pP, ähnlich dem Malagi Trail, nicht so weit und nicht ganz so schwierig, auch am Seil neben dem 20 m hohen Wasserfall ablassen

▶ Mujib Trail – 7 Stunden, nur November-März offen, JD 40 pP, ca. 15 km, schwierig aber spektakulär, Beginn in Fagua (östliche Reserve-Grenze)

Übernachtung

• Rechts der Brücke, an der Mündung des Mujib ins Tote Meer, wurden 15 einfache **Chalets** errichtet. Die Übernachtung kostet JD 65 pro Chalet (2 Betten), Frühstück JD 4,50, Lunchbox JD 5,50, Dinner JD 11.

18 km bis zur

Halbinsel Lisan; Checkpost

Mit der am Ostrand fruchtbaren Halbinsel Lisan ändert sich der Landschaftscharakter schlagartig: Die Berge treten in den Hintergrund, das flache Land fällt zum Strand hin ab, Bananenfelder werden von fleißigen Bauern bestellt.

Auf der weiteren Strecke tauchen immer mal wieder Checkposts auf, denen man den Pass zeigen muss; also am besten bis Aqaba griffbereit halten.

7 km bis

El Mazraa

Links Abzweig, 26 km nach *Kerak*. Wer nicht nach Aqaba reist, muss sich die Serpentinen hinauf nach Kerak (Streckenbeschreibung siehe Seite 239) mühen und kann dort übernachten oder weiter nach Süden, z.B. nach Petra, oder aber zurück nach Amman fahren. Etwa 1 km von der Kreuzung entfernt, liegt an der Straße nach Kerak die bronzezeitliche Siedlung Bab el Dhra'a.

Die Straße nach Süden verläuft jetzt durch ein industriell erschlossenes Gebiet, das gern als *Potash City* bezeichnet wird, wobei von "City" nicht die Rede sein kann.

Die Pottaschevorkommen – Kaliumsalz – dieser Gegend sind die zweitgrößten der Welt. In Verdunstungsbecken wird Pottasche aus dem Seewasser gewonnen. Kaliumsalz, ein wichtiges Exportprodukt Jordaniens, dient zur Düngemittelherstellung.

13 km bis
Industrieanlage *Jordan Bromine Co.*

***Wadi Nimrim (Numeira)

Nach einer Steigung, an der rechts eine Einfahrt zur Fabrik, vermutlich zur Verwaltung, durch einen auffallenden, arabisch beschrifteten Torbogen markiert ist, folgt gleich eine Brücke. Dem Torbogen gegenüber liegt links (östlich der Straße) ein Geröllfeld, das mit

Wadi Nimrim, in der Bildmitte ein eingeklemmter Felsblock

7 Wege nach Süden

Eingang zur Höhle des Lot

Felsbrocken übersät ist und auf dem (häufig) Beduinenzelte stehen. Von der Brücke aus sieht man den schmalen Schluchteinschnitt des Wadi Nimrim in den senkrecht aufstrebenden Felsen.

Zu dieser Schlucht, dem Wadi Nimrim, führen mehrere Wege. Am einfachsten ist, gleich links nach der Brücke so weit in Richtung Schlucht zu fahren, wie es geht, und dann etwa 10 Minuten zu wandern. Oder man fährt ca. 250 m zurück, also nördlich der Brücke, auf eine schmale abzweigende Asphaltstraße und folgt dieser etwa 100 m auf einer Piste bis zum Beginn der Schlucht. Dort kann man auch campen.

Der Weg in die Schlucht ist durchaus spektakulär, wenn auch leider etwas vermüllt. Der eifrige Bach hat sich einen Weg durch Felsspalten gesucht, die zumindest anfangs auf wenige Meter aneinander rücken. Bald werden Sie einen Felsquader sehen, der sich beim Absturz zwischen den Schluchtwänden verfangen hat und dort wohl bis zum nächsten Erdbeben hängen wird.

Das Wadi verengt sich nach ca. 500 m wieder zu einer sehr engen und wohl 40 m hohen Schlucht, die wirklich sehenswert ist. Hier beginnt der interessanteste Teil. Weiter wadiaufwärts folgen „verspielte" Passagen des engen Wadis, das jetzt durch deutlich flachere Felsen mäandert. Es empfiehlt sich durchaus, 2-3 km weiterzugehen.

Der Trip ist nicht gefährlich. Gefahr kann nur dann drohen, wenn es weiter oben geregnet hat und eine plötzliche Sturzflut droht. Im Winter also nicht hineingehen. Wer gut aufpasst, wird Felszeichnungen entdecken können.

Ein Besuch lohnt sich in jedem Fall.

9 km bis **Abzweig**

Nördliche Zufahrt nach Safi und zur Höhle des Lot, nach 1,5 km links – am Visitor-Center/Museum vorbei - steil den Berg hinauf zu

*Lot's Höhle (Deir Ain Abata)

Hintergrund: 1986 wurde von einer Höhle des Lot mit einem Kloster namens **Deir Ain Abata,** in den Bergen von Safi, berichtet, 1988 begannen Ausgrabungen eines britischen Teams, 1991 wurden Grundmauern einer Basilika mit Mosaikboden aus dem 7. Jh nC und dahinter schließlich auch der Eingang zu einer Höhle entdeckt. Bei den zahlreichen Funden kamen Zeugnisse von der Bronzezeit bis zu den Nabatäern zum Vorschein, unter anderem ein Stein mit der Inschrift ‚St. Lot', der auf eine byzantinische Pilgerstätte deutet. (Jordanien lastige) Archäologen bzw. Historiker sind daher der Meinung, das biblische Sodom und Gomorrha habe hier gelegen; die Israelis reklamieren die Lage in ihrem Gebiet, auf der Westseite.

Vermutlich glaubten die Pilger, dass sich Lot nach der Zerstörung von Sodom und Gomorrha hierher, in die natürliche Höhle, zurückgezogen hatte. Hier machten ihn seine beiden, nach der Zerstörung der sündigen Städte, überlebenden Töchter betrunken, damit er mit jeder von ihnen ein Kind zeuge – diese Söhne wurden die Stammväter der Ammoniter und Moabiter. Im 8. Jh wurde die Stätte aus unbekannten Gründen aufgegeben.

*Wadi Araba

Das etwa 150 km lange und bis zu 30 km breite Wadi Araba zieht sich zwischen den Randgebirgen des Grabenbruchs hin. Es ist Halbwüste, bestanden von Tamarisken und Schirmakazien; die westliche Hälfte gehört zu Israel und heißt dort Arava. Mal führt die Straße durch ödes, brettflaches Land, mal durch Sicheldünengebiet.

Ab der Halbinsel Lisan kehrt anscheinend Eintönigkeit ein. Doch das stimmt in Wirklichkeit nicht. Für Abwechslung sorgen eigentlich ständig die Gebirgsketten an den Seiten des Wadi Araba, die, je nach Sonnenstand und Weitsicht, immer wieder neue Bilder aufbauen. Aber auch direkt an der Straße tauchen häufig kleine Neuigkeiten auf, seien es Landgewinnungsprojekte, wo mit Grundwasser die Wüste in grüne Kulturlandschaften verwandelt wird, oder Beduinenzelte inmitten einsamer Wüste. Eine abwechslungsreiche Strecke also, die außerdem wegen des geringen Verkehrs gutes Vorwärtskommen zulässt. Unterwegs gibt es zwei Tankstellen mit Raststätten und Polizei mit Radargeräten.

Auf dem Parkplatz oben am Berg angekommen, stehen dem Besucher noch 290 (ein Leser zählte nach) schweißtreibende Stufen bevor. Es ist erstaunlich, was hier am steilen Hang einschließlich Kirche und Zisterne gebaut wurde.

Nördlich der Kirche standen Pilgerunterkünfte und ein Kloster, südlich kann man ein Wassersammelsystem mit einer tiefen Zisterne erkennen. Die Kirche wird auch auf der Madaba-Karte erwähnt, ihre genaue Lage konnte aber erst mit dieser Grabung identifiziert werden.

Sehr lohnenswert ist der Blick über den von Bananenfeldern umgebenen Ort Safi, die Halbinsel Lisan und den Süden des Toten Meeres. Diese Gegend wird *südliches Ghor* – südliche Depression – genannt; sie liegt immer noch etwa 300 m unter dem Meeresspiegel.

In dieser Gegend endet das Wadi Araba am Südzipfel des Toten Meeres.

Im Wadi Araba

7 Wege nach Süden

1 km bis

Safi

Der Ort ist Zentrum einer überaus fruchtbaren Region, mit sattgrünen Feldern inmitten kahler Wüstenberge.
Auf der Weiterfahrt begegnet man nun häufig den schweren Pottasche-Trucks, die ihre Fracht im Hafen von Aqaba abladen. – Denken Sie an die Grenznähe, das allgegenwärtige Militär ist bald zur Stelle.

19 km: Abzweig
Links 26 km nach **Tafila**
Hier windet sich eine gut ausgebaute, kurvenreiche Straße durch eine bizarre Felslandschaft hinauf in die Berge, fast jeder Kilometer ist ein Erlebnis!
Bald nach dem obigen Abzweig verlässt man auf einer starken Steigung die Halbinsel Lisan. Beim Blick zurück von der Anhöhe fällt jetzt der Kontrast zwischen den grünen Feldern am Rand der Halbinsel und der vorausliegenden Wüste umso mehr auf.

39 km: Abzweig

***Abstecher zum Wadi Feynan

Laut Straßenschild links nach *Quaraqira, Fadan*. Wahrscheinlich ist mit letzterem **Feynan** gemeint (hier *Finan* genannt). Der sehr lohnende Abstecher führt Richtung Osten, zu uralten Kupferverhüttungsstätten und der Feynan Eco Lodge.

8 km nach Verlassen der Araba-Straße:
Abzweig nach Petra
Rechts führt eine relativ schlechte, schmale und streckenweise sehr steile Asphaltstraße durch eine wilde Gebirgslandschaft nach Petra, dessen Eingang nach 40 km und 1000 Höhenmetern erreicht ist. Die enge Straße, die auf keiner Karte verzeichnet ist, dürfte für größere Wohnmobile nur bergab ohne größere Probleme zu befahren sein, PKWs schaffen beide Richtungen, aber Vorsicht in den engen Kehren und bei tiefen Schlaglöchern.

Nach 7 km: **Quaraqira**
Im Ort Schilder *Feynan Eco Lodge*

Auf dem Weg von Petra zum Wadi Araba/Feynan öffnen sich immer wieder neue Ausblicke

***Wadi Feynan

(auch **Feynan, Finan**)
Nach 6 km links: „Reception Pavillion"
Hier wird man von einem Ranger empfangen, auf dem Parkplatz bleiben Autos ohne 4WD stehen und die Besucher steigen auf einen Pick-up, der sie ca. 8 km weiter zur Feynan Eco Lodge schaukelt, die zur *Dana Nature Reserve* gehört (siehe Seite 245). Die Lodge dient auch als **Informationszentrum** und vermittelt Touren und Führer.

Hintergrund: Das Wadi Feynan und seine Umgebung gehören zu den reichsten, schon sehr früh ausgebeuteten Kupfererzlagerstätten im Nahen Osten. Der Ostafrikanische Grabenbruch hatte hier das Erz angehoben und quasi freigelegt. Die Menschen mussten zunächst nur die herumliegenden, grün schimmernden Brocken sammeln, später folgten sie den grünen Steinen in den Berg hinein, mit Stollen und Gruben. Etwa 200 alte Bergwerke sind bekannt, auf 150 000 bis 200 000 Tonnen werden die Schlackenhalden geschätzt. Spuren vieler Siedlungen und ein ausgeklügeltes Wasserversorgungssystem konnten nachgewiesen werden. Zusätzlich kam eine Gunst der Natur der Kupferindustrie und den Menschen äußerst gelegen: Hier fließt an 365 Tagen im Jahr Wasser aus den Bergen.
Amerikanische Archäologen entdeckten 2002 in der Siedlung Khirbet Hamra Ifdan am Wadi Fidan, ca. 20 km westlich der Eco Lodge, eine Art Kupferverhüttungsfabrik, die durch ein Erdbeben schlagartig verschüttet worden war und, ähnlich Pompeji, den Augenblick der Katastrophe konserviert hatte – vor 4700 Jahren. Viele Schmelztiegel, Gussformen für Kupfer und Werkzeuge blieben so erhalten, als ob sie am Tag zuvor aus der Hand gelegt worden wären.
Durch Radiokarbon-Datierung lässt sich nachweisen, dass im Feynan Distrikt über einen Zeitraum von etwa 10 000 Jahren Kupfererz gewonnen wurde. Doch erst im 4. Jahrtausend vC begann in der Gegend des heutigen Beersheba in Israel die Verhüttung, bis dahin hatte man das grünliche Erz zu Schmuck verarbeitet. Die Technik verbreitete sich bald, und so wurden auch in Feynan Schmelzöfen angelegt und sowohl handliche Kupferbarren als auch Fertigprodukte hergestellt.
Mit Unterbrechungen wurde hier Kupfer bis in moderne Zeiten abgebaut, 1989 stellte das letzte Bergwerk den Betrieb ein. Schriftlich wurde Feynan zum ersten Mal unter dem ägyptischen Pharao Ramses II (1279-1212) erwähnt. Die Römer verbannten frühe Christen in die Minen, von denen viele wegen der furchtbaren Arbeitsbedingungen umkamen, wie zeitgenössische Quellen berichten. Während der byzantinischen Epoche lag die Hauptsiedlung am Wadi Ghuwayr (Gwer gesprochen), siehe weiter unten. Auch heute leben noch Beduinen in der Umgebung, wie man an den Zelten und Wasserleitungen aus dem Wadi Ghuwayr bei der Anfahrt zur Lodge erkennt. - Weitergehende Informationen im Internet, siehe Seite 19.

Drei Einstiegslöcher einer Kupfermine aus der Römerzeit

7 Wege nach Süden

Besichtigung: Die Feynan Eco Lodge wurde erst 2006 am Ausgang des Wadi Dana (siehe auch Seite 246) errichtet, vor herrlicher und herrischer Berglandschaft. Von hier aus kann man bei einem etwa 2-3-Stunden-Marsch (oder einem Pick-up-Trip) zwei alte **Kupferminen** und Verhüttungsreste besichtigen. Der ältere Stollen aus der Bronzezeit wurde mit einem Belüftungsschacht angelegt, der in 12 m Tiefe auf den Arbeitsschacht trifft. Dieser ist angeblich so breit und hoch, dass auch Arbeitstiere dort unten eingesetzt werden konnten. Eine Mine aus der Römerzeit besteht aus drei Einstieglöchern, die sich unten auf der Arbeitsebene treffen.

Am Weg von der „Reception Pavillon" zur Lodge kommt man an Ruinen von **Khirbet Feynan** aus byzantinischer Zeit vorbei, z.T. einem großen Trümmerhaufen aus behauenem Sandstein. Besser zu erkennen sind die Ruinen einer Kirche und die eines angeblichen Klosters. Noch besser ist auf der anderen Seite des Wadis eine römische Weizenmühle erhalten, erkennbar an einem gemauerten, ca. 4 m hohen Turm, durch den Wasser floss, das dann unten ein Mühlrad antrieb. Gespeist wurde die Mühle aus einem fast ungewöhnlich großen Wasserbecken, mit Einstieg und einem Vorfilterbecken vor dem Zulauf.

Man sollte auch flussaufwärts ins **Wadi Ghuwayr** gehen oder fahren, zumindest bis es aus den Bergen austritt. Es führt ständig Wasser, seine Ufer sind hier mit üppigen Oleanderbüschen gesäumt. Doch für Trekking-Menschen bietet sich ein spannender Trip durchs gesamte Tal an: Wenn man im südlichen Dana Reserve Gebiet startet, ist man einen ganzen Tag lang durch das Wadi bis hierher unterwegs, watet hüft- oder brusthoch durchs Wasser, klettert über Felsen, passiert fast schulterenge Schluchten und rastet unter schattigen Palmen (wer www.terhaal.com/jordan/adventure/camp-hike/camp-hike.asp anklickt und sich die Fotos anschaut, möchte sofort aufbrechen - das ist keine bestellte Werbung!).

Übernachten

- **WADI FEYNAN ECO LODGE**, Tel 0799 900260, 0799 111436, Anmeldungen über das Dana Guest House, Tel 03 227 0497, Fax 03 227 0499, dhana@rscn.org.jo das architektonisch angepasste Gebäude, mit 26 gut eingerichteten Doppelzimmern, liegt am Ausgang des Wadi Dana, Restaurant, Café, Dachterrasse und Konferenzraum, Kerzen, keine Elektrizität (außer Notgenerator), mF .... E/D+B 91

Zurück zur Wadi-Araba-Straße

20 km: **Tankstelle mit Raststätte**

4 km: **Bir Madkur**, ein kleiner Ort mit ausgedehnten, überraschend grünen Feldern. Etwa 11 km östlich, am Fuß der Berge, stehen die Reste eines nabatäischen Forts, denn hier begann der Aufstieg nach Petra vom Wadi Araba her.

44 km: **Abzweig**, links nach **Gharandal**

Die hier abzweigende, sehr ausgefahrene Asphaltstraße endet in einem Militärlager am Fuß der Berge. Rechts steht eine Pagode, die von den koreanischen Straßenbauern hinterlassen und inzwischen in eine Polizeistation integriert wurde.

Wenige Kilometer vor diesem Abzweig hat man die Senke des Toten Meers verlassen und wieder Meereshöhe erreicht; in umgekehrter Fahrtrichtung beginnt also der fast unmerkliche Abstieg in die tiefsten Landtiefen der Erde.

22 km: **Tankstelle** mit Raststelle, ausgedehntes landwirtschaftliches Gebiet

30 km: **Zollstation**

8 km: rechts **Flughafen**

4 km : **Abzweig**, rechts Grenzübergang nach Elat/Israel.

2 km: **Kreuzung** mit dem hier auslaufenden Desert Highway, rechts 4 km ins Zentrum

Aqaba

Aqaba ist erreicht, dessen Beschreibung finden Sie ab Seite 319.

Amman – Aqaba
auf dem Desert Highway

Der stark frequentierte **Desert Highway** (Vorsicht, Radarkontrollen) von Amman nach Aqaba (310 km) stellt die schnellste, aber auch eine langweiligere und gefährlichere (starker Lkw-Verkehr) Strecke als die landschaftlich und historisch interessante King's Road dar. Andererseits ist die Königsstraße, die sich durch jedes Wadi winden und um jeden Hügel herumführen muss, langsam und etwas mühseliger zu fahren. Wenn Sie keinen Wert auf vierspurigen Ausbau legen und dennoch schnell nach Aqaba kommen wollen, bietet sich von Amman aus die Reise zum Toten Meer an, dann an dessen Ostküste und durch das Wadi Araba nach Süden; Aqaba liegt auf dieser Route ca. 320 km entfernt (siehe Seite 319).

Der Desert Highway folgt mehr oder weniger zwei historischen Routen: zum einen dem Verlauf des römischen Limes, zum anderen dem mühseligen Weg der Pilgerroute nach Mekka. Wenn Sie unterwegs auf der Autobahn die Langeweile plagt, versuchen Sie, sich einfach die Mühsal und Gefahren vorzustellen, die Ihre einstigen "Vorgänger" auf dieser Strecke zu bewältigen hatten: kein Wasser, weil die Brunnen von Beduinen vergiftet oder zugeschüttet worden waren, Beduinenüberfälle, wenig zu essen, wundgelaufene Füße, Krankheiten etc. etc....

Der Desert Highway ist auch die Rennstrecke der **Busse/Minibusse/Service-Taxis**, die Amman mit Kerak, Petra und Aqaba nahezu nonstop verbinden. Daher ist es schwierig, der King's Road per Bus zu folgen. Man kann immer nur von größerer zu größerer Stadt vorwärtskommen und muss unterwegs jeweils auf den nächsten Anschluss warten.

Verlassen Sie Amman, am Flughafen vorbei, nach Süden (siehe Seite 140). 30 km nach dem Queen Alia Airport werden Sie an einer Abfahrt vorbeikommen, die *Umm er Rasas* bzw. *Dhiban* ausgeschildert ist. Es ist durchaus eine Überlegung wert, die etwa 15 km entfernte historische Stätte von hier aus zu besuchen, wenn man es von der King's Road nicht tat oder nicht vorhatte. Nach weiteren knapp 30 km ist **Qatrana** erreicht. Dort führt die Autobahn direkt (rechter Hand) an der **osmanischen Festung** und Zisterne vorbei, fast am Ortsende zweigt rechts eine Zufahrt ab. Beim Besuch überrascht, wie klein doch die Anlage war, abgesehen vom großen Wasserbecken.

Sehenswertes

*Qasr Bushir, römisches Subkastell, abseits in der Wüste gelegen, Seite 268
Lejjun, römisches Hauptlager am Limes, Seite 269
Ma'an, kleines, untouristisches Städtchen am Rand der Wüste, Seite 269

7 Wege nach Süden

Kurz vor Qatrana bietet sich für den Interessierten ein Abstecher zu einem der besterhaltenen römischen Subkastelle des östlichen Limes:

*Qasr Bushir

Die Strecke ist per Pkw befahrbar, wenn man Weichsandstellen und größeren Stein- oder Felsbrocken ausweicht. In jedem Fall sollte genug Trinkwasser an Bord sein. Falls Sie unterwegs jemanden treffen, den Sie fragen können oder wollen, dann ist Ihr Ziel unter dem Namen *Birka* bei den Beduinen bekannt. Etwa 600 m nördlich vom Resthouse PETRA, also in Richtung Amman, führt eine schmale asphaltierte Straße schnurgerade nach Westen in die Wüste. Man folgt der Straße und sieht bald rechts das Kastell liegen. Etwa 12 km vom Highway entfernt, erscheint rechts der Straße ein Steinhaufen aus römischen Mauersteinen; kurz davor zweigt nach rechts eine Piste in nördlicher Richtung zum Kastell ab, die gut zu fahren ist. Sie können hier auch das Auto stehen lassen und zum etwa 2,5 km entfernten Kastell wandern.

Man erreicht zunächst das im Wadi gelegene große römische Wasserreservoir mit Abmessungen von 64 x 68 m und einem Fassungsvermögen von rund 10 000 Kubikmetern. Diese Zisterne wurde zur Versorgung der Tiere und Felder genutzt. Die Soldaten im Kastell verfügten über eigene Zisternen im Inneren und direkt außerhalb der Mauern. Wenn man sich hier Zeit lässt und erlebt, wie Beduinen ihre Herden tränken, scheint die Zeit seit Jahrtausenden stehen geblieben zu sein.

Von hier aus geht man am besten zu Fuß oder legt per Auto einen weiten Bogen nach Westen ein, um das Wadi zu queren. Das in seiner Wüsteneinsamkeit eindrucksvolle Kastell gehörte in die Kette von "Sub-Befestigungen", die alle 20 bis 30 km entlang des Limes angelegt worden waren und von den Hauptlagern wie *Lejjun* versorgt wurden. Das nahezu quadratische Bauwerk wurde durch vier Ecktürme verstärkt, von denen aus Zugang zu den Räumen bestand.

Man betritt die Anlage durch den Haupteingang im Südwesten und kommt in einen großen Innenhof. Die Räume an den Seitenwänden waren bzw. sind zweistöckig angelegt; vermutlich dienten die oberen Räume als Kaserne, die erdgleichen als Stallungen. Die Ecktürme wiesen drei Stockwerke auf, im Nordturm ist das Treppenhaus noch begehbar. Mutige, die nach oben klettern (das ist keine Empfehlung), sehen von dort weit über die hügelige Wüstensteppe und erkennen auf den Kuppen im Norden und Süden die Steinhaufen, die von den römischen Relais-Wachttürmen übrig geblieben sind.

Obwohl es sich um das besterhaltene Kastell Jordaniens handelt, steht man eigentlich vor einem ziemlichen Trümmerfeld, das scheinbar erst gestern von einem Erdbeben erzeugt wurde; hier hat noch niemand restauriert. Der Ausflug lohnt sich eigentlich nur für Limesfans oder als Ausrede für Offroader, die Auslauf brauchen. Immerhin wird einem in dieser einsamen Gegend die Dimension des römischen Reiches so wirklich bewusst - schließlich verlief der nördliche Limes quer durch Deutschland.

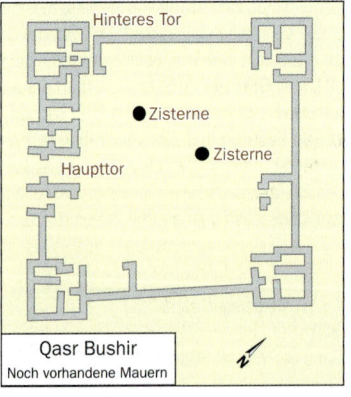

Qasr Bushir
Noch vorhandene Mauern

Die einfachere Übung zum Kennenlernen von römischen Grenzbefestigungen ist der Abstecher 2 km südlich von Qatrana:
Biegen Sie hier rechts auf die Asphaltstraße Richtung Kerak ab.
Nach 18 km: **Abzweig**, rechts 3 km nach

Lejjun (auch Lajun)

Es handelt sich um eines der beiden Hauptlager des römischen Limes, der hier die Ostgrenze des Römischen Reiches befestigte. Das andere, heute stark zerstörte Hauptlager lag bei Odruh, östlich von Wadi Musa.
Kurz vor dem Fort sieht man links, auf einem Hügelrücken, eine osmanische Kaserne, die zum großen Teil aus den Steinen des römischen Lagers gebaut wurde. Dieses aber liegt rechts am Wadi, neben einer neu gebauten, hausartigen Moschee. Konnte man in Bushir noch das Kastell mit etwas Fantasie „nachbauen", so muss man hier zweimal hinschauen, um die Trümmerlandschaft zu erkennen (wir sind bei der ersten Suche tatsächlich dran vorbeigefahren).
Das aus dem 3. Jh nC stammende Lager, in dem einst drei Kohorten mit insgesamt 1500 Mann stationiert waren, wurde durch ein Erdbeben 551 stark zerstört. Bei genauem Hinschauen kann man heute noch Grundmauern ausmachen, besonders die Gründungen der im Rechteck angelegten Außenmauern mit vier Ecktürmen. Die nordwestliche Ecke scheint noch am besten erhalten zu sein.
Im 5. Jh wurde eine Kirche innerhalb der Mauern erbaut. Im Wadi konnten ein Damm und Teiche sowie drei Wassermühlen nachgewiesen werden.

Zurück zum Desert Highway

Nach etwa 97 km kann man an der Ausfahrt Shaubak nach Westen abbiegen, die Festung besuchen und dann nach Petra weiterfahren. Oder, besser noch, ein Stück zuvor auf einer neuen, für das Zementwerk gebauten Schnellstraße nach Dana abzweigen.

Die direktere Verbindung über Adruh nach Petra bietet das 33 km weiter südlich gelegene

Ma'an

Ma'an gehört schon seit Jahrhunderten zu den wichtigsten Verkehrsknotenpunkten im Süden. Fast alle öffentlichen Verkehrsmittel legen einen Stopp hier ein. Denn an diesem Platz steigt um, wer vom oder zum Desert Highway, von oder nach Wadi Musa/Petra, Shaubak, Tafila oder Kerak reisen will. Außerdem zählt es zu den wichtigen Stationen für Mekkapilger aus Syrien und Jordanien.
35 000 Menschen leben in der Kleinstadt in der Wüste, die immer noch die zweitgrößte nach Aqaba im südlichen Jordanien und der Sitz der Regionalverwaltung, z.B. auch für Petra zuständig, und einer Universität ist. An Touristen denkt hier allerdings weit und breit niemand. Die Hotels sind äußerst bescheiden, die Restaurants stimmen ihre Küche auf die Einheimischen ab.
Wer essen oder übernachten will, nimmt auf dem Highway die erste Abfahrt in die Stadt, eine Schnellstraße, die durch die Peripherie führt. Nach etwa 2 km mündet links, in einer Art Straßendreieck mit Büschen und einer Art Torbogen, die King Hussein St ein, die ins Zentrum und, auf der anderen Seite, zur Universität führt. Direkt im Zentrum – in der Nähe des Telefon-Sendemastes – rauchen auf der linken Straßenseite einige Grillschornsteine. Dort kann man, vielleicht ein bisschen zur Verwunderung der Einheimischen, seinen Hunger gut stillen.
In den Seitenstraßen der Stadt weichen die Reste der ehemaligen Lehmziegelhäuser den Betonbauten – wer noch die alte Architektur im Bild festhalten will, findet hier eventuell Motive. Aus der Vergangenheit blieb noch ein osmanisches Pilgerfort erhalten, in dem aber heute die Polizei residiert.
In der Gegend von **Ras en Naqb** windet sich die Autobahn in einigen Kehren und Steilstrecken aus dem Hochland hinunter. Wenn

7 Wege nach Süden

Sie Zeit haben und per Auto unterwegs sind, sollten Sie den auf Seite 269 beschriebenen Umweg über Ras en Naqb einlegen, um die herrliche Aussicht zu genießen.
Die Straße führt dann auf einem Hochplateau weiter. Das Wadi Rum (siehe Seite 307) links liegen lassend, erreicht man – 110 km nach Ma'an – schließlich Aqaba am Roten Meer (siehe Seite 319).

Azraq – Ma'an: ein dritter, seltener Weg in den Süden

Von Azraq zweigt eine Straße nach Süden ab, die sich bald wiederum nach Saudi-Arabien und nach Ma'an im südlichen Jordanien verzweigt. Diese einsame, weit im Osten verlaufende und touristisch weitgehend uninteressante Straße übt wegen ihrer Eintönigkeit dennoch einen gewissen Reiz aus. Die Wüste breitet sich rechts und links der Straße über weite Strecken brettflach aus. Den braunen Sanduntergrund bedeckt eine dünne Schicht schwarzer Steine, die dem Landschaftseindruck etwas Abwechslung verleiht, weil diese Decke immer mal aufreißt oder die braunen Abhänge vereinzelter Zeugenberge farblich umso stärker hervortreten.
Aus dieser Wüste scheint sich alles Leben verflüchtigt zu haben; ganz selten stehen ein paar Büsche in Senken, aber es sind keine typischen Wüstengewächse wie Tamarisken oder Kameldorn zu sehen. An beiden Straßenrändern kümmert etwas Grün dahin, das sich vermutlich vom nächtlich an die Straßenränder abfließenden Tau am Leben erhält. Manchmal spiegelt eine Fata Morgana einen entfernten See vor.
Die meist schnurgerade Straße, deren jeweils nächste Kurve mit dem Fernglas gesucht werden muss, lässt sich auch als Übungsstrecke für Selbstdisziplin betrachten: Ständig ist man versucht, die 90 km/h Grenze zu überschreiten – Polizei ist weit und breit nicht in Sicht, und bei den paar Fahrzeugen, in der Majorität schwer beladene LKWs, lohnt sich die Überwachung wohl auch nicht. Um der Abwechslung willen beginnt man, sich selbst zu vergessen und das Spiel mit der Tachonadel zu treiben. Doch auch die Straßenbauer haben mitgedacht und an beiden Seiten der Betonstraße Schwellen eingebaut, die beim Überfahren so viel Lärm erzeugen, dass auch Tiefstschläfer aufschrecken.
Von der Ampelkreuzung in Azraq zweigen bei km 16 rechts die Straße zur Shaumari Wildlife Reserve, bei km 23 links eine Straße nach Saudi Arabien, bei km 70 rechts eine Straße Richtung Qasr el Tuba ab (links Tankstelle). Bei km 132 lädt ein Rasthaus mit Tankstelle zur Pause ein, bei km 200 liegt rechts der kleine Wüstenort *Jafr*, der durch eine in der Nähe sich ausbreitende Salzebene bekannt wurde, auf der Geschwindigkeitsweltrekord-Versuche angestellt wurden. Bei km 249 kann man erneut nach Südosten, nach Mudawara und zur saudiarabischen Grenzstation abzweigen. Zu sehen gibt es auf dieser Strecke außer Wüste und einem einsam-verlassenen Hejaz-Bahnhof nicht viel; es sei denn, man will von Mudawara aus von Osten ins Wadi Rum vordringen. Dann ist allerdings Allrad vonnöten, begleitet von einem lokalen Führer, der sich gut auskennen muss. 3 km nach dem vorigen Abzweig stößt man auf einen Circle, von dem es rechts ab nach Ma'an geht; geradeaus weiter erreicht man nach 10 km den Desert Highway.

Eine Windhose

Die Nabatäerstadt Petra

Ein paar Bemerkungen voraus

Zum besseren Verständnis der Ortslage muss gesagt werden, dass *Petra* als Ort im Sinne einer Verwaltungseinheit gar nicht existiert, sondern nur als ortsähnliche, große Ruinenstadt (die 900 m über dem Meeresspiegel liegt). Petra ist quasi das antike Anhängsel an den Ort **Wadi Musa**, in dem alle notwendige Infrastruktur besteht, um die Ruinenstätte aus touristischer Sicht betreiben zu können. Fast jeder Besucher Petras betritt die Region praktisch an der Moses-Quelle *(Musa)*, in 1285 m Höhe, die dem Ort den Namen gab.

Der Moses-Bach, der von alters her auch Petra mit Wasser versorgt, entspringt neben dem MUSA SPRING HOTEL (siehe Seite 300). Sein Quellbereich wurde 1987 mit einem Kuppelbau überdeckt; links neben der klaren, gut schmeckenden Quelle liegt der Stein, auf den Moses geschlagen haben soll, um hier Wasser fließen zu lassen. Nicht zuletzt wegen dieser nicht versiegenden Quelle war das Wadi schon lange vor den Nabatäern besiedelt, bereits die Edomiter sind nachweisbar. Die modernen Häuser und Hotels stehen zum Teil auf nabatäischen Grundmauern.

Bereits vom oberen Wadi Musa aus sind die Gebirgsstöcke zu erkennen, die das eigentliche Ziel, die Nabatäer-Königsstadt, verdecken. Die Straße fällt steil ab, hinunter in den Ortskern von Wadi Musa, und endet am Visitor Center von Petra (etwa 1000 m Höhe). Das berühmteste historische Denkmal Jordaniens liegt, geheimnisvoll verborgen, inmitten einer bizarren Felslandschaft. Hier am Visitor Center kaufen Sie mit der Eintrittskarte sozusagen den Schlüssel zum Geheimnis, müssen aber noch eine ganze Weile laufen, bis sich die – unsichtbare – Tür öffnet und Sie, schier geblendet, mit der Khazne Faraun geich die größte Attraktion zu Gesicht bekommen.

Die Nabatäerstadt ist von 6 bis maximal 19.30 Uhr (Winter -17) geöffnet, das Ticket

Blick über die Reste des Nymphaeums auf die Königswand

8 Die Nabatäerstadt Petra

Sehenswertes

- ****Siq**, imposante, sehr enge Schlucht, die nach Petra führt, Seite 280
- ****Khazne Faraun**, das schönste Felsbauwerk Petras mit wohlausgewogenen Proportionen und vergleichsweise zarten Stilelementen, Seite 282
- ****Königswand**, großartige Gräberfassaden hochgestellter Persönlichkeiten, Seite 286
- ****Ed Deir**, hochgelegener, der Khazne Faraun ähnlicher Tempel, über steilen Weg zu erreichen, Seite 291
- ***Byzantinische Kirche**, hervorragende Mosaike, Seite 286
- ***Großer Opferplatz** und östliche Farasa-Schlucht, hochgelegener sakraler Platz mit gutem Ausblick, interessante Relikte in der Schlucht, Seite 289
- ***Qasr el Bint**, nabatäischer Haupttempel Petras, von Ausmaßen her beeindruckendes Gebäude, Seite 285
- ***Großer Tempel**, auch in Ruinen beeindruckender römischer Tempel, direkt am Cardo, Seite 284
- ***Theater**, in eine Felswand integriert, imposant, Seite 283
- **Äußerer Siq**, vielfältige Fassaden der Zinnengräber und Theaternekropole, Seite 283
- **Petra by Night**, im Kerzenschein durch den Siq, Beduinenmusik vor der Khazne Faraun, ein einmaliges Erlebnis, Seite 298
- *El Barid*, Vorort oder Mini-Petra mit einem kleinen Siq, Tempelfassade mit Freskenfragmenten, etwa 9 km entfernt, Seite 295
- *El Habis*, Hügel mit Kreuzritterburg-Ruinen und schöner Aussicht, Seite 290
- *Jebel Haroun*, höchster Berg Petras mit Haroun-Moschee, etwas schwierig zu erreichen, Seite 293

Office von 6-18 Uhr (Winter -17). Eintritt JD 21 für den ersten Tag, JD 26 für zwei und JD 31 für drei Tage, Studentenermäßigung mit internationalem Ausweis JD 11-13, der vierte Tag ist umsonst. Wer versucht, den teuren Eintritt "weiträumig zu umwandern" oder die Eintrittskarte eines Freundes am zweiten Tag ausnutzt und dabei erwischt wird, muss den doppelten Eintritt als Strafe zahlen. Zwängten sich 1994 noch 160 000 Besucher durch die enge Klamm in die Nabatäerstadt, so können, durch bessere Infrastrukturmaßnahmen, heute mehr als 300 000 Touristen Petra besuchen – damit sei allerdings auch die Kapazitätsgrenze erreicht, meint die Tourismusbehörde.

Petra kann bei plötzlichem Regen gefährlich werden, sogar lebensgefährlich, wenn Wassermassen den Siq auffüllen. Sobald die Behörden im Winter mit Wassergefahr rechnen, bleibt der Zugang aus Sicherheitsgründen verschlossen. Bei Regen empfiehlt es sich daher, die Tourist Information anzurufen und nach dem Stand der Dinge zu fragen.

Klimatisch wartet Petra mit einem trockenheißen Sommer mit Durchschnittstemperaturen von 27 Grad und einem milden Winter mit durchschnittlich 6 Grad und etwa 20 cm Regen auf. Früher war die Umgebung wesentlich grüner, aber Schafe und Ziegen überweideten viele der fruchtbaren Flächen, heftige Regenfälle schwemmten sie davon. Hinzu kommt der direkte menschliche Einfluss mit Abholzen etc.

In einer 2005 begonnenen Internetwahl über das Kulturerbe der Menschheit sollten die modernen *Sieben Weltwunder* ermittelt werden. Von insgesamt 100 Mio Stimmen fielen auf Petra ca. 22 Mio. Am 07.07.07 wurden in Zürich die **Neuen Sieben Weltwunder** vor-

Die Nabatäer

Kurzinhalt dieses Kapitels	
Die Nabatäer	273
Was den Besucher erwartet	276
Verkehrsmittel	278
A) Standardbesichtigung	279
B) Großer Opferplatz	288
C) El Habis und Wadi Syagh	290
D) Ed Deir	291
E) Wadi Muthim, Königswand	292
F) El Hupta, Umm el Biyara, Jebel Haroun	293
G) El Wueira, *El Barid und El Beidha	294
Praktische Informationen	296
Straße ins Wadi Araba	295
Petra bei Nacht	298
Essen und Trinken	299
Übernachten	300

gestellt: Neben **Petra**, das schon seit 1985 auf der UNESCO-Weltkulturerbe-Liste steht, kamen das Kolosseum in Rom, Chichen Itza in Mexiko, die Chinesische Mauer, die Christusstatue in Rio de Janeiro, Machu Picchu in Peru und das Taj Mahal in Agra in den Kreis der Weltwunder.

Die Nabatäer – ein erstaunliches Volk

In Ergänzung der Ausführungen zur Geschichte der Nabatäer in Kapitel 3 (siehe Seite 76) wollen wir hier etwas tiefer auf das erstaunliche Volk eingehen, das ohne Petra und ein paar andere Stätten, wie so viele andere Beduinenstämme, historisch nicht in Erscheinung getreten wäre. Dass wir im Laufe der folgenden Betrachtungen einige Angaben wiederholen, soll der Anschaulichkeit dienen; denn in Petra steigt die Neugierde auf die Menschen, die das heutige Weltkulturerbe schufen.

Hintergrund: Die Nabatäer – ein semitischer Nomadenstamm – tauchen 312 vC zum ersten Mal nachweisbar aus dem Dunkel der Geschichte auf und werden 328 nC zum letzten Mal erwähnt. Woher sie kamen, darüber gibt es nur Spekulationen; ihr Einmarsch in die Geschichte erfolgte wie ein Paukenschlag. Der Historiker Diodorus berichtet, dass 312 vC ein griechisches Heer von 4 600 Mann gegen die Nabatäer anrückte. Es wurde aber so fürchterlich geschlagen, dass nur 60 Soldaten zurückkehrten.

Zu jener Zeit lebten die Nabatäer noch eher beduinisch, allerdings auch schon von der Kontrolle der Weihrauchstraße und der Asphaltgewinnung aus dem Toten Meer. Sie hatten Petra als ihre Hauptstadt auserkoren, nicht zuletzt, weil sie zwischen Felsschluchten fast uneinnehmbar geschützt war, durch die nicht versiegende Quelle Ain Musa über ausreichendes Wasser inmitten wüstenhafter Landschaft verfügte und zudem günstig in Bezug auf die Handelswege lag. Um die Zeitenwende wurden die Nabatäer als fest siedelndes, sehr wohlhabendes Volk geschildert, das inzwischen auch Landwirtschaft betrieb. In Petra lebten zu jener Zeit etwa 2000 Menschen. Laut Geschichtsschreiber Strabo wurde derjenige bestraft, der sein Vermögen verminderte; was die wirtschaftliche Ausrichtung der Nabatäer unterstreicht. Mit Aretas I hatte um 169 vC der erste bekannte Nabatäer-König die Macht übernommen; ihm folgten bis 106 nC zehn Herrscher, deren letzter Rabel II war. Er war bereits von Rom abhängig; schließlich ging im Jahr 106 nC das Nabatäerreich endgültig in der Arabischen Provinz Roms auf.

Doch der geschichtliche Weg Nabatäas verlief nicht geradlinig, sondern war wie üblich mit Erfolgen und Niederlagen gespickt. Die Ptolemäer, die Nachfahren Alexanders des Großen, gingen militärisch immer mal wieder gegen die Händler vor und versuchten zusätzlich, ihnen ihre Handelsrouten abzunehmen oder zu untergraben. So ließ Ptolemäus II, der 285-246 vC regierte, einen Kanal vom

8 Die Nabatäerstadt Petra

Nabatäische Könige	
Aretas I	um 169 vC
Aretas II	ca. 120/110 – 96 vC
Obodas I	ca. 96 – 87 vC
Rabel I	ca. 87 vC
Aretas III	87 – 62 vC
Obodas II	62 – 60 vC
Malichus I	60 – 30 vC
Obodas III	30 – 9 vC
Aretas IV	9 vC – 40 nC
Malichus II	40 – 70 nC
Rabel II	70 – 106 nC

Roten Meer zum Nil bauen und südlich vom nabatäischen Hafen Wejh, an der arabischen Rotmeer-Küste, einen eigenen Handelshafen errichten, um den Land- durch Seetransport zu ersetzen.

Im 1. Jh vC gab es Ärger von Seiten der jüdischen Hasmonäer, die den Handelshafen Gaza einnahmen, und außerdem von den Seleukiden, die sich von Norden her anschickten, die Damaskus-Handelsroute unter ihre Kontrolle zu bringen. Die Herausforderungen fielen in die Blütezeit Nabatäas, sowohl die Seleukiden als auch die Hasmonäer wurden geschlagen. Auch unter den Augen Roms, das inzwischen als Großmacht in Palästina auftrat, hielten die Streitereien an, unter anderem auch mit Herodes dem Großen, der sich erfolgreich in Machärus und Madaba festsetzte.

Mit Diplomatie, Verschlagenheit und Tricks versuchten die Händler gegen Rom zu bestehen. Als sie z.B. ein Eroberungsheer von Kaiser Augustus in die Weihrauchländer – die Quelle ihres Einkommens – führen sollten, umging der raffinierte Nabatäer-Führer die Oase Yathrib (heute Medina) und ließ die Truppe sechs Monate durch die Wüste ihrem Ziel entgegenmarschieren. Dort angekommen, waren die Mannschaften so entkräftet, dass sich der Feldzug als Fehlschlag erwies – die Nabatäer aber weiterhin ‚Arabia Felix' handelsmäßig kontrollierten.

Die Römer setzten schließlich auf den Wasserweg. Sie lernten, die Tücken des gefürchteten Roten Meeres durch bessere Navigation zu beherrschen. Den Nabatäern entglitt das Handelsmonopol, ihr letzter König, Rabel III, stellte die Weichen für die Zukunft in Richtung Landwirtschaft – sicher nicht ohne landesweite "Umschulungsmaßnahmen". Die Integration des nabatäischen Reiches in die römische Provinz Arabia scheint daher relativ reibungslos abgelaufen zu sein. Wahrscheinlich sahen die pragmatischen Exhändler, dass es für sie unter der neuen politischen Konstellation kaum eine bessere Lösung gab.

Die Staatsform des Händlervolkes ist recht erstaunlich: Sie errichteten einen "Karawanenstaat", d.h. ihre politischen Interessen bezogen sich auf den Handel und die Sicherung der Handelswege. Um die Zeitenwende erstreckte sich ihr Einflussbereich von Damaskus im Nordosten bis in die Gegend des heutigen Medina im Süden, und im Westen bis ans ägyptisch-ptolemäische Reich auf dem Sinai. Speziell auf der arabischen Halbinsel kontrollierten sie die wichtigen und gewinnbringenden Handelsrouten, auf denen, von Weihrauch und Myrrhe über Gewürze bis hin zu chinesischer Seide, die begehrten Luxusartikel der damaligen Zeit transportiert wurden. Ihr Geschäftskonzept war einfach: Durch eine nahezu wasserdichte Abschottung hielten sie die Erzeuger und deren Kunden strikt voneinander getrennt; die Handelsspanne zwischen beiden bestimmten allein sie.

Allem Anschein nach hatten die Nabatäer eine gute, ja sogar fast glückliche Symbiose gefunden: Da sie nicht oder nur wenig in Konkurrenz zu den landwirtschaftlich orientierten Einwohnern der von ihnen kontrollierten Gebiete traten, entstanden auch kaum Spannungen; von innenpolitischen Auseinandersetzungen mit Waffengewalt ist historisch so gut wie nicht die Rede. Es scheint, dass die fremden "Untertanen" vielleicht sogar recht froh waren, von der schnellen, kampferpro-

Die Nabatäer

Die Gewürzstraße von Petra nach Gaza

Etwa im 4. Jh vC begannen die Nabatäer, sich in den Transport von Gewürzen und Weihrauch aus Somalia, Indien und der arabischen Halbinsel ans Mittelmeer einzuschalten. Bald schon brachten sie den Gewürzhandel ganz in ihre Hände, er bildete die Grundlage für den legendären Reichtum dieses arabischen Nomadenstammes. Nachdem die Waren in der Oase Hegra übernommen worden waren und im sicheren "Hafen" von Petra eintrafen, wurden sie über Avdat im Negev nach Gaza an der Mittelmeerküste geschafft. Im Lauf der Zeit wurde die Route mehr und mehr befestigt, teilweise sogar mit Pflastersteinen belegt und mit Meilensteinen markiert. Diese Aktivitäten fanden vor allem in der Zeit statt, als die Nabatäer mit den Römern in Kontakt beziehungsweise zunehmend unter deren Einfluss gerieten. Der Straßenausbau geht wahrscheinlich auf die Zeit von Augustus zurück, als dies im Römischen Reich zur Praxis wurde. Die Zeit entspricht der Regentschaft des nabatäischen Königs Obodas III (30-9 vC) und seinem Nachfolger Aretas IV (9 vC- 40 nC).

Nach dem Tod von Aretas gingen Einfluss und Reichtum der Nabatäer zurück, abgesehen von einer kurzen Renaissance unter König Rabel II. (70-106 nC). Aber der Verkehr auf der Straße von Petra nach Gaza nahm immer mehr ab. Als 106 das nabatäische Königreich im römischen Kaiserreich aufging, lösten bald andere Handelswege diese klassische Gewürzstraße ab. Bis heute sind im israelischen Negev noch einige Stücke der Pflasterung erhalten.

ten nabatäischen Truppe beschützt zu werden und in Frieden ihrer Landwirtschaft nachgehen zu können. Vermutlich war wohl auch die Abgabenlast recht gering, denn die Händler beuteten die fernen Endverbraucher aus.

Obwohl die Nabatäer der ersten Generationen kaum kulturelle Zeugnisse hinterließen – was für Nomaden typisch ist, denn alle Gerätschaften müssen leicht transportabel sein – entstand im 1. Jh vC eine sehr charakteristische Töpferkunst aus rötlichem, sehr dünnen Material. Auch eigenständiger Schmuck wurde hergestellt. In allen Erzeugnissen ist die Begegnung der nomadischen Kultur mit den hellenistischen und römischen Ausdrucksformen deutlich erkennbar. Als reiches Händlervolk waren die Nabatäer dann auch in der Lage, ihre Bauten durch Griechen und später Römer als "Gastarbeiter" sowohl mitgestal-

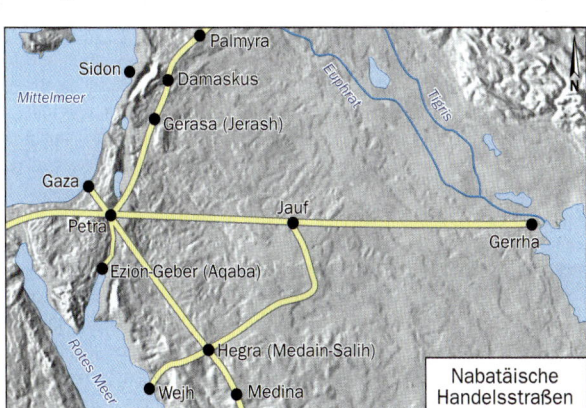

Nabatäische Handelsstraßen

ten als auch erstellen zu lassen; nicht zuletzt führte dieser Import zu einer Vielfalt von Baustilen in Petra.

Nach dem Tod von Rabel II. blühte Petra als römische Provinzstadt noch weiter, doch Palmyra gewann zunehmenden Einfluss. Schon während der islamischen Eroberung im 7. Jh war Petra nur noch dünn besiedelt, bald verschwand es aus dem Geschichtsbewusstsein. Erst der Schweizer Forscher Johann Ludwig Burckhardt, der als Muslim verkleidet auf dem Weg von Aleppo nach Schwarzafrika war, hörte von der geheimnisvollen Stadt und ließ sich unter dem Vorwand, am Grab Arons beten zu wollen, von Beduinen nach Petra führen – 1812 riss er die Stadt aus ihrem langen Dornröschenschlaf.

1973 entdeckte der amerikanische Archäologe Ken Russel eine unter Erdmassen verschüttete byzantinische Kirche (siehe Seite 286), vielmehr deren Mauerreste. Während der Freilegungsarbeiten wurden, zur großen Überraschung der Wissenschaftler, 152 Papyrusrollen gefunden, die in griechischer Schrift das tägliche Leben Petras im 6. Jh nC dokumentieren. Da ist über Erbschaftsangelegenheiten, Eheverträge oder Geschäfte zu lesen, selbst Vorträge sind festgehalten.

Im Orient weithin anerkannt war die **Wasserbaukunst** dieses Wüstenvolkes. Noch heute sind vereinzelt nabatäische Zisternen in Betrieb, die ja nur das letzte Glied in der Wassersammlung darstellen. Im Negev renovierten die Israelis Wassergewinnungssysteme der Nabatäer und konnten nachweisen, dass geringste Wassermengen, bis hin zum Tau, aufgefangen, geschickt und verlustarm weitergeleitet und gesammelt wurden. In Petra kann jeder Besucher die ehemaligen Wasserleitungen an vielen Stellen verfolgen, die nur einen kleinen Ausschnitt der ausgeklügelten Gesamtversorgung darstellen.

Bei einer Untersuchung des Wasserleitungssystems von Petra, Ende der 90er Jahre, zeigte sich, wie geschickt die Betreiber mit dem kostbaren Nass umzugehen wussten. Denn während der Wintermonate können Flutwellen durch die Wadis stürzen, im Sommer trocknen sie aus. Allein in den Siq entwässern vier Wadis, die gewaltige Fluten durch die enge Schlucht schicken und zu großen Schäden sowie Gefahren führen können. Daher sorgten die Wasserbau-Ingenieure der Nabatäer zunächst für eine Verringerung der Wassergeschwindigkeit, dann für Speicherung. Insgesamt konnten 143 Barrieren, in den Wadis und nahezu ebenso viele auf Terrassen, identifiziert werden. 30 Dämme und sieben Zisternen sorgten für die Speicherung; mithilfe eines ausgeklügelten Kanalsystems wurden die Felder bewässert. Zur "Gefahrenabwendung" bei Sturzfluten im Siq wurden einige der Nabatäer-Maßnahmen wieder instand gesetzt; weitere Rekonstruktionen sollen folgen.

Petra kennenlernen

Was den Besucher erwartet

Das Erlebnis Petra (griechisch *Fels*) besteht aus bizarrer Landschaftskulisse und einer Felsarchitektur, bei der, mit unglaublicher Fleißarbeit der nabatäischen Steinmetze, wunderschöne Fassaden geschaffen wurden. Die Innenräume dagegen weisen nur wenige Besonderheiten auf, meist sind sie nahezu leer. Aber auch das Stadtzentrum, hauptsächlich eine römische Schöpfung aus Steinarchitektur, ist sehr sehenswert.

Vor Ihnen liegt eine der Weltsensationen der Antike, jedenfalls die interessanteste und faszinierendste historische Stätte Jordaniens, die mit Recht in die Liste des UNESCO-

2000 Jahre alte Tonröhre im Petra Museum

Petra kennenlernen

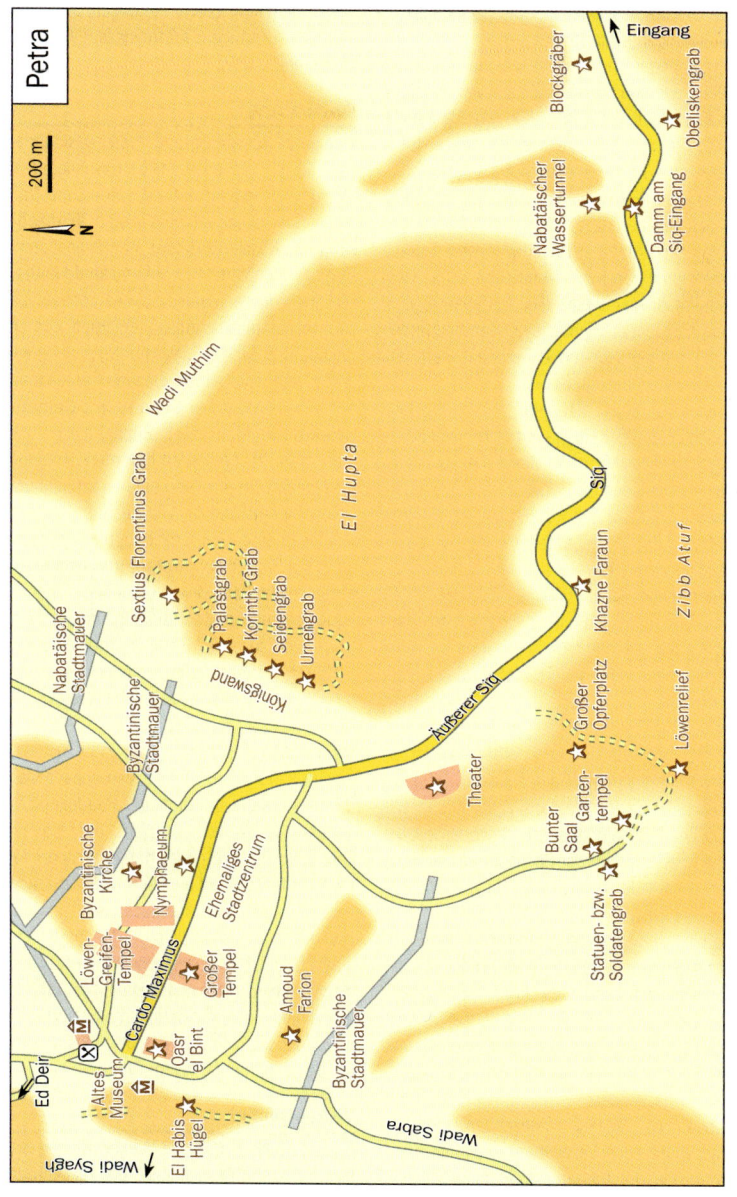

8 Die Nabatäerstadt Petra

Weltkulturerbes und die der modernen 7 Weltwunder aufgenommen wurde. Vor Ihnen liegt aber auch harte Besichtigungsarbeit, vor allem, weil Sie sich zu Fuß ans Werk machen müssen. Wer Petra in Muße oder detailliert kennenlernen will, sollte einige Tage dafür einplanen. Es gäbe etwa 1000 Gräber bzw. historische Stätten oder insgesamt ca. 3000 in den Fels gehauene Räume zu sehen; allerdings vermittelt ein Bruchteil davon bereits einen guten Eindruck. Unterwegs sollte man sich immer mal wieder eine Ruhepause gönnen, auch um die Fantasie spielen und Bilder vom einstigen Leben und Treiben in Petra an sich vorbeiziehen zu lassen.

Wenn die alten Nabatäer geahnt hätten, welch goldenes Kalb sie mit ihrer bienenfleißigen "Felshackerei" für ihre Erben geschaffen haben! Denn das, was die Nachkommen ihren Gästen für den Besuch aus der Tasche ziehen, fällt in die Kategorie der weltweit höchsten Eintrittspreise.

Wenn dieses Geld – immerhin knapp 10-20 Mio Dollar pro Jahr – wenigstens zur Verbesserung der Infrastruktur Petras verwendet würde. Doch etwa 75 Prozent davon verschwinden im großen Topf der Verwaltung und nur 25 Prozent fließen zurück, aber nicht einmal dieser Betrag kann vollständig in die Erhaltung der alten Stadt investiert werden. Zwar hat man den Weg vom Visitor Center bis zum Ende des Siq erneuert, aber von dort bis zum Museum wird der Besucher auf eine Art "Marterstrecke" zur Stärkung der Beinmuskulatur geschickt.

Da wechseln sich munter Geröllsteinstrecken mit staubigen Sandflächen ab, in denen man versinkt und noch mühsamer vorankommt. Bei diesem hohen Eintrittsgeld sollte man erwarten dürfen, dass der Hauptwanderweg wenigstens bis zum Nymphaeum gut begehbar hergerichtet wird. Bei den weiten Entfernungen, die innerhalb Petras zurückzulegen sind, muss einer Verwaltung alles daran gelegen sein, den Gästen auf der, im wörtlichen Sinn, untersten Ebene entgegenzukommen und nicht unnötigem Kräfteverzehr Vorschub zu leisten.

Vorbereitung

Zumindest für Wege außerhalb des touristisch frequentierten Bereichs (im Folgenden ab der Beschreibung unter B, siehe Seite 288) sollte man eventuell eine kleine **Wegzehrung** und **Mineralwasser** mitnehmen, denn es gibt nicht überall Getränke zu kaufen. Aber innerhalb des engeren Gebietes können Sie sich an Getränkeständen versorgen und in Restaurants stärken, die natürlich deutlich teurer sind als draußen. Denken Sie auch an bequeme, rutschfeste **Schuhe mit Gummisohlen**, ein Muss nach Regen, aber auch wegen der häufig steilen Pfade und Treppen bei Normalwetter zu empfehlen. Und Sonnenschutz für Kopf und Haut ist wichtig.

Will man Zeit und Kräfte optimal nutzen, muss der Besuch gut **geplant und vorbereitet** sein. Wer Petra etwas gründlicher kennen lernen will und größere Ausflüge im Sinn hat, sollte sich zuvor im Visitor Center eine der größeren Karten kaufen, um die Geografie im Detail zu studieren und auch Entfernungen besser abschätzen zu können.

Behinderte müssen mit erheblichen Schwierigkeiten in Petra rechnen. Zwar kommt man mit einer (ziemlich holprigen) Pferdekutsche gerade mal bis zum Ausgang des Siq, ist dann aber auf Esel- oder Kameltransport für den Weiterweg angewiesen; auf besonderen Antrag hin kann man auch weiter mit der Kutsche fahren. Wer diesem Transport nicht gewachsen ist, kann versuchen, eine Ausnahmegenehmigung für den Besuch per Auto zu bekommen. Entweder spricht man bereits mit dem Tourismusministerium in Amman oder mit den Beamten im Visitor Center.

Verkehrsmittel

Für ein Stück des langen Weges können Sie die eigenen Füße schonen. Bis zur Khazne

Faraun und wieder zurück kann man einen Kutschwagen engagieren, was JD 20 für maximal drei Personen kostet. Man mietet das Gefährt gleich nach dem Eingang und verabredet dann eine Zeit für die Rückfahrt. Das hat den Nachteil, dass man während der Besichtigung stets auf die Uhr schauen muss, um den Kutscher wiederzutreffen.

Bis zum Damm am Beginn der Schlucht (Siq) können Sie auch reiten; ein paar hundert Pferde stehen dafür bereit. Die Preise sind für Hin- und Rückritt staatlich festgelegt (bei Gruppenreisen häufig im Eintritt enthalten) und werden im Visitor Centor aktuell bekannt gegeben, bei geringerer Nachfrage lassen sich die Anbieter herunterhandeln. Früher, als man noch durch den Siq reiten durfte, mussten die Fußgänger dort stets auf der Hut sein und bei Pferdegetrappel eilig zur Seite springen. Das hat zum Glück aufgehört.

Wer Energie sparen will oder sich verausgabt hat, kann von Khazne Faraun bis Qasr el Bint bzw. zurück auf einem Kamel oder Esel reiten, die Kosten pro Strecke sind verhandelbar. Bis hin zum Nymphaeum fällt der Weg ab, auf dem Rückweg geht es dann von hier aus stetig bergauf.

Zu Fuß benötigen Sie vom Visitor Center aus etwa 40 Minuten bis zum Ende der Schlucht (Khazne Faraun), per Kutsche vielleicht nur 20 Minuten. Allerdings sitzt man in dieser Zeit – worauf Sie sich bei der Rückkehr freuen werden. Auch ein Ritt erleichtert auf dem Weg zurück das letzte Stück; in der Regel stehen Pferde am Damm herum, auch hier kann und sollte man um den Preis handeln.

Eine Wanderung durch den Siq in aller Stille und ohne Mitmenschen gehört zu den beeindruckendsten Erlebnissen Petras; als kleiner, unbedeutender Tourist spaziert man zwischen diesen uralten mächtigen Felswänden hindurch, die beidseitig fast senkrecht emporragen und sich manchmal gefährlich nahe kommen. Man genießt die naturgefärbten Felskulissen und bewundert historische Relikte. Ein solches Erlebnis dürfte in aller Regel nur dem Frühaufsteher beschieden sein. Aber an Sommermittagen kann, mit etwas Glück, Ruhe einkehren, wenn die Gruppen am Mittagstisch sitzen und die Kutschenfahrer träge vor sich hindösen.

Auffallen wird Ihnen immer wieder der rote Fels in fast allen Schattierungen von Rot. Vielleicht stellen Sie sich hin und wieder vor, wie z.B. Khazne Faraun oder andere Bauten in Grauwacke (grauer Sandstein) aussehen würden – nicht auszudenken. Unterstrichen wird diese rote Felslandschaft durch feine Maserungen im Sandstein, die vor allem dort erhalten sind, wo sie von der Sonne nicht ausgebleicht werden; auch das ein Wunderwerk der Natur.

A) Standardbesichtigung

Wir gliederten die Beschreibung Petras in "Module", eine Standardbesichtigung und

Unterwegs im Siq

8 Die Nabatäerstadt Petra

verschiedene Ergänzungen. Schon dieser Basisrundgang kann die Kräfte und auch die Zeit eines Tages kosten, obwohl eilige Fremdenführer sehr viel schneller durch das Gelände hetzen. Unsere Zeitangaben sind eher großzügig kalkuliert. Wenn Sie schneller vorankommen, können Sie diese Relation auch auf die anderen „Module" übertragen und mehr oder weniger in einen Tag packen.

****Der Siq

Der Ausflug ins antike Petra beginnt quasi hinter dem Visitor Center, am **Ba es Siq** *(Tor zum Siq)*. Folgen Sie nach der Ticketkontrolle am Eingangstor dem breiten Weg, der vom meist trockenen Bach Musa und einer "Pferderennbahn" begleitet wird. Dieser Parallelweg für Pferde und Kutschwagen wurde erst Ende der 1990er Jahre angelegt und schützt die unbedarften Fußgänger vor den Pferdetreibern, die früher ziemlich rücksichtslos und wie wild durch die Fußgängergruppen rasten.

Nach wenigen hundert Metern stehen rechts drei **Block- oder Turmgräber**, aus dem Fels gehauene Würfel, in deren Dach vermutlich Tote bestattet wurden. Die Einheimischen nennen sie *Djin Blocks*, weil sie den Erzählungen nach von (bösen) Geistern geschaffen wurden. Gegenüber, auf der linken Wegseite, sind unten das sog. **Barock-Triklinium** und darüber das **Obeliskengrab** in den Fels gehauen. Im Triklinium (ein Raum mit Steinbänken an drei Seiten) wurde das Totenmahl eingenommen (wenn Sie später zum Hohen Opferplatz gehen, schauen Sie das dortige, bessere Triklinium in der Farasa-Schlucht an). Im Obeliskengrab mit seinen 7 m hohen obeliskartigen Türmen fanden fünf Tote Platz. Vor dem Eingang zum Grab – zu dem seitlich links eine Felsentreppe hinaufführt - befinden sich zwei Wasserbecken mit den Konturen einer Kochstelle für das Totenmahl.

Etwa 100 m nach dem Obeliskengrab sieht man, links des Bachbettes, einen schmalen Weg abzweigen, der nach **Medras** führt, eine etwa 15 Kletterminuten entfernte Kultstätte mit Altar, Votivnischen, Wasserbecken und -leitungen auf einem Hochplateau. Die selten besuchte Stätte vermittelt umso mehr die Ruhe der Felslandschaft.

Der Eingang zum Siq ist mit einem Damm gegen Überschwemmung gesichert, den bereits die Nabatäer als Schutz angelegt hatten. Er wurde 1964 erneuert, nachdem 23 Touristen im April 1963, nach einem Wolkenbruch, im urplötzlich anschwellenden Bach Musa innerhalb des Siq mitgerissen wurden und ertranken. Weitere Schutzmaßnahmen wurden Ende der 1990er Jahre gebaut. Der Bach wird hier nach Norden (rechts) in einen **Tunnel** geleitet, der bereits 50 nC von den Nabatäern angelegt worden war. Der Tunnel ist – außer bei bzw. nach Regenfällen - begehbar, es lohnt sich, einen Blick hineinzuwerfen. Man kann auch durch den Tunnel weitergehen und dann dem sogenannten *Kleinen Siq* oder *Wadi Muthim* bis zum *Wadi Metaha* folgen (niemals bei Regengefahr, dann lebensgefährlich!) und dort links zur Königswand

Khazne Faraun

****Der Siq**

Erst kurz vor dem Siq-Ausgang öffnet sich der Blick auf die Khazne Faraun (siehe auch Bild Seite 75)

gehen (genaue Beschreibung unter E), siehe Seite 292).
Die Felsen des (großen) **Siq** rücken nach dem Damm zu einer fast bedrohlich engen Schlucht zusammen, die nicht vom Wasser geschaffen wurde, sondern durch tektonische Verschiebungen entstand und später von gelegentlichen Hochwassern zusätzlich ausgewaschen wurde. Dies lässt sich auch vom Laien nachprüfen: Die Felsschichtungen der

einen Seite setzen sich manchmal gegenüber fast deckungsgleich fort. Der 1216 m lange Siq ist an der engsten Stelle nur 2,19 m breit, an der weitesten 16 m, dabei haben teilweise die Nabatäer nachgeholfen. Seine Felswände ragen nahezu senkrecht bis zu 100 m gen Himmel. Den Eingang überspannte bis ins 19. Jh ein **Bogen**; einer der Ansätze am Fels sowie die beiden Seitennischen sind noch erkennbar.

Der Siq-Boden war ehedem gepflastert; diese Pflasterung ist stellenweise noch erhalten. Im Lauf der Jahrhunderte hatten Regenfälle Sand und Steine in die enge Schlucht gespült. Der Schutt wurde Ende der 1990er Jahre bis auf den Originalboden entfernt. Gleichzeitig befreite man die Wände von alten, dicken Staubschichten. Außerdem stinkt der Siq nicht mehr, seit durchrasende Pferde vor dem Eingang umkehren müssen; die Äpfel der Kutschpferde sammelt ein fleißiger Mann ständig ein.

Auf der linken Seite begleitet uns ein Wasserkanal, der später auf die rechte Seite wechselt und dort in stellenweise noch vorhandenen Tonröhren weitergeleitet wurde. Den heute offenen Kanal hatten die Nabatäer abgedeckt, um die Wasserverdunstung zu verringern. Über 30 Votivnischen sind in die Wände des Siq eingehauen; auf der linken Wand, in der letzten Biegung, wurde während der jüngsten Restaurierungsarbeiten ein Relief entdeckt, das vier Kamele und ihren Treiber zeigt.

Nach etwa 20 Minuten Fußweg durch die schattige Schlucht mit ihren fantastischen Felsformationen öffnet sich, von einer Sekunde auf die andere, der Felsspalt. Geblendet von der Lichtfülle und – nicht minder – von der Schönheit der gegenüberliegenden, beeindruckendsten Fassade Petras werden Sie einen Moment staunend innehalten: Sie stehen vor ******Khazne Faraun** (auch *Firaun*), dem sogenannten Schatzhaus des Pharao, das meisterhaft, sowohl von der handwerklichen Seite als auch von seinen Proportionen her, in den roten Fels gearbeitet wurde. Den Namen erhielt es von Beduinen, die an einen pharaonischen Schatz glaubten und vergeblich versuchten, ihn zu heben.

Ein ziemlich großer Platz vor den Felsen gibt genug Raum und zwischen etwa 9 und 11 Uhr oder 17 und 18 Uhr auch Sonnenlicht, um das 43 m hohe und 25 m breite Schatzhaus in seinen Dimensionen erfassen zu können. Vielleicht finden Sie ein Eckchen auf den – viel zu wenigen – Bänken neben dem Siq-Ausgang, um den Eindruck auf sich wirken zu lassen.

Die Khazne Faraun besteht aus zwei Stockwerken. Die Front des unteren wird durch sechs Säulen mit blumenverzierten Kapitellen bestimmt, die ein ebenfalls verziertes Gesims mit einem niedrigen Giebel tragen. Die Front des oberen Stocks ist dreiteilig gegliedert. Der Blick wird – nicht zuletzt durch den geteilten Giebel auf den Seitenbauten - von dem weitgehend freistehenden mittleren Rundbau (Tholos) angezogen. Auf seinem Pavillondach thront eine riesige, von Gewehrkugeln angeschossene Steinurne, in der die Beduinen den Schatz des Pharao vermuteten. Mit dem Trick des sogenannten *gesprengten Giebels* gewinnt die Urne ihre optische Dimension. Zwischen den Säulen des Tholos steht eine verwitterte Statue, in der man die Göttin Tyche oder – je nach Gesamtinterpretation des Bauwerks – Isis vermutet. Die ebenfalls sehr sorgfältig gearbeiteten Innenräume sind leer.

Mit hoher Wahrscheinlichkeit entstand die Khazne um die Zeitenwende. Nicht zuletzt, weil Stileinflüsse auf ägyptische und hellenistische Elemente weisen. Der gesprengte Giebel z.B. wie auch der Tholos sind durchaus typisch für die Architektur Alexandrias zu jener Zeit. Nachdem in den letzten Jahren Ausgrabungen jordanischer Archäologen vor dem Schatzhaus eine 13 m tiefe Treppe, Gräber und Opferplätze für Weihrauch freilegten, gehen jüngere Interpretationen davon aus, dass die Anlage wohl zunächst als Grab und später als Tempel benutzt wurde.

Wie quasi alle Bauten Petras, beeindruckt die Khazne durch ihr Äußeres; geht man über die paar Stufen hinein, fällt zunächst der Gegensatz zwischen dem Glanz der Fassade und dem schlichten Inneren auf. Im Vestibül ist rechts und links, hinter schön verzierten Portalen, je eine kahle Seitenkammer eingelassen. In die Haupthalle mit ihren zwei seitlichen und einer zentralen Nische kann man nur noch einen Blick werfen, der Zugang ist versperrt. Hier könnten Sarkophage oder, falls es sich doch um einen Tempel handelte, Götterstatuen gestanden haben.

Von Khazne Faraun bis Qasr el Bint

Bei der Khazne beginnt der *****Äußere Siq**, auch als Straße der Fassaden bekannt, mit Zinnen- und Treppenfassaden sowie Gräbern. Rechts sind bald die Reste einer tönernen nabatäischen Wasserleitung zu erkennen. Eines der **Zinnengräber** auf der linken Seite wurde in den 70er Jahren geöffnet, zum Vorschein kamen sechs Bestattungen; ein Wasserkanal läuft quer durch seine Fassade. Nach etwa 300 m weitet sich die Schlucht zu einem breiten Tal, hier führen links Treppenstufen zum *Hohen Opferplatz* hinauf, einem sehr beliebten Ziel (siehe Abschnitt C, Seite 289). Es folgt, weiterhin am Westhang des Äußeren Siq, die sogenannte **Theaternekropole** mit zahlreichen Grabbauten bis zum Felstheater. Sie sind in mehreren „Etagen" angeordnet und gelten als die ältesten Gräber Petras.

Wiederum Erstaunen erweckt das große, in den roten Fels gehauene *****Theater** mit halbkreisförmiger Orchestra. Ursprünglich von Nabatäern erbaut, wurde es offenbar von den Römern umgestaltet, aber bereits 363 nC von einem Erdbeben ziemlich stark zerstört. Ihm mussten ältere Gräber weichen, wie man an Löchern im Fels, oberhalb der letzten Reihe sieht. Insgesamt fanden 7 000 bis 8 500 Zuschauer auf den Sitzreihen Platz.

Vom Theater aus gehen die meisten Gruppen zunächst zu den sogenannten Königsgräbern, die rechts unübersehbar in den Berg gemeißelt wurden. Doch wir wollen uns ein bisschen antizyklisch verhalten und weiterhin dem Wadi Musa folgen, um das eigentliche Stadtzentrum Petras zu besuchen. Es beginnt am Nymphaeum; der Weg dorthin zieht sich in die Länge.

Heute sind nur noch klägliche Mauerreste vom **Nymphaeum** - dem einstigen Prachtbrunnen der Stadt – vorhanden, beschattet (und daran erkennbar) vom einzigen Baum am Straßenrand; zu sehen sind nur noch Mauerreste, die den Grundriss abbilden. Hier beginnt der **Cardo Maximus**, die ehedem als typisch römische Kolonnade ausgeführte Hauptstraße.

Theater, im Hintergrund Grabhöhlen

8 Die Nabatäerstadt Petra

Götter und Idole

Gemäß ihrer arabischen Herkunft beteten die frühen Nabatäer Steine an, die einen Gott abbildeten oder sogar verkörperten. Das gilt auch für Dhushara, den Hauptgott. Dhushara heißt *Herr des Shara*, des Gebirgszuges zwischen Edom und dem Golf von Aqaba, an dem auch Petra liegt. Er wurde in Form eines schwarzen Steins verehrt, der auf einem goldenen Podest stand. Es gab weitere Götter oder Nebengötter, zu denen später auch hellenistische, römische und arabische Gottheiten hinzukamen.

Die einfachste Form eines Kultbildes war eine rechteckige Stele, die in einer Felsnische oder häufig nur einer Vertiefung stand. Sie wird Betyl genannt, ein Begriff, der sich aus dem aramäischen Beth-El, Haus Gottes, ableitet. Die Nischen, die manchmal wie ein verkleinertes Allerheiligstes (Adyton) gestaltet sind, können auch mehrere Betyle enthalten. Eines davon ist stets größer, vermutlich handelte es sich dabei um Dhushara oder einen anderen wichtigen Gott.

Später beließen es die Steinmetze nicht bei bloßen rechteckigen Stelen, sondern gaben ihnen Gesichter. Die von Griechen oder Ägyptern übernommenen Gottheiten, wie Dionysos oder Isis, behielten von Anfang an ihre ursprüngliche Gestalt.

Außer den Betylen finden Sie meist in der Nähe von Grabanlagen oder von stärker frequentierten Wegen Spitzpfeiler-Reliefs an den Felswänden Petras, Nefesh genannt. Vielfach sind sie auch nur als Umriss in den Stein geritzt. Es handelt sich um Erinnerungstafeln an Verstorbene.

Der Weiterweg auf dem Cardo, dessen Pflaster zum Teil noch im Original erhalten ist, führt an Säulenresten und jeder Menge Bauschutt vorbei; kaum mehr als 1 Prozent von Petra wurde bisher archäologisch freigelegt. Der Cardo führt ins **Zentrum**, das in wesentlichen Teilen von den Römern, nach der Eingliederung Petras in die Provinz Arabia, gestaltet wurde. Neuere Theorien besagen, dass zumindest höher gelegene Abschnitte von den Nabatäern errichtet oder begonnen worden waren.

Nach einer Weile, nachdem Sie das nur für den Fachmann erkennbare Marktviertel links liegen ließen, sind rechts am Hang die Reste des sogenannten **Löwen-Greifen-Tempels** noch einigermaßen erkennbar; er stürzte beim Erdbeben 365 nC ein. Amerikanische Archäologen befreiten die quadratische Cella und weitere Teile vom Erdbebenschutt. Sie fanden unter anderem Kapitelle mit Löwen-Greifen-Schmuck, die jetzt im Museumsgarten ausgestellt sind, daher erhielt der Komplex seinen Namen. Sehr wahrscheinlich handelte es sich um einen Tempel der nabatäischen Göttin Atargatis.

Auch das Ruinenfeld auf der linken Cardo-Seite birgt noch viele Geheimnisse, obwohl hier in den letzten Jahren viel gegraben und wieder aufgebaut wurde. Die amerikanische Brown University machte sich um den sogenannten *****Großen Tempel** verdient, u.a. stellte sie erklärende Tafeln auf, so dass man ein besseres Verständnis der wichtigen Bauteile findet. Es handelte sich um eines der ganz großen, dominanten Gebäude im Zent-

Großer Tempel: beim Erdbeben umgestürzte Säule

rum Petras, denn es erreichte eine Höhe von mindestens 18 m und nahm eine Fläche von etwa 7000 qm ein. Vom Stil her wird angenommen, dass der Tempel gegen Ende des 1. Jh vC von den Nabatäern nach römischem Vorbild gebaut wurde.

Links führen ein paar Treppenstufen hinauf, die Reste des ehemaligen Propyläen-Aufgangs, die am großflächigen Unteren Temenos (heiliger Vorplatz) enden. Er war im Osten und Westen von Dreifachkolonnaden eingefasst, die jeweils in einer Exedra endeten. Zwei monumentale Treppen auf der Hangseite schaffen die Verbindung zum Oberen Temenos mit der Cella und dem Allerheiligsten. Während der römischen Zeit war ein Theater oder Odeon hier eingebaut worden, vielleicht auch eine Art „Ratshalle" mit entsprechenden Sitzgelegenheiten. Wie man überall erkennt, hatten die Nabatäer mit großer Sorgfalt und viel Kunstsinn gearbeitet, was z.B. an der Ausschmückung der Kapitelle und Friese zum Ausdruck kommt. Gehen Sie unbedingt hinauf, Sie werden auch ungewöhnliche Fotomotive wie eine umgestürzte Säule finden, deren Trommeln noch fein säuberlich hintereinander liegen.

Wenn wir auf dem Cardo weitergehen, erreichen wir das noch relativ gut erhaltene **Temenos-Tor**, das am Eingang zum Tempelbezirk und dessen Temenos steht. Es wurde lange Zeit als **Trajan-Tor** nach einer Inschrift bezeichnet, aus der hervorgeht, dass es 114 nC zu Ehren des Kaisers errichtet wurde. Das dreiteilige Tor überspannte die gesamte Breite des Cardo Maximus, funktional trennte es den weltlichen von dem nun folgenden heiligen Bezirk ab. Auf der „weltlichen Seite" sind die Torrahmen dekoriert. Auf der anderen Seite des Temenos-Tors beginnt die Via Sacra, die den Cardo Maximus zwar verlängert, aber im geheiligten Terrain eine andere Bedeutung besaß. Auf ihrer Südseite standen einst Steinbänke, auf denen sich die Gläubigen bei den heiligen Handlungen niederlassen konnten.

Links am Ende der Via Sacra ragen die imposanten Ruinen des ***Qasr el Bint Faraun** (*Palast der Pharaonentochter,* Beduinenbezeichnung) auf, des Haupttempels von Petra, der dem Hauptgott Dhushara geweiht war. Er ist das besterhaltene nabatäische Bauwerk und schon allein durch seine Höhe von 23 m – also etwa neun Stockwerken – ein beeindruckendes dazu. Eine breite Freitreppe führte durch einen Vier-Säulen-Portikus zu einer großen Vorhalle, dahinter folgt die Cella. Man betritt sie durch ein riesiges Tor, dessen Bogen noch heute die Seitenmauern verbindet. An die Cella schließt sich das dreiteilige Allerheiligste an. Im mittleren Schrein stand die Götterstatue, anfangs wahrscheinlich ein Stein, später ein Abbild. Von den beiden Seitenkammern, die marmorverkleidet waren, führten Treppen zum Dach hinauf.

Vom Museum zur Königswand

Wir haben jetzt eine Art Kreuzungspunkt erreicht, wo weitere Besichtigungsrouten beginnen.

Qasr el Bint, vom El Habis Hügel gesehen

8 Die Nabatäerstadt Petra

Vielleicht sollten Sie zunächst im nahegelegenen Restaurant oder, preiswerter, in den Beduinenzelten eine Pause einlegen oder sich im neuen **Museum** (im Restaurantgebäude, etwa 8.30-15.30) umsehen, von dem man allerdings keine Sensationen erwarten darf. Es scheint mehr ein geduldetes Anhängsel des Restaurants zu sein. In zwei Räumen stehen Fundstücke (Schmuck, Münzen, Architekturfragmente, Statuen von Aphrodite und Dionysos), die jedoch vorbildlich beschrieben und ausgeleuchtet sind.

Wir gehen dann wieder zurück Richtung Siq und überqueren, kurz hinter dem Nymphaeum, das Bett des Musa, um am Hang hinauf zu den Königsgräbern zu gelangen. Am Hang links fällt eine moderne Metall-Zeltkonstruktion (eher unangenehm) auf. Sie schützt die Grundmauern und die sehr sehenswerten Bodenmosaike der ***Byzantinischen Kirche**. Die dreischiffige Basilika besaß drei Apsiden; auf zwei Reihen zu je acht Säulen ruhte das Dach. Sie wurde vermutlich Mitte des 5. Jh nC auf nabatäischen Fundamenten errichtet, Anfang des 6. Jh umgebaut und erweitert und wohl durch ein Feuer zerstört. Als die islamischen Bilderstürmer wüteten, waren die Mosaike bereits unter hohem Schutt geschützt. 1990 entdeckte sie Dr. Ken Russel, seine Ausgrabungen und Konservierungen dauerten bis 1998. Die reichen und gut erhaltenen Mosaike bestechen, im südlichen Seitenschiff, unter anderem mit Allegorien der Weisheit, der Erde, des Meeres und der vier Jahreszeiten in Menschenform, flankiert von Tieren und Fischen; im nördlichen sind, ebenso ausdrucksstark, Menschen, Vögel, Pfauen, Pferde, Elefanten bzw. Medaillons zu sehen. Vor dem Gebäude war eine große Zisterne angelegt worden, dahinter das Baptisterium. 1993 wurden in einem kleinen Nebenraum der Kirche 152 **Papyrusrollen** entdeckt, die das Feuer überstanden hatten. Sie waren zwar verkohlt, konnten aber im American Center of Oriental Research von einem internationalen Team aufgerollt und gelesen werden. Die bisher lesbaren Dokumente behandeln tägliche Angelegenheiten in den Jahren 528 bis 582, wie Landverkäufe, Erbschaftsverträge, Darlehen etc. Für die Forschung bedeuten sie einen ganz wichtigen Mosaikstein, stellen sie doch die ältesten und einzigen Dokumente dieser Art in Jordanien dar.

Oberhalb der Kirche wurde neuerdings eine kleine, sehr qualitätvolle Bischofskirche mit zum Teil ägyptischen Säulen ausgegraben und teilrestauriert.

Ein Stück hinter der Kirche verliefen die **Stadtmauern** von Petra, denn die nördliche Flanke der Stadt lag offen und musste gesichert werden. Zunächst bauten die Nabatäer einen Schutzwall, der vom heutigen Restaurant aus ziemlich weit nach Norden bis zum sogenannten Conway-Turm verlief, dann fast im Zickzack nach Osten und zwischen Palastgrab und dem Grab des Sextius Florentinus auf die El-Hupta-Felswand traf. In byzantinischer Zeit war die Bevölkerung wohl so weit zurückgegangen, dass man die lange Mauer nur schwer verteidigen konnte. Daher schnitt man mit einem neuen Wall den nördlichen Zickzack einfach ab.

Von der Kirche aus können Sie zunächst zum nördlichen Ende der nicht weit entfernten Felswand des El-Hupta-Massivs gehen. Diese Wand wird ****Königswand** genannt, weil hier imposante Mausoleen nabatäischer Könige und das eines römischen Statthalters in den Fels gemeißelt wurden. Viele Grabgiebel weisen Stufenzinnen auf, die sehr wahrscheinlich auf assyrischen Einfluss in Petra zurückgehen. Wegen dieser Giebel werden die Felsgräber häufig auch *Zinnengräber* genannt.

Beginnen wir mit dem nördlichsten, dem Mausoleum des **Sextius Florentinus**. Er verwaltete als Statthalter von Kaiser Hadrian die Provinz Arabia. Wie eine lateinische Inschrift unter dem Bogentympanon besagt, stiftete sein Sohn Lucius um 130 nC das Grab. Die

Vom Museum zur Königswand

schöne Felsmaserung leuchtet nur im Streiflicht gegen Abend auf.

Nach rechts, in südlicher Richtung, wird Ihnen als nächstes das **Palastgrab** auffallen, das einem römischen Palast ähnlich sieht und daher das letztgebaute Grab sein könnte. Seine eigentliche Bestimmung bleibt noch zu enträtseln. Einigermaßen komplex aufgebaut, bestand es ursprünglich wohl aus vier Stockwerken, von denen das oberste zerstört ist. Viele Details der Fassade lassen sich nur schwerlich mit einer Gesamtkonzeption oder wiederum mit anderen Teilen des Grabes in Verbindung bringen. Am besten, man lässt sich einfach nur von den Dimensionen und der Fleißarbeit der Steinmetze beeindrucken, schließlich gehört das Palastgrab mit zu den größten Felsbauten Petras. Neben dem Palastgrab öffnet sich eine Holztür zu den Treppen nach El Hupta (siehe weiter unten).

Gleich nebenan wurde das zweistöckige **Korinthische Grab** in den Fels gehauen, dem Erdbeben und Erosion schon arg mitgespielt haben. Es erhielt seinen Namen von den angeblich korinthischen Säulenkapitellen, tatsächlich handelt es sich jedoch um nabatäische Hörnerkapitelle. Die Baumeister kopierten für das Untergeschoss das Triklinium unweit des Siq-Eingangs, während man eine auffällige Ähnlichkeit mit der Khazne Faraun im oberen Geschoss erkennt; denn auch hier steht zwischen einem gesprengten Giebel ein Mitteltholos.

Als nächstes folgt das bereits sehr stark verwitterte **Seiden-** oder **Bunte Grab**, das nach der bunten Felsmaserung der Halbsäulenfassade benannt wurde, die zum Teil fein wie Seide aussieht. Diese Maserung zeigt ganz besonders das Spektrum der Farben und schwingenden Linien im Fels von Petra.

Zum Schluss betrachten wir das **Urnengrab**, das südlichste und größte der Königswand. Treppen auf rekonstruierten mehrgeschossigen Substruktionen führen auf einen weiten

Königswand, vom Sextius Florentinus Grab kommend

Vorplatz mit seitlichen Säulengängen. Vielleicht wurde er früher als Triklinium genutzt. Die Fassadenkonstruktion mit Eckpfeilern und Viertelsäulen betont die schlanke Höhe des Grabes. Die drei fensterähnlichen Öffnungen im oberen Drittel, zwischen den Säulen, gehörten ursprünglich zu Gräbern, die mit Porträtbüsten verschlossen waren. Es wird sogar vermutet, dass im mittleren König Malichus II seine letzte Ruhe fand. Ein Bergsteiger, der die Nischen 1962 untersuchte, fand sie ausgeraubt vor. Ganz oben auf dem Giebel des Architravs ragt eine überdimensionale Urne empor.

Die Grabkammer weist mit ihrer Fläche von 17 x 18,5 m eine solch große Ausdehnung auf, dass sie von den byzantinischen Christen zur "Kathedrale" von Petra umfunktioniert wurde. Pragmatisch baute man Grabnischen in der Rückwand zu Apsiden aus. Eine griechische Inschrift besagt, dass die aus der Grabkammer hervorgegangene Kathedrale 446 von einem Bischof Jason geweiht wurde.

Damit hätten wir den Basisrundgang durch Petra geschafft; wenn Sie erschöpft sind und nichts mehr anschauen wollen, brauchen Sie nur zum Bach Musa hinunterzugehen, dort gibt es Cafeterias für eine Verschnaufpause, oder Sie folgen dem Siq zurück zum Ausgang. Wenn Sie noch Lust auf weitere Aktivitäten verspüren, so gibt es noch allerhand zu sehen. Die folgenden Abschnitte können beliebig zusammengestellt oder aber teilweise in den Basisrundgang einbezogen werden.

B) ***Großer Opferplatz und östliche Farasa-Schlucht

Die Nabatäer liebten es, sakrale Stätten möglichst auf hohen Gipfeln anzulegen. Der größte und bekannteste wird in deutscher Literatur meist als *Großer Opferplatz*, in englischer als *Hoher Opferplatz* bezeichnet. Beide Begriffe sind berechtigt, denn es geht um einen großen, 1.035 m hoch liegenden Platz zum Opfern.

Der Auf- und Abstieg ist jeweils in etwa 40-45 Minuten zu bewältigen, hinzukommen Besichtigungszeiten.

Der übliche Weg führt, von der Khazne Faraun kommend, etwa nach 300 m links, direkt nach einem ziemlich großen Verkaufsstand, durch eine Schlucht über Felstreppen zum Gipfel des Zibb Atuf hinauf. Dieser Treppenweg erfordert wegen des stetig steilen Anstiegs mehr Kraft, belastet aber die Knie nicht so stark, als wenn man ihn hinuntergehen würde. Über lange Tageszeiten liegt er weitgehend im Schatten. Folgen Sie den blauen Wegmarkierungen. Hat man ein erstes Plateau erreicht, so sollte man keineswegs geradeaus gehen, sondern scharf rechts, denn dort geht es bald weiter bergauf.

Für den etwas beschwerlichen Weg hinauf kann man einen Esel mieten, von den Treibern als „Taxi mit Aircondition" angepriesen. Die Frage ist, wie sicher man sich bergan auf einem solchen Untersatz fühlt.

Schließlich erreicht man die (ziemlich einfache) Cafeteria mit Sitzgelegenheit für eine Pause. Am frühen Vormittag geht man meist im Schatten hinauf, am späten Nachmittag leuchtet die tiefstehende Sonne die Königswand aus, was von oben besonders beeindruckend ist. Quasi gegenüber der Cafeteria ragen zwei 6 m hohe **Obelisken** auf, deren Spitzen das ursprüngliche Felsniveau anzeigen, denn der übrige Fels um sie herum wurde abgetragen (!). Die Bedeutung dieses Platzes blieb den Archäologen bisher verborgen. Es könnte sich um Symbole der nabatäischen Hauptgötter Dhushara und Al'Uzza handeln.

In nördlicher Richtung weitergehend (rechts vom Treppenpfad aus) sieht man die letzten Treppenstufen, links stehen Mauerreste eines nabatäischen Bauwerks, das auch verschiedentlich als eine kleine Befestigung der Kreuzritter gedeutet wird. Es empfiehlt sich, nur ein Stück hinauf zu gehen und dann rechts auf einem Zwischenplateau (viele Fußstapfen sind im Sand zu sehen) zunächst am Gipfel-

Vom Museum zur Königswand

felsen entlang, um ganz vorn erst einmal die fantastische Aussicht auf Petra zu genießen, die hier besser ist als von ganz oben.

Über eine hier deutlich sichtbare Treppe (von oben sieht man den Einstieg schlecht) geht es schließlich auf den **Großen Opferplatz**. Dass dieser so hoch gelegene Felsen hervorragende Aussicht vor allem auf die Umgebung Petras bietet, soll nur gesagt werden, um Ihnen einen zusätzlichen Anreiz für den Aufstieg zu geben.

Eine große Felsplatte des Gipfels enthält (von Süd nach Nord) eine rechteckige Zisterne mit Zuflussrinnen, einen tieferliegenden Festplatz mit Kulttisch. Westlich davon liegt der eigentliche Opferbezirk mit Hochaltar für Schlachtopfer und einem kreisförmigen Altar für Trank- oder Blutopfer. Die in den Boden eingelassenen Rinnen könnten dem Abfluss von Blut gedient haben. Spekuliert wird, ob hier auch Menschenopfer gebracht oder nur Tiere den Hauptgöttern geopfert wurden. Es ist belegt, dass in der nabatäischen Religion (in seltenen Fällen) Menschen den Göttern dargebracht wurden; so lässt sich vorstellen, dass dies am größten Opferplatz der Hauptstadt ebenfalls geschah.

Für den Rückweg wählen wir den Abstieg durch die sehenswerte östliche **Farasa-Schlucht**. Vom Gipfelplateau geht man zunächst zurück und zwischen Cafeteria und Obelisken hindurch, um nach ca. 150 m rechts in die Schlucht abzubiegen. Der Weg hinunter ist durch Steinmännchen markiert und praktisch nicht zu verfehlen. Das erste nabatäische Kunstwerk erblickt man nach etwa 10-15 Minuten Abstieg; zum Glück ist es ausgeschildert, sonst würde man es, je nach Lichtverhältnissen, leicht übersehen: das Relief eines etwa 3 m hohen **Löwen** links an einer Felswand, direkt über dem Wegesrand, also nicht irgendwo hoch oben. Sein Schwanz ist in die Höhe geschwungen, sein Kopf leider von einem Wasserspeier zerstört, wie die nach oben führende Rinne nahelegt. Die rechts daneben verlaufenden Spuren von heutiger Entwässerung zeigen, dass es auch in Petra heftig regnen kann.

Gartentempel in vergleichsweise grüner Umgebung

8 Die Nabatäerstadt Petra

Hat man alle Treppenstufen hinter sich und den sandigen Fußweg erreicht, erblickt man den **Gartentempel** (oder -grab), ein vergleichsweise zierliches Bauwerk mit zwei freistehenden Säulen, rechts neben dem Tempel befinden sich Reste einer Zisterne. Die folgende Felstreppe bringt uns zum **Statuen- oder Soldatengrab** (linke Wegseite) mit einer 14 m hohen Fassade und dem gegenüberliegenden *Bunten Saal* (auch *Farasa-Triklinium* genannt) auf der rechten Seite, ein Peristylhof verband beide Bauten. Das Statuengrab erhielt seinen Namen von den drei Statuen in Fassadennischen, von denen der (kopflose) mittlere wie ein Soldat aussieht (daher *Soldatengrab*). Den **Bunten Saal** dekorieren 16 Halbsäulen mit Sandsteinadern in Pastelltönen zwischen Rot und Weiß (bestes Licht am Nachmittag). Es ist das einzige innen dekorierte Triklinium in Petra, aber man weiß nicht, warum es ausgeschmückt wurde. Vermutlich fanden hier wohl Kultmahlzeiten für die Toten des Statuengrabes statt.

Einsamer Schattenspender: Amoud Farion Säule

Der Weiterweg bietet mit noch einigen Grabfassaden Abwechslung. Wenn Sie weiterhin dem Felsrand folgen, kommen Sie schließlich ein ganzes Stück westlich vom Theater wieder auf die Hauptstraße.

Eine brauchbare Alternative besteht darin, auf der letzten Anhöhe einem Weg nach links, zum nächsten Hügel, zu folgen, diesen am rechten Rand halb zu umqueren und dann einen schmalen Fußpfad hinunter auf eine einsame Säule zuzuhalten. Diese ist mit **Amoud Farion** (auch *Pharao's Phallus* genannt) ausgeschildert. Hier kann man nun rechts den Weg hinunter zum Qasr el Bint (siehe Seite 285) gehen oder, da man schon auf relativer Höhe ist, den Hügel El Habis entweder umwandern (die leichteste Übung) oder ihn erklimmen, siehe nächstes Kapitel.

C) *El Habis und Wadi Syagh

Westlich vom Qasr el Bint erhebt sich der Felshügel **El Habis**, auf dem die Kreuzritter eine kleine Festung errichtet hatten. Von der Südostseite führt ein Treppenweg hinauf (ca. 15 Minuten). Die völlig uninteressanten Reste der kleinen Kreuzritterburg liegen auf dem etwas höheren Südgipfel. Aber von oben bietet sich wiederum ein grandioser Ausblick aus anderer Perspektive als vom großen Opferplatz, vor allem auch auf das ehemalige Zentrum Petras.

Wenn Sie nicht hinaufsteigen wollen, so sollten Sie den Hügel in jedem Fall an der etwas erhöhten Basis umrunden, dabei kommen Sie auf der Ostseite am **Kolumbarium** vorbei, dessen Wände (hinterer Raum) mit vielen kleinen Nischen versehen sind, die vermutlich als Fels-Taubenschlag dienten. Unweit entfernt kann man am **Unvollendeten Grab** die Bautechnik der Nabatäer erkennen: Eine Felswand war im ersten Schritt geglättet worden, dann hatte man oben mit dem „Innenausbau" begonnen und sich nach unten gearbeitet. Kurz unterhalb der Säulenkapitele wurden hier die Arbeiten eingestellt.

D) ****Ed Deir

Am Ende des Rundgangs erreicht man das in einem Grabbau ("Fenstergrab") untergebrachte alte **Archäologische Museum**. In dem kleinen Raum mit bunten Sandsteinwänden sind sehenswerte ältere Funde aus Petra und seiner unmittelbaren Umgebung ausgestellt, unter anderem ein Stück der originalen Siq-Wasserleitung aus Tonröhren.

Wenn Sie sich mehr der Schönheit der Natur widmen wollen, sollten Sie sich vom neuen Museum aus nach Nordwesten ins **Wadi Syagh** begeben. Dort gibt es zwar auch ein paar Ruinen, viel erholsamer dürfte aber der von Oleanderbüschen gesäumte Spazierweg sein, besonders wenn im Frühjahr die Büsche mit Blüten übersät sind. Wer Zeit und Muße hat, folgt der Schlucht bis zu einer ganzjährigen Quelle, die inmitten von Oleander entspringt. Rechnen Sie mit etwa zwei Stunden für Hin- und Rückweg.

D) ****Ed Deir

Der Aufstieg auf das Felsplateau Ed Deir dauert etwa 50 Minuten, der Abstieg kaum weniger. Dabei sind ca. 200 m Höhenunterschied über mehr als 800 Treppenstufen zu überwinden; das hört sich schlimmer an, als die Praxis zeigt, der Weg ist nicht fürchterlich anstrengend, aber langwierig. Auch hier leuchtet die Nachmittagssonne die Felsen am besten aus. Die Mühe wird nicht nur mit dem der Khazne Faraun ähnlichen Bauwerk auf dem Gipfel sehr belohnt, sondern auch durch den Weg, inmitten einer sehr bizarren, immer wieder die Formen ändernden Felslandschaft, und die häufig spektakuläre Aussicht. Oben gibt es übrigens eine Cafeteria (in einer Felshöhle) mit Getränken und Sitzgelegenheiten zum Ausruhen.

Am Fuß der Treppe warten Eseltreiber auf Gäste, nachmittags fallen die Preise. Es scheint dennoch wenige Besucher zu geben, die sich dem Tier auf den steilen Aufwegen anvertrauen; man sieht per pedes sicher mehr als auf dem wackligen Eselsrücken, auf dem man zusätzlich mit Fliegenverscheuchen beschäftigt ist.

Nehmen Sie das Museum/Restaurant als Startpunkt und gehen Sie nach Norden. Ca. 100 m weiter stoßen Sie links auf die ersten der 800 Stufen, die ursprünglich für den ehemaligen Prozessionspfad ins Wadi geschlagen wurden. Bald sehen Sie, etwas abseits, links das **Löwentriklinium** mit einem durch Erosion entstandenen schlüssellochförmigen Portal. Rechts und links wird es von zwei verwitterten Löwen bewacht. Das Triklinium ist, wie üblich, im Inneren bis auf die Sitzbänke an drei Seiten leer. Die zugehörigen Gräber sind seitlich angeordnet. Weiter aufwärts führt der Weg über eine Brücke, im rechts abzweigenden Wadi können ganz Beflissene das Biklinium mit den drei Urnen besichtigen, wo es außer einer geringfügig verzierten Giebelfassade ein paar nabatäische Inschriften zu betrachten gibt.

Nicht allzu weit entfernt zweigt rechts ein nächstes Wadi ab, in das Treppen hineinführen. Der Abstecher am leider zerstörten Hinweisschild zum **Tropfheiligtum** dauert mindestens 7 bis 10 Minuten (daher besser für den Rückweg aufheben, aber Abzweig gut merken). Er lohnt sich insofern sehr, weil am Ende der Schlucht Wasser aus Felsspalten tropft, das bereits von den Nabatäern in einem Bassin aufgefangen wurde. Aus den Spalten wachsen frischgrüne – welch ungewohnter Anblick! – Farne und Moos. Auch gibt es ein wenig spektakuläres Triklinium.

Sobald die Urne von Ed Deir zu sehen ist, könnte man links in die sogenannte Klausenschlucht abzweigen – aber wer will das schon, wenn das Ziel in greifbare Nähe gerückt ist. Vielleicht werfen Sie auf dem Rückweg einen Blick auf zwei Kultstätten, die offenbar später von christlichen Klausnern genutzt wurden, wie Kreuze an den Wänden vermuten lassen.

Am Ende des Aufstiegs werden Sie mit dem Blick auf die Fassade des **Tempels von Ed**

Deir überrascht (*Deir* bedeutet eigentlich *Kloster*, was hier auf eine spätere Nutzung von Einsiedlern deutet). Lassen Sie sich in der Teebude gegenüber nieder und von dem gewaltigen Bauwerk in der Felswand beeindrucken. Man kann sich gar nicht vorstellen, wie viele Hammerschläge notwendig waren, um ein derart monumentales Bauwerk aus dem Fels herauszuschälen, vermutlich geschah dies um 40 vC bis 70 nC.

Ed Deir besitzt eine ähnliche Ausstrahlungskraft wie die Khazne Faraun am Ausgang des Siq. Bis auf ein Fries vermisst man Dekorationen und Feinheiten im Detail, wie sie die vergleichsweise verspielte Architektur der Khazne zeigt. Andererseits stellt Ed Deir von den Dimensionen mit 48 m Höhe und 47 m Breite das Größte dar, was in Petra geschaffen wurde. Die Urne über dem Hörnerkapitell ist 9 m (drei Stockwerke!) hoch.

Die Nischen im Untergeschoss der Fassade enthielten früher wahrscheinlich Statuen. Der Innenraum ist leer, lediglich in die Rückwand wurde eine Bogennische mit einer Altarplattform und einer Treppe an jeder Ecke eingeschlagen. Ein abgebrochener Betyl bestärkt die These, dass es sich hier um einen Kultraum und kein Grab (wie lange Zeit angenommen) handelt. Noch konnte keine befriedigende Erklärung gefunden werden, welchem Gott der Tempel geweiht war; einige Theorien bringen König Obodas III mit Ed Deir in Verbindung, der nach seinem Tod hoch verehrt wurde.

Eine links neben der Fassade beginnende Treppe führt bis zum Dach hinauf. Seitdem ein Tourist von der Urne herunterstürzte, ist die Treppe gesperrt. Unterwegs konnte man Einzelheiten der Steinmetzarbeiten studieren, oben bietet sich ein herrlicher Ausblick.

Ed Deir steht nicht allein hier oben. Schräg gegenüber der Monumentalfassade (quasi hinter der Cafeteria, diese rechts umgehen) wurde ein **Peristylhof** mit einem Kultsaal geschaffen, dessen Giebelnische einen Blick wert ist. Ersteigt man hier einen der Felshügel, ergeben sich fantastische Ausblicke.

Haroun, Chef der Cafeteria (er trägt gewöhnlich einen schwarzen Schlapphut) kennt jeden Stein und kann einem so manchen schönen Aussichtspunkt oder andere Wege verraten, weil er bis Mitte der 80er Jahre mit seinen Eltern hier oben wohnte. Einige weitere Ziele – wenn man nicht sofort umkehren will – sind: Etwa 100 m nördlich von Ed Deir beginnt die Kamel-Schlucht, in der nach ca. 50 m ein Kultraum in den Fels geschlagen wurde. Rechts neben der Tür sieht man ein Relief, auf dem zwei Männer mit Kamelen abgebildet sind; daher der Name der Schlucht. Geht man an der Schlucht vorbei bis zum nördlichen Ende des Plateaus, so stößt man unterwegs auf Gräber, Zisternen und ein Triklinium. Aber diese sind nicht unser Ziel, sondern die Stille und die herrliche Aussicht, die bis ins Wadi Araba reicht.

Zum Abstieg müssen Sie wieder dieselbe Treppe nehmen.

Noch eine Wanderung: Wenn Sie nicht nach Ed Deir hinaufgehen, sondern im Wadi geradeaus weiter, einen Bergsattel überqueren und sich nordwärts an ein breites Wadi mit einem ebenfalls breiten Trockenflussbett halten, kommen Sie nach El Beidha (siehe unten). Unterwegs werden Sie über lange Strecken niemandem begegnen, daher sollten Sie sich vorher genau informieren und genügend Trinkwasser, aber auch Essen mitnehmen. Es handelt sich schon eher um einen Tagesausflug.

E) Durchs Wadi Muthim zur Königswand

Ein noch ungewöhnlicherer Weg ins Herz von Petra als durch den Siq zweigt direkt am Sperrdamm vor diesem ab: durch den Ableittunnel des Wadi Musa Baches, durch das Wadi Muthim im Bogen um den Hupta Berg und weiter z.B. zur Königswand. Dieser Weg ist allerdings während der Monate Oktober

E) Durchs Wadi Muthim zur Königswand

bis Ende April nicht möglich, weil man jederzeit von einer Sturzflut erwischt werden kann, die von einem Unwetter in den Bergen ausgelöst wurde, obwohl unten in Petra herrlicher Sonnenschein herrscht. Noch im Mai kann an einigen Stellen Wasser stehen, das man durchwaten muss, was nicht schlimm wäre, wenn nicht (angeblich) die Gefahr von Wasserschlangen bestehen würde.

Im Sommer jedoch bietet der Weg ein tolles Landschaftserlebnis und, wegen der Enge der Schlucht, viel Schatten. Allerdings ist er ein bisschen schwierig zu gehen, weil man ständig im Bachbett und damit auf Flusssteinen unterwegs ist; halten Sie sich unterwegs immer links. Nach etwa 25 Minuten Fußweg verengt sich die Schlucht auf Schulterbreite und es gilt, mehrfach etwa knie- bis hüfthohe Steilstellen zu überwinden. Das sollte auch für den Ungeübten kaum ein Problem sein: In den meisten Fällen setzt man sich am besten an den Rand der Steilstelle und sucht mit den Füßen weiter unten Halt oder lässt sich aus dieser Position sanft abgleiten. Man wird mit unglaublichen Auswaschungen im häufig sehr maserhaltigen Sandstein belohnt. Nach etwa 50 Minuten von der Sperrmauer aus öffnet sich die Schlucht, man wendet sich nach links und erreicht nach ca. 15 Minuten das Grab des Sextius Florentinus an der Königswand.

Holztür zu erreichen sind. Am Ziel gibt es einen großen Opferplatz, Altäre, Zisternen und Wohnhöhlen zu sehen. Ein Leser empfiehlt, oben einen sehr lohnenden Abstecher einzulegen und etwa 15-20 Minuten geradeaus talwärts zu gehen, um von dort auf die Khazne und den Siq hinunterzuschauen. Früher gab es einen schwierigen Weiterweg zum Petra-Eingang unter Umgehung des Siq, der jetzt gesperrt ist; man muss also den Treppenweg wieder hinunter.

Etwas Rutschen/Klettern/Springen im Wadi Muthim

F) Entferntere Abstecher: El Hupta, Umm el Biyara, *Jebel Haroun

El Hupta – das Massiv, an dessen Westwand sich die Königsgräber hinziehen – lässt sich über Treppen (in schlechtem Zustand) erklimmen, die neben dem Palastgrab durch eine

Mit 1260 m Höhe ist der **Umm el Biyara** dominierender Berg bei Petra. In die Ostseite sind Grabkammern eingelassen. Der Weg hinauf in die luftige Höhe ist anstrengend, ein Führer wird sehr empfohlen. Man geht durch das Wadi Tughra. Der eigentliche Aufstieg führt über Geröllhalden und durch Schluchten. Oben angekommen, wird man durch einen atemberaubenden Ausblick belohnt, sowohl

8 Die Nabatäerstadt Petra

über Petra als auch ins Wadi Araba. Es gibt Reste einer edomitischen Siedlung, Opferplätze und Zisternen zu sehen.

Auf dem ***Jebel Haroun**, mit 1396 m höchster Berg der Petra-Region, soll Aron, der Bruder Moses, begraben sein. Heute steht auf dem Gipfel eine kleine Moschee, denn für die Beduinen ist dieser Platz bedeutsam, sie sehen dort nicht so gern Touristen. Schon deswegen sollten Sie einen Führer nehmen, manchmal ist auch eine im Visitor Center erhältliche Genehmigung erforderlich (dort zuvor erkundigen). Es handelt sich um einen Tagesausflug, deshalb gehört ausreichend Trinkwasser und Verpflegung dazu. Wenn es nicht um ein echtes Pilgeranliegen geht, am Grab des Aron zu beten, oder um Rekordjagd auf den höchsten Gipfel, dann sollte man lieber näher liegende, zwar niedrigere, aber unkomplizierter zu erreichende Aussichtsplätze ansteuern.

Von Qasr el Bint geht man Richtung Amoud Farion, dort ist *Aron's Tomb* bzw. *Wadi Sabra* ausgeschildert, d.h. man wandert in der Verlängerung geradeaus weiter, etwas abwärts, und dann durch das *Wadi Thugra* (auch *Sughra*). Schließlich steigt der Weg, der sich schon zum Pfad verengte, ziemlich steil an; nach gut 40 Minuten seit Qasr el Bint sieht man das **Schlangen-Monument** links oben in den Felsen, das oberhalb eines kleinen Friedhofs aufragt und auf das ein Schild hinweist. Es handelt sich um einen massiven Felskubus, auf dem sich eine Schlange aufgerollt hat, die nach Südwesten schaut und vermutlich die Toten beschützen soll.

Vom Schlangen-Monument kann man weiter zum Jebel Haroun gehen, aber, noch einmal, am besten in Begleitung eines möglicherweise in dieser Gegend angeheuerten Beduinen-Führers. Von der Wasserscheide des Wadi Thugra muss man versuchen, den Jebel Haroun zu Gesicht zu bekommen und dessen linke Hangseite anzusteuern. Dort windet sich der Weg in Serpentinen auf den Gipfel. Vom Schlangen-Monument aus sollte man gute zwei Stunden Fußmarsch kalkulieren.

Mit diesen Anregungen ist keineswegs die Fülle dessen, was man sich in Petra anschauen kann, erschöpft. Ein Petra-Fanatiker kann sicher noch viele Tage im Ruinenfeld zubringen und sich mit Details beschäftigen; wir wollen zum Schluss noch einen lohnenden Abstecher machen.

Wenn man schließlich vom Petra-Eingang aus ins Wadi Musa Zentrum zurückwandern muss, kann man sich im kleinen *Caravan Stop* des Mövenpick Hotels, direkt an der Straße kurz hinter dem Visitor Center, mit preiswertem heimischen Kuchen und Kaffee stärken.

G) Außerhalb Petras: El Wueira, *El Barid und El Beidha

Auch wenn Sie inzwischen von nabatäischen Ruinen die Nase voll haben sollten, so empfehlen wir Ihnen sehr – zumindest wenn Sie über ein Fahrzeug verfügen – den folgenden Abstecher. Denn bei der An- und Rückfahrt erleben Sie die Landschaft Petras von einer ihrer spektakulären Seiten. Die Straße zu unserem Ziel schlängelt sich zwischen den Felsgiganten hindurch und gibt viele einmalige Blicke frei, vor allem auch auf "Petra von der Rückseite".

El Barid, der ehemalige "Vorort" von Petra, auch als **"Mini-Petra"** bezeichnet, liegt für Fußgänger etwas weit nördlich; man kann

Elefantenfelsen am Weg nach El Barid

G) Außerhalb Petras: El Wueira, *El Barid und El Beidha

zwei Stunden lang durch das Wadi el Meesara Wasta wandern oder mit Pferd und Führer hinkommen, aber einfacher geht's per Auto oder Taxi; es gibt keine Minibusse.
Vom Parkplatz des Visitor Center aus fährt man bis zur ersten Linksabbiegemöglichkeit und folgt an der nächsten beschilderten Kreuzung dem Wegweiser *Beda*. Gut 1 km nach dem ersten Abzweig erkennt man links die Trümmer der **Kreuzfahrerburg El Wueira**, die 1116 auf einer Art Felseninsel mit steil abfallenden Flanken errichtet und etwa 1189 von Saladin eingenommen wurde. Allerdings ist außer ein paar Mauern und Wachturmresten nicht viel erhalten.
Auf dem Weiterweg durchquert man die neue Siedlung Bdoul, die für Beduinen erbaut wurde, die früher direkt in Petra lebten. Hier zweigt auch die – gesperrte – Straße zum Restaurant von Petra ab.
Ca. 8 km nach der Abfahrt biegt man an der ausgeschilderten Gabelung links ab (Schild *Baida*, geradeaus erreicht man nach etwa 12 km die King's Road nördlich von Wadi Musa, mit *Shaubak* ausgeschildert) und fährt 1 km bis zum Ende der Straße auf den Parkplatz von **El Barid* (*Little Petra*). Von hier führt der Weg direkt in eine enge Schlucht, einen kleinen **Siq**, aber nur für vielleicht hundert Meter, dann öffnet sich die Felspalte und man erblickt links das schönste Monument von El Barid, eine noch hervorragend erhaltene Tempelfassade. Ein Stück weiter führt links eine Felsentreppe zu einem Saalbau empor (erkennbar an einem Stück zwischengeflicktem Beton), im Innern sind **Freskenfragmente** zwar nur schwer erkennbar, sie gehören aber zu den wenigen erhaltenen nabatäischen Malereien. Die Schlucht endet an einer hohen Treppe, die "ins Freie" führt. Da am Eingang zum Siq ein Tor (anhand von Einlassungen für die Balken) nachgewiesen werden kann, ist anzunehmen, dass die Schlucht als großes und geschütztes Warenlager von Petra diente.

Straße ins Wadi Araba

Vom Petra-Eingang führt eine Straße nach Klein-Petra (El Barid), siehe weiter oben. Hält man sich an der T-Kreuzung für El Barid rechts und nimmt den bald folgenden nächsten Abzweig links, fährt man durch ein wildromantisches Wadi hinunter ins Wadi Araba, um nach 35 km auf eine Kreuzung zu treffen, an der es rechts zu den Kupferminen des **Wadi Feynan** (11 km, siehe Seite 265), links zum Wadi Araba (9 km) geht.
Die relativ schmale Straße gehört vom Zustand her, vor allem im Gebirgsteil, zu den schlechten Jordaniens, ist aber eine gute Alternative, um von Petra direkt ins Wadi Araba zu kommen. PKWs schaffen sie in beiden Richtungen, größere Wohnmobile dürften auf den Steilstücken, den Berg hinauf, mit z.T. engen Kurven in Schwierigkeiten geraten.

Vom Parkplatz weist ein Schild nach **El Beidha**, das man per Piste (knapp 1 km) erreicht. Hier wurden Reste einer neolithischen Siedlung gefunden, die etwa von 7000-6650 vC bewohnt war und die, neben Jericho, zu den ältesten im Nahen Osten gehört. Die ersten Häuser waren Rundbauten, entwicklungsgeschichtlich folgten quadratische Bauten, die jüngsten sind rechteckig (es handelte sich eigentlich um sechs, chronologisch aufeinander folgende Dörfer). Gab man sich zunächst mit einem Raum zufrieden, so weisen die späteren Häuser zum Teil mehrere Räume auf. Die Bewohner lebten von Feldanbau und hielten Haustiere, Mühlsteine zum Getreidemahlen sind noch zu sehen. Östlich dieser Wohnhäuser wurden gerundete Einfriedungen mit sorgfältig hergestellten Böden ausgegraben, die vermutlich religiösen Riten dienten. Der Ort wurde wahrscheinlich nach einem verheerenden Feuer um 6650 vC verlassen; Jahrtausende später nutzten die Nabatäer das fruchtbare Land, aber nicht die Siedlung.

Praktische Informationen

Telefonvorwahl 03

▶ VISITOR CENTER, Tel 215 7433, am Eingang zur Nabatäerstadt, gute und kompetente Auskünfte, Souvenirs, Toiletten

Die Besucher können sich hier von 6-17 Uhr (Sommer -18 U) informieren und auch geführte Touren buchen. Ein Einzelführer kostet etwa JD 25 pro Tag (zwischen 7 und 18 Uhr). Schließt man sich einer regulären Führung an, welche die wichtigsten Sehenswürdigkeiten umfasst, zahlt man JD 8 pP. Wenn Sie größere Trekkingtouren planen, sollten Sie in jedem Fall einen Führer anheuern, denn zwischen den verschachtelten Bergen und Wadis kann man leicht die Orientierung verlieren.

Im Visitor Center gibt es einen Informationsschalter, an dem man einen **Plan** (auch in Deutsch) und fachkundige Auskunft erhält; lassen Sie sich in jedem Fall den Plan geben. Die Shops werden von gemeinnützigen Organisationen (z.B. Queen Noor Foundation) betrieben, um Handicrafts der Beduinen zu verkaufen. Im unteren Stockwerk gibt es ein Postamt. Die Tourist Police ist gegenüber dem Visitor Center Eingang untergebracht.

Busverbindungen

Der zentrale Busbahnhof liegt im Zentrum von Wadi Musa, nahe der Moschee mit der blauweißen Kuppel.

▶ Von **Amman** fährt mehrmals wöchentlich (meist So, Di, Fr 3,5 Std), manchmal täglich ein JETT-Bus direkt zum Visitor Center, zurück um 19 Uhr (Winter 18 U; in jedem Fall abklären).

▶ Die Reise mit Minibussen und Service-Taxis vom **Wahadat-Terminal in Amman** (etwa 6, 8, 12 U) endet im Zentrum von Wadi Musa. Von dort geht es auch zurück: In der Regel verlassen 3 oder 4 Busse oder Minibusse Wadi Musa zwischen 6, 6.30, 7 U, manchmal auch um 8 U nach Amman und Aqaba. Noch je ein letzter Bus fährt um 11 U nach Amman und um 15 U nach Aqaba; fragen Sie in jedem Fall Ihren Hotelrezeptionisten nach den aktuellen Zeiten; manche Minibusse holen auch Fahrgäste im Hotel ab.

▶ Ähnlich nach **Wadi Rum**: den Hotelrezeptionisten bitten, und der Bus kommt morgens zwischen 6 und 6:30 U am Hotel vorbei, Ankunft in Wadi Rum etwa 2 Stunden später. Die Fahrt kostet ca. JD 5.

▶ Eine gute Alternative für die Richtungen Amman oder Aqaba: einen der zwischen 7 und 18 U halbstündlich abfahrenden **Minibusse nach Ma'an** (40 Minuten) nehmen und von dort aus zwischen 6 und 21 U zum gewünschten Ziel weiterfahren. Abgesehen vom zusätzlichen Umsteigeaufwand ist dies die unabhängigste Bus-Lösung.

Um auf diesem Weg nach Kerak zu kommen: Richtung Amman fahren und in Qatrana umsteigen.

▶ Nach **Kerak** (ca 4 Std) macht sich ein Bus zwischen 6 und 7 U auf den Weg, nach Shaubak (Ort, nicht Festung) starten ebenfalls Minibusse zu dieser Zeit.

▶ Nach Amman – nicht nach Aqaba! – fahren viele **Service-Taxis**, Abfahrt am Visitor Center.

▶ Nach **Dana** kommt man entweder per Taxi (teuer) oder ziemlich umständlich per Bus: zunächst nach Ma'an, von dort Bus nach Tafila, aber in Kadasa aussteigen. Der Minibus ab hier nach Dana fährt nur sehr sporadisch, Privatautos nehmen gern mit. Wer um 8 U startet, kann mittags in Dana sein. Wenn mindestens 5 Personen im Dana Tower Hotel (Tel 03 227 0226, 079 568 8853) übernachten wollen, holt der Besitzer Nabil die Gruppe kostenlos in Wadi Musa ab, sonst zu günstigem Preis.

▶ Ein Tipp: Die preiswerteren Hotels organisieren Minibusse z.B. nach Aqaba, die Abfahrtszeit ist verhandelbar.

▶ Minibusse/Service-Taxis **innerhalb von Wadi Musa** verkehren sporadisch vom

Petra-Eingang zur Mosesquelle; ein Taxi verlangt ca. JD 10, einerlei wie kurz die Strecke ist. Für den Abstecher nach El Beidha muss man mit JD 20, einschließlich Wartezeit, rechnen, nach Taybet Zaman mit JD 5-8 für die einfache Fahrt.

Nützliche Adressen

- POLIZEI (Visaverlängerung): vom Zentrum aus zum ersten Circle, rechts Richtung Aqaba, aber gleich erste Straße rechts abbiegen, Haus mit Fahne, an der rechten Straßenseite.
- POST, Wadi Musa, Zentrum, nahe dem Circle, auch im Visitor Center
- HOUSING BANK, Zentrum, nahe dem Circle, Geldwechsel (auch im Visitor Center), Geldautomat (ATM)
- POLYCLINIC, Nähe Forum Hotel, Tel 215 7161
- HEALTH CENTER (Krankenhaus), Wadi Musa, Tel 215 6025
- QUEEN RANIA HOSPITAL, bestes Krankenhaus, außerhalb, am Weg nach Taybet
- MODERN WADI MUSA CLINIC (Arztpraxis), Nähe Valley Stars Hotel
- APOTHEKE am Circle, im Zentrum

Leser, deren Tochter am Blinddarm operiert werden musste, machten sehr gute Erfahrungen mit den Ärzten Dr.Ashour und Dr. Horani, Petra Polyclinic, Tel 07 9561 6729
Grundsätzlich: Nicht akute Krankheiten sollten Sie besser in Amman oder Aqaba behandeln lassen.

Reiseagenturen

- BEDOUIN BROTHERS, Petra, Tel 07 8538 9662, bedouinbrothers@yahoo.com, www.bedouinbrothers.com, von Lesern für Petra und Wadi Rum empfohlen, flexibel, auf individuelle Wünsche eingehend
- LA BEDUINA ECO TOURS, Wadi Musa (Büro Nähe Petra-Eingang), Tel 215 7099, Fax 215 6931, Amman Tel 06 554 1631/2, beduina1@go.com.jo, www.labeduinatours.com, ausgefeiltes Programm mit vielen Alternativen für Trips in ganz Jordanien, Kultur, Wellness, Eco und Abenteuer. Spezialität: Petra by Night.
- JORDAN INSPIRATION TOURS, Tel/Fax 215 7317, info@jitours.com, www.jitours.com,. Besitzer Sami ist Beduine, ausgebildeter Reiseleiter und bietet mit seinem Reisebüro neben den üblichen Touren Trips zu Naturreservaten, Helikopterflüge oder Foto- und Maltrips sowie individuelle Angebote
- PETRA MOON TOURISM SERVICES, Wadi Musa, Tel/Fax 215 6665, info@petramoon.com, www.petramoon.com, bietet ein differenziertes Programm mit vielen Alternativen mit historischer, landschaftlicher oder Wüsten-Betonung. Es gibt spezielle Touren nur für Frauen, Reiten von Petra ins Wadi Rum, Radfahren oder ganz individuelle Trips, deutschsprechende Guides.
- ZAMAN TOURS & TRAVEL, Tel 215 7723, Fax 215 7722, sales@zamantours.com, www.zamantours.com, umfassendes Programm, das Gesamtjordanien abdeckt, auch individuelle Angebote.

Internet-Cafés nehmen zu; im Zentrum von Wadi Musa und nahe dem Eingang von Petra zeigen Schilder diesen Service an, die Kosten liegen bei JD 1-2 pro Stunde.

Nicht zu viel zahlen: In vielen **Supermärkten** wird – den Staat als leuchtendes Vorbild vor Augen – ein "Touristenzuschlag" wie selbstverständlich und möglichst immer aufgeschlagen. Wenn Sie die Preise kennen, verlangen Sie entweder den Normalpreis oder lassen Sie die Waren stehen und gehen zum nächsten Laden. Die preiswertesten Einkaufsmöglichkeiten liegen im Zentrum von Wadi Musa, auch für Souvenirs; je näher man dem Eingang Petras kommt, umso teurer wird nahezu alles.

- Im MADE IN JORDAN, Nähe Mövenpick Hotel, gibt es auf zwei Etagen sehr schönes, garantiert in Jordanien angefertigtes Kunsthandwerk aller Art (von Olivenöl und Seifen bis zu Teppichen), relativ hochpreisig.

Was Petra noch bietet

Türkische Bäder zählen zu Attraktionen von Wadi Musa, die gestresste Wandermuskeln wieder in geschmeidige Bewegung bringen. Das *Silk Road Hotel* offeriert diese Dienste – Dampfbad und Massage – ähnlich wie SALOME, Tel 07 7628 3835, im Zentrum, nahe dem Ambat II Hotel (ausgeschildert) jeweils zu JD 20 für eine komplette Behandlung. Tücher und Handtücher werden gestellt.

Die **Sonne** Petras kann sehr romantisch, schon fast postkartenkitschig mit ihrem Farbenspiel versinken. Viele Hoteliers machen auf ihr Sunset-Fenster oder gar einen ganzen Sunset-Room aufmerksam. Busse entladen häufig ihre Insassen direkt neben der Mosesquelle, dann müssen die Untergangshungrigen etwa 1 km auf einer schmalen, für Busse verbotenen Straße marschieren, um die typischen Fotos zu schießen.

Selbstfahrer können dieses Sträßlein (von Petra kommend links) jedoch bequem befahren und unterwegs noch viele schöne Blicke auf die bizarre Felslandschaft werfen und ebensolche Fotos mit nach Hause nehmen. Man sollte auch nicht gleich die erste mögliche Straße wieder den Berg hinunterfahren, sondern dem "Sunset-Sträßlein", das sich fast wie eine Höhenlinie an den Bergen entlangzieht, eine Weile folgen und schließlich ins Zentrum von Wadi Musa hinunter zurückkehren.

Eine weitere, nicht ganz billige Alternative für den Sonnenuntergang ist ein Ausflug nach dem rund 10 km entfernten **Taybet Zaman**, in dem der alte Ortskern in einen modernen Hotelkomplex umgebaut wurde. Während der Fahrt öffnen sich immer wieder wirklich spektakuläre Ausblicke auf die Felslandschaft Petras. Unterwegs liegen einige Fünfsterne-Hotels (siehe weiter unten) am Wegesrand, auf deren Terrassen man einen Sundowner nehmen und den Sonnenball in seinen letzten Minuten bewundern kann, oder man hebt sich diesen Anblick für Taybet Zaman auf. Dort gibt es eine entsprechende Terrasse, ein hervorragendes Dinner Buffet, gute Souvenirshops und vor allem gute Atmosphäre.

**Petra bei Nacht (Petra by Night)

Bei flackerndem Kerzenschein führt eine zweistündige **Tour nachts durch den Siq** bis zur Khazne Faraun, wo die Teilnehmer von beduinischen Musikern mit einfühlsamen Melodien empfangen werden. Als Wegweiser und Stimmungsmacher dienen am Boden stehende Tüten mit Windlichten. Es wird gewünscht, dass man unterwegs in einer Schlange und möglichst schweigend geht, um eine stilvolle Atmosphäre zu schaffen. Überhaupt ist viel von Atmosphäre die Rede, und nur sie zu erleben, ist Sinn der Veranstaltung: Schwache Lichter werfen schwache Schimmer auf die Felswände des Siq, und wenn dieser sich öffnet, versuchen Hunderte von am Boden stehenden Kerzen die Khazne zu einem schwachen Leuchten zu bewegen.

Diese Stimmung teilt sich eigentlich erst wirklich mit, wenn die überwiegende Zahl der Besucher bereits wieder den

Kerzenschimmer vor der Khazne Faraun (hinten)

Rückweg angetreten hat. Erst dann kehrt Ruhe ein; der Sternenhimmel scheint deutlicher zu leuchten, weil das Blitzlichtgewitter aufhört. Denn leider halten sich immer einige nicht an die Bitte, den Fotoblitz und Taschenlampen nicht zu benutzen und Stillschweigen zu bewahren. Dies wohl auch, weil viele Gäste die englischsprachigen Empfehlungen des Führers nicht verstehen.

Nach dem Ende der musikalischen Untermalung wird ein Plastikbecher Tee gereicht, und die Versammlung löst sich auf. Die Majorität der Besucher hat das Erlebnis stehend wahrnehmen müssen, denn die wenigen Sitzgelegenheiten sind bald vergeben (also möglichst frühzeitig den Platz erreichen). Schließlich macht man sich auf den Rückweg durch die Schlucht des Siq, deren nachtschwarze Wände einen schmalen Schlitz zum Sternenhimmel freigeben. Manche Kerzen am Wegesrand sind zwar schon ausgebrannt, aber der Weg lässt sich ja nicht verfehlen.

Ob sich Eintritt und Aufwand lohnen, um eine stille, im eigentlichen Sinn unspektakuläre Veranstaltung zu erleben, kann jeder Besucher erst hinterher beurteilen. Denn, nüchtern betrachtet, ist der Weg trotz Stimmung und Kerzenschein vor allem dann anstrengend, wenn man bereits den ganzen Tag in Petra herumlief. Aber missen möchten wir das nächtliche Erlebnis auf keinen Fall.

Die (trotzdem) empfehlenswerte Veranstaltung findet nur montags, mittwochs und donnerstags statt und startet um 20.30 U (im Winter eventuell früher). Nähere Informationen, Tickets und Reservierungen erhalten Sie im Visitor Center oder u.a. bei Petra Moon Tours, dem angeblichen Erfinder der Veranstaltung.

Essen und Trinken

Es lässt sich nicht verleugnen, dass Petra auf Reisegruppen eingestellt ist, die normalerweise in ihren Hotels verköstigt werden. Die Küche der Hotel-Restaurants gehört von der Qualität her in der Regel zum Durchschnitt und darunter, vom Preis her umgekehrt.

• Natürlich findet man auch hier Gutes, z.B. offerieren die Hotels Musa Spring und Anbat I bei Travellern bekannte, preiswerte Dinner-Buffets.

• Wer gut und entsprechend teuer essen will, geht ins MÖVENPICK oder ins CROWNE PLAZA Hotel am Petra-Eingang oder fährt zum Hotel TAYBET ZAMAN (Anfahrt siehe Seite 298)

• Vor allem im Zentrum von Wadi Musa bieten einige kleinere lokale Restaurants schmackhafte arabisch-europäische Küche mit Grill, aber auch Gekochtes, preiswertes Felafel, Shauwarma und Kebab. Hier kann man sich für JD 4-8 gut verköstigen.

Einige empfehlenswerte Restaurants

• CLEOPATRA (sehr gutes Buffet "all you can eat" JD 5), PETRA PEARL, AL FRAANA, AL SHAMIAT, AL WADI, AI JANOUB, MARBLES. AL HAYEK gehört zum Al Rashid Hotel, RUM mit angeschlossenem Internetcafé des Petra Gate Hotel. Innerhalb der Nabatäerstadt gibt es ein Beduinen-Restaurant, ein besseres Restaurant beim Museum und ein paar Snackbars – aber keiner dieser Plätze ist billig.

• AL ARABIA am Circle ist empfehlenswert, kurz vor dem Visitor Center fertigt ein PIZZA HUT schnell und halbwegs preiswert ab; in der direkten Umgebung findet man weitere, etwas teurere Restaurants.

• THE PETRA KITCHEN, Nähe Mövenpick Hotel: In der großen offenen Küche des guten Restaurants kann man einen etwa zweistündigen Kochkurs belegen, bei dem jeden Tag ein anderes jordanisches Menü mit verschiedenen Vorspeisen und Hauptgerichten zubereitet wird. 30 JD/Pers. inkl. Zutaten, Rezepte und nichtalkoholischer Getränke beim anschließenden gemeinsamen Verzehr, Voranmeldung notwendig. Abends sitzen Einheimische und Touristen auf der Terrasse und rauchen Wasserpfeife. Chef ist der freundliche Eid Nawafleh, Tel 03 215 5700, Fax 03 215 5900, kitchen@jordantours-travel.com.

8 Die Nabatäerstadt Petra

Übernachten

Telefonvorwahl 03

In Petra gibt es mehr als 40 Hotels aller Preisklassen, davon mindestens sieben, die mit fünf Sternen ausgezeichnet sind. Einige dieser Luxusherbergen liegen bis zu 10 km außerhalb, wohl der schönen Aussicht wegen, an der Straße nach Taybet bzw. Aqaba. Um bei der Auswahl Unterstützung zu bieten, haben wir die Unterkünfte geografisch geordnet. Wir beginnen mit Hotels in der Umgebung der Mosesquelle, die gern von Individualisten aufgesucht werden. Nachteil aller von hier ab an der Hauptstraße hinunter nach Petra liegenden Hotels – das dürfte bei weitem die Mehrzahl sein – ist der sehr laute Verkehr, besonders durch die LKWs, die in kleinsten Gängen hinauf- und hinunterlärmen. Obwohl die Rezeptionisten einen Standardspruch aufsagen, es würde ab 20 Uhr ruhig, kann man nach unserer Erfahrung wohl erst ab 22 oder 23 Uhr von deutlich weniger Lärm sprechen. Wobei die schlimmste Lärmstrecke bergauf mit dem Steilstück nach dem Kreisel mit dem Abzweig nach Aqaba beginnt, die erst ab etwa dem Akropolis Hotel abflacht.

In der folgenden Auflistung sind keineswegs alle Hotels erfasst, aber es ergibt sich eine gute Auswahl. Bei dem Überangebot von Zimmern (zumindest außerhalb der Hauptsaison) sollte man - ohne Vorbuchung - nie das erste Angebot akzeptieren – spätestens dann, wenn man dem Rezeptionisten den Rücken kehrt, fällt der Preis. Es gibt vorerst keinen anderen Ort in Jordanien, an dem man so preiswert unterkommen kann, noch dazu in relativ neuen Herbergen. Viele Hotels verfügen nicht über Airconditioning, was tatsächlich nur in den heißen Sommermonaten von Nachteil ist. Viel mehr Wert sollte man in der kühleren Jahreszeit auf vorhandene bzw. funktionierende Heizung legen.

Die in [Klammern] vorangestellten Zahlen beziehen sich auf die Angaben in den folgenden Plänen.

Gegend der Mosesquelle

also Ortseingang und am weitesten entfernt vom Petra-Eingang

• **[28] KING'S WAY INN (Golden Tulip)**, 4*, Wadi Musa (gegenüber der Mosesquelle), Tel 215 6799, Fax 215 6796, resrv@kingsway-petra.com; www.kingsway-petra.com, AC, SatTV, Minibar, gediegen, gepflegt und sehr sauber, Swimmingpool, 4. Etage als 5* ausgebaut, mF.. E+B 70, D+B 85

• **[27] MUSA SPRING HOTEL**, direkt neben Mosesbach-Quelle, Tel 215 6310; Fax 215 6910, musaspring_hotel@yahoo.com.uk, www.geocities.com/mussaspring; kostenloser Taxitransfer zum Petra-Eingang, organisiert auch Trips nach Wadi Rum etc., SatTV, Internet, einfach, sauber, kleine Zimmer, etwas abgewohnt, viele Traveller, gute Infos, gutes Frühstücks- und Abendbuffet .
mF.. Schlafen auf dem Dach 4, Dorm pP 7, E+B 13, D+B 21

• **[26] AL ANBAT I** (Anbat II im Zentrum ist Schwesterhotel), 3*, Tel 215 6265, Fax 215 6888, info@jalanabat.com, www.alanbat.com; fantastischer Blick auf Petra, noch Anfang der 80er Jahre war Al Anbat, neben dem damaligen Forum Hotel (jetzt Crowne Plaza Resthouse), die einzige Bleibe in Petra (!), daher etwas verwinkelt und verbaut, für den Preis gute Einrichtung, Neubauzimmer sind größer, von Lesern häufig gelobtes Traveller-Hotel, AC, SatTV, Kühlschrank, sehr sauber, freundlicher und hilfsbereiter Besitzer Raja Nawafleh, Internet, eigener Minibus zum Petra-Eingang, Pool, türkisches Bad (Gäste JD 13), empf., Lunchbox für Petra,
mF...Schlafen im Greenhouse 5 pP, E+B 30, D+B 45, **Camping** pP 5

Übernachten

Talwärts Richtung Petra

- **[25] AL HIDAB**, 3*, Tel 215 6763, Fax 215 7496, hidabhotel@batelco.jo, www.hidabhotel.com; ziemlich weit oben in Wadi Musa, türkisches Bad, mäßig sauber, Leserbeschwerde: kaum kaltes, gar kein warmes Wasser, keine Heizung (bei Schnee), AC, SatTV, Kühlschrank, nach Info 01/2009 vorübergehend oder endgültig geschlossen.
- **[24] SELLA**, 3*, Tel 215 7170, Fax 215 7173, reservation@sellahotel.com, www.sellahotel.com; hohe Lärmbelästigung, gepflegt und sauber, gute Einrichtung, AC, SatTV, Internet, toller Ausblick, mF .... E+B $85, D+B $120
- **[23] VALLEY STARS INN**, Tel 215 5733, Fax 215 4733, info@valleystarsinn.com, www.valleystarsinn.com; hohe Lärmbelästigung, toller Ausblick, sauber und freundlich, freier Transport zum Petra-Eingang, AC, SatTV, Kühlschrank, gut mit Eisenmöbeln eingerichtet, relativ große Räume, Schallisolierung zur Straße, Internet, home-made Dinner 7 JD, empf., mF .E+B 30, D+B 42

Hotels nach Abzweig Aqaba

(von hier zumindest Wadi Musa Zentrum leichter zu Fuß erreichbar)

- **[22] CLEOPATRA**, Tel/Fax 215 7090, cleopatra_h@hotmail.com, www.cleopatra.jeeran.com; typisches Traveller-Hotel mit familiärem Touch und guter Atmosphäre (soll umgebaut werden, dann neue Preise), sehr freundliches und sehr hilfsbereites Management, kleine Zimmer, kostenlose Küchenbenutzung, freier Transport nach Petra, organisiert Trips Wadi Rum, günstige Taxiverbindung nach Amman oder Madaba, Internet, gutes Dinner, Studentenermäßigung, mF .... Schlafen auf dem Dach 5, E+B 15, D+B 18
- **[21] AMRA PALACE**, 3*, an Querstraße zur Hauptstraße, Tel 215 7070, Fax 215 7071, Info@amrapalace.com, www.amrapalace.com; sehr gediegen, etwas pompös eingerichtet, AC, SatTV, Minibar, Pool, Sauna, türkisches Bad (Gäste JD 20), Internet, sehr sauber und gepflegt, ruhig, kleiner gepflegter Vorgarten, im Sommer Dinner (JD 9) neben Garten, freier Transport zum Petra-Eingang, gutes Preis/Leistungsverhältnis, mF .... E+B 42-48, D+B 52-65
- **[20] PETRA GATE**, Tel/Fax 215 6908, petragatehotel@hotmail.com; ähnlich wie Cleopatra Hotel freundlich-lockere Atmosphäre, sehr hilfsbereit auch bei Busverbindungen, Internet, Küchenbenutzung, einfach, sehr sauber, organisiert Trips, Dinner Buffet 5JD, mF .... Dorm 5-7, E+B 18, D+B 24
- **[19] SHARAH MOUNTAINS**, Tel/Fax 215 7294, sharahhostel@yahoo.com, www.hostelworld.com; Heizung, SatTV, rel. einfache Räume, sauber, mF .... E+B 20, D+B 25
- **[18] PEACE WAY**, Tel 07 9982 7914, heshampetra@yahoo.com; relativ gut eingerichtet, Nichtraucherhotel (Rauchen im Garten), traditionelle Beduinengerichte 4,50 JD, freier Transport nach Petra, sehr sauber, SatTV, mF .... E+B 12, D+B 14

Zentrum von Wadi Musa

- **[17] AL RASHID**, 2*, direkt am Zentrumskreisverkehr, Tel 215 6800, Fax 215 6801, wailln@hotmail.com; laut, Transport nach Petra (nicht zurück), sehr sauber, freundlich und hilfsbereit, SatTV, AC, mF...E+B 20, D+B 35
- **[17] SABA'A**, neben Rashid Hotel, Tel /Fax 215 4103, hamzah85@hotmail.com, www.sabaainn.itgo.com; TV, Heizung, einfach, etwas ungepflegt, mäßig sauber, abgewohnt, freier Transport nach Petra, Dachterrasse mit gutem Blick auf Petra, organisiert Trips, mF................ Schlafen auf dem Dach 1,50, Dorm 2,50 pP, E+B 8, E+B+AC 10, D+B 11, D+B+AC 15

8 Die Nabatäerstadt Petra

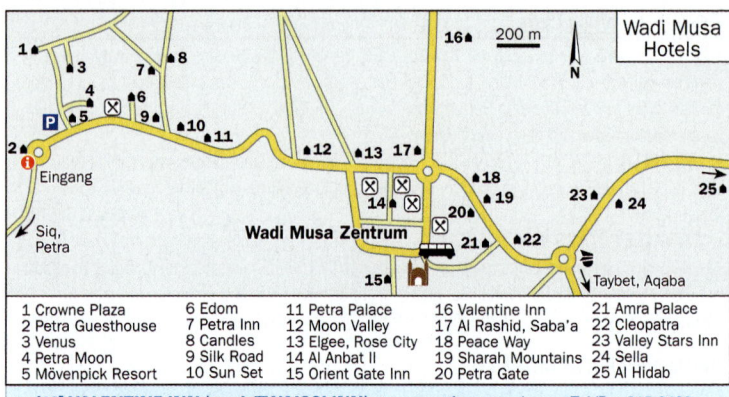

1 Crowne Plaza	6 Edom	11 Petra Palace	16 Valentine Inn	21 Amra Palace
2 Petra Guesthouse	7 Petra Inn	12 Moon Valley	17 Al Rashid, Saba'a	22 Cleopatra
3 Venus	8 Candles	13 Elgee, Rose City	18 Peace Way	23 Valley Stars Inn
4 Petra Moon	9 Silk Road	14 Al Anbat II	19 Sharah Mountains	24 Sella
5 Mövenpick Resort	10 Sun Set	15 Orient Gate Inn	20 Petra Gate	25 Al Hidab

- **[16] VALENTINE INN (auch TWAISSI INN)**, etwas entfernter gelegen, Tel/Fax 215 6423, valentineinn@hotmail.com; guter Blick auf Petra, freie Abholung von der Busstation, ruhig (da von Hauptstraße entfernt), Bar, relativ sauber, Heizung, Lunchpakete für Petra, Dinnerbuffet, (Leserbeschwerden über Dinner u. mäßig saubere Zimmer, wenig hilfsbereit), Trips in die Umgebung, kostenloser Transport nach Petra, mF.................. Schlafen auf Dach pP 2, Dorm 5, E+B 15, D+B 20
- **[15] ORIENT GATE INN**, Tel/Fax 215 7020, orientgate@hotmail.com, Seitenstraße des Zentrumskreisverkehrs, Backpacker-Hotel; freundliches und hilfsbereites Personal, kleine Zimmer, teilweise mit Balkon, sehr sauber, Restaurant auf dem Dach mit preiswertem Buffet (5 JD), arrangiert Touren, mF .... E+B 10-14, D+B 15-20, E 7-10, D 10-15
- **[14] AL ANBAT II**, 2*, Tel 215 7200, Fax 215 6888, im Zentrum des Zentrums, Schwesterhotel des Anbat I mit gleichem Service; gut eingerichtet, Dachrestaurant mit gutem Blick, sauber, freundlich und hilfsbereit, AC, SatTV, kleine Zimmer, mF ....E+B 25, D+B 30
- **[13] ELGEE**, 2*, Tel 215 6701, Fax 215 7002, elgeehotel@yahoo.com, Bar mit (preiswertem) Alkoholausschank, sehr sauber, sehr freundlich und hilfsbereit, Heizung, AC, SatTV, teilweise Kühlschrank, mF .... E+B 20, D+B 30
- **[13] ROSE CITY**, gegenüber Elgee Hotel, Tel 215 6440, Fax 215 6448, Kühlschrank, Heizung, einfach, sauber, soll zum 2* Hotel renoviert werden, dann neue Preise, mF .... E+B 15, D+B 20
- **[12] MOON VALLEY**, Tel 215 7131, Fax 215 6824, moon_valley@yahoot.com; sauber, gepflegt, Preise hängen vom Blick auf Petra ab, SatTV, Kühlschrank, Trips, mF .... E+B 15, D+B 25

In unmittelbarer Nähe des Petra-Eingangs

liegen sogar auch preiswerte Hotels; ein Aufenthalt hier lohnt vor allem, wenn man Petra an mehreren Tagen besuchen will; Nachteil, man hat geringe Restaurantauswahl außerhalb der Hotels oder muss hinauf ins Zentrum von Wadi Musa gehen. Wir beginnen mit den Unterkünften an der Hauptstraße, etwa 300 m vom Visitor Center entfernt, und nähern uns dem Eingang:

- **[11] PETRA PALACE**, 3*, 215 6723, Fax 215 6724, ppwnwm@go.com.jo, wwww.petrapalace. com.jo; typisch eingerichtetes Mittelklassehotel, SatTV, AC, Kühlschrank, 2 Pools, Bierbar (viele Marken), vermittelt günstige Trips, empfehlenswert, mF .... E+B 55-65, D+B 75-95
- **[10] SUN SET**, Tel 215 6579, Fax 215 6950; www.petrasunset.com, mittelgroße Zimmer, SatTV,

Übernachten

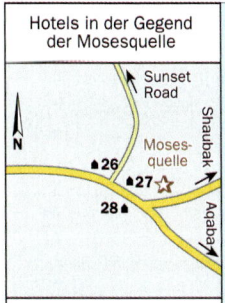

Hotels in der Gegend der Mosesquelle

26 Al Anbat I
27 Musa Spring Hotel
28 King's Way Inn

preiswert, sehr sauber, mF .... E+B 15-20, D+B 20-30
• **[9] SILK ROAD**, 3*, Tel 215 7222, Fax 215 7244, info@petrasilkroad.com, petrasilkroad.com; für Gruppen ausgelegtes, relativ gutes Mittelklassehotel, Haupteingang im obersten Stock hinter dem Hotel, AC, SatTV, Heizung, großzügig eingerichtet, sehr sauber, hilfsbereit, türkisches Bad (JD 20), gutes Restaurant, mF .... E+B 60, D+B 70

An der Straße, die hier hinaufführt, liegen die beiden folgenden Hotels, die vom Petra-Eingang am kürzesten über die Straße unterhalb des Petra Moon Hotels erreicht werden können:

• **[8] CANDLES**, 3*, Tel 215 6954, Fax 215 7311, candles@nets.com.jo, www.candleshotel.com; gepflegtes, ruhig gelegenes Mittelklasse-Hotel, kleine Zimmer, AC bzw. Heizung, SatTV, Minibar, sehr sauber, freundlich und hilfsbereit, Dinner ca. JD 10, mF .... E+B 32-35, D+B 45-60

• **[7] PETRA INN**, 3*, Tel/Fax 215 6401, petra_inn@yahoo.com, www.petrainn.20m.com; solides, ruhiges Mittelklassehotel, relativ großzügige Räume standardmäßig eingerichtet, AC, Heizung, SatTV, sehr sauber, Minibar, (Nebensaison 25% Discount), Dinner JD 8, mF .... E+B 40, D+B 55

Weiter auf der Hauptstraße

• **[6] EDOM**, 3*, Tel 215 6995, Fax 215 6994, edom@go.com.jo, www.edomhotel.com; quasi hinter Mövenpick Richtung Stadt, etwas abseits der Hauptstraße, Marmorempfangshalle, recht gut eingerichtete, nicht große Zimmer, Balkon, AC, Heizung, SatTV, Kühlschrank, Restaurant mit romantischer Höhle im Berg, sauber, freundlich, mF .... E+B 35-60, D+B 60-85

• **[5] MÖVENPICK RESORT**, 5*, Tel 215 7111, Fax 215 7112; resort.petra@moevenpick.com, www.moevenpick-hotels.com; dieses Haus zählt zu den geschmackvollsten der Mövenpick-Kette, vor allem von der Innenarchitektur her. Man sollte die Lobby mit Mashrabeen-Verkleidungen, Holzfacettendecke und Lichtkuppel mit schwerem arabischen Leuchter einfach einmal anschauen und genießen, mF .... E+B 117, D+B 142 (Preise für High Season)

• **[4] PETRA MOON**, 2*, Tel 215 6220, Fax 215 4547, info@petramoonhotel.com; oberhalb Mövenpick Hotel, guter Blick, sehr sauber, freundlich, sehr hilfsbereit, etwas größere Zimmer als Flowers und Venus Hotel, Leser dieses Buches erhalten Discount, Heizung, SatTV, empfehlenswert, mF .... E+B 25-30, D+B 40-45

• **[3] VENUS**, oberhalb Flowers Hotel, Tel/Fax 215 7165, venus_hotel@yahoo.com, wwww.petravenushotel.com; sauber, freundlich, sehr enge Zimmer, AC, SatTV, Dinner 5 JD, mF .... E+B 21, D+B 28

• **[2] PETRA GUESTHOUSE** (Crowne Plaza Management), 3*, direkt neben dem Visitor Center, Tel 215 6266, Fax 215 6977; beste Lage zum Besuch Petras, gepflegt, gut eingerichtet, neue Chalets angenehm große Räume, Essen im Olive Tree Restaurant des Crowne Plaza, mF .... E+B 90, D+B 100

• **[1] CROWNE PLAZA** (ehemals PETRA FORUM), 5*, Tel 215 6266, Fax 215 6977, CPRPetra@nets.jo, www.crowneplaza.com; ältestes Luxushotel am Platz, mit allen Annehmlichkeiten wie Pool, SatTV, Minibar, von Poolseite direkter Blick auf Petra, mF .... E+B 100, D+B 120

8 Die Nabatäerstadt Petra

Am nordwestlichen Ortsrand

• **BEIT ZAMAN**, 5*, Tel 215 7401, Fax 215 7406, front.office@beitzaman.com, www.beitzaman.com, ein kleines Dorf aus dem 19. Jh wurde in Chalets aufgeteilt und 2008 als Hotel eröffnet, schwer zu finden, da schlecht ausgeschildert, gut eingerichtet, Chalets stehen eng nebeneinander, häufig nur Blick auf Nachbarwand, großer überdachter Pool, HP ....E+B 87, D+B 117

Camping in Petra

• Reisende mit Camper/Wohnmobil können auf dem Parkplatz des Visitor Center übernachten, solange geöffnet, dort WC, keine Dusche.
• **Al Anbat I Hotel** bietet speziell ausgebaute Campingmöglichkeit hinter dem Hotel, im relativ ruhigen Tal, mit Stromanschluss und Sanitäreinrichtungen, pP 5
• In **El Beidha** (10 km vom Petraeingang) betreiben die Amarin-Beduinen, etwas abseits in einem Seitenwadi, das sehr ruhige, toll gelegene **AMARIN BEDUIN CAMP**, Tel 07 9566 7771, Ansprechpartner ist Ziad Hamzeh, info@bedouincamp.net, www.bedouincamp.net, Unterbringung in Beduzelten, Sanitäranlagen sehr sauber, Warmwasser, gutes Dinner, Ausflüge z.B. nach Petra, ...Zelt pP 25, HP 60, VP pP 80, im eigenen Zelt oder Wohnmobil pP 10
• **KING ARETAS IV LUXURY CAMP** (Helali Camp), 7km vom Petra-Eingang Richtung El Beidha, Tel 4631 435, kingaretascamp@gmail.com, 2-Personenzelte für bis zu 100 Personen in einer kleinen Schlucht, viel Komfort, aber gemeinschaftliche Sanitäreinrichtungen, HP ....$125 pP

Frühe Abendstimmung über Wadi Musa und den Petra-Bergen

9
Der "tiefe Süden"

Petra – Wadi Rum

Vom Petra-Eingang aus sollte man nicht wieder den Berg ganz hinauf, zum Ortsanfang von Wadi Musa fahren und dort der Ausschilderung nach Aqaba folgen, sondern am ersten Kreisel, ca. 2 km nach dem Zentrum, rechts abbiegen (siehe Seite 302, Hotelplan); das ist die kürzere Strecke, die auf die landschaftlich faszinierendste Route mit – vor allem im ersten Abschnitt – spektakulären Ausblicken führt. Nach gut 10 km fährt man durch Taybet, mit dem unterhalb der Straße gut erkennbaren Taybet Zaman Hotel aus alten Steinhäusern. Ziemlich am Ende des Ortes führt eine (Sack-)Straße links hoch den Berg hinauf, oben wird der Ausblick noch besser.

Am Abzweig kurz nach Taybet rechts halten, was auch für die Kreuzung nach etwa 23 km gilt. (Wer hier geradeaus fährt, kommt schließlich auf die im nächsten Absatz beschriebene Kreuzung nach Ras en Naqb; wir haben es aber noch nicht ausprobiert.) Nach 44 km ist der Desert Highway erreicht.

Sie können nun, auf dem schnellsten und kürzesten Weg, auf dem Highway Richtung Aqaba weiterfahren oder aber einen sehr empfehlenswerten, nur kurzen Umweg über Ras en Naqb einlegen, um eine grandiose Aussicht auf die Landschaft zu genießen, die Sie bald

Blick von Ras en Naqb Richtung Wadi Rum

betreten werden. Das ist von der Autobahn aus nicht oder nur sehr abgeschwächt möglich. Dazu fahren Sie auf dem Highway 8 km Richtung Norden (ca. 25 km südlich von Ma'an) bis zum ersten großen Abzweig (N30°5,11' E35°31,04'). Dort nach rechts abbiegen.

Die hier abzweigende, gut ausgebaute Straße führt nach 10 km in den Ort ****Ras en Naqb**. An dessen Ortsende werden Sie den Atem anhalten. Plötzlich schweift der Blick über rotbraune Felsgiganten, die bis zum Horizont aus der vor Ihnen liegenden Talebene des Tulul Ras en Naqb herausragen, ein Wadi, das übrigens von Shaubak über Wadi Musa bis zur Grenze Saudi Arabiens verläuft. Bis weit über das Wadi Rum reicht die Aussicht bei einigermaßen ungetrübtem Wetter; am schönsten ist der Blick am späten Nachmittag oder frühen Morgen.

Von Ras en Naqb fährt man 7 km den Berg hinunter, bis zum nächsten Dorf namens Gabet Hanout und dort wieder auf den Desert Highway. Wenn Sie von Süden kommen, biegen Sie in eben diesem Dorf – das letzte vor der Steilstrecke in die Wüstenhochfläche – am Ortsende rechts ab (N29°58,27' E35°27,66'), dann an der nächsten Kreuzung links, Richtung Berge halten (man sieht vom Highway aus kurzzeitig die den Berg hinaufführende Straße).

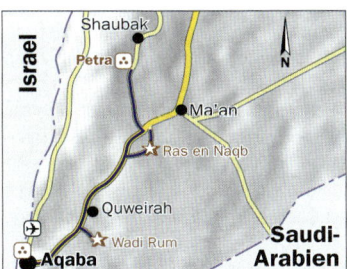

9 Der „tiefe Süden" - Petra – Wadi Rum

Sehenswertes

****Wadi Rum, fantastische Wüstenlandschaft mit diversen kleineren und größeren Attraktivitäten, Seite 307

****Aqaba, Stadt am Roten Meer, herrliche Korallenbänke, Taucherparadies, gute Badestrände, Seite 319

**Ras en Naqb, weiter Ausblick auf die Wüste bis hin zum Wadi Rum, Seite 305

*Humaimah, von den Nabatäern gegründeter Karawanenstützpunkt, von den Römern ausgebaute Stadt mit Fort, heute einsames Ruinenfeld, Seite 306

Wer Ras en Naqb auslässt und stattdessen den Desert Highway hinunterfährt, begibt sich auf die einst gefährlichste Straßenstrecke Jordaniens, die von Lkw-Schrott gesäumt war. Inzwischen scheinen alle Beteiligten gelernt zu haben; die LKWs schleichen brav im 1. Gang hinunter, gefährliche Kurven wurden ausgebaut. Dennoch sollte man als Selbstfahrer erhöhte Aufmerksamkeit walten lassen.
6 km nach dem Dorf Gabet Hanout:

New Humaimah

Hier (N29°54,98' E35°25,16') zweigt eine schmale Straße nach Westen ab, die nach 9 km auf die historische Siedlung **Humaimah** trifft und am Grabungshaus endet.

Hintergrund: Mitten in der Wüste gründete der nabatäische König Aretas III etwa 80 vC einen Karawanenstützpunkt namens **Hawara**, etwa auf halber Strecke zwischen Petra und Aqaba (Aila) gelegen. Durch geschickte Nutzung von (schwachen) Quellen, Tau und seltenen Regenfällen konnten hier Felder kultiviert werden und Menschen dauerhaft siedeln. Im 2. Jh nC bauten die Römer unter Trajan ein Fort in Hawara, um die Handelsroute auf der Via Nova Trajana, der heutigen King's Road, zu kontrollieren und zu schützen. Für die Wasserversorgung verlegten sie ein größtenteils auf Bodenniveau geführtes Aquädukt, um das kostbare Nass über 27 km, aus zwei Quellen in der Gegend vom heutigen Ras en Naqb, herbeizuführen. In der byzantinischen Epoche, vom 4.-7. Jh, war der Ort dicht besiedelt, in dieser Zeit entstanden mindestens fünf Kirchen. Während der Omayadenzeit wurden eine neue Festung (Qasr) – die römische war seit dem 5. Jh verfallen - und eine Moschee gebaut. Als im 8. Jh die Abbasiden die Macht übernahmen, flohen viele Bewohner. Erst die Osmanen nutzten den Ort wieder intensiver, insbesondere renovierten sie das omayadische Fort.

Römisches Aquädukt: 27 km lang, 2000 Jahre alt

Kennenlernen: Seit einigen Jahren finden Ausgrabungen statt, die einen erstaunlich großen Ort zu Tage förderten. Das kanadisch/jordanische Archäologenteam hinterließ Informationstafeln, die sehr guten Aufschluss über Hawara geben.
Am Hang des im Süden liegenden Berges sieht man ein ovales ehemaliges Beduinen-Camp für Ziegen. Daneben wurde eine sehr große Zisterne in den Berg gehauen. Noch sichtbare Kanäle brachten das Wasser heran. Der Weg hierher lohnt nicht nur wegen der raffinierten Wasserführung, sondern auch der

Quweira

gute Überblick ist es wert, auf den Hügel zu steigen. Hier und in den Hügeln ringsum findet sich eine ganze Reihe von aufgelassenen Gräbern.

Auch die Zisternen, die vom Aquädukt gespeist wurden, sind gut erhalten sowie die Grundmauern des römischen Forts, byzantinischer Kirchen und der muslimischen Bauten. Von dem ehemaligen Aquädukt ist sogar noch ein Stück zu sehen. Es liegt etwa 3 km entfernt, links am Staubweg, in der Verlängerung der Zugangsstraße.

▶ Der englisch sprechende Beduine Ahmed, Tel 07 7751 8206, hat von den Archäologen einiges gelernt und übernimmt gern eine Führung durch das weitläufige Gelände.

Zurück zur Hauptstraße
17 km nach Humaimah:

Quweira

Der Ort liegt dem Wadi Rum am nächsten. Selbstversorger, die länger im Rum bleiben wollen, sollten hier einkaufen.

Nach 11 km: Abzweig zum **Wadi Rum** (Rashidiya Kreuzung)

Eine Vorankündigung weist bereits auf die Straße ins Wadi Rum hin, der Abzweig selbst ist nicht zu übersehen.

Wir wollen hier einen unbedingt zu empfehlenden Abstecher in die Wüstenlandschaft des bekannten Wadis einlegen.

Nach 16 km von der Hauptstraße: **Abzweig**, links zum **Beit Ali Camp**

1 km: **Abzweig**, links 10 km nach **Diseh**

Die Eisenbahnschienen, auf denen das in dieser Gegend abgebaute Phosphat nach Aqaba transportiert wird, wurden 1928 als Abzweig der Hejaz-Bahn nach Aqaba verlegt und 1975 mit einer Erweiterung zu den Phosphatminen bei El Hesa erneuert und ausgebaut.

Diseh (auch Deiseh oder Disi)

Diseh hat in den letzten Jahren touristisch insofern an Bedeutung gewonnen, als Beduinen ganz in der Nähe Camps gebaut haben, die zu unterschiedlichen Konditionen und Komfortansprüchen Unterkunft bieten. Sie gruppieren sich um einen Felsenhügel, eins neben dem anderen, und bieten eine gute Übernachtungsalternative zum Resthouse in Rum. Geschickterweise wurde die Grenze des Naturreservats Rum so gezogen, dass die Camps gerade außerhalb liegen und den Restriktionen des Reservats entgehen. Jedes Camp bietet auch Ausflüge in die Wüste an, zum Teil ins Wadi Rum, aber auch in andere, nicht so überlaufene Gegenden. Es lohnt sich also, für einen Abstecher nach Diseh zu fahren und Alternativen zu erkunden. (Details siehe Seite 317, *Übernachten*)

Zurück und weiter auf der Straße nach Rum
5 km

Wadi Rum Visitor Center

Im **Visitor Center** geht man nach dem Ticketkauf (JD 2 pP) zur Visitor-Reception, meldet dort seine Wünsche an und wird dann über das Wadi Rum und die Möglichkeiten, es kennenzulernen, unterrichtet. Außerdem kann man in einem Filmsaal einen empfehlenswerten, etwa 10-minütigen Einführungsfilm ansehen.

Hier betreten Sie das 2004/05 eröffnete Naturreservat, die **Wadi Rum Protected Area**, die (mit Unterstützung der RSCN) von der Aqaba Special Economic Zone Authority, Aqaba, Tel 03 209 0600, info@wadirum.jo, www.wadirum.jo, gemanagt wird. Ursprünglich wurden ziemlich fes-

Gut geschützt: Bett im Captain's Camp

9 Der „tiefe Süden" - Petra – Wadi Rum

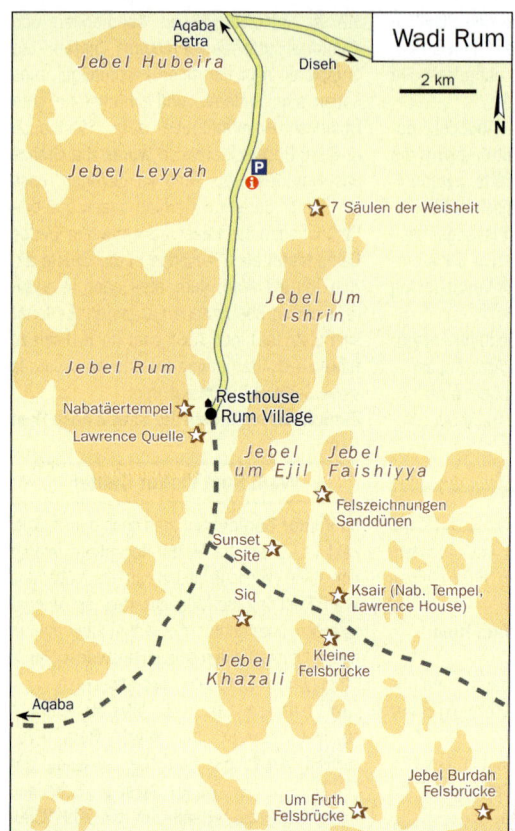

te Regeln eingeführt und zunächst wohl auch eingehalten: Nur eine begrenzte Anzahl von Besuchern sollte jeweils die Wüste durchziehen oder die Berge erklettern dürfen, und das auf festen Routen für die Besichtigung und in Campingzonen für die Nacht. Anstelle der selbsternannten sollten ausgebildete Führer das Kommando übernehmen. Damit sollte die einmalige Landschaft mitsamt ihrer nicht endlos belastbaren Umwelt erhalten werden, wie fast überall, eher zu spät als zu früh.

Doch viele der guten Vorsätze blieben offenbar auf der Strecke. Nach unseren Eindrücken und Erlebnissen 2008 ist der Schlagbaum am Visitor Center inzwischen hauptsächlich zum Abkassieren der Gebühren und Vermitteln von Touren in Betrieb, aber von strengen Auflagen, wie z.B. nur bestimmte Routen zu benutzen, kann wohl nicht mehr die Rede sein. 2004 mussten noch alle Privatfahrzeuge beim Visitor Center abgestellt werden. Heutzutage kann man nach dem Ticketkauf unbehelligt weiterfahren.

Entgegen den z.B. im Internet nachzulesenden „Rules and Regulations", nach denen man nur auf den vorgegebenen Pisten fahren darf, wird weiterhin lustig querfeldein kutschiert oder waghalsig überholt. Uns ist 2008 keine einzige irgendwie gekennzeichnete Piste aufgefallen. Wenn Sie also mit eigenem oder einem geliehenem 4WD das Wadi Rum ohne Führer erkunden wollen, dann sollten Sie über Wüstenerfahrungen verfügen, vor allem, wenn man abseits der frequentierten Routen fährt. Wegen der zahllosen und sich ständig querenden Pisten ist die Orientierung schwierig, gute Karten (z.B. sowjetische 1:100 000, erhältlich z.B. bei www.daerr.de) und GPS-Navigation sind wichtig.

Nochmal zu den **offiziellen Regeln**, die vielleicht demnächst tatsächlich durchgesetzt werden könnten: Besucher dürfen nur in Begleitung von Beduinen per Allradfahrzeug, Kamel oder zu Fuß vom Visitor Center aus das Reservat erkunden. Eigene Fahrzeuge sollen

Wadi Rum Visitor Center

auf dem Parkplatz vor dem Center abgestellt werden, benötigtes Gepäck ist umzuladen. Der Ranger teilt dem Besucher einen Fahrer oder Begleiter aus dem Pulk der am Gebäude wartenden Führer zu. Man darf sich nicht irgendwo in die Wüste zum Übernachten legen, sondern muss im Resthouse oder in einem der Camps oder an deren Rand eine Schlafstatt mieten. Wer mit einem ganz bestimmten Guide unterwegs sein will, muss diesen 48 Stunden zuvor schriftlich per Fax oder Email beauftragen; der Guide wiederum muss am Visitor Center die Buchung auch auf Papier vorweisen. Damit soll das gegenseitige Unterbieten und andererseits das Ausbeuten durch Wadi-Fremde verhindert werden, die früher die Leute gegeneinander ausspielten.

Hintergrund: *Das Wadi Rum (auch „Ram") gehört zu den großartigsten Wüstenlandschaften Jordaniens, ja des Nahen Ostens. T. E. Lawrence, zu dessen zweiter Heimat es wurde, beschreibt es als "eine Prozessionsstraße mit riesigen Felsbauwerken zu beiden Seiten". In der Realität handelt es sich um Verwerfungen von Sandsteinfelsen auf Granitsockeln, die bei der Bildung des ostafrikanischen Grabenbruchs (vor ca. 30 Mio Jahren) angehoben wurden. Zwischen ihnen verläuft das Wadi. Diese Granitberge machen die Faszination des Wadis aus. Die Erosion hatte viel Zeit, den Sandstein zu Sand zu erodieren und sich am harten Granit „die Zähne auszubeißen"; übrig blieben die bizarren Formen der Berge und der Sand der Wüste. Die Einmaligkeit des Wadi Rum wird gerade durch die isoliert stehenden Felsmassive geprägt – der Blick von Ras en Naqb (siehe Seite 305) vermittelt dies nur zu deutlich.*

Der Boden des Wadis liegt etwa 1000 m hoch. Westlich vom Ort Rum streckt sich der Jebel Rum mit 1754 m Höhe schnurgerade in den Himmel, quasi gegenüber, auf der anderen Seite des Wadis, der Um Ishrin mit

„Die Sieben Säulen der Weisheit" des T. E. Lawrence

9 Der „tiefe Süden" - Petra – Wadi Rum

Jordaniens Kamele sind Dromedare

Jeder spricht vom *Kamel* in Jordanien, meint aber immer die einhöckerige Variante dieser Tiergattung, das *Dromedar (Camelus dromedarius)*. Denn die gesamte Gattung heißt Kamel, das Tier mit den zwei Höckern Trampeltier *(Camelus bactrianus)*. Im Laufe der Evolution passten sich die Kamele optimal den Wüstenbedingungen an: Die sogenannten Schwielenfüße sind bestens für sandiges Gelände geeignet; der sehr geringe Wasserbedarf der Tiere und ihre Wasserspeicherfähigkeit von ca. 150 Litern, die sie in speziellen Zellen bunkern und nicht im Höcker - er dient mit seinem Fett als Energiereserve für bis zu 30 Tage -, sichern die Überlebensfähigkeit bis etwa zwei Wochen ohne nachzutanken. Die Nasenschleimhäute entziehen der Atemluft die Feuchtigkeit und führen sie zurück, die Nieren konzentrieren den Urin so stark, dass möglichst wenig Wasser verloren geht, der Kot wird weitestgehend trocken ausgeschieden. Während der Nacht sinkt die Körpertemperatur stark ab, so dass besonders der Fetthöcker als Kältespeicher dient, der den Körper noch lange in den Tag hinein abkühlt.

Und der hohe Hals überragt bei den meisten Sandstürmen die dichteren Schichten in Bodennähe. Die doppelten Wimpernreihen schützen die Augen vor Sand, die Nasenlöcher sind - ebenfalls als Sandschutz - verschließbar.
Für den Menschen bietet das Kamel einen Nutzungsgrad wie kaum ein anderes domestiziertes Tier. Neben den allseits bekannten Reit- und Trageigenschaften produziert es Milch, Wolle, Fleisch und - Dung. Dieser eignet sich hervorragend als Brennmaterial, das schon so manchem Beduinen mitten in der baumlosen Wüste zu einem warmen Tee oder Mahl verholfen hat. Zum Schluss: Das Schimpfwort „Dummes Kamel" kann nur von dummen Menschen kreiert worden sein, die niemals mit dem Tier zu tun hatten.

1753 m. Sie sind die mächtigen Pylone, die das Wadi an seiner engsten Stelle bewachen. Im Sand und porösen Sandstein sammelt sich Regenwasser, das langsam nach unten sickert, auf den Granitsockel trifft und in diversen Quellen zutage tritt.

Früher galt übrigens der Jebel Rum als der höchste Berg Jordaniens. Doch 1993 wurde der Jebel Um ad Dhami südöstlich des Rum-Gebiets entdeckt, der mit 1854 m dem Jebel Rum die Spitze genommen hat.

Die Frischwasserquellen zogen schon lange Menschen an, wie eine kaleolithische Siedlung aus der Zeit um 4500 vC beweist. Ab dem 8. Jh vC häufen sich die Belege für menschliches Leben im Wadi. Die günstige geografische Lage ließ später eine Handelsstraße zur arabischen Halbinsel entstehen, welche in die Handelsstraße zwischen Syrien und Palästina mündete. Für die Nabatäer war diese Karawanenroute eine ganz wichtige Verbindung, sie bauten u.a. einen Tempel, dessen Ruinen noch vorhanden sind. In früheren islamischen Zeiten zog sich die Hauptpilgerroute nach Mekka durchs Wadi Rum, die heute an Airlines abgetreten ist.

Der Engländer Theodore E. Lawrence, der sich später einen Namen als Lawrence von Arabien machte, organisierte im Ersten Weltkrieg mit den Beduinentruppen des Urgroßvaters des heutigen jordanischen Königs Abdullah II den Aufstand gegen die osmanische Herrschaft. Seine Erlebnisse schilderte er in seinem Buch "Die Sieben Säulen der Weisheit".

Aktivitäten

Bewohnt wird das Gebiet von etwa 1500 (andere Quellen sprechen von 4000) Beduinen, die ihre Herkunft auf die Nabatäer zurückführen. Ihre sehr alte Kultur, ihre Erzählungen, Lieder und ihr ziemlich komplexes Rechtssystem blieben nur durch mündliche Überlieferung erhalten. 2005 erklärte die UNESCO diesen Kulturraum zum Meisterwerk des mündlichen und immateriellen Erbes der Menschheit.

Im Lauf der letzten Jahrzehnte gaben die meisten Familien das Nomadenleben weitgehend auf, um ihre Kinder in Rum und Diseh zur Schule schicken zu können. Rum ist das Gebiet der Zalabia-Beduinen, Diseh das der Zweidehs. Da Diseh über ein großes unterirdisches Wasserreservoir verfügt, wird dort auch Landwirtschaft betrieben, während die Zalabia-Beduinen inzwischen fast ausschließlich vom Tourismus leben. Sie alle sind freundlich und verstehen es, offen – nicht zu geschäftsmäßig – mit den Besuchern umzugehen. Die jüngeren Männer sprechen häufig gut bis sehr gut englisch und machen die Besucher recht umfassend mit dem Land und ihren Traditionen vertraut.

Im Wadi Rum herrscht typisches Wüstenklima mit im Sommer heißen Tagen und kühlen Nächten, im Winter kann die Nachttemperatur unter den Gefrierpunkt fallen. Regen oder auf den Bergen Schnee sind dann nichts Ungewöhnliches. Die Flora und Fauna entsprechen der Wüste, allerdings leben hier dank der Quellen verschiedene Wildtiere, u.a. Ibexe und wilde Katzen. An Vögeln sind Adler und Bussarde zu entdecken.

Aktivitäten

Die Hauptbeschäftigung besteht aus Trips in die Wüste, sei es zu Fuß, per Kamel oder Auto (wenn, möglichst 4WD). **Bergsteigen** bzw. **Klettern** in den Schluchten des Wadis wurde durch den britischen Kletterer Tony Howard eingeführt und bekannt gemacht. Für schwierigere Partien sollte man einen Führer anheuern.

Für viele Besucher, die noch nie in der **Wüste nächtigten**, kann es das größte Abenteuer sein, einfach einmal unter dem Sternenhimmel mit seinen Milliarden glimmenden Lichtern zu schlafen. Möglichkeiten dazu werden zahlreich angeboten - legen Sie Wert auf einen Platz weitab vom Dorf Rum mit seinem Streulicht und entfernt genug von lauten Camps, um die Lautlosigkeit der Wüste „hören" zu können. Wer nicht allein losziehen will, sollte das relativ komfortable Angebot nutzen, in einem Bedu-Camp zu übernachten, siehe weiter unten.

Die vielen kleinen und großen Schönheiten der Wüste erlebt man am besten vom Kamelrücken aus; im wiegenden Schritttempo findet man genug Muße, auch die Details am Wegesrand zu entdecken. Wenn Sie etwas Zeit mitbringen, ziehen Sie einen Kameltrip dem Jeepausflug vor. Die Beduinen stellen in der Regel nur die Kamele, Verpflegung muss man selbst mitbringen bzw. in Rum kaufen.

Neben den üblichen Kameltrips werden auch Pferderitte angeboten, siehe weiter unten. Auch **Drachenfliegen** ist vom Jebel Rum oder anderen Hängen möglich.

Tief ausgefahrene Pisten im Wadi Rum

Kosten der im Visitor Center angebotenen Trips

4WD-Trips

Nr.	Ziel	Entf. (km)	Zeit (Std)	Preis (JD)
1	Lawrence Quelle	6	1	25
2	Al-Khazali via Abu Aineh	14	2	35
3	Sunset Site inklusive Nr. 2	22	3	44
4	Sanddüne inkl. Ain Faishiyya und Lawrence Haus	40	3,5	59
5	Felsbrücke Burdah inklusive Nr. 2 und Fruth Bridge	45	4	67
6	Burrah Canyon inklusive Nr. 2, Fruth Bridge, Lawrence H.	26	1 Tag	75
7	Allradfahrzeug	50	1 Tag	80

Kameltrips

Nr.	Ziel	Entf. (km)	Zeit (Std)	Preis (JD)
1	Sieben Säulen der Weisheit (vom Visitor Center aus)		1	4
2	Nabatäer Tempel (von Rum Village aus)		0,5	4
3	Lawrence Quelle		2	10
4	Al-Khazali Canyon inklusive Lawrence Quelle		4	20
5	Sunset Site inklusive Übernachtung			60
6	Felsbrücke Burdah inklusive Übernachtung			60
7	Kamel per Tag		6	30

Interessantes im Wadi Rum

Das Wadi Rum überrascht den Besucher mit einer ganzen Reihe von Sehenswürdigkeiten. Die bekanntesten sind im Folgenden kurz skizziert.

• **Graffiti**

Die Felsen des Wadi Rum dienten vielen Durchreisenden als "Schwarze Bretter", an denen sie Mitteilungen hinterließen oder Bilder ihrer Tiere. Besonders fleißig waren thamudische Beduinen, die, erstmals im 8. Jh vC in der Gegend von Mekka erwähnt, in der Nabatäerzeit auch hier lebten und offenbar in guter Nachbarschaft mit den inzwischen sesshaften Nabatäern. Viele Graffiti geben den Historikern Hinweise auf Lebensweise und Religion der Urheber. Manche geben schlicht den Namen des Schreibers auf dem Fels bekannt, andere sind nach unserem heutigen Empfinden einfach grafisch schön. Neben thamudischen Felszeichnungen (eigentlich Felsritzungen) findet man auch nabatäische und (selten) minäische aus der früharabischen Zeit.

• **Säulen der Weisheit**

T.E. Lawrence taufte die Bergformation am Eingang des Wadis "The seven pillars of wisdom". Sie liegen "gleich um die Ecke" des Visitor Center, d.h. südöstlich am ersten Bergmassiv. Mit einem brauchbaren Teleobjektiv sind sie bereits von hier gut zu fotografieren.

• **Nabatäer Tempel**

Am Fuß des Jebel Rum (ein paar hundert Meter hinter dem Resthouse) bauten einst die

Aktivitäten

Nabatäer einen Tempel, dessen Relikte noch zu sehen sind. Er entstand im 1. Jh nC und wurde im Laufe der Zeit in drei Bauabschnitten umgebaut und erweitert, im letzten mit einer Umfassungsmauer versehen. Das vermutlich der Göttin Allat geweihte Bauwerk wurde später noch von den Römern benutzt. Nordöstlich vor dem Tempel konnte ein vornehmes nabatäisches Wohnhaus ausgegraben werden, das sogar ein Bad enthielt. Dieses ist mit prinzipiellen Einrichtungen ausgestattet, wie man sie später bei den Römern bzw. in Wüstenschlössern findet, es ist jedoch die älteste in Jordanien bekannte Badeanlage.

- **Ain Shelaleh** (auch *Lawrence Spring*)

Die ergiebigste Quelle des Wadis entspringt am Jebel Rum, ca. 1 km bergauf; ein paar Bäume lassen den Platz vom Resthouse aus erkennen. Die Quelle ist heute so ummauert, dass man nicht mehr, wie Lawrence, dort schwimmen kann. In der Umgebung sind viele Felszeichnungen und Inschriften zu sehen, auch Reste einer nabatäischen Wasserleitung, die einst zum Tempel hinunterführte. Jetzt verläuft eine Rohrleitung zu einem Tank am Fuß des Jebel; dort versorgen die Beduinen sich selbst und ihr Vieh mit dem wertvollen Nass.

Tempel und Quelle lassen sich bei einem etwa anderthalbstündigen Spaziergang erschließen (falls noch erlaubt): vom Resthouse direkt Richtung Jebel Rum zum Nabatäertempel gehen, dann in südlicher Richtung zum weißen Wassertank; von dem aus windet sich ein Pfad den Berg hinauf zur Quelle.

- **Siq**

Durch einen mannsbreiten, sehr hohen Felsspalt des Jebel Khazali zieht ein stetiger, angenehm kühlender Luftzug. Im Inneren des Canyon sind diverse nabatäische Zeichnungen und eine Kufi-Inschrift zu sehen. Kletterer mit entsprechender Ausrüstung können im Siq bis auf die Spitze des Jebel klettern. Vor dem Siq sammelt sich genug unterirdische Feuchtigkeit, um ein paar Bäume am Leben zu erhalten.

- **Kleine Felsbrücke Rakehbt al Wadak**

Am nördlichen Fuß des Jebel Qaber Amra schuf die Erosion ein größeres Loch in einer Felswand, von einer Brücke kann jedoch nur mit viel gutem Willen die Rede sein.

- **Felsbrücke Um Fruth**

Ein etwas entfernterer kleiner Jebel, der aber auf guter Piste zu erreichen ist. Die einigermaßen eindrucksvolle Brücke verdient ihren Namen tatsächlich.

- **Felsbrücke Burdah**

Die noch größere und häufig abgelichtete Felsbrücke liegt auf dem gleichnamigen Jebel; sie ist allerdings erst mit bis zu 1-2 Stunden Fußmarsch den Berg hinauf und teils etwas schwierigem Klettern zu sehen. Von der Brücke aus herrlicher Blick ins Wadi Rum.

- **Al Ksair** (auch **Lawrence House**)

Das Dach des kleinen nabatäischen Tempels stürzte erst vor wenigen Jahren ein, schon von daher ist heute nichts Besonderes mehr zu erkennen oder zu sehen.

Felsritzungen am Jebel Faishiyya

9 Der „tiefe Süden" - Petra – Wadi Rum

Tourist Code

Tony Howard, langjähriger Experte des Wadi Rum, veröffentlicht Verhaltensregeln (aus dem Himalaja Tourist Code) für Besucher. Kernaussagen sind:

- Machen Sie kein offenes Feuer und hindern Sie andere daran – das Brennmaterial wächst nicht schnell genug nach
- Nehmen Sie Ihren Abfall mit zurück
- Verbrennen Sie Toilettenpapier und vergraben Sie das verbrannte Papier zusammen mit den Fäkalien
- Halten Sie Quellwasser sauber
- Erhalten Sie das natürliche Umfeld der Pflanzen
- Vermeiden Sie, die Tiere der Wüste zu stören
- Hinterlassen Sie keine Graffiti
- Denken Sie an die Privatsphäre beim Fotografieren, fragen Sie die betreffenden Personen um Erlaubnis
- Geben Sie Kindern keine Geschenke, das fördert das Betteln, unterstützen Sie lieber ein lokales Projekt
- Besucher, die lokale Bräuche respektieren und anerkennen, fördern den Stolz der Einwohner und helfen, die lokalen Traditionen zu erhalten
- Sie sind Gast; seien Sie freundlich, sensibel und eher zurückhaltend
- Beachten Sie das schon früher über Kleidung und Verhalten Gesagte (siehe Seite 29)

• Nabatäische Felszeichnungen am Jebel Faishiyya

Auf einer Felswand an der Südseite des Jebel verewigten Nabatäer Kamele in Felszeichnungen (eigentlich -ritzungen); mittags ist die Wand gut ausgeleuchtet.

• Sanddüne

Ganz in der Nähe der Felszeichnungen lehnt sich eine ziemlich hohe Düne an eine Felswand. Sie ist aber von Fußspuren total zertrampelt – wer ihre natürliche Schönheit erleben will, muss ganz eilig nach einem Sandsturm herkommen, bevor die nächste Touristenladung auf sie losgelassen wird.

• Sunset Sites

Je nach Jahreszeit empfehlen sich bestimmte Plätze für den Sonnenuntergang. Der Sommerplatz liegt ein ganzes Stück südlich im Wadi. Am Winterplatz fanden wir das Schauspiel nicht allzu dramatisch (Petra ist zumindest zu dieser Zeit deutlich schöner).

Wenn Ihnen das alles nicht genug Auslauf ist, können Sie über den Royal Aero Sports Club of Jordan, Amman, Tel 03 205 8050, Fax 3 205 8052, info@royalaerosports.com, www.royalaeroclub.com, unvergessliche Fahrten im **Heißluftballon** unternehmen oder **Fallschirmsprünge**, **Microlighting**, **Paragliding** über der Wüste buchen.

Die Straße vom Visitor Center zum Ort Rum folgt der "**Prozessionsstraße**" des T. E. Lawrence, beginnend mit den "Sieben Säulen der Weisheit" (nördliche Seite), die er voller Begeisterung mit dem recht treffenden Namen taufte. Man kommt sich als kleiner Mensch hier unten noch kleiner vor. Aber nicht verängstigt und bedrückt, sondern frei und begeistert, weil die Berge weit und offen sind, weil sie nicht grau und stumpf drohen, sondern mit ihren rötlichen Pastelltönen freundlich wirken – den Besucher willkommen heißen.

6 km bis

Rum (Ram) Village

Nach Passieren des Resthouse, kurz vor dem Ort rechts, endet die Asphaltstraße sozusagen am Fort der Wüstenpolizei, des **Desert Camel Corps** (tatsächlich ein paar hundert Meter weiter). Das Fort stammt aus den 1930er Jahren. Die Kamelreiter in ihren immer noch etwas malerischen Uniformen, die nicht zuletzt durch T. E. Lawrence und den

Selbst ist der Lehrer

1999 berichtete ich von Atieg Sahhah Atieg, einem jungen, sehr gut englisch sprechenden Mann, der freundlich und unaufdringlich mit seinen Fahrgästen umgeht. Aus der damaligen Begegnung ist eine freundschaftliche Beziehung entstanden, die bei jedem Besuch wieder auflebt. Hin und wieder tauschen wir Emails aus. Atieg, der als Kind nur arabisch schreiben lernte, brachte sich Englisch und das lateinische Alphabet selbst bei, und das liest sich so (auf meine Frage, wie er schreiben lernte):
"dear may frind
abawt tha English raiting i jast learn from tha bebol ho rait mee latar in tha bost ofis befor tha internet come to jordan
i rait to some bubel and i seind to thim wthe bost office i lern hawe to rait from may self you cane say i rait az i bronansr tha words
bat tha torist i ansr thm wthe tha email nawe they andrstand mee good
tha roil balas chois mee to gaid brinc shars tha brins of wailis wan hee visit wadi rum bekoz i speak einglish
and i bein wthe tonyblear and shery blear and ther family whine he waz braimanistor
and i gaid helen klark she whaz tha bray manstor of niuzland"
Man kann über diese „phonetische Schreibweise" lächeln. Man kann sie aber auch voller Hochachtung vor einem Menschen bewundern, der seine Zukunft selbst in die Hand nahm und sich mit einfachsten Mitteln weiterbildete.

Film über ihn bekannt wurden, nehmen heute eher Verwaltungsaufgaben wahr, als heroisch gegen Eindringlinge aus dem Osten kämpfen zu müssen. Ein Besuch in der Polizeistation, der früher sozusagen der Antrittsbesuch im Wadi Rum war, stößt heute bei den Exgastgebern auf wenig Interesse. Selbst die Reitkamele der Polizei sind weitgehend schnellen, speziell für diesen Dienst ausgerüsteten 4WDs gewichen und der Willkommens-Kaffeetrunk wird nur noch offiziellen Gästen der Station serviert.

In dem kleinen Shop neben dem Resthouse am Ortseingang wird eine Karte namens WADI RUM TOURIST PLAN verkauft, die für einen Überblick von Vorteil ist. Empfehlenswert ist auch das Büchlein *Walks And Scrambles In Wadi Rum* von Tony Howard und Diana Taylor, das detailliert kleinere Klettertouren und Wanderungen beschreibt. Das ausführlichere Buch *Trecks and Climbs in Wadi Rum* von Tony Howard wendet sich mehr an „Profi"-Kletterer.

Praktische Informationen

Telefonvorwahl 03

Busverbindungen

Grundsätzlich gehen die Uhren im Wadi Rum anders. Es gibt oder, besser, es kann drei Abfahrten nach Aqaba (JD 3) ab dem späten Vormittag geben (früher gegen 7, 8 und 11 Uhr), eine am Morgen nach Petra (JD 4). Aber die Frequenz kann sich bei höherem Besucheraufkommen ändern. Besonders schwierig ist das Weiterkommen am Freitag, da dann jeweils nur ein Minibus fährt. Daher erkundigen Sie sich rechtzeitig nach der aktuellen Abfahrtszeit und seien Sie vorsichtshalber viel früher als angegeben am Bus. Endhaltestelle ist das

9 Der „tiefe Süden" - Petra – Wadi Rum

Resthouse. Ankommende Besucher müssen aber am Visitor Center Eintrittstickets kaufen, doch der Bus wartet nicht…
Als Alternative kann man von oder zur Rashidiya Kreuzung am Desert Highway hitchhiken, dort fahren häufig Busse/Minibusse nach Norden oder Süden vorbei; allerdings können viele so voll sein, dass sie nicht halten. Für den Lift bis dorthin zahlt man in der Regel ein paar JD. Wichtig zu wissen ist auch, dass Autofahrer direkt an der Kreuzung bzw. der Autobahn niemanden mitnehmen dürfen, sondern erst einige Meter entfernt.
Von Aqaba kann man für etwa JD 20 (einschließlich Wartezeit) per Taxi nach Wadi Rum und zurück fahren. Was eigentlich keinen Sinn macht. Man bucht dann besser eine komplette Tour von Aqaba aus, bei der das typische Programm geboten wird. Diese Überlegung, ob man all die Umstände mit Hin-, Herum- und Weiterkommen auf sich nehmen oder am Ende mit einer entsprechenden Tour problemloser und nicht allzu viel teurer davonkommen will, sollte man schon deshalb anstellen.

Organisierte Trips, lokale Veranstalter

Fast alle Reisebüros in Amman, Wadi Musa oder Aqaba organisieren Trips ins Wadi Rum, die man am besten jeweils dort aushandelt. Aber auch die hier heimischen Beduinen bieten unterschiedlichste Trips an.
Im Wadi Rum sind uns bekannt:
- ATIEG SABBAH ATIEG, Tel 0795 60 9691, atieg77@yahoo.com, www.wadi-rum.com, ein sehr gut englisch sprechender Beduine, der freundlich und unaufdringlich mit seinen Fahrgästen umgeht. Er donnert nicht über die Piste, sondern fährt mit großem Geschick eher behutsam durch die Wüste. Er spricht gern und stolz über seine 27 Geschwister, die sein Vater mit vier Frauen erzeugte. In seinem eigenen Camp bietet er Übernachtung, wenn gewünscht, mit sehr gutem Bedu-Dinner und Frühstück.
- EID SABAH EL ZALABEYA, 079 5814097, eidsabah@yahoo.com, bietet das gesamte Spektrum, Jeep- und Kamelsafaris, Übernachtung im Beduzelt
- WADI RUM MOUNTAIN GUIDES, Tel 07 9589 9723, wadirum_mg@yahoo.com, www.bedouinroads.com; das Unternehmen von Attayak Aouda und Attayak Ali hat sich einen Namen als Bergsteiger-Spezialist gemacht, führt aber genauso unterschiedlichste Touren zuverlässig durch.
- ZEDANE AL ZALABIEH, DESERT SERVICE, Tel 07 950 6417, Fax 03 203 2607, zedn_a@ yahoo.com, Beduine mit langjähriger touristischer Erfahrung, zuverlässig.
- Unter Reitern dürfte PEGASUS, INTERNATIONALE REITERREISEN bekannt sein, die weltweit Reiterreisen anbietet, so auch von Wadi Rum: Pegasus, Herrenweg 60 CH-4123 Allschwil, kostenl. Tel 0800 505 1801, equiconsult@wanadoo.fr, www.reiterreisen.com
- Einen sehr professionellen Eindruck macht die Organisation des BAIT ALI DESERT CAMP, Tel/Fax 03 202 2626, Mobile 077 548 133, info@desertexplorer, www.desertexplorer.net, das u.a. auch auf Reiten spezialisiert ist.
- Ein Leser schreibt sehr positiv über MOHAMMAD ALI LAVI ZALABI vom Moon Camp, Tel 079 551 5748, mohammad_ali_lavi@hotmail.com, www.geocities.com/wadirum_desert; der ihm von dort aus alle Sehenswürdigkeiten per 4WD zeigte.

Die Camps - siehe nächste Seite- bieten Trips aller Art in die nähere und ferne Umgebung an.

Essen & Trinken

Das RESTHOUSE Restaurant offeriert arabische Küche, gutes Essen und Frühstück, relativ teuer; ferner gibt es saubere Toiletten und Duschen, Gepäckaufbewahrung ist möglich. Wesentlich billiger kann man im Ort essen, z.B. im FAST FOOD RESTAURANT am Ende der Straße, gegenüber dem Supermarkt, oder im CLIMBER'S RESTAURANT.

Übernachten

Seit Eröffnung der Reserve errichteten die Beduinen 37 Camps verstreut im Wadi Rum. Dort bieten sie Übernachtungsmöglichkeiten auf einfachen Betten, Abendessen und Frühstück, es gibt einfache Toiletten und Duschen. Der Gast kann sowohl im Camp als auch außerhalb unter dem sternenübersäten Himmel übernachten. Das beduinisch zubereitete Essen trägt, wie auch die musikalische Untermalung, ebenfalls zum ungewöhnlichen Erlebnis bei.

Wadi Rum Village

- **RESTHOUSE**, Ortseingang Wadi Rum Village, Tel 07 9675 5600; Schlafen in kleinen Zelten (JD 3 pP) oder auf dem Dach des Hauses (JD 2 pP, beste Möglichkeit), Duschen und Toiletten sehr sauber, Matratzen vorhanden, u.U. laut wegen Verkehr auf Parkplatz, mF ....pP 10
- **Camping** auf dem Platz hinter dem Resthouse, Wohnmobile ....2 pP, Zeltler in vorhandenem Zelt 3 pP

Camps bei Diseh und Umgebung

- **BAIT ALI DESERT LODGE**, 1 km vor Abzweig nach Diseh links, ausgeschildert, etwa 500 m von der Asphaltstraße, hinter einem Hügel, Tel 077 548 1330, 07 9554 8133 Fax 03 202 2626, info@baitali.com, www.baitali.com; große Anlage mit Pool, Übernachten in Zelten oder Steinchalets auf Betten, sehr saubere Sanitäranlagen, Sport von Ballonfahren über Pferd- und Kamelreiten, Sandyagthing bis Wandern, Leserbeschwerden über wenig Hilfsbereitschaft, nachts stören Bahn und Autos, Lunch, HP ....Chalet pP 35, Zelt pP 30

Noch vor dem Ortsende-Schild nach Diseh zweigt rechts eine schmale Straße ab, von der wiederum nach ca. 1 km links eine gute Piste zu einem halbrunden Felsberg führt, in dessen Schatten einige Camps nacheinander liegen:

- **ZAWAIDEH DESERT CAMP**, Tel 079 584 0664, zawaideh_camp@yahoo.com, kleinste Anlage, wirkt daher „gemütlich", ein paar Palmen, saubere Sanitäranlagen, Moskitos, HP ...pP 20
- **CAPTAIN'S CAMP**, Tel 079 5620 2038 gehört Captain's Restaurant und Hotel in Aqaba, groß, Palmen, gepflegter Eindruck, saubere Sanitäreinrichtungen, Übernachten im Zweier-Moskitozelt innerhalb eines Beduzelts, HP ....pP 35, „Suite" pP 75
- **DESERT PALMS CAMP**, Tel 079 566 3410, a.desertworld@gmail.com, Camp ohne Palmen, etwas ungepflegt, Bar, Alkoholausschank, Sanitäranlagen hinter einem Hügel, Schlafen in Palmblatthütten, HP..pP 15
- **MOON VALLEY CAMP**, 07 7797 1812, mhasanat18@hotmail.com, einfach, man schläft entweder auf Matratzen im Restaurantzelt oder irgendwo im Freien, saubere Sanitäranlagen, HP ....pP 25
- **HILLAWI CAMP**, Tel 079 675 5600, rumrami@yahoo.com; derzeit letztes Camp an der Piste, schönste Lage, mit gutem Blick auf Berge und Dünen, großzügig angelegt, saubere Sanitäranlagen, Leserbeschwerden über viele Fliegen und lauten Generator, unzuverlässig bei Zeitzusagen, Schlafen in Armeezelten mit max. 4 Betten, mF .... pP 20, HP 30
- Leserempfehlung: **OASIS DESERT CAMP**, Tel 077 746 1519, info@oasisdesertcamp.com, www.oasisdesertcamp.com, Rateb und Ali Falahat, noch vor Diseh, liegt ziemlich versteckt südlich der Straße, Ali (Tel 077 738 2219) ist studierter Lehrer, spricht gut englisch und wird als umsichtiger Führer gelobt, HP ....pP 20

9 Der „tiefe Süden" - Petra – Wadi Rum

Ein paar Tipps für längere Kameltrips
- Bei der Wahl des Kamelführers sollte man auf gute Kommunikation wert legen, denn es gibt unterwegs eine Menge zu fragen und zu beantworten, vor allem was Flora und Fauna, aber auch Sitten und Bräuche betrifft. Daher ist ein kenntnisreicher, englisch oder gar deutsch sprechender Mann sehr wünschenswert. Wenn dieser Idealkandidat dann abends auch noch Beduinenmusik spielt, ist das Erlebnis vollkommen.
- Weil man auf dem Kamel einigermaßen unbequem, mit stark gespreizten Beinen, sitzt, sollte man weite Hosen tragen. Gegen Wundscheuern helfen weiche Kissen und immer mal wieder längeres Führen des Kamels (daher auch gute Wander- oder Trekkingschuhe). Weiterhin sind Hut und lange Ärmel als Schutz gegen die unerbittlich brennende Sonne wichtig.
- Vor dem Aufladen Decken für die Nächte unter freiem Himmel inspizieren oder selbst warmen Schlafsack und Iso-Matte mitnehmen (unter gestellten Decken erzeugt ein einfacher, leicht zu transportierender Leinenschlafsack einen „hygienischen Abstand").
- Selbstverständlich sollte sein, dass entsprechende Mengen an einwandfreiem Trinkwasser mit auf die Reise gehen.
- Schützen Sie sich auch als Nicht-Reiter gegen die unerbittliche Sonne. Shorts oder anderweitige minimale Bekleidung wären schon daher unklug, abgesehen vom Affront gegen die Bevölkerung.

Nun geht es auf der Asphaltstraße **zurück zum Desert Highway**. An der Kreuzung biegt man links ab und fährt dann, einem Wadi folgend, kontinuierlich bergab.

19 km bis **Aqaba Zollstation**
4 km: **Abzweig**
Links zum südlichen Hafengebiet, 31 km bis Saudi-Arabien Grenze
14 km: **Abzweig**
Links „Aqaba Ports"
2,5 km: Aqaba ist erreicht

Aufwachen in herrlicher Wüstenumgebung

Aqaba

Mit Aqaba ist das Rote Meer, genauer der Golf von Aqaba, erreicht. Die einzige Hafenstadt Jordaniens (etwa 65 000 Einwohner) verdient ihr Geld sowohl mit Transitgüterverkehr in den Irak als auch mit Phosphatausfuhr, dem Haupt-Exportprodukt Jordaniens.

Aqaba liegt insofern sehr günstig, als es praktisch auf Süßwasser gebaut ist: Sickerwasser von weit her wird über eine wasserdichte Gesteinsschicht und auf einer schiefen Ebene in den Golf geleitet. Schon ein 1 m tiefer Brunnen kann Süßwasser liefern.

Ab 2001 verwandelte sich Aqaba zur Freihandelszone *Aqaba Special Economic Zone (ASEZ)*. Reisende von außerhalb stellen dies kurz vor der Stadt an den Zollstationen fest, die aber Touristen meist mit freundlichem Gruß durchwinken. Im Prinzip müssten daher alle Waren, auch Souvenirs, in Aqaba billiger zu erstehen sein, da der Steuersatz innerhalb der Zone nur 7 Prozent beträgt. Tatsächlich ist davon nicht viel zu spüren.

Erwarten Sie andererseits nicht zu viel von Aqaba als Badeort. Die Situation hier ist nicht mit dem israelischen Elat oder den ägyptischen Badeplätzen an der Sinai-Küste vergleichbar.

Per Bus landen Sie in der Regel im Zentrum, alle öffentlichen Bus- und Minibuslinien enden direkt oberhalb des Souk, Trust-Busse quasi unterhalb. Auch vom JETT-Busterminal, das hinter dem Mövenpick Hotel liegt, ist es nicht weit ins Zentrum.

Kurzinhalt dieses Kapitels	
Aqaba Kennenlernen	320
Stadtplan	321
Von der Festung bis zur Saudi-Grenze	324
Baden, Schnorcheln, Tauchen	327
Praktische Informationen	330
Grenzübergänge	331
Shopping	332
Essen und Trinken	333
Übernachten	334

Als Autofahrer halten Sie sich, aus dem Norden kommend, immer geradeaus, über den ersten und zweiten Kreisel hinweg. Sie landen im Souk, der Altstadt, und wenn Sie dort Ihre Richtung in etwa beibehalten, stoßen Sie unweigerlich auf die Corniche (offiziell: Al Malik al Hussein St), die zum Strand parallel verlaufende Promenade.

Sollten Sie – bei der Einfahrt in die Stadt – zuerst an den südlichen Strandgebieten baden wollen, dann halten Sie sich gleich am Stadteingang links, dem Schild „Saudi-Arabia, Ports" folgend. Die Umgehungsstraße führt zum Hafen, dort biegt man links ab. Die am Strand verlaufende Straße verbindet alle Strände, wie z.B. den Aquaba Marine Park bis hin zum Royal Diving Center, mit der Stadt.

Hintergrund: Aqaba, dessen Name sich historisch mehrfach von Ailah, über Elat, Elot etc. änderte, war zwar schon in biblischen Zeiten bekannt, Ausgrabungen beweisen jedoch, dass die Gegend bereits im 4. Jahrtau-

---

Sehenswertes

- ******Baden, Schnorcheln, Tauchen, Relaxen**, Seite 327
- *****Ausflüge** in die Umgebung, Seite 329
- ***Festung und Ailah-Ruinen**, spärliche Reste der langen Vergangenheit Aqabas, Seite 322
- ***Museum**, klein und einigermaßen interessant, Seite 323
- ***Marine Science Aquarium**, nicht gerade berauschende Einblicke in Fauna und Flora des Roten Meeres, Seite 324

send vC besiedelt war. Später diente es den Ptolemäern, dann den Römern und Nabatäern als Hafen und Stützpunkt. In byzantinischer Zeit war es Bischofssitz. 631 nC wurde die Stadt als erste in Jordanien von muslimischen Truppen erobert. 1116 stießen die Kreuzritter nach Aqaba vor und bauten auf dem heute ägyptischen Jezirat Farun (Pharoon's Island) in der Nähe von Tabah eine Festung und eine weitere in Aqaba selbst. Doch 1170 nahmen die Moslems die Gegend wieder ein. 1517 kam Aqaba in den Besitz der Osmanen, die sich bis 1917 hielten. T. E. Lawrence (von Arabien) half den Arabern bei der Eroberungsschlacht; allerdings erschoss er vor lauter Aufregung sein eigenes Kamel, wurde zu Boden geschleudert und überlebte die Schlacht als Bewusstloser.

1925 legte England einseitig die Grenzen Transjordaniens fest, Aqaba kam zum heutigen Jordanien. Mit der Gründung Israels, 1948, musste Aqaba die Hafenrolle übernehmen, die zuvor Haifa oblag; dies löste einen wirtschaftlichen Schub für die Stadt aus. 1954 wurde der Hafen so ausgebaut, dass auch größere Schiffe anlegen können. Waren es einst eine Handvoll Schiffe pro Jahr, die das Fischerdorf mit 3 000 Einwohnern anliefen, so sind es heute mehr als 3 000 Schiffe jährlich. Heute gibt es eigentlich drei Häfen; nach dem Haupthafen folgen in südöstlicher Richtung der Container- und dann der Phosphathafen.

Problematisch ist eine solche Konzentration von Stadt, Industrie und Hafen (auf beiden Seiten der Aqaba-Bucht, nämlich ebenso in Elat) für das empfindliche Ökosystem der Korallen. Seit Mitte der 80er Jahre wird mehr und mehr Augenmerk auf diese Situation gelegt, und – glaubt man den Worten der Leute vom Royal Diving Center – sogar mit Erfolg: Die Korallen auf dieser Seite der Bucht seien weniger beschädigt als die von Elat, nicht zuletzt wegen der geringeren Taucherzahlen.

Aus der langen Historie ist fast nichts geblieben neben den eher bescheidenen Resten der Festung: ein paar Grundmauern auf dem Grabungsgelände Ailah und ein weiterer Grabungsplatz etwa 500 m nördlich der Küste, nahe der israelischen Grenze, Tell Kheleifeh, der lange Zeit als das biblische Ezion-Geber galt, aber nach neueren Erkenntnissen eine Folge von Siedlungen aus dem 8.-4. Jh vC war und von bis zu 4 m dicken Stadtmauern beschützt wurde. Immerhin kann Aqaba auf die älteste bisher bekannte Kirche stolz sein, deren Grundmauern in der Nähe des Mövenpick Hotels entdeckt wurden.

Aqaba kennenlernen

• Zentraler Bereich

Im **Souk** – der keineswegs eng und verwinkelt ist wie eine typische arabische Medina – kann man von Souvenirs bis zu alltäglichen Lebensmitteln einkaufen. Das relativ kleine Gebiet wird oberhalb, östlich, von der Zahran St und unterhalb von der Raghadan St begrenzt. Nördlich ist es die Yarmuk St und südlich Al Razi St. In diesem relativ kleinen Gebiet pocht das Herz der Altstadt, sofern man den Begriff in der jungen Stadt überhaupt gebrauchen will. Hier finden Sie fast alles für das tägliche Leben und das meiste für das Gepäck in die Heimat. Am besten beginnen Sie mit einem Bummel entlang der Zahran St mit ihren vielen Shops. Immer wieder führen enge Gassen zur Raghadan St. Besondere Höhepunkte konnten wir nicht registrieren, lassen Sie sich einfach treiben. Für eine Pause bieten sich jede Menge Restaurants an.

Vielleicht wollen Sie sich auf Jordanien noch einmal besonders einstimmen. Am Ayla Circle der Al Malek al Hussein St, zwischen Souk und Strand, wurde auf der Seeseite das Erlebniscenter **Gateway**, Tel 202 2200, errichtet, dessen Außenfront (leider) sehr schreiend vor allem von McDonalds beherrscht wird, obwohl sich dahinter sehr viel mehr verbirgt. Höhepunkt ist „The Jordan Experience", ein Multifunktionskino (JD 8), das ab 12 Uhr (nur bei

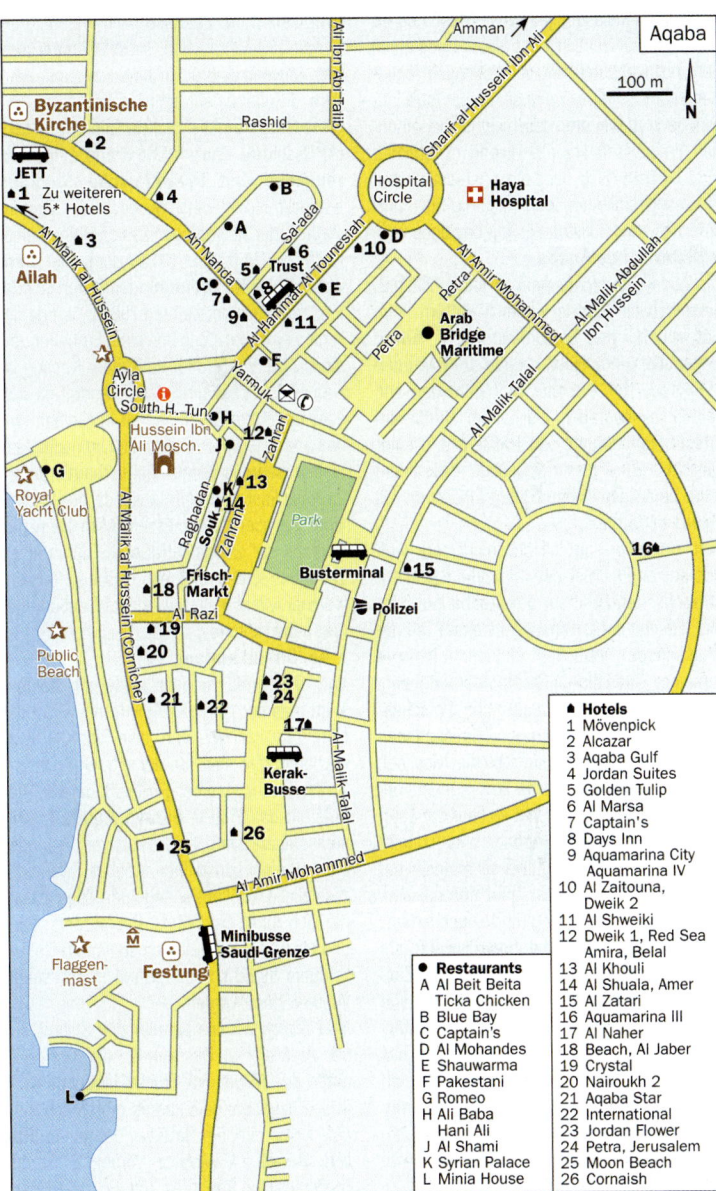

9 Der „tiefe Süden" - Aqaba

mindetsens 4 Gästen) jede volle Stunde bis 19 Uhr Jordanien zunächst mit einem Gang durch den „nachgebauten" Siq von Petra zu erschließen beginnt und die Rolle der Nabatäer erläutert, dann zu weiteren geschichtlich bedeutenden Ereignissen kommt. Richtig spektakulär wird es beim Flug über die interessantesten Sehenswürdigkeiten, wenn sich die Sitze entsprechend der Flugsituation mit bewegen…

• **Historisches Aqaba**
Die reale Geschichte Aqabas finden Sie z.B. nur ein paar Schritte westlich entfernt vom Gateway bei den Grundmauern von *Ailah. Gegenüber dem Hotel Aqaba Gulf wurden 1987 Teile der antiken Stadt gefunden und seither ausgegraben, vor allem Stadtmauerreste, Fundamente von Häusern und einer Moschee. Eine Inschrift besagt, dass Ailah unter dem ägyptischen Sultan El Guri im 16. Jh erbaut wurde.

Dem Besucher sagt all das nicht sehr viel. Den besten Eindruck gewinnen die Gäste mit Straßenseiten-Zimmern des Aqaba Gulf Hotels, die von ihrem Fenster aus einen Teil der Grundmauern betrachten können. Ailah war von einer 2,5 m dicken Stadtmauer umgeben, die vier Ecktürme und zusätzliche Zwischentürme besaß. An der heutigen Corniche lagen das Syrische Tor und dahinter die Moschee der Stadt. Das Ägyptische Tor – gegenüber dem Mövenpick-Hotel – hat im Lauf der Jahrhunderte verschiedene Veränderungen durchlaufen, dabei wurde es immer schmaler. In der letzten Phase hat man es ganz geschlossen, nur eine Abwasserleitung führte noch hinaus. Das Hijaz-Tor liegt im heutigen Royal Yacht Club, ein See-Tor führte zum Strand. Im Zentrum der alten Stadt, dort, wo sich die vier von den Toren kommenden Straßen kreuzten, stand ein sogenanntes Pavillon-Gebäude, das großzügig ausgestattet war, ein Bad enthielt und daher wohl öffentliche Funktionen wahrnahm. Eine Besichtigung von Ailah ist durchaus lohnenswert, zumal alle wichtigen Plätze mit (noch gut lesbaren) Tafeln erklärt sind.

Will man in der Zeitreise noch weiter in die Vergangenheit tauchen, so sollte man unter der Mövenpick-Brücke hindurch und nach dem Jett-Terminal rechts gehen. Dort, wo diese Straße auf die nächste Querstraße trifft (Al Rashid/Al Ghazali St), wurde eine frühe **römische und byzantinische Siedlung** entdeckt und teilweise ausgegraben. Zum Erstaunen der Archäologen kamen Ruinen einer Kirche zum Vorschein, die als der bisher **erste christliche Kirchenbau** identifiziert wurde. Er stammt aus der Zeit um 290 nC, wurde nur kurze Zeit genutzt und durch ein Erdbeben zerstört. Zwar sind früher datierbare Kirchen im Nahen Osten bekannt, dabei handelt es sich aber um ältere Gebäude, die in Kirchen umgewandelt wurden. Erstaunlich ist auch, dass hier großenteils Lehmziegel verbaut wurden, die über fast zwei Jahrtausende gut konserviert gewesen sein müssen. Man kann das Gelände nur von der Straße aus durch einen Zaun betrachten und ein bisschen rätseln, welcher Mauerrest zu welchem Gebäude gehört haben könnte.

• **Am Strand entlang**
Von ganz alten zu ganz modernen Bauten: Folgt man der Al Malik Al Hussein St an der Hotelfront nach Westen, also Richtung Israel, dann steht man am derzeitigen Ende der Straße (noch) vor einer großen Baustelle. Hier entsteht das Projekt **Saraya Aqaba** (www.sarayaaqaba.com), ein exklusives Wohngebiet mit einer künstlichen, Aqabas Strand um zusätzliche 1,5 km verlängernde Lagune, um die sich fünf Luxushotels, Restaurants, Bars und Nachtclubs gruppieren sollen. Nach derzeitigem Stand soll die „Stadt in der Stadt" 2010 eröffnet werden.

Nun wollen wir uns parallel zum Strand, auf der Al Malik al Hussein St, der Corniche, unter der Mövenpick-Brücke hindurch nach Süden begeben. Bald kommt man, nach dem Ayla Circle mit dem Gateway Center, am **Public Beach** *(Al Hafayer)* vorbei. Er ist der Treffpunkt der Aqabaner, die sich besonders an Feiertagen ein Stelldichein geben. Garküchen und Restaurants, Coffee Shops stillen den Hunger, Baden ist eher Nebensache. Zwischen Strand und Corniche gibt es sogar noch ein paar (Gemüse)Gärten. Schlendern Sie ohne Hemmungen am Strand entlang, bis es nicht mehr geht oder Sie am unübersehbaren, 2004 errichteten **Flaggenmast** ankommen. Angeblich handelt es sich mit 137 m um den höchsten derartigen Masten weltweit. Die Fahne selbst flattert als 20 x 40 m (!) großes Tuch im Wind; sie stellt nicht die jordanische Flagge, sondern die der arabischen Revolution von 1916 dar. Denn an diesem Platz fand 1916 der arabische Aufstand unter Sharif Hussein Bin Ali (Urgroßvater des heutigen Königs) statt, der schließlich zur Unabhängigkeit vom osmanischen Reich führte.

Landeinwärts vom Flaggenmast sieht man auf das ehemalige Haus des Sherif Hussein bin Ali, des Ururgroßvaters von König Abdullah II, der kurze Zeit nach dem ersten Weltkrieg in diesem Komplex lebte. Hier ist das kleine, aber durchaus feine ***Museum of Aqaba Antiquities** (8-19, Winter 8-17; JD 1) untergebracht. Im ersten Raum sind Lampen und Töpferwaren ausgestellt, die in Ailah gefunden wurden, aber aus China stammen, ein Zeichen für die weiten Handelsbeziehungen. Im zweiten Raum zieht der erste Meilenstein der römischen Via Nova mit originaler und noch lesbarer Inschrift die Aufmerksamkeit auf sich. Raum 3 und 4 zeigen byzantinische und koptische Relikte, Münzen aus der Umgebung und islamische Stücke. In einigen Vitrinen sind frühzeitliche Funde zu sehen.

Dem Museum gegenüber hängt ein Schild „Noor Al Hussein Foundation", hinter dessen Tür interessante kunsthandwerkliche Produkte angeboten werden, die im Rahmen der dörflichen Entwicklungsarbeit geschaffen wurden – ein guter Platz für etwas ausgefallenere Souvenirs.

Zur Straßenseite hin folgen die Ruinen der mittelalterlichen **Festung** (Eintrittskarte des Museums gilt auch hier; 8-17, Winter 8-14), deren Ursprünge nicht geklärt sind; entweder gehen sie auf die Kreuzritterburg oder eine Karawanserei zurück. In ihrer heutigen Form

Aqabas Flaggenmast mit respektabler Höhe

soll die Festung vom Mamlukken-Sultan Qansu al-Ghawr (1501-1516) errichtet worden sein. Während der osmanischen Herrschaft war sie 1587 und 1628 weiter ausgebaut worden. Unmittelbar nach dem Rückzug der Osmanen wurde das Wappen über dem Eingang durch die gekreuzten Schwerter der Hashemiten, dem heutigen jordanischen Königshaus, ersetzt.

Die dicken Mauern und der Innenhof sind gut restauriert und einen Blick wert. Unter einem großen Baum im Hof sind Bänke aufgestellt, die zur Ruhepause in historischer Umgebung einladen.

• **Von der Festung bis zur Saudi-Grenze**
Folgt man der Corniche vom Abzweig zum Museum (hier starten auch die Minibusse zur 22 km entfernten Saudi-Grenze und zum Passenger-Terminal im Hafen) nach Süden, erreicht man bei **km 1** das (erste ausgeschilderte) Passenger-Terminal des Hafens, das allerdings nur einen Duty Free Shop zum Einkauf bietet. Weiter nach Süden folgen diverse Hafenanlagen, bei **km 9** trifft die Straße – die dem Hafengebiet ausweicht - wieder auf die Küste. Am Abzweig weist ein Schild nach rechts zum *Container Port, Marine Science Station, Ferry Station, Royal Scientific Station*. Hier starten das sog. Speedboat und das normale Schiff nach Nuveiba/Ägypten (siehe Seite 331).

Wenn Sie Elat mit seinem Superaquarium nicht besuchen, dann ist das Aquarium der ***Marine Science Station** (8-17; JD 1) einen Blick wert, das ein kurzes Stück nördlich des o. g. Abzweigs liegt. Es handelt sich um eine Forschungsstation der Universitäten von Amman und Irbid. Neben Fischen in Formaldehyd gibt es ein paar Seewasserbecken mit Fischen des Roten Meeres zu besichtigen; Fotografieren ist erlaubt. Trotz der eigentlich kleinen Anlage gewinnt man einen Überblick über die Vielfalt des Unterwasserlebens im Roten Meer.

Auf der einen Seite tummeln sich die wunderschönen, in allen erdenklichen Farben schimmernden Fische zwischen Korallen. Gegenüber hocken fast reglos einige **Steinfische** in einem eigenen Becken. Sie gelten nicht nur als die giftigsten Fische der Umgebung, sondern sie zählen zu den denkbar hässlichsten Geschöpfen dieser Welt. Wie ihr Name sagt, gleichen sie perfekt den Steinen ihres natürlichen Umfelds. Schauen Sie diese Kreaturen genau an. Wenn sie Ihnen beim Waten z.B. über die Riffplatte zu nahe kommen, kann dies fatale bis tödliche Folgen haben (im Fall eines Giftstichs: Wunde sofort mit ganz heißem Wasser auswaschen, das tötet die Giftzellen ab, und sofort zum Arzt).

Ab **km 10,5** beginnt rechts Badestrand, der offiziell als Familienstrand ausgewiesen wird. Rechts liegt das AQUAMARINA V Hotel und der vom Alcazar Hotel betriebene **Murjan Club**. Beide mit Tauchzentrum, eigenem Süßwasserpool, Liegeflächen und Restau-

Marine Park Strand

Aqaba kennenlernen

rant. Hier kann man sich Schnorchel und Zubehör ausleihen oder auch tauchen.
Nur 1 km weiter südlich steht links ein Schild, das ein *Red Sea Resort* verkündet. Unzählige unfertige Betonhütten am Hang warten auf eine Zukunft.
Bei **km 12** liegt rechts der Eingang zum **Aqaba Marine Park** (www.aqabamarine-park.jo/website/aseza/aseza/home.htm) und dem **Visitor Center** mit Toiletten, Duschen, Kinderspielplatz, einem Restaurant in einem auf dem Strand stehenden Schiff. Der sich an der Küste nach Süden ziehende Aqaba Marine Park ist ein öffentlicher Badestrand mit gepflegten Stroh-Sonnendächern, der Landschaft angepassten Steinhäusern und Toiletten, der in vier Abschnitte eingeteilt ist.
Das Unterwassergebiet ist von hier aus bis zum Royal Diving Center als **Marine Peace Park** unter Naturschutz gestellt. Dies ist gleichzeitig das (kleine) Tauchparadies Aqabas bzw. Jordaniens, das ebenfalls in einzelne Bezirke unterteilt ist, die von Rangern überwacht werden und auch zur Erholung von den Besuchern gesperrt werden können. Auf dem Plan *Aqaba Süd* sind die wichtigsten Tauchplätze benannt.
Am Abzweig bei **km 14** geht es links zum BEDUIN GARDEN VILLAGE mit kleinem Pool und Restaurant und zum Hotel BEDOUIN MOON VILLAGE. Auf der rechten Seite kommt man bald an Eingängen zu weiteren Abschnitten des Aqaba Marine Parks vorbei.
Ab **km 16** folgt der Hotel- und Resortkomplex **Tala Bay** (www.talabay.com), ein in sich geschlossener touristischer Komplex mit Apartments, den Hotels SAS RADISSON und MARINA PLAZA, Restaurants sowie einer Marina. Der **Tala Bay Beach Club** bietet für JD 20 Eintritt noch etwas mehr Exklusivität als der Royal Diving Center: zwei große Pools (einer im Winter geheizt), Kinder-Pool, Strandzugang, Restaurant, Duschen, Schattendächer etc. Auch spielt die Bikini-Frage keine Rolle. Ein Taxi aus der Stadt kostet etwa JD 8-10,

ein Shuttlebus fährt gegenüber dem Dweik 2 Hotel unregelmäßig ab.
Bei **km 18** stößt man auf einen Kreisel. Geradeaus geht es nach Saudi-Arabien. Vor der Grenzstation liegen noch ein kleines Resort und gleich anschließend ein großes Industriegelände. Die Straße links am Kreisel führt zum Desert Highway nach Amman. Rechts ab kommt man zum Strand und hält sich dort rechts.
Nach ca 200 m geht es zum gepflegten **Royal Diving Center** (www.rdc.jo; Eintritt JD

Das Rote Meer und seine Korallen

Eigentlich liegt das Rote Meer mit seinem **Golf von Aqaba** so weit nördlich des Äquators, dass die Wassertemperatur wesentlich niedriger sein müsste und nicht ausreichen würde, um dort Korallen gedeihen zu lassen. Doch ein paar glückliche Umstände machen das Gegenteil möglich: Die stets von Norden blasenden Winde treiben das Oberflächenwasser nach Süden, es wird aber an der nur 27 km breiten Schwelle des Roten Meeres zum Indischen Ozean, am Bab el Mandeb, nach unten gedrückt und fließt langsam zurück nach Norden. Dort taucht es im Winter wieder auf, wenn die kalten Nordwinde das Oberflächenwasser abkühlen. Dieser Kreislauf – der ähnlich für den Golf von Aqaba gilt – sorgt dafür, dass die Wassertemperaturen nie unter 20 Grad sinken, eine absolut lebenswichtige Voraussetzung für Korallen. Weiterhin besitzt das Rote Meer ein felsiges Ufer mit nur ganz wenigen Zuflüssen, d.h. nährstoffarmes, sehr klares Wasser; wiederum eine Überlebensbedingung für Korallen.

Die winzig kleine **Koralle** ernährt sich mittels Fangarmen von nachts vorbeiziehendem Plankton. Die Nährstoffarmut des Wassers kompensiert sie durch ein enges Zusammenleben mit Algen. Diese Symbiose ist übrigens für das bunte Farbspektrum des Korallenriffs und die Kalkausscheidung verantwortlich; ohne Algen würde der Prozess auf ein Zehntel verlangsamt.

Da das Wasser im Golf sehr klar ist, können Taucher mit Sichtweiten bis über 50 m rechnen. Das reichlich eindringende Licht verhilft daher auch Unterwasserfotografen zu guter Beute. Neben vielen kleineren Fischarten schwimmt man zwischen Papageien-, Kaiser-, Thun- oder Mondfischen, sieht Barrakudas, Muränen oder manchmal auch Schildkröten – um nur einige Arten aus der Riesenauswahl zu nennen. Der Name *Rotes Meer* geht auf die rötliche Farbe zurück, die zu bestimmten Jahreszeiten und Klimasituationen von massiven Ansammlungen einer Alge (Trichodesmium erythraeum) hervorgerufen wird. Nach einer eher romantischeren Theorie soll er von den bei Sonnenuntergang rötlich schimmernden Bergen kommen. Der bis zur Südspitze des Sinai verlaufende Golf von Aqaba hat eine Höchstbreite von 28 km beim ägyptischen Dahab, bei Aqaba ist er auf 5 km geschrumpft.

---

10), das privatisiert und um das HOTEL CORAL BAY erweitert wurde. Hier wird alles angeboten, was mit Wassersport und insbesondere mit Tauchen zu tun hat. Es gibt einen normalen und einen Kinder-Pool, Schattendächer und ein Restaurant. An den gepflegten Pools können es auch Nichttaucher aushalten. Schnorchelgeräte werden für JD 5 verliehen. Von einem Steg aus kann bzw. muss man direkt zu den bunten Fischen ins Wasser springen, ohne – schädigend - über die Riffplatte zu laufen. Ein Shuttlebusservice holt Hotelgäste in der Stadt ab 9 Uhr etwa alle 1,5 Std ab (über Rezeption bestellen), und bringt sie spätestens gegen gegen Abend zurück; JD 2 pro Fahrt. Taxifahrer lassen sich auf JD 5-6 pro Fahrt heruntergehandeln. Alternative: Kurz hinter der Festung, an der Malik al Hussein St fahren Minibusse (JD 2-3) zu beliebigen Zeiten.

Wie sich an den verhältnismäßig wenigen Besichtigungsobjekten zeigt, gehört das recht junge Aqaba nicht zu den Plätzen Jordaniens, an denen man seinen Wissensdurst nach Geschichte besonders gut stillen könnte. Genießen Sie dennoch den freundlichen, eher gemütlichen Badeplatz, der nicht wie das Pendant Elat von dröhnender Musik und

Baden, Schnorcheln, Tauchen und andere Aktivitäten

dem Stress, ständig etwas unternehmen zu müssen und nichts verpassen zu dürfen, angefüllt ist.

Baden, Schnorcheln, Tauchen und andere Aktivitäten

• Baden und Schnorcheln

Der **Strand** im direkten Stadtbereich von Aqaba ist entweder in staatlichen, privaten oder Hotel-Händen. Nur der Strandabschnitt - El Hafayer Beach - zwischen dem Royal Yacht Club und dem Flaggenmast ist öffentlich zugänglich. Zumindest freitags trifft sich die halbe Stadt dort, das Baden macht dann noch weniger Spaß als an anderen Tagen. Andererseits lohnt ein Bummel gegen Abend sehr, weil hier relativ viel lokales Leben geboten wird und man sogar noch einige Bauerngärten unter Palmen betrachten oder in einem der Coffee Shops relaxen und z.B. Wasserpfeife rauchen kann. Westliche Frauen sollten an diesem Strand – wenn überhaupt - auf keinen Fall im Bikini auftauchen, schon im Badeanzug fallen sie exotisch genug, gegenüber den in allen Kleidern badenden Jordanierinnen, auf. Hinzu kommt, dass erst südlich des Hafens Korallenstrände beginnen, im Stadtbereich hat man es stets mit relativ flach abfallendem Sandstrand zu tun, der noch dazu ziemlich verschmutzt ist. *„Tolles Erlebnis am Public Strand. Wirklich nicht zum Baden für Touris geeignet, aber interessant zu beobachten, wie die Einheimischen in Kleidung in's Wasser gehen"*, schreibt ein Leser.

Die (wenigen) Hotelstrände werden gepflegt und sind meist nur den Hausgästen zugänglich. Allerdings bietet derzeit das Strandhotel Aquamarina Beach Fremden verbilligten Zugang, das winzige Strandstück kostet JD 5 Eintritt. Das Sheraton Hotel verlangt für seinen gepflegten Strand JD 25 Tagesgebühr für

Erste Tauchschritte im Swimmingpool des Royal Diving Center

Nichthotelgäste. Am teuersten ist der Mövenpick-Strand mit JD 40 Gebühr, die einen Gutschein für Drinks an der Strandbar enthält. Man hat zusätzlich zum Sandstrand die Wahl unter 4 Pools.

Die weitaus bessere Alternative liegt leider ein ganzes Stück außerhalb, südlich der Hafenanlagen, an der Straße nach Saudi-Arabien. Der **Aqaba Marine Park** wurde vorbildlich mit Toiletten, Duschen und Sonnenschutz ausgebaut, Details siehe Seite 325. Dort findet man an diversen Stellen Holzstege, um das Begehen des Riffs zu vermeiden und es, vor allem, dadurch zu schonen. Auch hier scheinen Frauen im Bikini immer noch als Sensation zu gelten, die *Mann* anstarren muss. Auch Männer in knappen Badeshorts bleiben nicht unbeobachtet. Nehmen Sie unbedingt **Badeschuhe** mit, um sich wenigstens etwas gegen Seeigel zu schützen.

Komfortabler geht es kurz zuvor und fast am Ende der Straße zu: Je einen großen Pool mit Liegeflächen, einem Restaurant und einem Tauchzentrum bieten bei km 10 (aus der Stadt kommend) das **Hotel Aquamarina V** und der dem Hotel Alcazar gehörende **Club Murijan** (9-17 Uhr, JD 7 für Nichthotelgäste), Schnorchel-Equipment kann geliehen werden. Ganz im Süden, beim Royal Diving Center, finden Sie noch etwas mehr Komfort und (ummauerte) Exklusivität, siehe Seite 329.

An allen Strandabschnitten lohnt sich das Schnorcheln, denn hier kann man sehr schöne Korallen und viele exotische Fischarten bewundern, die häufig zum Greifen nah sind. Wer hier schnorchelt, hat mehr vom Baden, weil er in dem klaren Wasser weit hinuntersieht. Die Tauchzentren verleihen die nötige Ausrüstung zu JD 3-5 und mehr.

Während der Woche findet man überall ein ruhiges Plätzchen, an den Wochenenden – Donnerstagnachmittag bis Samstagnacht – sollte man sich lieber mit anderen Dingen beschäftigen, weil dann Badegäste mit Kind und Kegel von weit und breit einfallen.

Ein etwas anderes Badegefühl erlebt man im **Türkischen Bad**, Al Malik al Hussein St, Nähe Nairoukh 2 Hotel, in dem man für JD 8 dampfbaden und sich massieren lassen kann. Frauen müssen sich zuvor anmelden, damit sie von Masseurinnen bedient werden können.

• **Tauchen**

Es gibt 1 200 Arten von Korallen und 900 Fischarten im Roten Meer und viele davon natürlich auch im Golf von Aqaba. Einen großen Teil davon können Sie besichtigen, per Schnorchel oder Glasbodenboot, besser aber als Taucher.

Da der Strand von Aqaba bisher nicht überlaufen war, sind die Korallen im Gegensatz zu denen vom gegenüberliegenden Elat gesund und in gutem Zustand, soweit sie nicht unter dem Hafenbetrieb leiden. Das Royal Diving Center beschäftigt Ranger, die sich um die Erhaltung der Unterwasserwelt kümmern, außerdem sind die Tauchlehrer entsprechend ausgebildet und angewiesen, das an der Küste gelegene Naturschutzgebiet zu schützen.

2004 wurde das Wrack der *Taiyong* in 35 m Tiefe entdeckt, das stark mit Korallen bewachsen ist. Man nimmt an, dass es schon 20–30 Jahre dort liegt. Bisher war *Cedar Pride* die Hauptattraktion, die auf Betreiben von König Hussein 1986 versenkt worden war. Tauchgänge dorthin kosten um JD 40, von denen Taucher begeistert und der Meinung sind, dass sich der Preis lohne. 1999 wurde auf Betreiben König Abdullahs ein Panzer – *The Tank* – in nur 6 m Tiefe versenkt, der auch gut beim Schnorcheln zu sehen ist.

Sehr beliebte Schiffs- und/oder Tauchausflüge werden zum **Coral Island** (auch Pharoon's Island) an der ägyptischen Küste, etwa 8 km südlich von Tabah, unternommen. Ein Tagestrip kostet einschließlich Lunch um JD 50 (muss zwei Tage zuvor wegen der Formalitäten gebucht werden). In allen Tauchclubs können Tauchkurse gebucht werden, die in der Regel von Europäern abgehalten werden.

Es gibt verschiedene Tauchanbieter in Aqaba:
- ARAB DIVERS, International Arab Divers Village, Office: 203 1808, arabdivers@hotmail.com, www.aqabadiving.com, gut ausgerüstete Tauchbasis und –schule, preiswert
- AQUAMARINA DIVING CLUB, Tel 201 6250, Fax 201 4271, aquama@go.com.jo, www.aquamarina-group.com, bekannter Tauchclub der Aquamarina Hotels, in deren Beach Hotel, South Beach, 10,5 km von der Festung aus
- JORDAN FROGMAN, Tel 201 9083, 0795 530 916, Fax 205 022, jfrogman@orange.jo, www.jordanfrogman.com, Tauchcenter im IMAN Bldg, Nähe McDonald's Restaurant. Geboten werden Trips zum Schorcheln, Tauchen, Yachten, Glasbodenboot-Trips oder Tauchausflüge nach Sharm el Sheikh.
- ROYAL DIVING CENTER, Tel 201 7035, Fax 203 2709, info@rdc.jo, www.rdc.jo, der ehemalige königliche Club wurde privatisiert und expandierte auch räumlich mit dem direkt benachbarten, gepflegten *Hotel Coral Bay*. Die Anlage gehört mit zu den besten von Aqaba, Anfahrt etc. siehe Seite 325. Es werden Kurse vom Schnorcheln über Windsurfing bis zum Tauchen sowie Tauchausflüge zum ägyptischen *Pharao Island* angeboten, auch Yachten zum Fischen.
- RED SEA DIVE CENTER, King Hussein St, Tel 202 2323, Fax 201 8969, www.readseadivecenter.com, rsdiving@go.com.jo, einer der älteren Tauchclubs in Aqaba.
- SEA STAR WATER SPORTS, Alcazar Hotel, Tel 201 3735, Fax 201 3735, alcsea@alcazar.com.jo, www.seastar-watersports.com, wird von einem taucherfahrenen Leser sehr gelobt, umweltbewusster (englischer) Tauchlehrer.

- **Glasbodenboote**

Glasboden-Boottrips werden sowohl am Public Beach als auch z.B. vom Aquamarina Beach oder Petra Hotel angeboten. Mindestdauer 2 Stunden und 6 Personen pro Boot zu JD 6-8 pP, man kann neben dem Boot schnorcheln; es sind auch längere Trips, z.B. mit einem Besuch des Aquariums, möglich. Allerdings ist in Stadtnähe nicht allzu viel zu sehen, weil Abwässer den Korallen arg zugesetzt haben.
- Der aufgeweckte, gut englisch sprechende Kapitän Khaled Durzi, Tel 079 501 449, schippert – wie viele andere – zu einem der Korallenriffe zum Schnorcheln und Fischgrillen.

***Ausflüge

In Aqaba werden diverse Ausflüge angeboten. Eine Allradtour von etwa 8 Stunden ins **Wadi Rum** kostet z.B. um JD 40 pP für maximal 6 Personen (für 2 Personen JD 50), zwei Tage einschließlich Übernachtung im Beduinenzelt und Verpflegung JD 35 pP, ein Tagestrip nach **Petra** einschließlich Eintritt und Führer etwa JD 60 pP.

Verschiedene Veranstalter, bieten Standard- und Individualprogramme, z.B.:
- CAPTAIN'S RESTAURANT, Al Nahda St, Tel 201 6905, captains@firstnet.com.jo, eigenes Camp im Wadi Rum, gute Küche, von dort aus gelobte Jeep- oder Kameltouren
- DESERT GUIDES, im Alcazar Hotel, Tel 201 4123, alcsea@alcazar.com.jo
- WADI RUM DESERT SERVICE, Tel 206 3682, info@wadirumsafari.com, www.wadirumsafari.com,
- 4 Personentrips (in einem Auto): Wadi Rum Tour: Halbtagestour mit Dinner JD 45 pP; 1 Tag plus Übernachtung, VP, und Kameltrip JD 75 pP; Petra: 1 Tag mit Guide (2 Std), Ticket und Lunch JD 65 pP

Es besteht durchaus die Möglichkeit, innerhalb von 2-3 Tagen von Aqaba aus mit dem Speedboat nach Nuveiba auf den **Ostsinai** und von dort weiter zum **Katharinenkloster** zu fahren, die Nacht auf dem Mosesberg zu verbringen, den berühmten Sonnenaufgang zu erleben, dann das Kloster zu besichtigen, nötigenfalls in Nuveiba zu übernachten und mit dem Speedboat nach Aqaba zurückzukehren. Das können Sie selbst organisieren oder bei Travel Agents kaufen.

9 Der „tiefe Süden" - Aqaba

Praktische Informationen
Telefonvorwahl 03
- TOURIST INFORMATION OFFICE, South al Hammamat al Tunisya St., auf dem großen Parkplatz zwischen den Fahrbahnen, Tel/Fax 203 5360, 0797 0221, tourism-info3@aseza.jo, info@aqaba.jo, www.aqaba.jo, www.aqaba.jo, tgl 8-16 Uhr. Die Damen in diesem Büro sind sehr hilfsbereit und professionell. Nach unseren Erfahrungen nehmen sie mit weitem Abstand die Spitzenposition in Jordanien ein. Aqaba im Internet: Sehr gute private Site: www.your-guide-to-aqaba-jordan.com, ASEZA: www.aqabazone.com

Verkehrsverbindungen

• Lokale Verbindungen
Innerhalb der Stadt gibt es diverse Bus- und Minibuslinien, die allerdings nur arabisch beschriftet sind. Für Touristen bieten sie wenig Nutzen, da sie hauptsächlich zwischen den Wohngebieten im Norden und dem Zentrum vom Zentralterminal in der King Tala St, schräg gegenüber der Polizeistation, pendeln. Die fast einzige interessante Minibuslinie startet an der Festung und fährt an der Küste entlang, manchmal auch bis zur saudischen Grenze, allerdings ohne Fahrplan und – wie üblich – nur, wenn alle Sitzplätze belegt sind. Auch auf der Al Malik Al Hussein Ibn Talal St (Corniche) pendeln Busse und Minibusse, aber sehr unregelmäßig. Sollten Sie versehentlich in eine falsche Linie eingestiegen sein, so genießen Sie eine Art Stadtrundfahrt, die irgendwann am Zentralterminal enden wird.

Laut Auskunft der Touristen Information, Ende Januar 2009, soll demnächst eine Buslinie mit festen Abfahrtszeiten eingerichtet werden, die alle größeren Hotels abklappert und schließlich vom Ayla Circle nach Süden fährt. Nähere Auskunft erteilt das Tourist Office.

• Auswärtige Verbindungen
▶ Der Terminal für normale **Busse** und **Minibusse** (Public Busses) liegt auch an der Al Malek Talal St oberhalb des Souk (siehe Plan Seite 321); von dort fahren von 7-20 Uhr Busse nach Amman (JD 5-5,50), Wadi Musa/Petra (JD 1,50-2) und Wadi Rum (JD 1-1,50) dann ab, wenn alle Plätze belegt sind.

▶ **Regelmäßige Abfahrten** finden bei JETT und Trust statt. Der **JETT-Busterminal** liegt westlich neben dem Mövenpick Hotel. JETT fährt in Amman unterschiedliche Ziele an (ca. 4 Std Fahrzeit):
▶ 7. Circle Bus Station: 7.30, 13, 19, JD 6,70
▶ Tabarbor-Terminal: 9.30, 13, 17, JD 6,70
▶ Wahadat-Terminal: 8, 12.30, 18.30, JD 5,30

▶ **Trust International** (Tel 203 2300, 203 2200) fährt gegenüber dem Aquamarina City Hotel um 7, 9, 11, 14, 16, 18, 20 Uhr nach Amman (JD 7, 4 Std), nach Irbid (8.30, 15.30; JD 11) und nach Zarqa (14, 19.30; JD 9). Soll nach Lesererfahrungen besser als JETT sein. Achtung: Abfahrtszeiten können sich infolge von Sommer/Winterzeit oder aus beliebigen Gründen verschieben, erkundigen Sie sich rechtzeitig über die aktuellen Zeiten! Vorausbuchung von 1 Tag ist bei beiden Gesellschaften empfehlenswert.

▶ Ein **Taxi zum Wadi Rum** und zurück kostet, inklusive Wartezeit, etwa JD 35-40.

• Flugverbindungen
Aqaba besitzt einen Internationalen Flughafen, der von einigen Chartergesellschaften angeflogen wird. Während der mageren touristischen Jahre hatte eine ungarische Ge-

Drei Fortbewegungsmittel treffen sich

sellschaft Aqaba mit der Folge entdeckt, dass einige Hotels so ausgebucht sind, dass Souvenirgeschäfte und Restaurants sich bereits des Ungarischen befleißigen und während der Saison tägliche Flüge stattfinden.

Im nationalen Verkehr bedient *Royal Jordanian Airlines* 2-3-mal täglich den Airport von Amman aus. Einige Flüge starten oder landen dort auf dem innerstädtischen Flughafen Marka.

Wichtige Adressen
Allgemein
- ÄGYPTISCHES KONSULAT, Nördliches Neubaugebiet Al Istiqlal, Tel 210 6171 (Sa-Do 9-12)
- DEUTSCHES KONSULAT, Honorarkonsul Abdulaziz Kabariti, P.O. Box 71, Tel 210 4444, 079 550 8444, Fax 203 2626
- HAUPTPOST (7.30-19, Fr 7.30-13), Yarmuk St, Tel 201 3939, davor Telefonzellen
- POLIZEI, gegenüber dem Busbahnhof; hier bekommt man Visaverlängerung (Sa-Do 8-13, 17-19) innerhalb einer Stunde oder schneller
- GELDWECHSEL: Im Zentrum gibt es einige private Wechsler, dort sind aber auch die wichtigen Banken des Landes vertreten; die Jordan National Bank (gegenüber dem Aqamarina II Hotel) gehört zu den günstigsten Wechslern. Wer feiertags unbedingt Geld braucht, hat bei der jeden Tag geöffneten Cairo-Amman Bank eine Chance. Die meisten dieser Banken bieten auch **Geldautomaten** (ATM) an, einige auch für **EC-Karten**.
- FLASCHENGAS: In der Al Amir Mohamed St gibt es Shops, die Gasflaschen deutlich sichtbar ausstellen – und verkaufen

Krankenhäuser
- AQABA MODERN HOSPITAL, Tel 291 6677
- Princess HAYA HOSPITAL, nördlich des Stadtzentrums, Tel 201 4111
- ISLAMIC HOSPITAL, Tel 201 8444

Mietwagen (Auswahl)
Die Mietpreise liegen zwischen JD 35/Tag für Kleinwagen mit AC bis 4WD um JD 100/Tag

- AVIS, Golden Tulip Hotel, Aqaba, Tel 074 549 8490 Fax 569 4883 GoldenTulipHotel@avis.com.jo
- HERTZ, gegenüber Aqamarina II Hotel, Tel 201 6206, nur Mittelklassewagen
- EUROPCAR, Al Sada St, Tel 201 9988 oder Al Malek al Hussein St, Tel 203 4020

Internet
- Am Beginn der As Sada St gibt es u.a. mehrere Internetcafés, von denen zwei 24 Sunden geöffnet sind.

Jordanisch-israelischer Grenzübergang

Araba Crossing liegt nordwestlich des Stadtzentrums; man fährt zunächst Richtung Norden (Amman) bis fast zur Stadtgrenze und biegt (ab letztem Circle am Hospital gerechnet) nach 2,8 km links, der Ausschilderung *Airport* folgend ab, nach 3,7 km Abzweig von der Hauptstraße, die Grenze wird bereits ausgewiesen. Es gibt keine Busse als regelmäßigen Service, manchmal fahren Service-Taxis der Linie 8, ein normales Taxi zur Grenze sollte um JD 10-15 kosten. Weitere Einzelheiten zum Grenzübertritt siehe Seite 40.

Von Jordanien nach Ägypten

Wer sein Auto nach Nuveiba verschiffen oder selbst direkt, ohne den Weg über Elat/Israel, nach Ägypten reisen will, hält sich am besten an

▶ ARAB BRIDGE MARITIME Co. (auch ARAB MARITIME), Tel 209 2000, 201 3237, Fax 209 2001, info@abmaritime.com.jo, www.abmaritime.com.jo, das Ticketoffice ist täglich geöffnet (8-14.30, 17.30-19.30, Fr 8-14.30). Tickets können auch direkt im Hafengebäude gekauft werden; ein Leser empfiehlt, zunächst die Ausreisegebühr zu bezahlen, sonst müsse man mit dem Gepäck zweimal die Treppen hoch.

Zum Verschiffen sollte man etwa 2 Stunden vor Auslaufen im Passenger-Terminal ankommen (Richtung Saudi-Arabien, 9 km nach der Festung rechts ab). Dort muss man zunächst die Ausreisesteuer von (wegen Freihandelszone nur) JD 5 zahlen, dann die Pässe abstempeln lassen. Ein möglicherweise benutztes Carnet stempelt der Zoll im Erdgeschoss ab. Weitere Informationen zum Grenzübertritt nach Ägypten siehe auch Seite 41.

Das normale Schiff (Slow Boat) mit Autodeck verlässt Aqaba um 22 Uhr, Ankunft in Nuveiba etwa 3-4 Stunden später, Fahrpreis einfach $ 60 pP, einschließlich Rückfahrt $ 100, ein Wohnmobil kostet etwa ab $ 170. Das sogenannte Speedboat fährt um 13 Uhr ($ 70, einschl.Rückfahrt $ 120, Wohnmobil ab $ 200) und benötigt ca. 1,5 Stunden. Man sollte mindestens 2 Std vor Abfahrt im Passenger-Terminal sein.

Normale Ägypten-Visa oder kostenlose Sinai-Visa erhält man problemlos und gut organisiert an Bord (man gibt die Pässe beim Besteigen ab und holt sie sich nach 1-2 Stunden wieder). Eine nervenaufreibende Prozedur ist die Ägypten-Einreise. Man muss sich den umständlichen Zoll-Formalitäten gemeinsam mit den Ägyptern unterziehen, die mit Gepäckunmengen ankommen; das kann viele Stunden dauern. Ägyptische Pfund sollte man bereits in Aqaba tauschen, da dies in Nuveiba eine **umständliche**, zeitraubende Prozedur ist.

Der Passenger-Terminal ist seit dem Neubau der uferparallelen Autobahn etwas schwieriger zu erreichen, weil man zunächst im Bogen um den gesamten Containerhafen herumfahren und an dessen Ende rechts auf die alte Straße abbiegen und ein Stück zurück muss. Von der Kreuzung an der Festung aus ist man etwa 9 km unterwegs. Von dort fahren Minibusse zum Terminal. Ein Taxi aus der Stadt kostet etwa 2-3 JD.

Was man sonst noch unternehmen kann

• **Shopping**

Aqaba ist durchaus ein Eldorado für Shopper. In der Freihandelszone Aqaba können Verbrauchsgüter günstig, das heißt zollfrei gekauft werden. So findet man z.B. in der CITY CENTER MALL, Al Razi St, alles, was das Herz begehrt: Parfüms, Alkohol, Zigaretten, Elektrowaren, Gold, Silber, Souvenirs, Schuhe und vieles mehr. Außer der zentral gelegenen City Center Mall gibt es ähnliche Institutionen, z.B. DREAM MALL am Hospital-Circle, SAFEWAY oder SCHWEIKH MALL.

Im Zentrum von Aqaba reihen sich die Shops aneinander, in denen man sowohl Allerweltskram als auch etwas anspruchsvollere Souvenirs kaufen kann; die bessere Auswahl besteht in Amman. Kurz vor dem Aqaba Gulf Hotel liegt rechts ein "Souvenirs Center" mit vielen einschlägigen Shops. Aber das ist bei weitem nicht alles, im zentralen Bereich der Stadt stolpert man über viele derartige Geschäfte.

Für Bücher und Karten sind YAMANI und der besser sortierte REDWAN BOOKSHOP (auch deutschsprachige Bücher und Zeitschriften) zu empfehlen, beide etwa gegenüber der Post in der Soukstraße.

„Ein sehr preiswerter Supermarkt namens Mawiah ist schräg gegenüber der Festung neben einem Reifengeschäft", schreibt eine Leserin.

Im Humam Supermarkt (christliche Besitzer) gibt es auch während des Ramadan Wein zu kaufen. Ein weiterer Alkohol-Laden ist zwischen Alcazar Hotel und Jordan Suites Hotel. Eine große Gewürzauswahl führt DEVID AMIN, im Vegetable & Meatmarket. Antiquitäten, Trödel bei HAROUN KHATEB, Razi St., der Laden ist auch mit „Museum" ausgeschildert.

• **Nightlife**

Vielleicht wäre die spontane Antwort: Es findet nicht statt, was aber auch nicht stimmt. Zumindest bieten die großen Hotels Bars und/oder Discos, z.B. in den Aquamarine Hotels und im Crystal Hotel. Die *Dolphin Bar* im Alcazar Hotel ist unter Aqabas Ausländern bekannt, ebenso das *Romeo Restaurant* im Royal Yacht Club oder das *Silk Road Restaurant*. Ein Bummel durchs Stadtzentrum, d.h. die Souk-Gegend, kann interessante Einblicke

Essen und Trinken

in das Nachtleben der lokalen Bevölkerung vermitteln.
Es muss aber unumwunden gesagt werden, dass das wirkliche Zentrum der Nacht westlich von Aqaba, in Elat auf der israelischen Seite des Golfs liegt.

Essen und Trinken

Im **Stadtzentrum** gibt es eine ganze Reihe kleiner Restaurants, die nicht zu übersehen und in der Regel recht gut sind.
- In der Al Hammat Al Tounesiah St verkauft ein Take-away-Shauwarma-Restaurant hervorragendes Shauwarma und anderes arabisches Fast Food. ALI BABA, nordöstlich der Hussein Ibn Ali Moschee im Zentrum; bekannt für frischen Fisch und andere Gerichte (indisch, chinesisch), gute Vorspeisen
- AL BEIT BEITA, As Sa'ada St., bekanntes Barbecue, sehr gut
- AL QAMAR AL ARABI, Raghadan St, sehr gute lokale Küche, preiswert
- AL SHAMI, oberhalb vom Hani Ali Restaurant, gutes Essen, auch vegetarisch, guter Service, von Lesern gelobt, preiswert
- AL MOHANDES, Al Hammamat Al Tunesiah St (am Hospital-Circle); sehr gutes lokales Restaurant, große Portionen, preiswert
- BLUE BAY, As Sa'ada St. (etwa Mitte), gutes Fischrestaurant, preiswert
- CAPTAIN'S, An Nahda St, bekannt für sehr gute Fischgerichte, auch internationale Küche, mittlere Preise
- HANI ALI, gleich neben Ali Baba; in Süßigkeiten schwelgende Konditorei, auch Frühstück bzw. Essen, preiswert
- PAKESTANI, Bur Saiyd St., gut gewürzte indisch-pakistanische Küche, preiswert
- PIZZA HUT, übliche Pizzas, die auch mit Kreditkarte bezahlt werden können
- SYRIAN PALACE, Raghadan St; sauber, gutes Essen, von Fensterplätzen brauchbarer Blick, mittlere Preislage
- TIKKA CHICKEN. As Sa'ada St., Spezialität sind scharfe Tikka-Hühnchen, gut

Andere Lokationen

- MINA HOUSE FLOATING RESTAURANT, gutes Schiff-Fischrestaurant, liegt südlich des Museums fest vertäut. Fischgerichte sind teurer als in der Stadt, normale Fleischgerichte sind preiswert
- ROMEO, Al Malik al Hussein Ibn Talal St., im Komplex des Royal Yacht Club direkt an der Marina, stilvoll, sehr gute italienische Küche, gut für Sundowner, einer der teureren Essplätze in Aqaba

Tala Bay - das jüngste Resort am südlichen Küstenstreifen

9 Der „tiefe Süden" - Aqaba

Übernachten

Die besseren Hotels von Aqaba liegen im Nordwesten der Malek al Hussein St (Corniche), einige wenige am Strand, die meisten aber ohne direkten Zugang zum Roten Meer. Eine weitere Konzentration der 2* oder 3* Hotels hat sich an der Straße gebildet, die vom zweiten Kreisel (von Westen gesehen) zum Stadtzentrum führt. Die allermeisten Billighotels findet man direkt im zentralen Marktbereich, einige wenige liegen außerhalb dieses Gebiets. Die Hochsaison in Aqaba ist von März bis Mai, von September bis November und um die Weihnachts/Neujahrszeit. Die Zahlen in [ ] beziehen sich auf die Karte Seite 321.

Zentraler Bereich

- **AL KHOULI**, [13] Zahran St (Zentrum an Hauptsoukstraße), Tel/Fax 203 0152, AlkhouliJamal@hotmail.com; einfach, sauber, günstig gelegen, einige Räume mit Balkon zur Straße, gutes Preis/Leistungsverhältnis, SatTV, AC, Kühlschrank, Frühstück JD 2 .... E+B 10-12, D+B 14-16
- **AL SHUALA**, 2* [14] Raghadan St, Tel 201 5153, Fax 201 1560, alshula@wanadoo.jo; ansprechend eingerichtet, sehr sauber, Lift, SatTV, AC, Kühlschrank, mF .... E+B 25, D+B 35
- **AMER**, [14] Raghadan St, Nähe Al Shuala Hotel, Tel 201 4821, Fax 201 9285; AC, TV, Kühlschrank, Balkon, einfach, sehr sauber .... E+B 15, D+B 20
- **AL ZATARI**, 3* [15], Al Malek Talal St (direkt östlich des Busterminal, gehört zum Al Shuala Hotel), Tel 202 2970, Fax 202 2974, zatari@firstnet.com.jo; sehr sauber, gute und solide Einrichtung, von Westzimmern schöner Blick, freundlich, AC, SatTV, Kühlschrank, gutes Preis/Leistungsverhältnis, empfehlenswert, mF .... E+B 30, D+B 45

Die nächsten vier preiswerten Hotels liegen mitten im Souk-Viertel, quasi hinter der Hauptsoukstraße direkt oder dicht nebeneinander:

- **AMIRA**, [12] zwischen den Hintereingängen der Shops, Tel 201 8840, Fax 201 2559; einfach, abgewohnte Teppiche, sehr sauber, relativ kleine Räume, AC, SatTV, Kühlschrank, mF .... E+B 16, D+B 22
- **BELAL**, [12] zwischen den Hintereingängen der Shops, Tel 201 9284, Fax 201 9285; teilweise triste Aussicht, gut ausgestattet, AC, SatTV, Kühlschrank, sehr sauber, mF .... E+B 16, D+B 22
- **DWEIK 1**, [12] Tel 201 2984, Fax 201 2985, Dweikhotel@firstnet.com.jo; es gibt auch ein Dweik2 Hotel, (Nähe Zaitouna Hotel) relativ nett eingerichtet, sehr sauber. AC, SatTV, Minibar, mF .... E+B 15, D+B 18
- **RED SEA**, [12] Tel/Fax 079660 5788. redsea_hotel@yahoo.com; (2 kleine Hotels unter gemeinsamen Namen) einfach, teilweise abgewohnt, ... E+B 8, E+B+AC 15, D+B 13, D+B+AC 20
- **AL JABER**, [18] Tel/Fax 201 6999; viele Räume mit türkischer und westlicher Toilette, einigermaßen sauber, in der Nebensaison 20% Discount, teilweise Kühlschrank, SatTV, (AC + JD 4), ... E+B 8, D+B 15
- **BEACH**, [18] in kleiner Seitenstraße, die am Crystal Hotel beginnt, Tel 201 5108; sehr einfach, sauber, freundlich, relativ ruhig, AC, ... E+B 10, D+B 19

Drei ebenfalls aneinander grenzende **Billigsthotels im Zentrum**:

- **JORDAN FLOWER,** [23] Tel 201 4377, Fax 201 4378; teilweise Balkon, sehr einfach, einige Zimmer sehr eingerichtet, sauber, SatTV, teilweise Kühlschrank, von 30 Räumen 22 mit Bad (meist arabisches Klo), warmes Wasser .... E 8, E+B+AC 15, D 15, D+B 15, D+B+AC 20
- **PETRA,** [24] Tel 201 3746, arrangiert auch Trips etc., Traveller Hotel, Lift, relativ große Räume, teilweise Balkon, vom Dach tolle Aussicht, mäßig sauber, SatTV, Kühlschrank, AC wird wunsch-

Übernachten

weise zugeschaltet, arrangiert auch Trips, Leser beschweren sich über unsaubere Bettwäsche, kein warmes Wasser .... E+B 7, E+B+AC 15, D 8, D+B 12, D+B+AC 16
- **JERUSALEM**, [24] Tel 201 4815; extrem einfach, wenig gepflegt, nur Etagenbad mit meist arabischem Klo, hauptsächlich jordanische Gäste, kein AC, ... Dorm 15, E/D 15
- **AL NAHER AL KHALED**, [17] Ar Razi St, Tel 201 2456, Fax 201 2457, alnaher-alkhaled@goldnet.com.jo; nach Jerusalem Hotel links bergauf, sehr sauber, kleine Zimmer mit TV und Kühlschrank, ... E+B 14, D+B 18

Al Malik Al Hussein St (Corniche)

Diese Straße endet derzeit an einer riesigen Baustelle von *Saraya Aqaba*, das 2009/10 als großes Resort um eine künstliche Lagune herum eröffnet werden soll. Gleich erstes Hotel daneben ist das AQUAMARINA I BEACH Hotel, das von der Baustelle regelrecht abgequetscht zu sein scheint. Auch wenn der Manager behauptet, die Existenz des Hotels sei nicht in Gefahr, so sprechen alle Gerüchte vom Abriss, wenn Saraya Aqaba in Betrieb geht.
Von hier aus **Richtung Zentrum** liegen folgende Hotels:
- **AQUAMARINA I BEACH**, 3*, Al Malik Al Hussein St, Tel 201 6250, Fax 201 6265, Aquama@go.com.jo, www.aquamarina-group.com; ähnlich wie das Schwesterhotel Aquamarina II City, etwas älter, eigenes Strandstück (eher "Badeplattform"), Strandbenutzung JD 5, bekannte Tauchstation, Windsurf- und Schnorchelgerät werden vermietet, großzügige Zimmer, sehr sauber, AC, SatTV, Kühlschrank, mF .... E+B 40, D+B 52
- **INTERCONTINENTAL AQABA**, 5*, Al Malik Al Hussein St, Tel 209 2222, Fax 209 2223, info@caqaba.com, www.intercontinental.com, großer Pool, längster privater Strandabschnitt Jordaniens (300 m), mehrere Restaurants, sehr sauber, AC, SatTV, Minibar, mF . E+B 177, D+B 200
Am nächsten Luxushotel namens *Talya* wird noch gebaut.
- **MÖVENPICK**, 5*, [1] Tel 203 4020, Fax 203 4040, resort.aqaba@moevenpick.com, www.movenpick-aqaba.com; ungewöhnlich ist eine Brücke über die Al Malik Al Hussein St, die als (viertes) Schwimmbad dient, drei weitere Pools auf der Seeseite der Straße, Whirlpool, Gym, AC, SatTV, Minibar, gut eingerichtet, sogenannter Fun-Pub *Abou Al Nawas* .... E/D+B 190
- **AQABA GULF**, 4*, [3] Al Malik Al Hussein St, Tel 201 6636, Fax 201 8246, info@aqabagulf.com, www.aqabagulf.com.jo; kein eigener Strand, schöner Pool, sehr sauber, jedoch eher abgewohnt, zu teuer, AC, SatTV, Kühlschrank, mF .... E+B 95, D+B 110
- **CRYSTAL**, 3*, [19] Al Razi St, um ein Haus von der Al Malik Al Hussein St stadteinwärts versetzt, Tel 202 2001, Fax 202 2006; crystalhotelaqaba@yahoo.com, www.crystal-international.com; jordanisch-deutsches Besitzerpaar, sehr sauber und ordentlich, sehr gepflegt, großzügige Zimmer, holzbetonte Einrichtung, AC, SatTV, Minibar, Zimmer zur Straße laut, mF .. E+B 27, D+B 35
- **NAIROUKH 2**, 2*, [20] Al Malik Al Hussein St, Nähe Housing Bank, Tel 201 2980, Fax 201 5749, nairoukh2-hot@hotmail.com; großzügige Zimmer, gut eingerichtet, sauber, SatTV, AC, Kühlschrank, Seeblick, Straßenseite sehr laut, mF .... E+B 22, D+B 35
- **AQABA STAR**, [21] Al Malik Al Hussein St, Tel 201 6480, Fax 201 9147, Seeblick, laut, SatTV, AC, Kühlschrank, sehr sauber, ein bisschen abgewohnt, mF .... E+B 20, D+B 25
- **MOON BEACH** [25] Al Malik Al Hussein St, Seeseite kurz vor Festung/Museum, Tel/Fax 201 3316, ashrafsaad77@yahoo.com; viele Räume Seeblick, gut eingerichtet, relativ kleine Zimmer, teilweise Balkon, sehr sauber, AC, SatTV, Kühlschrank ...E+B 15-21, D+B 30
- **INTERNATIONAL**, [22] zwei Blocks östlich der Al Malik Al Hussein St, Tel/Fax 07 7775 5980;

kleine Zimmer, einfach, sauber, AC, SatTV, Kühlschrank, mF..................................E+B 15, D+B 25
- **CORNAISH**, [26] östlich der Al Malik Al Hussein St, Tel 201 5417, AC, sauber, Etagentoiletten, ...E+B 5, D+B 8

Nordwestlich des Souk (Nähe Zentrum)

- **ALCAZAR** (auch AL CAZAR), 3* [2], Tel 201 4131, Fax 201 4133, alcsea@alcazar.com.jo, www.alcazarhotel.com; großer Innenhof mit großem Pool, Seezugang über eigenen Club am Südstrand, eigene Tauchschule Seastar Watersport, Autovermietung, Leserbeschwerden: vernachlässigt, mäßig sauber, mäßiger Service, AC, SatTV, Kühlschrank, kleiner Balkon, mF E+B 32-42, D+B 38-47
- **JORDAN SUITES**, 3* [4], Al Nahda St, Tel 203 0890, Fax 203 0893, jshadmin@jordansuiteshotel.com, www.jordansuitesthotel.com; gepflegtes Hotel mit relativ großen Räumen, sehr sauber, AC, SatTV, Minibar, mF ....E+B 60, D+B 70
- **AQUAMARINA IV**, 3* [9], Al Nahda St, Tel 201 5165, Fax 203 3262, aquama@go.com.jo, www.aquamarinadc.com, AC, SatTV, Minibar, Pool auf Dach, Nightclub Prima Dona, sehr sauber, mF ....E+B 40, D+B 52
- **AQUAMARINA CITY**, 3* [9], auch Aquamarina II, Al Nahda St, Tel 201 5166, Fax 203 3864, Aquama@go.com.jo, www.aquamarina-group.com; geräumige Zimmer, gut eingerichtet, sehr sauber, AC, SatTV, Minibar, Dachterrasse und –bar, Disco, relativ kleiner Swimmingpool, mF..E+B 50, D+B 70
- **CAPTAIN`S TOURIST HOTEL**, 3+* [7] Al Nahda St, Tel 206 0710, Fax 206 0717, sales@captains-jo.com, www.captains-jo.com, 2007 eröffnet, AC, SatTV, Minibar, Pool, Sauna, Fitness, sehr sauber, freundlich-familiäre Atmosphäre, empfehlenswert, mF......................E+B 65, D+B 80
- **DAYS INN**, 4* [8], Al Nahda St, schräg gegenüber Captain's Restaurant, Tel 203 1901, Fax 203 2982, daysinn@wanadoo.jo, www.daysinn-aqaba.com, AC, SatTV, Minibar, Pool auf Dach, kein Alkohol, sehr sauber, mF ....E+B 70, D+B 90
- **GOLDEN TULIP**, 4* [5], As Sa'ada St, Tel 205 1234, Fax 205 12237, goldtulip@go.com.jo, www.goldentulip.com; gepflegtes innerstädtisches Hotel, AC, SatTV, Minibar, Pool, sehr sauber, mF ....E+B $120, D+B $140
- **AL MARSA**, [6], As Sa'ada St, Tel 201 3414, Fax 201 5616; AC, SatTV, Minibar, große Zimmer, gut möbliert, sehr sauber, ...E+B 20, D+B 30
- **DWEIK 2**, 3* [10], Al Hammat Al Tounesiah St, Tel 203 5919, Fax 203 9519, atalla_dweik@yahoo.com; teilweise Balkon, AC, SatTV, Kühlschrank, sehr sauber, freundlich, mF E+B 25, D+B 30
- **AL SHWEIKI**, 2* [11], Al Hammat Al Tounesiah St, Tel 202 2657, Fax 202 2659, ashwiki60@hotmail.com, www.schweikihotel.com, laute Straße, sehr sauber, große Zimmer gut eingerichtet, SatTV, Kühlschrank, teilweise Balkon, mF..E+B 20, D+B 30

Östlich des Souk

- **AL ZAITOUNA**, 3* [10], Al Hammat Al Tounesiah St, Tel 201 9601, Fax 201 9605, zaitounahotel@yahoo.com; Leser dieses Buches erhalten Discount, laute Straße, Zimmer nach hinten neu und ruhig, sehr gut eingerichtet, AC, SatTV, Kühlschrank, sehr sauber und gepflegt, sehr gutes Preis/Leistungsverhältnis besonders für den neueren Teil, mF................................E+B 28, D+B 40
- **AQAMARINA III**, 3* [16], Al Amir Mohammed St (Eingang ein Block westlich), Tel 203 2637, Fax 203 2639, aquqamarina@go.com.jo; www.aquamarinadc.com; AC, SatTV, Minibar, gut eingerichtet, sehr sauber, Pool, Massage, Dachterrassenrestaurant, mF .... E+B 30, D+B 40

An der Küstenstraße Richtung Saudi-Grenze

Grundsätzlicher Nachteil aller Übernachtungsplätze an diesem Küstenabschnitt ist die weite Entfernung zum Stadtzentrum, die abends oder nachts teuer werden kann.

- **AQUAMARINA V,** 3*, Tel 2018 320, Fax 2018 322, aquama@go.com.jo, www.aquamarinadc.com, Küstenstraße km 10,5, 2006 eröffnet, gepflegtes rel. kleines Hotel mit Tauchzentrum am Strand, Balkon, schöner Garten, großer Pool, AC, SatTV, Minibar, se sa, „Super Nightclub", Tagesgäste zahlen JD 10 für Pool und Strand, mF..................E+B 40, D+B 60
- **BEDUIN GARDEN VILLAGE** (ehemals Beduin Camp & Rest), Küstenstraße km 12 (ausgeschildert), Tel 07 9560 2521, 077 762 7933, bedwinjama@yahoo.com; gute Atmosphäre, Pool, sehr freundlich und hilfsbereit, sehr sauber, ruhig, Restaurant mit guter Küche, Bungalows mit Bad, AC, SatTV, Kschr, mF..................E+B 22, D+B 30, 3-Bett 45
Camping:..................Zelten mF pP 6, ohne F 5, Caravan 8/Kfz
- **BEDOUIN MOON VILLAGE**, Küstenstraße km 12, neben Bed. Garden Village, Tel 07 9538 1979, aqabacamp@yahoo.com, mohamedsea@lycos.com, www.dunebeachvillage.com, AC, Kschr, sauber, HP..................E+B 30, D+B 40, **Camping** 8/Kfz
- **ARAB DIVERS VILLAGE**, Küstenstraße, Tel 07 9558 6277,
..................Dorm pP 13, D+B 30, 2Pers.-Zelt 13,
Camping:..................Wohnmobil inkl. Strom 10
- **MARINA PLAZA,** 4*, Küstenstraße km 16, Tala Bay, Tel 209 2900, Fax 206 2905, www.marinaplaza.org, ein Luxushotel der ägyptischen Orascom-Gruppe, mit direkter Fährverbindung für Hotelgäste nach Taba Hights auf dem Sinai, eigene Marina, alle Wassersportarten, Spa, Sauna, geheizte Pools etc., mF..................E/D+B ab JD 180
- **RADISSON SAS**, 5*, Küstenstraße km 16, Tala Bay, Tel 209 0777, Fax 209 0799, info.talabay.aqaba@radissonsas.com, www.aqaba.radissonsas.com, gepflegtes neues Luxushotel mit allem Komfort, mF..................D+B 180
- **CORAL BAY**, 3*, nahezu südl. Ende d. Küstenstraße, Tel 2015 555, Fax 2017097, reservation@coralbay.jo, www.coralbay.jo, gehört zum Royal Diving Center, schöne Lage, Shuttlebus zur Stadt, ruhig, AC, SatTV, Kschr, 3 Pools, eig. Strand, mF..................E+B 90, D+B 100:

Hof der Festung - ein letzter Aqaba-Blick

Schreiben Sie uns bitte,

Jo

falls Sie neue und/oder bessere Informationen haben und solange diese Infos wirklich noch aktuell sind (also möglichst gleich nach Rückkehr schreiben).

Wenn wir Ihre Zuschrift verwerten können, schicken wir Ihnen ein Freiexemplar von einem der unten aufgeführten Titel aus unserer Verlagsproduktion (von anderen Reise Know-How-Verlagen ist das leider nicht möglich):

(__) ÄGYPTEN - Das Niltal von Kairo bis Abu Simbel
(__) ÄGYPTEN INDIVIDUELL
(__) Exemplar der nächsten Auflage dieses Buches

Wir freuen uns sehr, wenn Sie Ihre Infos als Email oder gut leserlich per Post schicken. Bei Email vergessen Sie bitte nicht, auch Ihre Postanschrift anzugeben.

Unsere Anschrift:
Reise Know-How Verlag Tondok
Nadistr. 18, D-80809 München
info@tondok-verlag.de

Ihre Anschrift:..

....

Besuchszeit: ....

Besuchte Gegend:...

Erfahrungen:

10

Anhang

Glossar

- **Agora** – Markt- und Versammlungsplatz griechischer Städte
- **Apsis** – halbrunde, östliche Altarnische einer Kirche
- **Architrav** – Säulen verbindender Querbalken
- **Attika** – Skulpturen tragender Aufsatz über dem Hauptgesims eines Gebäudes
- **Betyl** – Stele (in Felsnische) als Abbild eines Gottes
- **Cardo** Maximus – meist von Nord nach Süd verlaufende römische Hauptstraße
- **Cella** – fensterloser Hauptraum eines Tempels für Sakralkult
- **Decumanus** – meist von Ost nach West verlaufende römische Hauptstraße
- **Dekapolis** – "Zehnstädtebund" mit weitgehender Selbstverwaltung
- **Exedra** – halbkreisförmige Erweiterung an Kolonnaden öffentlicher Plätze
- **Forum** – Markt- und Versammlungsplatz römischer Städte
- **Hippodrom** – Pferderennbahn
- **Hypogäum** – römisches Mausoleum
- **Kastell** – römisches Fort vor, allem am Limes
- **Limes** – römische Grenzlinie mit Befestigungsanlagen
- **Mausoleum** – Grabbau
- **Naos** – Raum für Götterbild in griechischem Tempel
- **Narthex** – nach Westen gerichtete Vorhalle einer Basilika
- **Nekropole** – antiker Friedhof
- **Nymphaeum** – römische repräsentative Brunnenanlage
- **Peristyl** – Säulenhof eines Hauses oder einer Kirche
- **Portikus** – meist giebelgekrönter, auf Säulen ruhender Vorbau eines Gebäudes
- **Prätorium** – Sitz des Befehlshabers, Statthalters
- **Sanktuarium** – Raum des Allerheiligsten
- **Shisha** - Wasserpfeife
- **Souk** – Markt, Bazar
- **Substruktion** – Gewölbe-Unterbau eines Gebäudes zum Ausgleich von Gelände-Unebenheiten bzw. an Hängen
- **Tell** – Hügel, der durch aufeinanderfolgende Besiedlung entstand
- **Temenos** – geschützter heiliger Bezirk vor oder mit einem Tempel
- **Tetrapylon** – vierseitiger, hoher Torbau, meist an wichtigen Straßenkreuzungen
- **Tholos** – Rundtempel, auch runder Fassadenteil in Form eines Pavillons
- **Triklinium** – nabatäische Opfer- oder Totenmahl-Stätte
- **Wadi** – Trockenflussbett in der Wüste, das nur nach Regen kurzzeitig Wasser führt

Islamische Begriffe
- **Beit** – geschlossene Wohneinheit eines islamischen Hauses
- **Imam** - Vorbeter, religiöses Oberhaupt
- **Liwan** – Halle, nach drei Seiten geschlossen, vierte Seite zum Innenhof hin geöffnet
- **Madrasa** – Hochschule für religiöses Recht
- **Mihrab** – Gebetsnische
- **Minarett** – Turm des Gebetsrufers
- **Muezzin** – Gebetsrufer

10 Anhang

- **Qibla** - Richtung nach Mekka, Gebetsrichtung

Mini-Sprachführer

Der folgende Mini-Sprachführer soll nur die notwendigste Hilfe zur Verständigung bieten, er kann kein Lexikon oder eine wirkliche Sprachhilfe wie z.B. die Reise Knwo-How Kauderwelsch Sprechführer ersetzen. Der Einfachheit halber verwenden wir nicht die Standardlautzeichen, sondern einfachere Buchstabenkombinationen und lassen grammatikalische Regeln „außen vor".

Ein paar Hinweise zur Betonung

(**"**): Explosionslaut vor a, i oder u, wie der Stimmabsatz vor den Wörtern 'es, 'ist, oder im Wort Post"amt

(**°**): vor bzw. nach einem Buchstaben entspricht einem kehligen Reibelaut und bedarf viel Übung!!

(**gh**): ein nicht rollendes Gaumen-r

(**'h**): ein scharfes, ganz hinten in der Kehle gesprochenes und fast heiser klingendes h

(**w**): ein w, wie in dem englischen Wort wine

(**z**): wie stimmhaftes deutsches s in Rose

(**:**): Vokal mit Doppelpunkt wird langgezogen gesprochen.

Wichtige allgemeine Ausdrücke

ja/nein	ajwa/la
bitte	min fadlak (mask)
(als Äußerung eines Wunsches)	
bitte	min fadlik (fem)
danke	schukran
bitte (als Antwort auf einen Dank)	°afwan
ich möchte	ana °a:wiz
gibt es	fi:
nein, gibts nicht	la, mafi:sch
jetzt	dilwa'ti
gut	kuwajjis
nicht gut	musch kuwajjis
schlecht	wi'hisch
genug, stop	bass, kifa:ja
o.k.	tama:m

Wichtige allgemeine Wörter

Apotheke	agzacha:na
Arzt	dokto:r
Bank	bank
Brief	gawa:b
Briefmarke	ta:bi°
Bruder	ach
Frau	mada:m
Geld	fulu:s
gestern	imba:ri'h
groß	kibi:r
heute	innaharda
kalt	ba:rid
klein	sughajjar
Krankenhaus	mustaschfa:
Mann	ra:gil
morgen	bukra
Moschee	masgid, ga:mi°
Museum	mat'haf
Mutter	umm
Polizei	buli:s
Post	bosta
Quittung	faturah
Reisescheck	schi:k sija:'hi:
Sache	'ha:ga
schlecht	wi'hisch
Schmerzen	alam, waga°
Schwester	ucht
Sohn	ibn
Telefon	telefo:n
Tochter	bint
Unfall	'ha:dis
Vater	ab
viel	kiti:r
warm	suchn
wechseln (ich)	ana °a:wiz
wenig	schuwajja
Zoll	gumruk

Fragen

wer?	mi:n?
wo?	fe:n?

Mini-Sprachführer

wohin?	°ala fe:n?
was?	e:h?
warum?	le:h?
wann?	imta?
wie?	izzaj?
wie teuer?	bi ka:m?
wieviel?	ka:m?
wie bitte?	bit'u:l e:h?
was möchtest Du?	°a:wiz e:h?
ist es möglich ...?	mumkin ...?
nicht möglich	musch mumkin

Persönliches

ich	ana
du (mask.)	inta
du (fem.)	inti
er	huwwa
sie	hijja
wir	e'hna
ihr	intu
sie	humma

Reisen

Ägypten	masr
Auto	°arabijja
Bahnhof	ma'hatta
Brücke	kubri:
Bus	otobi:s
Deutsche	alma:nijja
Deutscher	alma:ni
Deutschland	alma:nijja
direkt	°ala tu:l, dughri:
Droschke	arbeya "hantur
Ermäßigung	tachfi:d
Fahrkarte einf.	tazkara ra:ji'h
Fahrpreis	ugra
Fahrrad	biskilitta
Flughafen	mata:r
Flugzeug	tajja:ra
Hafen	mi:na
hin und zurück	ra:ji'h gaij
Kairo	alqahi:ra
Kreuzung	mafraq
Minute	daqi:qa
Österreich	innimsa
Österreicher	nimsa:wi
Reisepass	basbo:r
Schiff	markib
Schweiz	siwisra
Schweizer	siwisri:
Segelboot	felu:ka
Stadt	madi:na
Straße	scha:ri°
Stunde	sa:°a
Tourist	sa:ji'h
Weg nach ...	tari:" ila:
Zug	atr

Ortsbestimmung

geradeaus	°ala tu:l, dughri:
links	schima:l
rechts	jimi:n
nach	ila:
hier/dort	hina/hina:k
zurück	ra:gi°
Norden	schama:l
Osten	schar'
Süden	ganu:b
Westen	gharb

Landschaft

Berg	gabal
Hügel	tall
Brunnen	bi:r
Quelle	°ein
Wüste	sa'hara
Oase	wa:'ha
Haus	be:t

Restaurant/Hotel

bezahlen	adfa°
Doppelzimmer	o:da bisri:re:n
Einzelzimmer	o:da bisri:r
essen (ich)	a:kul
Fleisch	la'hm
Fisch	samak
frei (Zimmer)	fa:di:
Gemüse	chuda:r
Hotel	funduq, ote:l
Huhn	farcha

10 Anhang

Kaffee .... ahwa
mit Frühstück .... bil fita:r
Obst .... fakha
Salz .... mal'h
Tee .... scha:j
Toilette .... dorit majja, tuwalitt
trinken (ich) .... aschrab
Wasser .... majja
Zucker .... sukkar

Markt/Einkaufen
Banane .... mo:z
billig .... richi:s
Brot .... ºe:sch
Datteln .... bala'h
Eier .... be:d
Feigen .... ti:n
Fruchtsaft .... ºasi:r
Granatapfel .... rumma:n
Guaven .... gawa:fa
Kartoffeln .... bata:tis
kaufen .... aschtiri:
Kilo .... ki:lo
1/2 Kilo................. nuss ki:lo
Mango .... manga
Markt .... su:q
Melone .... batti:ch
Milch .... laban
Orange .... burtu'a:n
teuer .... gha:li:
Tomaten .... tama:tim
Zitrone .... lamu:n
Zwiebeln .... basal

Zahlen
0 ....٠................ sifr
1 ....١................ wa:'hid
2 ....٢................ itne:n
3 ....٣................ tala:ta
4 ....٤................ arbaºa
5 ....٥................ chamsa
6 ....٦................ sitta
7 ....٧................ sabaºa
8 ....٨................ tama:nja
9 ....٩................ tisºa
10...............١٠............... ºaschara

Reisen mit Zukunft

· umweltfreundlich
· sozialverträglich
· außergewöhnlich

Besuchen Sie uns unter
www.forumandersreisen.de
oder fordern Sie den kostenlosen
Katalog „Reiseperlen" an:

forum anders reisen e.V.
Unternehmensverband für
Nachhaltigen Tourismus
Postfach 50 02 06
D-79028 Freiburg
Fon: 0049(0)761/13 77 68 88
Fax: 0049(0)761/13 77 68 89
info@forumandersreisen.de
www.forumandersreisen.de

forumandersreisen

11	١١	hida:schar	
12	١٢	itna:schar	
13	١٣	talata:schar	
14	١٤	arbaᵒta:schar	
15	١٥	chamasta:schar	
16	١٦	sitta:schar	
17	١٧	sabaᵒta:schar	
18	١٨	tamanta:schar	
19	١٩	tisaᵒta:schar	
20	٢٠	ᵒischri:n	
21	٢١	wa:'hid wa ᵒischri:n	
30	٣٠	talati:n	
40	٤٠	arbaᵒi:n	
50	٥٠	chamsi:n	
60	٦٠	sitti:n	
70	٧٠	sabaᵒi:n	
80	٨٠	tamani:n	
90	٩٠	tisᵒi:n	
100	١٠٠	mijja	
200	٢٠٠	mite:n	
300	٣٠٠	tultumijja	
400	٤٠٠	arbaᵒmijja	
500	٥٠٠	chumsumijja	
600	٦٠٠	suttumijja	
700	٧٠٠	subᵒumijja	
800	٨٠٠	tumnumijja	
900	٩٠٠	tusᵒumijja	
1000	١٠٠٠	alf	

Redewendungen

Ich spreche nicht arabisch	ana mat kal limsch arabi
Sprich langsam, bitte (mask.)	mumkin tit ka lim bischwi:sch
Sprich langsam, bitte (fem.)	itkallimi: bi schwi:sch
Ich verstehe Sie nicht (mask.)	ana misch fahmak
Ich verstehe Sie nicht (fem.)	ana misch fah mik
Darf ich fotografieren?	mumkin asawwar?
Ich weiß nicht	maᵒrafsch
Ist das gut?	il haga di kuwajjisa?
Wie weit ist es bis …?	e:h il masa:fa li …?
Wo ist der Bahnhof?	il ma:hatta fen?
Was kostet das?	bikam da?
Ich bin krank	ana åjja:n
Wo ist der nächste Arzt?	fen aqrab dok to:r?
Verschwinde!	imshi: !

Begrüßung

Herzlich willkommen	ahlan wa sahlan	Antwort: ahlan bi:k
Friede sei mit Dir!	as sala:mu ᵒalaikum	Antwort: ᵒalaikum as sal:am
Guten Morgen	saba:'hil che:r	Antwort: saba'hin nu:r
Guten Tag/Abend	masa:'il che:r	Antwort: masaba'in nu:r
Wie geht's dir (mask.)?	izza jjak?	Antwort: al hamdulillah
Wie geht's dir (fem.)?	izza jjik?	Antwort: al hamdulillah
Aufwiedersehen	ila: li qa:'	
Entschuldigung	a:sif	Antwort: maᵒalisch
Wie heißt du? (mask.)	ismak e:h?	Antwort: Ich heiße …ismi: ..
Wie heißt du? (fem.)	ismik e:h?	Antwort: Ich heiße …ismi: ..

Die Reiseführer von REISE

Reisehandbücher
Urlaubshandbücher
Reisesachbücher
PANORAMA
Edition RKH, Praxis

Agadir, Marrakesch, Südmarokko
Ägypten individuell
Ägypten/Niltal
Alaska ♫ Kanada
Argentinien
Äthiopien
Australien – Auswandern
Australien, Osten und Zentrum
Australien, Westen und Zentrum

Baikal, See u. Region
Bangkok
Bolivien kompakt
Botswana
Brasilien
Brasilien kompakt

Cabo Verde
Chicago
Chile, Osterinsel
Chinas Osten
Costa Rica
Cuba

Djerba & Zarzis
Dominikanische Republik
Dubai, Emirat

Ecuador, Galápagos
El Hierro
Erste Hilfe unterwegs

Fahrrad-Weltführer
Florida
Fuerteventura

Georgien
Gomera
Gran Canaria
Guatemala

Havanna
Hawaii
Honduras
Hongkong, Macau, Kanton

Indien, der Norden
Indien, die schönsten Orte u. Regionen
Indien, der Süden
Iran

Japan
Jemen
Jordanien

Kalifornien und USA Südwesten
Kalifornien, Süden und Zentrum
Kambodscha
Kamerun
Kanada, USA
Kanadas Maritime Provinzen
Kanadas Osten, USA Nordosten
Kanadas Westen, Alaska
Kapstadt – Garden Route (Südafrika)
Kapverdische Inseln
Kenia
Kenia kompakt
Kerala (Indien)
Krügerpark – Kapstadt (Südafrika)
KwaZulu-Natal

Ladakh, Zanskar
Lanzarote
La Palma
Laos
Lateinamerika BikeBuch
Libyen

Malaysia, Singapur, Brunei
Marokko
Mexiko
Mexiko kompakt
Mongolei
Motorradreisen
Myanmar

Namibia
Namibia kompakt
Neuseeland BikeBuch
Neuseeland Outdoor
New York City
New York im Film

Oman
Outdoor-Praxis

Panama
Peru, Bolivien
Peru kompakt
Phuket (Thailand)

Rajasthan

San Francisco
Senegal, Gambia
Shanghai
Singapur
Sri Lanka
St. Lucia, St. Vincent, Grenada
Südafrika
Südafrika: Kapstadt – Garden Route
Südafrika: Krügerpark – Kapstadt
Südafrika: KwaZulu-Natal
Sydney, Naturparks
Syrien

Taiwan
Tansania, Sansibar
Teneriffa
Thailand
Thailands Süden
Tokyo, Kyoto, Yokohama
Transsib
Trinidad und Tobago
Tunesien
Türkei, Hotelführer
Türkei, Mittelmeerküste

Uganda, Ruanda
USA, als Gastschüler
USA, Kanada
USA, Canada BikeBuch
USA Nordosten, Kanada Osten
USA, der große Süden
USA Südwesten, Kalif., Baja California
USA, Südwesten, Natur u. Wandern
USA, der ganze Westen

Venezuela
Vereinigte Arabische Emirate
Vietnam

Westafrika – Sahel
Wo es keinen Arzt gibt

Yucatán, Chiapas (Mexiko)

Know-How auf einen Blick

Tschechien
Türkei, Hotelführer
Türkei, Mittelmeerküste

Ukraine, der Westen
Umbrien
Usedom

Venedig

Wales
Wangerooge
Warschau
Wien

Zypern, der Norden
Zypern, der Süden

Wohnmobil-Tourguides

Dänemark
Kroatien
Provence
Sardinien
Sizilien
Südnorwegen
Südschweden

Edition RKH

Durchgedreht –
  Sieben Jahre im Sattel
Eine Finca auf Mallorca
Geschichten aus dem
  anderen Mallorca

Mallorca für Leib
  und Seele
Rad ab!

Praxis

All inclusive?
Bordbuch Südeuropa
Canyoning
Clever buchen,
  besser fliegen
Clever kuren
Drogen in Reiseländern
Expeditionsmobil
Feste Europas
Fiestas Spanien
Fliegen ohne Angst
Frau allein unterwegs
Geolog. Erscheinungen
Gesundheitsurlaub
  in Dtl. Heilthermen
GPS f. Auto, Motorrad
GPS Outdoor-
  Navigation
Handy global
Höhlen erkunden
Inline Skating
Islam erleben
Kanu-Handbuch
Kartenlesen
Kreuzfahrt-Handbuch
Küstensegeln
Langzeitreisen
Marathon-Guide
  Deutschland
Mountainbiking
Orientierung mit
  Kompass und GPS

Paragliding-Handbuch
Pferdetrekking
Radreisen
Reisefotografie
Reisefotografie digital
Reisekochbuch
Reiserecht
Schutz vor Gewalt
  und Kriminalität
Schwanger reisen
Selbstdiagnose
  unterwegs
Sicherheit in Bären-
  gebieten
Sicherheit Meer
Sonne, Wind,
  Reisewetter
Spaniens Fiestas
Sprachen lernen
Survival-Handbuch
  Naturkatastrophen
Tauchen Kaltwasser
Tauchen Warmwasser
Transsib
Trekking-Handbuch
Volunteering
Vulkane besteigen
Wann wohin reisen?
Wildnis-Ausrüstung
Wildnis-Backpacking
Wildnis-Küche
Winterwandern
Wohnmobil-
  Ausrüstung
Wohnmobil-Reisen
Wohnwagen
  Handbuch
Wracktauchen
Zahnersatz, Reiseziel

KulturSchock

Familienmanagement
  im Ausland
Finnland
Frankreich
Irland/Nordirland
Italien
Leben in fremden
  Kulturen
Polen
Rumänien
Russland
Schweiz
Spanien
Türkei
Ukraine
Ungarn

Wo man unsere Reiseliteratur bekommt:
Jede Buchhandlung Deutschlands, der Schweiz, Österreichs und der Benelux-Staaten kann unsere Bücher beziehen. Wer sie dort nicht findet, kann alle Bücher über unsere **Internet-Shops** bestellen.
Auf den Homepages gibt es **Informationen** zu allen Titeln:

www.reise-know-how.de oder **www.reisebuch.de**

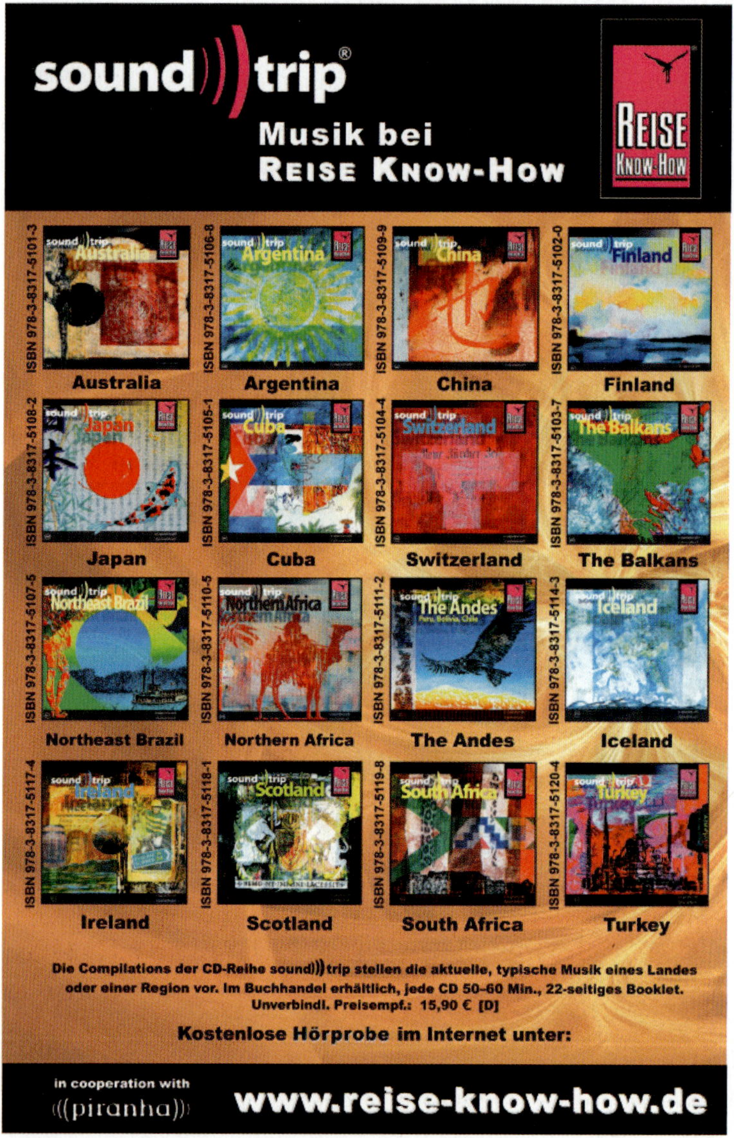

sound))trip®
Musik bei
REISE KNOW-HOW
REISE KNOW-HOW
ISBN 978-3-8317-5101-3
Australia
ISBN 978-3-8317-5106-8
Argentina
ISBN 978-3-8317-5109-9
China
ISBN 978-3-8317-5102-0
Finland
ISBN 978-3-8317-5108-2
Japan
ISBN 978-3-8317-5105-1
Cuba
ISBN 978-3-8317-5104-4
Switzerland
ISBN 978-3-8317-5103-7
The Balkans
ISBN 978-3-8317-5107-5
Northeast Brazil
ISBN 978-3-8317-5110-5
Northern Africa
ISBN 978-3-8317-5111-2
The Andes
ISBN 978-3-8317-5114-3
Iceland
ISBN 978-3-83317-5117-4
Ireland
ISBN 978-3-83317-5118-1
Scotland
ISBN 978-3-83317-5119-8
South Africa
ISBN 978-3-83317-5120-4
Turkey
Die Compilations der CD-Reihe sound))trip stellen die aktuelle, typische Musik eines Landes oder einer Region vor. Im Buchhandel erhältlich, jede CD 50–60 Min., 22-seitiges Booklet.
Unverbindl. Preisempf.: 15,90 € [D]
Kostenlose Hörprobe im Internet unter:
in cooperation with
((piranha))
www.reise-know-how.de

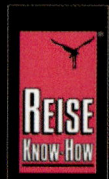

Index

A

Abbasiden 79, 100
Abdullah II 85
Abflug 38
Abila 197
Abreise 37, 38
Adressen 21
Ain Abata 26
Ain Beidha 243
Ain Ghazal 73
Ain Musa, am Mt. Nebo 225
Ain Zarqa 258
Airconditioner 53
Airport-Bus 37
Ajlun 174
Ajlun Forest Reserve 177
Aktivitäten 16
Aktivurlaub 59
Alexander der Große 74
Alkohol 43
Allah 101
Alleinreisende Frauen 32
Almosenpflicht 102
Amman 26, 107
Amman, Abu-Darwish-Moschee 121
Amman, Adressenangaben 144
Amman, Ain Ghazal 118
Amman, Airlines 147
Amman, Airport-Bus 139
Amman, Alkohol 152
Amman, Apotheken 146
Amman, Archäologisches Museum 114, 125
Amman, Arzt 145
Amman, Automobil-Museum, königl. 127
Amman, Bus-Bahnhöfe 139
Amman, Busverbindungen 137
Amman, Busverbindungen, außerstädtische 139
Amman, Busverbindungen innerstädtisch 137
Amman, Byzantinische Kirche Sweifiyeh 126
Amman, Childrens Heritage and Science Museum 154
Amman, Darat Al Funun 124
Amman, Deutsches Evangelisches Institut 125
Amman, Feuerwehr 144
Amman, Folkloremuseum 118
Amman, Forum 116
Amman, Geldwechsel 147
Amman, Geology Museum 127
Amman, Geschichte 108
Amman, Gold-Souk 121
Amman, Heritage Museum 125
Amman, Herkules-Tempel 114
Amman, Hussein-Moschee 119
Amman, Internet-Cafés 149
Amman, Jebel Amman 121
Amman, Jebel Qala 111
Amman, Kan Zaman Village 128
Amman, King Abdullah Moschee 123
Amman, Komfort-Busverbindungen 140
Amman, Kunstgalerien 153
Amman, Lebensmittel (westl.) 152
Amman, Medizinische Hilfe 145
Amman, Mietwagen 149
Amman, Militärmuseum 124
Amman, Nationalflagge 111
Amman, Notfall 144
Amman, Nymphaeum 118
Amman, Odeon 118
Amman, Omayadenpalast 115
Amman, Philadelphia 116
Amman, Polizei 144
Amman, Post 144
Amman, Postmuseum 127
Amman, Qasr el Abd 131
Amman, Qasr Nuweijis 125
Amman, Rainbow St 122
Amman, Reisebüros 148
Amman, Restaurants 155
Amman, Römisches Theater 116
Amman, Rujm el Malfouf 123
Amman, Safeways 152
Amman, Service-Taxi 137
Amman, Shopping 150
Amman, Siebenschläfer 130
Amman, South Terminal 139
Amman, Souvenirs 150
Amman, Sport City 124
Amman, Straßennamen 140
Amman, Straßennetz 137, 140
Amman, Sweifiyeh 126
Amman, Topografie 111
Amman, Tourism Beach 227
Amman, Touristische Informationen 137
Amman, Verkehrsunfall 144
Amman, Wadi es Sir 131
Amman, Zitadelle 111
Ammoniter 74
Amra 207
Analphabeten 87
Anjara 25, 174
Ankunft 37
Anreise 34
Antiquitäten, Ausfuhrverbot 67
Aqaba 266
Aqaba, Ailah 322
Aqaba, Festung 323
Aqaba, Gateway 320
Aqaba, Saraya Aqaba 335
Araba, Grenzübergang 40
Arabeske 104
Arak 57
Arroganz 43
As Shouna North 190
As Shouna South 185
Aufenthaltsgenehmigung 38, 145
Auslandskrankenversicherung 59
Ausreise 39

10 Anhang

Ausreise, Israel 39
Ausreisesteuer 38
Autofahren 49
Autopapiere 22
Auto-Ralley 59
Azraq 204
Azraq Wetland Reserve 205

B
Bab el Dhraa 240
Badia 203
Bakschisch 16, 66
Bakterien 57
Baptism Site Bethania 252
Beduinen 90
Begrüßungsformeln 42
Behinderte 33, 278
Beit Ras 199
Bergsteigen 59
Beschneidung 102
Bethania 26, 252
Biblische Orte 25
Bildung 87
Birdwatching 60
Birketein 172
Bodenschätze 93
Botschaft, Jordanien 21
Brillenträger 30
Brustbeutel 61
Burqu 214
Buseira 244
Byzantiner 77

C
Camping 30, 54
Canyoning 60
Capitolias 199
Carnet de Passages 22
Chauffeur, unterwegs mit 47
Christentum 25
Christliche Orte 25
Circles 112
Coral Island 328

D
Damaskus 39
Dana 245
Dana Nature Reservat 246
Dead Sea Panoramic Comlpex 227
Dead Sea Ultra Marathon 258
Deir Ain Abata 262
Deir Allah 187
Dekapolis 164
Desert Highway 267
Dhat Rass 240
Dhiban 230
Dhibbin Forest Reserve 174
Diseh 307
Drogen 44
Dromedar 310
Durchfall 58

E
EC-Karte 65
Edomiter 74
Ehe 91
Einladungen 43
Einreise, Autofahrer 39
Einreise, von Syrien 39
Einwohner, Jordanien 88
Elektrizität 64
El Habis 199
El Hamma 191
Elias 176
El Mazar 240
El Mazraa 260
Emailbox 62
Emailsicherheit 62
Engländer 80
erhältlich 57
Erholungsmöglichkeiten 17
Es Sela 243
Essen & Trinken 55

F
Fahrrad 31, 51
Fallschirmspringen 59
Feiertage 67
Feiertage, islamische 68
Fernsehen 68
Feynan, Wadi 265
Fieber 58
Filmen 44
Flora und Fauna 97
Flughafen Amman 37

Flugticket, verloren 63
Fotografieren 31, 44
Frau 91
Friends of the Earth 186
Fuheis 133

G
Gadara 192
Gastgeber 43
Geburtenüberschuss 92
Geld 64
Geldwechsel 37, 64
Gemeinschaftstaxi 47
Gerasa 164
Gesundheit 57
Gharandal 266
Ghor 95, 96, 186
Gold-Souk 150
Golf von Aqaba 326
Grand Canyon 232
Grenzübergänge nach Israel 39

H
Haftpflichtversicherung 22, 39
Haj 102
Hammamat Afra 242
Hammamat Borbatah 242
Hammamat Ma'in 226
Hammam es Sarah 202
Handy 63
Hashemiten 82
Hashemitisches Königreich Jordanien 81
Hauran 181
Hebron-Gläser 106
Hebron Glass 67
Hejaz-Bahn 46, 80
Herausforderungen 60
Hilfetelefon 137
Himmeh 191
Hirbet es Zeraqon 178
Hisban 216
Hitchhiking 48
Hochsaison 54
Höchstgeschwindigkeit 49
Homosexuelle 44
Hotel, Azraq 207

Index

Hotel, Dana 248
Hotel, Kerak 239
Hotel, Madaba 224
Hotel, Pella 190
Hotel, Petra 299
Hotel, Tafila 243
Hotel, Wadi Feynan 266
Hotel, Wadi Rum 317
Humaimah 306
Humus 55
Hussein, König von
　　　　Jordanien 82

I
Impfung 22
Internationaler Führerschein 22
Internationale Zulassung 22
Internet 18
Internetsicherheit 62
Iraq el Amir 132
Irbid 178
Irbid, Museum of Jordanian Heritage 178
Irbid, Yarmuk Universität 178
Islam 99
Islamische Feiertage 68

J
Jabir 36
Jawa 214
Jebel Atata 244
Jerash 164
Jerash Festival 172
JETT 46
Jordan 96, 186
Jordan Festival 172
Jordan River Crossing 40
Jordantal 186
Jordan Tourism Board 137

K
Kaaba 100
Kalif 100
Kalligrafie 104
Kallirhoe 258
Kamel 310
Kan Zaman Village 128
Karten 20
Kerak 26, 235
Khirbet al Wahadna 25, 176
Khirbet Arair 230
Khirbet ed Dharih 242
Khirbet Feynan 266
Khirbet el Mekhayat 224
Khirbet et Tanur 241
King Hussein Bridge 185
Kings Road 215
Kirche, älteste 26
Kleidung 29, 42
Klima 28
Koralle 326
Koran 100
Krankheit 62
Kreditkarten 65
Kreditkarte verloren 63
Kreuzfahrer 79
Kreuzzüge 79
Kultur 105
Kunst 105
Kunsthandwerk 105
Kupferminen 266

L
Lahun 231
Landschaftszonen 95
Landweg 35
Landwirtschaft 94
Lebenserwartung 88
Lejjun 269
Lesbierinnen 44
Libb 228
Lisan 260
Literatur 17, 105
Lots Höhle 26, 262

M
Ma'an 269
Machärus 26
Madaba 26, 217
Mafraq 181
Ma'in 228
Mamluken 80
Mansaf 55
Marathon 258
Mar Elias 176
Medikamente 58
Medina 100
Medizinische Hilfe 62
Mekka 99
Mezzeh 55
Mietwagen 48
Militär 87
Mindestlohn 66
Minibusse 46
Moabiter 74
Mohammed 99
Mohammed, Prophet 78
Motorradfahrer 22
Mount Nebo 26, 224
Muezzin 104
Mujib Reserve 259
Mukawir 228
Mushatta, Wüstenschloss 211
Mutah 240
Muwaqqa 211

N
Nabatäer 76
Nachrichten 68
Natur 95
Nature Reserves 98
Na'ur 251
Nomaden 90
Notebook 62
Notfall 65
Notruf 64

O
Odruh 269
Öffentliche Verkehrsmittel 46, 137
Omayaden 78, 100, 200
Osmanen 80

P
Palästina-Landkarte 218
Palästinenser 89
Palestine Liberation Organisation 71, 82
Pass, verloren 63
Pella 188
Petra 271

Petra, Amphitheater 283
Petra, Anfahrt vom Wadi Araba 264
Petra, Äußerer Siq 283
Petra, Byzantinische Kirche 286
Petra, Cardo Maximus 283
Petra, Ed Dir 291
Petra, El Barid 294, 295
Petra, El Beidha 295
Petra, El Habis 290
Petra, El Hupta 293
Petra, El Wueira 295
Petra, Farasa-Schlucht 289
Petra, Großer Opferplatz 289
Petra, Großer Tempel 284
Petra, Jebel Haroun 294
Petra, Khazne Faraun 282
Petra, Königswand 286
Petra, Löwen Greifen-Tempel 284
Petra, Museum 286
Petra, Obeliskengrab 280
Petra, Papyrusrollen 286
Petra, Plan 296
Petra, Qasr el Bint Faraun 285
Petra, Siq 281
Petra, Temenos-Tor 285
Petra, Umm el Biyara 293
Petra, Wadi Syagh 291
Phosphat 93
Pilgerfahrt 102
Pilgerfort 80
Pilgerreise 17
Pilgerroute 80
Pilgerziele 26
PLO 82
Post 62
Pottasche 93, 261
Preise 66
Prozessionsstraße 314

Q
Qalaat ar Rabad 174
Qalaat el Mishnaqa 228
Qasr 234
Qasr Amra 207
Qasr Aseikim 213
Qasr Burqu 214
Qasr Bushir 268
Qasr el Abd 131
Qasr el Hallabat 202
Qasr el Kharanah 209
Qasr el Meshneqeh 228
Qasr el Mushatta 131
Qasr el Mushatta, Wüstenschloss 211
Qastal 212
Qatrana 267
Queen Alia Airport 37
Quweira 307

R
Rabba 234
Radfahren 60
Radio 30
Ramadan 43, 102
Ramtha 25, 36
Ras en Naqb 305
Reiseapotheke 58
Reisevorbereitung 17
Reisezeit 28
Religionsfreiheit 99
Religionszugehörigkeit 87
Rihab 181
Rollstuhlfahrer 34
Römer 77
Royal Society for the Conservation of Nature 98
RSCN 98, 99
Ruhetag, wöchentliche 68
Rummana Camp 244
Rundreisen 27

S
Safawi 214
Safi 264
Saidiyeh 187
Saladin 79
Salt 134
Sand Bottle 67, 106
Säulen der Weisheit 314
Schiiten 100
Schlangen 99
Schnorchelausrüstung 30
Schulpflicht 87
Sehenswertes, Amman - Totes Meer - Aqaba 252
Sehenswertes, Amman und Umgebung 109
Sehenswertes, Aqaba 319
Sehenswertes, Desert Highway 267
Sehenswertes, Jerash - Umm Jimal 163
Sehenswertes, Kings Road 216
Sehenswertes, Petra 272
Sehenswertes, Wüstenschlösser 199
Shaubak 248
Shaumari Nature Reserve 206
Shobeq 248
Shopping 67
Shorts 42
Sicherheit 60
Silberschmuck 67
SIM-Karte 64
Sinai 329
Siyagha 224
Sonnenstich 58
Souvenirs 67
Spirituosen 57
Sport 16, 59
Sprachführer 340
Städtevorwahl 64
Stadtpläne 21
Straßenkontrollposten 51
Studenten 22
Studentenausweis 22
Studentenermäßigung 22
Sunna 101
Sunniten 100
Süßigkeiten 57
Suweimah 256
Syrien, Einreiseverbot 36

T
Tabaqat Fahl 188
Tafila 242
Tahina 55
Tanken 51
Taschendiebe 61
Taucherausrüstung 30

Taucherbrillen 30
Taxi 47
Telefon 63
Telefon-Vorwahl 64
Tell el Ammta 187
Tell Hisban 216
Theater 105
Tiere 34
Top-Ten-Ziele 23
Totes Meer 253
Tourist Police 61
Transjordanien 81
Travellerchecks 64
Trekking 60
Trinkgeld 66
Trust 46
Tscherkessen 80, 86, 88

U
Übernachten 51
Umm el Jimal 181
Umm er Rasas 230, 231
Umm es Surab 184
Umm Qays 25, 192
Unfall 51
UNRWA 90

V
Verständigung 21
Visa (Kreditkarte) 65
Visum 21, 145
Vogelbeobachtung 60, 98

W
Wadi Araba 263
Wadi es Sir 131
Wadi Feynan 265
Wadi Ghuwayr 266
Wadi Hasa 241
Wadi Mujib 232
Wadi Musa 250, 271
Wadi Nimrim 261
Wadi Rum 307
Wadi Wala 230
Wandern 60
Wander- und Trekkingmöglichkeiten 60
Wasserhaushalt 95
Wasserpfeife 57
Wechselkurs 64
Weiterreise, Ägypten 35
Weiterreise, Syrien 36
Wichtige Dokumente 22
Wirtschaft 93
Wohnmobil 31
Wüstenschlösser 199

Y
Yarmuk 191
Yarmuk, Schlacht am 192
Yellow Cabs 47

Z
Zai Nationalpark 136
Zarqa 108, 202
Zeitungen 68
Zoll 37, 39
Zugvögel 99

10 Anhang

Platz für Notizen

Reise Know-How Verlag Tondok

Zuverlässige Informationen gehören zu den "Essentials" beim Reisen: Wo gibt es brauchbare Hotels, ein gutes Restaurant, wo liegen die Sehenswürdigkeiten und wie findet man sich dort zurecht? Wie reagieren die Menschen auf Besucher, auf bestimmte Situationen? Dies und noch viel mehr erfahren Sie aus unseren Reiseführern:

ÄGYPTEN - DAS NILTAL
von Kairo bis Abu Simbel

Am Nil, der Lebensader Ägyptens, pulsiert seit Jahrtausenden das Leben, haben viele Generationen ihre Spuren hinterlassen - heute touristische Ziele von Weltrang. Dieser Führer konzentriert sich kenntnisreich auf alle Belange einer Nilreise, auf Nilkreuzfahrten, auf die Reisepraxis und den kulturellen Hintergrund.

2. Auflage 2008; ISBN 3-89662-463-5, 444 Seiten, komplett in Farbe, 70 Pläne und Karten, Niltal-Atlas, 110 Fotos, 16,90 €

ÄGYPTEN INDIVIDUELL
Handbuch zum Erleben, Erkennen und Verstehen eines fantastischen Landes

Der fundierte Reiseführer für ganz Ägypten, der wegen seiner umfassenden und zuverlässigen Informationen zum ständigen Begleiter der meisten Individualreisenden in Ägypten wurde. 17 Auflagen in 26 Jahren - was spricht mehr für die Aktualität und die Akzeptanz durch die Leser.

17. Auflage, ISBN 3-89662-475-8, 732 Seiten, 116 Pläne und Karten, 270 Fotos, 1032 Index-Einträge, komplett in Farbe, 24,90 €

10 Anhang

Lesen lassen

Häufig gerät man in Verständigungsschwierigkeiten, die sich durch arabisch geschriebene Worte u.U. lösen lassen. Wir haben hier einige Begriffe und Ortsnamen in der Reihenfolge der Routen zusammengestellt, die Ihnen im einen oder anderen Fall vielleicht durch Vorzeigen weiterhelfen können (Tipp: kopieren Sie diese Seiten vergrößert).

Allgemein

Abflug	قيام
Aircondition	المكيف
Apotheke	صيدلية
Arzt	دكتور
Bus Nr.	باص رقم
Doppelzimmer	غرفة لإثنين
Einzelzimmmer	غرفة فردية
Flughafen	المطار
Hotel	فندق
Krankenhaus	مستشفى
Minibus	ميني باص
Polizei	بوليس
Post	البوستة
Restaurant	مطعم
Sammeltaxi	تاكسي بالنفر
Telefon	تليفون
Terminal 1	تيرمينال رقم ١
Terminal 2	تيرمينال رقم ٢
Toilette	تواليت

Amman

	عمان
1. Circle	الدوار الاول
2. Circle	الدوار الثاني
3. Circle	الدوار الثالث
4. Circle	الدوار الرابع
5. Circle	الدوار الخامس
6. Circle	الدوار السادس
7. Circle	الدوار السابع
8. Circle	الدوار الثامن
Abdali	العبدلي
Abdoun	عبدون
Al Kahf	اهل الكهف
Downtown	وسط البلد
Fuheis	الفحيص
Iraq el Amir	العراق (جنب المؤتة)
Jebel Amman	جبل عمان
Jebel Hussein	جبل الحسين
Jebel Qala	جبل القلعة
Jebel Weibdeh	جبل اللويبدة
Jett Terminal	مجمع جيت
Jordan University	جامعة الاردنية
Kan Zaman	كان زمان
King Hussein Bridge	جسر الملك حسين
Marka	ماركا
Middle East Circle	دوار الشرق الاوسط
Muhajireen Terminal	مجمع المهاجرين
Qasr el Abd	قصر العبد
Queen Alia Airport	مطار الملكة علياء
Raghadan Terminal	مجمع رغدان
Ras el Ain	راس العين
Salt	السلط
Shmeisani	الشميساني
Sport City	المدينة الرياضية
Sweifiyyeh	الصويفية
Sweileh	صويلح
Tlal al Ali	تلاع العلي
Trust Terminal	مكتب شركة الثقة
Wadi es Sir	وادي السير
Wahadat Terminal	مجمع الجنوب
Zarqa	الزرقاء

Nordwestliches Gebiet

Ajlun	عجلون
As Shouna (North)	الشونة الشمالية
As Shouna (South)	الشونة الجنوبية
Deir Alla	دير علا
Dhibbin	دبين

Lesen lassen

El Hamma (Himeh)	الحمة	Es Sela	السلع
Hartha	حرثا	Hammamat Afra	حمامات عفرا
Irbid	اربد	Hammamat Ma'in	حمامات ماعين
Amman Station	مجمع عمان الجديد	Hisban	حسبان
North Station	مجمع الشمالي	Kerak	الكرك
Yarmuk University	جامعة اليرموك	Madaba	مادبا
Jerash	جرش	Ma'in	ماعين
Mar Elias	تل مار الياس (خربة الوهادنة)	Mazar	المزار
Pella	طبقة فحل	Mount Nebo	جبل نبو
Qal'at ar Rabadh	قلعة الربض	Mukawir	مكاور
Ramtha	الرمثا	Qasr	القصر
Sweileh	صويلح	Rabba	الربة
Tabaqat Fahl	طبقة فحل	Shaubak	الشوبك
Umm Qays	ام قيس	Umm er Rasas	أم الرصاص
Nordöstliches Gebiet		Wadi Hasa	وادي الحسا
Amra, Qasr	قصر عمرة	Wadi Mujib	وادي الموجب
Azraq Wetland R.	محمية الازرق المائية	**Totes Meer, Wadi Araba**	
Azraq, Qasr	قصر الازرق	Bethania (Baptism)	المغطس
Badia	الباعج	Feynan	فينان
Burqu	برقع	Lot's Höhle	كهف النبي لوط
Hallabat, Qasr	قصر الحلابات	Safi	الصافي
Hammam es Sarah	حمام السرح	Suweimah	سوعمة
Jawa	جاوا	Totes Meer	البحر الميت
Kharanah, Qasr	قصر الحرانة	Wadi Araba	وادي عربة
Mafraq	المفرق	**Petra**	
Mushatta, Qasr	قصر المشتى	Ain Musa	عين موسى
Muwaqqa	الموقر	Petra	البتراء
Safawi	الصفاوي	Taybet Zaman	الطيبة
Shaumari Reserve	محمية الشومري	Wadi Musa	وادي موسى
Tuba, Qasr	قصر الطوبة	**Tiefer Süden**	
Umm el Jimal	ام الجمال	Aqaba	العقبة
Zarqa	الزرقاء	Diseh	الديسة
King's Road		Ma'an	معان
Ain Beidah	العين البيضاء	Quweira	القويرة
Bab el Dhra'a	باب الذراع	Ras en Naqb	راس النقب
Dana	ضانا	Rum	رم
Dhiban	ديبان	Wadi Rum	وادي رم

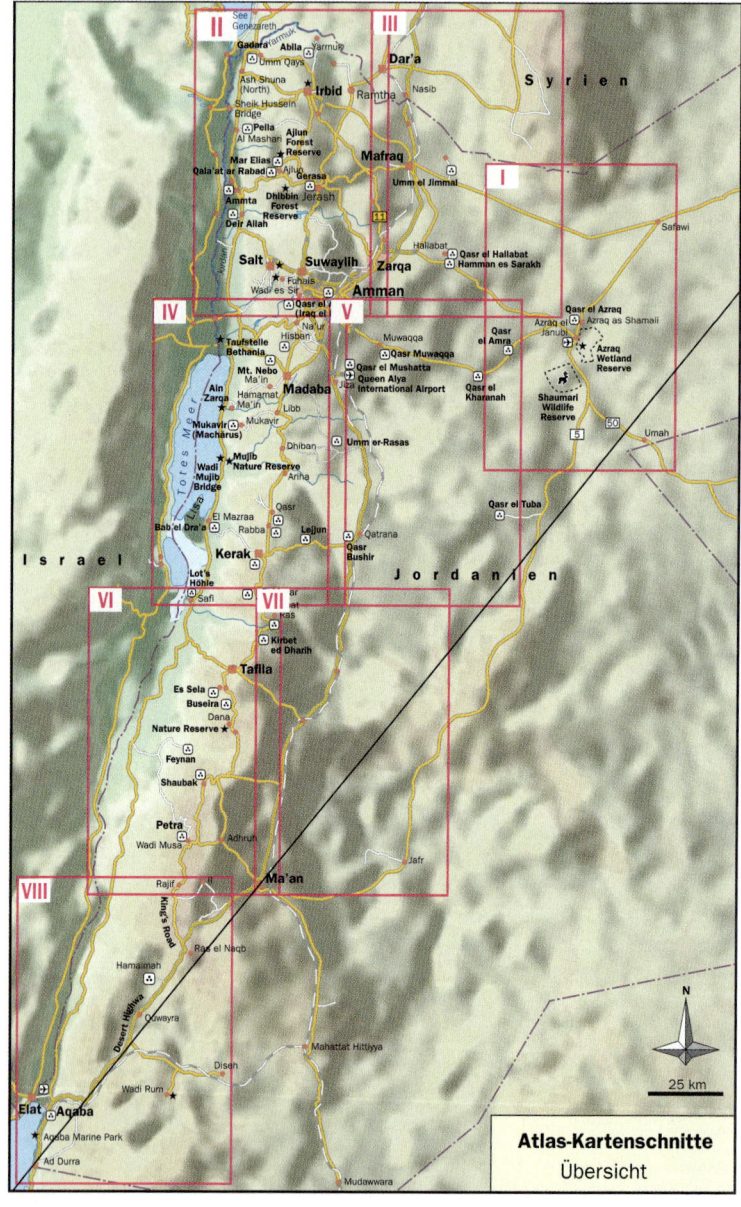

Atlas-Kartenschnitte
Übersicht

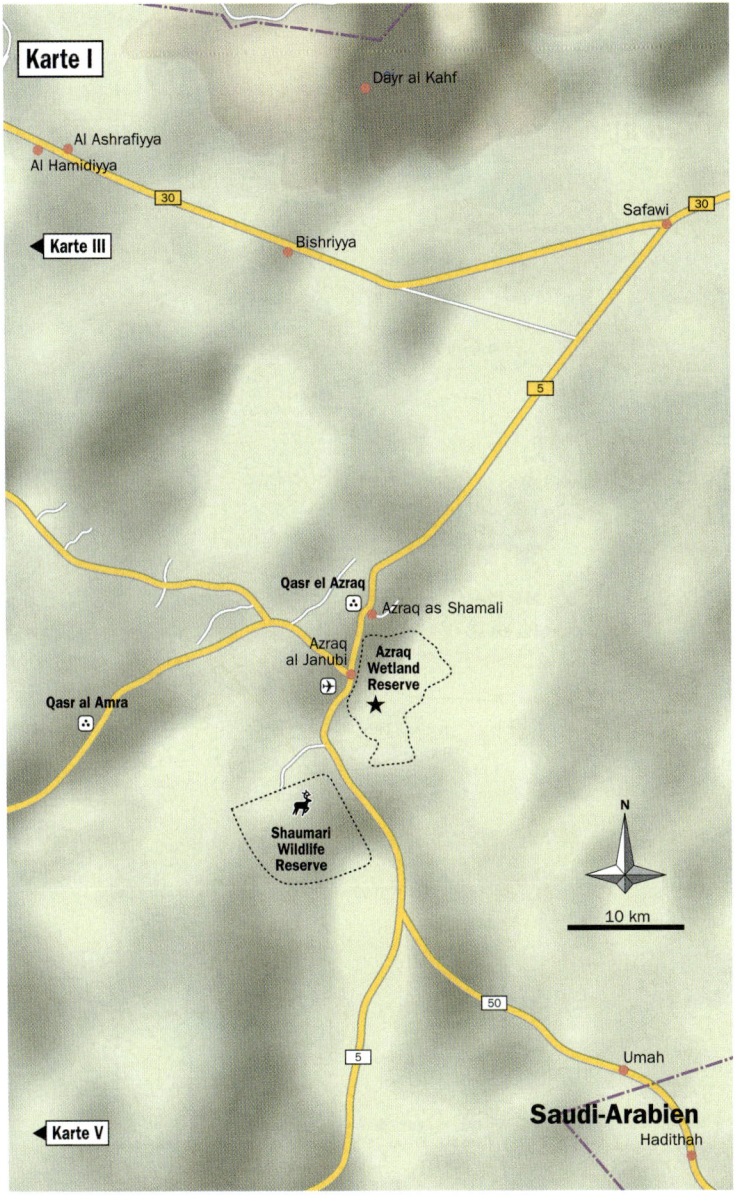

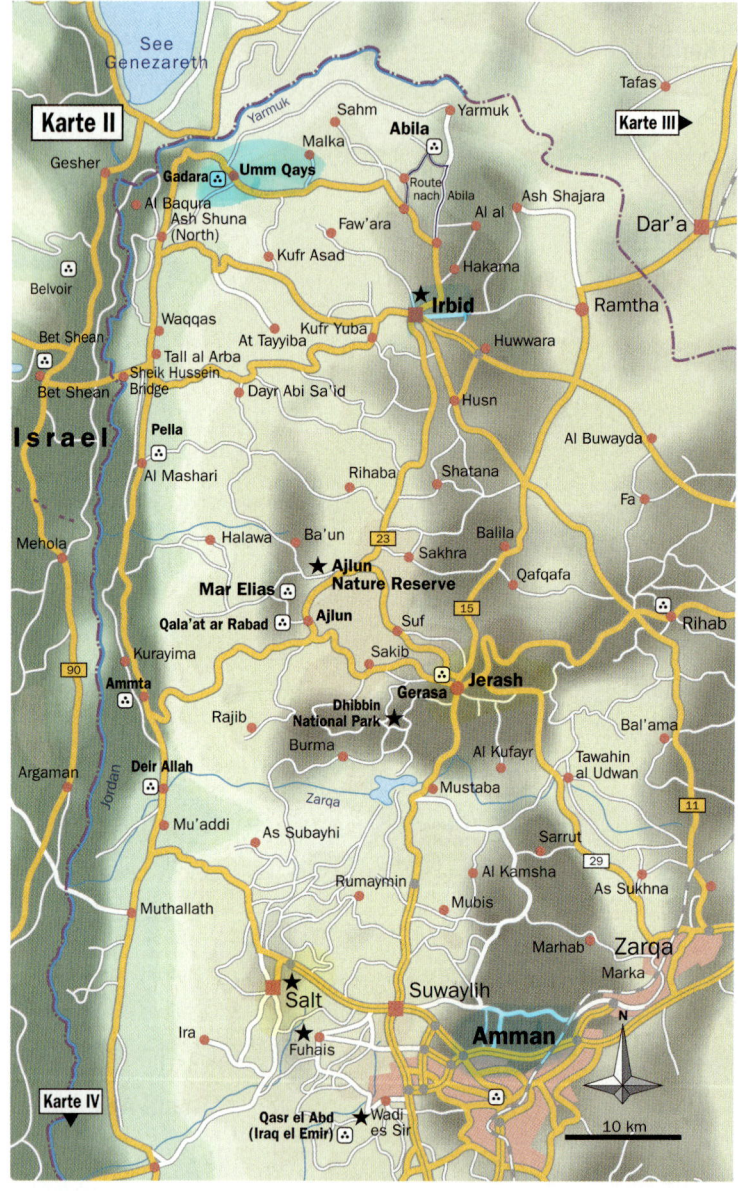

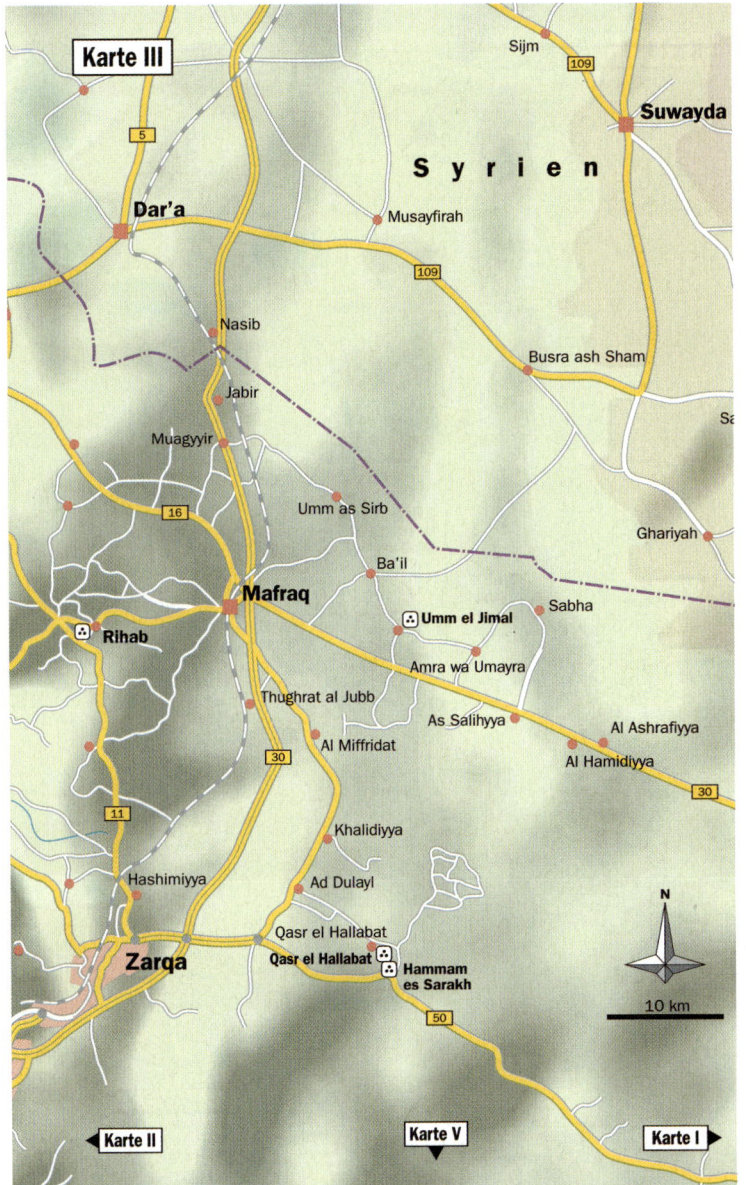

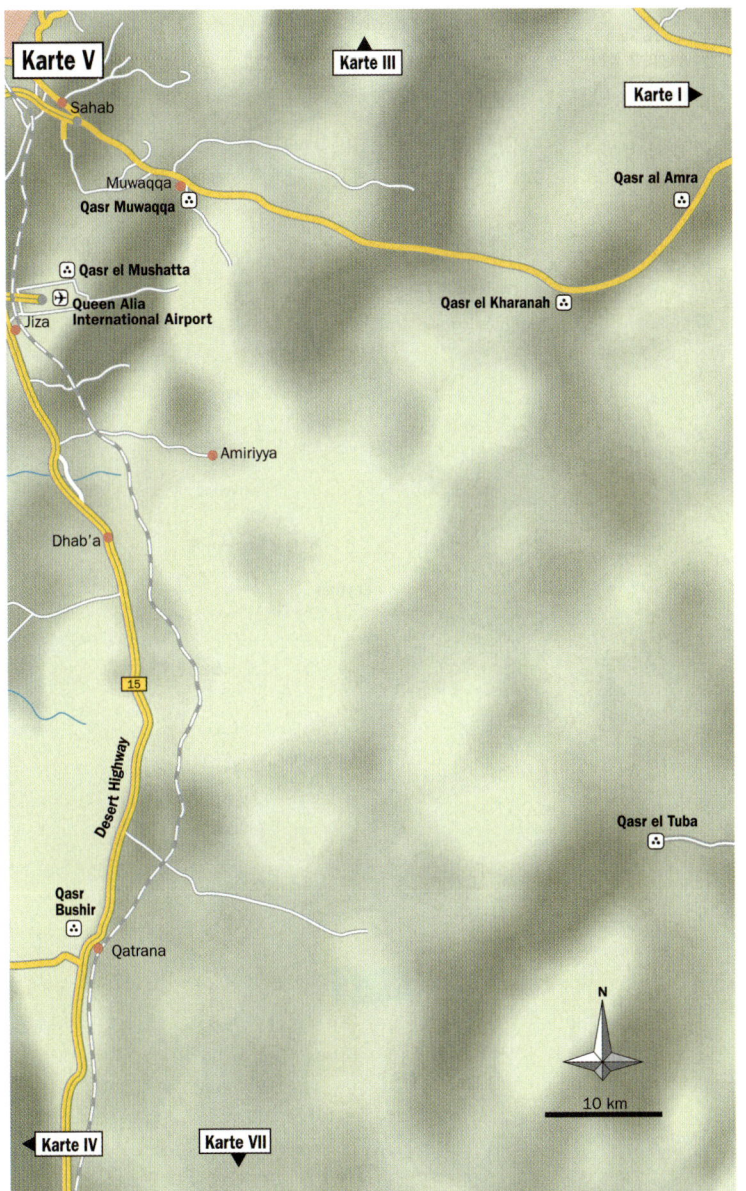

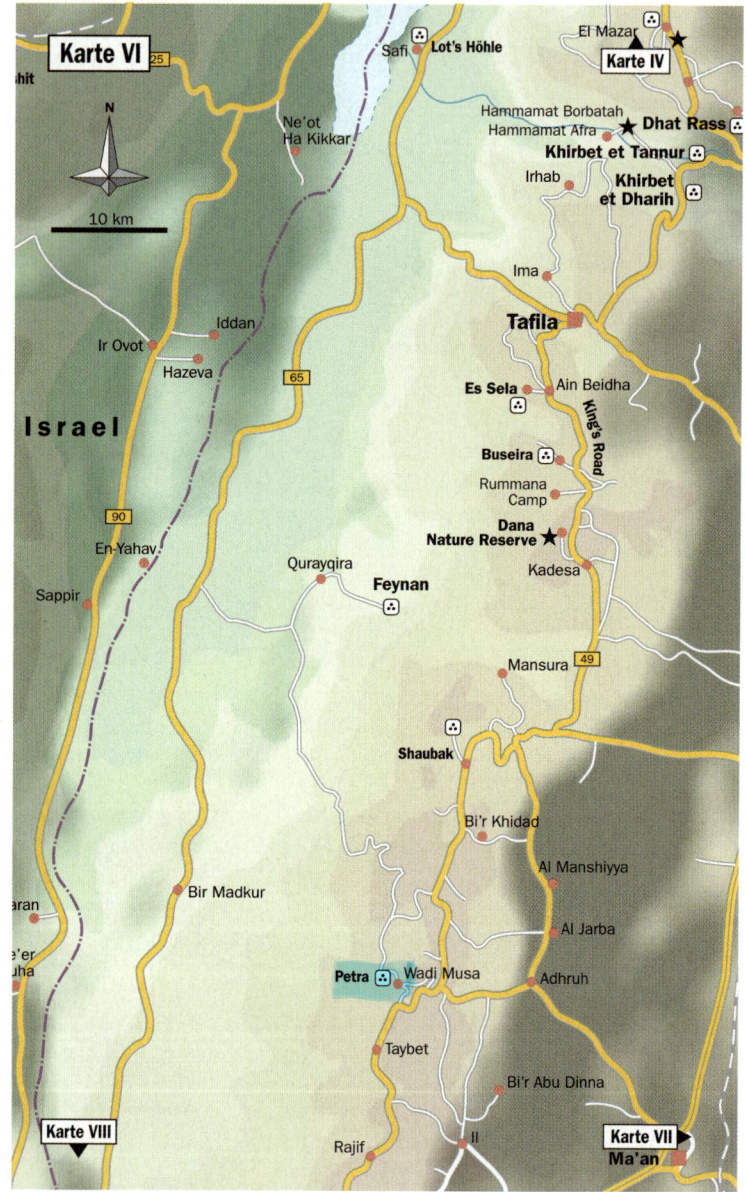

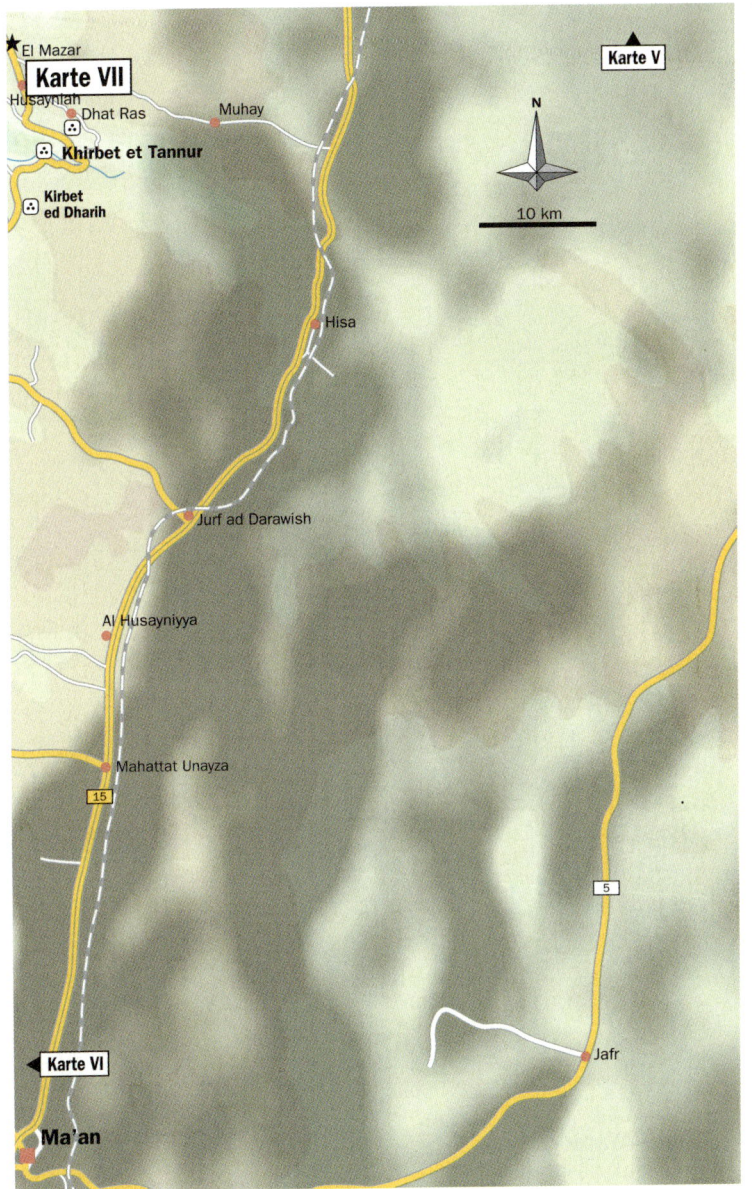

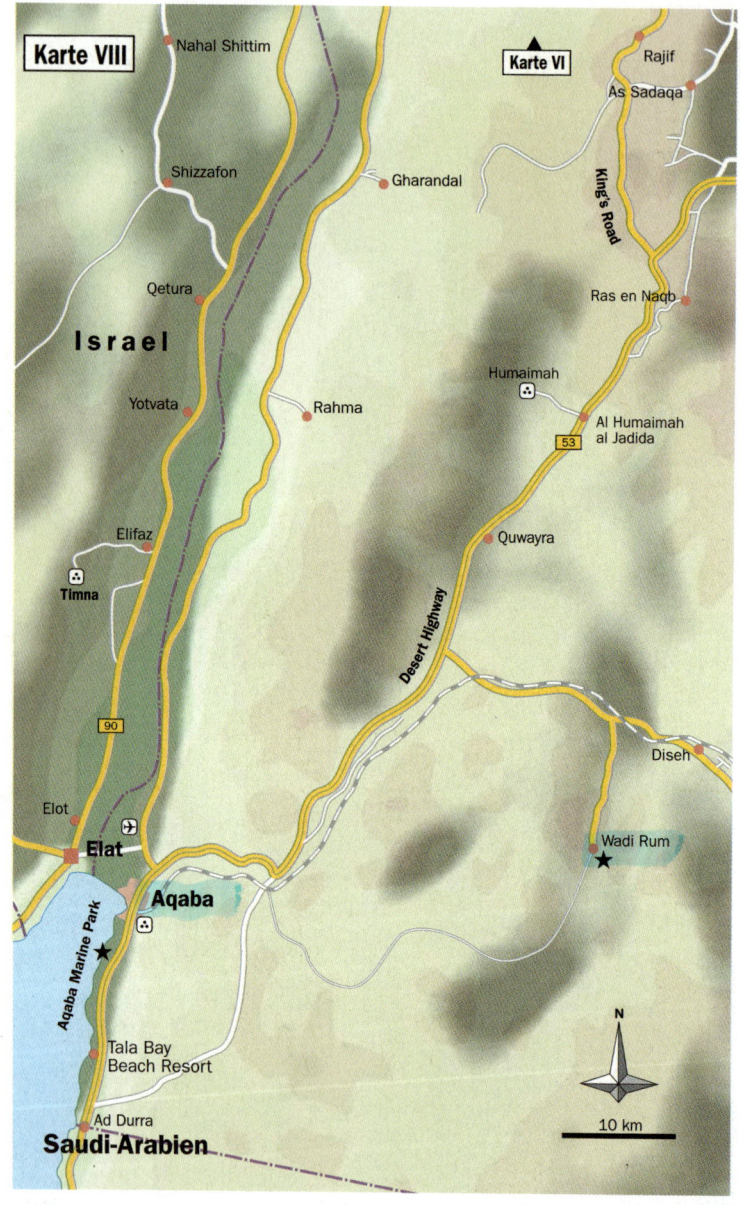